INDUSTRIE**KAUFLEUTE**

2

Lernfelder 6 – 9

Autoren:
Hans-Peter von den Bergen
Roland Budde
Peter Engelhardt
Hans-Peter Klein
Sven Labowsky
Gisbert Weleda

unter Mitarbeit der Verlagsredaktion

Cornelsen

Dieses Buch wurde erstellt unter Verwendung von Materialien von Dr. Volker Brettschneider, Norbert Damke, Oliver Dillmann, Markus Fleitmann, Christian Fritz, Marita Herrmann, Dr. Richard Hilger, Ariane Hoffmann, Franca Johannsen, Prof. Dr. Franz-Josef Kaiser, Ludger Katt, Antje Licht, Ute Morgenstern, Michael Piek, Dorothe Redeker, Dr. Volkmar Schmechel, Heike Scholz, Alfons Steffes-lai, Insa Wenke, Ralf Wimmers, Dr. Petra Zedler, Carsten Zehm.

Wir weisen darauf hin, dass die im Lehrwerk genannten Unternehmen und Geschäftsvorgänge frei erfunden sind. Ähnlichkeiten mit real existierenden Unternehmen lassen keine Rückschlüsse auf diese zu. Dies gilt auch für die im Lehrwerk genannten Kreditinstitute, Bankleitzahlen und Buchungsvorgänge. Ausschließlich zum Zwecke der Authentizität wurden insoweit existierende Kreditinstitute und Bankleitzahlen verwendet.

Soweit in diesem Lehrwerk Personen fotografisch abgebildet sind und ihnen von der Redaktion fiktive Namen, Berufe, Dialoge und Ähnliches zugeordnet oder diese Personen in bestimmte Kontexte gesetzt werden, dienen diese Zuordnungen und Darstellungen ausschließlich der Veranschaulichung und dem besseren Verständnis des Inhalts.

Sämtliche Personenbezeichnungen in diesem Band (z. B. „Schüler", „Lehrer") gelten selbstverständlich für beide Geschlechter.

Verlagsredaktion:	Peter Sander
Außenredaktion:	Veronika Kühn, Köln; Annegret Wieck, Berlin
Bildredaktion:	Christina Fanselow
Gesamtgestaltung und technische Umsetzung:	vitaledesign, Berlin

www.cornelsen.de/cbb

Die Webseiten Dritter, deren Internetadressen in diesem Lehrwerk angegeben sind, wurden vor Drucklegung sorgfältig geprüft. Der Verlag übernimmt keine Gewähr für die Aktualität und den Inhalt dieser Seiten oder solcher, die mit ihnen verlinkt sind.
Dieses Werk berücksichtigt die Regeln der reformierten Rechtschreibung und Zeichensetzung. Ausnahmen bilden Originaltexte, bei denen lizenzrechtliche Gründe einer Änderung entgegenstehen.

1. Auflage, 3. Druck 2019

Alle Drucke dieser Auflage sind inhaltlich unverändert und können im Unterricht nebeneinander verwendet werden.

Druck und Bindung: Livonia Print, Riga

ISBN 978-3-06-450497-4 (Schülerbuch)
ISBN 978-3-06-450745-6 (E-Book)

PEFC
PEFC/12-31-006

PEFC zertifiziert
Dieses Produkt stammt aus nachhaltig bewirtschafteten Wäldern und kontrollierten Quellen.
www.pefc.de

Vorwort

Herzlich willkommen zu **INDUSTRIEKAUFLEUTE 2**!

Die Berufsausbildung im dualen System soll die Auszubildenden zum kompetenten Handeln in beruflichen Situationen befähigen. Entsprechend muss auch die Berufsschule den Unterricht an der Berufspraxis ausrichten. Die neue jahrgangsbezogene Reihe **INDUSTRIEKAUFLEUTE** unterstützt diese Zielsetzung durch die Kombination von Schülerbuch und Arbeitsbuch für jedes Ausbildungsjahr.

Das vorliegende **Schülerbuch 2** für das zweite Ausbildungsjahr „Industriekaufmann/Industriekauffrau“ enthält die Lernfelder 6 bis 9 des gültigen Rahmenlehrplans:

Lernfeld 6: Beschaffungsprozesse planen, steuern und kontrollieren
Lernfeld 7: Personalwirtschaftliche Aufgaben wahrnehmen
Lernfeld 8: Jahresabschluss analysieren und bewerten
Lernfeld 9: Das Unternehmen im gesamt- und weltwirtschaftlichen Zusammenhang einordnen

Buchungen im Beschaffungsbereich werden in **LF 3, Kap. 6**, Band 1 behandelt.

Das Schülerbuch deckt alle inhaltlichen und methodischen Vorgaben des gültigen Rahmenlehrplans ab. Bei der Schwerpunktsetzung wurden außerdem auch die Anforderungen der AKA-Abschlussprüfung berücksichtigt. Die einzelnen Kapitel beginnen meist mit einem praxisnahen Beispiel aus einem Industrieunternehmen, in der Regel aus dem Modellunternehmen Fly Bike Werke GmbH. Die in diesen Einstiegsbeispielen aufgeworfenen handlungsorientierten Fragen werden durch die systematische Darstellung der notwendigen Fachinformationen beantwortet. In regelmäßigen Abständen werden die wesentlichen Inhalte meist grafisch zusammengefasst. Diese Übersichten sowie die zahlreichen Merksätze und Aufgaben helfen, die Inhalte zu behalten und sich auf Prüfungen vorzubereiten.

Im **Arbeitsbuch 2** wird zunächst das Modellunternehmen Fly Bike Werke GmbH vorgestellt. Danach werden die wichtigsten Inhalte des Schülerbuchs 2 mithilfe von problem- und handlungsorientierten Lernsituationen erschlossen. Aktivierende Arbeitsaufträge am Ende jeder Lernsituation leiten dazu an, das in der Lernsituation geschilderte Problem mithilfe der Fachinformationen im Schülerbuch zu lösen. Arbeitsblätter und zusätzliche Aufgaben im Anschluss an jede Lernsituation helfen, die aktiv erworbenen Kenntnisse und Fähigkeiten zu festigen und so den Lernerfolg zu sichern.

Durch diese Kombination aus handlungsorientierten Lernsituationen im Arbeitsbuch und der entsprechenden Fachsystematik im Schülerbuch wird eine enge Verzahnung theoretischer Inhalte und ihrer praktischen Umsetzung erreicht.

Mit der Demoversion des **ERP-Systems** „Microsoft Dynamics® NAV“ und den dazugehörenden Übungsaufgaben, u. a. zum Beschaffungsauftrag, können Sie den Unterricht insbesondere in **Lernfeld 6 (Beschaffungsprozesse)** am Schul- oder heimischen Rechner realitätsnah unterstützen.

ERP-System
ERP = Enterprise Resource Planning: Software zur Unternehmenssteuerung

Die CD-ROM mit der Demoversion des ERP-Systems „Microsoft Dynamics® NAV“ und den Übungsaufgaben finden Sie auf der hinteren Umschlagsseite von **Schülerbuch 1**.

Viel Erfolg und Spaß beim Arbeiten mit **INDUSTRIEKAUFLEUTE 2**!

Autoren und Redaktion

Inhaltsverzeichnis

Folgende Lernsituationen finden Sie im Arbeitsbuch:

Lernfeld 6: Beschaffungsprozesse planen, steuern und kontrollieren

Lernfeld 7: Personalwirtschaftliche Aufgaben wahrnehmen

Folgende Lernsituationen finden Sie im Arbeitsbuch:

Folgende Lernsituationen finden Sie im Arbeitsbuch:

Lernfeld 8: Jahresabschluss analysieren und bewerten

Folgende Lernsituationen finden Sie im Arbeitsbuch:

Folgende Lernsituationen finden Sie im Arbeitsbuch:

Folgende Lernsituationen finden Sie im Arbeitsbuch:

Lernfeld 9: Das Unternehmen im gesamt- und weltwirtschaftlichen Zusammenhang einordnen

Folgende Lernsituationen finden Sie im Arbeitsbuch:

Bildquellenverzeichnis

Titelbild Fotolia/Pressmaster

Adpic S. 137/R. Kneschke, S. 355/1/E. Wodicka
Alamy S. 143/Vstock
Alimdi.net S. 248/Andreas Isenegger
Anette Schamuhn, Berlin S. 76
Commerzbank/Unternehmenskommunikation S. 68/1 – S. 68/4
CYPRIAN KOSCIELNIAK S. 218
Derby Cycle Werke GmbH S. 87 (Foto: Anima Berten), S. 109/1/2 (Fotos: Anima Berten)
Deutscher Industrie- und Handelskammertag (DIHK) S. 212/1
Digitalstock S. 332/D. Pietsch, S. 333/2/M. Dietrich
Erich Rauschenbach, Berlin S. 330
Fotofinder S. 151/Caro/Ruffer, S. 217/Stock4B, S. 226/imagetrust/Manfred Vollmer, S. 356/2/vario images, S. 356/3/Volkmar Schulz/Keystone
Fotolia S. 12/13/Tatar, S. 62/1/Erwin Wodicka, S. 64/1/animo2003, S. 116/117/philipus, S. 192/DJL, S. 203/Kautz15, S. 225/moodboard, S. 234/235/Stephan Rajewski, S. 377/1/amnachphoto, S. 387/Flexmedia
Gabriele Heinisch, Berlin S. 153
Getty images S. 78/ColorBlind Images
Henning Lüders, Berlin S. 46
Horst Haitzinger, München S. 360
Istockphoto S. 333/1/mb-photos
Joachim Gottwald, Berlin S. 73, S. 240, S. 274, S. 275
picture alliance S. 58/ANP/Studio, S. 66/1/dpa/Lenz, S. 66/2/dpa/Weihrauch, S. 88/2/Ohlenschlager, S. 156/1/dpa Infografik GmbH, S. 207/akg-images, S. 258/1/dpa Infografik GmbH, S. 281/dpa/Arne Dedert, S. 284/Sven Simon, S. 359/1/dpa Infografik GmbH, S. 366/1/akg-images, S. 366/2/dpa/Rohwedder, S. 383/389/ZB/euroluftbild.de
Pitopia S. 109/3/Ralf Pickenhahn
Reinhold Löffler, Dinkelsbühl S. 52
Roger Schmidt, Brunsbüttel S. 161
Shutterstock S. 34/Dainis Derics, S. 80/Zoom Team, S. 88/1/Pinosub, S. 103/Ivanonva Inga, S. 122/Julian Rovagnati, S. 127/Blaj Gabriel, S. 182/Radoslaw Korga, S. 198/Yuri Arcurs, S. 326/327/nmedia, S. 333/3/Alexander Gordeyev
ullstein bild S. 150/Erich Engel, S. 364/Granger Collection
Wikipedia S. 228
www.CartoonStock.com S. 138
www.imacc.de S. 196, S. 205

6 Beschaffungsprozesse planen, steuern und kontrollieren

AB → Lernsituation 46

1 Die Materialbeschaffung wirtschaftlich gestalten

1.1 Materialbeschaffung als Geschäftsprozess

Der Begriff Beschaffung umfasst im weiteren Sinne die Bereitstellung aller für die betrieblichen Leistungsprozesse notwendigen **Einsatzfaktoren** in der richtigen Art und Menge, zum richtigen Zeitpunkt, am richtigen Ort und zu minimalen Kosten. Einsatzfaktoren sind die Materialien, die Güter des Sachvermögens, Rechte, Dienstleistungen, Finanzmittel sowie das benötigte Personal.

! **Beschaffung im engeren Sinne der Materialwirtschaft** umfasst das Bereitstellen der zur Produktion erforderlichen Materialien (Werkstoffe, Einzelteile, Baugruppen).

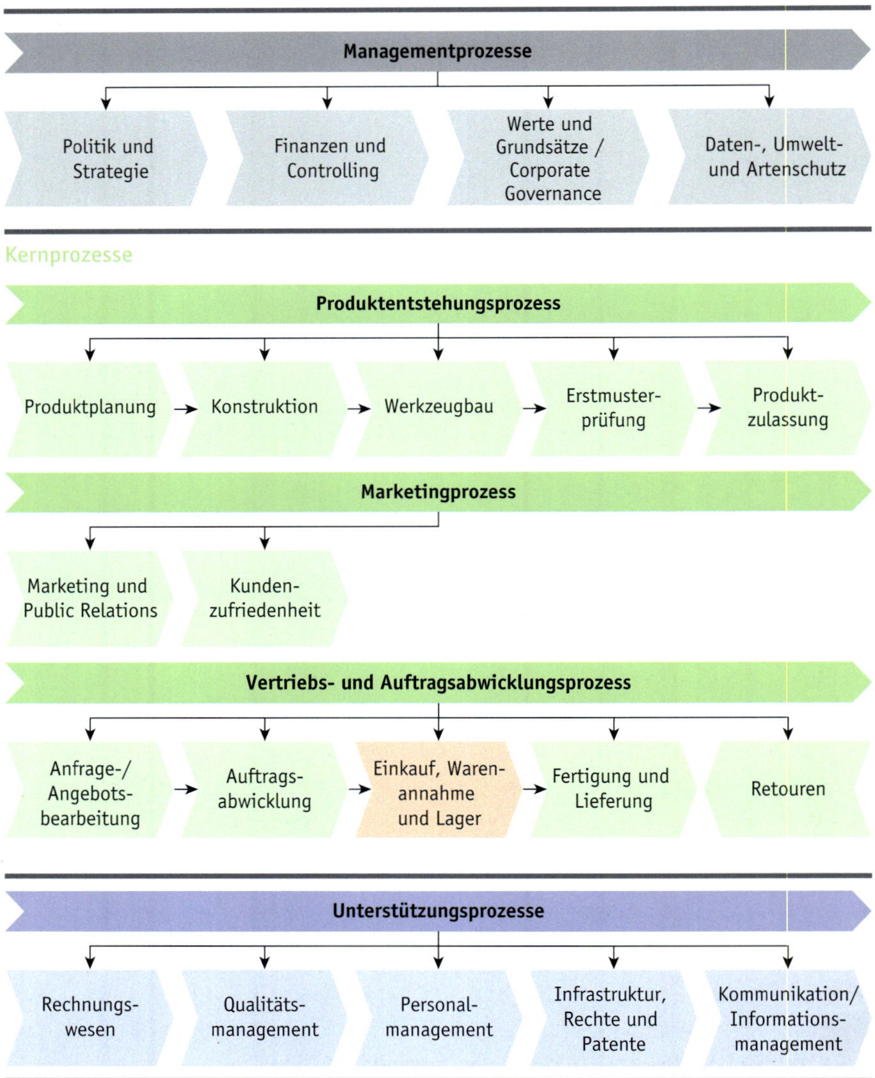

Management-, Kern- und Unterstützungsprozesse, vgl. **LF 2**, **Kap. 5.2**, Band 1

Quelle: de.wikipedia.org/wiki/Geschäftsprozessmodellierung

Im Rahmen eines kundenorientierten Unternehmensmodells kommt der Beschaffung die wichtige Aufgabe zu, die Leistungserstellungsprozesse durch die Bereitstellung der erforderlichen Ressourcen erst zu ermöglichen. So werden für die Leistungserstellung verschiedenste Einsatzfaktoren benötigt, die in einem Transformationsprozess zu verkaufsfähigen Produkten führen. Der Industriebetrieb ist damit ein Ort der Kombination von Einsatzfaktoren zur betrieblichen Leistungserstellung. Die dabei anfallenden Beschaffungsprozesse setzen sich aus verschiedenen Teilprozessen zusammen:

Leistungserstellungsprozess, vgl. **LF 5**, Band 1

Produktionsfaktoren, vgl. **LF 2**, **Kap. 1.3**, Band 1

Teil- und Arbeitsprozesse im Rahmen der Materialbeschaffung

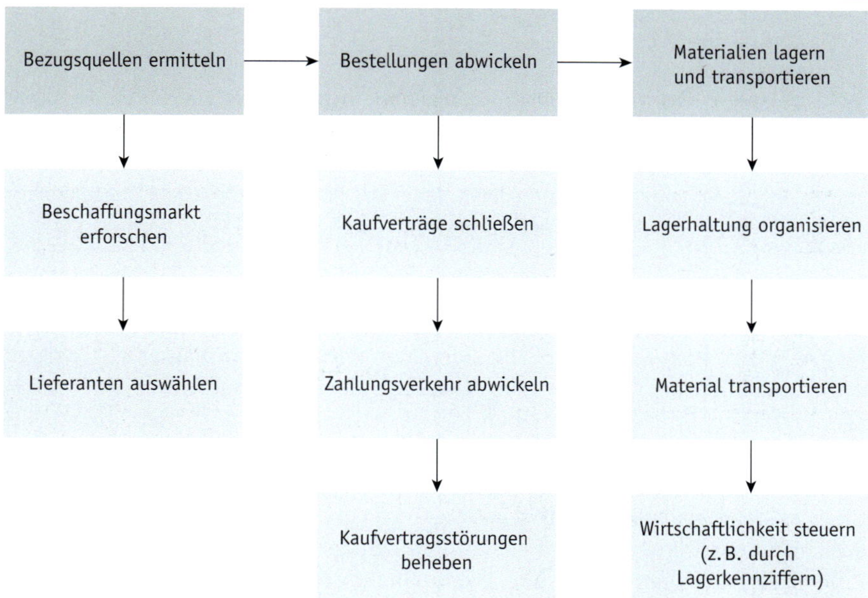

Bezugsquellen ermitteln

Aufgabe der **Beschaffungsmarktforschung** ist das Ermitteln neuer Bezugsquellen. Dabei werden zunehmend moderne Informations- und Kommunikationsquellen eingesetzt (z. B. Internet-Einkaufsplattformen). Um eine gesicherte Entscheidung treffen zu können, ist eine genaue **Lieferantenauswahl** wichtig, die auch eine Bewertung der Lieferanten beinhaltet. Kriterien der Bewertung können beispielsweise Liefertreue, Materialqualität sowie Lieferungs- und Zahlungsbedingungen sein.

Bezugsquellenermittlung, vgl. **Kap. 3**

Beschaffungsmarktforschung, vgl. **Kap. 3.1**

Lieferantenauswahl, vgl. **Kap. 3.2**

Bestellungen abwickeln

Wurde ein **Vertrag** (z. B. ein Kaufvertrag) abgeschlossen, so ist sicherzustellen, dass die zu beschaffenden Materialien rechtzeitig im Unternehmen eintreffen, um den Produktionsablauf nicht zu gefährden. Ferner sind die gegenüber dem Lieferanten entstandenen Verbindlichkeiten durch die Abwicklung des **Zahlungsverkehrs** zu erfüllen. Treten **Leistungsstörungen** auf, müssen sie im Rahmen der gesetzlichen Regelungen behoben werden.

Bestellungen abwickeln, vgl. **Kap. 4**

Kaufvertrag, vgl. **Kap. 4.1–4.5**

Zahlungsverkehr, vgl. **Kap. 4.6**

Leistungsstörungen, vgl. **Kap. 4.7**

Materialien, Teile und Baugruppen lagern und transportieren

Nach Eingang der zu beschaffenden Materialien sind Aufgaben der Bestandsplanung und -führung wahrzunehmen. Dabei handelt es sich um die **Lagerhaltung,** die **Lagerorganisation** und die Analyse der **Lagerkennzahlen**.

Materialien usw. lagern und transportieren, vgl. **Kap. 5** und **6**

Beschaffungslogistik, vgl. Kap. 5 und 6

Just in time, vgl. Kap. 6.3.1

Supply Chain Management, vgl. Kap. 6.3.2

betriebliches Umweltmanagement, vgl. Kap. 7

Im Rahmen der jeweiligen Teilprozesse der Beschaffung übernehmen die Beschaffungslogistik und das Umweltmanagement **Querschnittsfunktionen**. Aufgabe der **Beschaffungslogistik** ist v.a. die Optimierung der betrieblichen Informations-, Material- und Werteflüsse; dabei wird auch auf moderne Beschaffungskonzepte, z.B. Just in time und Supply Chain Management, zurückgegriffen. Das betriebliche **Umweltmanagement** umfasst u.a. die umweltverträgliche Handhabung von Gefahrenstoffen und Konzepte der Abfallwirtschaft.

1.2 Ziele und Zielkonflikte der Materialbeschaffung

Beispiel: Frau Nemitz-Müller, Disponentin in der Einkaufsabteilung der Fly Bike Werke GmbH, denkt häufig an einen Ausspruch des früheren, pensionierten Abteilungsleiters: Herr Hinrichs behauptete gern, seine Abteilung, der Einkauf, sei die wichtigste Abteilung im ganzen Unternehmen. Denn was der Einkauf einspare, brauche der Verkauf nicht zu verdienen! Stimmt das eigentlich?

Zielsystem des Unternehmens, vgl. LF 2, Kap. 3, Band 1

Wie alle organisatorischen Einheiten innerhalb des Gesamtsystems Unternehmen sind auch diejenigen Mitarbeiter, zu deren Aufgaben die Materialbeschaffung und -logistik gehören, in das betriebliche Zielsystem mit seinen Formal- und Sachzielen eingebunden. Tatsächlich leisten die Mitarbeiter der Einkaufsabteilung einen wichtigen Beitrag zur Erreichung des **Oberziels** Existenzsicherung des Unternehmens. Sie verfolgen dabei eine Reihe besonderer **Sachziele**.
Indem die Einkaufsabteilung die Materialversorgung des Betriebes und die Entsorgung des Materialabfalls möglichst kostengünstig und unter Beachtung ökologischer Gesichtspunkte durchführt, leistet sie ihren Beitrag zur optimalen Erreichung des Formalzieles Gewinnmaximierung. Damit sind die folgenden **vier Zielkategorien** angesprochen:

Zielkategorien in der Materialwirtschaft	
Versorgungsziele	– kurze Lieferzeiten – hohe Termintreue – sichere Bezugsquellen – Flexibilität
Kostenreduzierungsziele	– niedrige Bezugskosten (niedrige Bestellkosten, niedrige Einstandspreise) – niedrige Lagerkosten (geringe Lagerbestände) – niedrige Fehlmengenkosten – kurze Durchlaufzeiten
Qualitätsverbesserungsziele	– optimale Qualität der Materialien – stetig gleichbleibende Qualität der Materialien
Ökologische Ziele	– Schonung natürlicher Ressourcen – Verwendung von Sekundärrohstoffen – umweltschonende Materiallogistik – Abfallvermeidung und Recycling

Die enge Verknüpfung dieser Teilziele mit den übrigen Ober- und Teilzielen des Unternehmens macht es zwingend notwendig, die Strategien der Materialbeschaffung aus den Absatz- und Produktionsstrategien des Betriebes abzuleiten. Die Absatz- und Produktionsprogrammplanung gibt vor, welche Materialien zu welchen Zeitpunkten und in welchen Mengen zu beschaffen sind.

betriebliches Planungssystem, vgl. LF 2, Kap. 2.3, Band 1

Beispiel: Zielkategorien in der Materialwirtschaft der Fly Bike Werke GmbH

– Vor allem im Niedrigpreissektor kalkuliert die Fly Bike Werke GmbH mit geringen Handelsspannen. Um sich gegen die Konkurrenz aus Osteuropa und Fernost durchsetzen zu können, achtet die Einkaufsabteilung auf günstige Einstandspreise. Neben den **Anschaffungskosten** sind aber auch noch andere Kosten zu berücksichtigen, und zwar die **Bestellkosten** (z. B. für Materialdisposition und Transport), die **Lagerhaltungskosten** (z. B. für Lagerpersonal und Abschreibungen auf die Lagereinrichtung) oder die **Fehlmengenkosten** (z. B. für Beschaffung zusätzlicher Materialien beim Ausfall eines Lieferanten oder Zahlung von Eilfrachten).

Bei der Fly Bike Werke GmbH hat sich herausgestellt, dass nur ca. 20 % der Durchlaufzeit auf die eigentliche Fertigung entfallen. Den Rest machen Transport- und Liegezeiten aus. Um den Materialfluss zu beschleunigen, regt der Abteilungsleiter Einkauf an, die Materialien produktionssynchron **(just in time)** zu beschaffen. Er erhofft sich dadurch eine Beschleunigung der Durchlaufzeit und eine Reduzierung der Materialbestände.

Just in time, vgl. Kap. 6.3.1

Total Quality Management: Vor dem Hintergrund der Entwicklung von Verkäufer- zu Käufermärkten sind die Kunden nur dann bereit, Geld für Produkte auszugeben, wenn diese der gewünschten Qualität entsprechen. Aus diesem Grund hat die Fly Bike Werke GmbH von allen Lieferanten eine Zertifizierung nach den Qualitätsnormen der ISO 9000 in der Fassung von 2005 gefordert und erhalten. Dadurch sollen die Qualitätskosten in Form von Fehlerverhütungskosten, Prüfkosten und Fehlerkosten minimiert werden.

Total Quality Management, vgl. LF 5, Kap. 8.4.2, Band 1

Marktforschung: Aufgrund von Marktforschungsergebnissen ist bekannt, dass die Kunden der Fly Bike Werke GmbH zunehmend sowohl auf die Verwendung umweltfreundlicher Materialien als auch auf eine umweltfreundliche Entsorgung gebrauchter Fahrräder Wert legen. Infolgedessen ist u. a. die Fertigung auf die Lieferung schadstoffarmer Werkstoffe angewiesen. Durch die Verwendung geschlossener Lackierautomaten lässt sich zudem eine Luft- und Bodenbelastung vermeiden. Weiterhin sollen umweltgefährdende Stoffe und Abfälle sicher gelagert und umweltgerecht entsorgt werden.

Absatzmarktforschung, vgl. LF 10, Band 3

Beschaffungsmarktforschung, vgl. Kap. 3.1

Hinter der **Versorgungszielsetzung** verbirgt sich die Forderung, den Bedarfsträgern, d. h. der Produktion, die benötigten Materialien zum gewünschten Termin und zu möglichst kurzen Lieferzeiten zur Verfügung zu stellen (operative Bereitschaft). Aufgrund der dynamischen Entwicklungen auf den Absatz- und Beschaffungsmärkten (z. B. Modetrends, Wechselkursrisiken im außereuropäischen Ausland) geht es langfristig darum, die Sicherheit der Lieferquellen zu gewährleisten (strategische Lieferbereitschaft). Dies bedeutet, sich schnell und effektiv sowohl an Änderungen des Bedarfs als auch an Änderungen auf den Beschaffungsmärkten einstellen zu können (Flexibilität).

Die allgemein formulierten Oberziele der Materialwirtschaft müssen stets mit den Unterzielen der einzelnen Unternehmensbereiche und Abteilungen abgestimmt bzw. konkretisiert werden; dadurch entsteht ein komplexes Zielsystem. Geschieht diese Abstimmung zwischen den einzelnen Unternehmensbereichen und Abteilungen sowie zwischen den Zielen selbst nicht, können Zielkonflikte entstehen.

! **Zielkonflikte** entstehen, wenn innerhalb eines Zielsystems ein Ziel nur zulasten eines anderen Ziels erreicht werden kann.

Zielkonflikte in der Beschaffung	
Hohe Lieferbereitschaft gegen niedrige Lagerkosten	Eine hohe Lieferbereitschaft erfordert hohe Sicherheitsbestände, um auch plötzlich auftretende Kundenwünsche schnell befriedigen zu können. Dies führt zu einer Erhöhung der Lagerkosten in Form von Personalkosten oder Zinskosten (durch eine steigende Kapitalbindung).
Günstige Einstandspreise gegen niedrige Materialbestände	Günstige Einstandspreise lassen sich, außer im Fall von Beschaffungsmonopolen, nur dann erreichen, wenn große Materialbestände erworben werden, denn erst dann gewähren Lieferanten hohe Rabatte und Skonti. Dadurch erhöhen sich allerdings die Kapitalbindungskosten; außerdem besteht die Gefahr von Materialverlusten in Form von Diebstahl oder Verringerung der Materialqualität durch zu lange Lagerzeiten.
Günstige Einstandspreise gegen hohe Umweltverträglichkeit	Die Beschaffung umweltverträglicher Materialien erfordert erhöhte, d. h. kostenträchtige Aktivitäten im Rahmen der Beschaffungsmarktforschung. Zudem sind zumindest zurzeit umweltfreundliche Materialien i. d. R. teurer als herkömmliche Materialien.

Lagerlogistik, vgl. **Kap. 5**

1.3 Die Kosten der Materialbeschaffung minimieren

1.3.1 Die Kostenstruktur der Materialbeschaffung analysieren

Kostensenkung stellt für jedes Unternehmen einen wesentlichen Bestandteil des unternehmerischen Handelns dar. Damit die richtigen Maßnahmen eingeleitet werden können, muss eine genaue Analyse der Kostenstruktur erfolgen. Kostensenkungsmaßnahmen sollten v. a. dort angesetzt werden, wo das größte Einsparungspotenzial zu erwarten ist.

Beispiel: Anfang 20X3 trifft sich die Geschäftsleitung der Fly Bike Werke GmbH mit den Abteilungsleitern, um gemeinsam die Ergebnisse des abgelaufenen Geschäftsjahres zu besprechen.

	31. 12. 20X1	**31. 12. 20X2**	**Veränderung (in % zum Vorjahr)**
Betriebsergebnis (BE)	532.006,25 €	377.615,95 €	– 29,02 %
Jahresüberschuss (JÜ)	300.000,00 €	200.000,00 €	– 33,33 %
Materialaufwand (MA)	3.471.300,00 €	4.306.488,30 €	+ 24,06 %
Umsatzerlöse (UE)	6.021.000,00 €	6.836.755,50 €	+ 13,55 %
Umsatzrentabilität (JÜ/UE)	4,98 %	2,93 %	– 41,16 %

Alle Beteiligten sind sich darüber einig, dass im folgenden Geschäftsjahr das Ruder herumgerissen werden muss. Die dafür erforderlichen Maßnahmen werden allerdings kontrovers diskutiert. Vor allem zwischen den Leitern der Abteilung Einkauf, Herrn Thüne, und der Abteilung Vertrieb, Herrn Gerland, kommt es zu einer angeregten Diskussion. Herr Thüne ist der Meinung, dass im nächsten Geschäftsjahr v. a. der Umsatz erhöht werden muss, um das Betriebsergebnis positiv zu beeinflussen. Herr Gerland dagegen verspricht sich einen größeren Erfolg, wenn es gelingt, die relativ hohen Materialkosten zu senken.

Um das Ziel der Kostenminimierung zu erreichen, ist es erforderlich, die Kostenstruktur sowohl hinsichtlich der Gesamtkosten des Unternehmens als auch bezüglich der Kosten je Produkt aufzudecken. Die vorgelegten Zahlen belegen, dass der Materialaufwand innerhalb eines Jahres um rund 24 % gestiegen ist, während sich die Umsatzleistung nur um rund 13 % erhöhte.

Bezogen auf das Modell *Light* wurde für das Jahr 20X2 die folgende Kostenstruktur ermittelt:

Selbstkosten des Umsatzes	100,00 %
davon: – Materialkosten	49,38 %
– Fertigungskosten	31,74 %
– Bestandsminderungen	6,29 %
– Verwaltungsgemeinkosten	4,33 %
– Vertriebsgemeinkosten	7,66 %
– Sondereinzelkosten des Umsatzes	0,60 %

Die Materialkosten machen fast 50 % der Gesamtkosten aus. Eine Senkung aller Materialkosten um 5 % entspricht einer Kosteneinsparung von ca. 215.325,00 €. So könnte der Jahresüberschuss von 200.000,00 € auf 415.325,00 € verbessert werden. Bei einer Umsatzleistung von 6.836.755,50 € bedeutet dies eine Erhöhung der Umsatzrentabilität von 2,93 % auf 6,07 %, also eine Steigerung um 107 %. Dieser Effekt wäre nicht bei einer Leistungserhöhung um 5 % zu verzeichnen.

1.3.2 ABC-Analyse: Schwerpunktbildung in der Beschaffungsplanung

AB → Lernsituation 47

Um Kostensenkungsmaßnahmen in der Materialwirtschaft effektiv umsetzen zu können, sollte man sich stets ein Bild von der gegenwärtigen Ist-Situation machen. Ein einfaches Hilfsmittel hierzu ist die ABC-Analyse. Sie geht von dem Grundgedanken aus, dass einem relativ kleinen Mengenanteil (z. B. bestimmten Bauteilen) einer Gesamtheit (z. B. Fahrrad) ein relativ hoher Wertanteil gegenübersteht. Daher erfolgt eine Einteilung der Güter (z. B. Werkstoffe, Halbfertigerzeugnisse) nach dem relativen Wertanteil in sogenannte A-, B- und C-Güter.

Werkstoffe, vgl. LF 2, Kap. 1.3, Band 1

Bei der Zuordnung der Wert- und Mengenanteile handelt es sich um Anhaltspunkte, die in der Regel betriebsindividuell präzisiert werden.

ABC-Einteilung

Kategorien	Wertanteil	Mengenanteil
A-Güter	70 – 80 % des Gesamtwertes	geringer Anteil
B-Güter	15 – 20 % des Gesamtwertes	30 – 50 % der Gesamtmenge
C-Güter	5 – 10 % des Gesamtwertes	40 – 50 % der Gesamtmenge

Die ABC-Analyse bietet die Möglichkeit, unwirtschaftliche Maßnahmen zu korrigieren bzw. Verbesserungen leichter identifizieren zu können.

Durch die Einteilung der Güter können verschiedene Handlungsweisen abgeleitet werden. So kann das Ergebnis z. B. zeigen, dass aus Gründen der Wirtschaftlichkeit A-Gütern eine sehr viel größere Aufmerksamkeit zu schenken ist als C-Gütern, wobei B-Güter eine Zwischenstellung einnehmen.

Vorgehensweise der ABC-Analyse:

1. Erfassen der Mengen und Preise je Materialart
2. Ermittlung der Verbrauchswerte je Materialart
3. Sortieren der Verbrauchswerte vom höchsten bis zum niedrigsten Wert
4. Kumulieren der Verbrauchswerte
5. Ermittlung des prozentualen Anteils des Verbrauchswerts je Materialart am Gesamtverbrauchswert
6. Klassifizierung der Rangfolge A-B-C
7. Zuordnung des Mengenverbrauchs je Materialart in der Reihenfolge der sortierten Verbrauchs**werte**
8. Kumulieren der Verbrauchs**mengen** je Materialart
9. Ermittlung des prozentualen Mengenverbrauchs je Materialart am gesamten Mengenverbrauch

Die Ergebnisse können zu folgenden Handlungsweisen führen:

Umgang mit A- und C-Gütern

Artikel	Handlungsweise
A-Güter	– intensive Beschaffungsmarktanalysen – gründliche Kostenanalysen – exakte Bedarfsermittlung – durchdachte Bestellvorbereitungen – intensive Bestandsrechnung – genaue Bestandsüberwachung – strenge Handhabung der Sicherheits- und Meldebestände – geringe Bestellhäufigkeit bei hoher Abrufhäufigkeit – kurze Lagerreichweiten *(just in time)*
C-Güter	– vereinfachte Bestellabwicklung – einfache Bestandsüberwachung – vereinfachte Disposition – einfache Lagerbuchführung – verstärkte Automatisierung bei allen Vorgängen

Beispiel: Materialverbrauch für die Montage von Trekkingrädern über einen Planungszeitraum von einem Jahr

Mat.-Nr.	Menge	Preis in €	Verbrauchswert in €
1000	100 000	1,53	153.000,00
1500	37 500	9,19	344.625,00
2200	180 000	0,51	91.800,00
2500	105 000	18,41	1.933.050,00
3000	250 000	1,43	357.500,00
4000	10 000	10,23	102.300,00
5000	20 000	20,45	409.000,00
6000	55 000	2,56	140.800,00
6500	175 000	0,72	126.000,00
7000	97 500	19,50	1.901.250,00

Auswertungen

Mat.-Nr.	Verbrauchswert in €	Kumulierter Wert		Klasse	Menge in Stück	Kumulierte Menge	
		in €	in %			in Stück	in %
2500	1.933.050,00	1.933.050,00	34,77	A	105 000	105 000	10,19
7000	1.901.250,00	3.834.300,00	68,97	A	97 500	202 500	19,66
5000	409.000,00	4.243.300,00	76,33	A	20 000	222 500	21,60
3000	357.500,00	4.600.800,00	82,76	B	250 000	472 500	45,87
1500	344.625,00	4.945.425,00	88,96	B	37 500	510 000	49,58
1000	153.000,00	5.098.425,00	91,71	B	100 000	610 000	59,22
6000	140.800,00	5.239.225,00	94,24	C	55 000	665 000	64,56
6500	126.000,00	5.365.225,00	96,51	C	175 000	840 000	81,55
4000	102.300,00	5.467.525,00	98,35	C	10 000	850 000	82,52
2200	91.800,00	5.559.325,00	100,00	C	180 000	1 030 000	100,00

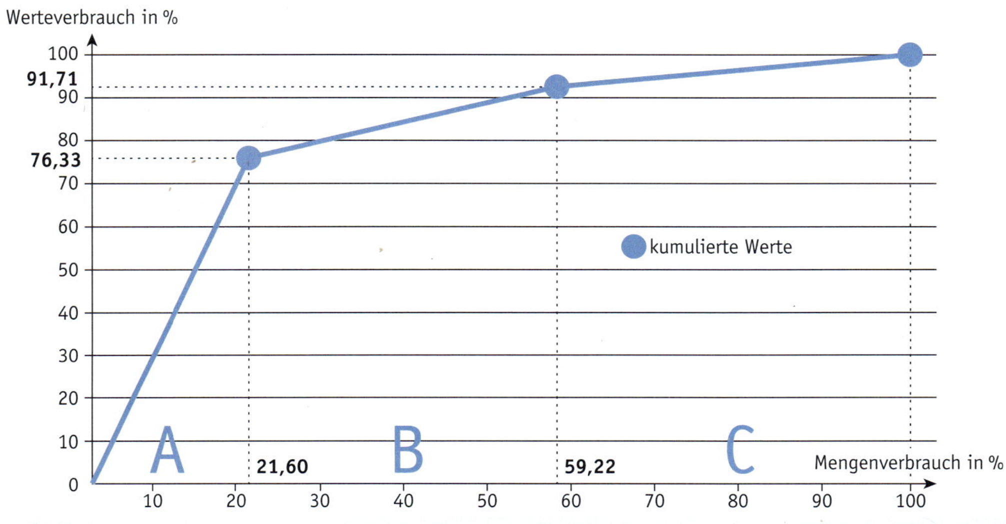

Anwendungsbereich der ABC-Analyse

Beschaffungsfunktion	Mögliche Auswahlkriterien	Behandlung der A-Teile	Behandlung der C-Teile
Disposition	– Wert – Fehlmengenrisiko	– programmorientierte Bedarfsrechnung – aufwendige Bestellrechnung – niedrige Sicherheitsbestände – kurzer Anlieferungsrhythmus	– verbrauchsorientierte Bedarfsrechnung – vereinfachte Bestellrechnung – hohe Sicherheitsbestände – langer Anlieferungsrhythmus
Beschaffungsmarktforschung	– Wert – Substitutionselastizität[1]	– Beobachtung aller Objekte – Benutzung vieler Informationsquellen	starke Beschränkung in den Objekten und Informationsquellen
Wertanalyse	– Wert – Substitutionselastizität[1]	Durchführung	keine Durchführung
Bestellabwicklung	– Wert – Fehlmengenrisiko	– gründliche Bestellvorbereitung und -durchführung – strenge Terminkontrolle – genaue Rechnungsprüfung – exakte Qualitäts- und Quantitätsprüfung	– vereinfachte Bestellabwicklung – Einschränkung oder Verzicht auf Terminkontrollen, Rechnungsprüfung, Qualitätsprüfung

[1] Die **Substitutionselastizität** eines Materials gibt an, wie leicht man dieses Material durch ein anderes (z. B. Eisenblech durch Kunststoff) ersetzen kann.

ABC-Analyse, vgl. **Kap. 1.3.2**

1.3.3 XYZ-Analyse: Minimierung des Versorgungsrisikos

Im Rahmen der ABC-Analyse werden Aussagen hinsichtlich der Wert- und Mengenanteile eines Gutes am gesamten Beschaffungsvolumen getroffen. Oftmals kann es aber auch wichtig sein, weitere Merkmale bei der Beschaffungsplanung zu berücksichtigen. Werden z. B. für die Produktion bestimmte Materialien benötigt, deren Verfügbarkeit nicht ständig gewährleistet ist, so sollte neben dem Wertanteil auch das **Versorgungsrisiko** dieses Materials näher betrachtet werden. Dies leistet die XYZ-Analyse; sie bildet damit eine Entscheidungshilfe zu den grundlegenden Ergebnissen der ABC-Analyse.

! Das zentrale Ziel der XYZ-Analyse ist die Minimierung des Versorgungsrisikos.

Bei der Beurteilung des Versorgungsrisikos spielt neben der Anzahl und Zuverlässigkeit der Lieferanten die Vorhersagegenauigkeit des Bedarfs eine entscheidende Rolle. Die Einteilung der Materialien kann also z. B. anhand ihrer Umschlagshäufigkeit (Verbrauch und Vorhersagbarkeit) in X-, Y- und Z-Güter erfolgen.

Dabei ist es wichtig, die **Verbrauchsstruktur** oder **Beschaffungskriterien** der einzelnen Materialarten zu kennen. Solche Einteilungskriterien können wichtige Entscheidungshilfen für Dispositionsmaßnahmen sein.

Mögliche Klassifizierungen in X-, Y- und Z-Güter

Klassifizierung	Kriterium Beschaffung	Kriterium Verbrauch
X-Güter	Materialien, die leicht zu beschaffen sind	Materialien, die Konstanz im Verbrauch zeigen
Y-Güter	Materialien, die nicht leicht zu beschaffen sind	Materialien, deren Verbrauch steigend oder fallend ist oder saisonalen Schwankungen unterliegt
Z-Güter	Materialien, die sehr schwer zu beschaffen sind	Materialien, deren Verbrauch unregelmäßig oder zufallsverteilt läuft

Um die Aussagekraft einer reinen ABC- oder XYZ-Analyse zu verbessern, können beide Verfahren miteinander kombiniert werden:

Kombination der ABC- mit der XYZ-Analyse

Klassen	A-Teile	B-Teile	C-Teile
X-Teile	AX	BX	CX
Y-Teile	AY	BY	CY
Z-Teile	AZ	BZ	CZ

- Die **AX-Teile** z. B. sind Teile mit hohem Wertanteil, konstantem Bedarf und hoher Vorhersagegenauigkeit. Für diese Teile empfiehlt sich, das **Just-in-time-Verfahren** einzuführen.

Just in time, vgl. **Kap. 6.3.1**

- Die **CX-Teile** haben dagegen einen niedrigen Wertanteil, einen konstanten Bedarf und eine hohe Vorhersagegenauigkeit. Sie sollten **verbrauchsgesteuert** disponiert werden.
- Die **AZ-Teile**, Teile mit hohem Wertanteil, unregelmäßigem Verbrauch und niedriger Vorhersagegenauigkeit, sollten **bedarfsorientiert** beschafft werden.

Die Klassifizierung nach ABC/XYZ identifiziert auch Teile, die keine Lagerbewegung mehr aufweisen.

1.4 Die optimale Bestellmenge ermitteln

Soll das Formalziel „kostengünstige Beschaffung“ realisiert werden, so müssen die Material-, Bestell- und Lagerkosten optimiert werden:

- Die **Materialkosten** sind abhängig davon, wie groß die Bestellmenge ist. Die Bewertung der beschafften Materialien erfolgt über die jeweiligen Einstandspreise.
- Die **Bestellkosten** setzen sich aus den anteiligen Personal- und Sachkosten des Einkaufs, der Wareneingangs- und der Rechnungsprüfung zusammen (z. B. Gehälter für die Sachbearbeiter im Einkauf bzw. Kosten für verbrauchtes Büromaterial, Kosten der Datenverarbeitung). Sie sind unabhängig von der Höhe der jeweiligen Bestellmenge (bestellfixe Kosten), aber in ihrem Gesamtbetrag abhängig von der Anzahl der Bestellungen einer Abrechnungsperiode.
- **Lagerkosten** sind z. B. abhängig von der Höhe des im Lager gebundenen Kapitals und des anzusetzenden Marktzinssatzes.

Lagerlogistik, vgl. **Kap. 5**

! Die **optimale Bestellmenge** ist die Menge, bei der die Summe aus Material-, Bestell- und Lagerhaltungskosten im Planungszeitraum ein Minimum aufweist.

Beispiel: Berechnung der optimalen Bestellmenge in der Fly Bike Werke GmbH

Set-Nr. Fly Bike	Komponentengruppe	Damen Trek TR	Teile	Anbieter	Einstandspreis geplant in €
2520	Bremsen	Trek TR-Bremsen	Tamino Gardena TR-M3-Systeme, Bremsgriffe und Bowdenzüge	Tamino	9,60

Dem oben abgebildeten Auszug aus der Komponentenliste für das Modell Trekking *Light* ist zu entnehmen, dass die Fly Bike Werke GmbH Bremsen für die von ihnen zu produzierenden Fahrräder einkauft. Die Bremsen werden als Baugruppe von zwei Lieferanten bezogen und für verschiedene Fahrradmodelle verwendet. Im Rahmen einer Bedarfsermittlung wurde festgestellt, dass der jährliche Verbrauch 12 000 Stück beträgt. Der Einstandspreis pro Stück liegt bei 9,60 €. Die Controlling-Abteilung gibt für die Höhe der bestellfixen Kosten einen Betrag von 300,00 € und einen Lagerkostensatz von 20 % vor. Zur Ermittlung der optimalen Bestellmenge wird in derselben Art und Weise wie bei der Ermittlung der optimalen Losgröße vorgegangen:

$$\text{Optimale Bestellmenge} = \sqrt{\frac{200 \cdot \text{bestellfixe Kosten} \cdot \text{Jahresverbrauchsmenge}}{\text{Einstandspreis/Stück} \cdot \text{Lagerkostensatz}}}$$

$$= \sqrt{\frac{200 \cdot 300{,}00 \cdot 12\,000}{9{,}60 \cdot 20}}$$

$$= 1\,936{,}49 \text{ Stück}$$

$$\text{Anzahl der Bestellungen} = \frac{12\,000 \text{ Stück}}{1\,936{,}49 \text{ Stück}} = 6{,}1968 \text{ Bestellungen von je } 1\,936{,}49 \text{ Stück}$$

1	2	3	4	5	6	7	8
Anzahl der Bestellungen	**Bestellmenge in Stück**	**Bestellkosten in €**	**Durchschnittlicher Lagerbestand in Stück**	**Durchschnittlicher Lagerbestandswert in €**	**Lagerkosten in €**	**Gesamtkosten in €**	**Kosten/Stück in € (aufgerundet)**
	12 000 : Spalte 1	300,00 · Spalte 1	Spalte 2 : 2	Spalte 4 · 9,60 €	20 % von Spalte 5	Spalte 3 + Spalte 6	Spalte 7 : 12 000
1	12 000	300,00	6 000	57.600,00	11.520,00	11.820,00	0,99
2	6 000	600,00	3 000	28.800,00	5.760,00	6.360,00	0,53
3	4 000	900,00	2 000	19.200,00	3.840,00	4.740,00	0,40
4	3 000	1.200,00	1 500	14.400,00	2.880,00	4.080,00	0,34
5	2 400	1.500,00	1 200	11.520,00	2.304,00	3.804,00	0,32
6	2 000	1.800,00	1 000	9.600,00	1.920,00	3.720,00	0,31
7	1 714	2.100,00	857	8.227,00	1.645,40	3.745,40	0,31
8	1 500	2.400,00	750	7.200,00	1.440,00	3.840,00	0,32
9	1 333	2.700,00	667	6.403,20	1.280,64	3.980,64	0,33
10	1 200	3.000,00	600	5.760,00	1.152,00	4.152,00	0,35

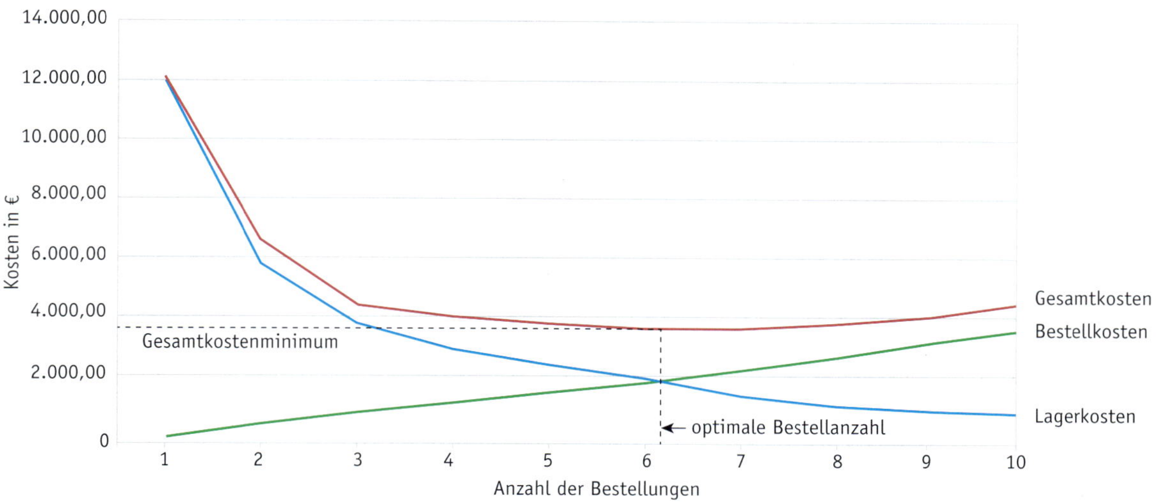

Ergebnis: Die optimale Bestellmenge liegt – rechnerisch ermittelt – bei 1 937 Stück. Genau diese Menge zu beschaffen wird allerdings kaum möglich sein (z. B. wegen vorbestimmter Verpackungseinheiten). Es sollten danach pro Jahr zwischen sechs und sieben Bestellungen aufgegeben werden, um die benötigte Anzahl an Bremsen einzukaufen.

Die Anwendung des Modells der optimalen Bestellmenge in der Praxis scheitert häufig daran, dass von einer Reihe von Voraussetzungen ausgegangen wird, die in der betrieblichen Realität so nicht gegeben sind. Hierzu zählen z. B. ein konstanter Verbrauch, ein konstanter Lagerhaltungs- und Marktzinssatz sowie mengenunabhängige Preise und fixe Bestellkosten.

Alternativen für die Beschaffung des Jahresbedarfs

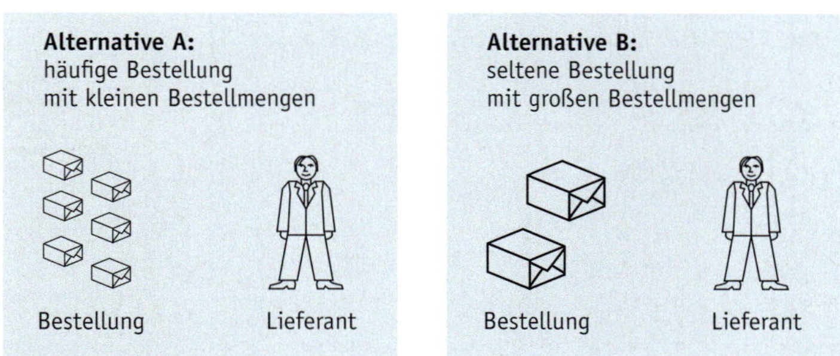

Auch wenn die Voraussetzungen für die Anwendbarkeit des Modells gegeben wären, so bereitet schon die **Ermittlung der Kostengrößen** „Bestellkosten“ und „Lagerkosten“ in der Praxis große Schwierigkeiten:

- Die Ermittlung der **Bestellkosten** setzt voraus, dass der Betrieb über das geeignete Instrumentarium der Logistikkosten- und Leistungsrechnung zur Steuerung von Geschäftsprozessen (hier des Beschaffungsprozesses) verfügt.
- Der **Lagerkostensatz** ist allein der Kapitalzinssatz, der jeder Tageszeitung zu entnehmen ist; seine Höhe wird u. a. auch durch die Lagerungs-, Qualitätskontroll-, Verpackungs- und die Wareneingangskosten bestimmt.

Aufgaben

1 Eine Bedarfsanalyse der Werkstoffe (M1 bis M6) in einem Nebenlager ergab folgende Ergebnisse:

Materialnummer	Jahresbedarf (Stück)	Wert (€/Stück)
M1	6 150	13,00
M2	8 200	1,00
M3	7 380	36,00
M4	12 300	3,00
M5	2 050	33,00
M6	4 920	41,00

Führen Sie eine ABC-Analyse in tabellarischer Form durch. Beachten Sie dabei die folgenden Angaben zu den Schranken:

- A-Schranke: bis 75 % des Jahreswertes
- B-Schranke: bis 95 % des Jahreswertes
- C-Schranke: über 95 % des Jahreswertes

2 Im Rahmen der verbrauchsorientierten Disposition soll die optimale Bestellmenge für einen Repetierfaktor ermittelt werden.

a Berechnen Sie die optimale Bestellmenge mithilfe der Tabellenkalkulation. Den Beginn der Tabelle sehen Sie nachfolgend. Notieren Sie die notwendigen Formeln für die grau unterlegten Zellen unter Angabe der jeweiligen Zelladresse.

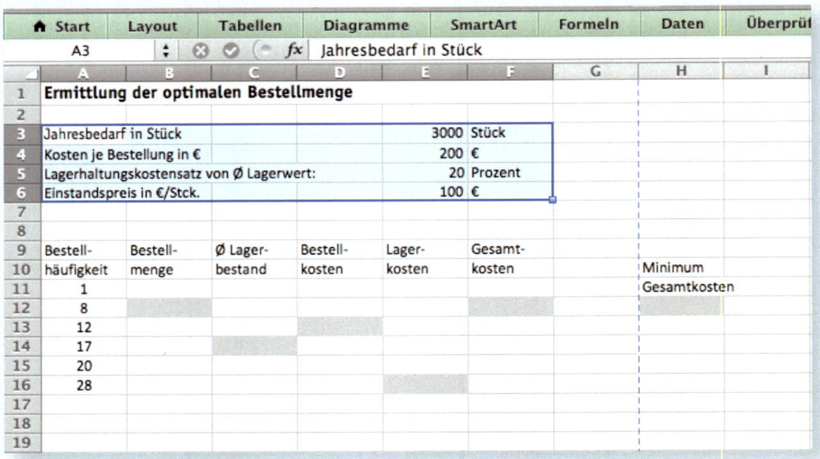

	A	B	C	D	E	F	G	H	I
1	**Ermittlung der optimalen Bestellmenge**								
2									
3	Jahresbedarf in Stück				3000	Stück			
4	Kosten je Bestellung in €				200	€			
5	Lagerhaltungskostensatz von Ø Lagerwert:				20	Prozent			
6	Einstandspreis in €/Stck.				100	€			
7									
8									
9	Bestell-	Bestell-	Ø Lager-	Bestell-	Lager-	Gesamt-			
10	häufigkeit	menge	bestand	kosten	kosten	kosten		Minimum	
11	1							Gesamtkosten	
12	8								
13	12								
14	17								
15	20								
16	28								
17									
18									
19									

b Ermitteln Sie die mathematisch exakte optimale Bestellmenge und interpretieren Sie das Ergebnis im Hinblick auf dessen betriebsrealistische Umsetzung.

c Beurteilen Sie das Modell zur Ermittlung der optimalen Bestellmenge kritisch.

3 Die Plasti-Flex AG in Berlin produziert Menüschalen und Kaffeetassen bzw. -becher aus einer standardisierten Spritzgussrohmasse für große Produzenten der Nahrungsmittelindustrie. Diese Produkte werden auf einer durchgehend automatisierten Fertigungsstraße im Spritzgussverfahren bei festem Zeittakt hergestellt. Dabei muss die Fertigungsstraße beim Fertigungswechsel von einem zum anderen Produkt nur unwesentlich umgestellt werden: Es erfolgen lediglich Angaben zur neuen Rohmasseeinspritzmenge und Formgussänderung per Tastatureingabe. Die Produktionsmaschinen justieren sich daraufhin in Sekundenschnelle automatisch, bezogen auf die neuen Produktionserfordernisse.

a Für die Produktion der Menüschalen beschafft die Plasti-Flex AG unter anderem Spritzgussrohmasse. Das Warenwirtschaftssystem gibt folgende Informationen zu diesem Rohstoff aus:
- Art.-Nr./Bezeichnung: R7812 Spritzgussrohmasse neutral
- Meldebestand (Einheiten): 14 000
- Lieferzeit (Tage): 45
- Mindestbestand (Einheiten): 1 550

Reicht der Mindestbestand aus, wenn pünktlich bei Erreichen des Meldebestandes der Auftrag an den Lieferanten erteilt wurde, die Lieferung sich aber um vier Tage verzögert? Begründen Sie Ihre Antwort rechnerisch nachvollziehbar. Hinweis: Über den gesamten Betrachtungszeitraum wird ein regelmäßiger Verbrauch unterstellt.

b Den Rohstoff R7812 Spritzgussrohmasse neutral beschafft die Plasti-Flex AG stets in Höhe der optimalen Bestellmenge. Erläutern Sie, was man unter der optimalen Bestellmenge versteht. Beziehen Sie in Ihre Erläuterungen die für diese Thematik relevanten Kostenarten ein.

4 Kombiniert man den relativen Wertanteil der benötigten Materialien mit dem jeweiligen Versorgungsrisiko, gelangt man zu folgender Einteilung:

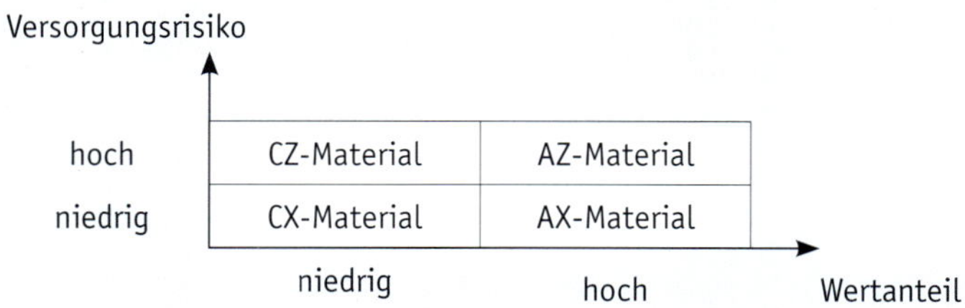

a Erläutern Sie drei Einflussfaktoren, die bei einem Material zu einem hohen Versorgungsrisiko führen.

b Nennen Sie zu jeder der vier oben genannten Kategorien je ein konkretes Beispiel aus Ihrem Ausbildungsbetrieb.

c Geben Sie zu jeder der vier Kategorien eine konkrete Empfehlung zur Beschaffung der jeweiligen Materialien ab.

2 Die Materialwirtschaft organisieren

2.1 Zentrale oder dezentrale Leitung der Materialwirtschaft

Aufbauorganisation, vgl. LF 2, Kap. 6.5, Band 1

Die Teilprozesse der Beschaffung werden im Rahmen der Aufbauorganisation eines Unternehmens von verschiedenen Abteilungen durchgeführt, z. B. dem Einkauf, der Arbeitsvorbereitung, dem Lager. Um die Vielzahl der Teilprozesse bzw. Aktivitäten auf gemeinsame Zielsetzungen hin auszurichten (z. B. Kostensenkung, Minimierung der Durchlaufzeiten), ist ein Leitungssystem zu schaffen, das die **Aufgabe der Koordination** übernimmt. Besonders bedeutsam ist dabei die Frage, ob die Koordination einer oder mehreren Instanzen zugeordnet wird.

Werkstoffe, vgl. LF 2, Kap. 1.3, Band 1

Wesentliches Ziel der Koordination ist die Verkürzung der Beschaffungszeit (als Teil der gesamten Durchlaufzeit) für einzukaufende Werkstoffe. Dazu ist es erforderlich, dass eine enge Zusammenarbeit zwischen dem Einkauf (zuständig für die Beschaffung), der Arbeitsvorbereitung (zuständig für die Disposition/Bedarfsplanung) und dem Lager (zuständig für die Aufbewahrung) erfolgt.

Zentrale Leitung der Materialwirtschaft

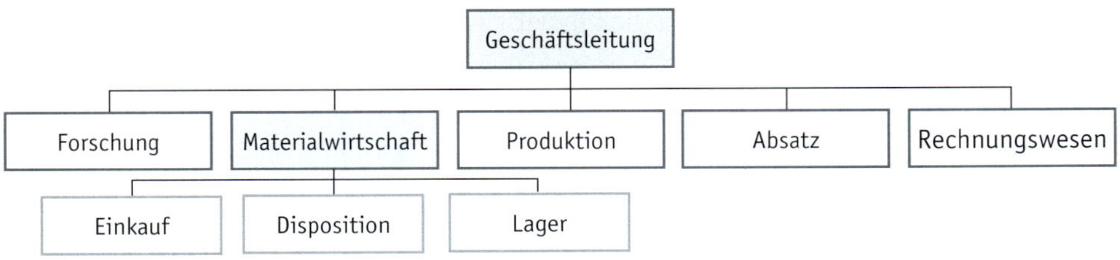

Werden die Koordinierungsaufgaben der Materialwirtschaft einer einzigen Instanz übertragen, so spricht man von einer **zentralen Leitung** der Materialwirtschaft. Der Vorteil einer solchen organisatorischen Regelung: Die oft unterschiedlichen Interessen der verschiedenen Stellen und Abteilungen im Materialwirtschaftsbereich können ausgeglichen und im Hinblick auf die Erreichung einer gemeinsamen Zielsetzung aufeinander abgestimmt werden.

Dezentrale Leitung der Materialwirtschaft

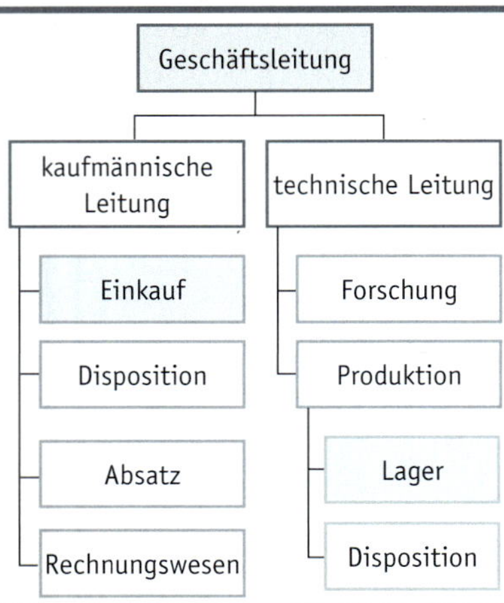

Werden die Koordinierungsaufgaben mehreren Instanzen zugewiesen, die jeweils für einzelne Stellen bzw. Abteilungsbereiche der Materialwirtschaft zuständig sind, so wird diese Organisation als **dezentrale Leitung** der Materialwirtschaft bezeichnet. Die Schwierigkeit besteht darin, dass eine eindeutige Aufgliederung der Koordinierungsfunktionen auf die verschiedenen Instanzen erfolgen muss. Darüber hinaus erschwert ein derartiges Leitungssystem eine umfassende Koordination aller Teilprozesse der Beschaffung.

2.2 Die innere Organisation des Einkaufs

Abteilungen entstehen durch die Zusammenfassung von Stellen unter einheitlicher Leitung. Die Stellenbildung selbst, d. h. die Zusammenfassung von Teilaufgaben im Rahmen einer Stelle, kann nach dem **Objektprinzip** bzw. dem **Funktionsprinzip** (Verrichtungsprinzip) erfolgen.

Prinzipien der Aufgabenverteilung, vgl. LF 2, Kap. 6.5.3, Band 1

Beispiel: Der Einkauf unter der Leitung von Herrn Thüne ist zuständig für die Beschaffung aller zur Montage der Fahrradmodelle erforderlichen Komponenten; dies sind die wichtigsten Beschaffungs**objekte** des Einkaufs. Die auszuführenden **Funktionen** bzw. **Verrichtungen** werden durch die Teilprozesse der Beschaffung bestimmt: Bezugsquellenermittlung, Bestellabwicklung, Bestandsplanung und -führung.

- Die Aufgabenteilung zwischen Herrn Thüne und Frau Nemitz-Müller könnte nach dem **Objektprinzip** in der Weise geregelt sein, dass die Hauptkomponenten von Herrn Thüne beschafft werden (z. B. Rahmen und Gabeln) und alle anderen Teile (z. B. Bremsen, Bereifung, Beleuchtung) von Frau Nemitz-Müller. Herr Thüne bzw. Frau Nemitz-Müller würden dann für alle ihnen zugeordneten Komponenten die Teilprozesse Bezugsquellenermittlung, Bestellabwicklung und Bestandsplanung und -führung übernehmen.
- Die Aufgabenteilung könnte aber auch nach dem **Funktionsprinzip** erfolgen: Herr Thüne übernimmt die Teilprozesse Bezugsquellenermittlung und Bestandsplanung und -führung für alle zu beschaffenden Komponenten; Frau Nemitz-Müller übernimmt den Teilprozess Bestellabwicklung für alle zu beschaffenden Komponenten.

Zentralisation von Objekten

	Herr Thüne	**Frau Nemitz-Müller**
Beschaffungsobjekte	Rahmen, Gabeln, Räder, Schaltung, Antrieb	Bremsen, Bereifung, Beleuchtung, Lenkung, Ausstattungen 1, 2
Verrichtungen/Teilprozesse	– Bezugsquellenermittlung – Bestellabwicklung – Bestandsplanung und -führung	– Bezugsquellenermittlung – Bestellabwicklung – Bestandsplanung und -führung

Zentralisation von Verrichtungen

	Herr Thüne	**Frau Nemitz-Müller**
Verrichtungen/Teilprozesse	– Bezugsquellenermittlung – Bestandsplanung und -führung	Bestellabwicklung
Beschaffungsobjekte	– Rahmen, Gabeln, Räder, Schaltung, Antrieb – Bremsen, Bereifung, Beleuchtung, Lenkung, Ausstattungen 1, 2	– Rahmen, Gabeln, Räder, Schaltung, Antrieb – Bremsen, Bereifung, Beleuchtung, Lenkung, Ausstattungen 1, 2

Beim **Objektprinzip** führt der Mitarbeiter (Aufgabenträger) alle Teilprozesse des gesamten Beschaffungsprozesses aus, er hat den Überblick über den Gesamtprozess. Er spezialisiert sich hinsichtlich der Beschaffungsobjekte auf einige Komponenten, über die er spezielle Produktkenntnisse hat.

Beim **Verrichtungsprinzip** führt der Mitarbeiter nur bestimmte Teilprozesse des gesamten Beschaffungsprozesses aus, er ist aber für das gesamte Spektrum der Beschaffungsobjekte zuständig. Eine Abstimmung (Koordination) zwischen den Mitarbeitern ist notwendig.

ÜBERSICHT: Beschaffungsprozesse und Materialwirtschaft

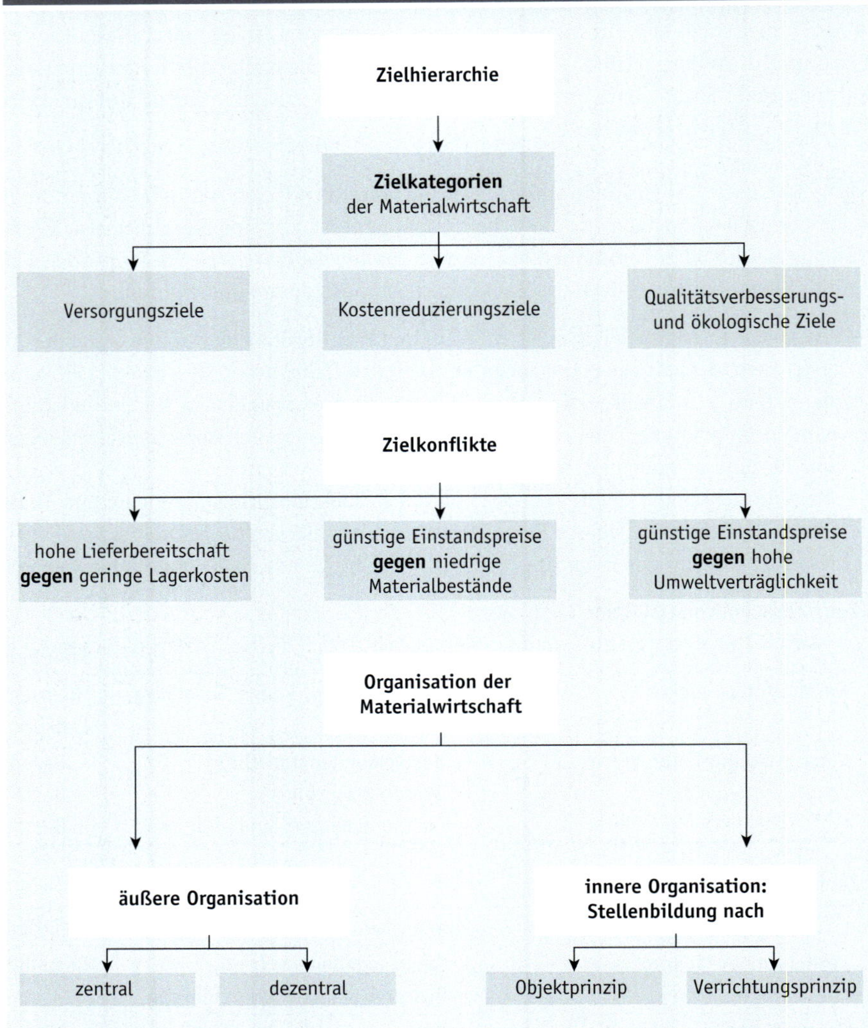

Aufgaben

1 Will ein Industrieunternehmen seinen Materialeinkauf dezentral organisieren, so kann es dies nach sachlichen Merkmalen (jede Bedarfsstelle eines Betriebes beschafft ihre Materialien selbst) oder nach örtlichen Merkmalen (Zweigwerke oder Filialen kaufen jeweils selbstständig ein) tun. Erläutern Sie jeweils einen Vorteil und einen Nachteil gegenüber einem zentralen Materialeinkauf.

2 Erläutern Sie den organisatorischen Aufbau (innere und äußere Organisation) des Materialeinkaufs Ihres Ausbildungsbetriebes.

3 Bezugsquellen ermitteln

AB → Lernsituation 48

Beispiel: Die Fly Bike Werke GmbH bezieht regelmäßig Stahlrohr in unterschiedlichen Maßen und Legierungen für die Fertigung ihrer Fahrradrahmen. Von Zeit zu Zeit will sich die Einkaufsabteilung einen Überblick über die Situation am Markt verschaffen. Frau Nemitz-Müller aus der Abteilung Einkauf ist zuständig für die Disposition. Sie wird damit beauftragt, die bestehenden Konditionen zu überprüfen und mögliche neue Bezugsquellen für Stahlrohre zu ermitteln.

3.1 Den Beschaffungsmarkt erforschen

3.1.1 Was ist Beschaffungsmarktforschung?

Für ein Unternehmen ist es notwendig, regelmäßig eine Bewertung der eigenen Beschaffungssituation vorzunehmen. Dabei richtet sich der Blick auf die Märkte, auf denen Rohstoffe, Halb- und Fertigerzeugnisse sowie Vorprodukte gehandelt werden. Diese Aufgabe wird von der Beschaffungsmarktforschung übernommen.

! **Beschaffungsmarktforschung** ist das planmäßige Sammeln und Aufbereiten von beschaffungsrelevanten Informationen einschließlich der zuverlässigen Prognose über Entwicklungen mit dem Ziel, die Beschaffungsmärkte transparenter zu machen.

vgl. Absatzmarktforschung, **LF 10**, Band 3

Eine aussagekräftige Bewertung ist allerdings nur auf der Basis von Daten und Informationen möglich, die sich auf folgende Untersuchungsobjekte beziehen:

Beschaffungsmarktforschung

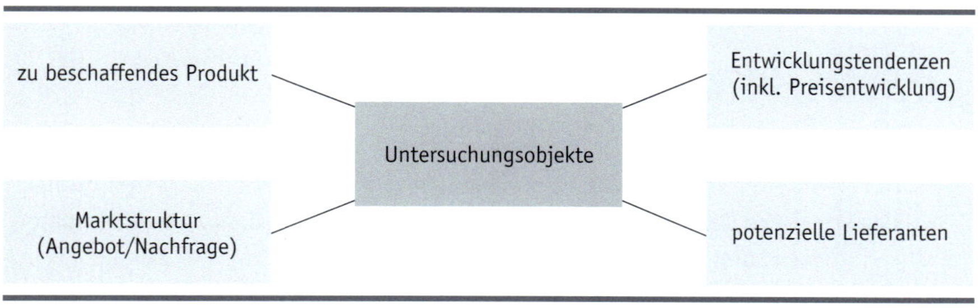

Das zu beschaffende Produkt:
Die jeweilige Bedeutung der Untersuchungsobjekte kann von Markt zu Markt sehr unterschiedlich sein. Produktinformationen können sich z. B. auf die **Materialqualität** beziehen, die Zusammensetzung aus Teilen und Baugruppen, die chemischen, physikalischen oder technischen Eigenschaften und Besonderheiten.

Darüber hinaus ist es auch wichtig, sich Informationen darüber zu verschaffen, mit welchem **Produktionsverfahren** das entsprechende Produkt hergestellt wird. Weiterhin muss sich der Beschaffungsmarktforscher darüber informieren, welche Entwicklungstendenzen sich hinsichtlich des technischen Fortschritts auf dem Gebiet der Herstellungsverfahren abzeichnen.

Der Einkäufer muss außerdem wissen, wie das Material im **eigenen Betrieb** be- bzw. verarbeitet wird und welche Schwierigkeiten bzw. technischen Probleme dabei auftreten.

Strukturelle Besonderheiten der Angebots- und Nachfrageseite:
Bei der Untersuchung der **Marktstruktur** muss sowohl auf die Angebots- als auch auf die Nachfrageseite geachtet werden:

- Bezogen auf die **Angebotsseite** werden Informationen über die Qualität, die zur Verfügung stehenden Quantitäten, die Konkurrenzsituation unter den Anbietern sowie die geografische Verteilung des Angebots benötigt.
- Für die **Nachfrageseite** des Beschaffungsmarktes ergeben sich ähnliche Informationsbedürfnisse. Es ist zu ermitteln, welche und wie viele konkurrierende Abnehmer auf dem Beschaffungsmarkt in Erscheinung treten und welchen Anteil ihr Materialverbrauch am Gesamtmarkt ausmacht.

Mithilfe dieser Informationen ist es dem Einkäufer möglich, sein Verhalten gegenüber den Lieferanten auf seine eigene Marktstellung abzustimmen.

Entwicklungstendenzen des Marktes:
Durch die laufende Beobachtung der jeweiligen Beschaffungsmärkte ist es dem Einkäufer möglich, das Marktgeschehen im Zeitablauf zu betrachten, z. B. ob jahreszeitlich bedingte Schwankungen auftreten, wie es bei landwirtschaftlichen Rohstoffen oder konsumnahen Beschaffungsmärkten der Fall ist. Bedingt durch die jeweilige Konjunkturlage kann es zu Veränderungen bei der Beschaffungssituation kommen:

- In konjunkturellen Aufschwungsphasen ist z. B. mit steigenden Preisen, verlängerten Lieferfristen oder der Vernachlässigung der Liefertreue zu rechnen.
- In Zeiten des konjunkturellen Abschwungs dagegen gibt es kaum Schwierigkeiten, die benötigten Mengen zu beschaffen, die Einkäufer können bessere Konditionen aushandeln.

Leistungsfähigkeit der möglichen Lieferanten:
Soll die Eignung des Lieferanten beurteilt werden, müssen differenzierte Informationen über seine wirtschaftliche und technische Leistungsfähigkeit beschafft werden.

3.1.2 Informationsquellen

Beispiel: Frau Nemitz-Müller informiert sich zunächst über die **betriebsinternen** Bezugsquellen über bestehende Lieferanten von Stahlrohren. Aus der Artikeldatei erfährt sie, dass Stahlrohre z. B. für das Modell Trekking *Light* von der Mannes AG in Bochum angeboten werden. Da ihr die Einstandspreise dort recht hoch erscheinen, beschließt sie, auch bei neuen Lieferanten die Konditionen (Bedingungen) für den Kauf einer größeren Menge an Stahlrohr anzufragen. Die betriebsintern gewonnenen Informationen ergänzt Frau Nemitz-Müller mit **außerbetrieblichen (betriebsexternen)** Informationen über mögliche Bezugsquellen.

Für die Industrie ist es von großer Bedeutung, stets über eine Vielzahl möglicher Bezugsquellen zu verfügen. Die schnelle Entwicklung in fast allen Branchen der Industrie erfordert eine konsequente Prüfung und ggf. Nutzung aller vorhandenen Bezugsmöglichkeiten. So können durch die zunehmende Globalisierung und den Abbau von Handelsschranken (z. B. Zöllen) Lieferanten interessant werden, die früher erst gar nicht in die nähere Auswahl gekommen wären. Außerdem kann der unvorhergesehene Ausfall eines Lieferanten durch das Vorhandensein von Alternativen im Bereich der Bezugsquellen besser aufgefangen werden.

Für die Beschaffungsmarktforschung stehen verschiedene Quellen zur Verfügung:

Betriebsinterne Informationsquellen	Betriebsexterne Informationsquellen
– Artikeldatei	– Adress- und Branchenbücher (z. B. Gelbe Seiten)
– Lieferantendatei	– Besuch von Fachmessen
– Berichte der eigenen Reisenden	– Besuche von Vertretern der Lieferanten
– Preis-, Einkaufs- und Absatzstatistiken	– Berichte und Annoncen in Fachzeitschriften – Online-Recherche: z. B. WlW (Wer liefert was?), Branchenverzeichnisse und Homepages von Anbietern – usw.

Interne Informationsquellen

Interne Informationsquellen greifen auf Informationen zurück, die bereits im eignen Unternehmen existieren. Hierzu gehören z. B. Lieferanten-, Artikel- und Kundendatei.

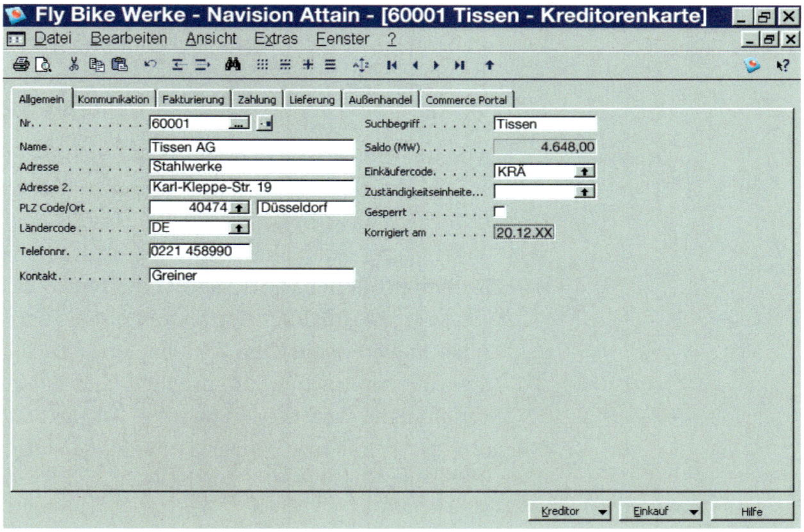

Lieferantendatei: Lieferantendateien geben Auskunft über den bestehenden Lieferantenstamm. Neben Anschrift, Telefonnummer und Ansprechpartner kann man der Lieferantendatei auch einen Überblick über das Sortiment sowie die Liefer- und Zahlungsbedingungen der Lieferanten entnehmen. Besonderer Vorteil von Lieferantendateien ist die Möglichkeit, Bemerkungen über die Zuverlässigkeit des entsprechenden Lieferanten festzuhalten.

Artikeldatei: In der Artikeldatei findet sich das gesamte Sortiment des Industrieunternehmens, üblicherweise unterteilt nach Warengruppen. Die Artikeldatei gibt Auskunft über Lieferanten, Bestellnummer, Listeneinkaufspreis und Listenverkaufspreis des jeweiligen Artikels.

Kundendatei: Die Kunden eines Industriebetriebes sind nicht selten auch gleichzeitig Lieferanten dieses Betriebes. Informationen über ihre Sortimente können daher auch der Beschaffungsmarktforschung dienen.

Externe Informationsquellen

Die meisten Industrienmessen finden in Deutschland statt, es folgen China und die USA. Die größte Industriemesse der Welt ist die HANNOVER MESSE, die auch der Öffentlichkeit zugänglich ist.

Nicht alle notwendigen Informationen lassen sich mithilfe der internen Informationsquellen ermitteln. Um Informationen über Konkurrenten auf den Beschaffungsmärkten oder deren Entwicklung zu erhalten, ist es notwendig, Informationsquellen außerhalb des eigenen Unternehmens in Anspruch zu nehmen. Auch hierzu stehen verschiedene Quellen zur Verfügung.

Informationen über den Markt und die Anbieter: Viele Informationen kann man in **Katalogen** und Prospekten anderer Unternehmen finden. Diese geben sowohl einen Überblick über deren Sortiment als auch über deren Preispolitik. In diesem Zusammenhang nehmen **Fachmessen** und Ausstellungen eine herausgehobene Stellung ein.

Informationen über einen einzelnen Anbieter: Benötigt man spezifische Informationen über ein anderes Unternehmen, so kann man sich neben den oben genannten Quellen einen grundsätzlichen Überblick durch einen Auszug des **Handelsregisters** verschaffen, das von dem Amtsgericht am Geschäftssitz des entsprechenden Unternehmens geführt wird. Das Handelsregister ist für alle öffentlich zugänglich und informiert z. B. über Geschäftssitz, Geschäftsgegenstand, Inhaber und Geschäftsführung. Werden weitergehende Informationen benötigt, so kann eine **Auskunftei** beauftragt werden, die entgeltlich Informationen z. B. über Verschuldung, Liquidität, Zahlungsverhalten und Ruf eines Unternehmens zur Verfügung stellt.

Handelsregister, vgl. **LF 1, Kap. 7.3**, Band 1

Allgemeine Informationen: Eine wichtige Quelle für Informationen jeder Art ist das **Internet**. Es bietet über Suchmaschinen eine Vielzahl von Informationen, setzt jedoch voraus, dass die Suche durch genaue und treffende Suchbegriffe eingegrenzt wird, da ansonsten eine unüberschaubare Menge an Informationen geliefert wird. **Branchenbücher** wie das „ABC der deutschen Wirtschaft" und die „Gelben Seiten" bieten einen Überblick über Unternehmen der unterschiedlichen Wirtschaftszweige. Auch **Fachzeitschriften** nennen Adressen und Tätigkeitsfelder anderer Unternehmen. Weitere Informationsquellen sind Berichte von Kreditinstituten, statistische Berichte und Jahrbücher. Behörden wie das Statistische Bundesamt, Wirtschaftsinstitute und Verbände, Industrie- und Handelskammern liefern ebenfalls wertvolle Informationen.

3.2 Lieferanten auswählen

3.2.1 Der Prozess der Lieferantenauswahl

Um einen optimalen Ablauf der Beschaffungsprozesse gewährleisten zu können, spielt die Wahl des richtigen Lieferanten eine entscheidende Rolle. Grundsätzlich lässt sich die Auswahl in zwei Stufen gliedern:

- Bei der **strategischen Lieferantenauswahl** wird über die Aufnahme eines neuen Lieferanten für eine definierte Produktgruppe in den Lieferantenstamm entschieden. Hierbei werden die Erfolgspotenziale der Zusammenarbeit erkannt und nutzbar gemacht.
- Die **operative Lieferantenauswahl** entscheidet über den Bezug eines konkreten Artikels im Rahmen der Disposition oder der operativen Beschaffung.

Der Prozess der strategischen Lieferantenauswahl vollzieht sich in fünf Schritten:

Strategische Lieferantenauswahl

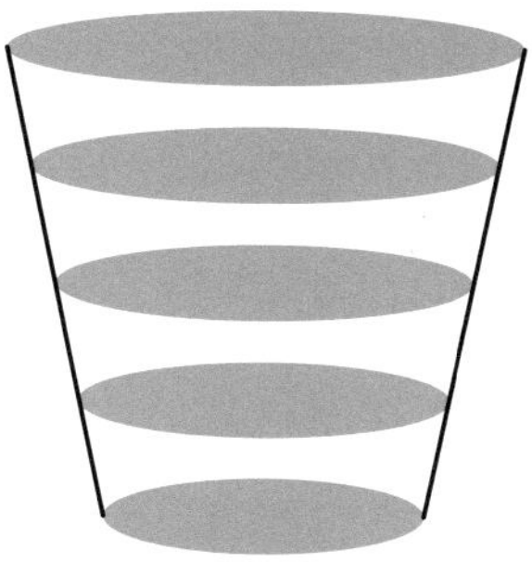

Prozessstufen	Filtergrößen
1. Lieferantenidentifikation	Produkt, Branche, Verfahren
2. Lieferanteneingrenzung	Selbstauskunft
3. Lieferantenbewertung	Lieferantenleistung
4. Lieferantenverhandlung	Verhandlungsziele, Problemkatalog
5. Lieferantenvertrag	

1. Lieferantenidentifikation: Durch sie soll der Kreis der möglichen Zulieferunternehmen systematisch – z. B. im Hinblick auf das zu beschaffende Material – eingeschränkt werden.

Weitere Informationen finden Sie unter www.4managers.de.

2. Lieferanteneingrenzung: Ziel ist es, mit den verbleibenden Lieferanten der Identifikationsphase in Kontakt zu treten, um detaillierte Informationen zu erhalten. Die hierbei aufgebauten persönlichen Kontakte spielen eine wesentliche Rolle in der späteren Verhandlung und Pflege der Beziehungen.

3. Lieferantenbewertung: Nun werden in einem nächsten Schritt zwei bis vier Lieferanten ausgewählt, mit denen Vergabeverhandlungen geführt werden. Zur Selektion bieten sich verschiedene Methoden an: Bei technisch komplexen Produkten erfolgt häufig die Vorgabe eines **Lastenheftes**, in dem alle durch den Lieferanten zu erbringenden Leistungen genau definiert sind. Um die Lieferanten quantitativ und qualitativ vergleichbar zu machen, bietet sich die **Nutzwertanalyse** an.

Nutzwertanalyse, vgl. S. 39 f.

4. Lieferantenverhandlung: Mit den besten Lieferanten der Bewertungsphase wird nun verhandelt, um bei einzelnen Vergleichskriterien Verbesserungen zu erzielen. Die Verhandlung bedingt eine intensive sachliche, organisatorische, taktische und persönliche Vorbereitung aller beteiligten Mitarbeiter.

5. Lieferantenvertrag: Der letzte Schritt ist der Abschluss eines Vertrages. Hier werden häufig Rahmenvereinbarungen getroffen, die über einen längeren Zeitraum Gültigkeit haben. Solche Rahmenverträge bieten beiden Vertragspartnern erhöhte Planungssicherheit.

Kaufvertrag, vgl. **Kap. 4.1 – 4.5**

3.2.2 Anfragen

Beispiel: Frau Nemitz-Müller ermittelt auf Basis der betriebsintern und -extern gewonnenen Informationen insgesamt vier Unternehmen, die als Lieferanten für Stahlrohr infrage kommen. Anschließend verschickt sie entsprechende Anfragen an diese Unternehmen.

Fly Bike Werke GmbH

FBW GmbH • Rostocker Str. 334 • 26121 Oldenburg

Stahlwerke Tissen AG
Karl-Kleppe-Str. 19
40474 Düsseldorf

Ihr Zeichen, Ihre Nachricht vom	Unser Zeichen, unsere Nachricht vom	Telefon, Name	Datum
	nem	0441 885-77 Frau Nemitz-Müller	27.05.20XX

Anfrage nach Stahlrohr, 34 mm x 2 mm
Rundrohr, CrMoB

Sehr geehrte Damen und Herren,

für die Fertigung unserer Fahrradrahmen benötigen wir Stahlrohr der o.a. Spezifikation.

Wir gehen zunächst von einer Bedarfsmenge von 4 000 m aus. Bitte senden Sie uns schnellstmöglich ein Angebot unter Angabe Ihrer Zahlungs- und Lieferungsbedingungen.

Mit freundlichen Grüßen

Fly Bike Werke GmbH

i.A. Nemitz-Müller

Nemitz-Müller

Form: Anfragen sind **an keine Form gebunden**, d. h., sie können schriftlich, mündlich, telefonisch oder auch per E-Mail abgegeben werden.

Inhalt: Jedes Anfrageschreiben sollte folgende Bestandteile aufweisen:
- einen aussagekräftigen Betreff („Anfrage nach ...") und Schlusssatz,
- die Information, wie man auf diesen Anbieter aufmerksam geworden ist,
- den Grund der Anfrage.

Eine **bestimmte Anfrage** (= nach bestimmten Produkten) muss darüber hinaus
- die benötigte Ware oder Dienstleistung mit der gewünschten Qualität und Menge konkret bezeichnen,
- die Preise sowie die Zahlungs- und Lieferungsbedingungen erfragen und
- auf den gewünschten Liefertermin hinweisen.

Eine **unbestimmte Anfrage** (ohne feste Kaufabsicht geschrieben) enthält stattdessen die Bitte um Kataloge, Muster, Prospekte, Preislisten oder einen Vertreterbesuch.

Rechtliche Einordnung: Anfragen sind stets **unverbindlich**, stellen also niemals einen Antrag auf Abschluss eines Kaufvertrages dar.

3.2.3 Angebotsvergleich

AB → Lernsituation 49

Immer wenn Unternehmen neue bzw. bisher noch nicht gelistete Ware beziehen, sollten sie einen Angebotsvergleich durchführen. Da die Lieferanten eventuell neu oder ihre Konditionen für das Produkt andere als bisher bekannte sind, schaffen sich Unternehmen durch einen Angebotsvergleich die Möglichkeit, das für sie beste Angebot zu ermitteln.

Beispiel: Auf ihre Anfragen erhält Frau Nemitz-Müller vier Angebote. Daraus entnimmt sie Preise und weitere Konditionen für die geplante Bestellmenge und vergleicht sie in einer Tabelle:

Tabellarischer Vergleich von Angeboten

Artikel 1034020	**Stahlrohre, Außendurchmesser 34 mm, Wandstärke 2,00 mm, für Eigenfertigung**			
Lieferanten-Nr.	–	–	60002	60001
Lieferant	Frankenstahl GmbH & Co. KG	Metallwerke GmbH	Mannes AG	Stahlwerke Tissen AG
Listeneinkaufspreis	3,70 €/m	3,90 €/m	3,80 €/m	4,00 €/m
Menge	4000 m	4000 m	4000 m	4000 m
Lieferantenrabatt	ab 1000 m 12 %	ab 1000 m 8 %, ab 2000 m 11 %	ab 1000 m 5 %, ab 2000 m 10 %	ab 2000 m 15 %
Zahlungskonditionen	innerhalb von 10 Tagen 3 % Skonto, Ziel 30 Tage	innerhalb von 14 Tagen 2,5 % Skonto, rein netto 30 Tage	innerhalb von 10 Tagen 3 % Skonto, Ziel 30 Tage	Zahlungsziel 8 Tage, kein Skonto
Bezugskosten	Transportkostenpauschale 1.200,00 €	Transportkostenanteil 5 % vom Zieleinkaufspreis	Anlieferungspauschale 1.000,00 €	ab 5.000,00 € Auftragswert Lieferung frei Lager
Lieferfrist	7 Tage	4 Tage	6 Tage	4 Tage
Weitere Kriterien aus den internen Dispositionsunterlagen	keine Erfahrungswerte	keine Erfahrungswerte	hohe Qualität, sehr zuverlässig	hohe Qualität, sehr zuverlässig

Quantitativer Angebotsvergleich

! Beim quantitativen Angebotsvergleich richtet sich die Kaufentscheidung nach **messbaren Größen** wie dem Listeneinkaufspreis der Ware, der Höhe der Preisnachlässe sowie den Beförderungs- und Verpackungskosten (Bezugskosten).

Die Angebotsbedingungen der potenziellen Lieferanten können bezüglich der Listenpreise, Rabatte sowie Zahlungs- und Lieferbedingungen stark voneinander abweichen. Daher ist es notwendig, alle Angebote auf einen einheitlichen Vergleichsmaßstab, den **Einstands-** oder **Bezugspreis,** zu kalkulieren.

Der Einstands-/Bezugspreis wird stets netto, d. h. **ohne Mehrwertsteuer,** angegeben!

Quantitativer Angebotsvergleich auf Basis des Bezugspreises

Lieferant	Frankenstahl GmbH & Co. KG	Metallwerke GmbH	Mannes AG	Stahlwerke Tissen AG
① Listeneinkaufspreis	14.800,00 €	15.600,00 €	15.200,00 €	16.000,00 €
– Lieferantenrabatt	1.776,00 €	1.716,00 €	1.520,00 €	2.400,00 €
② = Zieleinkaufspreis	13.024,00 €	13.884,00 €	13.680,00 €	13.600,00 €
– Lieferantenskonto/ Lieferantenbonus	390,72 €	347,10 €	410,40 €	0,00 €
③ = Bareinkaufspreis	12.633,28 €	13.536,90 €	13.269,60 €	13.600,00 €
④ + Bezugskosten	1.200,00 €	694,20 €	1.000,00 €	0,00 €
⑤ = Bezugspreis/Einstandpreis	13.833,28 €	14.231,10 €	14.269,60 €	13.600,00 €

Ergebnis: Der preisgünstigste Anbieter ist die Stahlwerke Tissen AG.

Erläuterungen

① Der **Listeneinkaufspreis** ist ein Nettobetrag ohne Umsatzsteuer.

vgl. Verkaufskalkulation eigener Produkte, LF 4, Kap. 3.4, Band 1

② Enthält das Angebot sowohl Rabatt als auch Skonto, wird zunächst der Rabatt vom Listeneinkaufspreis abgezogen, da er vertraglich vereinbart ist. Das Ergebnis ist der **Zieleinkaufspreis**.

Skonto
Preisnachlass auf den Rechnungsbetrag bei Zahlung innerhalb einer bestimmten Frist

③ Davon wird Skonto abgezogen. Das Ergebnis ist der **Bareinkaufspreis**.

④ Die **Bezugskosten** werden in der Regel nicht skontiert und daher erst jetzt – auf den Bareinkaufspreis – aufgeschlagen. Bezugskosten können als prozentualer Zuschlag auf den Listeneinkaufspreis oder auf den Zieleinkaufspreis vereinbart werden. **Verpackungskosten** als Bestandteil der Bezugskosten werden aber oft auch als Pauschalbeträge in Abhängigkeit von der Einkaufsmenge angegeben. **Versandkosten** sind häufig nicht nur von der Einkaufsmenge (Volumen, Gewicht), sondern auch von der Transportentfernung abhängig.

§ 448 BGB Kosten der Übergabe und vergleichbare Kosten

Haben die Vertragsparteien keine besonderen Vereinbarungen über die **Versandkosten** getroffen, gilt die **gesetzliche Regelung**: Der Verkäufer trägt die Versandkosten bis zum Verladebahnhof, alle weiteren Transportkosten trägt der Verkäufer.

vgl. Incoterms® (internationale Handelsklauseln, die die Transportkostenübernahme und den Gefahrenübergang regeln), LF 10, Band 3

Häufig verwenden Kaufleute aber sogenannte **Frachtklauseln**, um die Übernahme der Versandkosten zu regeln. Akzeptiert der eine Vertragspartner die ihm vorgeschlagene Frachtklausel (Lieferbedingung), wird diese fester Bestandteil des Kaufvertrages. Die Übersicht auf Seite 39 zeigt die im Binnenhandel geläufigsten Frachtklauseln.

⑤ Die Summe aus dem Bareinkaufspreis und den Bezugskosten ergibt den **Bezugs- oder Einstandspreis**.

Frachtklauseln: Wer trägt die Beförderungskosten?

<table>
<tr><th>Kosten / Frachtklausel</th><th>Anfuhrkosten (bis Verlade-station)</th><th>Verladekosten</th><th>Frachtkosten</th><th>Entladekosten</th><th>Zufuhrkosten (ab Entlade-station)</th></tr>
<tr><td>„frei Haus“, „frei Lager“, „frei Werk“</td><td colspan="5">Verkäufer</td></tr>
<tr><td>„frei“, „frachtfrei“, „frei Bahnhof dort“</td><td colspan="3">Verkäufer</td><td colspan="2">Käufer</td></tr>
<tr><td>„frei Waggon“, „frei Schiff“</td><td colspan="2">Verkäufer</td><td colspan="3">Käufer</td></tr>
<tr><td>„unfrei“, „ab hier“, „frei Bahnhof hier“ (gesetzliche Regelung beim Versendungskauf)</td><td>Verkäufer</td><td colspan="4">Käufer</td></tr>
<tr><td>„ab Werk“, „ab Lager“ (Platzkauf)</td><td colspan="5">Käufer</td></tr>
</table>

Qualitativer Angebotsvergleich (mithilfe der Nutzwertanalyse)

Beispiel: Die Fly Bike Werke GmbH erhält Angebote von zwei Lieferanten, die sich hinsichtlich des Bezugspreises nur geringfügig unterscheiden. Nach welchen anderen Kriterien neben dem Bezugspreis sollte Frau Nemitz-Müller eine Entscheidung für oder gegen eines dieser Angebote treffen?

Das Angebot mit dem günstigsten Bezugspreis muss nicht unbedingt gleichzeitig das beste sein. Wenn z. B. der Lieferant mit dem günstigsten Bezugspreis nur minderwertige oder mangelhafte Qualität liefert, können dem Betrieb hohe Kosten durch Produktionsstockungen und Kundenreklamationen entstehen. Bei einem Angebotsvergleich müssen also neben dem Preis weitere Aspekte berücksichtigt werden.

Qualität des Materials: Ein Produkt ist nur verkäuflich, wenn es den Qualitätsansprüchen der Kunden entspricht. Ist der Kunde von der Qualität des Produktes enttäuscht, bleibt es liegen oder wird beanstandet.

Umweltverträglichkeit der Ware: Kein Betrieb kann sich heute der Verantwortung für die Umwelt verschließen. Je nach Unternehmensziel und Sortiment erhält die Umweltverträglichkeit der zu beschaffenden Materialien und deren Verpackung unterschiedliche Gewichtung.

Lieferbedingungen: Ein Betrieb ist davon abhängig, dass die Produkte pünktlich und mangelfrei geliefert werden. Fehlendes Material kann die Produktion verlangsamen, dies kann zu Lieferungsverzögerungen und damit zu Kunden- und Umsatzverlusten sowie Gewinneinbußen führen.

Von Interesse bei der Lieferantenauswahl ist auch,
- innerhalb welcher Frist der Lieferant liefern kann,
- welche Mengen er liefern kann,
- ob er Mindestbestellmengen vorgibt und
- wie flexibel er auf Sonderwünsche reagiert.

Liquidität
Verfügbarkeit über genügend Zahlungsmittel

Kulanz
freiwilliges Entgegenkommen eines Vertragspartners gegenüber dem anderen nach Vertragsabschluss (ohne gesetzliche Verpflichtung

Zahlungsbedingungen: Neben den Preisnachlässen, die im quantitativen Angebotsvergleich berücksichtigt werden, ist der Zahlungszeitpunkt wesentlich für die Kaufentscheidung. Bietet ein Lieferant ein Zahlungsziel an, kann es für den Betrieb vorteilhaft sein, dieses auszunutzen, um seine Liquidität zu erhalten.

Serviceleistungen des Lieferanten: Wichtige Entscheidungskriterien sind die Kulanz eines Lieferanten in Reklamationsfällen und der Umfang der gewährten Garantieleistungen. Ausschlaggebend können auch Zusatzleistungen des Lieferanten sein, wie z. B. Beratung, Schulungen des Verkaufspersonals, der Einsatz von Werbefilmen, Flyern und anderen Werbemitteln.

Um die qualitativen Aspekte verschiedener Angebote miteinander vergleichen zu können, ist es sinnvoll, eine **Nutzwertanalyse** durchzuführen. Hierbei werden ausgewählte Leistungen der Anbieter mit einem Punktesystem bewertet. Diese Bewertung erfolgt mithilfe einer Entscheidungstabelle. Zur besseren Übersichtlichkeit sollen nur beispielhaft einige Kriterien zum Vergleich herangezogen werden.

Vorgehensweise/Ablauf der Nutzwertanalyse

1. Die ausgewählten Leistungskriterien der verschiedenen Lieferanten, z. B. Qualität, Lieferfrist und Umweltverträglichkeit, haben für jedes Unternehmen unterschiedliche Bedeutung. In dem unten abgebildeten Beispiel wird die Qualität der Ware mit dem Gewichtungsfaktor 5 als wichtiger eingestuft als die Lieferfrist (Faktor 3) und die Umweltverträglichkeit (Faktor 2). Der Bezugspreis ist aber für jedes Unternehmen wichtig, erhält also 5 Gewichtungspunkte.
2. Die Leistungen der verschiedenen Lieferanten werden nach einer Punkteskala von 1 („sehr schlecht") bis 9 („sehr gut") bewertet. So erhält der Lieferant 1 für die Qualität der Waren 5 Punkte, für die Lieferfrist 7 Punkte und für die Umweltverträglichkeit 4 von jeweils 9 möglichen Punkten. Ein niedriger Bezugspreis erhält viele Bewertungspunkte, ein hoher Preis wenige.
3. Die Bewertungspunkte werden mit dem Gewichtungsfaktor multipliziert.
4. Das Gesamtergebnis für die einzelnen Lieferanten ergibt sich aus der Addition der gewichteten Bewertungen.
5. Das beste Gesamtergebnis hat der Lieferant mit der höchsten Punktzahl.

Kriterien	Gewichtungsfaktor	Lieferant 1		Lieferant 2		Lieferant 3	
		Punkte	Punkte · Faktor	Punkte	Punkte · Faktor	Punkte	Punkte · Faktor
Bezugspreis	5	7	35	5	25	3	15
Qualität der Ware	5	5	25	7	35	6	30
Lieferfrist	3	7	21	8	24	5	15
Umweltverträglichkeit	2	4	8	4	8	2	4
Gesamtwert	**15**		**89**		**92**		**64**

Ergebnis: Das beste **Gesamtergebnis** unter quantitativen **und** qualitativen Gesichtspunkten hat der Lieferant 2 mit 92 Punkten. Trotz eines gegenüber Lieferant 1 höheren Einstandspreises stiftet er den **höchsten Gesamtnutzen**.

ÜBERSICHT: Bezugsquellenermittlung

Bezugsquellen ermitteln

Beschaffungsmarkt erforschen, um Beschaffungsmärkte transparenter zu machen

Untersuchungsobjekte:
- Beschaffungsprodukt
- Marktstruktur (Angebot/Nachfrage)
- Entwicklungstendenzen (inkl. Preisentwicklung)
- potenzielle Lieferanten

Informationsquellen:
- intern (z. B. Lieferanten-, Artikel-, Kundendatei)
- extern (z. B. Kataloge, Messen, Handelsregister, Internet)

Lieferanten auswählen
Kriterien: Qualität, Preis/Konditionen, Service

Prozessstufen der strategischen Lieferantenauswahl:
- Lieferanten identifizieren
- Lieferanten eingrenzen
- Lieferanten bewerten (quantitativer/qualitativer Angebotsvergleich, z. B. Nutzwertanalyse)
- Verhandlungen führen
- Vertrag schließen

3.2.4 Exkurs: Geschäftskorrespondenz nach DIN 5008

Die Schreib- und Gestaltungsregeln für Geschäftsbriefe sind in der Norm DIN 5008 festgelegt. Die DIN 5008 regelt, wie ein anerkannter Geschäftsbrief auszusehen hat, an welchen Stellen welche notwendigen Inhalte stehen müssen. Die DIN 5008 wird in bestimmten Abständen aktualisiert; halten Sie sich daher über etwaige Änderungen auf dem Laufenden.

Auf der folgenden Seite finden Sie – mit Erklärungen versehen – einen Geschäftsbrief der Fly Bike Werke GmbH nach DIN 5008 (zum Teil vereinfacht dargestellt).

Wenn Sie einen Geschäftsbrief schreiben,
- beachten Sie die DIN-gerechte Aufteilung des Briefs nach DIN 5008,
- schreiben Sie keinen zu langen Brieftext und
- gliedern Sie Ihren Brieftext übersichtlich durch Absätze.

Falls Sie direkt auf einen eingegangenen Geschäftsbrief antworten, ist es üblich, den zu verfassenden Brief mit einem Dank für das erhaltene Schreiben zu beginnen. Wird der Geschäftsbrief mithilfe eines Textverarbeitungsprogramms erstellt, so ist nur ein Zeilenabstand von 1 erlaubt. Als Schriftart wird in der Regel Times New Roman oder Arial in der Schriftgröße 11 pt verwendet. Die Schriftgröße 10 pt darf im laufenden Text nicht unterschritten werden.

Fly Bike Werke GmbH

FBW GmbH • Rostocker Str. 334 • 26121 Oldenburg

•
•
•

Wohnungsbaugesellschaft
Meyer & Meyer GmbH
Parkweg 22
12568 Berlin
•
•

Das Anschriftenfeld besteht aus 9 Zeilen:
1.–3. Zusatz- und Vermerkzone, z. B. Info für die Post, Einschreiben, Werbesendung, Drucksache
4.–9. Diese Zeilen können flexibel für die Anschrift verwendet werden, in folgender Reihenfolge: Empfängerbezeichnung/Anrede, z. B. Firmenbezeichnung oder Frau/Herrn
ggf. Empfänger: Vor- und Nachname, ggf. mit akademischem Grad oder Titel
Postfach mit Nummer oder Straße mit Hausnummer
Postleitzahl und Bestimmungsort (Postleitzahl wird ohne Leerstelle geschrieben)
ggf. Bestimmungsland
ggf. Leerzeile

Die **Bezugszeile** dient der Orientierung des Briefempfängers und des Absenders:
1. Kurzzeichen für Namen werden kleingeschrieben.
2. Für das Datum existieren zwei mögliche Schreibweisen:
   a) Jahr-Monat-Tag, z. B. 2009-07-18
   b) Tag. Monat. Jahr, z. B. 18. 07. 2009

Ihr Zeichen, Ihre Nachricht vom	Unser Zeichen, unsere Nachricht vo		
mm	cs-ef	0441 885-36 Herr Steffes	15.11.20XX

•
•

Kündigung des Mietvertrages

Betreff
Stichwortartige Inhaltsangabe des ganzen Briefes. Sie dient dazu, dem Leser auf den ersten Blick eine Orientierung zu geben. Der Betreff wird ohne Schlusspunkt geschrieben, er kann z. B. durch Fettdruck hervorgehoben werden.

•
•

Sehr geehrter Herr Meyer,
•
hiermit möchte ich im Namen der Fly Bike Werke GmbH die Lagerhalle in der Marxstraße 18 fristgemäß zum 31.12.20XX kündigen.

Anrede
Ist der Empfänger bekannt, so wird dieser mit seinem Namen angesprochen. Ansonsten formuliert man allgemein (z. B.: Sehr geehrte Damen und Herren). Nach der Anrede steht ein Komma. Auch ein Ausrufezeichen ist erlaubt.

Nachdem wir unsere Umbaumaßnahme
abgeschlossen haben, benötigen wir das Außenlager in der Marxstraße nicht mehr

Gruß
Der Geschäftsbrief wird mit einem Gruß abgeschlossen.
Üblich ist: „Mit freundlichen Grüßen“ oder „Mit freundlichem Gruß“.

Ich danke Ihnen für die vertrauensvolle
•
Mit freundlichen Grüßen
•
Fly Bike Werke GmbH

Wiederholung der Firma

•
i. A. C. Steffes
•
C. Steffes

Unterschrift
Für die Unterschrift werden in der Regel 3 Zeilen reserviert.
Ist der Unterzeichner (wie im Beispiel) nicht Inhaber des Unternehmens, so gibt ein Kürzel vor der Unterschrift die entsprechende Vollmacht des Unterzeichners an.
ppa. (per Prokura) = Prokura
i. V. (in Vertretung) = Handlungsvollmacht
i. A. (im Auftrag) = Einzelvollmacht

maschinenschriftliche Namenswiederholung des Briefverfassers

•
Anlage
Kopie des Mietvertrages

Anlagenvermerk
Wenn dem Brief eine Unterlage beigefügt ist, wird ein Anlagenvermerk gemacht und die beigefügte Unterlage aufgezählt. Aus Platzgründen kann der Anlagenvermerk auch rechts neben dem Gruß stehen.

gesetzlich vorgeschriebene Bestandteile von Geschäftsbriefen, Geschäfts-E-Mails usw. (laut HGB, GmbHG, AktienG)

Geschäftsführer Hans Peters HR Oldenburg B 2134	Bankverbindungen Deutsche Bank AG Oldenburg BLZ 280 700 57 Konto-Nr. 2114253666	Landessparkasse Oldenburg BLZ 280 501 00 Konto-Nr. 112326444	Fax 0441 885 92-11 E-Mail mail@flybike.de	Finanzamt 2364 Oldenburg Steuer-Nr. 11 28 87 00 057 USt-ID-Nr. DE 236667691

Aufgaben

1 Da in der Fly Bike Werke GmbH die Materialkosten ca. 50 % der Gesamtkosten ausmachen, sollen die Beschaffungsmitarbeiter die Beschaffungsmarktforschung intensivieren, um die Kosten der Materialienbeschaffung zu senken.

a Ein neuer Lieferant für Fahrradbeleuchtungen soll gesucht werden. Auf welche Informationsquellen kann man bei der Suche zurückgreifen?

b Erläutern Sie, welche Informationen benötigt werden, um für einen möglichen Lieferanten eine Bewertung durchführen zu können.

2 Die Hecht Filterbau AG stellt Wechselfilter für die Automobilproduktion her. Die zur Herstellung benötigten Flachdichtungen werden als Fremdbauteile von Lieferanten bezogen. Der Bedarf an Flachdichtungen wird laut Beschaffungsplanung für sechs Monate mit 180 000 Stück ermittelt. Aufgrund verschiedener Anfragen und einer Vorauswahl von Angeboten ist einer der beiden nachstehenden Lieferanten auszuwählen:

	Merkle GmbH	Barth KG
Listeneinkaufspreis	8,00 € je 100 Stück	70,00 € je 1 000 Stück
Rabatt	– 10 % ab einer Lieferung von 5 000 Stück – 20 % ab einer Lieferung von 150 000 Stück	–
Zahlungsbedingungen	zahlbar innerhalb von 10 Tagen unter Abzug von 3 % Skonto, 30 Tage Ziel für 180 000 Stück	zahlbar innerhalb von 15 Tagen unter Abzug von 2 % Skonto, 60 Tage Ziel
Lieferungsbedingungen	Transportkosten 150,00 €	frei Haus

a Für welches Angebot sollte sich das Unternehmen entscheiden, wenn ausschließlich nach rechnerischen Gesichtspunkten entschieden wird? Gehen Sie von einem Planungszeitraum von sechs Monaten aus. Begründen Sie Ihre Entscheidung rechnerisch.

b Vergleichen Sie die Zahlungsbedingungen beider Firmen miteinander und entscheiden Sie, welche Bedingung unter den Gesichtspunkten der Verzinsung die günstigere für den Käufer ist. Begründen Sie Ihre Entscheidung rechnerisch und verbal.

c Nennen und beschreiben Sie drei weitere Gesichtspunkte, die bei einem Lieferantenvergleich berücksichtigt werden sollten.

d Der Lieferantenvergleich ist auf der Grundlage einer wertanalytischen Vorgehensweise durchzuführen. Beschreiben Sie die einzelnen Schritte dieser Vorgehensweise am vorliegenden Beispiel.

3 Ein Kunde bezahlt durch Überweisungsauftrag eine Rechnung über 2.500,00 € abzüglich 2 % Skonto. Die Zahlungsbedingungen des Lieferanten lauten: „2 % Skonto bei Zahlung innerhalb von zwölf Tagen, netto zahlbar innerhalb von 30 Tagen“. Um den Skontoabzug in Anspruch nehmen zu können, müsste der Kunde einen Kredit aufnehmen. Wie viel Zinsen berechnete ihm die Bank (in € und in % pro Jahr), wenn er durch die Inanspruchnahme des Skontoabzugs per Saldo einen Finanzierungsgewinn von 42,65 € hatte?

Zinsrechung, vgl. **Kaufmännisches Rechnen, Kap. 6**, Band 1

4 Ein Unternehmen bezieht zwei Drehbänke. Die Drehbänke haben folgende Netto-Listenpreise:
- Typ 1: 42.750,00 €
- Typ 2: 80.250,00 €

Auf den Listenpreis erhält der Großhändler 20 % Rabatt; netto 30 Tage, bei Zahlung innerhalb von 10 Tagen 2 % Skonto. Die Frachtrechnung des Spediteurs beträgt für beide Drehbänke 265,00 € netto. Die Versicherungsprämie beträgt 60,30 €. Berechnen Sie die Bezugspreise für beide Drehbänke.

5 Ein Einkaufsdisponent Ihres Ausbildungsbetriebes hat als Übung für Sie die nachfolgende – unvollständige – Wertanalyse vorbereitet.

a Ergänzen Sie sechs mögliche Kriterien, die bei der Beurteilung der Lieferanten Ihres Ausbildungsbetriebes eine Rolle spielen könnten.

b Bestimmen Sie nach der vorliegenden Wertanalyse den besten Lieferanten.

Kriterien	Gewichtung in %	Punktbewertung														
		Lieferer A					Lieferer B					Lieferer C				
		1	2	3	4	5	1	2	3	4	5	1	2	3	4	5
	30	■						■							■	
	25			■						■			■			
	20		■				■							■		
	15			■							■	■				
	5				■				■			■				
	5				■				■							■

6 Die Roland Kaiser KG, Potsdamer Platz 19 in 53119 Bonn, plant die Neuausstattung ihrer Konferenzräume mit dunkelblauen Teppichböden in gehobener Qualität. Die Größe der Räume ist auf insgesamt 120 m² kalkuliert. Die Lieferung der Teppichböden soll innerhalb der nächsten acht Wochen erfolgen.

a Ermitteln Sie drei mögliche Lieferanten für die gewünschte Leistung. Welche Informationsquelle(n) haben Sie dabei genutzt?

b Formulieren Sie eine entsprechende briefliche Anfrage. Geben Sie dabei für Sie vorteilhafte Liefer- und Zahlungsbedingungen vor. Beachten Sie zudem die Regeln der DIN 5008.

4 Bestellungen abwickeln

Beispiel: Wie jeder Industriebetrieb bezieht die Fly Bike Werke GmbH Produktionsfaktoren auf Beschaffungsmärkten und verkauft Fertigprodukte über Absatzmärkte. Bei diesen Beschaffungs- und Veräußerungsprozessen spielen rechtliche Vorgänge eine erhebliche Rolle.

Bedarfsplanung, vgl. **LF 5**, **Kap. 5.2** und **5.3**, Band 1

Absatzplanung, vgl. **LF 10**, Band 3

In diesem Kapitel betrachten Sie das Zustandekommen von Verträgen (insbesondere von Kaufverträgen), die Vertragserfüllung und die Störungen bei der Erfüllung von Verträgen näher.

4.1 Zustandekommen von Kaufverträgen

AB → **Lernsituation 50**

Beispiel: Im Rahmen der Disposition eines Auftrags über 170 Trekkingräder stellt die zuständige Sachbearbeiterin im Einkauf, Frau Nemitz-Müller, fest, dass noch 4 000 m Stahlrohre beschafft werden müssen. Sie schickt Anfragen an Unternehmen, die als Lieferanten infrage kommen. Innerhalb der folgenden Woche treffen verschiedene Angebote ein. Diese müssen sorgfältig geprüft werden, bevor ein Kaufvertrag geschlossen wird.

! Der **Kaufvertrag** ist – wie jeder andere Vertrag auch – eine Vereinbarung, durch den sich die am Vertrag beteiligten Personen (Vertragsparteien) zum Austausch von Leistung und Gegenleistung verpflichten.

So verpflichtet sich beispielsweise die Stahlwerke Tissen AG (Verkäufer), dem Käufer Stahlrohre zu einem bestimmten Preis zu liefern und das Eigentum daran zu verschaffen, während die Fly Bike Werke GmbH (Käufer) den Preis vollständig und pünktlich zu zahlen und die Stahlrohre abzunehmen hat.

Ein Vertrag kommt wie folgt zustande:
Jemand bietet einem anderen die Schließung eines Vertrages an und dieser nimmt den Antrag an. Mit der Annahme des Antrags kommt der Vertrag zustande (§ 433 BGB). Die zeitlich zuerst abgegebene Willenserklärung bezeichnet man als **Antrag** (in der Wirtschaftssprache wird häufiger der Begriff **Angebot** verwendet), die zeitlich später abgegebene Willenserklärung als **Annahme**.

Antrag, vgl. **Kap. 4.1.1**

Zustandekommen von Verträgen

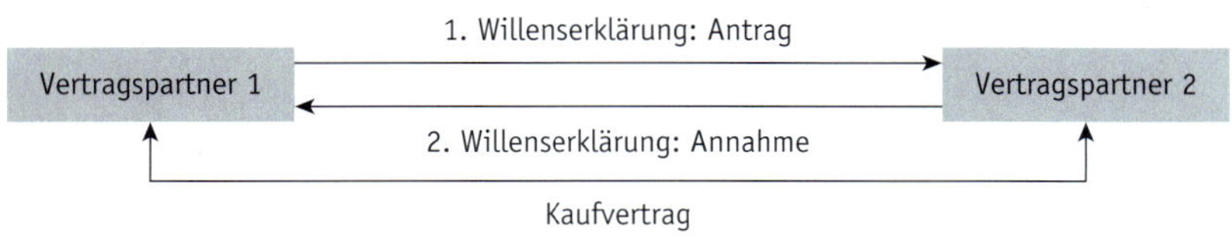

Die Vertragsschließenden werden, je nachdem, in welcher Eigenschaft sie sich gegenübertreten, entweder als Verbraucher, Unternehmer und/oder Kaufmann bezeichnet.

§ 13 BGB

- **Verbraucher** ist jede natürliche Person, die ein Rechtsgeschäft zu einem Zweck abschließt, der weder ihrer gewerblichen noch ihrer selbstständigen beruflichen Tätigkeit zugerechnet werden kann.

§ 14 BGB

Unternehmensformen, **vgl. LF1, Kap. 8, Band 1**

- **Unternehmer** ist eine natürliche oder juristische Person oder eine rechtsfähige Personengesellschaft, die bei Abschluss eines Rechtsgeschäfts in Ausübung ihrer gewerblichen oder selbstständigen beruflichen Tätigkeit handelt. Unter den Begriff des Unternehmers fallen insoweit auch die freien Berufe (Ärzte, Rechtsanwälte u. Ä.), die kein Gewerbe im Sinne des Handelsrechts betreiben.

Kaufmann, **vgl. LF1, Kap. 7, Band 1**

- **Kaufmann** ist, wer ein Handelsgewerbe betreibt. Hinzu kommen die Kannkaufleute und die Formkaufleute.

Beispiel: Die Fly Bike Werke GmbH ist qua Rechtsform (GmbH) Unternehmer und gleichzeitig Kaufmann.

Bürgerlicher Verkauf – Einkauf auf dem Flohmarkt

Unternehmer- und Kaufmannseigenschaft müssen nicht zwangsläufig zusammenfallen. So sind z. B. Angehörige der freien Berufe Unternehmer im Sinne des BGB, aber keine Kaufleute. Kaufleute sind jedoch **immer** gleichzeitig Unternehmer.

Je nachdem, wer an einem Kaufvertrag beteiligt ist, unterscheidet man die folgenden Arten von Kaufverträgen:

- Handeln beide Vertragspartner als Verbraucher oder „nur" als Unternehmer, so spricht man von einem **bürgerlichen Kauf**. Hier finden ausschließlich die allgemeinen Vorschriften zum Kaufvertrag (§§ 433 ff. BGB) Anwendung.
- Ein **einseitiger Handelskauf** liegt vor, wenn nur eine Vertragspartei Kaufmann und der Vertragsabschluss für sie ein Handelsgeschäft ist. Die von einem Kaufmann vorgenommenen Rechtsgeschäfte gelten nach § 344 HGB im Zweifel als zum Betrieb seines Handelsgewerbes gehörig.
- Sind dagegen beide Vertragsparteien Kaufleute, besteht ein **zweiseitiger Handelskauf**.

Eine Sache (§ 90 BGB) ist ein räumlich abgrenzbarer Gegenstand. Eine bewegliche Sache ist eine Sache, die weder Grundstück noch Grundstücksbestandteil ist. Tiere sind keine Sachen.

Ist bei Kaufverträgen über bewegliche Sachen der Verkäufer ein Unternehmer oder ein Kaufmann und der Käufer ein Verbraucher oder ist der Verkäufer Verbraucher und der Käufer Kaufmann, liegt für den Verbraucher ein sogenannter **Verbrauchsgüterkauf** vor. Allerdings liegt kein Verbrauchsgüterkauf vor, wenn gebrauchte Sachen in öffentlichen Versteigerungen verkauft werden, an denen der Verbraucher persönlich teilnehmen kann.

Bürgerlicher Kauf, Handelskauf und Verbrauchsgüterkauf bei Kaufverträgen über bewegliche Sachen

Käufer ist / Verkäufer ist	Verbraucher	Unternehmer (nicht gleichzeitig Kaufmann)	Kaufmann
Verbraucher	bürgerlicher Kauf	bürgerlicher Kauf	einseitiger Handelskauf für Kaufmann und Verbrauchsgüterkauf für Verbraucher
Unternehmer (nicht gleichzeitig Kaufmann)	Verbrauchsgüterkauf	bürgerlicher Kauf	einseitiger Handelskauf
Kaufmann	einseitiger Handelskauf für Kaufmann und Verbrauchsgüterkauf für Verbraucher	einseitiger Handelskauf	zweiseitiger Handelskauf

Neben den allgemeinen Bestimmungen über den Kauf gelten für den Verbrauchsgüter- und den Handelskauf spezielle Regelungen. Die Regelungen für den Verbrauchsgüterkauf finden Sie in den §§ 474–479 BGB und für den Handelskauf in den §§ 373–381 HGB.

Beispiel: Es ergeben sich unterschiedliche Rechtsfolgen, falls Frau Nemitz-Müller als Privatperson – also in der Funktion eines Verbrauchers – einen Sattel für ihr Fahrrad kauft (Verbrauchsgüterkauf) oder in ihrer Funktion als Erfüllungsgehilfe für das Unternehmen, bei dem sie beschäftigt ist (zweiseitiger Handelskauf).

4.1.1 Antrag

Wesen des Antrags

! Ein Antrag ist eine einseitige, empfangsbedürftige Willenserklärung, die auf einen Vertragsschluss gerichtet ist.

Willenserklärung, vgl. **LF 1, Kap. 6.3.2** und **6.5**, Band 1

Das bedeutet, dass der Antrag **erst mit Zugang wirksam** wird. Anzeigen in Zeitungen, Prospekten, Preislisten und Anfragen sind keine verbindlichen Anträge, sondern lediglich Aufforderungen an andere, ihrerseits Anträge zu unterbreiten. Sie enthalten also eine Aufforderung zur Abgabe eines Angebots. Möglich sind diese sogenannten „Angebote an die Allgemeinheit“ auch durch das Aufstellen von Waren- oder Dienstleistungsautomaten.

Bindung an den Antrag

Unterbreitet eine Person einer anderen einen Antrag, der auf den Abschluss eines Vertrages zielt, so ist sie an den Antrag **gebunden**. Dies gilt aber nicht, wenn die Gebundenheit durch entsprechende **Freizeichnungsklauseln** – z. B. „Angebot freibleibend“, „ohne Obligo“ oder „solange Vorrat reicht“ – ausgeschlossen wurde. Auch für den Fall, dass keine Freizeichnungsklauseln verwendet werden, ist der Antrag zeitlich **nur begrenzt wirksam**, da anderenfalls die Handlungsfreiheit des Antragenden unzumutbar eingeschränkt wäre.

§ 145 BGB

Die Dauer der Bindung hängt zunächst davon ab, ob der Antragende für die Annahme eine Annahmefrist gesetzt hat:

- Hat er eine **Frist gesetzt**, so ist er für die Dauer der gesetzten Frist an den Antrag gebunden. (§ 148 BGB)
- Hat er **keine Frist gesetzt**, richtet sich die Dauer der Bindung danach, ob der Antrag unter Anwesenden (auch telefonisch) oder unter Abwesenden (z. B. schriftlich) abgegeben wurde. Unter Anwesenden ist der Antragende für die Dauer der Unterredung gebunden, unter Abwesenden bis zu dem Zeitpunkt, in welchem der Antragende den Eingang der Annahme unter regelmäßigen Umständen erwarten kann. Bei einem Brief beträgt diese Zeitspanne ca. drei bis vier Tage, bei einer E-Mail ca. ein bis zwei Tage. (§ 147 Abs. 1 und 2 BGB)

§ 147 BGB Annahmefrist

(1) Der einem Anwesenden gemachte Antrag kann nur sofort angenommen werden. Dies gilt auch von einem mittels Fernsprechers oder einer sonstigen technischen Einrichtung von Person zu Person gemachten Antrag.

(2) Der einem Abwesenden gemachte Antrag kann nur bis zu dem Zeitpunkt angenommen werden, in welchem der Antragende den Eingang der Antwort unter regelmäßigen Umständen erwarten darf.

§ 148 BGB Bestimmung einer Annahmefrist

Hat der Antragende für die Annahme des Antrags eine Frist bestimmt, so kann die Annahme nur innerhalb der Frist erfolgen.

Bindung an den Antrag (§§ 145 ff. BGB)

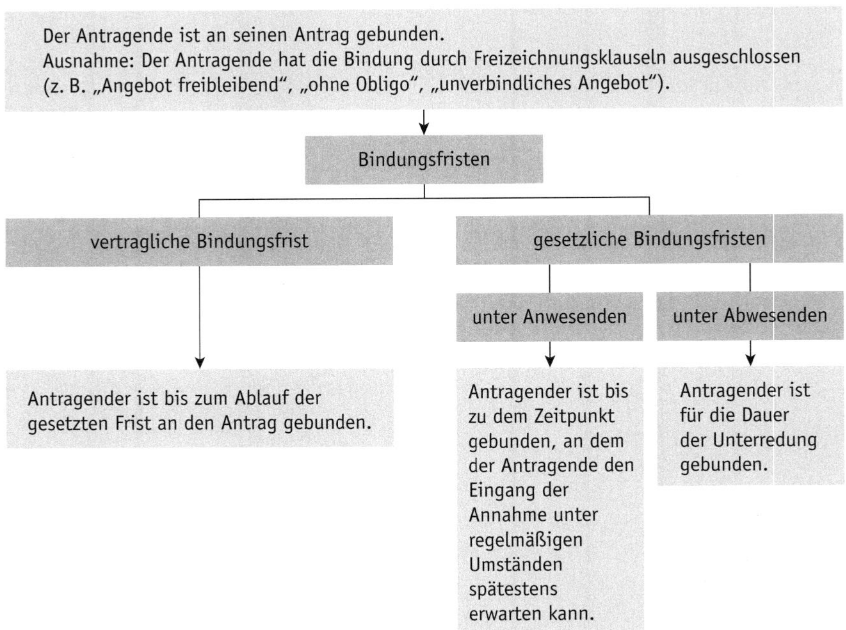

Der **Fristbeginn** und das **Fristende** bestimmen sich wie folgt:

- § 187 Abs. 1 BGB — Der Ablauf einer Frist beginnt grundsätzlich mit Beginn eines Tages (0:00 Uhr). Geht also einem Käufer ein Antrag zu, beginnt die Annahmefrist mit dem nächsten Tag (0:00 Uhr).
- § 188 Abs. 1 BGB — Eine Frist endet mit Ablauf des letzten Tages (24:00 Uhr) der Frist.
- § 193 BGB — Fällt das Ende der Frist auf einen Samstag, Sonntag oder staatlichen Feiertag, so tritt an seine Stelle der folgende Werktag.

4.1.2 Annahme

Ein Vertrag kommt – wie gesagt – durch Annahme des Antrags zustande.

! Die **Annahme** ist eine einseitige empfangsbedürftige Willenserklärung.

Sie wird also **mit Zugang wirksam**. Ein Vertrag kommt jedoch nur dann zustande, wenn der Antrag **rechtzeitig** und **unverändert** angenommen wird. Die verspätete Annahme des Antrags gilt als neuer Antrag, die veränderte Annahme als Ablehnung, verbunden mit einem neuen Antrag. § 150 Abs. 1 und 2 BGB

Wenn jemand keine Annahmeerklärung abgibt, also „schweigt", kommt in der Regel kein Vertrag zustande. **Schweigen** ist (von Ausnahmefällen abgesehen) weder Zustimmung noch Ablehnung; wer schweigt, gibt in der Regel überhaupt keine Willenserklärung ab.

Eine **Ausnahme** gilt für das Schweigen auf ein kaufmännisches Bestätigungsschreiben: Da solchen Schreiben Vertragsverhandlungen vorausgegangen sind, kommt der Vertrag in diesem Fall mit dem Inhalt des Bestätigungsschreibens zustande, falls die absendende Partei redlicherweise davon ausgehen kann, dass ihr Schreiben den Inhalt dieser Vertragsverhandlungen wiedergibt. Will der Empfänger (soweit er Kaufmann ist) den Vertragsabschluss verhindern, muss er dem Bestätigungsschreiben widersprechen. Schweigt er, kommt der Vertrag zustande. Diese Regelung gilt allerdings **nur unter Kaufleuten** (= zweiseitiger Handelskauf).

Darüber hinaus gilt, dass ein Vertrag zwischen Kaufleuten, die in regelmäßiger Geschäftsbeziehung stehen, auch dann begründet wird, wenn auf den Antrag des einen Kaufmanns der andere schweigt. Will dieser den Antrag nicht annehmen, ist er dazu verpflichtet, unverzüglich in entsprechender Weise zu antworten. § 362 Abs. 1 HGB

4.2 Vertragsabschluss durch einen Stellvertreter

Beispiel: Frau Nemitz-Müller bestellt im Rahmen ihrer Tätigkeit als Einkäuferin der Fly Bike Werke GmbH die benötigten Stahlrohre bei der Stahlwerke Tissen AG.

! Ein **Stellvertreter** handelt rechtsgeschäftlich für eine andere Person.

Frau Nemitz-Müller gibt Willenserklärungen für die *Fly Bike Werke* ab. Die Einschaltung eines Dritten beim Vertragsschluss nennt das Gesetz Vertretung bzw. **Stellvertretung**, sie ist in den §§ 164 ff. BGB geregelt. Die Vertretung kann vom Vertretenen gewollt sein oder aus den Umständen erklärbar sein.

§ 164 BGB Wirkung der Erklärung des Vertreters § 164 BGB
(1) Eine Willenserklärung, die jemand innerhalb der ihm zustehenden Vertretungsmacht im Namen des Vertretenen abgibt, wirkt unmittelbar für und gegen den Vertretenen. Es macht keinen Unterschied, ob die Erklärung ausdrücklich im Namen des Vertretenen erfolgt oder ob die Umstände ergeben, dass sie in dessen Namen erfolgt.

4.2.1 Beteiligte Personen und ihre Rechtsbeziehungen

Die Stellvertretung setzt drei Beteiligte voraus:

- den **Vertreter**, der für einen anderen handelt
- den **Vertretenen**, für den der Vertreter Erklärungen abgibt
- den **Dritten**, mit dem der Vertreter für den Vertretenen Rechtsgeschäfte tätigt

Arbeits-, Dienst-, Werk- und Geschäftsbesorgungsvertrag, vgl. **LF 1, Kap. 6.6**, Band 1, und **Kap. 4.8.2** in diesem **LF 6**

Das Rechtsgeschäft kommt aufgrund der Stellvertretung nicht zwischen dem Vertreter und dem Dritten, sondern **zwischen dem Vertretenen und dem Dritten** zustande. Die Rechtsbeziehung zwischen dem Vertretenen und dem Vertreter – dem in der Regel ein Arbeits-, Dienst-, Werk- oder Geschäftsbesorgungsvertrag zugrunde liegt – bezeichnet man als **Innenverhältnis**, die Beziehung zwischen dem Vertreter und dem Dritten als **Außenverhältnis**.

Die Stellvertretung kann auch durch Gesetz begründet werden. So bestimmt das Gesetz Eltern zu gesetzlichen Vertretern ihres Kindes. Der Geschäftsführer ist gesetzlicher Vertreter der GmbH.

! Die Berechtigung des Vertreters, für den Vertretenen zu handeln, bezeichnet man als **Vertretungsmacht.**

§ 166 Abs. 2 Satz 1 BGB

Ist die Vertretungsmacht rechtsgeschäftlich erteilt, spricht § 166 Abs. 2 Satz 1 BGB von einer **Vollmacht**. Die Bevollmächtigung erfolgt durch die – grundsätzlich formlose – Erklärung des Vertretenen gegenüber dem Vertreter (**Innenvollmacht**) oder gegenüber dem Dritten, dem gegenüber die Vertretung stattfinden soll (**Außenvollmacht**).

Der Vertretene wird auch als **Vollmachtgeber**, der Vertreter als **Bevollmächtigter** bezeichnet.

Wirkung der Stellvertretung

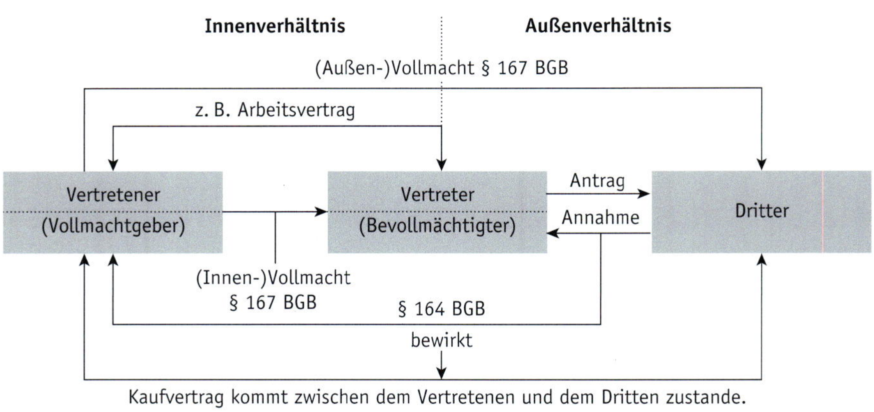

4.2.2 Vertretung ohne Vertretungsmacht

§ 177 Abs. 1 BGB

Probleme aus der Stellvertretung können sich ergeben, wenn ein Vertreter ohne Vertretungsmacht handelt. Dies ist der Fall, wenn er keine Vollmacht besitzt oder aber diese überschreitet. § 177 Abs. 1 BGB bestimmt, dass ein Vertrag, den jemand – ohne eine entsprechende Vertretungsmacht zu haben – schließt, den Vertretenen zunächst nicht bindet. Es steht ihm aber frei, das Geschäft durch Genehmigung an sich zu ziehen, wenn er es für vorteilhaft erachtet. Der ohne Vertretungsmacht geschlossene Vertrag ist also nicht nichtig, sondern **schwebend unwirksam**. Wird die Genehmigung erteilt, wird der Vertrag wirksam. Wird sie nicht erteilt, wird er endgültig unwirksam und der Vertreter haftet nach § 179 BGB.

§ 179 BGB

Der **Umfang der Haftung** des Vertreters ohne Vertretungsmacht ist davon abhängig, inwieweit er den Mangel der Vertretungsvollmacht kannte:

- Kannte der Vertreter ohne Vertretungsmacht das Fehlen der Vertretungsmacht, kann der Vertragspartner (Dritter) vom Vertreter nach seiner Wahl Erfüllung des Vertrages oder Schadensersatz verlangen. § 179 Abs. 1 BGB
- Kannte der Vertreter ohne Vertretungsmacht das Fehlen der Vertretungsmacht nicht, so haftet der Vertreter dem Dritten für den Vertrauensschaden. Der Dritte kann verlangen, so gestellt zu werden, als ob der Vertrag nicht geschlossen worden wäre. § 179 Abs. 2 BGB
- Die Haftung des Vertreters ohne Vertretungsmacht ist wegen mangelnder Schutzbedürftigkeit des Dritten ausgeschlossen, wenn dieser das Fehlen der Vertretungsmacht kannte oder hätte kennen müssen. § 179 Abs. 3 BGB

Vertretung ohne Vertretungsmacht

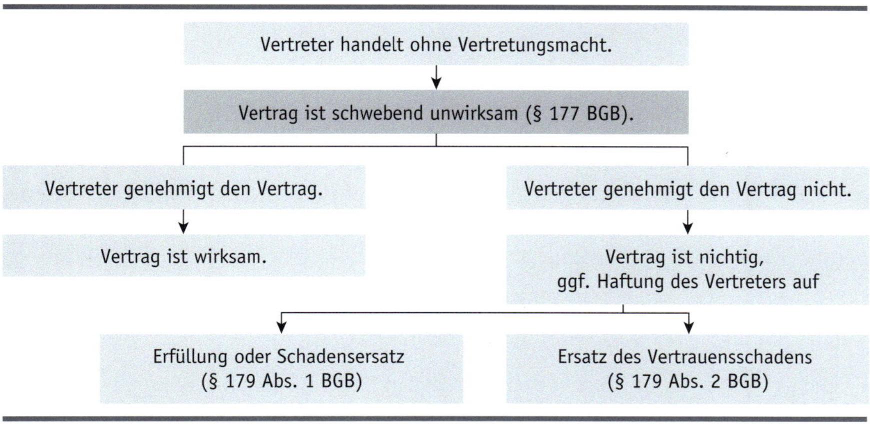

4.2.3 Erlöschen der Vollmacht

Die Vollmacht erlischt i. d. R. durch Widerruf, mit dem Erlöschen des zugrunde liegenden Rechtsverhältnisses, mit dem Eintritt eines etwa festgelegten Beendigungsgrundes oder mit dem Tod des Vollmachtgebers.

Aber auch eine Vollmacht über den Tod hinaus ist möglich.

4.3 Vertragsschluss bei Verwendung Allgemeiner Geschäftsbedingungen (AGB)

AB → **Lernsituation 51**

4.3.1 Begriff und Bedeutung der AGB

Um den Ablauf des täglichen Geschäftsverkehrs einfacher und zeitsparender zu gestalten, enthalten die vom Verkäufer verwendeten Verträge meist einheitlich **vorformulierte Klauseln:** die Allgemeinen Geschäftsbedingungen (AGB).

! **Allgemeine Geschäftsbedingungen** sind „alle für eine Vielzahl von Verträgen vorformulierten Vertragsbedingungen“, die eine Vertragspartei der anderen Vertragspartei bei Abschluss des Vertrages stellt. Dabei ist es gleichgültig, ob die Bestimmungen einen gesonderten Bestandteil des Vertrages bilden oder als sogenanntes „Kleingedrucktes“ in die Vertragsurkunde selbst aufgenommen werden.

Die AGB
- enthalten z. B. Regelungen über Lieferungs- und Zahlungsbedingungen, Eigentumsvorbehalte, Erfüllungsort und Gerichtsstand,
- ermöglichen außerdem die Konkretisierung unbestimmter vertraglicher Inhalte, indem z. B. „angemessene Fristen" genau bestimmt werden.

Man findet die AGB in der Regel als „Kleingedrucktes" auf der Rückseite von Angeboten oder Kaufvertragsformularen. Keine AGB liegen vor, wenn die Vertragsbedingungen zwischen den Vertragsparteien im Einzelnen ausgehandelt worden sind (§ 305 Abs. 1 Satz BGB).

Damit der Käufer in seiner Position als wirtschaftlich Schwächerer durch das „Kleingedruckte" nicht benachteiligt wird, hat der Gesetzgeber Grenzen für die Verwendung von AGB gesetzt.

AGB, vgl. § 305 Abs. 1 BGB

4.3.2 Wirksamwerden der AGB

Wie auch andere vertragliche Bestimmungen werden AGB nicht automatisch Inhalt eines Vertrages, sondern sie müssen **beim Vertragsschluss** in den Vertrag **einbezogen** werden. Die Anforderungen an diese Einbeziehung sind unterschiedlich streng, je nachdem, ob die AGB gegenüber einem Verbraucher oder gegenüber einem Unternehmer verwendet werden sollen.

Im Geschäftsverkehr mit einem **Verbraucher** werden die AGB nur unter bestimmten Voraussetzungen Vertragsbestandteil:

§ 305 Abs. 2 BGB

- Der Verwender muss den Verbraucher **beim Vertragsabschluss ausdrücklich** auf die AGB **hinweisen**. Nicht ausreichend ist, wenn der Verwender seine AGB auf der Rückseite des Angebotsschreibens abgedruckt hat, auf der Vorderseite aber nicht darauf hinweist. Auch ein Hinweis nach Vertragsabschluss, etwa auf dem Lieferschein oder auf der Rechnung, genügt nicht. Fehlt ein persönlicher Kontakt zum Kunden, z. B. bei Parkhäusern oder Ladengeschäften, in denen Massenartikel verkauft werden, so genügt ausnahmsweise der sichtbare Aushang am Ort des Vertragsabschlusses.
- Ferner muss der AGB-Verwender der anderen Vertragspartei die Möglichkeit verschaffen, **in zumutbarer Weise** vom Inhalt der AGB **Kenntnis nehmen** zu können. Dies wird in der Regel dadurch erreicht, dass dem Kunden die AGB vorgelegt werden. Dabei hat der Verwender von AGB jedoch auf etwaige sichtbare körperliche Beeinträchtigungen der anderen Vertragsparteien Rücksicht zu nehmen.
- Schließlich muss der Vertragspartner des Verwenders mit der **Geltung der AGB einverstanden** sein.

§ 310 Abs. 1 BGB

Diese Erfordernisse finden **keine Anwendung** auf **AGB gegenüber Unternehmern**. Bei ihnen kann der besondere Schutz entfallen, weil sie mit der Existenz und der Verwendung von AGB rechnen müssen. Hier ist es ausreichend, dass der Kunde die Einbeziehungsabsicht von AGB seitens des Vertragspartners erkennen kann und dem nicht widerspricht. Aus Gründen der Beweissicherung ist jedoch auch hier ein ausdrücklicher Hinweis auf die AGB-Verwendung empfehlenswert.

Kaum jemand liest die AGB gründlich, zumal bei Vertragsabschluss dazu häufig die Zeit fehlt. Der Vertragspartner muss daher darauf vertrauen können, dass die AGB lediglich in den Bereichen Bestandteil des Vertrages werden, in denen AGB verkehrsüblich sind.

Deshalb werden ungewöhnliche oder überraschende Klauseln nicht Bestandteil des Vertrages, auch wenn die AGB nach § 305 Abs. 2 BGB an sich wirksam in den Vertrag einbezogen worden sind. Überraschende Klauseln sind Bestimmungen, die so ungewöhnlich sind, dass der Vertragspartner mit ihnen nicht zu rechnen braucht.

überraschende Klauseln
§ 305c Abs. 1 BGB

4.3.3 Inhaltskontrolle der AGB

Sind AGB rechtswirksam in den Vertrag einbezogen worden, unterliegen die einzelnen Klauseln, soweit sie Rechtsvorschriften ändern oder diese ergänzen, einer **Inhaltskontrolle.** Es kann also richterlich geprüft werden, ob die Klauseln den Kunden unangemessen benachteiligen, die Inhaltskontrolle geschieht daher zum **Schutz des Verbrauchers.** § 307 BGB legt den Prüfungsmaßstab für eine richterliche Inhaltskontrolle von AGB fest. Danach sind solche Bestimmungen unwirksam, die den Vertragspartner unangemessen benachteiligen. Verboten sind z. B.

- bei neu bestellten Sachen die Verkürzung der gesetzlichen Gewährleistungsfrist auf weniger als zwei Jahre (bei Neuwaren) bzw. ein Jahr (bei Gebrauchtwaren),
- die Möglichkeit kurzfristiger Preiserhöhungen bei Waren, die innerhalb von vier Wochen nach Vertragsabschluss geliefert werden,
- der Ausschluss oder die Beschränkung der Verpflichtung des Verkäufers, solche Aufwendungen zu tragen, die zum Zwecke der Nachbesserung erforderlich werden.

§ 307 BGB

Eine Aufzählung besonders typischer Benachteiligungsfälle – sogenannte Klauselverbote – enthalten die §§ 308 und 309 BGB.

Soweit keine der dort genannten zahlreichen Klauseln vorliegt, kommt § 307 BGB als sogenannte Generalklausel zur Anwendung. Grundsätzlich kann gesagt werden, dass eine Klausel umso eher unwirksam ist, je stärker sie von der gesetzlichen Regelung abweicht.

Eine Generalklausel ist eine Rechtsnorm, die nur einen allgemeinen Grundsatz aufstellt und die konkrete Bestimmung im Einzelfall den Gerichten überlässt.

Sind AGB gegenüber einem Unternehmer verwendet worden, gelten die §§ 308 und 309 BGB nicht, d. h., es muss also nur geprüft werden, ob eine unangemessene Benachteiligung nach § 307 BGB vorliegt.

Nach § 306 BGB gilt: Sind einzelne Klauseln unwirksam oder nicht Vertragsbestandteil geworden, so bleibt der Vertrag im Übrigen wirksam. Anstelle der nicht wirksamen Klauseln gelten die gesetzlichen Regelungen.

4.4 Rechtliche Folgen des Kaufvertragsabschlusses

Mit dem Abschluss des Kaufvertrages entsteht ein vertragliches Schuldverhältnis, das für beide Vertragspartner Leistungspflichten begründet. Wozu sich die Vertragsparteien im Einzelnen verpflichten, wird von den Vertragspartnern vereinbart. Als vertragstypische Pflichten (**Hauptpflichten**) beim Kaufvertrag bestimmt das BGB:

§ 433 BGB

§ 433 BGB Vertragstypische Pflichten beim Kaufvertrag
(1) Durch den Kaufvertrag wird der Verkäufer einer Sache verpflichtet, dem Käufer die Sache zu übergeben und das Eigentum an der Sache zu verschaffen. Der Verkäufer hat dem Käufer die Sache frei von Sach- und Rechtsmängeln zu verschaffen.
(2) Der Käufer ist verpflichtet, dem Verkäufer den vereinbarten Kaufpreis zu zahlen und die gekaufte Sache abzunehmen.

Pflichten der Kaufvertragsparteien aus § 433 BGB

Hauptpflichten der Kaufvertragsparteien

Verkäufer (gem. § 433 Abs. 1 BGB)	**Käufer** (gem. § 433 Abs. 2 BGB)
– Übergabe der Sache – Verschaffung des Eigentums an der Sache – Sach- und Rechtsmängelfreiheit der Sache	– Zahlung des Kaufpreises – Abnahme der gekauften Sache

Jeder Pflicht der einen Partei entspricht umgekehrt ein Anspruch der anderen Vertragspartei, die der jeweils Verpflichtete zu erfüllen hat. Dabei wird derjenige, der die Pflicht zu erfüllen hat, als **Schuldner** und derjenige, der einen Anspruch hat, als **Gläubiger** bezeichnet. Im Kaufvertrag ist somit jede Partei gleichzeitig Gläubiger und Schuldner. Der Verkäufer ist z. B. Schuldner hinsichtlich der Lieferung und Übereignung der Sache, er ist aber zugleich auch Gläubiger hinsichtlich der Kaufpreiszahlung.

Der Kaufvertrag ist ein **gegenseitiger Vertrag**, d. h., Leistungen werden nur gegeben, weil Gegenleistungen erwartet werden: Der Käufer bezahlt, weil er die Ware erhält, der Verkäufer liefert nur, weil er den Kaufpreis erhält.

4.5 Vertragserfüllung

§ 362 Abs. 1 BGB

Der Zweck eines Vertrages wird erreicht, wenn jeder Vertragspartner seine Leistung jeweils dem anderen erbringt. In der Sprache des Gesetzes heißt dies: Das Schuldverhältnis erlischt, wenn die geschuldete Leistung an den Gläubiger erbracht wird.

! Das Bewirken der geschuldeten Leistung in der richtigen Art und Weise, am richtigen Ort und zur rechten Zeit nennt man **Erfüllung.**

4.5.1 Vertragserfüllung durch den Verkäufer

Die **Verkäuferpflichten** richten sich zunächst danach, ob eine Sache oder ein Recht verkauft wird. Im Folgenden wird zur Vereinfachung nur der **Sachkauf** beschrieben.

Der Verkäufer muss dem Käufer beim Sachkauf das Eigentum an der Sache verschaffen und sie ihm übergeben, die Sache muss frei von Sach- und Rechtsmängeln sein. § 433 Abs. 2 BGB

Die Pflicht zur **Übergabe der Sache** (**Besitzverschaffung**) bedeutet, dass der Verkäufer dem Käufer auch das Besitzrecht übertragen muss. §§ 854 ff. BGB

! **Besitz** an einer Sache bedeutet die willentliche **tatsächliche Herrschaft** über eine Sache.

Der Verpflichtung zur Übergabe der Sache kommt der Verkäufer in der Regel dadurch nach, dass er dem Käufer den unmittelbaren Besitz an der Sache verschafft, d. h. seine tatsächliche Herrschaft über die Sache aufgibt und sie dem Käufer einräumt.

Das **Eigentum** an Sachen dagegen wird als **rechtliche Herrschaftsgewalt** bezeichnet und zählt zu den garantierten und geschützten Grundrechten unserer Verfassung (Art. 14 Grundgesetz):

! **Eigentum** an einer Sache bedeutet die willentliche **rechtliche Herrschaft** über eine Sache. Der Eigentümer hat das Recht, mit einer Sache grundsätzlich nach Belieben zu verfahren (z. B. benutzen, verbrauchen, verkaufen).

Die Eigentumsverschaffungspflicht bedeutet, dass der Verkäufer den Käufer zum neuen Eigentümer machen und ihm die Sache übereignen muss. Die Regeln zur Übertragung des Eigentums finden sich – ebenso wie die zur Besitzübertragung – im Sachenrecht und bestimmen sich insbesondere danach, ob es sich um eine bewegliche oder unbewegliche Sache handelt.

Übertragung von Eigentum an beweglichen Sachen

Die Übertragung von Eigentum an beweglichen Sachen ist in den §§ 929 bis 936 BGB geregelt. Je nachdem, in wessen Besitz sich die Sache befindet, wird das Eigentum unterschiedlich übertragen:

- Im Normalfall befindet sich die **Sache im Besitz des Eigentümers**, er ist damit unmittelbarer Besitzer. Der Erwerber erwirbt in diesem Fall das Eigentum durch **Einigung über den Eigentumswechsel** und **Übergabe der Sache**. § 929 Satz 1 BGB
- Es kommt vor, dass sich die Sache, an der das Eigentum übertragen werden soll, **bereits im Besitz des Käufers** befindet. Der Käufer ist unmittelbarer Besitzer. Hier genügt die **bloße Einigung über den Eigentumswechsel**. § 929 Satz 2 BGB
- Möglich ist auch, dass der **Verkäufer** selbst **nicht im Besitz der Sache** ist, sondern ein Dritter. In diesem Fall müssen sich Käufer und Verkäufer über den Eigentumswechsel einigen und der Verkäufer muss den Herausgabeanspruch (aus § 985 BGB) an den Käufer abtreten. Dadurch wird der **mittelbare Besitz** auf den Erwerber **übertragen**. § 931 BGB

- Schließlich kann auch vereinbart werden, dass der **Verkäufer im Besitz der Sache** bleiben soll. Die Übergabe kann in diesem Fall durch die Vereinbarung eines **Besitzmittlungsverhältnisses** ersetzt werden. Der Verkäufer bleibt unmittelbarer Besitzer, besitzt die Sache aber z. B. als Verwahrer für den Erwerber. Dieser wird zum Eigentümer und mittelbaren Besitzer.

Besitzmittlungsverhältnis, auch Besitzkonstitut genannt

Das Besitzmittlungsverhältnis ist das Verhältnis zwischen mittelbarem und unmittelbarem Besitzer, das den unmittelbaren Besitzer auf Zeit zum Besitz berechtigt oder verpflichtet. Eine besondere Bedeutung hat das Besitzkonstitut bei der Sicherungsübereignung beweglicher Sachen. Zum Beispiel kauft A ein Auto, dieses übereignet er mittels Besitzkonstitut an seine kreditgebende Bank. A kann das Auto, trotz Übereignung, weiter nutzen.

Sicherungsübereignung, vgl. LF 11, Band 3

Eigentumserwerb an beweglichen Sachen durch Rechtsgeschäft

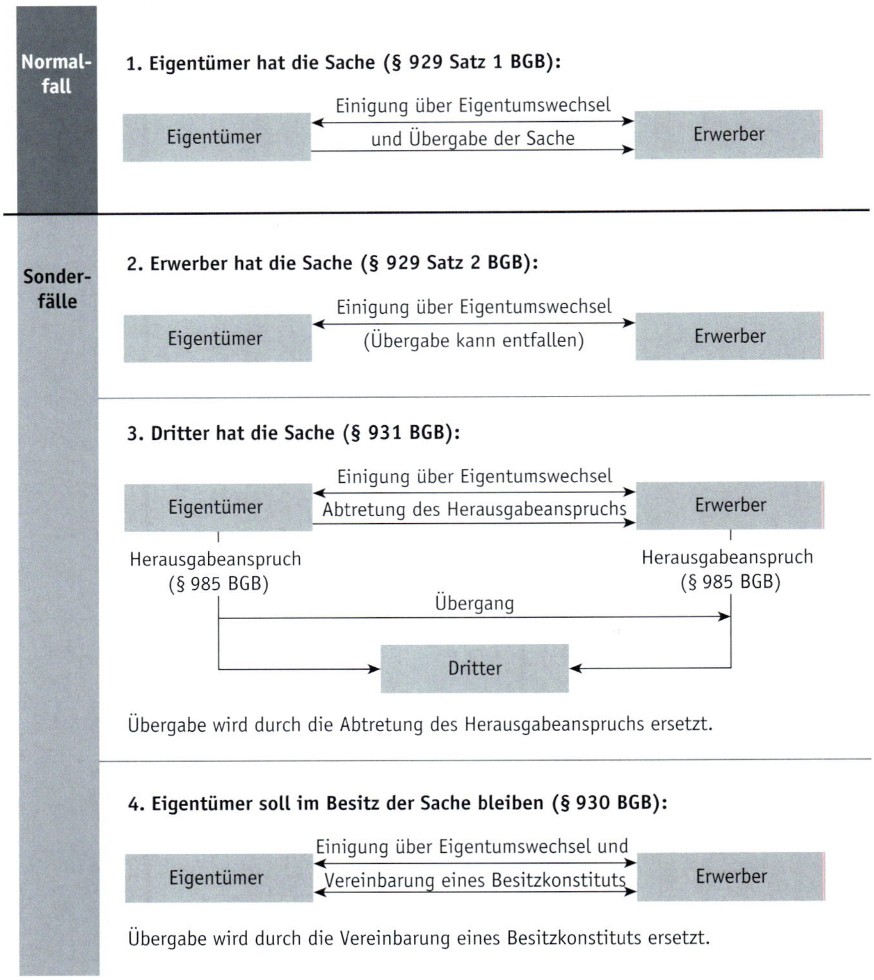

§§ 929, 873 BGB

Übertragung von Eigentum an unbeweglichen Sachen

Grundbuch
Verzeichnis aller im Amtsbezirk eines Amtsgerichtes (Grundbuchamt) liegenden Grundstücke

Die Eigentumsübertragung bei unbeweglichen Sachen (**Grundstücken**) erfolgt durch **Einigung** über den Eigentumsübergang **vor einem Notar** (Auflassung) und durch die **Eintragung ins** Grundbuch.

Eigentumserwerb an Grundstücken

Veräußerer ← Einigung über Eigentumswechsel (= Auflassung) → Erwerber
+
Eintragung ins Grundbuch

Leistungszeit, Leistungsort, Erfolgsort

Der Verkäufer kann seine Leistung nicht irgendwann und irgendwo erbringen, sondern muss die gesetzlichen Regelungen zur Leistungszeit und zum Leistungsort berücksichtigen.

! Mit **Leistungszeit** (Fälligkeit) wird der Zeitpunkt oder der Zeitraum bezeichnet, in dem der Schuldner die Leistung erbringen muss bzw. der Gläubiger sie fordern kann.

In der Praxis ergibt sich die Leistungszeit meist aus der Vereinbarung der Vertragsparteien. Haben die Parteien keine Vereinbarung getroffen, kann der Gläubiger die Leistung sofort verlangen, der Schuldner hingegen muss sie sofort bewirken.

§ 271 BGB

! Der **Leistungsort** ist der Ort, an dem der Schuldner die Leistungshandlung vornehmen muss.

Leistungsort, auch **Erfüllungsort** genannt

Den Leistungsort nennt das Gesetz in einigen Vorschriften, z. B. in der Vorschrift zum Versendungskauf (§ 447 Abs. 1 BGB).

! Der **Erfolgsort** ist der Ort, an dem der Leistungserfolg eintritt.

Hol-, Bring- und Schickschuld

Die Bestimmung von Leistungs- und Erfolgsort entscheidet darüber, ob dem Vertragsverhältnis eine **Hol-**, **Bring-** oder **Schickschuld** zugrunde liegt:

- Liegen Leistungs- und Erfolgsort beim Verkäufer, so handelt es sich um eine Holschuld. Sie ist dadurch gekennzeichnet, dass der Käufer sich den geschuldeten Gegenstand beim Verkäufer abholen muss.
- Liegen Leistungs- und Erfolgsort dagegen beim Käufer, so handelt es sich um eine Bringschuld. Sie ist dadurch gekennzeichnet, dass der Verkäufer den Gegenstand zum Käufer bringen muss.
- Schließlich ist es auch möglich, dass Leistungsort und Erfolgsort auseinanderfallen, sodass der Verkäufer die Leistungshandlung an seinem Wohnsitz bzw. dem Sitz seiner gewerblichen Niederlassung vornehmen kann, der Leistungserfolg aber beim Käufer eintreten soll. In diesem Fall spricht man von einer Schickschuld. Sie ist dadurch gekennzeichnet, dass der Verkäufer den Gegenstand an den Käufer versenden soll.

Holschuld
z. B. Kauf im Einzelhandelsgeschäft

Bringschuld
z. B. Essen auf Rädern

Schickschuld
Das wichtigste Beispiel für eine Schickschuld aufseiten des Verkäufers ist der **Versendungskauf** (§ 447 BGB).

Meistens wird der Leistungsort von den Vertragspartnern **vereinbart**. Fehlt eine solche Vereinbarung, dann kann der Leistungsort auch aus den „Umständen, insbesondere aus der Natur des Schuldverhältnisses“ folgen. Dabei sind wiederum die **Verkehrssitte**, örtliche Gepflogenheiten und bei Handelsgeschäften der Handelsbrauch zur Konkretisierung herbeizuziehen.

So ergibt sich z. B. aus der Verkehrssitte, dass bei Ladengeschäften des täglichen Lebens für beide Parteien der Ladenraum der Leistungsort ist, während bei der Lieferung von Heizöl z. B. ein Grundstück der Leistungsort ist.

§ 269 Abs. 1 BGB

Wenn die Vertragsparteien den Leistungsort nicht vereinbart haben und sich dieser auch nicht aus den Umständen ergibt, gilt § 269 Abs. 1 BGB: Danach ist der gesetzliche Leistungsort für den Schuldner sein Wohnsitz oder – bei gewerblichen Schulden – der Ort seiner gewerblichen Niederlassung zum Zeitpunkt des Vertragsabschlusses.

Erfüllungs- und Erfolgsort		
Holschulden	Erfüllungsort: beim Schuldner	Erfolgsort: beim Schuldner
	Der Schuldner muss die Ware bereitstellen, der Gläubiger muss sie beim Schuldner abholen.	
Schickschulden	Erfüllungsort: beim Schuldner	Erfolgsort: beim Gläubiger
	Der Schuldner muss die Ware an den Gläubiger übersenden.	
Bringschulden	Erfüllungsort: beim Gläubiger	Erfolgsort: beim Gläubiger
	Der Schuldner muss die Ware beim Gläubiger abliefern.	

Gefahrenübergang

Wer muss für den Schaden aufkommen?

Wer hat dafür einzustehen, wenn die Ware ohne Verschulden des Gläubigers oder des Schuldners abhandenkommt oder aber beschädigt wird? Hier gilt: Mit der Übergabe der Ware (am Erfüllungsort) geht die Gefahr auf den Käufer über, bei der Holschuld also am Wohnsitz des Verkäufers, bei der Bringschuld am Wohnsitz des Käufers (§ 446 BGB). Sind die Warenschulden Schickschulden (§ 447 BGB), geht die Gefahr des zufälligen Untergangs der Ware auf den Käufer über, sobald der Verkäufer die Ware an die Transportperson übergeben hat. Bei einem zufälligen Transportschaden trägt also der Käufer das Risiko. Er kann aber natürlich bei Verschulden der Transportperson hier Schadensersatzansprüche geltend machen.

Sach- und Rechtsmängel, vgl. **Kap. 4.7**

Der Verkäufer hat die verkaufte Sache schließlich auch **frei von Sach- und Rechtsmängeln** zu übereignen und zu übergeben.

4.5.2 Vertragserfüllung durch den Käufer

Auch der Käufer ist verpflichtet, den Vertrag zu erfüllen:

! Die **Pflicht des Käufers** ist die Zahlung des Kaufpreises und die Abnahme der Sache.

§ 433 Abs. 2 BGB

Zahlung des Kaufpreises

Der Kaufpreis ist die Gegenleistung – das Entgelt – für den Kaufgegenstand. Die **Kaufpreisschuld** ist eine Geldschuld, die aus rechtlicher Sicht bar zu erfüllen ist. Barzahlung bedeutet Übereignung von Geldscheinen und/oder Geldstücken nach den sachenrechtlichen Vorschriften der §§ 929 ff. BGB.

Zahlungsverkehr, vgl. **Kap. 4.6**

Im tatsächlichen Wirtschaftsleben spielt die Barzahlung jedoch eine untergeordnete Rolle. Der weitaus größte Teil aller Zahlungen wird bargeldlos mittels Überweisung, Lastschrift oder Scheckeinzug geleistet. Gibt der Verkäufer auf der Rechnung seine Kontoverbindung(en) an, so liegt darin die Einwilligung, dass der Käufer den Kaufpreis überweisen kann.

Wer trägt aber das Risiko, dass eine bargeldlose Zahlung den Empfänger gar nicht oder nicht fristgerecht erreicht? Grundsätzlich muss der Schuldner, also z. B. der Käufer einer Sache, den Kaufpreis **auf eigene Kosten und Gefahr** an den Gläubiger (den Verkäufer) übermitteln. Da der Leistungsort (Zahlungsort) für die Geldschuld aber trotzdem beim Schuldner (Käufer) liegt, handelt es sich bei Geldschulden nicht um Bringschulden, sondern um **modifizierte Schickschulden**. Dies bedeutet:
- Zahlt der Schuldner einer Geldschuld bargeldlos, trägt er das Risiko des Verlustes bis zum Geldeingang beim Gläubiger. Geht das Geld unterwegs verloren, muss er erneut zahlen.
- Für das Einhalten einer Zahlungsfrist – z. B. bei Skontoziehung – genügt aber das rechtzeitige Absenden des Geldes, da der Leistungsort ja der Wohnsitz des Schuldners ist.

§ 270 Abs. 1 BGB

Leistungsort, vgl. **Kap. 4.5.1**

§ 270 Abs. 4 BGB

modifizierte Schickschuld auch qualifizierte Schickschuld genannt

! Merke: Geldschulden sind Schickschulden, die wie Bringschulden behandelt werden!

Bring- und Schickschuld, vgl. **Kap. 4.5.1**

Tilgung von Geldschulden am Beispiel der Überweisung

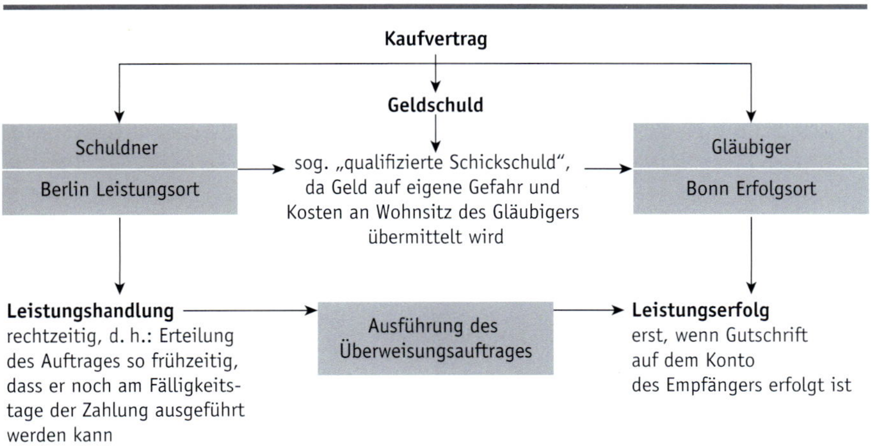

Bei der Zahlung mittels Überweisung ist die Kaufpreisforderung mit erfolgter Gutschrift auf dem Konto des Verkäufers erfüllt. Die Leistungshandlung ist rechtzeitig erbracht, wenn der Überweisungsauftrag so rechtzeitig zum beauftragten Geldinstitut gelangt, dass er am Fälligkeitstag noch gebucht werden kann und das Konto gedeckt ist.

§ 320 Abs. 1 BGB

Die Zahlung des vereinbarten Kaufpreises wird grundsätzlich mit Abschluss des Vertrages fällig. Jedoch ist der Käufer nicht verpflichtet vorzuleisten, sondern muss nur **„Zug um Zug"** gegen Übereignung des Kaufgegenstandes zahlen. In der Wirtschaftspraxis ist die Vereinbarung von Zahlungszielen üblich, d. h., es werden dem Käufer Zahlungsfristen eingeräumt.

Abnahme der gekauften Sache

Die Abnahme ist die körperliche Entgegennahme der Kaufsache. Der Verkäufer, der die Sache für den Käufer bereitstellt, hat den Anspruch darauf, dass der Käufer an der Abwicklung des Kaufvertrages mitwirkt und ihn somit von seiner Pflicht befreit, für die Erhaltung und Aufbewahrung der Kaufsache zu sorgen.

§§ 377 ff. HGB

Untersuchungs- und Rügepflicht, vgl. auch **Kap. 4.7.2**

Beim **zweiseitigen Handelskauf** hat der Käufer bei der Warenannahme darüber hinaus zusätzlich eine **Untersuchungs- und Rügepflicht**. Unterlässt der Kaufmann die unverzügliche Untersuchung und Rüge mangelhafter Ware, verliert er seine Gewährleistungsansprüche gegenüber dem Verkäufer.

Pflichten aus dem Kaufvertrag (§ 433 BGB)

Der Verkäufer verpflichtet sich	Der Käufer verpflichtet sich
– zur Übergabe einer Ware frei von Sach- und Rechtsmängeln, – zur Übertragung des Eigentums, – den vereinbarten Kaufpreis anzunehmen (also beizubehalten).	– zur Zahlung des Kaufpreises, – zur Abnahme der Ware.

4.5.3 Gerichtsstand

juristische Personen, vgl. **LF 1, Kap. 6.3.1**, Band 1

Kaufmannseigenschaft, vgl. **LF 1, Kap. 7.1**, Band 1

zweiseitiger Handelskauf, vgl. **Kap. 4.1** hier in **LF 6**

Der Gerichtsstand bestimmt, bei welchem Gericht der Schuldner verklagt werden kann. Dies ist wichtig zu wissen, denn eine Klage bei einem falschen Gericht wird wegen Unzulässigkeit zurückgewiesen. Grundsätzlich ist jede natürliche oder juristische Person an ihrem **allgemeinen Gerichtsstand** zu verklagen. Das ist der Wohnort des Schuldners (bei natürlichen Personen) bzw. der Sitz des Schuldners (bei Behörden und juristischen Personen, z. B. Kapitalgesellschaften). Zwischen Kaufleuten, also z. B. bei einem zweiseitigen Handelskauf, kann ein anderer als der allgemeine Gerichtsstand vereinbart werden, z. B. im Kaufvertrag.

4.6 Zahlungsverkehr abwickeln

AB → Lernsituation 52

Beispiel: Im Rahmen der Bestellabwicklung ergibt sich für die Fly Bike Werke GmbH täglich eine Fülle von Zahlungsverpflichtungen gegenüber Lieferanten. Zur Abwicklung der Zahlungen stehen dem Unternehmen generell drei verschiedene Zahlungsarten zur Verfügung:

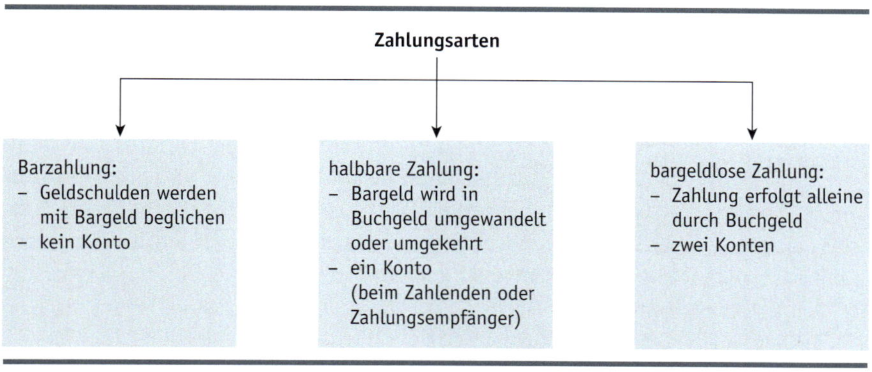

Barzahlung, halbbare und bargeldlose Zahlung unterscheiden sich in der Anzahl der beteiligten Girokonten.

- **Bargeld** ist Geld in seiner körperlichen Form, z. B. Banknoten und Münzen.
- **Buchgeld** (Giralgeld) erscheint in den Büchern bzw. in den elektronischen Dateien der Bank und wird auf Konten (Girokonten) erfasst.

Die geeignete Zahlungsart ist abhängig von den **Ansprüchen**, die man an sie stellt. Hier stehen Schnelligkeit der Zahlung gegen Sicherheit und ein guter Überblick über den Kontostand gegen Flexibilität. Ein wichtiges Kriterium sind natürlich auch die **Kosten** des Zahlungsverkehrs. Sie entstehen

- durch den Zahlungsverkehr selbst, z. B. durch Kontoführungsgebühren oder durch Beiträge für die Nutzung von Kreditkarten,
- durch etwaigen Verlust oder Diebstahl von Geld und Geldersatzmitteln,
- durch das Personal, das den Zahlungsverkehr betreut.

Kreditkarte, vgl. **Kap. 4.6.3**

Personal, vgl. **LF 7**

So kann die Nutzung des Datenaustausches für ein Unternehmen durchaus sinnvoll sein, obwohl dafür u. U. erst eine geeignete EDV-Anlage angeschafft werden muss (Investitionskosten).

Datenaustausch, vgl. **Kap. 4.6.3**

4.6.1 Barzahlung

Eine Barzahlung kann persönlich durch den Zahlungspflichtigen oder durch einen von ihm beauftragten Boten erfolgen. Eine Quittung (Empfangsbestätigung) gilt als Beleg dafür, dass die Rechnung bezahlt worden ist. Folgende Bestandteile sollte eine Quittung enthalten:

1. den Betrag in Ziffern und Buchstaben
2. den Namen des Zahlenden
3. den Ort und den Tag der Ausstellung
4. den Zahlungsgrund
5. die Empfangsbestätigung
6. die Unterschrift des Empfängers

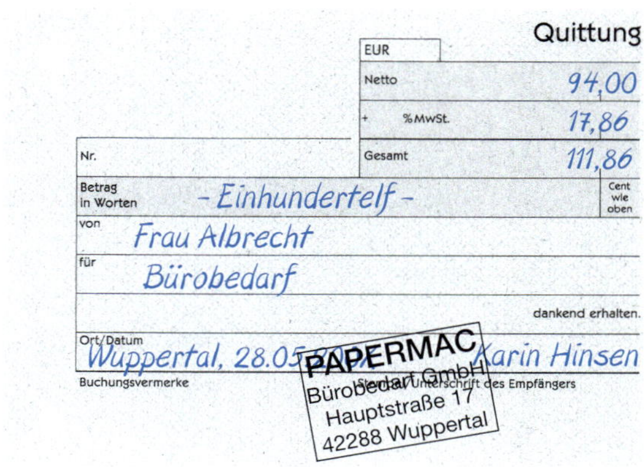

Quittung

Nicht nur die Quittung kann als Beleg für die geleistete Zahlung dienen. Auch ein Kassenbon der Registrierkasse oder der Quittungsvermerk auf einer Rechnung sind Beweise für die Bezahlung eines Betrages.

Die Barzahlung verliert auch bei Verbrauchsgüterkäufen immer mehr an Bedeutung, denn sie ist unpraktisch und mit den meisten Risiken verbunden, da bei Diebstahl kein Schadensersatz erfolgt.

4.6.2 Halbbare Zahlung

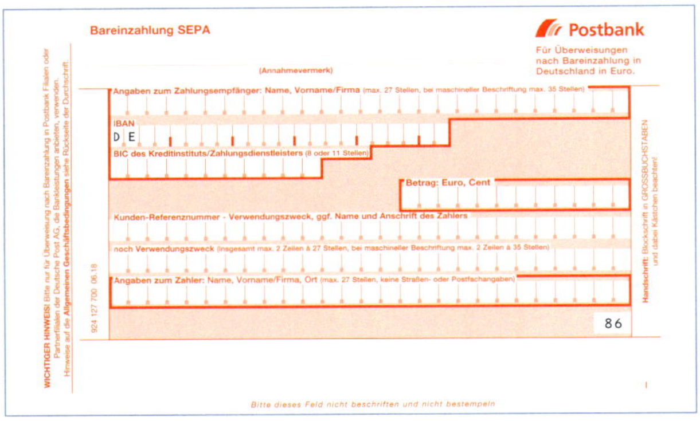

Zahlschein

Bei der halbbaren Zahlung zahlt eine Partei bar oder empfängt Bargeld, während die andere Partei die Zahlung oder den Zahlungseingang bargeldlos abwickelt. Voraussetzung für die Teilnahme am halbbaren Zahlungsverkehr ist, dass der Zahlende oder der Zahlungsempfänger ein Konto bei einem Kreditinstitut hat.

Zahlschein:

Zur Überweisung von Barbeträgen auf ein Girokonto kann ein **Zahlschein** benutzt werden. Am Kassenschalter eines Kreditinstituts wird der Betrag bar eingezahlt; der Einzahlende erhält einen Durchschlag als Nachweis für seine Einzahlung. Voraussetzung ist, dass der Zahlungsempfänger ein Girokonto besitzt.

Barscheck

Barscheck:

> **!** Der **Scheck** ist eine bei Sicht (d. h. gegen Vorlage) fällige Zahlungsanweisung an ein Kreditinstitut, für Rechnung des Ausstellers die ausgewiesene Geldsumme zu zahlen. **Barschecks** werden bar an den Inhaber ausgezahlt.

Bei der Verwendung des **Barschecks** ist es notwendig, dass der **Zahlungspflichtige** ein Konto bei einem Kreditinstitut hat. Das Konto muss ein entsprechendes Guthaben oder einen entsprechenden Kreditspielraum aufweisen.

Art. 1 ScheckG

Ein **Scheck** muss die folgenden **gesetzlichen Bestandteile** enthalten, die im Artikel 1 des Scheckgesetzes festgelegt sind:

Fehlt auch nur einer dieser gesetzlichen Bestandteile eines Schecks, ist der Scheck nicht gültig.

1. die Bezeichnung „Scheck" im Text der Urkunde, in der Sprache, in der sie ausgestellt ist
2. die unbedingte Anweisung, eine bestimmte Geldsumme zu zahlen
3. den Namen des bezogenen Kreditinstitutes, das auszahlen soll
4. die Angabe des Zahlungsortes
5. die Angabe des Tages und Ortes der Ausstellung
6. die Unterschrift des Ausstellers

Neben den gesetzlich vorgeschriebenen beinhalten die Scheckformulare auch **kaufmännische Angaben**, die die Abwicklung des Scheckverkehrs erleichtern:

7. die Guthabenklausel
8. den Scheckbetrag in Ziffern
9. Name des Zahlungsempfängers mit der Überbringerklausel
10. die Schecknummer
11. die Kontonummer
12. die Bankleitzahl

Fehlt eine dieser kaufmännischen Angaben, wird der Scheck dadurch nicht ungültig.

Sollte sich auf dem Scheckformular eine Abweichung zwischen dem Betrag in Ziffern und dem ausgeschriebenen Betrag ergeben, so gilt nach Artikel 9 des Scheckgesetzes grundsätzlich der in Buchstaben geschriebene Betrag.
Ein Scheck muss bei Sicht, d. h., wenn der Inhaber ihn am Schalter des Kreditinstituts vorlegt, eingelöst werden. Es bleibt daher ohne Wirkung, wenn ein Scheck vordatiert wird, d. h. am Tag der Ausstellung ein späteres Datum als das des Ausstellungstages eingetragen wird. Das Kreditinstitut darf dagegen die Einlösung verweigern, wenn die Einlösefristen (Frist ab Ausstellungsdatum) überschritten sind. In der Regel werden Schecks aber auch nach dieser Frist eingelöst, sofern der Aussteller den Scheck nicht widerrufen hat.

Einlösefristen für Schecks:
- für Inlandschecks acht Tage
- für Schecks, die innerhalb Europas ausgestellt sind, 20 Tage
- für Schecks, die in nicht europäischen Ländern ausgestellt sind, 70 Tage

Der Scheck wird nicht eingelöst, wenn das Konto des Ausstellers kein entsprechendes Guthaben aufweist bzw. der Kreditrahmen des Ausstellers nicht ausreicht. In diesem Fall kann sich der Inhaber die Nichteinlösung von dem Kreditinstitut bescheinigen lassen und vom Aussteller (bzw. von demjenigen, der ihm den Scheck gegeben hat) die Erstattung des Scheckbetrages und der durch die Nichteinlösung entstandenen Kosten verlangen.

Geht ein Barscheck verloren oder wird er gestohlen, muss der Verlust unverzüglich dem ausstellenden Kreditinstitut gemeldet, der Scheck gesperrt und anschließend beim zuständigen Amtsgericht die Kraftloserklärung des Schecks beantragt werden. Wird der Scheck zwischenzeitlich eingelöst, übernimmt die Bank, außer bei eigenem Verschulden, keine Haftung.

4.6.3 Bargeldloser Zahlungsverkehr

Die in den folgenden Abschnitten vorgestellten Formen des bargeldlosen Zahlungsverkehrs, insbesondere der Einsatz elektronischer Zahlungsverfahren, kommen sowohl bei zweiseitigen als auch zunehmend bei einseitigen Handelsgeschäften (Verbrauchsgüterkäufen) zur Anwendung. Voraussetzung für die Teilnahme am bargeldlosen Zahlungsverkehr ist, dass der Zahlende und der Zahlungsempfänger jeweils ein Konto bei einem Kreditinstitut haben.

Verrechnungsscheck

Art. 39 Abs. 2 ScheckG

Einen Verrechnungsscheck darf ein Kreditinstitut nur bargeldlos, durch „Verrechnung“, einlösen. Das bedeutet, dass der Betrag des Verrechnungsschecks von dem Konto des Scheckausstellers auf das Konto des Schecküberbringers überwiesen wird.

! Ein **Verrechnungsscheck** ist ein Scheck, der vom Kreditinstitut nicht bar an den Inhaber ausgezahlt, sondern nur bargeldlos durch „Verrechnung“ eingelöst werden darf.

Für diese Zahlungsform wird ein Barscheck verwendet. Der Barscheck wird durch den quer über die Vorderseite gesetzten Vermerk **„Nur zur Verrechnung“** oder aber auch durch einen gleichbedeutenden Vermerk zum Verrechnungsscheck. Der Verrechnungsscheck ist ein relativ sicheres Zahlungsmittel, da in Zweifelsfällen der Weg vom Zahlenden zum Zahlungsempfänger zurückverfolgt werden kann.

Überweisung

Die Überweisung (entweder beleghaft oder elektronisch) ist in Deutschland eines der häufigsten Zahlungsmittel.

! Eine **Überweisung** ist die Anweisung eines Kontoinhabers an sein Kreditinstitut, einen bestimmten Betrag von seinem Konto auf das Konto des Zahlungsempfängers zu übertragen.

Überweisungsformular

Bei der **Überweisung per Beleg** erhält ein Kreditinstitut einen ausgefüllten Überweisungsvordruck mit der Unterschrift des Zahlenden. Voraussetzung für die Abbuchung ist, dass das Konto des Zahlenden ein Guthaben aufweist oder dem Kontoinhaber ein entsprechender Kreditrahmen eingeräumt wurde. Das Kreditinstitut, das mit der Überweisung des Betrages beauftragt wurde, leitet den Betrag an die Bank des Zahlungsempfängers weiter, die die Gutschrift auf das Konto des Empfängers vornimmt.

Die Banküberweisung besteht in der Regel aus einem **zweiteiligen Durchschreibeformular**: Das Original des Überweisungsformulars erhält das Kreditinstitut, bei dem das Konto des Zahlenden geführt wird, die Durchschrift erhält der Zahlende als Quittung.

In den meisten Kreditinstituten besteht die Möglichkeit, einen **Überweisungsautomaten** zu nutzen. Ein Überweisungsformular ist dann nicht mehr erforderlich. Unternehmen nutzen bei der Abwicklung von Zahlungsvorgängen häufig Verfahren der modernen Datenkommunikation (elektronische Überweisung).

Maßgebliche Angaben auf einer Überweisung sind die Kontonummer des Empfängers und dessen Bankleitzahl. Eine Überprüfung des angegebenen Namens des Empfängers findet zugunsten einer schnelleren Überweisung nicht mehr statt. Wird der Geldbetrag einem falschen Empfänger gutgeschrieben, hat der Zahlende nur noch die Möglichkeit, das Geld direkt vom Empfänger zurückzufordern. Überweisungsaufträge können nicht mehr widerrufen werden, sobald sie unterwegs sind. Daher gewinnt die Sorgfaltspflicht des Bankkunden noch an Bedeutung.

Seit 2008 gibt es mit der SEPA-**Überweisung** einheitliche Regeln für Überweisungen in Europa. Die SEPA-Überweisung ist seit dem 01.02.2014 die alleinige Überweisungsform für Unternehmen. Zu den teilnehmenden Ländern zählen die 28 EU-Staaten (Stand: 2016) sowie Island, Liechtenstein, Norwegen und die Schweiz. Die SEPA-Überweisung garantiert, dass eine Überweisung innerhalb von drei Bankarbeitstagen auf dem Empfängerkonto gutgeschrieben wird. Erforderlich sind ein SEPA-Überweisungsformular sowie die Verwendung von IBAN und BIC des Empfängers.

SEPA (engl.)
Single Euro Payment Area

IBAN (engl.)
International Bank Account Number (internationale Kontonummer)

BIC (engl.)
Bank Identifier Code (entspricht der Bankleitzahl)

Sonderformen der Überweisung

Dauerauftrag:
Eine besondere Form der Überweisung ist der Dauerauftrag. Mit ihm weist der Zahlende sein Kreditinstitut an, Zahlungen, die regelmäßig und in gleicher Höhe anfallen, für ihn automatisch durchzuführen. Ein Dauerauftrag eignet sich für Zahlungen wie z. B. Mieten, Kredit- und Versicherungsraten, Beiträge für Versicherungen, Sportvereine usw. Daueraufträge können vom Auftraggeber durch Widerruf beim beauftragten Kreditinstitut geändert oder gelöscht werden.

Lastschriftverfahren:
Das Lastschriftverfahren eignet sich für Beträge, die in ihrer Höhe häufig unterschiedlich sind, aber regelmäßig wiederkehren, z. B. für Gas-, Strom-, Wasserkosten oder Fernsprechgebühren. Man unterscheidet zwischen der SEPA-Basislastschrift und der SEPA-Firmenlastschrift:

- Bei der **SEPA-Basislastschrift** erteilt der Zahlungspflichtige dem Zahlungsempfänger papiergebunden oder elektronisch (mit einer sicheren Unterschrift) das „Mandat“ (= die Erlaubnis), einen bestimmten Betrag per Lastschrift von seinem Girokonto einzuziehen. Dabei müssen erstmalige Lastschriften fünf Tage vor der Fälligkeit beim Kreditinstitut vorliegen, Folgelastschriften zwei Tage vor Fälligkeit. Der Zahlungspflichtige kann einer durch ein Mandat autorisierten Zahlung bis zu acht Wochen nach dem Einzug widersprechen, sodass der Betrag seinem Konto wieder gutgeschrieben wird. Liegt einer SEPA-Basislastschrift kein Mandat vor, ist diese Zahlung also nicht autorisiert, kann der Zahler innerhalb von 13 Monaten nach Belastung die Erstattung des Lastschriftbetrages verlangen.
- Die **SEPA-Firmenlastschrift** kann nur von Kunden genutzt werden, die keine Verbraucher sind. Sie muss einen Tag vor Fälligkeit beim Kreditinstitut vorliegen. Der Zahlungspflichtige hat bei dieser Variante kein Widerrufsrecht. Das Kreditinstitut ist verpflichtet, schon vor dem Einzug des Betrages zu überprüfen, ob ein gültiges Mandat vorliegt. Dieses muss der Schuldner seiner Bank per Generalanweisung (Anweisung, alle Einzüge eines bestimmten Gläubigers zu akzeptieren) mitteilen.

Sammelüberweisungen:
Mit Sammelüberweisungen können Überweisungen an mehrere Zahlungsempfänger zusammengefasst werden. Auf dem Kontoauszug des Zahlenden erscheint nur ein Lastschriftbetrag. Das Verwenden von Sammelüberweisungen hat den Vorteil, dass Schreib- und Büroarbeiten verringert und Buchungskosten gespart werden. Sammelüberweisungen eignen sich z. B. für das Zahlen mehrerer Rechnungen oder für Lohnzahlungen an verschiedene Lohn- oder Gehaltsempfänger.

Eilüberweisungen:
Eilüberweisungen werden wesentlich schneller durchgeführt als normale Überweisungen. Der Geldbetrag ist sofort nach dem Eintreffen der Gutschriftsanzeige für den Zahlungsempfänger verfügbar. Die Kreditinstitute berechnen für Eilüberweisungen zusätzliche Gebühren.

Kreditkarten

Elektronische Zahlungsverfahren

Die elektronischen Zahlungsverfahren umfassen alle Zahlungswege, die sich elektronischer Medien bedienen.

Kreditkarten:
Kreditkarten (z. B. American Express, Visa, Diners Club, Eurocard) werden bei der entsprechenden Kreditkartenorganisation beantragt, die die Kreditwürdigkeit prüft und über die Vergabe entscheidet. Der Kreditkarteninhaber muss der Kreditkartenorganisation eine Einzugsermächtigung für sein Konto geben, damit Beträge, die er mit der Kreditkarte bezahlt, abgebucht werden können.

! Inhaber einer **Kreditkarte** können überall dort, wo die entsprechende Kreditkarte akzeptiert wird (im In- und Ausland), bargeldlos für den Erwerb von Waren oder Dienstleistungen zahlen. Außerdem kann Bargeld an Geldautomaten oder in Kreditinstituten beschafft werden.

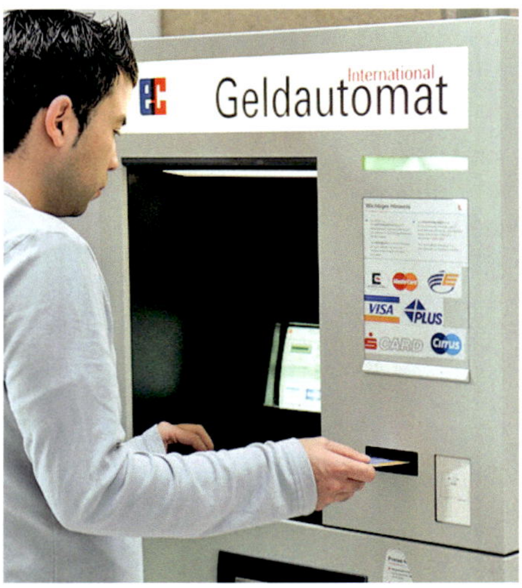

Auch Bargeld kann man mit einer Kreditkarte an den Geldautomaten der Kreditinstitute abheben.

Der zu zahlende Betrag wird dem Zahlungsempfänger (z. B. Hotel, Restaurant, Einzelhändler, Reiseunternehmen, Autovermietung) von den Kreditkartengebern erstattet, die wiederum das Konto des Kreditkarteninhabers (des Kunden) bei dessen Kreditinstitut belasten. Dies erfolgt in der Regel elektronisch oder mittels einer mechanischen Vorrichtung, die Identifikationsmerkmale der Karte auf einen Beleg überträgt, auf dem zusätzlich der Rechnungsbetrag und das Rechnungsdatum eingetragen werden. Der Karteninhaber muss den Beleg unterschreiben und erhält einen Durchschlag als Quittung.

Der Zahlungsempfänger reicht den Beleg bei der Kreditkartenorganisation zur Gutschrift auf sein Konto ein. Dafür muss er allerdings eine Gebühr (in % des Umsatzes) entrichten; daher wird die Zahlung mit Kreditkarte oft erst ab einem bestimmten Mindestbetrag akzeptiert.

Unter dem Begriff „Kreditkarte" werden die folgenden Abrechnungsmodalitäten gegenüber dem Karteninhaber verstanden:

- **Debit Card:** Bei dieser Karte werden Zahlungen sofort vom Konto (Girokonto oder Guthabenkonto für die Karte) abgebucht, wenn die Karte eingesetzt wird.
- **Charge Card:** Die getätigten Umsätze werden gesammelt und gemeinsam (z. B. einmal pro Monat) fällig. Die gesamte Summe aller getätigten Käufe wird dann auf einmal vom Konto abgebucht.
- **Credit Card:** Diese „klassische Form" ist besonders in den angloamerikanischen Ländern üblich. Da man dort einen Dispositionskredit auf dem Kontokorrentkonto (Girokonto) oft nicht kennt, wird die Karte als Kreditmittel benutzt. Getätigte Umsätze sind ab Entstehungszeitpunkt oder (meist) ab der monatlichen Rechnung zu verzinsen und ganz oder in Raten zu begleichen. Auf den nicht bezahlten Teil der Verbindlichkeiten werden Sollzinsen berechnet.

Um im Internet elektronisch einzukaufen, muss die Kreditkartennummer eingegeben werden. Dies ist noch mit gewissen Risiken verbunden, z. B. dass ein unseriöser Anbieter im Internet übermittelte Kreditkartennummern für eigene Einkäufe verwendet oder dass Hacker unverschlüsselte Kreditkartennummern ausfindig machen und missbrauchen.

Sicherheitstipps unter www.bdb.de

Mithilfe neuer **Verschlüsselungstechnologien** wird die Zahlung per Kreditkarte im Internet immer sicherer. Bestellung und Kreditkartennummer werden verschlüsselt und an den Zahlungsempfänger (z. B. Internethändler) verschickt. Dieser kann die Kreditkartennummer nicht selbst entschlüsseln, er hängt lediglich ein digitales Zertifikat mit seinen eigenen Daten an die Bestellung. Gemeinsam werden die Daten an die Zentrale des Anbieters des entsprechenden elektronischen Zahlungssystems (meist ein Bankinstitut oder eine andere vertrauenswürdige Institution) weitergeleitet. Die Zentrale signalisiert der Bank, dass die Daten in Ordnung sind und die Zahlung veranlasst werden kann. Das Kreditkartenkonto des Kunden wird mit dem entsprechenden Betrag belastet. Der Händler kann die Ware ausliefern.

Bankkarte:
Die Bankkarte (auch EC-Karte oder MaestroCard) ist eine in Deutschland sehr gebräuchliche Form der Debit Card. Die unterschiedlichen Namen werden durch das ausgebende Geldinstitut geprägt. Die Karte ermöglicht den bargeldlosen Einkauf mittels unterschiedlicher Zahlungssysteme. Die Kosten für die elektronischen Zahlungsverfahren trägt der Zahlungsempfänger. Für den Kunden ist die Zahlung kostenfrei.

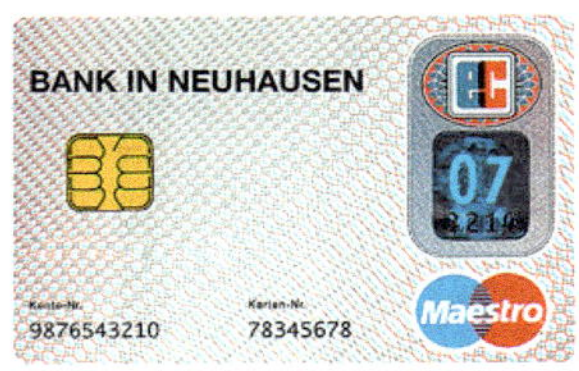

Bankkarte mit Geldkartenfunktion

POS
Point of Sale = Ort der Zahlung

Auslaufendes (links) und neues (rechts) Akzeptanzzeichen von Electronic Cash:

Im Laufe der Zeit wird es im Handel nur noch das Akzeptanzzeichen „girocard" geben. Dieses Piktogramm weist darauf hin, dass auch andere europäische Karten akzeptiert werden.

Electronic Cash (POS-Zahlung):

Bei dieser Zahlungsform erfolgt die Zahlung direkt am Ort des Verkaufes, also noch im Geschäft. Nach Eingabe der **PIN** wird über das zuständige Rechenzentrum der kontoführenden Bank (online) geprüft, ob Karte und PIN übereinstimmen, die Karte nicht gesperrt ist und eine ausreichende Kontodeckung vorliegt. Ist alles korrekt, wird die Zahlung innerhalb weniger Sekunden freigegeben und ausgeführt.

Für diese Zahlungsweise benötigt der Zahlungsempfänger ein spezielles Kartenlesegerät. Üblicherweise werden diese Geräte über die Geldinstitute im Direktvertrieb angemietet. Zu dem monatlichen Mietpreis, der je nach Anbieter unterschiedlich hoch sein kann, und den Kosten für die Onlineverbindung kommen noch Gebühren in % des getätigten Umsatzes hinzu. Diese Kosten werden zulasten des Zahlungsempfängers abgerechnet.

Akzeptanzzeichen von ELV

ELV (elektronisches Lastschriftverfahren):

Dieses Verfahren ist dem klassischen Lastschriftverfahren sehr ähnlich. Anders als bei der POS-Zahlung muss der Kunde seine PIN nicht angeben. Die Bankkarte wird nur eingelesen und es wird ein Lastschriftbeleg ausgedruckt, den der Kunde unterschreiben muss. Der Kunde erteilt dem Zahlungsempfänger damit eine Einzugsermächtigung über den fälligen Betrag. Dieses Verfahren wird von den Banken nicht unterstützt, sodass nicht geprüft werden kann, ob der Kunde zahlungsfähig ist oder die Karte gesperrt wurde.

Da bei diesem System die automatische Überprüfung der Zahlungsfähigkeit des Karteninhabers fehlt, trägt der Zahlungsempfänger das Risiko, dass der fällige Betrag nicht eingelöst wird. Dieses Risiko kann durch das Abfragen einer internen Sperrdatei vermindert, jedoch nicht ausgeräumt werden.

PIN
vierstellige „Persönliche Identifikations-Nummer" zum Nachweis als rechtmäßiger Karten- und Kontoinhaber

Daneben gibt es auf dem deutschen Markt noch weitere elektronische Zahlungsverfahren:

Kundenkarte	– von einzelnen Unternehmen eingerichtete Zahlungssysteme – Varianten Debit und Credit – dient der Kundenbindung an das Unternehmen – es fallen keine weiteren Kosten an
Geldkarte (Wertkarte)	– Zahlung erfolgt aus einer vorher aufgeladenen „elektronischen Geldbörse", einem speziellen Chip auf der Bankkarte – Legitimation über Besitz der Karte – Verkäufer trägt **Autorisierung**sentgelt – Zahlungsgarantie für den Verkäufer
PayPal	– weltweites Bezahlsystem für Kleinbeträge – unterstützt die sichere Durchführung von Internetkäufen – Varianten: Geschäfts- und Privatkonten – Gebühren in Deutschland: 1,9 % + 0,35 €/Zahlung

Autorisierung
Genehmigung; hier: Überprüfung, ob es sich um eine gültige Karte handelt

Nutzung moderner Datenkommunikation im Zahlungsverkehr

In zunehmendem Maße rationalisieren die Geschäftsbanken die Durchführung des Zahlungsverkehrs. Sie nutzen moderne Kommunikationsmedien, um Bearbeitungsschritte auf den Kunden zu verlagern und die Verarbeitung von Transaktionen zu beschleunigen.

- Beim **Telefonbanking** können die meisten Bankgeschäfte (Überweisung, Abfrage von Kontoständen, Kartensperrung) – unabhängig von der Geschäftszeit – per Telefon erledigt werden. Ein Sprachcomputer wandelt die akustischen Signale der menschlichen Stimme in elektronische Signale um. Die Kontonummer muss nicht mehr eingegeben werden, sondern wird automatisch im EDV-System der Bank abgespeichert. Um die Sicherheit zu gewährleisten, erhält der Kunde eine persönliche Geheimzahl bzw. ein Codewort.
- Beim **Onlinebanking** kann der Bankkunde sich per Internet jederzeit von einem beliebigen PC mit Internetanschluss über den Kontostand informieren und Überweisungen, Daueraufträge, Lastschriften und andere Bankgeschäfte tätigen. Um die Sicherheit zu gewährleisten, wird der Zugang zum Konto bei der Bank elektronisch im Internet durch die Eingabe einer persönlichen Identifikations-Nr. (PIN) geschützt. Darüber hinaus wird jede Transaktion (z. B. eine Überweisung) einmalig durch die Eingabe einer Transaktionsnummer (TAN) gesichert.

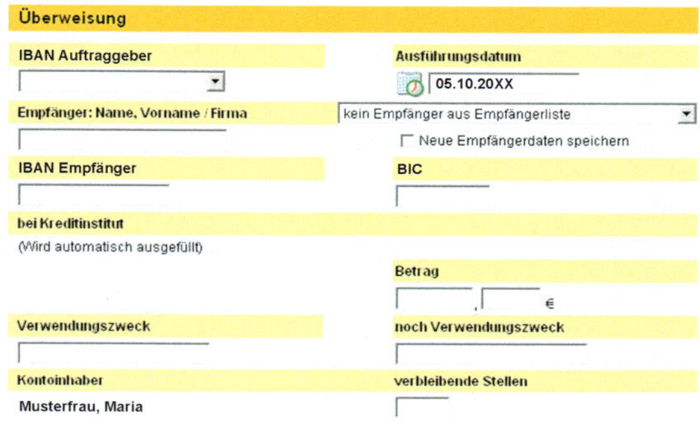
Überweisung
IBAN Auftraggeber
Ausführungsdatum
05.10.20XX
Empfänger: Name, Vorname / Firma
kein Empfänger aus Empfängerliste
Neue Empfängerdaten speichern
IBAN Empfänger
BIC
bei Kreditinstitut
(Wird automatisch ausgefüllt)
Betrag
€
Verwendungszweck
noch Verwendungszweck
Kontoinhaber
Musterfrau, Maria
verbleibende Stellen

elektronisches Überweisungsformular

Beispiel: Datenaustausch bei Zahlungsaus- und -eingängen der Fly Bike Werke GmbH

- Im Rahmen der **Terminüberwachung** werden regelmäßig Vorschläge für **Zahlungsausgänge** elektronisch erstellt. Zweimal wöchentlich überprüft und genehmigt der Verwaltungsleiter die Zahlungsvorschlagsliste und gibt sie frei. Die Daten der Zahlungsvorschlagsliste werden anschließend per Datenfernübertragung direkt an die Hausbank der FBW GmbH übermittelt. Die Bank führt jetzt die Überweisung der Beträge an die Kreditoren der FBW GmbH durch, indem sie die Daten in ihre EDV-Anlage einliest und elektronisch auf den Bankkonten der Kreditoren verbucht bzw. an die Kreditinstitute der Kreditoren überweist.
- Bei **Zahlungseingängen** wird analog verfahren: Die Hausbanken erhalten täglich Zahlungseingänge für die FBW GmbH, zum großen Teil auch per Überweisungen. Dort sind bereits Kunden- und Rechnungsnummer sowie Rechnungsbetrag ersichtlich. Die Bank schreibt die Beträge den Bankkonten der FBW GmbH gut und liest Kunden- und Rechnungsnummer ein. Die Daten werden per Fernübertragung in die Buchhaltung der FBW GmbH überspielt. Das Finanzbuchhaltungssystem der FBW GmbH sucht in den Daten zunächst nach der Kundennummer, die der Nummer des Debitorenkontos zugeordnet wird. Danach werden Betrag und Rechnungsnummer elektronisch abgeglichen. Stimmen die Daten überein, wird die Buchung automatisch durchgeführt.
- Das **Finanzbuchhaltungssystem** übernimmt auch die sogenannte Auszifferung: Bei Rechnungsausgang wird die Forderung gegenüber dem Kunden im Soll seines Debitorenkontos verbucht, bei Zahlungseingang wird der Betrag im Haben verbucht. Damit genau feststeht, dass die Zahlung zu der Forderung gehört, wird hinter beiden Beträgen dieselbe Ziffer vermerkt. Durch den direkten Datenaustauch hat sich auch das Verbuchen von Zahlungseingängen erheblich beschleunigt und das Risiko von Übertragungsfehlern verringert.

Terminüberwachung, vgl. **Kap. 4.6.4**

Finanzbuchhaltungssysteme sind oft Teil eines umfassenden ERP-Systems. Das vorliegende Schülerbuch enthält eine CD-ROM mit einer Demoversion des ERP-Systems „Microsoft Dynamics® NAV 2009".

4.6.4 Terminüberwachung

Offene-Posten-Listen, Terminbücher und **Wiedervorlagemappen** sind wichtige Hilfsmittel zur Überwachung von Zahlungsein- und -ausgängen. Sie können manuell oder per EDV geführt werden.

Durch die regelmäßige Kontrolle der offenen Rechnungen soll gewährleistet werden, dass

- **Skontofristen** bei nicht bezahlten (offenen) Eingangsrechnungen und
- **Mahnfristen** bei nicht bezahlten Ausgangsrechnungen eingehalten werden.

Mahnung, vgl. LF 10, Band 3

Liquidität, vgl. LF 8, Kap. 6.3.4

Außerdem hilft diese Überwachung dabei, die **Liquidität** eines Unternehmens zu erhalten. So kann z. B. bei Liquiditätsengpässen entschieden werden, Lieferantenkredite in Anspruch zu nehmen und auf Skonto-Erträge zu verzichten oder unter Umständen einen Factoring-Vertrag abzuschließen.

Buchhaltungssysteme, vgl. auch LF 3, Band 1

Die Offene-Posten-Listen werden häufig in der Buchhaltung geführt, die dazu die Daten der Ein- und Verkaufsabteilung benötigt, sofern nicht mit der Bestellung durch den Kunden bzw. der Bestellung beim Lieferanten automatisch per EDV die entsprechenden Datensätze direkt in die Buchhaltungssysteme eingespeist werden.

Beispiel: Terminbücher der Fly Bike Werke GmbH (Auszüge)

Terminbuch Kunden

Zahlungstermin	Skontotermin	Kunde	Rechnungs-Nr.	Rechnungsdatum	Betrag	Gezahlt am	1. Mahnung	2. Mahnung	Bemerkungen
21.03.20X1	29.02.20X1	Nordrad GmbH Alter Markt 28 18055 Rostock	114	21.02.20X1	12.247,50		01.04.20X1	15.04.20X1	
07.05.20X1	01.04.20X1	Hofkauf AG Emdener Str. 4 50735 Köln	168	22.03.20X1	37.260,00				
05.05.20X1	13.04.20X1	Schöller & Co. Parlamentsplatz 2 60385 Frankfurt	232	05.04.20X1	9.947,50				

Terminbuch Lieferanten

Zahlungstermin	Skontotermin	Skontosatz	Lieferanten	Bankverbindung	Rechn.-Nr.	Rechnungsdatum	Betrag	Gezahlt am	Bem.
05.03.20X1	15.02.20X1	3 %	Mannes AG Herner Str. 406 44807 Bochum	Westfalenbank BLZ 43020000 Kto.: 79914368	2186	05.02.20X1	12.247,50		
08.03.20X1	16.02.20X1	2 %	Color GmbH Hafenstr. 125 67061 Ludw. hafen	Commerzbank BLZ 54540033 Kto.: 99763298	46037	08.02.20X1	37.260,00		
15.03.20X1	23.02.20X1	2 %	Dax AG Rudolf- Diesel-Str. 25 47424 Düsseldorf	SEB BLZ 79310111 Kto.: 4002193	00654-02	15.02.20X1	9.947,50		

4.7 *Störungen bei der Erfüllung des Kaufvertrages*

Beispiel: Werden die von Frau Nemitz-Müller bestellten 4 000 m Stahlrohr pünktlich und in der gewünschten Qualität geliefert, kann die Einkäuferin die zugehörige Eingangsrechnung nach eingehender Prüfung zur Zahlung anweisen und den Vorgang als erledigt ablegen. Was aber, wenn sich der Lieferant verspätet, die gelieferte Menge nicht der Bestellung entspricht oder die Stahlrohre Qualitätsmängel – z. B. Roststellen – aufweisen? In diesen Fällen muss Frau Nemitz-Müller die richtigen Schritte einleiten. Andernfalls könnte die Fly Bike Werke GmbH Rechte, die ihr eigentlich zustehen, verlieren.

In den meisten Fällen werden Kaufverträge problemlos abgewickelt: Der Verkäufer liefert zum vereinbarten Zeitpunkt die vereinbarte Ware mangelfrei, der Käufer nimmt die Lieferung an und zahlt den vereinbarten Kaufpreis. Mitunter aber tragen Verkäufer und Käufer durch ihr Verhalten zu **Leistungsstörungen** bei, indem sie die ihnen obliegenden Verpflichtungen zu spät, nicht oder schlecht erfüllen.

Mögliche Leistungsstörungen bei der Erfüllung von Kaufverträgen

Verursacher

- Verkäufer
  - I Der Verkäufer leistet nicht, weil ihm die Leistung „unmöglich ist" (Unmöglichkeit).
  - II Der Verkäufer leistet nicht rechtzeitig (Lieferungsverzug).
  - III Der Verkäufer erbringt die Leistung mangelhaft (Schlechtleistung).
- Käufer
  - IV Der Käufer zahlt nicht rechtzeitig (Zahlungsverzug).
  - V Der Käufer nimmt nicht rechtzeitig an (Annahme- bzw. Gläubigerverzug).

Im Rahmen der Beschaffungsplanung interessieren vor allem die Leistungsstörungen, für die der **Verkäufer** verantwortlich ist. Die Darstellung wird auf die Leistungsstörungen beschränkt, die in der Praxis am häufigsten eintreten. Dies sind

von **Käufern** verursachte Leistungsstörungen, vgl. **LF 10**, Band 3

- der Lieferungsverzug und
- die mangelhafte Lieferung im Rahmen der Schlechtleistung.

4.7.1 *Lieferungsverzug (Nicht-rechtzeitig-Lieferung)*

AB → **Lernsituation 53**

Beispiel: Zwischen der Fly Bike Werke GmbH und der Stahlwerke Tissen AG wurde am 30. September 20XX ein Kaufvertrag über 4 000 m Stahlrohr der Spezifikation „34 mm x 2 mm Rundrohr, GrMoB" geschlossen. Vereinbart wurde, dass die Lieferung spätestens bis zum 4. Oktober 20XX während der üblichen Geschäftszeiten erfolgen soll. Die Stahlwerke Tissen AG hält den vereinbarten Liefertermin nicht ein. Die Fly Bike Werke GmbH kann deshalb mit der Fertigung ihrer Fahrradrahmen nicht beginnen. Aus diesem Grunde muss sie einem Großkunden Schadensersatz leisten. Außerdem entgehen ihr Einnahmen. Welche Rechte kann die Fly Bike Werke GmbH gegenüber der Stahlwerke Tissen AG geltend machen?

Zu den Verpflichtungen, die der Verkäufer durch den Abschluss eines Kaufvertrages eingeht, gehört die fristgerechte Erbringung der vereinbarten Leistung. Wird diese vom Verkäufer nicht oder nicht termingerecht erbracht, so spricht man vom Lieferungsverzug.

! **Lieferungsverzug bedeutet schuldhafte Nichtlieferung unter den Voraussetzungen, dass die Lieferung fällig war und eine Mahnung erfolgte.**

Bei jeder Fallbearbeitung im Rahmen des Leistungsstörungsrechts ist zunächst zu klären, ob der Vertragspartner – hier der Lieferant – überhaupt seine vertraglichen (oder gesetzlichen) Pflichten schuldhaft verletzt hat. Juristen sprechen hier von der **Anspruchsgrundlage**.

Vier Voraussetzungen auf Schadensersatz

Ein Anspruch des Käufers – z. B. auf Schadensersatz – ist an das Vorliegen der folgenden vier Voraussetzungen geknüpft:
1. Existenz eines Schuldverhältnisses
2. Pflichtverletzung des Schuldners
3. Durch die Pflichtverletzung muss ein Schaden entstanden sein.
4. Vertretenmüssen des Schuldners

Unter dem **Bestehen eines Schuldverhältnisses** sind in erster Linie Verträge zu verstehen. Im Beispiel hat die Fly Bike Werke GmbH mit der Stahlwerke Tissen AG einen Kaufvertrag geschlossen.

Eine **Pflichtverletzung des Schuldners** liegt vor, wenn dieser eine Haupt- oder Nebenpflicht aus dem Vertragsverhältnis ganz oder teilweise nicht erbracht hat. Die Stahlwerke Tissen AG verletzt hier als Schuldner der Stahlrohre ihre Pflicht aus dem Kaufvertrag, da sie den vereinbarten Liefertermin nicht einhält.

Der durch eine Pflichtverletzung zu ersetzende **Schaden** umfasst nur diejenigen Vermögensnachteile, die ursächlich dadurch entstehen, dass der Kaufvertrag nicht rechtzeitig, sondern verspätet erfüllt wird. Grundsätzlich ist der Gläubiger so zu stellen, wie er bei rechtzeitiger Leistung des Schuldners stehen würde. Der zu ersetzende Schaden umfasst auch den entgangenen Gewinn.

§ 276 Abs. 1 Satz 1 BGB

Vertretenmüssen ist inhaltlich dem Verschulden gleichzusetzen. Grundfall des Vertretenmüssens ist das eigene Verschulden des Schuldners aufgrund von Vorsatz oder Fahrlässigkeit. Der Schuldner kann die Nichtleistung aber auch ohne eigenes Verschulden zu vertreten haben. So bestimmt § 276 Abs. 1 Satz 1 BGB, 2. Halbsatz, dass sich eine strengere oder mildere Haftung aus anderen Bestimmungen oder auch aus dem Inhalt des Schuldverhältnisses, insbesondere aus der Übernahme einer Garantie oder eines Beschaffungsrisikos durch den Schuldner, ergeben kann. Weiterhin haftet der Schuldner auch für das Verschulden seiner Erfüllungsgehilfen und gesetzlichen Vertreter.

§ 278 Abs. 1 BGB

§ 230 Abs. 1 Satz 2 BGB

Das Vertretenmüssen wird nach dem Gesetzeswortlaut vermutet. Die Vermutung des Verschuldens ist jedoch durch den Schuldner widerlegbar, es liegt also an ihm, zu beweisen, dass ihn kein Verschulden trifft. Diese sogenannte **Beweislastumkehr** liegt darin begründet, dass es für den Gläubiger schwerer ist, dem Schuldner ein Fehlverhalten nachzuweisen, als für den Schuldner, die Vermutung zu widerlegen. Die Stahlwerke Tissen AG hat die Verzögerung der Leistung also zu vertreten.

Verzug

§ 280 Abs. 2 BGB sagt aus, dass bei einem Schadensersatzanspruch wegen Verzögerung der Leistung zusätzlich die Norm des § 286 BGB („Verzug des Schuldners") heranzuziehen ist. Für den Eintritt des **Verzugs** werden dort vier Voraussetzungen genannt:

§ 280 Abs. 2 BGB

§ 286 BGB

1. Fälligkeit der Leistung
2. Mahnung (in bestimmten Fällen entbehrlich; siehe Definition des Lieferungsverzugs auf S. 72)
3. Nichtleistung des Schuldners trotz Fälligkeit und ggf. Mahnung
4. Vertretenmüssen des Schuldners

Die **Fälligkeit einer Leistung** bemisst sich nach der Leistungszeit. Zunächst ist die Vereinbahrung der Vertragsparteien maßgebend. Fehlt eine solche und ist die Zeit auch nicht „aus den Umständen zu entnehmen", kann der Gläubiger „die Leistung sofort verlangen, der Schuldner kann sie sofort bewirken".

§ 271 BGB

§ 271 Abs. 1 BGB

Die Fälligkeit allein führt noch nicht zum Verzug. Hierzu bedarf es zusätzlich der **Mahnung**. Diese ist eine Aufforderung des Gläubigers an den Schuldner, die geschuldete Leistung zu bewirken. Ihrer Rechtsnatur nach ist sie eine einseitige empfangsbedürftige Erklärung. Da der Mahnung eine Warnfunktion zukommt, muss sie eindeutig formuliert sein. Dem Schuldner muss erkennbar sein, dass das Ausbleiben der Leistung Folgen haben wird. Der Mahnung gleichgestellt sind die Erhebung der Leistungsklage und – bei Entgeltforderungen – die Zustellung eines Mahnbescheides im Mahnverfahren.

Mahnung, vgl. **LF 10**, Band 3

§ 286 Abs. 1 Satz 2 BGB

Mit einem Mahnverfahren, das vom Amtsgericht durchgeführt wird, hat der Gläubiger die Möglichkeit, seine Geldforderung schnell und kostensparend einzutreiben.

In bestimmten Fällen kommt der Schuldner auch ohne Mahnung in Verzug. Die Sachverhalte, bei denen eine Mahnung entbehrlich ist, ergeben sich aus § 286 Abs. 2 Nr. 1 bis Nr. 4 BGB:

§ 286 Abs. 2 Nr. 1 bis Nr. 4 BGB

Entbehrlichkeit der Mahnung

Der Mahnung bedarf es nicht, wenn ...	Erläuterung, Beispiele:
... für die Leistung eine Zeit nach dem Kalender bestimmt ist (Nr. 1),	– 15. März 20XX – Mitte des Monats – 5. Kalenderwoche – Heiligabend
... der Leistung ein Ereignis vorauszugehen hat und eine angemessene Zeit für die Leistung in der Weise bestimmt ist, dass sie sich von dem Ereignis nach dem Kalender berechnen lässt (Nr. 2),	– 7 Tage nach Abruf – 2 Wochen nach Bestellung – 4 Monate nach Kündigung
... der Schuldner die Leistung ernsthaft und endgültig verweigert (Nr. 3),	In diesem Fall wäre eine Mahnung zwecklos.
... aus besonderen Gründen unter Abwägung der beiderseitigen Interessen der sofortige Eintritt des Verzugs gerechtfertigt ist (Nr. 4).	Pflichten, deren Erfüllung offensichtlich besonders eilig ist

kalendermäßig bestimmbare Liefertermine
- Lieferung am 11. Mai
- Lieferung im Mai
- Lieferung 5 Tage nach Bestellung

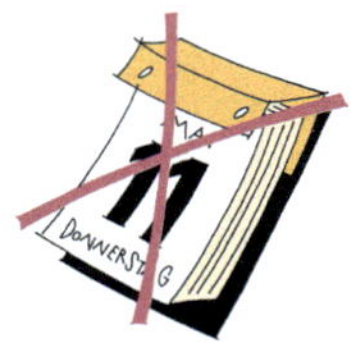

kalendermäßig nicht bestimmbare Liefertermine
- Lieferung sofort
- Lieferung so bald wie möglich
- Lieferung ab Mai

Im vorliegenden Fall kommt die Stahlwerke Tissen AG auch ohne Mahnung in Verzug, da für die Zeit der Leistung eine Zeit nach dem Kalender („bis zum 4. Oktober 20XX") bestimmt ist.

Eine **Nichtleistung** liegt vor, wenn der Schuldner trotz Fälligkeit und Mahnung seine Leistung nicht erbringt. Das heißt, Unmöglichkeit schließt den Verzug aus.

Schon auf Seite 72 wurde festgestellt, dass die Stahlwerke Tissen AG die Verzögerung der Leistung zu **vertreten** hat.

Beispiel: Somit sind alle in den §§ 280 Abs. 1 und 286 BGB genannten (7 bzw. 8) Voraussetzungen erfüllt, sodass die Fly Bike Werke GmbH den Ersatz des Verzögerungsschadens verlangen kann. Der zu ersetzende Schaden umfasst den an einen Großkunden geleisteten Schadensersatz sowie den entgangenen Gewinn. Daneben bleibt die Stahlwerke Tissen AG zur Leistung verpflichtet.

Erweiterung der Haftung des Schuldners

Darüber hinaus wird mit dem Eintritt des Verzuges die Haftung des Schuldners nach § 287 BGB erweitert. Er haftet nun für jede Fahrlässigkeit und hat sogar die durch Zufall eintretende Unmöglichkeit zu vertreten.

Rechtsfolgen

Liegt eine Anspruchsgrundlage in Form einer Pflichtverletzung des anderen Vertragspartners vor, können die Rechtsfolgen abgeleitet werden. Hier sind zwei wichtige Fragen auseinanderzuhalten:
1. die Frage nach den Rechten des Gläubigers im Falle einer Leistungsstörung
2. die Frage nach dem „Schicksal" der Leistung des Schuldners

Rechte des Gläubigers im Falle eines Lieferungsverzugs

Die folgende Übersicht gibt einen Überblick über mögliche Rechte der Fly Bike Werke GmbH:

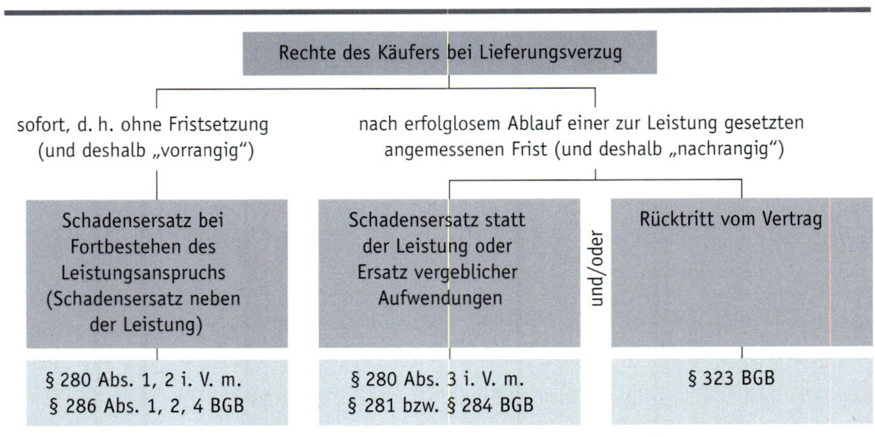

1. Schadensersatz neben der Leistung

§ 280 Abs. 1 BGB ist die zentrale Norm für Schadensersatzansprüche wegen Leistungsstörungen.

§ 280 BGB Schadensersatz wegen Pflichtverletzung
(1) Verletzt der Schuldner eine Pflicht aus dem Schuldverhältnis, so kann der Gläubiger Ersatz des hierdurch entstandenen Schadens verlangen. Dies gilt nicht, wenn der Schuldner die Pflichtverletzung nicht zu vertreten hat.

Wie die Übersicht auf der vorangehenden Seite zeigt, ist die Folge eines verschuldeten Lieferungsverzugs zunächst („vorrangig") immer ein Schadensersatz wegen Verzögerung der Leistung, der neben dem Erfüllungsanspruch geltend gemacht werden kann. Dieser Schadensersatzanspruch wird daher auch **Schadensersatz neben der Leistung** genannt. Der Vorrang ergibt sich daraus, dass Schadensersatz statt der Leistung, Ersatz vergeblicher Aufwendungen und Rücktritt den erfolglosen Ablauf einer vom Gläubiger zu setzenden angemessenen Frist voraussetzen.

Schadensersatz neben der Leistung
z. B. Ersatz eines Mangelfolgeschadens

2. Schadensersatz statt der Leistung oder Ersatz vergeblicher Aufwendungen

§ 281 BGB Schadensersatz statt der Leistung wegen nicht oder nicht wie geschuldet erbrachter Leistung
(1) Soweit der Schuldner die fällige Leistung nicht oder nicht wie geschuldet erbringt, kann der Gläubiger unter den Voraussetzungen des § 280 Abs. 1 Schadensersatz statt der Leistung verlangen, wenn er dem Schuldner eine angemessene Frist zur Leistung [...] bestimmt hat.

Als Rechtsfolge gewährt § 281 BGB also der Fly Bike Werke GmbH einen **Schadensersatz statt der Leistung**, wenn sie der Stahlwerke Tissen AG eine Nachfrist zur Leistung gesetzt hat und diese erfolglos verstrichen ist. Zusätzlich müssen die Voraussetzungen des § 280 Abs. 1 BGB vorliegen, sodass insgesamt folgende **sechs Voraussetzungen** erfüllt sein müssen:

1. Bestehen eines Schuldverhältnisses
2. Pflichtverletzung des Schuldners
3. Durch die Pflichtverletzung muss ein Schaden entstanden sein.
4. Vertretenmüssen des Schuldners
5. Nachfristsetzung (aber evtl. entbehrlich nach § 281 Abs. 2 BGB)
6. erfolgloser Fristablauf

Voraussetzungen des § 280 Abs. 1 BGB (1.–4.)

Voraussetzungen des § 281 Abs. 1 BGB (5.–6.)

Auf die **Nachfristsetzung** kann verzichtet werden, wenn der Schuldner die Leistung ernsthaft und endgültig verweigert oder wenn besondere Umstände vorliegen, die eine sofortige Geltendmachung des Schadens rechtfertigen. Verlangt der Gläubiger Schadensersatz statt der Leistung, so kann er – im Unterschied zum Schadensersatz neben der Leistung – die Leistung nicht mehr verlangen.

§ 281 Abs. 2 BGB

§ 281 Abs. 4 BGB

Als Alternative zum Schadensersatz statt der Leistung kann der Käufer unter den zusätzlichen Voraussetzungen des § 284 BGB auch den **Ersatz vergeblicher Aufwendungen** verlangen. Hierunter fallen Aufwendungen, die der Käufer im Vertrauen auf die Leistung gemacht hat, die also nutzlos wären, wenn die Leistung ausbliebe.

§ 284 BGB

3. Rücktritt vom Vertrag

Zentrale Anspruchsgrundlage für den Rücktritt ist § 323 BGB. In Abs. 1 werden **vier Rücktrittsvoraussetzungen** genannt:

§ 323 Abs. 1 BGB

1. gegenseitiger Vertrag
2. Nichtleistung des Schuldners trotz Fälligkeit und Möglichkeit der Leistung
3. Nachfristsetzung
4. erfolgloser Ablauf der Frist

§ 349 BGB

Der Rücktritt vom Vertrag muss gegenüber dem Vertragspartner erklärt werden. Durch den Rücktritt wird das **Vertragsverhältnis** beendet und für die Zukunft in ein Rückgewährschuldverhältnis bezüglich der bereits ausgetauschten Leistungen umgewandelt. Der Gläubiger wird also so gestellt, als ob er sich mit dem Schuldner niemals eingelassen hätte. Die Erklärung des Rücktritts ist dem Gläubiger nur dann anzuraten, wenn er vom Vertrag wieder loskommen möchte. Im Unterschied zu den Schadensersatzansprüchen ist **beim Rücktritt kein Verschulden des Schuldners** erforderlich.

AB → Lernsituation 54

4.7.2 Mangelhafte Lieferung (Schlechtleistung)

Beispiel: Was aber, wenn die von Frau Nemitz-Müller bestellten Stahlrohre zwar rechtzeitig eintreffen, der Betriebsleiter aber nicht mit deren Qualität zufrieden ist oder die gelieferte Menge nicht stimmt? In diesem Fall ist zu prüfen, ob es sich um eine mangelhafte Lieferung – juristisch eine Schlechtleistung – handelt.

Fehlen einer maßgeblichen Eigenschaft?

Der Kaufvertrag verpflichtet den Verkäufer, dem Kunden eine mangelfreie Ware zu übergeben (Gewährleistungspflicht). Tut er dies nicht, hat er nicht ordnungsgemäß geleistet, es liegt eine mangelhafte Leistung (Schlechtleistung) vor. Dem Kunden stehen dann verschiedene Ansprüche (Gewährleistungsrechte) zu.

§ 434 BGB definiert, was ein **Sachmangel** ist. Der erste Absatz überrascht aber dadurch, dass man zunächst über „Negativbeschreibungen" erfährt, in welchen Fällen **kein** Sachmangel vorliegt. Formuliert man aber diese „Negativbeschreibungen" positiv, so liegt ein **Sachmangel** vor, wenn

§ 434 Abs. 1 BGB

1. die Kaufsache bei Gefahrübergang nicht die vereinbarte Beschaffenheit hat,
2. sich die Sache nicht für die vertraglich vorausgesetzte Verwendung eignet oder
3. sich die Sache nicht für die gewöhnliche Verwendung eignet und nicht die Beschaffenheit aufweist, die der Käufer üblicherweise erwarten konnte.

Darüber hinaus liegt ein Sachmangel vor, wenn

§ 434 Abs. 2 und 3 BGB

4. die vereinbarte Montage durch den Verkäufer oder dessen Erfüllungsgehilfen unsachgemäß durchgeführt worden ist,
5. bei einer zur Montage bestimmten Sache die Montageanleitung mangelhaft ist, allerdings nicht, wenn die Sache fehlerfrei montiert worden ist, oder
6. der Verkäufer eine falsche Sache oder zu wenig geliefert hat.

Mögliche Sachmängel nach § 434 BGB

Mängel in der Beschaffenheit[1]	Abweichungen der tatsächlichen von der vereinbarten Beschaffenheit	§ 434 Abs. 1 Satz 1 BGB
	keine Eignung der Sache für die nach dem Vertrag vorausgesetzte Verwendung	§ 434 Abs. 1 Satz 2 Nr. 1 BGB
	keine Eignung der Sache für die gewöhnliche Verwendung; dies bedeutet, dass die Sache eine Beschaffenheit aufweist, die bei Sachen der gleichen Art unüblich ist und die der Käufer nach Art der Sache nicht erwarten kann	§ 434 Abs. 1 Satz 2 Nr.2 BGB
	Zu der Beschaffenheit i. S. d. § 434 Abs. 1 Satz 2 Nr. 2 BGB gehören auch Eigenschaften, die der Käufer nach öffentlichen Äußerungen des Verkäufers, des Herstellers oder seines Gehilfen insbesondere in der Werbung oder bei Kennzeichnung über bestimmte Eigenschaften der Sache erwarten kann.	§ 434 Abs. 1 Satz 3 BGB
Montagemängel	unsachgemäße Montage durch den Verkäufer oder seinen Erfüllungsgehilfen, wenn die Montage nach dem Vertrag vereinbart ist	§ 434 Abs. 2 Satz 1 BGB
	unsachgemäße Montage aufgrund mangelhafter Montageanleitung (sogenannte IKEA-Klausel)	§ 434 Abs. 2 Satz 2 BGB
Mängel der Lieferung	Lieferung einer anderen Sache	§ 434 Abs. 3 BGB
	Lieferung einer zu geringen Menge	§ 434 Abs. 3 BGB

[1] Die Mängel in der Beschaffenheit stehen nicht gleichrangig nebeneinander; vielmehr besteht unter ihnen eine Hierarchie: § 434 Abs. 1 Satz 2 Nr. 1 und 2 BGB sind nur anzuwenden, wenn nicht bereits § 434 Abs. 1 Satz 1 BGB anzuwenden ist.

Ein Rechtsmangel liegt gemäß § 435 BGB vor, wenn die Kaufsache nicht frei von Rechten Dritter ist, z. B. die Sache dem Verkäufer nicht gehört. Kein Rechtsmangel liegt also vor, wenn die Kaufsache frei von Rechten Dritter ist.

Beispiel: Hätten die gelieferten Stahlrohre also z. B. nicht den bestellten Durchmesser, läge eindeutig ein Sachmangel vor. Oder würden sie Roststellen aufweisen, die über das übliche Maß für diesen Qualitätsstandard hinausgehen, und müssten sie deshalb umfänglich nachbearbeitet werden, hätten sie ebenfalls einen Mangel. Auch läge ein Sachmangel vor, wenn der Lieferant weniger oder mehr als die bestellten 4 000 m geliefert hätte. (Dabei ist aber zu beachten, dass in der betrieblichen Praxis Über- oder Unterlieferung in geringem Umfang – z. B. +/–5 % – durchaus üblich sein können und daher keinen Sachmangel darstellen.)

Welche **Rechte** ergeben sich für den Käufer, wenn die gelieferte Sache mangelbehaftet ist? Da es zu den **vertragstypischen Pflichten** des Verkäufers gehört, dem Käufer die Sache frei von Sach- und Rechtsmängeln zu verschaffen, ist **jede mangelhafte Lieferung eine Pflichtverletzung**. Daraus folgt, dass jede mangelhafte Lieferung zugleich eine **Nichterfüllung** des Kaufvertrages bedeutet und den Erfüllungsanspruch des Käufers zunächst bestehen lässt.

Die weiteren Rechte und Ansprüche des Käufers, die sich aus dieser Pflichtverletzung des Verkäufers ergeben, sind die bereits bekannten Ansprüche auf **Schadensersatz**, **Ersatz vergeblicher Aufwendungen** und **Rücktritt**. Hinzu kommen – als spezielle kaufrechtliche Rechtsfolgen – die **Rechte auf Nacherfüllung und Minderung**. § 437 BGB

Rechte des Käufers bei Lieferung mangelhafter Ware

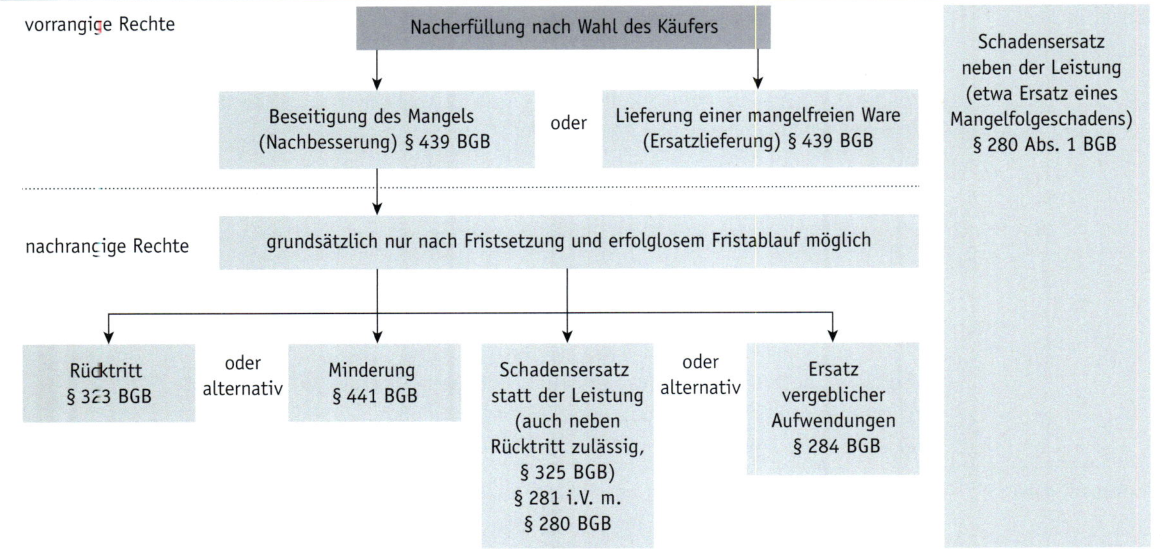

1. Recht auf Nacherfüllung

Ist der Mangel behebbar, so kann der Käufer der mangelhaften Sache zunächst – nämlich vorrangig – lediglich die Nacherfüllung mit dem Ziel der Mangelbeseitigung verlangen: Der Verkäufer erhält eine zweite Chance, den Vertrag ordnungsgemäß zu erfüllen. Dabei kann der Käufer zwischen der Beseitigung des Mangels (**Nachbesserung**) und der Lieferung einer mangelfreien Sache (**Ersatzlieferung**) wählen. Der Verkäufer hat die zum Zwecke der Nacherfüllung erforderlichen Aufwendungen zu tragen.

Beispiel: Im konkreten Falle der falschen Liefermenge wäre dies eine frachtfreie Nachlieferung, wenn eine zu geringe Menge geliefert wurde, bzw. die kostenlose Rücknahme einer Überlieferung.

Der Verkäufer kann jedoch die vom Käufer gewählte Form der Nacherfüllung verweigern, wenn diese für ihn mit unverhältnismäßigen Kosten verbunden ist. Dann hat der Käufer auf die andere Form der Nacherfüllung Anspruch.

Beispiel: Funktioniert bei einem Neuwagen das mitgelieferte Audiosystem nicht fehlerfrei, so muss der Autohändler nur dieses instand setzen oder austauschen. Er muss in keinem Fall einen komplett neuen Wagen liefern.

Verweigert der Verkäufer die (vorrangige) Nacherfüllung aber komplett, kann der Käufer die unten beschriebenen **nachrangigen Rechte** geltend machen. Dasselbe gilt auch, wenn die dem Käufer zustehende Art der Nacherfüllung fehlschlägt – das Audiosystem funktioniert auch nach dem zweiten Reparaturversuch noch immer nicht fehlerfrei – oder dem Käufer unzumutbar ist. Ist ein zusätzlicher Schaden entstanden, kann der Käufer neben allen anderen Rechten immer auch **Schadensersatz neben der Leistung** unter den Voraussetzungen des § 280 Abs. 1 BGB verlangen.

2. Rücktritt vom Vertrag oder Minderung

Die nachrangigen Rechte und Ansprüche des Käufers bei der Lieferung einer mangelhaften Sache entsprechen überwiegend denjenigen des Lieferungsverzugs. **Bei unerheblichen Mängeln** kann aber lediglich **Minderung** verlangt werden, der **Rücktritt** ist hier also ausgeschlossen. Verlangt der Käufer Minderung, so wird der Kaufpreis der Sache um den Betrag herabgesetzt, um den der Mangel den Wert der Sache, gemessen am Kaufpreis, mindert. Für die Geltendmachung des Minderungs- und Rücktrittanspruchs gelten die gleichen Voraussetzungen:

Lieferungsverzug, vgl. Kap. 4.7.1

- gegenseitiger Vertrag
- Vorliegen eines erheblichen Sachmangels bei Übergabe an den Käufer, wenn Rücktritt verlangt wird
- Nachfristsetzung (evtl. entbehrlich)
- erfolgloser Fristablauf
- Erklärung des Rücktritts gegenüber dem Verkäufer
- Vorliegen eines (auch nur geringfügigen) Sachmangels bei Übergabe an den Käufer, wenn Minderung verlangt wird

Bei Beanspruchung von Minderung oder Rücktritt ist ausnahmsweise eine **Fristsetzung** durch den Käufer **entbehrlich**, wenn
- der Verkäufer die Nacherfüllung ernsthaft und endgültig verweigert,
- die Nacherfüllung gescheitert ist,
- die Nacherfüllung unzumutbar ist,
- besondere Umstände den sofortigen Rücktritt oder die sofortige Minderung rechtfertigen.

3. Schadensersatz statt der Leistung oder Ersatz vergeblicher Aufwendungen

Einen Schadensersatzanspruch statt der Leistung bzw. einen Ersatz vergeblicher Aufwendungen kann der Käufer unter den gleichen Voraussetzungen wie beim Lieferungsverzug geltend machen.

Haftungsausschluss des Verkäufers

Mitunter kann es jedoch möglich sein, dass der Verkäufer nicht haftet:

- Zu denken ist zunächst an einen **vertraglichen Ausschluss der Haftung** durch Individualvereinbarung oder durch eine AGB-**Klausel**. In diesem Fall bestimmt das Gesetz, dass der Haftungsausschluss des Verkäufers nur dann nicht greift, wenn der Verkäufer den Mangel arglistig verschwiegen oder eine Garantie für die Beschaffenheit der Sache übernommen hat.
- Des Weiteren kann die Haftung des Verkäufers für einen Mangel der Kaufsache **gesetzlich ausgeschlossen** sein, wenn der Käufer den Mangel bei Vertragsabschluss kannte oder er ihm infolge grober Fahrlässigkeit unbekannt geblieben ist.

AGB
Allgemeine Geschäftsbedingungen, vgl. Kap. 4.3

§ 442 BGB

Diese Möglichkeiten des Haftungsausschlusses des Verkäufers gelten nach §§ 474 ff. BGB aber **nicht für den Verbrauchsgüterkauf**!

Verbrauchsgüterkauf, vgl. Kap. 4.1 und LF 10, Kap. 12.1

4.7.3 Gewährleistungsfristen

Der Käufer kann seine Gewährleistungsansprüche nur innerhalb einer bestimmten **Frist** geltend machen. Dabei ist zu unterscheiden, ob es sich um einen Verbrauchsgüterkauf oder um einen zweiseitigen Handelskauf handelt.

Die **Gewährleistung beim Verbrauchsgüterkauf** gilt grundsätzlich für zwei Jahre. Tritt der Mangel innerhalb von sechs Monaten nach Übergabe auf, wird zugunsten des Käufers gesetzlich vermutet, dass er bereits bei Gefahrenübergang vorlag. Der Verkäufer muss dann beweisen, dass diese Vermutung nicht stimmt. Nach sechs Monaten liegt die Beweislast beim Käufer, d. h., dieser muss nachweisen, dass der Mangel bei der Übergabe des Kaufgegenstandes schon vorlag.

Rügepflicht bei zweiseitigen Handelskäufen, vgl. § 377 HGB

Bei **zweiseitigen Handelsgeschäften** muss die Ware nach Erhalt unverzüglich, d. h. ohne schuldhafte Verzögerung, geprüft werden. Bei größeren Liefermengen genügen Stichproben. Anhand der Wareneingangsmeldungen und der Waren- bzw. Materialkontrolle sind aufgetretene Mängel festzustellen und zu reklamieren. Erfolgt eine solche Mängelrüge nicht unverzüglich, gilt die Ware als genehmigt. Der Käufer verliert seine Rechte auf Gewährleistung, Schadensersatz und Irrtumsanfechtung. Erfolgt eine solche Mängelrüge nicht unverzüglich, gilt die Ware als genehmigt. Der Käufer verliert seine Rechte auf Gewährleistung, Schadensersatz und Irrtumsanfechtung. Wird bereits bei Übergabe ein Mangel festgestellt, kann die Annahme der Ware verweigert werden.

Die Gewährleistungsfristen bei versteckten Mängeln können bei zweiseitigen Handelsgeschäften reduziert bzw. die Gewährleistung kann gänzlich ausgeschlossen werden. Dies kann einzelvertraglich vereinbart oder sogar einseitig durch einen entsprechenden Passus in den AGB geregelt werden. Der Gewährleistungsausschluss ist aber nicht wirksam bei Übernahme einer Garantie oder arglistig verschwiegenen Mängeln.

Offene Mängel werden bei Prüfung der Ware sofort sichtbar und sind unverzüglich zu rügen.

Versteckte Mängel werden erst nach Verwendung der Ware entdeckt. Sie müssen unverzüglich nach Entdeckung, aber innerhalb der Gewährleistungsfrist gerügt werden.

Allgemeine Gewährleistungsfristen	
2 Jahre	regelmäßige kaufrechtliche Verjährungsfrist für Mängel, die mit der Ablieferung beginnt
3 Jahre	Frist bei arglistig verschwiegenen Mängeln, die am Ende des Jahres beginnt, in dem der Mangel entdeckt wurde
5 Jahre	Frist bei Bauwerksmängeln, die mit der Übergabe beginnt
30 Jahre	Frist bei Mängeln als dingliches Recht eines Dritten, aufgrund dessen Herausgabe der Kaufsache verlangt werden kann, sowie bei im Grundbuch eingetragenen Rechten

Von der gesetzlichen Gewährleistungspflicht und ihren Fristen zu unterscheiden sind die durch den Verkäufer oder den Hersteller **freiwillig** eingeräumten Garantien. Beispiele:
- freiwillige Einstandspflicht dafür, dass **innerhalb eines bestimmten Zeitraumes** (der meist länger ist als die gesetzliche Gewährleistungsfrist) kein Mangel an einer Sache auftritt
- freiwillige Zusage, dass der Käufer die gekaufte Sache auch ohne objektiven Mangel gegen Kaufpreisrückerstattung **innerhalb einer bestimmten Frist** zurückgeben kann (Umtauschgarantie)

4.8 Vertragsarten

Neben dem Kaufvertrag gibt es zahlreiche andere Verträge, die von Unternehmen geschlossen werden. Die wichtigsten und häufigsten Vertragsarten sind im besonderen Teil des Schuldrechts (§§ 433 bis 853 BGB) geregelt, andere haben sich in der Praxis herausgebildet (z. B. der Leasingvertrag). Nicht selten werden auch die Wesensmerkmale mehrerer Vertragstypen kombiniert, man spricht dann von **gemischten Verträgen**.

Leasing, vgl. LF 11, Band 3

Nach dem Vertragsgegenstand lassen sich drei Vertragsgruppen unterscheiden:

Vertragsgruppen

Vertragsgruppen

Veräußerungsverträge	**Gebrauchsüberlassungsverträge**	**Dienstleistungsverträge**
Verträge, die auf eine dauerhafte und endgültige Übertragung eines Gutes gerichtet sind, z. B.: Kauf-, Tausch- und Schenkungsvertrag	Verträge, die auf eine vorübergehende Gebrauchsüberlassung gerichtet sind, z. B.: Miet-, Pacht-, Leih- und Darlehensvertrag	Verträge, die auf die Verrichtung einer Tätigkeit gerichtet sind, z. B.: Dienst-, Werk-, Arbeits- und Geschäftsbesorgungsvertrag

Die folgenden Ausführungen konzentrieren sich auf Verträge, die eine vorübergehende **Gebrauchsüberlassung** und die Verrichtung von Tätigkeiten (**Dienstleistungen**) zum Gegenstand haben. Die einzelnen Vertragsarten werden nicht detailliert, sondern nur überblicksartig dargestellt (siehe S. 82 f.). Wie der Kaufvertrag kommen all diese Verträge durch Antrag und Annahme zustande.

4.8.1 Gebrauchsüberlassungs- und Darlehensverträge

Setzt der Unternehmer z. B. Maschinen in der Produktion ein, ist es nicht immer erforderlich, an diesen auch Eigentum zu erwerben. Oft genügt es, wenn Geschäftsräume, der Fuhrpark oder Maschinen für gewisse Zeit überlassen werden (siehe Übersicht auf S. 82).

Wesentliche Unterschiede zwischen den Gebrauchsüberlassungsverträgen:

- Die **Miete** bezieht sich nur auf **Sachen**, die **Pacht** auf Gegenstände (d. h. auf **Sachen und Rechte**).
- Die **Miete** gewährt nur die **Gebrauchsüberlassung**, die **Pacht** berechtigt darüber hinaus, aus dem Gegenstand Früchte bzw. **Erträge** zu ziehen.
- **Miete und Pacht** sind Formen der **entgeltlichen** Gebrauchsüberlassung, die **Leihe** ist die **unentgeltliche** Gebrauchsüberlassung von Sachen.
- Beim **Darlehen** liegt ein besonderer Fall der Gebrauchsüberlassung vor: Geld oder andere vertretbare Sachen werden mit der Verpflichtung übereignet, nach Ende der Darlehenslaufzeit Sachen gleicher Art, Güte und Menge zurückzuerstatten. Beim Darlehen werden Sachen eben **nicht nur zum Gebrauch, sondern auch zum Verbrauch** überlassen.

Vertragsart	Rechtsgrundlage	Die Vertragsparteien heißen ...	Zeitweilig überlassen werden ...	Hauptpflichten der Vertragspartner	Beispiele
Gebrauchsüberlassungsverträge					
Mietvertrag	§§ 535–580a BGB	Vermieter und Mieter	Sachen	**Vermieter:** – dem Mieter den Gebrauch der Mietsache während der Mietzeit zu gewähren – die Mietsache in einem zum vertragsgemäßen Gebrauch geeigneten Zustand zu überlassen – die Mietsache während der Mietzeit in diesem Zustand zu erhalten **Mieter:** – dem Vermieter die vereinbarte Miete zu zahlen – die Mietsache am Ende der Mietzeit zurückzugeben	– Häuser, Wohn- und Geschäftsräume – DVDs/Videos
Pachtvertrag	§§ 581–597 BGB	Verpächter und Pächter	Gegenstände (Sachen) und Rechte	**Verpächter:** Zurverfügungstellung des verpachteten Gegenstandes und Gewährung des Genusses der Früchte/Erträge **Pächter:** Zahlung der vereinbarten Pacht	– Tankstellen – Gaststätten – Jagd- und Fischereirechte – landwirtschaftlich nutzbare Flächen
Leihvertrag	§§ 598–606 BGB	Verleiher und Entleiher	Sachen	**Verleiher:** unentgeltliche Überlassung der Sache zum Gebrauch **Entleiher:** Rückgabe der Sache nach Vereinbarung/Zweckerfüllung	Bücher
Darlehensverträge					
Sachdarlehensvertrag	§§ 607–609 BGB	Darlehensgeber und Darlehensnehmer	vertretbare Sachen	**Darlehensgeber:** Überlassung einer vertretbaren Sache **Darlehensnehmer:** evtl. Zahlung eines Darlehensentgelts und Rückerstattung von Sachen gleicher Art, Güte und Menge	1 Liter Milch vom Nachbarn
Gelddarlehensvertrag	§§ 488–498 BGB	Darlehensgeber und Darlehensnehmer	Geldbeträge	**Darlehensgeber:** Zurverfügungstellung des vereinbarten Geldbetrages **Darlehensnehmer:** Zahlung des vereinbarten Zinses und Rückzahlung des Darlehens bei Fälligkeit	– Dispositionskredit – Ratenkredit – Baukredit

Große wirtschaftliche Bedeutung hat die Überlassung von Wirtschaftsgütern in der Form des **Leasings** (to lease = mieten). Dabei überlässt der Leasinggeber dem Leasingnehmer Wirtschaftsgüter gegen entsprechende Leasingraten zur Nutzung. Der Leasingvertrag ist eine Sonderform des Mietvertrages mit der Option zum Erwerb.

Leasing, vgl. LF 11, Band 3

4.8.2 Dienstleistungsverträge

Vertragsart	Rechtsgrundlage	Die Vertragsparteien heißen ...	Geschuldet wird gegen Entgelt ...	Hauptpflichten der Vertragspartner	Beispiele
Dienstvertrag i. w. S.	§§ 611–630 BGB	Dienstverpflichteter und Dienstberechtigter	die Erbringung versprochener Dienste. Nicht der Erfolg der Tätigkeit steht im Mittelpunkt der Dienste, sondern die Tätigkeit als solche, d. h. die sorgfältige Ausführung des Dienstes.	**Dienstverpflichteter:** Leistung der vereinbarten Dienste, i. d. R. persönlich **Dienstberechtigter:** Zahlung der vereinbarten Vergütung	– Steuerberater erstellt Steuerbilanz. – Anwalt führt einen Prozess.
Arbeitsvertrag (Dienstvertrag i. e. S.)	Spezialfall des Dienstvertrages; daher gelten die §§ 611–630 BGB, daneben v. a. spezielle arbeitsrechtliche Regelungen (z. B. KündigungsschutzG, MutterschutzG).	Arbeitgeber und Arbeitnehmer	eine bestimmte Menge unselbstständiger Dienste in persönlicher Abhängigkeit	**Arbeitnehmer:** persönliche Erbringung von Arbeitsleistungen **Arbeitgeber:** Zahlung des vereinbarten Gehalts/Lohns	Angestellte der Fly Bike Werke GmbH, z. B. Frau Nemitz-Müller als Sachbearbeiterin in der Disposition
Werkvertrag	§§ 631–651 BGB	Unternehmer und Besteller	ein bestimmtes Tätigkeitsziel, der „Erfolg", das „Werk"	**Unternehmer:** Herstellung des versprochenen Werkes **Besteller:** Zahlung der vereinbarten Vergütung	– Errichtung eines Gebäudes – Reparatur eines Kfz – Transport von Gütern

Aufgaben

1 Zustandekommen von Verträgen:
   a Was versteht man unter einem Antrag? Schildern Sie ein Beispiel.
   b Was versteht man unter Freizeichnungsklauseln? Schildern Sie ein Beispiel.
   c Bis zu welchem Zeitpunkt ist der Anbieter an seinen Antrag unter Anwesenden bzw. unter Abwesenden gebunden?
   d Wie sind eine Vertragsannahme unter Abänderung des Antrags, wie eine verspätete Annahme des Antrags rechtlich zu beurteilen?

2 Vertragsabschluss durch einen Stellvertreter:
- **a** Welche Voraussetzungen müssen vorliegen, damit eine wirksame Stellvertretung vorliegt?
- **b** Wie kann die Vollmacht erteilt werden?
- **c** Wodurch unterscheidet sich der Stellvertreter vom Boten?
- **d** Wann spricht man von einem Vertreter ohne Vertretungsmacht?

3 Rechtliche Folgen des Kaufvertragsabschlusses und Vertragserfüllung:
- **a** Nennen Sie die Pflichten des Verkäufers und des Käufers aus dem Kaufvertrag.
- **b** Begründen Sie, warum es bei einem Kaufvertrag immer zwei Gläubiger und zwei Schuldner geben muss.
- **c** Unter welchen Voraussetzungen ist eine geschuldete Leistung erfüllt?
- **d** Wodurch erwirbt der Käufer einer gekauften Sache im Normalfall das Eigentum an einer beweglichen Sache?

4 Allgemeine Geschäftsbedingungen:
- **a** Was versteht man unter Allgemeinen Geschäftsbedingungen?
- **b** Wie werden AGB Bestandteil eines Vertrages?
- **c** Prüfen Sie die Wirksamkeit der folgenden AGB-Klauseln mithilfe des BGB:
  - **ca** „Während der Lieferzeit entstehende Preiserhöhungen unserer Hersteller berechtigen uns jederzeit zur Weitergabe an die Kunden."
  - **cb** „Die zum Zwecke der Nacherfüllung erforderlichen Aufwendungen sind vom Käufer zu tragen."
  - **cc** „Die vereinbarten Preise beinhalten die gesetzliche Umsatzsteuer. Skonto gewähren wir nur aufgrund besonderer Vereinbarungen."
- **d** Wie ist das Verhältnis von Individualabreden beim Vertragsschluss und AGB geregelt?

5 Zahlungsverkehr:
- **a** Ihr Gehalt wird vom Arbeitgeber auf das Konto bei Ihrem Kreditinstitut am selben Ort überwiesen. Beschreiben Sie den Weg der Überweisung.
- **b** In welchen Fällen bieten sich Sammelüberweisungen, wann Eilüberweisungen an? Nennen Sie Beispiele.
- **c** Worin unterscheiden sich Bar- und Verrechnungsschecks?
- **d** Welche Risiken bestehen bei einer Kreditkartenzahlung per Internet? Wie wird versucht, das Internet sicherer zu machen?
- **e** Beschreiben Sie moderne Kommunikationsmedien, die Ihr Ausbildungsbetrieb für den Zahlungsverkehr benutzt. Nennen Sie Gründe für die Nutzung.
- **f** Beschreiben Sie, in welchen betrieblichen Bereichen mittels Einführung von Datenaustausch rationalisiert wird.
- **g** Erkundigen Sie sich in Ihrem Ausbildungsbetrieb, welches Verfahren der Terminüberwachung angewandt wird.
- **h** Erklären Sie den Ablauf einer Lastschrift durch Einzugsermächtigung mithilfe der folgenden Abbildung:

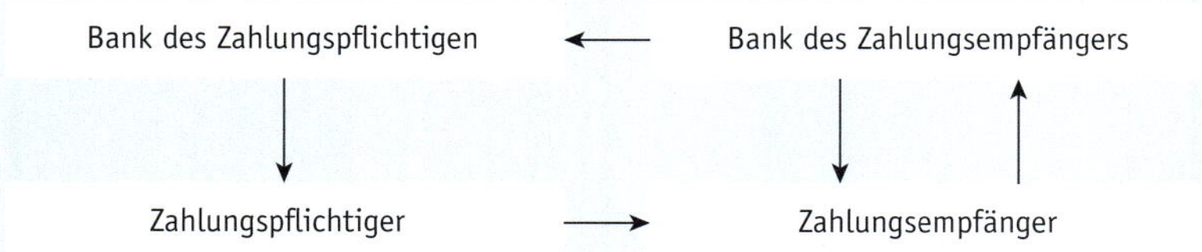

- **i** Unterscheiden Sie Lastschrift und Dauerauftrag in Bezug auf den Zahlungsbetrag und die Möglichkeit zum Widerspruch/Rückruf.

6 Störungen bei der Erfüllung von Verträgen:

a Nennen Sie die Voraussetzungen für den Eintritt des Lieferungsverzuges.

b Eine Warensendung, die Ende Juni geliefert werden sollte, trifft erst am 12. Juli bei der Fly Bike Werke GmbH ein. Da diese die Waren aber inzwischen günstiger beschaffen konnte, ist sie (ohne vorherige Mahnung oder Fristsetzung) bereits am 7. Juli vom Vertrag zurückgetreten und verweigert deshalb die Annahme. Kann sie die Annahme der Ware zu Recht verweigern?

c Liefert der Verkäufer mangelhafte Ware, so hat der Käufer vorrangig nur das Recht auf Nacherfüllung.

ca Erläutern Sie, was man darunter versteht.

cb Welchen Vorteil hat diese Regelung für den Verkäufer?

cc Welche nachrangigen Ansprüche und Rechte hat der Käufer gegenüber dem Verkäufer?

7 Welche Unterschiede bestehen zwischen Dienst- und Werkvertrag?

ÜBERSICHT: Bestellungen abwickeln

Bestellungen abwickeln

- **Zustandekommen von Kaufverträgen**
  - Antrag
  - Annahme
- **Stellvertretung**
- **Allgemeine Geschäftsbedingungen (AGB)**
- **Pflichten aus einem Kaufvertrag**
  - Verkäufer:
    - Übergabe der Sache
    - Verschaffung des Eigentums an der Sache
    - Sach- und Rechtsmängelfreiheit der Sache
  - Käufer:
    - Zahlung des Kaufpreises
    - Abnahme der gekauften Sache
- **Zahlungsverkehr abwickeln**
  - Barzahlung
  - halbbare Zahlung
  - bargeldlose Zahlung
- **Kaufvertragsstörungen (für die der Verkäufer verantwortlich ist)**
  - Lieferungsverzug
  - mangelhafte Lieferung

AB → Lernsituation 55

5 Materialien lagern (Lagerlogistik)

Logistik allgemein, vgl. LF 2, Kap. 4.2, Band 1

Die Ansprüche, die Kunden von Industriebetrieben im Hinblick auf die Vielfalt, die Individualität und die schnelle Verfügbarkeit der Produkte stellen, wachsen ständig. Gleichzeitig herrscht häufig durch wachsende Konkurrenz ein enormer Preisdruck. Eine ebenso effektive wie effiziente Unternehmenslogistik ist daher zu einem für den Erfolg des Industriebetriebes bestimmenden Wettbewerbsfaktor geworden.

Wenn Güter immer schneller transportiert und immer kürzer gelagert werden sollen, gleichzeitig die Anforderungen an die zeit- und mengenmäßig exakte Bereitstellung der Güter zunehmen, ist viel logistische Kompetenz gefragt.

Die Ursprünge des Begriffes Logistik liegen im militärischen Sprachgebrauch: Hier meint Logistik den Transport und die Unterbringung militärischer Einheiten sowie deren zeit-, raum- und mengengerechte Versorgung mit Nachschub. Der griechische Ursprung des Wortes Logistik (logos = Vernunft) deutet aber bereits auf seine heutige Bedeutung in der Volks- und Betriebswirtschaftslehre:

! **Industrielle Logistik** bedeutet die systematische Planung, Steuerung, Kontrolle und Durchführung des Materialflusses sowie des dazugehörigen Informationsflusses von der Beschaffung über die Leistungserstellung (Produktion) und Leistungsverwertung (Distribution) bis zur Entsorgung.

Es lassen sich also die folgenden vier Unterarten der Logistik unterscheiden:

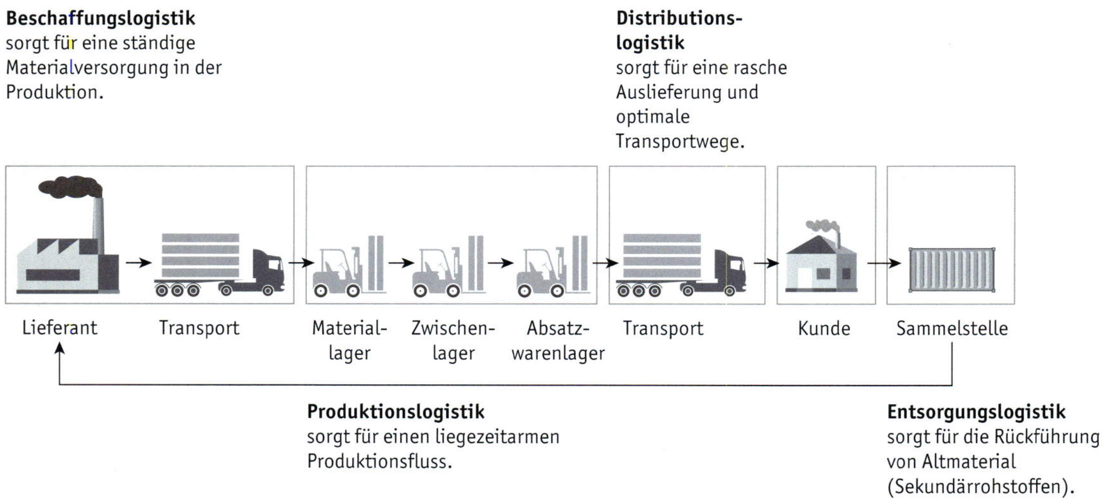

Logistik betrachtet
- sowohl die Material- und Informationsströme innerhalb des leistungserstellenden Unternehmens (**innerbetriebliche Logistik**)
- als auch die Material- und Informationsströme zwischen Kunden, leistungserstellendem Unternehmen und Lieferanten (**zwischenbetriebliche Logistik**).

Lager-, Transport- und Entsorgungslogistik, vgl. Kap. 5–7

Nachfolgend werden die Beschaffungslogistik, unterteilt in die Lager- und die Transportlogistik, sowie die Entsorgungslogistik genauer betrachtet.

5.1 Grundlagen der Lagerhaltung

Im Rahmen der betrieblichen Leistungsprozesse fallen verschiedene Hauptfunktionen an, die alle zum unternehmerischen Erfolg beitragen. Eine dieser Funktionen ist die Lagerhaltung.

! **Lagerhaltung** ist das geplante – und ggf. auch ungeplante - Bilden von **Materialbeständen**.

Materialien
Rohstoffe, Einzelteile, Baugruppen und Erzeugnisse

Wie umfangreich die dabei anfallenden Überlegungen sind, zeigt das nachfolgende Beispiel:

Beispiel: Die Geschäftsführung der Fly Bike Werke GmbH plant in den nächsten Jahren die Errichtung einer neuen Produktionsstätte in Leipzig, um von dort aus den osteuropäischen Markt zu beliefern. Dabei stellt sich u. a. auch die Frage, wo die Material- und Absatzlager errichtet werden sollen. Zur Debatte stehen die Lagerung im Stammwerk oder die Lagerung vor Ort. Als oberste Zielsetzung wird die Sicherung der Verfügbarkeit der Güter zum Bedarfszeitpunkt bei gleichzeitiger Minimierung der Lagerkosten sowie der Kapitalbindung vorgegeben. Für die nächste Abteilungsleiterbesprechung soll der Produktionsleiter, Herr Rother, eine Entscheidungsvorlage zur Lagerhaltung erstellen.

5.1.1 Funktionen der Lagerhaltung

Die Lagerhaltung umfasst ein vielfältiges Tätigkeitspektrum. Hierzu gehören u.a. allgemeine Lagerverwaltungsaufgaben (einschließlich Lagerbuchführung), das rechtzeitige Zur-Verfügung-Stellen aller Materialien und Absatzgüter, die Durchführung der Materialannahme und Qualitätskontrolle sowie die Optimierung der Lagerbestände unter betriebswirtschaftlichen Gesichtspunkten. Dabei erfüllt die Lagerhaltung verschiedene **Funktionen:**

Zeitüberbrückungsfunktion: Beschaffung, Produktion und Absatz lassen sich weder zeitlich noch mengenmäßig vollständig aufeinander abstimmen, d. h. synchronisieren. Dennoch muss in der Produktion sichergestellt sein, dass die benötigten Bedarfsmengen jederzeit zur Verfügung stehen. Abhilfe schaffen hier Materiallager, die als **Puffer** dienen. Werden Arbeitsplätze mit unterschiedlich hohen Kapazitäten miteinander verbunden, so erfolgt die kurzfristige Unterbringung der Erzeugnisse in sogenannten **Zwischenlagern**. Im Absatzbereich „puffern" Lager die kontinuierliche Produktion mit der diskontinuierlichen Lieferung und gewährleisten eine ständige Lieferbereitschaft.

Fahrradrahmen in Abdunstzone

Sicherungsfunktion: Transportstörungen, Lieferzeitüberschreitungen, Streiks und ungeplante Mehrverbräuche sind Beispiele für unvorhergesehene Liefer- oder Bedarfsschwankungen. Als notwendige Konsequenz sind Sicherheitsbestände einzuplanen, die die Schwankungen ausgleichen.

Spekulationsfunktion: Materialpreise unterliegen häufigen Schwankungen. Wenn steigende Preise vorauszusehen sind, bietet es sich an, Materialien in größeren Mengen einzukaufen, als dies fertigungstechnisch notwendig wäre. Dabei lassen sich als positiver Nebeneffekt auch Mengenrabatte ausnutzen. Die Einsparung an Materialkosten ist allerdings mit einer Erhöhung der Lagerkosten zu verrechnen.

Veredelung von Käse

Veredelungsfunktion: Sie ist Teil des Produktionsprozesses. Insbesondere im Lebensmittelbereich erfahren Produkte (z. B. Käse, Wein) durch Reifungsprozesse eine erhebliche Wertsteigerung; man spricht auch von einer **Umformungsfunktion**. Zudem müssen halbfertige Erzeugnisse häufig erst auskühlen, aushärten usw., bevor sie weiterverarbeitet werden können.

Sortimentsfunktion: Handelt ein Industrieunternehmen zusätzlich mit Handelswaren, so dient die Lagerhaltung der Sortierung von Sammellieferungen und zum Teil der Präsentation von Waren.

5.1.2 Lagerarten

Lager können nach unterschiedlichen Kriterien in Lagerarten unterteilt werden.

Hochregallager eines Kabelherstellers

Bezogen auf die **Baulichkeiten** finden sich Freilager und geschlossene Lager:
- **Freilager** (offene Lager) nehmen Waren auf, die witterungsunempfindlich sind, z. B. Sand.
- **Geschlossene Lager** bieten Schutz gegen Witterungseinflüsse, z. B. für Stahlträger. **Geschlossene Lager** kann man weiter unterteilen in
  - **eingeschossige** Lager (Höhe ca. 5 m, z. B. für Maschinen),
  - **mehrgeschossige** Lager (Waren, z. B. Stoffballen, befinden sich auf mehreren Geschossebenen),
  - **Stapellager** (Waren, z. B. Elektrogeräte, werden in mehreren Schichten übereinander auf Paletten gelagert) und
  - **Hochregallager** (Höhe: ca. 12 m; automatische Regalförderanlagen, z. B. für mechanische Bauteile).

Je größer ein Lager ist, desto höher sind die Aufwendungen für Investitionen, Lagerüberwachung, Transporteinrichtungen usw. Für die Höhe der Investitionen ist auch die technische Ausstattung des Lagers von Bedeutung.

Nach dem **Lagerstandort** unterscheidet man zentrale und dezentrale Lager:
- **Zentrale Lager** nehmen alle Materialien/Waren eines Unternehmens an einem Ort auf. Sie eignen sich vor allem bei geringer Entnahmehäufigkeit und kleinen Entnahmemengen.
- Von **dezentralen Lagern** spricht man, wenn ein Unternehmen die Materialien/Waren an verschiedenen Orten lagert. Sie eignen sich vor allem bei hoher Entnahmehäufigkeit und großen Entnahmemengen.
- Bei einer **gemischten Lagerung** finden sich sowohl dezentrale Lager als auch ein Zentrallager.

Die Frage nach den **Eigentumsverhältnissen** führt zu Eigen- und Fremdlagern:
- **Eigenlager** sind in den eigenen Geschäftsräumen untergebracht und bieten dadurch den Vorteil, dass sie nach eigenen Vorstellungen gestaltet werden können; außerdem ist ein direkter Zugriff möglich.
- Ein **Fremdlager** befindet sich in den Räumen eines fremden Lagerhalters (z. B. Spedition, Lagerhausgesellschaft). Es ist in der Regel kostengünstiger als ein Eigenlager und mit einem geringeren Investitionsrisiko verbunden. Außerdem übernimmt der Lagerhalter „Zusatzaufgaben" wie z. B. Lagerbuchführung, Versicherung und Bestandskontrolle.
- Eine besondere Form sind **Konsignationslager**. Dies sind Lager, die von Lieferanten bei ihren Kunden eingerichtet und mit Gütern versorgt werden. Die Ware stellt ein Kommissionsgut dar.

Beispiel: Kostenvergleich zwischen Eigen- und Fremdlager

Bei einer Eigenlagerung fallen jährlich 250.000,00 € fixe Kosten an. Die variablen Kosten pro Tonne eingelagerten Materials belaufen sich auf 500,00 €. Bei einer Fremdlagerung verlangt eine Lagerhausgesellschaft 1.000,00 € je Tonne eingelagerten Materials. Ab welcher Menge ist die Eigenlagerung kostengünstiger?

Gesamtkosten bei Eigenlagerung = Gesamtkosten bei Fremdlagerung

$$250.000{,}00 + 500{,}00 \cdot x = 1.000{,}00 \cdot x$$
$$x = 500$$

Bei einer einzulagernden Menge von 500 Tonnen sind beide Lagervarianten gleich teuer, ab einer Menge von 500 Tonnen pro Jahr ist die Eigenlagerung gegenüber der Fremdlagerung kostengünstiger. Bei der Entscheidung für oder gegen ein Eigenlager sind allerdings noch andere Faktoren zu beachten, z. B. Höchstlagermenge und Zugriffshäufigkeit.

Lager finden sich in verschiedenen **Funktionsbereichen** des Unternehmens:

Im Beschaffungsbereich unterscheidet man
- **Eingangslager** (zur Aufnahme der gelieferten Waren),
- **Werkstoff-/Vorproduktlager** (zur Einlagerung von Roh-, Hilfs- und Betriebsstoffen sowie Vorprodukten),
- **Handelswarenlager** (für Waren, die unbearbeitet weiterveräußert werden),
- **Ersatzteillager** (für Instandhaltungswerkzeuge und -material) und
- **Büromateriallager** (für alle Materialien, die in der Verwaltung benötigt werden).

Im Produktionsbereich finden Sie
- **Handlager** (zur Aufnahme von Materialien, die an den einzelnen Arbeitsplätzen benötigt werden),
- **Zwischenlager** (zur Einlagerung von halbfertigen Erzeugnissen, die am nächsten Arbeitsplatz weiterverarbeitet werden) und
- **Werkzeuglager** (enthalten Werkzeuge, die am jeweiligen Arbeitsplatz gebraucht werden).

Im Absatzbereich gibt es
- **Fertigwarenlager** (enthalten die fertigen, verkaufsfähigen Produkte) und
- **Versandlager** (hier werden die fertigen Produkte einschließlich der dazu benötigten Versandpapiere und Verpackungen gelagert).

5.2 Lager organisieren

Will man ein Lager zweckmäßig organisieren, sind zahlreiche Überlegungen anzustellen:

- Welche Lagerzonen soll es geben?
- Wie erfolgt die Lagerplatzzuordnung?
- Wie baut man eine effektive Lagernummernverwaltung auf?

Lagerzonen

Lagerzonen werden oft nach dem Arbeitsfluss gebildet:

Organisation nach dem Arbeitsfluss

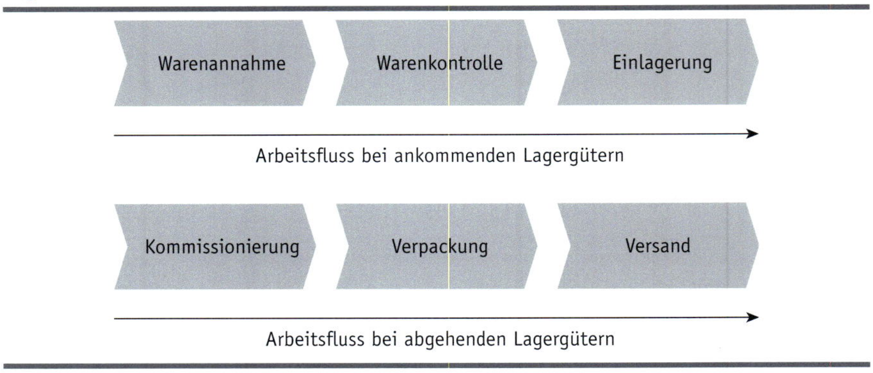

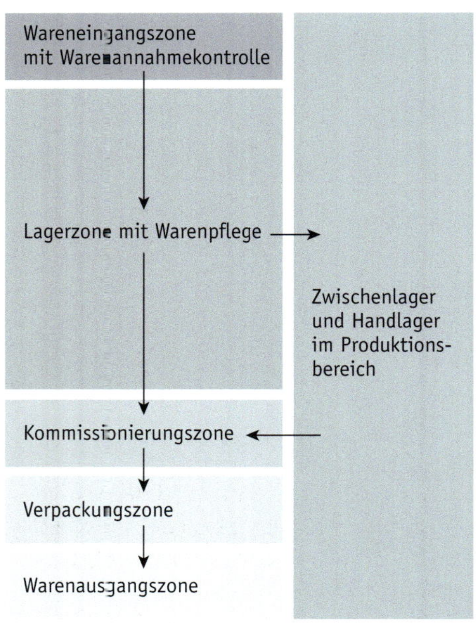

Beispiel von Lagerzonen in einem Industrieunternehmen

Lagerplatzzuordnung

! Die Einlagerung der Materialien/Waren erfolgt nach einem Lagerplan, in dem die **Lagerplatzzuordnung** festgelegt wird. Der **Lagerplan** enthält eine Übersicht über die Anordnung der Lagerstellen sowie die Lagerwege.

Bei der **festen Zuordnung** wird jedes Teil nach einem vorgegebenen System immer am gleichen Platz eingelagert (**Festplatzsystem**). Für jeden Lagerplatz wird eine feste Lageradresse vergeben. Durch dieses System ist gewährleistet, dass die Lagergüter schnell aufgefunden werden können. Nachteilig wirkt sich aus, dass für jede Materialart immer die maximal einzulagernde Menge an Platz reserviert werden muss. Um das Auffinden der Lagergüter zu erleichtern, werden diese mit Barcodes versehen, sodass sie mithilfe eines Barcodelesers erfasst werden können.

Bei der **freien Zuordnung** (Freiplatzsystem) kann die gesamte Lagerfläche von jedem Lager genutzt werden, d. h. es wird gerade der Platz belegt, der im Moment der Einlagerung optimal ist. Daher spricht man auch von **chaotischer Lagerhaltung**. Tatsächlich erfolgt die Zuordnung der Lagerplätze durch das DV-System aber nach mathematischen Optimierungsregeln.

Lagernummernverwaltung

Das Auffinden der Lagergüter lässt sich allerdings nur dann gewährleisten, wenn die aktuelle Lagerplatzbelegung jederzeit per EDV überprüft werden kann. Wenn jedes Lagergut seinen eigenen Lagerplatz erhält, muss sichergestellt werden, dass dieser jederzeit eindeutig identifiziert werden kann. Dazu dienen **Lagerplatznummern.** Sie bestehen aus mindestens drei Angaben:

- Regalnummer
- Regaletage
- Stellplatz

Darüber hinaus müssen auch die **Lagergüter** eindeutig durch eine Nummer identifiziert und klassifiziert werden können.

Beispiel: Für die Fertigung in der Fly Bike Werke GmbH muss ständig eine größere Menge an Rahmen (RA) und Sätteln (SÄ) vorrätig gehalten werden. Das Lager besteht aus fünf Gängen (A–E), die durch Nebengänge in Zonen (1–5) aufgeteilt sind. Jede Zone hat fünf Regalfächer, in denen je zehn Rahmen bzw. 20 Sättel eingelagert werden können. Im Lager treffen 600 Sättel ein, zwei Stunden später 200 Rahmen.

- Wie unterscheiden sich Festplatzsystem und chaotische Lagerhaltung?
- Wie viele Regalfächer können nach Einlagerung jeweils noch belegt werden?
- Welche EDV-technischen Voraussetzungen werden an die chaotische Lagerhaltung gestellt?
- Welchen Aufbau hat die Lagerplatznummer?

Festplatzsystem

Beim Festplatzsystem werden die Gänge A und B für die Rahmen und die Gänge C und D für die Sättel reserviert. Es ergibt sich die nebenstehende Lagerbelegung. Da die Gänge A–D für die Lagergüter Rahmen und Sättel reserviert werden müssen, bleiben nur noch fünf Zonen in Gang E zu je fünf Regalfächern frei, d. h. insgesamt 25 Regalfächer.

Gang / Zone	A	B	C	D	E
1	RA	X	SÄ	SÄ	frei
2	RA	X	SÄ	X	frei
3	RA	X	SÄ	X	frei
4	RA	X	SÄ	X	frei
5	X	X	SÄ	X	frei

Für die Rahmen und Sättel ergeben sich nebenstehende Lagerplatznummern:

Gang	Zone	Regalfach
A–B	1–10	1–50
C–D	1–10	1–50

Chaotische Lagerhaltung

Bei der chaotischen Lagerhaltung werden die Regalfächer wie folgt belegt:

	A	B	C	D	E
1	SÄ	SÄ	frei	frei	frei
2	SÄ	RA	frei	frei	frei
3	SÄ	RA	frei	frei	frei
4	SÄ	RA	frei	frei	frei
5	SÄ	RA	frei	frei	frei

Durch die Einlagerung der Sättel und Rahmen werden zehn von insgesamt 25 Zonen belegt. Es verbleiben 15 Zonen à fünf Regalfächer. Die chaotische Lagerhaltung setzt eine perfekte Überwachung der Lagerbelegung durch die EDV sowie eine funktionierende Lagersteuerung voraus. Eine Fehleingabe im EDV-System hat zur Folge, dass das Lagergut nur sehr schwer wieder aufgefunden werden kann.

5.3 Lagerkennzahlen ermitteln (Bestandscontrolling)

Auch die Lagerhaltung unterliegt dem **Wirtschaftlichkeitsprinzip**, d.h., sie ist so kostengünstig wie möglich zu gestalten. Doch welche Kosten fallen eigentlich im Lager an?

Lagerkosten

Betriebsmittel	– Zinsen – Transport – Abschreibungen – Energie – Instandhaltung – Versicherung
Personal und Verwaltung	– Löhne – Büromaterial – Gehälter – EDV – Sozialaufwendungen – Kommunikation
Lagergüter	– Zinsen für das gebundene Kapital – Kosten des Bestandsrisikos (z.B. Diebstahl, Verderb und Schwund) – Warenpflege

Um die Aussagekraft und Vergleichbarkeit der Daten zu erhöhen, werden in der Praxis die folgenden **Lagerkennzahlen** verwendet:

- durchschnittlicher Lagerbestand
- durchschnittliche Lagerdauer
- Umschlagshäufigkeit
- Lagerzinssatz und Lagerzinsen

Ausgangsgröße für alle weiteren Berechnungen ist der durchschnittliche Lagerbestand (Ø LB):

! Der **durchschnittliche Lagerbestand** gibt an, wie viele **Mengeneinheiten** eines Lagergutes während eines Zeitabschnitts im statistischen Mittelwert gelagert wurden.

Verschiedene Basisformeln für den durchschnittlichen Lagerbestand (Ø LB)

Bestandteile der Formel	Formel	Erläuterung
– Jahresanfangsbestand (JAB) – Jahresendbestand (JEB)	$\frac{\text{JAB} + \text{JEB}}{2}$	sehr ungenau, da Schwankungen des Lagerbestandes während des Jahres nahezu unberücksichtigt bleiben
– Jahresanfangsbestand (JAB) – 12 Monatsendbestände (MEB)	$\frac{\text{JAB} + 12 \cdot \text{MEB}}{13}$	genauer als erste Variante, aber größere Zu- oder Abgänge kurz vor Monatsende verfälschen die Aussagekraft der Kennzahl
– Bestellmenge (BeM) – Mindestbestand (MiB)	$\frac{\text{BeM}}{2} + \text{MiB}$	am besten geeignet bei konstantem Lagerabgang und gleichbleibenden Bestellmengen, berücksichtigt eisernen Bestand

Bei der Bestimmung des durchschnittlichen Lagerbestandes besteht das folgende Problem: Je größer der zeitliche Abstand zwischen den Erhebungen des tatsächlichen Lagerbestandes ist, desto mehr wird das Ergebnis der Berechnung von Zufälligkeiten beeinflusst.

Bei Lagergütern mit weitgehend konstanten Anschaffungs- bzw. Herstellkosten kann auf Basis des durchschnittlichen Lagerbestandes der durchschnittliche Wert der gelagerten Güter bestimmt werden:

! Der **durchschnittliche Lagerwert** ergibt sich – bei konstanten Preisen – als Produkt des durchschnittlichen Lagerbestandes und der Anschaffungskosten je Stück.

Ø Lagerwert = Ø Lagerbestand · Anschaffungs- bzw. Herstellungskosten je Stück

Liegt ein statistisch hinreichend genaues Ergebnis für den durchschnittlichen Lagerbestand bzw. Lagerwert vor, kann die Umschlagshäufigkeit bestimmt werden:

! Die **Umschlagshäufigkeit (UH)** gibt an, wie oft der durchschnittliche Lagerbestand in einem Zeitabschnitt, z. B. einem Jahr, umgeschlagen, d. h. ein- und wieder ausgelagert wurde. Die Berechnung kann sowohl auf Mengenbasis als auch auf Wertbasis erfolgen.

Die Umschlagshäufigkeit wird ermittelt, indem man den Jahresverbrauch durch den durchschnittlichen Lagerbestand (bzw. Lagerwert) teilt:

$$\text{Umschlagshäufigkeit} = \frac{\text{Jahresverbrauch in Stück}}{\emptyset \text{ Lagerbestand in Stück}}$$

oder:

$$\frac{\text{Jahresverbrauch in €}}{\emptyset \text{ Lagerwert in €}}$$

Je niedriger der durchschnittliche Lagerbestand (bzw. Lagerwert) im Verhältnis zum Verbrauch ist, desto höher ist die Umschlagshäufigkeit. Bei der Interpretation ist der Zusammenhang zur Kapitalbindung zu berücksichtigen: Je höher die Umschlagshäufigkeit, desto niedriger das im Lager gebundene Kapital. Dieses gebundene Kapital könnte bei einer Anlage auf der Bank Zinsen erbringen.

Aus der Umschlagshäufigkeit lässt sich die durchschnittliche Lagerdauer (Ø LD in Tagen) errechnen, indem man 360 Tage durch die Umschlagshäufigkeit teilt:

$$\emptyset \text{ Lagerdauer} = \frac{\text{360 Tage}}{\text{Umschlagshäufigkeit}}$$

! Die **durchschnittliche Lagerdauer** gibt an, wie lange die Materialien im Durchschnitt im Lager verbleiben, bevor sie verbraucht werden.

Je kürzer dieser Zeitraum ist, desto besser, denn desto kürzer ist auch die Kapitalbindungsdauer. Die durchschnittliche Lagerdauer ist umso geringer, je höher die Umschlagshäufigkeit ist.

! Die Kosten (in Form von entgangenen Zinsen), die für das in den Lagergütern gebundene Material entstehen, werden mithilfe des **Lagerzinssatzes** (LZS) ermittelt.

Dazu dividiert man den Jahreszinssatz durch die Umschlagshäufigkeit. Je höher die Umschlagshäufigkeit, desto niedriger ist der Lagerzinssatz:

$$\text{Lagerzinssatz} = \frac{\text{Jahreszinssatz}}{\text{Umschlagshäufigkeit}}$$

Aus dem Lagerzinssatz lassen sich mithilfe der Zinsformel und des Wertes des durchschnittlichen Lagerbestandes die Lagerzinsen (LZ) berechnen:

Wert des Ø Lagerbestandes = Ø Lagerwert

$$\text{Lagerzinsen} = \frac{\text{Wert des } \emptyset \text{ Lagerbestandes} \cdot \text{Lagerzinssatz}}{100\,\%}$$

! Anhand der Lagerzinsen wird der **Zinsertrag** berechnet, der dem Unternehmer während der Lagerdauer entgeht.

Der **durchschnittliche Lagerbestand** zählt zu den zentralen Kennzahlen einer wirtschaftlichen Lagerhaltung. Gelingt es, ihn zu verringern, hat das folgende Konsequenzen:

Zusammenhänge zwischen Bestellmenge und Lagerkennzahlen

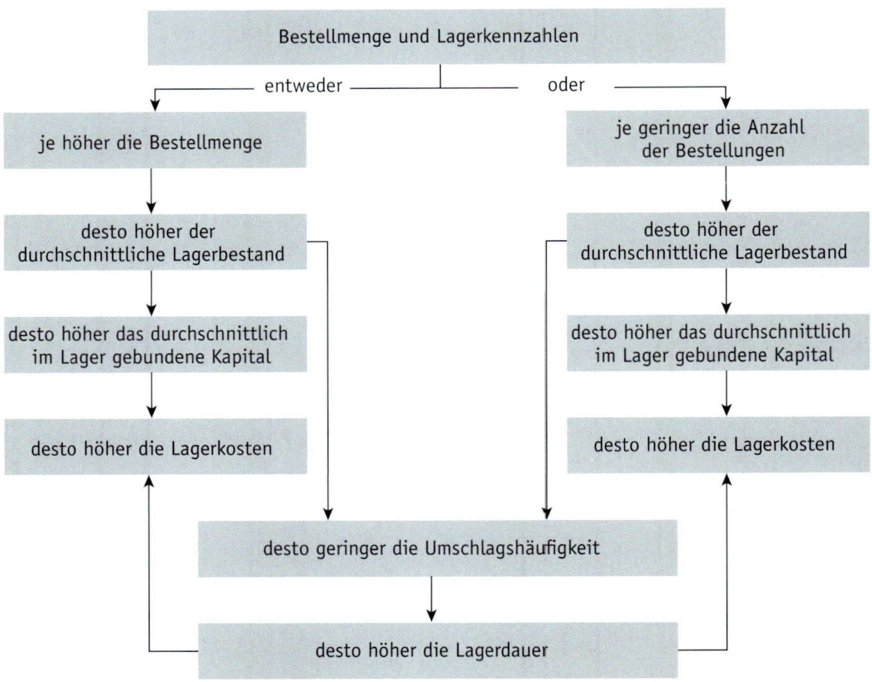

Just in time, vgl. **Kap. 6.3.1**

Im Extremfall wäre dem Unternehmen mit einer Just-in-time-Strategie am besten gedient, da dann ein Lagerbestand kaum noch vonnöten ist. Dies setzt voraus, dass die Lieferungen pünktlich eintreffen.

Beispiel: Lagerkennzahlen der Fly Bike Werke GmbH für Artikel 7060 (Sattel für Mountain-Bike *Constitution*)

Anschaffungskosten je Stück:	25,15	€	Bestellmenge je Bestellung:	342	Stück
Jahresverbrauch:	1 350	Stück	Mindestbestand:	108	Stück
Höchstbestand für Artikel:	450	Stück	Marktzinssatz:	10	%

Ø Lagerbestand	$\text{Ø LB} = \frac{\text{Bestellmenge}}{2} + \text{Mindestbestand}$	$\text{Ø LB} = \frac{342}{2} + 108$	= 279 Stück
Umschlagshäufigkeit	$\text{UH} = \frac{\text{Jahresverbrauch}}{\text{Ø Lagerbestand}}$	$\text{UH} = \frac{1\,350}{279}$	= 4,838
Ø Lagerdauer	$\text{Ø LD} = \frac{360 \text{ Tage}}{\text{UH}}$	$\text{Ø LD} = \frac{360 \text{ Tage}}{4{,}838}$	= 74,411 Tage
Lagerzinssatz	$\text{LZS} = \frac{\text{Marktzinssatz}}{\text{UH}}$	$\text{LZS} = \frac{10\,\%}{4{,}838}$	= 2,067 %
Lagerzinsen	$\text{LZ} = \frac{\text{Ø Lagerbestand} \cdot \text{AK/Stück} \cdot \text{LZS}}{100}$	$\text{LZ} = \frac{279 \cdot 25{,}15 \cdot 2{,}067}{100}$	= 145,04 €

ÜBERSICHT: Lagerhaltung

Lagerhaltung

- **Lagerfunktionen**
  - Zeitüberbrückungsfunktion
  - Sicherungsfunktion
  - Spekulationsfunktion
  - Veredelungsfunktion
  - Aussortierfunktion
- **Lagerarten**
  - Baulichkeit
  - Eigentumsverhältnisse
  - Lagerstandort
  - betriebliche Funktionsbereiche
- **Lagerorganisation**
  - Lagerzonen
  - Lagerplatzzuordnung
  - Lagerplatz- und Artikelnummern

Lagerkennzahlen (alle Kennzahlen in der Schreibweise des Prüfungskatalogs der AKA, Nürnberg)

$$\text{durchschnittlicher Lagerbestand} = \frac{\text{Jahresanfangsbestand} + 12 \text{ Monatsendbestände}}{13} \text{ oder } \frac{\text{Anfangsbestand} + \text{Endbestand}}{2}$$

$$\text{Lagerumschlagshäufigkeit} = \frac{\text{Verbrauch pro Jahr}}{\text{durchschnittlicher Lagerbestand}} \text{ oder } \frac{360}{\text{durchschnittliche Lagerdauer}}$$

$$\text{durchschnittliche Lagerdauer} = \frac{360}{\text{Lagerumschlagshäufigkeit}}$$

$$\text{Lagerzinssatz} = \frac{\text{Marktzinssatz}}{\text{Lagerumschlagshäufigkeit}} \text{ oder } \frac{\text{Marktzinssatz} \cdot \text{durchschnittliche Lagerdauer}}{360}$$

$$\text{Lagerzinsen} = \frac{\text{Wert des durchschnittlichen Lagerbestands}^1 \cdot \text{Lagerzinssatz}}{100}$$

Meldebestand[2] = (Beschaffungszeit · täglicher Verbrauch) + Mindestbestand

[1] Wert des Ø Lagerbestands = Ø Lagerwert = Ø Lagerbestand · Anschaffungs- bzw. Herstellungskosten je Stück

[2] Melde- und Mindestbestand, vgl. **LF 5**, **Kap. 5.3.2**, Band 1

Aufgaben

1 Über die Bestandshaltung eines Pkw-Herstellers liegen die folgenden Daten vor (in Mio. €):

Jahr	Vorräte an Roh-, Hilfs- und Betriebsstoffen		Eingekaufte Roh-, Hilfs- und Betriebsstoffe	Lagerkosten
	AB	EB		
20X1	140	160	3.000	30
20X2	200	180	10.000	47,5

Lagerkostensatz = $\frac{\text{Lagerkosten} \cdot 100\,\%}{\text{Ø Lagerbestandswert}}$

Berechnen Sie für 20X1 und 20X2
- **a** den Lagerkostensatz,
- **b** die Umschlagshäufigkeit,
- **c** die Lagerdauer.

2 Materialwirtschaft und Bestellmenge:
- **a** Sind die folgenden Aussagen richtig oder falsch?
  - **aa** Mit steigendem Jahresbedarf sinkt die optimale Bestellmenge.
  - **ab** Mit sinkenden Bestellkosten erhöht sich die optimale Bestellmenge.
  - **ac** Mit steigendem Einstandspreis verringert sich die optimale Bestellmenge.
  - **ad** Mit fallendem Zinssatz erhöht sich die optimale Bestellmenge.
  - **ae** Mit steigendem Lagerkostensatz erhöht sich die optimale Bestellmenge.
- **b** Welche Auswirkungen auf die Kosten der Materialwirtschaft ergeben sich dadurch, dass die Anzahl der jährlichen Bestellungen vermindert wird? Beschreiben Sie drei Auswirkungen.

3 Eine Textilmaschinenfabrik benötigt für die Produktion den Werkstoff Z 3042. Der Materialdisponent will für diesen Werkstoff die Beschaffungsmenge des nächsten Jahres planen und dabei gleichzeitig festlegen, welche Bestellmenge am kostengünstigsten ist. Hierfür stehen ihm die Zahlen der Bestandsrechnung des letzten Jahres (vgl. Seite 97) zur Verfügung (das Jahr wird mit 48 Kalenderwochen angesetzt).

Artikel:	Z 3042
Höchstbestand:	4 500 kg
Meldebestand:	2 500 kg

Für die zu treffenden Entscheidungen stehen dem Disponenten neben den Daten der Bestandsführung die folgenden Angaben zur Verfügung:

Lagerhaltungskostensatz:	20 %
Einstandspreis/kg:	25,00 €
Bestellfixe Kosten:	300,00 €

Tag	Eingang (kg)	Ausgang (kg)	Bestand (kg)
01.01.			3 200
19.01.		600	2 600
10.02.		700	1 900
05.03.		850	1 050
25.03.	2 400		3 450
28.03.		800	2 650
20.04.		750	1 900
15.05.		600	1 300
01.06.	2 400		3 700
04.06.		550	3 150
26.06.		700	2 450
18.07.		800	1 650
06.08.	2 400		4 050
10.08.		900	3 150
05.09.		800	2 350
27.09.		800	1 550
19.10.	2 400		3 950
20.10.		850	3 100
08.11.		700	2 400
23.11.		750	1 650
10.12.		900	750
18.12.	2 400		3 150
31.12.			3 150

a Berechnen Sie:

aa den durchschnittlichen Verbrauch pro Kalenderwoche

ab den durchschnittlichen Lagerbestandswert

ac die Lagerdauer

ad die Zinsen für das durchschnittlich im Lager gebundene Kapital (kalkulatorischer Zinssatz = 10 %)

b Der Disponent will prüfen, ob die Bestellmenge in Höhe von 2 400 kg optimal ist, d. h. er will die Bestellmenge ermitteln, bei der die Beschaffungskosten/kg am geringsten sind.

ba Zu diesem Zweck benötigt er Vergleichswerte. Er entscheidet sich für folgende Alternativen: 1, 5, 7, 10, 15, 20 Bestellungen pro Jahr, auf die er das Bestellungsvolumen des gesamten Jahres verteilt. Es wird zur Vereinfachung unterstellt, dass der Betrieb ohne Sicherheitsbestand arbeitet. Verwenden Sie für die Vergleichsrechnung eine Tabelle nach folgendem Muster:

Anzahl der Bestellungen	Alternative Bestellmenge	Durchschnittlicher Lagerbestandswert (€)	Lagerkosten im Jahr (€)	Bestellfixe Kosten (300,00 €)	Lagerkosten + bestellfixe Kosten	Kosten/kg/Jahr (€)

bb Berechnen Sie die Auswirkungen, die sich aus der Entscheidung für die optimale Bestellmenge auf die Umschlagshäufigkeit, die Lagerdauer und die Zinsen für das im Lager gebundene Kapital ergeben.

6 Materialien transportieren (Transportlogistik)

6.1 Transportlogistik als Wettbewerbsvorteil

Logistikkarten, vgl. Kap. 5

! Die **Beschaffungslogistik** ist Teil des unternehmensübergreifenden Logistikprozesses. Sie erstreckt sich vom Einkauf über den Lieferanten und den Wareneingang bis zum Werkstofflager.

Käufermärkte, vgl. LF 10, Band 3

Informations-, Material- und Wertefluss im betrieblichen Leistungserstellungsprozess, vgl. LF 2, Kap. 4.1, Band 1

Produkte kunden- und zeitgerecht bereitstellen zu können, bedeutet einen Wettbewerbsvorteil in zunehmend gesättigten Märkten (Käufermärkten). **Ziel** der Transportlogistik ist es daher, Material- und Informationsflüsse zu beschleunigen und deren Kosten nach Möglichkeit zu senken. Ob es einem Unternehmen gelingt, auf individuelle Kundenwünsche flexibel zu reagieren, wird ganz erheblich von der Transportlogistik beeinflusst: Hierzu zählen die Bestimmung der Wege, auf denen die Materialien, Teile und Baugruppen beschafft werden, die Auswahl der Verkehrsträger und der Transporttechnologien sowie die Auswahl geeigneter Logistikdienstleister.

6.2 Materialflussplanung und -steuerung

Die Planung und Steuerung des Materialflusses wird von drei Entscheidungsfeldern beeinflusst:

- der Material-, Teile- und Baugruppenauswahl
- dem beschaffungsseitigen Transport- und Lagerkonzept
- der Lieferantenauswahl

Fertigungstiefenoptimierung, vgl. LF 5, Kap. 3.1, Band 1

Beschaffungsprozesse und Kosten, vgl. Kap. 1.3

ABC- und XYZ-Analyse, vgl. Kap. 1.3.2 und 1.3.3

Das Spektrum der zu beschaffenden Materialien, Teile und Baugruppen ist abhängig von der Komplexität des Produktes und von der **Fertigungstiefe**. Produktionslogistische Entscheidungen zur Fertigungstiefenoptimierung wirken damit unmittelbar auf die Beschaffungslogistik: Je geringer die Fertigungstiefe, desto einfacher gestalten sich beschaffungslogistische Prozesse. Die dabei steigende Materialkostenintensität und die sich daraus ergebenden Konsequenzen für die gesamte **Kostenstruktur** sind bereits am Beispiel der Fly Bike Werke GmbH erläutert worden. Mithilfe einer ABC- und XYZ-Analyse ist zu klären, welchen Materialien, Teilen oder Baugruppen die größte Aufmerksamkeit gewidmet werden sollte.

Bezugsquellenermittlung, vgl. Kap. 3

An die Auswahl von Teilen und Baugruppen und die Vergabe von Fertigungsaufträgen sind Entscheidungen darüber geknüpft, welche **Lieferanten** längerfristig gebunden werden können und welchen davon weitere Aufgaben übertragen werden sollten. Diese Aufgaben können z. B. die eigenständige wissenschaftlich-technische Weiterentwicklung der Zulieferteile und ein späteres Recycling umfassen. Das beschaffende Unternehmen kann sich dadurch einen Lieferantenstamm aufbauen, der eng an das Unternehmen gebunden ist.

6.3 Beschaffungskonzepte

6.3.1 Just in time in der Beschaffung

In der modernen Logistik müssen Materialien, Güter und Informationen ohne Störungen fließen. Das Just-in-time-Prinzip (JIT) hat eingefahrene Strukturen bei der Abwicklung von Beschaffungs- und Produktionsprozessen grundlegend verändert. Der Aufbau von Sicherheitslagern entlang der Versorgungskette lässt sich durch Informationen und flexible Logistik ersetzen. JIT soll sowohl Geschäftsprozesse vom Lieferanten zum produzierenden Unternehmen als auch unternehmensintern und zum Kunden optimieren.

JIT
gerade zur rechten Zeit am richtigen Ort

! **Just in time** bedeutet, dass Materialien, Teile, Baugruppen, halbfertige und fertige Erzeugnisse von vorgelagerten Stufen genau dann bereitgestellt werden, wenn nachfolgende Stufen sie benötigen. Man spricht daher auch von **fertigungssynchroner Beschaffung.**

Materialfluss früher und heute

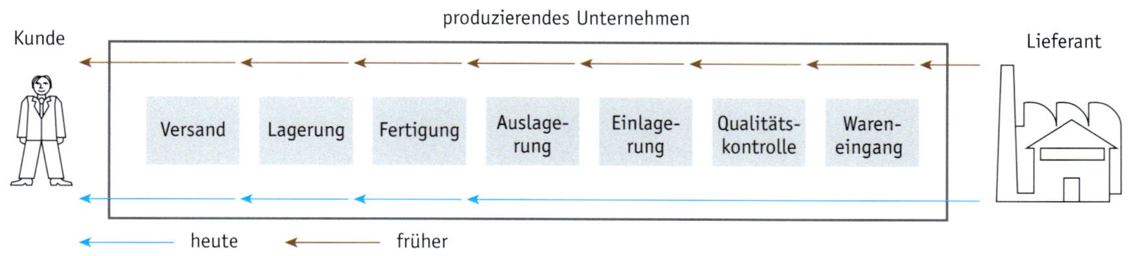

Durch JIT wird Verschwendung in Form von Kapital, Raum und Handling vermieden. Bei der erfolgreichen Verwirklichung der JIT-Idee sind aber bestimmte Voraussetzungen zu beachten, die sowohl aufseiten des Lieferanten als auch des Herstellers bzw. seiner Kunden erfüllt werden müssen. Sie betreffen organisatorische sowie technische Aspekte der Zusammenarbeit.

JIT-Voraussetzungen	
Organisatorisch	– ganzheitliche Betrachtungsweise (nicht einfach die „Lasten“ von einem zum anderen schieben) – Lieferant und Hersteller müssen aufeinander abgestimmte Planungsverfahren einführen. – Der Informationsaustausch zwischen Lieferant und Hersteller muss durch EDV-Einsatz verbessert werden. – Maximale Disziplin und Zuverlässigkeit aller am „Fluss“ Beteiligten: Der Warenempfänger kann unter JIT-Verhältnissen Fehler nicht mehr auffangen, da steuernde Eingriffe nicht mehr möglich sind. Terminabweichungen würden zu chaotischen Zuständen führen.
Technisch	– weitgehend standardisierte Produkte und konstante Produktionsmengen, da nur dann die JIT-Bereitstellung der Materialien gewährleistet ist – hohes Qualitätsniveau (Tendenz zum Null-Fehler-Standard) – Schaffung JIT-fähiger Arbeitspläne und Produktionsverfahren: JIT ist bereits bei der Produktentwicklung einzuplanen. – Minimierung der Rüstzeiten, indem Konzepte und Layouts mit einfachen Übergängen geschaffen werden

Unter JIT-Verhältnissen darf weder „zu früh" noch „zu spät" geliefert werden, beides bedeutet Verschwendung. JIT führt zu einem Leistungsverbund zwischen allen am unternehmensübergreifenden Geschäftsprozess Beteiligten: Lieferanten, herstellendem Unternehmen und Kunden. Sie sind Glieder einer Wertschöpfungskette, deren Stärke von der Qualität der betriebsübergreifenden Logistik und Informatik bestimmt wird.

Unternehmen, die nach JIT-Grundsätzen fertigen, müssen sich **JIT-fähige Lieferanten** suchen. Dies können auch Lieferanten sein, die selbst nicht nach JIT-Grundsätzen produzieren. Sie müssen sich jedoch der negativen Folgen bewusst sein, die durch eine mangelhafte Abstimmung zwischen Lieferanten und Abnehmer entstehen: Der Lieferant ist gezwungen, umfangreiche Lagerhaltung für seine Kunden zu betreiben. Den größten Nutzen zieht der Lieferant aus dem JIT-Prinzip, wenn er das System auch in seiner eigenen Produktion gemeinsam mit den zusätzlichen Informationen verwirklicht, die ihm der Abnehmer im Rahmen der JIT-Zusammenarbeit geben muss.

Bei der Formulierung der entsprechenden Verträge ist zu beachten, dass JIT-Verträge **„Fixgeschäfte"** sind, d. h., das Geschäft „steht und fällt" mit der exakten Einhaltung der Lieferfrist. Die rechtlichen Konsequenzen müssen vorab ausgehandelt und können hier nur angedeutet werden, z. B.: Unter welchen Bedingungen kann ein Rücktritt vom Vertrag erfolgen? Welche Schadensersatzansprüche können gestellt werden, wenn der Lieferant die vereinbarte Frist nicht einhält?

Vorteile: Neben einer starken Verringerung der eigenen Lagerkosten ist ein fertigungssynchroner Bezug der benötigten Materialien noch mit einem zweiten Vorteil verbunden: der Möglichkeit, sehr kurzfristig auf Kundenwünsche einzugehen. Diese erhöhte Flexibilität in Bezug auf kurzfristige Marktveränderungen zählt heute zu den zentralen Wettbewerbsvorteilen moderner Industriebetriebe.

Aber auch die **Risiken** einer JIT-Beschaffungsstrategie dürfen nicht verschwiegen werden :

- Da der Hersteller bei den fertigungssynchron bezogenen Teilen so gut wie keine Lagerbestände, also auch keine größeren Sicherheitsbestände, mehr vorhält, kann der Ausfall bereits einer einzigen Lieferung zum gefürchteten „Bandabriss", d. h. zum **Stillstand der Produktion**, führen.
- Interne Einflüsse, z. B. der Ausfall einer DV-Anlage oder Dispositionsfehler, als auch externe Einflüsse, z. B. Streiks, Verkehrsunfälle oder Naturkatastrophen, erhöhen im Falle einer JIT-Beschaffung das Versorgungsrisiko des Betriebes überproportional.
- Außerdem hat der Trend zur JIT-Beschaffung zu einer erheblichen Verlagerung der Lagerhaltung „auf die Straße", d. h. zu einem starken Anstieg des Güterkraftverkehrs und der damit verbundenen Schadstoffemissionen geführt. **Verstopfte oder immer reparaturanfälligere Autobahnen** durch „rollende Läger" wirken aber einer Versorgungssicherheit entgegen. Da der Schienenverkehr aufgrund seiner unzureichenden Flexibilität keine hinreichende Abhilfe verspricht, besteht ein starker Trend zur Ansiedlung von Zulieferbetrieben in der unmittelbaren Umgebung der Hauptabnehmer.

6.3.2 Supply Chain Management (SCM)

Die Wertschöpfungstiefe nimmt in produzierenden Unternehmen immer stärker ab, sodass sich Wertschöpfungs- und Innovationsprozesse über immer mehr Unternehmen verteilen. Hieraus ergibt sich, dass die Wettbewerbsfähigkeit eines Unternehmens nicht mehr ausschließlich von der eigenen internen Leistungsfähigkeit abhängt, sondern in immer stärkerem Maße von der Leistungsfähigkeit der Lieferanten. Daher zeichnet sich eine Entwicklung zur Bildung von strategischen Partnerschaften bzw. von Unternehmenszusammenschlüssen ab. Unternehmen werden damit immer mehr Teil global tätiger Logistik- und Produktionsnetzwerke. Durch diese Einbindung in **Netzwerke** ergeben sich immer höhere Anforderungen an die Kooperation und Koordination zwischen den einzelnen Partnern. An dieser Stelle setzt Supply Chain Management (SCM) als unternehmensübergreifendes Konzept an.

Wertschöpfungsprozess, vgl. LF 2, Kap. 4.4, Band 1

! **Supply Chain Management** bedeutet:
- integrierte, simultane Planung
- geschäftsprozess- und unternehmensübergreifendes Management von Material- und Informationsströmen im Netzwerk

Die Supply Chain kann von der Rohstoffgewinnung bis zum Endkunden reichen:

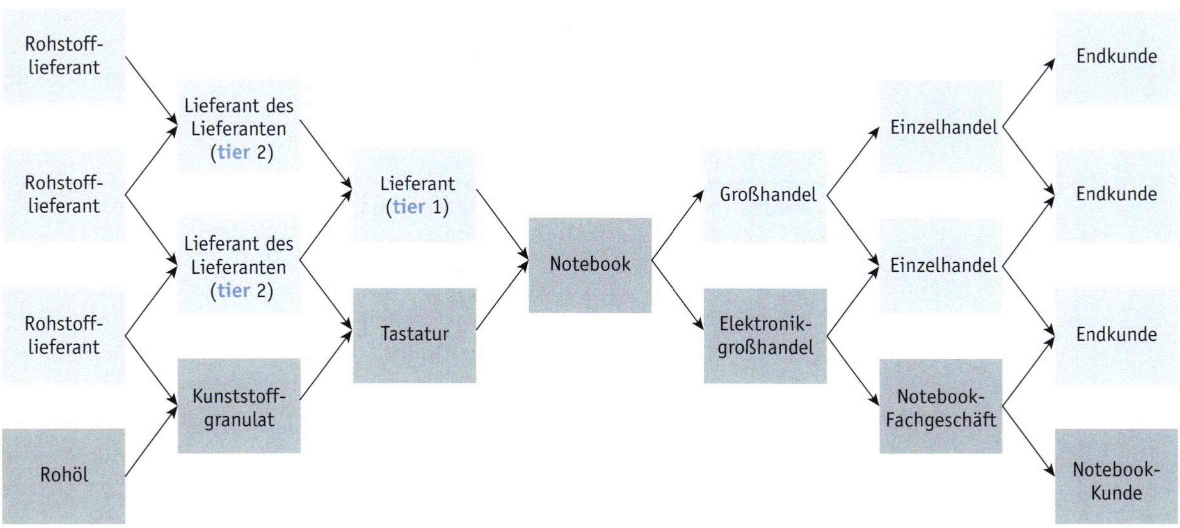

Quelle: Wikipedia

Berücksichtigt man noch die Verantwortlichkeit des Produzenten für seine Produkte, die zu Abfall geworden sind, reicht die SCM bis hin zum Recycling von Alt-Produkten.

tier (engl.)
Rang
tier 1: unmittelbarer Lieferant des Herstellers
tier 2: mittelbarer Lieferant des Herstellers (Lieferant des Lieferanten „tier 1")

SCM verlangt die Kooperation der Partner und deren optimales Zusammenspiel durch die Abstimmung von Waren und Dienstleistungen im Netzwerk. Durch die übergreifende Gestaltung und Steuerung von Geschäftsprozessen soll eine **bessere Gesamtleistung** erzielt werden. Netzwerke können z. B. durch die Bildung eines Zweckverbandes entstehen, indem sich an einer Kooperation interessierte Unternehmen zusammenschließen.

Entsorgungslogistik, vgl. Kap. 7

Aufgabe dieses Zweckverbandes ist es, eine neutrale Plattform zu bieten, die einen Beitrag zur Entwicklung überbetrieblich effektiver Informations- und Kommunikationsstrategien leistet.

Für Unternehmen, die ihre Kerngeschäftsprozesse in unternehmensübergreifende Geschäftsabläufe integrieren, ergeben sich darüber hinaus die folgenden Wettbewerbsvorteile:
- Verbesserung der Rentabilität und Sicherung der Wettbewerbsfähigkeit
- unternehmensübergreifende Notfallkonzepte
- Transparenz über Abläufe und Kennzahlen
- Kostenreduktion durch geringe Lagerbestände und Liegezeiten
- Steigerung der Flexibilität durch kurze Reaktionszeiten in der Versorgungskette
- Befriedigung der Kundennachfrage durch verbesserte Liefertreue

6.3.3 Outsourcing

Leistungserstellungsprozesse, vgl. **LF 5**, Band 1

Absatzprozesse, vgl. **LF 10**, Band 3

Mit der Geschäftsprozessorientierung ist gleichzeitig das Bemühen vieler Unternehmen verbunden, sich auf die Kerngeschäftsprozesse (Leistungserstellungs- und Absatzprozesse) zu konzentrieren und unterstützende Prozesse, z. B. Logistikleistungen, auszugliedern und anderen Unternehmen zu übertragen.

! Der Begriff **Outsourcing** beschreibt die wirtschaftlich begründete Ausgliederung und Übertragung unterstützender Unternehmensaufgaben an externe Unternehmen.

Für das Outsourcing von Logistikleistungen gibt es – wie für die Ausgliederung von anderen Bereichen auch – eine Vielzahl von Gründen:

Lean Production, vgl. **LF 5, Kap. 8.4.1**, Band 1

Gründe für das Outsourcing von Logistikleistungen

Allgemeiner (modischer) Trend	– Beschränkung auf Kernkompetenzen – „Variabilisierung" fixer Kosten – *Lean Production*
Komplexitätsreduzierung	– bewusste Vereinfachung der Abläufe im Unternehmen durch Beschränkung auf weniger Aufgaben – Reduzierung des Steuerungsaufwands
Wirtschaftliche Gründe	– mangelndes logistisches Know-how – ungünstigere Kostenstruktur

In vielen Unternehmen wird versucht, durch Ausgliederung ganzer Logistikbereiche die **Komplexität** der Leistungserstellung zu reduzieren. Logistikdienstleister können – als neutrale Instanz zwischen Lieferanten und Kunden – den Materialfluss effizienter steuern und Abstimmungs- und Koordinierungsaufgaben übernehmen. Logistikdienstleister verfügen in der Regel über ein größeres **Know-how** zur Steuerung logistischer Prozesse als produzierende Unternehmen, die sich auf die Kernprozesse konzentrieren. Darüber hinaus können sie die Logistikleistung **kostengünstiger** anbieten, indem sie z. B. saisonale Schwankungen durch Aufnahme von Kunden anderer Branchen ausgleichen.

6.3.4 E-Procurement

Um den Beschaffungsprozess vom Lieferanten zum Kunden zu unterstützen, setzen Unternehmen Informationstechnologien auf Internet-Basis ein, z. B. elektronische Marktplätze und Einkaufsplattformen.

Funktionsweise einer Einkaufsplattform im Internet

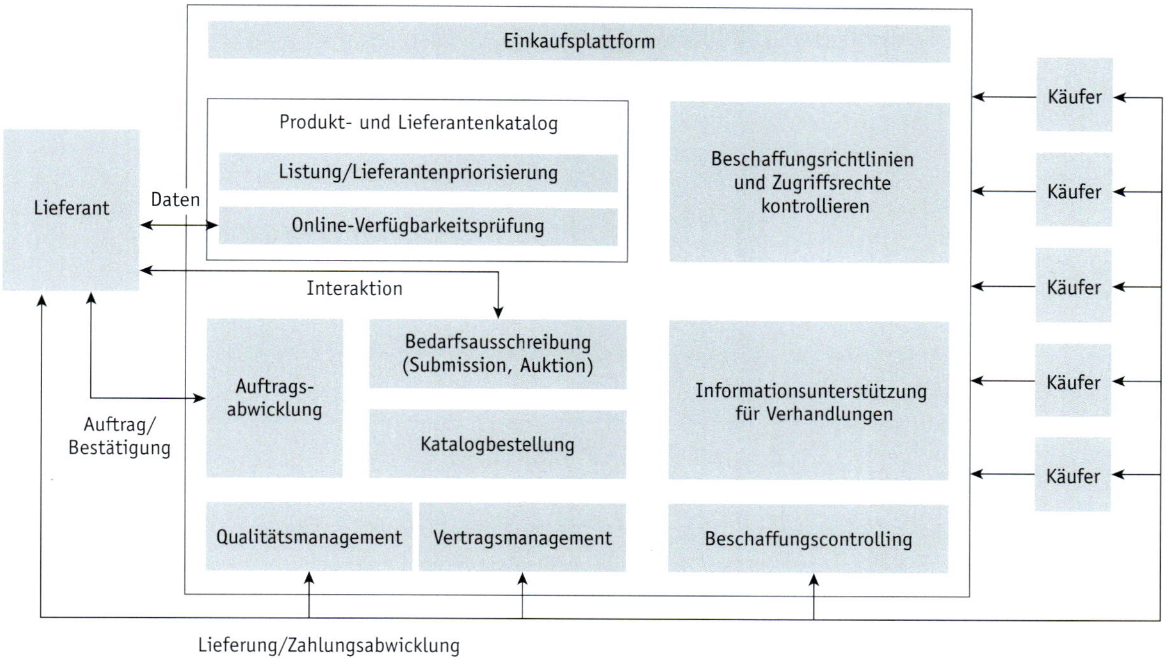

Vor allem bei häufig zu beschaffenden Produkten und Dienstleistungen mit geringem Wert fällt auf, dass die internen Prozesskosten der Beschaffung in keinem vernünftigen Verhältnis zum Wert der zu beschaffenden Güter stehen. Dies ist insbesondere der Fall bei indirekten Gütern, die nicht in die Produktion fließen (z. B. Investitionsgüter, Büromaterial, Software). Eine Vielzahl von Standardprodukten ist auf elektronischen Märkten verfügbar. Herkömmliche aufwendige und häufig papiergebundene Verfahren werden beim E-Procurement durch neue Verfahren und Technologien ergänzt oder völlig ersetzt. Die Abwicklung von Geschäftsprozessen soll dadurch vereinfacht und beschleunigt, Kosten sollen reduziert werden.

Auf der Internetseite des Fraunhofer E-Business-Informationszentrums können Sie sich umfassend über E-Procurement informieren: www.e-business.iao.fraunhofer.de

Prozesskostenreduktion durch E-Procurement

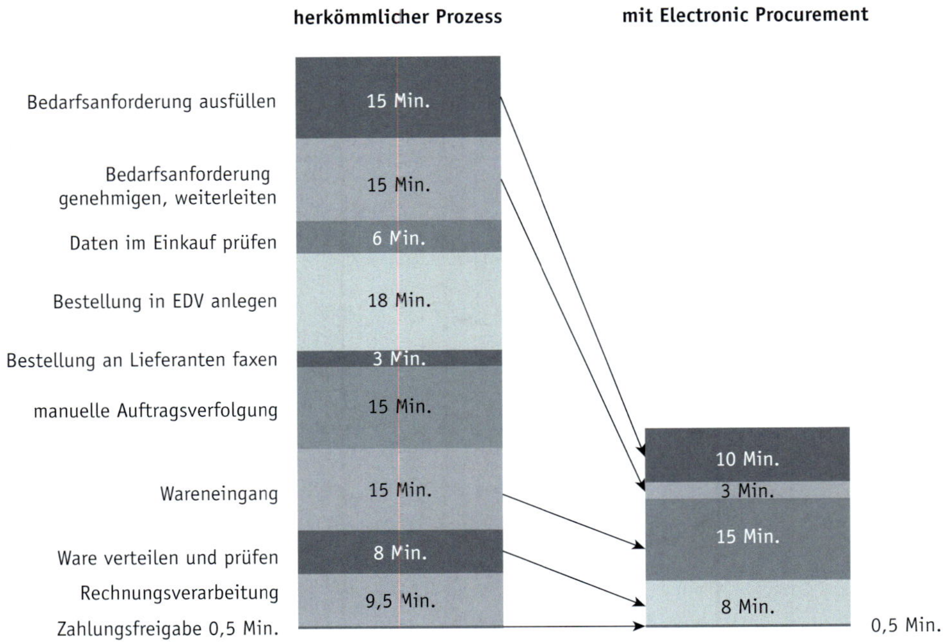

Summe:	105 Min.	Summe:	36,5 Min.
Kosten:	128,57 €	Kosten:	45,04 €
bei 18 000 Bestellungen:	2,3 Mio. €	bei 18 000 Bestellungen:	0,8 Mio. €

6.3.5 Logistikcontrolling

Controlling
ein in die Zukunft gerichtetes Entscheidungs- und Informationsinstrument für die Leitungsebene eines Unternehmens, das Kontroll-, Planungs- und Steuerungsaufgaben in allen Unternehmensbereichen übernimmt; vgl. **LF 4, Kap. 5**, Band 1, und **LF 2, Kap 3.4**, Band 1

Controlling ist für jedes Unternehmen ein äußerst wichtiges Planungs- und Kontrollsystem dar, das auch in der Logistik zur Anwendung kommt.

! Im Rahmen des **Logistikcontrollings** werden Kennzahlen für diejenigen Unternehmensbereiche ermittelt, die für die physische Abwicklung des Materialflusses zuständig sind, wie z. B. Wareneingang, Kommissionierung, innerbetrieblicher Transport.

Lagerkennzahlen, vgl. **Kap. 5.3**

Administrative Aufgaben der Logistik werden von Leistungsstellen übernommen, z. B. vom Einkauf, von der Arbeitsvorbereitung und von der Disposition. An diesen Leistungsstellen werden logistische Kennzahlen erhoben.

betriebliches Zielsystem, vgl. **LF 2, Kap. 3**, Band 1

Um relevante Kennzahlen erheben zu können, müssen die **logistischen Ziele** des Unternehmens bekannt sein, z. B. kurze Durchlaufzeiten, hohe Auslastung, hohe Verfügbarkeit von Materialien, Teilen, Baugruppen (und ggf. halbfertigen und fertigen Erzeugnissen im Rahmen eines unternehmensübergreifenden Logistikprozesses). Die ausgesuchten Kennzahlen müssen diese Ziele formulieren können und sollten anzeigen, wie weit das Unternehmen von diesen Zielen entfernt ist.

Häufig verwendete **Kennzahlengruppen** sind:

- Bestände (z. B. durchschnittlicher Lagerbestand, Reichweite des Lagerbestandes)
- Durchlaufzeiten (z. B. Zeitspanne zwischen dem Beginn und dem Ende der Durchführung eines Geschäftsprozesses)
- Auslastungen (z. B. Beschäftigungsgrad)
- Leistungsmengen (z. B. optimale und maximale Kapazität)

Lagerkennzahlen, vgl. **Kap. 5.3**

Um die Effizienz von Geschäftsprozessen beurteilen zu können, müssen die Kennzahlen für die verschiedenen Leistungsstellen – differenziert nach den jeweiligen Prozessen (z. B. Standardauftrag, Sonderauftrag) – ermittelt werden.

Ermittlung von Logistikkennzahlen

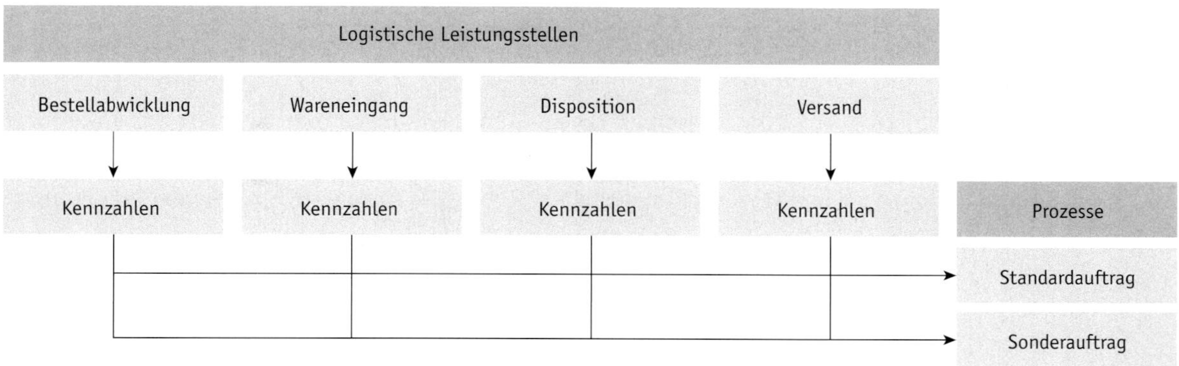

Das Logistikcontrolling kann auch eine Logistik-Leistungsrechnung umfassen. Logistische Prozesse werden beschrieben und die Logistik in die Kostenrechnung eingebunden. Wesentliche Grundlage der Logistik-Leistungsrechnung ist das präzise Erfassen der konkreten Leistungsdaten, z. B. im Lager für Roh-, Hilfs- und Betriebsstoffe die Eingangsregistrierung der Werkstoffe.

Kosten- und Leistungsrechnung, vgl. **LF 4**, Band 1

ÜBERSICHT: Beschaffungslogistik

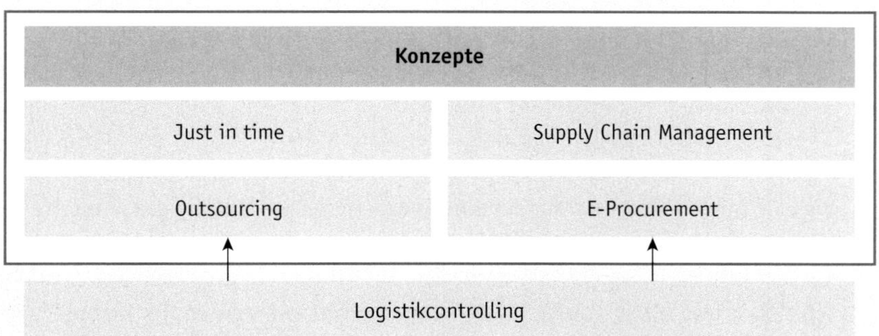

Aufgaben

1 Der Vertrieb der Spree-Maschinenbau-GmbH führt zur Kontrolle der Lieferabwicklung im Monat September nachstehende Übersicht:

Lfd. Nr.	Kd.-Nr.	Teile-Nr.	Menge	Wunschtermin	Bestätigter Termin	Lieferung
1	9051	KM 15	15	03.09.20XX	03.09.20XX	03.09.20XX
2	1284	XL 2	10	03.09.20XX	03.09.20XX	05.09.20XX
3	9051	KM 11	5	03.09.20XX	04.09.20XX	04.09.20XX
4	4458	NX 26	18	03.09.20XX	06.09.20XX	06.09.20XX
5	9112	XS 24	24	05.09.20XX	07.09.20XX	10.09.20XX
6	9255	XT 500	11	10.09.20XX	10.09.20XX	10.09.20XX
7	9243	RS 75	13	13.09.20XX	13.09.20XX	13.09.20XX
8	9558	KT 40	13	14.09.20XX	17.09.20XX	17.09.20XX
9	9675	RT 80	20	17.09.20XX	17.09.20XX	17.09.20XX
10	9685	PD 5	12	19.09.20XX	21.09.20XX	21.09.20XX
11	1704	RT 44	23	21.09.20XX	21.09.20XX	21.09.20XX
12	2578	XS 24	14	24.09.20XX	26.09.20XX	26.09.20XX

a Bestimmen Sie für die Spree-Maschinenbau-GmbH
  aa die Lieferfähigkeit,
  ab die Liefertreue.

b Um die Lieferfähigkeit und die Liefertreue zu verbessern, will die Spree-Maschinenbau-GmbH ein unternehmensübergreifendes Logistiksystem aufbauen. Erklären Sie, was unter Logistik zu verstehen ist.

c Während in der Vergangenheit für die Bauteile der Spree-Maschinenbau-GmbH Vorratshaltung betrieben wurde, hat sich die Geschäftsleitung neuerdings für eine fertigungssynchrone Anlieferung dieser Teile entschieden.
  ca Nennen Sie zwei Anlässe, die die Geschäftsleitung zu dieser Entscheidung bewegt haben könnten.
  cb Kennzeichnen Sie zwei mögliche Probleme, die sich für die Spree-Maschinenbau-GmbH aus der lagerlosen Beschaffung ergeben könnten.
  cc Die Einführung der fertigungssynchronen Anlieferung hat dazu geführt, dass sich bei konstantem Periodenumsatz die Umschlagshäufigkeit um 20% steigern ließ. Begründen Sie, warum die Erhöhung der Umschlagshäufigkeit als Erfolg der betrieblichen Logistik gewertet werden kann.

d Bei der Abwicklung von Kundenaufträgen entstehen entlang der logistischen Kette drei Gruppen von Logistikkosten. Nennen und beschreiben Sie diese Kosten.

e Um den Erfolg eines Logistiksystems zu messen, werden Logistikkosten und Logistikleistung einander gegenübergestellt. Nennen und beschreiben Sie vier Merkmale, durch die die Logistikleistung eines Unternehmens bestimmt wird.

2 Das Just-in-time-Verfahren wird häufig lediglich als ein Verfahren der fertigungssynchronen Beschaffung gesehen. Erläutern Sie, welche Zielsetzungen Just in time bei der Abwicklung von Produktionsprozessen unterstützen kann.

3 Herr Thüne, der Einkaufsleiter der Fly Bike Werke GmbH, denkt darüber nach, ob er beim Bezug vorgefertigter Felgen weiterhin auf den bisherigen einzigen Lieferanten setzen oder ob er den Einkauf international ausdehnen soll. Welche Gründe können für die letztgenannte Vorgehensweise sprechen?

4 Eigenfertigung oder Fremdbezug?
Sie sind in der Fertigungsplanung eines großen PC-Herstellers tätig. Zurzeit fertigt Ihr Unternehmen 15 000 Hochleistungsrechner pro Quartal. Dabei fallen pro Jahr 7,5 Mio. € an Fixkosten sowie 900,00 € an Herstellungskosten an. Ein Zulieferbetrieb aus dem „Tigerstaat" Taiwan bietet einen gleichwertigen PC für 400,00 € (inkl. Transport- und Versicherungskosten) an. Sie nehmen das Angebot zum Anlass, für die nächste Abteilungsbesprechung eine Entscheidungsvorlage mit dem Thema „Eigenfertigung oder Fremdbezug" zu erstellen.

Eigenfertigung oder Fremdbezug, vgl. **LF 4**, **Kap. 4.5**, Band 1

- **a** Soll Ihr Unternehmen aus Kostengründen die PCs weiter selber produzieren oder diese von dem taiwanesischen Zulieferbetrieb beziehen? Stellen Sie Ihr Arbeitsergebnis auch in Form einer Grafik dar.
- **b** Welche Faktoren – abgesehen von den Kosten – sind bei der Entscheidung über den Fremdbezug noch anzustellen?
- **c** „Die Entscheidung für einen Fremdbezug ist eine langfristige Angelegenheit." Begründen Sie diese Behauptung.
- **d** Im Zusammenhang mit der Entscheidung zwischen Eigenfertigung und Fremdbezug fällt häufig auch das Stichwort Outsourcing. Was versteht man unter Outsourcing? Nennen Sie Beispiele für Outsourcing in einem Industrieunternehmen. Ordnen Sie diese in die Gruppen „nichtproduktiver Bereich" und „produktiver Bereich" ein.

5 Die Fertigungstiefe in der Fly Bike Werke GmbH ist dadurch sehr gering, dass sich der Produktionsprozess bei einer Vielzahl von Fahrradmodellen auf den Montagevorgang beschränkt. Dadurch wird die Wettbewerbsfähigkeit des Unternehmens in hohem Maße von der Leistungsfähigkeit der Lieferanten bestimmt. Supply Chain Management (SCM) soll deshalb in der Fly Bike Werke GmbH in Zukunft verstärkt betrieben werden.

- **a** Erläutern Sie, was unter Supply Chain Management zu verstehen ist.
- **b** Beschreiben Sie vier konkrete Maßnahmen, die im Rahmen des SCM-Konzepts ergriffen werden können.

6 In der Fly Bike Werke GmbH soll für einen Teil der zu beschaffenden Werkstoffe das Just-in-time-Verfahren eingeführt werden. Dazu ist es erforderlich, die Werkstoffe herauszufinden, die für eine Just-in-time-Anlieferung geeignet sind.

- **a** Erläutern Sie, auf welche Weise dies geschehen kann.
- **b** Erläutern Sie zwei organisatorische und zwei technische Voraussetzungen, um das Just-in-time-Prinzip zu realisieren.
- **c** Die Realisierung des Just-in-time-Verfahrens setzt voraus, dass die Fly Bike Werke GmbH JIT-fähige Lieferanten finden. Erläutern Sie zwei Voraussetzungen, die JIT-fähige Lieferanten erfüllen müssen.
- **d** JIT-Verträge sind Fixgeschäfte. Erläutern Sie diese Vertragsart.
- **e** Das Just-in-time-Verfahren kann aus gesamtwirtschaftlicher Sicht, insbesondere aus der Sicht des Endverbrauchers, mit Vor- bzw. Nachteilen verbunden sein. Erläutern Sie je einen Vor- und Nachteil.

7 In der Fly Bike Werke GmbH ist wegen der geringen Fertigungstiefe der Anteil der fremdbezogenen Teile besonders hoch. Deshalb wirken sich die Kosten des Einkaufs und der Lagerhaltung in besonderem Maße auf den Erfolg des Unternehmens aus. Herr Thüne sucht daher nach Möglichkeiten, die „Logistikkosten" zu reduzieren. Beschreiben Sie zwei Möglichkeiten der Vertragsgestaltung zwischen der Fly Bike Werke GmbH und ihren Lieferanten, durch welche die Kosten des Einkaufs und der Lagerhaltung gesenkt werden können.

8 Die Fleischmann GmbH ist Hersteller von Airbags und anderen Zulieferteilen für die Automobilindustrie. Die Kosten- und Umsatzsituation des Geschäftsbereiches Airbags (Monatsdurchschnitte 20XX) können der nachstehenden Grafik entnommen werden:

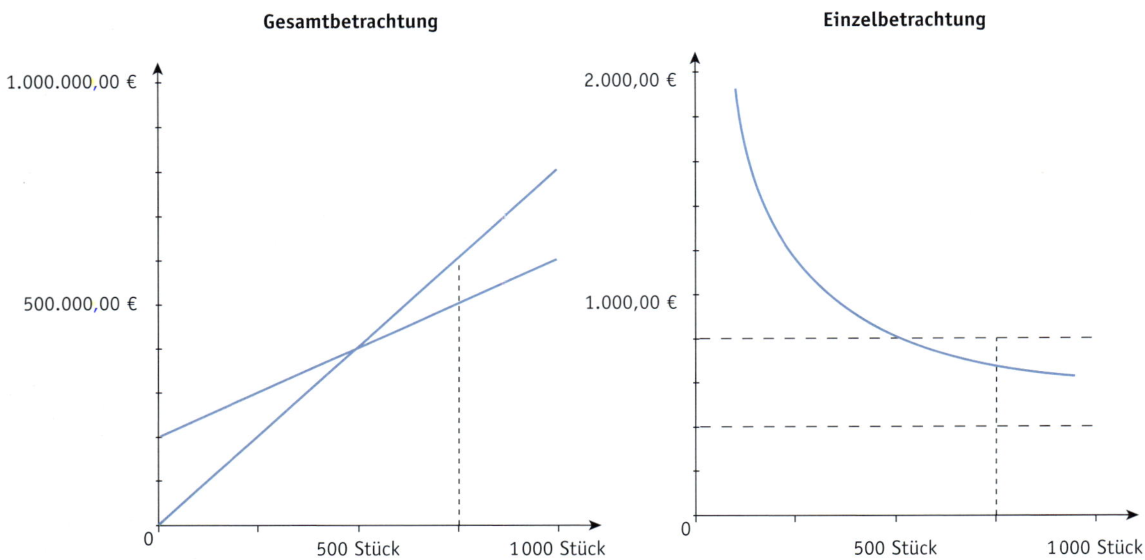

Die Geschäftsleitung des Unternehmens will angesichts eines schwieriger gewordenen wirtschaftlichen Umfeldes Strategien zur Verbesserung der Kosten- und Gewinnsituation entwickeln. Es wird geplant, ein unternehmensübergreifendes Logistiksystem einzuführen.

a Beschreiben Sie unter Bezug auf die abgebildete Grafik die Kosten- und Erlössituation des Unternehmens. (Benennen Sie die Achsen.)

b Welche wesentlichen Elemente enthält ein unternehmensübergreifendes Logistiksystem?

c Die Vollkostenrechnung soll durch eine Logistikkostenrechnung ergänzt werden. Beschreiben Sie zwei Logistikkostengruppen.

d Das Logistiksystem soll zur Erhöhung der Kundenzufriedenheit beitragen. Beschreiben Sie, auf welche Weise dies geschehen kann.

e Um die Effizienz des Logistiksystems zu überprüfen, sollen im Rahmen eines Controllings Logistikkennziffern ermittelt werden. Nennen und beschreiben Sie drei dieser Kennziffern.

7 Umweltmanagement und Beschaffung (Entsorgungslogistik)

AB → Lernsituation 56

7.1 Materialien im Industriebetrieb

Der umfangreiche Produktionsprozess in Industriebetrieben bedingt es, dass eine Fülle von Materialien zur Herstellung bzw. zum Handeln benötigt wird. Eine Einteilung der Materialien erfolgt anhand verschiedener Kriterien:

Technische Kriterien

Nach der fertigungstechnischen Beziehung zum Erzeugnis unterscheidet man zwischen **Roh-, Hilfs- und Betriebsstoffen**.

Rohstoffe (z. B. Stahl) gehen bei der Fertigung als **wesentlicher** Bestandteil in die Produkte ein, Hilfsstoffe (z. B. Kleber, Lacke) als **unwesentlicher** Bestandteil und Betriebsstoffe (z. B. Energie, Kühlflüssigkeit) **gar nicht.**

Bezogen auf die **Entsorgungsgüter** werden unterschieden:

- **Abfälle**, die **beseitigt** werden: Rückstände, die im Produktionsprozess anfallen und keiner weiteren Verwertung zugeführt werden können (z. B. Teerstoffe bei der Rohölerzeugung)
- **verwertbare Abfälle**, die im Rahmen des Recyclings wieder in den Produktionsprozess zurückgeführt werden (z. B. Metallspäne).

Wirtschaftliche Kriterien

- Im Hinblick auf den Fortschritt in Richtung auf das Fertigerzeugnis unterscheidet man zwischen Fertigungsausgangsstoffen, Halbzeugen, unfertigen Erzeugnissen, Fremdteilen und Handelswaren:
  - **Fertigungsausgangsstoffe** werden abgebaut, angebaut, gezüchtet oder gefördert (z. B. Eisen, Erdöl).
  - Bei **Halbzeugen** handelt es sich um handelsüblich vorgefertigte Rohstoffe (z. B. Stanzbleche).
  - Die nächste Stufe stellen die **unfertigen Erzeugnisse** dar; sie sind bereits bearbeitet worden, aber noch nicht verkaufsfähig (z. B. Schmiedestücke).
  - **Fremdteile** werden von außerhalb des Unternehmens bezogen und im Unternehmen weiter be- und verarbeitet (z. B. Autovergaser).
  - Dagegen erfolgt bei **Handelswaren** keine weitere Be- und Verarbeitung (z. B. Fahrradradios).

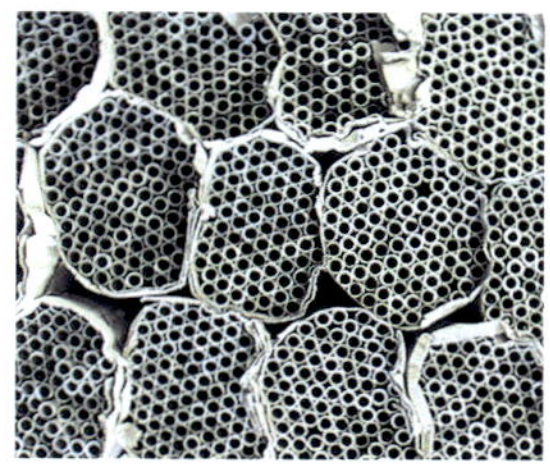

Rohstoffe (Stahlrohr)

Hilfsstoffe (Schrauben)

Betriebsstoffe (Schmieröl)

- Fertigungsteile, Lagerteile und Kaufteile sind Beispiele für eine Materialeinteilung in Bezug auf Herkunft und Lagerung:
  - **Fertigungsteile** werden vom Unternehmen selbst hergestellt (z. B. Karosserien im Automobilbau).
  - Von **Lagerteilen** spricht man, wenn es sich um fremdbezogene Teile handelt, die wegen ihrer Bedeutung ständig auf Lager gehalten werden (z. B. Wohnzimmerschränke in einem Möbelkaufhaus).
  - Im Unterschied dazu werden **Kaufteile** nur bei Bedarf gekauft (z. B. Skibekleidung in einem Sportgeschäft).
- Nach der Werthäufigkeit (Wert und Menge) der Einsatzgüter lassen sich **A-Teile**, **B-Teile** und **C-Teile** unterscheiden.

ABC-Analyse, vgl. **Kap. 1.3.2**

- Das Kriterium Vorhersagbarkeit des Materialverbrauchs führt zu der Einteilung von **X-Teilen**, **Y-Teilen** und **Z-Teilen**.

XYZ-Analyse, vgl. **Kap. 1.3.3**

Kosten und betriebliche Leistungserstellung, vgl. **LF 4, Kap. 1**, Band 1

Die folgenden zwei Materialarten sind vor allem im Rahmen der Kosten- und Leistungsrechnung von Bedeutung:

- Nach der Art der Zurechnung auf die Kostenträger werden **Einzel- und Gemeinkostenmaterial**,
- nach der Abhängigkeit von der Beschäftigung **direkte** und **indirekte Materialien** unterschieden.

Beispiel: Klassifizierung von Materialien in der Fly Bike Werke GmbH

Einteilungsmerkmal	Einteilungen	Beispiele
Fertigungstechnische Beziehung zum Erzeugnis	– Rohstoffe – Hilfsstoffe – Betriebsstoffe	– Bleche – Schrauben – Schmiermittel
Entsorgungsgüter	– Abfälle zur Beseitigung – Abfälle zur Verwertung	– Verpackungen – Schleifspäne
Fortschritt in Richtung auf das Fertigerzeugnis	– Fertigungsausgangsstoffe – Halbzeuge – unfertige Erzeugnisse – Fremdteile – Handelswaren	– Eisen – Stahlrohr – Rahmen – Sättel – Fahrradbekleidung
Herkunft und Lagerung	– Fertigungsteile – Lagerteile – Kaufteile	– Rahmen – Federgabeln – Fahrradbekleidung
Werthäufigkeit der Einsatzgüter	– A-Teile – B-Teile – C-Teile	– Spezialrahmen – Räder – Schrauben
Vorhersagbarkeit des Materialverbrauchs	– X-Teile – Y-Teile – Z-Teile	– Sättel – Fahrradbekleidung – Flaschenhalter
Art der Zurechnung auf die Kostenträger	– Einzelmaterial – Gemeinkostenmaterial	– Sättel – Schmiermittel
Abhängigkeit von der Beschäftigung	– **direktes Material** – **indirektes Material**	– Federgabeln – Reinigungsmittel

direktes Material
fließt direkt in das Produkt ein

indirektes Material
fließt nicht in das Produkt ein

7.2 Umweltrechtliche Rahmenbedingungen

In Industrieunternehmen gewinnt der Umweltschutz in allen betrieblichen Bereichen zunehmend an Bedeutung. Folgende Gründe haben zu dieser Entwicklung geführt:

- strenge Umweltschutzgesetzgebung (z. B. technische Anleitung für Luft und Rauchgase)
- steigendes Umweltbewusstsein der Verbraucher (z. B. Forderung nach der Reduzierung von Verpackungsmüll)
- großes Interesse der Öffentlichkeit an betrieblichen Umweltfragen (z. B. Ersatz von Atomenergie durch alternative Energieträger wie Sonne und Luft)
- abnehmende Lebensqualität aufgrund bisheriger Transportsysteme (z. B. zunehmende Staus durch Lkw-Straßenverkehr)

Rechtliche Bestimmungen zu umweltrelevanten Themen finden sich auf Bundesebene in einer Vielzahl von Einzelgesetzen. Die Zielsetzungen dieser Gesetze orientieren sich im Wesentlichen an den folgenden Gesichtspunkten:

- Schutz der Mitarbeiter und Mitarbeiterinnen, die mit umweltgefährdenden Stoffen in Berührung kommen
- Reduzierung des Abfallaufkommens
- verbesserte Rohstoffausnutzung und damit veränderter Materialeinkauf
- positives Firmenimage durch umweltorientiertes Verhalten
- Wettbewerbsvorsprung im Vergleich zu Konkurrenzbetrieben der gleichen Wirtschaftsbranche
- vorausschauende Kalkulation der Entsorgungskosten

Verfassungsrechtlich ist der Umweltschutz in Art. 20a des GG verankert. Die **Einzelgesetze** des deutschen Umweltrechts sind überwiegend auf die drei Umweltmedien (Boden, Wasser, Luft) und sonstige Umweltteilbereiche (Kernenergie) ausgerichtet. Im Wesentlichen gliedert sich das Umweltrecht in die Bereiche Bodenschutz-, Wasserschutz-, Immissionsschutz-, Abfall-, Chemikalien- und Naturschutzrecht.

Die europäische Abfallrahmenrichtlinie 2008/98/EG, die bis zum 12. Dezember 2010 in deutsches Recht umgesetzt werden muss, erzwingt eine Anpassung des deutschen Abfallrechtes. Informieren Sie sich im Internet über die Novelle des deutschen Kreislaufwirtschafts- und Abfallgesetzes.

Diese Einzelgesetze sollen in Zukunft in einem Umweltgesetzbuch vereinheitlicht werden.

Das Leitgesetz der Entsorgungsproblematik ist das **Kreislaufwirtschafts- und Abfallgesetz** (KrW-/AbfG). Daneben existiert eine Reihe weiterer Gesetze, Verordnungen und Verwaltungsvorschriften, die für das betriebliche Umweltmanagement von Bedeutung sind. Ordnungspolitisch lassen sich die relevanten Regelwerke untergliedern in EU-, Bundes-, Länder- und Kommunalrecht.

Quelle: nach Albrecht, Gesetzliche Regelungen. In: WEKA Materialwirtschaft und Logistik, Juli 1999, Kapitel 10.2, S. 3

Regelungsebenen des Abfallrechts

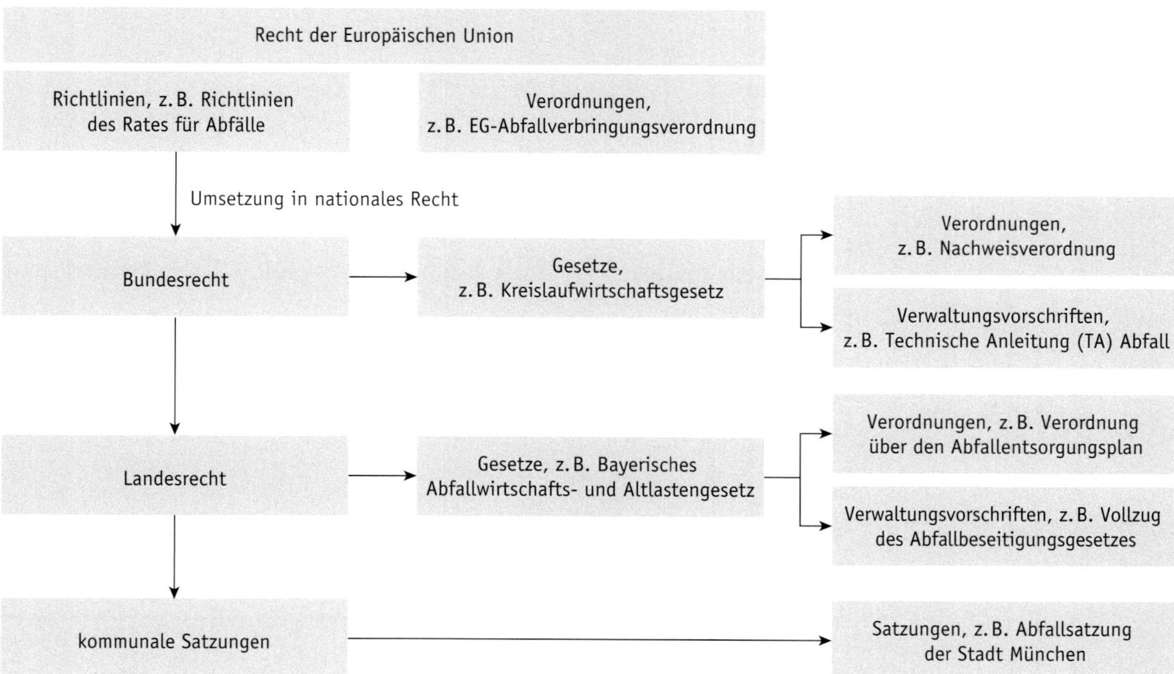

7.2.1 Chemikaliengesetz und Gefahrstoffverordnung

In Industriebetrieben werden zur Herstellung viele verschiedene krankheitserregende Stoffe eingesetzt (z. B. Lacke, Öle, Schmiermittel). Nicht immer ist es möglich, den Einsatz dieser Stoffe zu vermeiden. Wie schützt man Arbeitnehmer vor den gesundheitsgefährdenden Auswirkungen dieser Gefahrstoffe? Herzstück des Schutzes der Arbeitnehmer ist das Chemikaliengesetz in Verbindung mit der Gefahrstoffverordnung.

- Das **Chemikaliengesetz** dient sowohl dem Gesundheitsschutz als auch dem Umweltschutz. Es bestimmt u. a., dass neue Stoffe nur nach Prüfung ihrer Eigenschaften und behördlicher Genehmigung auf den Markt gebracht werden dürfen, gefährliche Stoffe zu kennzeichnen sind, die Herstellung und Verwendung gefährlicher Stoffe durch besondere Verordnungen beschränkt werden kann und zum Schutz der Beschäftigten beim Umgang mit gefährlichen Stoffen besondere Maßnahmen zu treffen sind.

Die Novellierung der Gefahrstoffverordnung trat am 01.01.2005 in Kraft; sie setzte mehrere europäische Richtlinien und internationale Übereinkommen in deutsches Recht um.

- Die **Gefahrstoffverordnung** beschränkt sich auf den Umgang mit gefährlichen Stoffen am Arbeitsplatz. Sie regelt u. a., dass gefährliche Stoffe sicher verpackt und besonders gekennzeichnet werden müssen. Auf der Grundlage der Gefahrstoffverordnung besteht eine Überwachungs- und Ermittlungspflicht für alle gesundheitsschädlichen Gefahrstoffe, deren Auftreten am Arbeitsplatz nicht sicher auszuschließen ist.
  Welche Konsequenzen ergeben sich daraus für den Beschaffungsprozess? Beim Einsatz gefährlicher Stoffe müssen deren Wirkungseigenschaften genau bekannt sein. Auskünfte darüber gibt der Betriebsarzt oder die Berufsgenossenschaft. Soweit wie möglich sind die gesundheitsgefährdenden Stoffe durch weniger gefährliche Einsatzstoffe zu ersetzen. Die Gefahrstoffverordnung ist ein gutes Beispiel für die Berührungspunkte zwischen Arbeitsschutz und Umweltschutz.

7.2.2 Betriebliches Abfallwirtschaftskonzept

Im Mittelpunkt der betrieblichen Abfallwirtschaft steht die Forderung, Abfälle so weit wie möglich zu vermeiden. Man spricht hier auch von der „Abfalltriade“ des Kreislaufwirtschafts- und Abfallgesetzes (KrW-/AbfG).

! Die **„Abfalltriade“** ist gekennzeichnet durch die Kernpunkte „Abfallvermeidung“, „Abfallverwertung“ und „Abfallbeseitigung“.

Rückstände im Unternehmen

verwertbare Reststoffe und Sonderabfälle (z. B. harte Lackreste)	Verpackungen (z. B. Pappe, Styropor)
Sonderabfälle (z. B. feuchte Lackiereabfälle)	sonstige Gewerbeabfälle (z. B. ausgehärtete Kunststoffe)

Abfallvermeidung

Achtet ein Unternehmen darauf, dass Abfall erst gar nicht entsteht, dann werden im Unternehmen keine Kosten verursacht und der Umwelt keine Schäden zugefügt. Deshalb hat das Konzept der Abfallvermeidung höchste Priorität, da es die Ursachen ausschaltet und nicht nur die Wirkung mindert.

Das Konzept der Abfallvermeidung hat dabei eine quantitative und eine qualitative Komponente:

- Die **quantitative Komponente** zielt auf die Senkung der Abfallmenge durch Vermeidungsstrategien, z. B. anlageninterne Kreislaufführung, statistische Prozesskontrolle der Fertigung oder abfallarme Produktgestaltung.
- Die **qualitative Komponente** beruht auf der Substitution von Materialien zugunsten ökonomisch und ökologisch besserer Varianten. Ziel ist es, gemäß Kreislaufwirtschafts- und Abfallgesetz (KrW-/AbfG) die Schädlichkeit des Abfalls zu senken.

Bei den verschiedenen Vermeidungsstrategien und Substitutionsmöglichkeiten ist auf eine langfristige und vorausschauende Planung zu achten, da sich die Investitionen in weniger Abfall amortisieren müssen. In die Wirtschaftlichkeitsrechnung solcher Projekte sollen aber auch weiche Faktoren wie gestiegenes Umweltbewusstsein und höhere gesetzliche Anforderungen integriert werden.

Abfallverwertung

Der Abfallverwertung ist gemäß KrW-/AbfG der Vorrang vor der Beseitigung zu geben. Das heißt, Abfallbesitzer sind verpflichtet, ihre Abfälle stofflich oder energetisch zu verwerten, sofern dies technisch und wirtschaftlich zumutbar ist. Das Primat der Verwertung entfällt, falls die Beseitigung umweltverträglicher ist.

Der Verwertung vorgelagert ist die **Abfallvorbehandlung**, die die Aktivitäten Erfassen, Sammeln, Aufbereiten und Lagern umfasst. Die Vorbehandlung wird mit technischen Verfahren realisiert, z. B. Pressung, Bündelung, Klärung, Zentrifugierung.

Der Begriff **Verwertung** (synonym Recycling) ist im KrW-/AbfG definiert als Gewinnung von Stoffen oder Energie aus Abfällen:

- Die **stoffliche Verwertung** (Stoffrecycling) bezeichnet das Verfahren der Substitution von Rohstoffen durch Stoffgewinnung aus Abfällen (sekundärer Rohstoff).
- Eine **energetische Verwertung** (Energierecycling) beinhaltet den Einsatz von Abfällen als Ersatzbrennstoff.

Die durch das Recycling verursachten **Kosten** lassen sich in zwei Bestandteile gliedern:

- Die **einmaligen Kosten** entstehen aufgrund der Projektierung und Errichtung von Anlagen.
- Dagegen resultieren die **laufenden Kosten** aus der Erhaltung der Betriebsbereitschaft und vorbereitenden Maßnahmen, z. B. Sortierung oder Lagerung.

Beispiel: Abfalltriade in der Fly Bike Werke GmbH

Abfall-vermeidung	umweltfreundlichstes Verhalten, das darauf zielt, Rohstoffe und Energie von vornherein einzusparen; dadurch entstehen keine Kosten für die Verwertung oder Entsorgung, z. B. Einsatz von Pappe statt Styropor, Aushärtenlassen feuchter Lackreste
Abfall-verwertung	Getrenntes Sammeln verschiedener Reststoffe soll deren Rückführung in den Wirtschaftskreislauf ermöglichen, z. B. Abgabe von Papier und Pappe an den Altstoffhändler, Rückführung von Styropor an die Recyclingfirma.
Abfall-beseitigung	Deponierung, Verbrennung oder Endlagerung aller nicht mehr vermeidbaren oder verwertbaren Reststoffe, z. B. Deponierung ausgehärteter Lackierereiabfälle

Abfallbeseitigung

Abfälle, die nicht verwertet werden können, sind gemäß KrW-/AbfG so zu beseitigen, dass das Wohl der Allgemeinheit nicht beeinträchtigt wird. Grundsätzlich sind die Abfälle vom Erzeuger bzw. Besitzer selbst zu verwerten oder zu beseitigen. Von dieser **Selbstentsorgungspflicht** gibt es jedoch eine Reihe von Ausnahmen. Prinzipiell unterscheidet man dabei zwischen privaten Haushalten und sonstigen Abfallbesitzern:

- Abfälle zur Beseitigung aus **privaten Haushalten** müssen den öffentlich-rechtlichen Entsorgungsträgern (ÖRE) überlassen werden (**Überlassungspflicht**). Die Abfälle zur Verwertung sind ebenfalls dem ÖRE zu überlassen, sofern eine Eigenverwertung (z. B. Kompostierung) nicht möglich oder beabsichtigt ist.
- Zu beseitigende Abfälle der **sonstigen Abfallbesitzer** (z. B. Industrie, Handel) sind entweder an die ÖRE abzugeben oder vom Besitzer selbst zu beseitigen. Die **Selbstentsorgungspflicht** kann durch eine Andienungspflicht der Bundesländer für besonders überwachungsbedürftige Abfälle eingeschränkt werden.

Die **zu verwertenden** industriellen Abfälle unterliegen keinen Überlassungspflichten. Es gilt die allgemeine **Selbstverwertungspflicht**, die nur in wenigen Fällen durch landesrechtliche Andienungspflichten eingeschränkt wird.

Für die Industrie ergibt sich dadurch die Möglichkeit, Abfälle in Eigen- oder Fremdregie beseitigen zu lassen. Die nach dem KrW-/AbfG zur Beseitigung Verpflichteten dürfen sachkundige und zuverlässige Dritte mit der Erfüllung ihrer Pflichten beauftragen. Die Verantwortung verbleibt jedoch – bis auf wenige Ausnahmen – stets beim Auftraggeber.

ÜBERSICHT: Umweltrechtliche Rahmenbedingungen

„Umweltschutz“ Art. 20a GG

Bodenschutz, Wasserschutz, Immissionsschutz, Naturschutz

Chemikaliengesetz, Gefahrstoffverordnung

KrW-/AbfG („Abfalltriade“)

Abfallvermeidung
↓
Abfallverwertung (Recycling)
↓
Abfallbeseitigung

Aufgaben

1 In der Fly Bike Werke GmbH soll auch im Bürobereich der Umweltschutz stärker berücksichtigt werden. Insgesamt fünf neue Drucker sollen angeschafft werden. Zur Diskussion steht die Anschaffung von Laser- oder Tintenstrahldrucker (als Einzelplatzdrucker).

a Informieren Sie sich im Internet über die verschiedenen Kriterien, nach denen die Auswahl eines Druckers vorgenommen werden sollte.

www.beschaffung-info.de

b Unter welchen Kriterien kann die Umweltbelastung beim Drucken beurteilt werden? Listen Sie die Kriterien in einem kurzen Überblick auf.

c Mit welchen Vergabekriterien werden nach dem Umweltzeichen „Blauer Engel, RAL-UZ 122" emissionsarme und recyclinggerechte Drucker gekennzeichnet?

d Welche ökologischen Anforderungen erfüllen Drucker, die mit dem „Blauen Engel“ gekennzeichnet sind?

2 In der Fly Bike Werke GmbH soll ein umfassendes betriebliches Abfallwirtschaftskonzept aufgebaut werden, das die Abfalltriade von

- Abfallvermeidung,
- Abfallverwertung und
- Abfallbeseitigung umfasst.

a Erläutern Sie die drei Bestandteile der Abfalltriade und geben Sie jeweils ein Beispiel.

b Was ist unter der Kreislaufführung der eingesetzten Stoffe zu verstehen?

c Erläutern Sie, was im Rahmen der Abfallbeseitigung unter der Selbstverwertungspflicht zu verstehen ist.

d Informieren Sie sich im Internet darüber, auf welche Weise Abfälle zu vermeiden sind.

http://bundesrecht.juris.de/krw-_abfg/index.html

e Was versteht das Kreislaufwirtschaftsgesetz unter sekundären Rohstoffen?

Hinweis: Beachten Sie bitte im Arbeitsbuch auch die abschließende Lernsituation zum Lernfeld 6: LS 57 Buchungen im Beschaffungsbereich.

Die Fachkunde zu den Buchungen im Beschaffungsbereich finden Sie in **LF 3**, **Kap. 6**, Band 1.

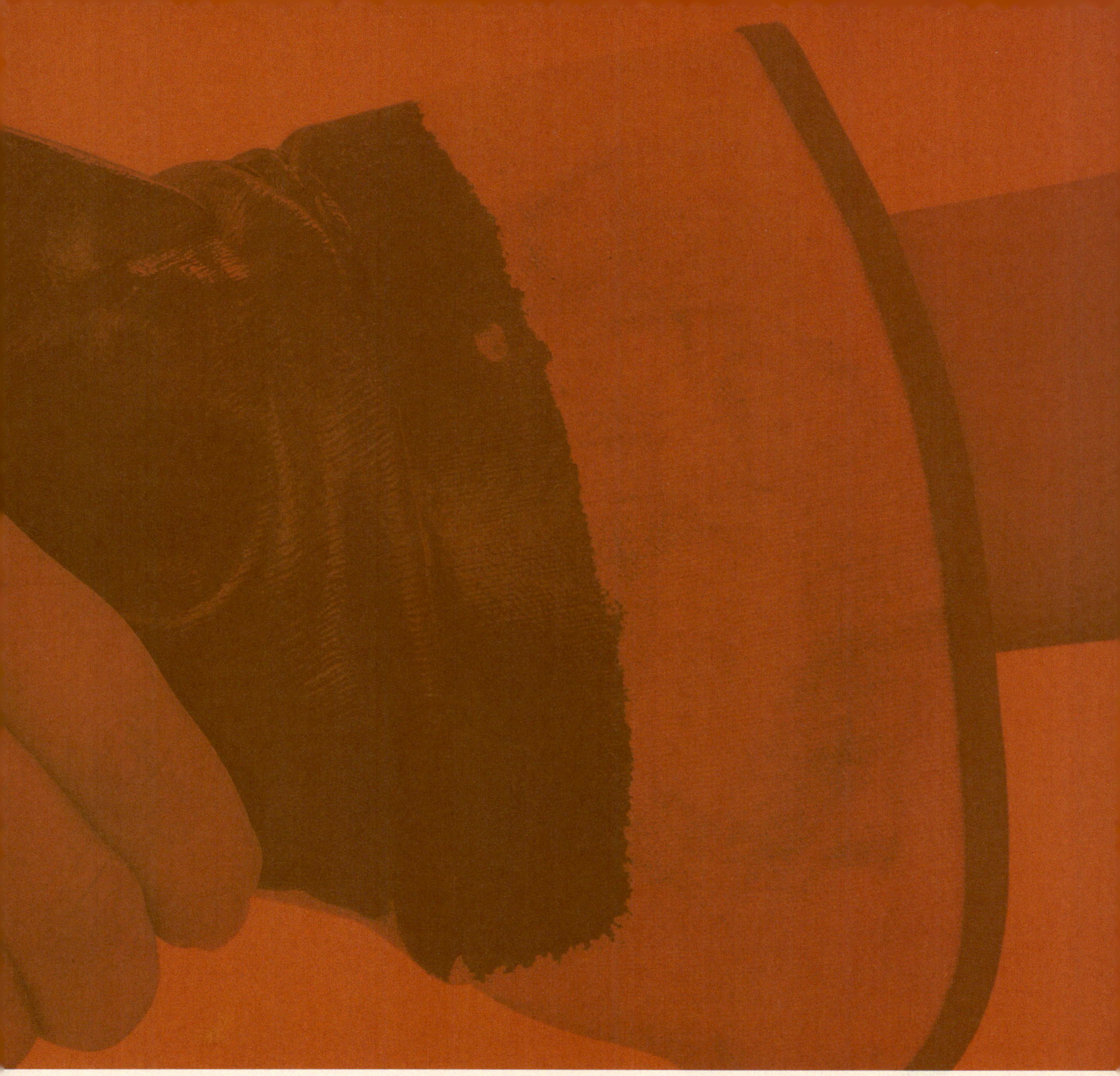

7 Personalwirtschaftliche Aufgaben wahrnehmen

AB → Lernsituation 58

1 Personalmanagement

1.1 Ziele und Aufgaben

Entwicklung der Beschäftigung im Verarbeitenden Gewerbe, 1999 bis 2007 (in %)

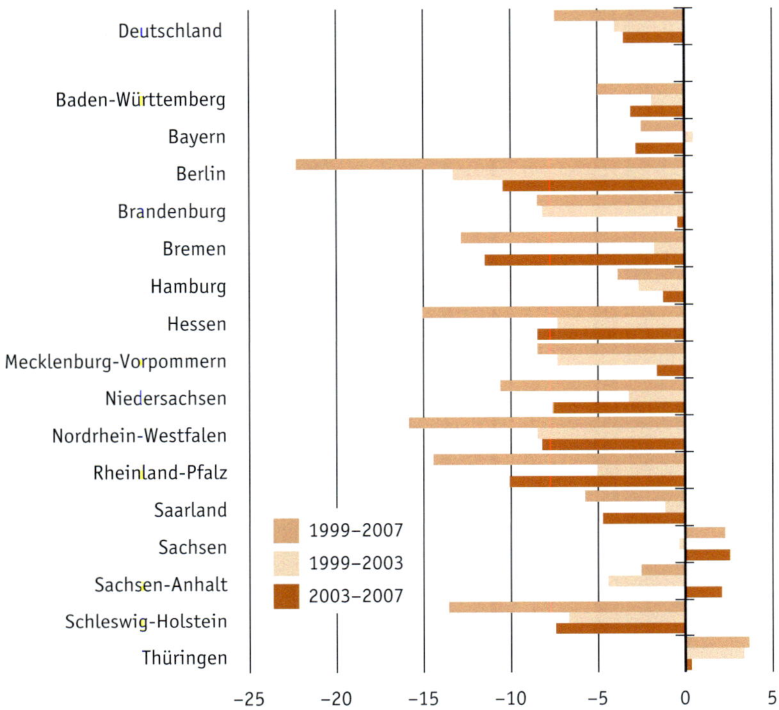

Quelle: Bundesagentur für Arbeit: Beschäftigungsstatistik 1999–2007, Nürnberg 2009; Berechnungen HWWI

Trotz vielfach steigender Produktionszahlen und bedeutender Exporterfolge sinkt die Anzahl der Beschäftigten im produzierenden Gewerbe schon seit Jahrzehnten kontinuierlich. Auch die letzte Dekade bestätigt diese Entwicklung. Die Hauptursache dieses Arbeitsplatzabbaus ist in der enormen Steigerung der Arbeitsproduktivität, verbunden mit dem Einsatz moderner Produktions- und Steuerungstechnik, zu finden. Die Verringerung der (Stamm-)Belegschaften legt den Schluss nahe, dass die Bedeutung des Faktors Mensch im Industrieunternehmen ebenfalls rückläufig ist.

Dies entspricht jedoch nicht der Realität. Von Arbeitsplatzabbau betroffen sind in der Regel Arbeitsplätze mit einfachen Anforderungen, d. h. solche, die leicht durch Maschinenarbeit ersetzt werden können. Die verbliebenen Arbeitsplätze weisen hingegen deutlich gestiegene Qualifikationsanforderungen und Verantwortung auf. So kann in einer hochkomplexen Produktionsanlage schon ein einfacher Eingabefehler oder eine falsch berechnete Eingabeinformation weitreichende Ablaufstörungen nach sich ziehen, die möglicherweise bis zum Systemausfall reichen.

Mit den wachsenden Qualifikationsanforderungen an die betrieblichen Arbeitskräfte müssen sich unwillkürlich auch die Anstrengungen des modernen Personalmanagements steigern, entsprechend geeignete Mitarbeiter auszubilden oder einzustellen. Die **eher steigende Bedeutung des Personalwesens** wird auch durch den Umstand unterstrichen, dass konkurrierende Unternehmen (zumindest jene gleicher Größenordnung) auf dem Investitionsgütermarkt jederzeit eine gleichartige technische Ausrüstung erwerben können und so ein Wettbewerbsvorteil nur durch das bessere (flexiblere, motiviertere, sorgfältigere usw.) (Bedien-)Personal herzustellen ist.

! **Ziel des Personalmanagements** ist die Bereitstellung von qualifiziertem und motiviertem Personal für alle betrieblichen Aufgabenbereiche.

Im Gegensatz zur Materialbeschaffung können die „Beschaffenheit und Güte“ des Produktionsfaktors Mensch aber durch Fortbildungen, gute Mitarbeiterführung, positives Betriebsklima, Leistungsprämien und andere Motivationsinstrumente auch nach dem „Einkauf“ (also der Einstellung) noch deutlich gesteigert werden. Daneben sind beim Mitarbeitereinsatz vielfältige ethische, soziale und arbeitsrechtliche **Normen** zu beachten.

Im Einzelnen ergeben sich für das Personalwesen so folgende **Aufgabenbereiche**:

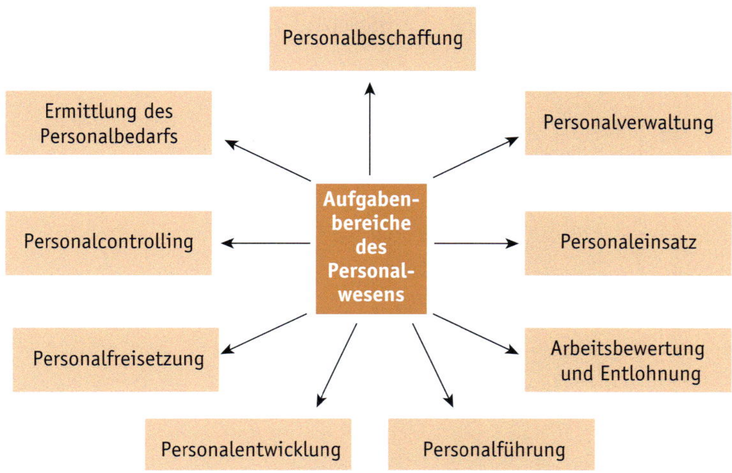

Im Personalplan wird zunächst unter Beachtung zahlreicher Einflussgrößen (wie voraussichtliche Auftragseingänge, Leistungsgrad der Mitarbeiter, Veränderung der technischen Ausstattung) der **Personalbedarf**, d. h. die Gesamtzahl der benötigten Mitarbeiter und deren Qualifikation, ermittelt. Durch Vergleich mit der vorhandenen Belegschaft ergibt sich die Notwendigkeit, entweder **Personalbeschaffung** durch Neueinstellungen oder interne Versetzung zu betreiben oder durch **Personalfreisetzung** (z. B. Kündigung) den Personalbestand zu reduzieren. Um die benötigten Qualifikationsstandards zu erreichen, kann das vorhandene Personal auch im Rahmen der **Personalentwicklung** durch Schulungen auf den neuesten Ausbildungsstand gebracht werden.

Die neu eingestellten Mitarbeiter sind nun im Personalbüro zu erfassen und im Sinne einer **Personalverwaltung** zu betreuen. Dazu gehören beispielsweise die Anmeldung zur Sozialversicherung, das Führen der Arbeitszeitkonten oder die pünktliche Überweisung der Löhne und Gehälter. Die Zuweisung von Arbeitsplatz und -zeit im Rahmen des **Personaleinsatzes** ist vor allem im Fertigungsbereich (z. B. im Rahmen der Schichteinteilung) eine ständig wiederkehrende Aufgabe. Um die Mitarbeiter bei ihrem Arbeitseinsatz zu motivieren, bedarf es zunächst einer gerechten Entlohnung mithilfe der **Arbeitsbewertung**. Auch die Art und Weise des Umgangs zwischen Mitarbeitern und Vorgesetzten, die sogenannte **Personalführung**, hat wesentlichen Einfluss auf die Leistungswilligkeit des Einzelnen. Die so erzielte Ergiebigkeit der Arbeitsleistung ist dann eine von vielen Auswertungsdaten des **Personalcontrollings**.

1.2 Personalplanung und Personalplan

Die betriebliche Personal*planung* umfasst fast alle im vorherigen Abschnitt aufgezeigten Aufgabenbereiche, entsprechend unterscheiden sich

- Personalbedarfsplanung,
- Personalbeschaffungsplanung,
- Personaleinsatzplanung,
- Personalentwicklungsplanung und
- Personalfreisetzungsplanung.

Die Entlohnung der Mitarbeiter geht über die Personalkostenplanung in das Teilplanungssystem des Personalbereiches ein.

Trotz der Begriffsähnlichkeit enthält der Personal*plan* nur die Ergebnisse aus der Personalbedarfs- und -kostenplanung. Daraus lässt sich im Umkehrschluss allerdings nicht – wie an mancher Stelle beschrieben – ableiten, dass die Personalplanung nur die Personal*bedarfs*planung umfasst.

Muster Personalplan

Personalplan in Tausend Euro	1. Jahr		2. Jahr	
	Anzahl Mitarbeiter	Personalkosten	Anzahl Mitarbeiter	Personalkosten
1. Management				
1.1 Geschäftsführung (CEO)				
1.2 Finanzen (CFO)				
1.3 Technik (CTO)				
1.4 Organisation (COO)				
2. Forschung und Entwicklung				
2.1 Ingenieur				
2.2 Techniker				
2.3 Assistent				
3. Produktion und Herstellung				
3.1 Beschaffung				
3.2 Fertigung				
3.3 Logistik				
4. Marketing und Vertrieb				
4.1 Marketing				
4.2 Verkauf				
4.3 Service				
5. Verwaltung				
5.1 Buchhaltung				
5.2 Personal				
5.3 Sekretariat				
Summe	0	0	0	0

Quelle: IHK-Ratgeber: Technologieorientierte Unternehmensgründung, Aachen und Neuss, 2005, S. 56

Jeder Planungsbereich spiegelt sich zeitversetzt durch die entsprechenden Umsetzungsmaßnahmen, z. B. zieht die planerische Festlegung des Fortbildungsbedarfs die entsprechende Belegung von Fortbildungskursen nach sich. Für einen leichteren Zugang wird deshalb im Weiteren auf eine Trennung des Personalwesens in planende und durchführende Aufgabenbereiche verzichtet.

ÜBERSICHT: Bereiche des Personalmanagements

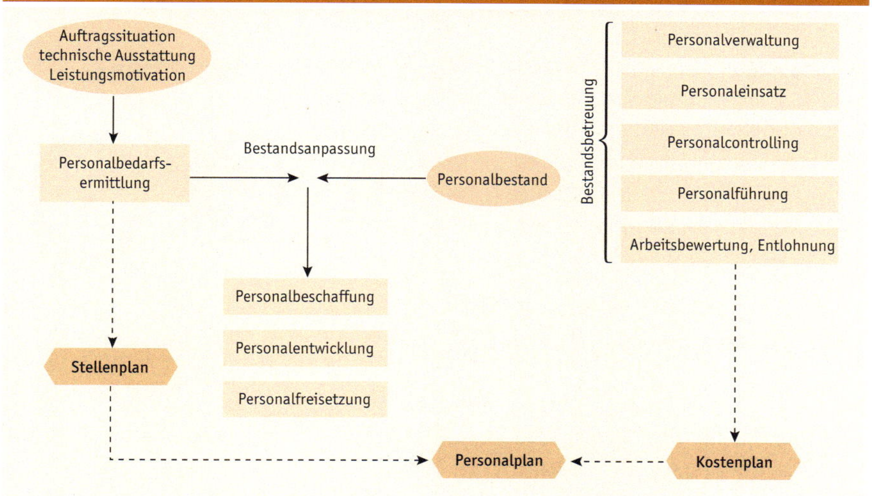

Aufgaben

1 Welcher Aufgabenbereich des Personalmanagements ist durch die unten stehenden Entscheidungen jeweils angesprochen?
  - a Ein Mitarbeiter wird diese Woche in der Frühschicht eingeteilt.
  - b Die Vorgesetzten sollen ihre Mitarbeiter zukünftig stärker in Entscheidungen einbeziehen.
  - c Die Stelle eines Mitarbeiters wird künftig höhere Qualifikationsanforderungen haben.
  - d Es wird ein neuer Mitarbeiter für die Abteilung Einkauf gesucht.
  - e Aufgrund fehlender Beschäftigung wird einem verdienten Mitarbeiter eine Vorruhestandsregelung angeboten.
  - f Die tägliche Arbeitsleistung in einer Abteilung soll mit den Vorjahreswerten verglichen werden.
  - g Ein Mitarbeiter wird planmäßig befördert.

2 Welche Aussagen zum Personalplan sind richtig?
  - a Enthält die Ergebnisse aller Personalplanungen.
  - b Vergleicht oft die aktuellen Planwerte mit dem vergangenen Jahr.
  - c Trennt die Mitarbeiter nach Alter und Geschlecht.
  - d Trifft Aussagen über die zu erwartenden Personalkosten.
  - e Zeigt alle Stelleninhaber.
  - f Zeigt die Anzahl der zu besetzenden Stellen.
  - g Zeigt die Anzahl der offenen Stellen.
  - h Gibt Informationen über das Stellenbesetzungsverfahren.

3 Der „richtige“ Personalbestand ist ein wichtiger Erfolgsfaktor. Beschreiben Sie Probleme, die
  - a durch einen zu hohen,
  - b durch einen zu geringen,
  - c durch einen falsch qualifizierten

  Personalbestand entstehen.

AB → Lernsituation 59

2 Ermittlung des Personalbedarfs

Beispiel: Die Geschäftsleitung der Fly Bike Werke GmbH hat sich dafür entschieden, ein neues Fitnessbike in das Produktionsprogramm aufzunehmen. Im laufenden Geschäftsjahr sollen 5 000 Stück dieses Modelltyps produziert werden. Im Rahmen der Personalplanung soll Herr Steffes, der Leiter der Verwaltung, zusammen mit Frau Linden, die für den Bereich Personal zuständig ist, ermitteln, welcher Personalbedarf entsteht, wenn neben der laufenden Produktion auch die Herstellung der 5 000 Fitnessbikes gewährleistet sein soll.

2.1 Ermittlung des quantitativen Bedarfs

Absatzplanung, vgl. LF 2, Kap. 2.3, Band 1

Jeder Betrieb muss sich überlegen, **wie viele** Mitarbeitende in Zukunft notwendig sein werden, um die anstehenden Produktions- und Absatzbemühungen zu bewältigen. Den Ausgangspunkt bildet hier die betriebliche Absatzplanung. Aufgrund von Marktprognosen, Unternehmensstrategien, verfügbaren Kapazitäten usw. werden zunächst die beabsichtigen Absatzzahlen und danach – unter Berücksichtigung von Eigenbedarf, Lagerbeständen und Handelswaren – die Produktionsmengen festgelegt. Aus diesen lassen sich wiederum Material-, Personal- und Betriebsmittelbedarf ableiten.

Bei der Ermittlung des Personalbedarfs ist eine Vielzahl von Faktoren entscheidend. Dennoch ist es kaum möglich, den benötigten Personalbestand ganz exakt zu ermitteln.

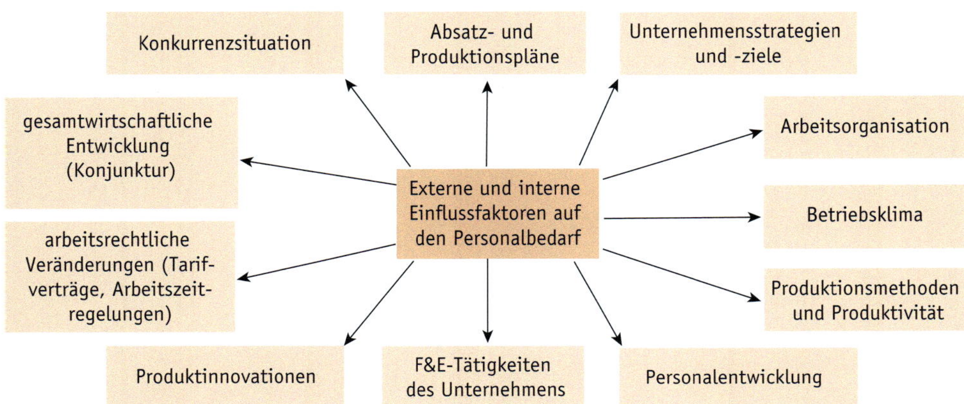

Zur Anwendung kommen deshalb meist stark vereinfachte **Ermittlungsverfahren**, die im Folgenden kurz dargestellt werden.

a) Bedarfsformel: Der Personalbedarf wird durch folgende Formel ermittelt:

$$Pb = \frac{\text{Produktionsmenge} \cdot \text{effektive Bearbeitungszeit je Stück*}}{\text{Ø Arbeitszeit je Mitarbeiter pro Jahr*}}$$

* Die Angabe der Zeiten kann in Sekunden, Minuten, Stunden oder Tagen erfolgen, die gewählte Einheit muss aber in Zähler und Nenner identisch sein.

Diese Errechnungsmethode ist nur auf den Produktionsbereich anwendbar.

Beispiel: Bedarfsformel in der Fly Bike Werke GmbH

Für die Montage der 5 000 zusätzlichen Fitnessbikes wird mit einer effektiven Arbeitszeit von 38 Minuten je Stück gerechnet. Ein Produktionsmitarbeiter der Fly Bike Werke GmbH hat eine tarifliche Arbeitszeit von 38 Std./Woche bei 52 Arbeitswochen im Jahr. Im Durchschnitt ergeben sich für Urlaub, Krankheit, Fortbildung usw. Fehlzeiten in Höhe von 15 % der tariflichen Arbeitszeit.

Errechnung der durchschnittlichen Arbeitszeit **in Minuten:**
38 Std. · 52 Wochen · 60 Minuten je Stunde = 118 560 Minuten
118 560 Minuten – 15 % = 100 776 Minuten

$$\text{Personalbedarf Zusatzproduktion} = \frac{5\,000 \cdot 38}{100\,776} = 1{,}89$$

Lösung: Die Fly Bike Werke müssen in der Produktion zwei zusätzliche Stellen schaffen.

b) Kennzahlenmethode: Hier wird ein fester Personalschlüssel für bestimmte Planungsgrößen festgeschrieben, z. B. ergibt sich je 100.000,00 € Umsatz eine Stelle. Ein Nachteil der Kennzahlenmethode ist, dass auf Mengenvorteile oder Kapazitätsgrenzen keine Rücksicht genommen wird. Auch die Produktivitätsentwicklung geht meist erst langfristig in die Kennzahlen ein.

Beispiel: Kennzahlenmethode in der Fly Bike Werke GmbH

Die Fly Bike Werke GmbH erzielte im gerade beendeten Geschäftsjahr mit 38 Mitarbeitern (ohne Azubis) einen Umsatz von 6,9 Mio. €. Ihr bedeutendster Konkurrent benötigte 105 Mitarbeiter, um einen Umsatz von 21 Mio. € zu erzielen. Durch die Aufnahme der neuen Fitnessbikes wird eine Umsatzsteigerung um 2,5 Mio. € auf 9,4 Mio. € erwartet.

- Umsatz/Mitarbeiter der Fly Bike Werke GmbH = 6,9 Mio./38 = 181.578,95 €
- Umsatz/Mitarbeiter der Konkurrenz = 21 Mio./105 = 200.000,00 €

Um den künftigen Personalbedarf zu ermitteln, kann man sich an den eigenen Vergangenheitswerten orientieren. Im Sinne des **Benchmarking** kann man jedoch auch anstreben, die Arbeitsorganisation so umzustellen, dass in der nächsten Periode dieselbe Umsatzleistung je Mitarbeiter wie bei der Konkurrenz erreicht wird.

Benchmarking
„Benchmark" = engl. für „Maßstab"; Orientierung am Besten

- Personalbedarf ohne Rationalisierung = 9,4 Mio./181.579 = 51,77
- Personalbedarf mit Rationalisierung = 9,4 Mio./200.000 = 47

Lösung: Bei gleichbleibender Umsatzleistung je Mitarbeiter würden in Zukunft 52 Mitarbeiter benötigt (einer erhielte dann möglicherweise lediglich eine Teilzeitstelle). Gelänge es der Fly Bike Werke GmbH jedoch, die Umsatzleistung auf den Stand der Konkurrenz anzuheben, würde sie mit 47 Mitarbeitern auskommen.

c) Kapazitätsbedarfsrechnung: Wenn für den betrachteten Zeitraum bereits ein Fertigungsprogramm oder ein Auftragsbestand vorliegt, kann der Personalbedarf für die Fertigung mithilfe der Arbeitspläne genau abgeleitet werden.

d) Trendextrapolation: Hier erfolgt eine Fortschreibung von Trends des Personalbedarfs aus der Vergangenheit und der Gegenwart in die Zukunft. Dieses Verfahren setzt eine unveränderte Trendentwicklung in der Zukunft voraus.

2.2 Ermittlung des qualitativen Bedarfs

Neben der Anzahl der benötigten Mitarbeiter muss die Personalwirtschaft auch danach fragen, **welche** Personen für eine Beschäftigung geeignet sind. Die für eine bestimmte Betriebsaufgabe benötigten Qualifikationen können sich dabei auf Fachkenntnisse, soziale Kompetenzen, körperliche Eigenschaften und psychische Merkmale beziehen.

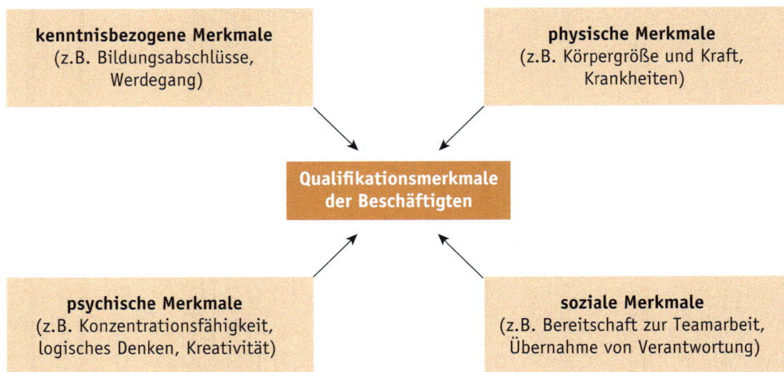

Arbeitsplatzstudien, vgl. Kap. 5.1.3

REFA
Verband für Arbeitsgestaltung, Betriebsorganisation und Unternehmensentwicklung

Die für den Leistungsprozess im Betrieb erforderlichen Qualifikationen lassen sich aus den Stellenbeschreibungen, bei zukünftig noch einzurichtenden Arbeitsplätzen aus Arbeitsuntersuchungen neutraler Institutionen (z. B. REFA) oder bereits vorhandenen, ähnlichen Stellen ableiten.

2.3 Brutto- und Nettopersonalbedarf

Die in Kapitel 2.1 ermittelten Personalbedarfszahlen, auch als Personal-Soll-Bestand oder **Bruttobedarf** bezeichnet, bilden den neuen betrieblichen Stellenplan. Dieser ist ein Verzeichnis aller zu besetzenden Arbeitsplätze, das im Personalplan verdichtet wird. Dem gegenüber steht der Personal-Ist-Bestand, also die Anzahl der gegenwärtig vorhandenen Mitarbeiter. Diese beiden Daten sind selten identisch. Infolge der Ausgliederung oder Schließung von Unternehmensbereichen sowie durch Rationalisierungserfolge sinkt der Personal-Soll-Bestand oft schlagartig unter den -Ist-Bestand und es entsteht ein **Personalüberhang**.

Umgekehrt wird sich beim Aufbau neuer Abteilungen und Ausbau von Kapazitäten nur selten vermeiden lassen, dass bereits eingerichtete Arbeitsplätze vorübergehend unbesetzt bleiben, d. h., dass der Personal-Soll-Bestand den Ist-Bestand übertrifft. Die so entstandene **Personallücke** muss durch (weitere) Personalbeschaffung gedeckt werden.

Bestandserhöhende Situationen (Personalzugänge)	Bestandmindernde Situationen (Personalabgänge)
– bereits abgeschlossener Arbeitsvertrag	– Erreichen der Altersgrenze
– Rückkehr aus Mutterschutz/Elternzeit	– Betriebsvereinbarungen zum Vorruhestand
– Rückkehr aus freiwilligem Wehr- und Zivildienst	– Auslaufen befristeter Arbeitsverhältnisse
– Übernahme von Auszubildenden	– Mutterschutz/Elternzeit
	– freiwillige Meldung zu Wehr- oder Zivildienst
	– Kündigungen

Die Anzahl der zur Erreichung des Bruttopersonalbedarfs noch fehlenden oder überzähligen Mitarbeiter wird als **Nettobedarf** bezeichnet.

Nettopersonalbedarf = Bruttopersonalbedarf – Personal-Ist-Bestand

Bruttopersonalbedarf
= Personal-Soll-Bestand

Da der Bruttopersonalbedarf als Planwert erst für die nächste Periode gilt, der Ist-Bestand aber den aktuellen Zustand erfasst, sind beide Werte nicht direkt verrechenbar. Ergänzend muss deshalb die voraussichtliche Entwicklung des Personal-Ist-Bestandes von heute bis zum Eintritt der Planperiode berücksichtigt werden. Dies führt dann zu folgendem Errechnungsschema:

Bruttopersonalbedarf (zum 01.01. Folgejahr)
– Personal-Ist-Bestand (zum 01.01. aktuelles Jahr)
\+ voraussichtliche Personalabgänge (im aktuellen Jahr)
– voraussichtliche Personalzugänge (im aktuellen Jahr)
= Nettopersonalbedarf

Beispiel: Die Fly Bike Werke GmbH ermittelte einen Bruttopersonalbedarf für die Folgeperiode in Höhe von 55 Beschäftigten. Zurzeit werden 12 Arbeiter und 26 Angestellte beschäftigt. Nicht im Stellenplan enthalten sind 2 Auszubildende, die kurz vor der Abschlussprüfung stehen.

Im Laufes des Jahres rechnet die Personalbedarfsplanung damit, dass ein Arbeiter und ein Angestellter aus Altersgründen ausscheiden. In der Vertriebsabteilung hat eine Mitarbeiterin ihre Schwangerschaft gemeldet. Wegen ständiger Missachtung des Rauchverbots hat ein Arbeiter aus der Komplettierung letzten Monat bereits die 3. Abmahnung erhalten, ist gestern wieder rauchend dort angetroffen worden und wird nun die Kündigung erhalten. Die beiden Azubis sollen übernommen werden, aber einer von ihnen hat daraufhin erklärt, dass er lieber ein Studium aufnehmen möchte. Wie hoch ist der Nettopersonalbedarf?

- Personalabgänge: 2 Verrentungen, 1 Kündigung, 1 Schwangerschaft = 4
- Personalzugänge: 1 Übernahme Azubi

Errechnung Nettopersonalbedarf: 55 - 38 + 4 - 1 = 20

ÜBERSICHT: Personalbedarf

Quantitativer Bedarf
u.a. abhängig von
– Produktivität
– Arbeitsorganisation
– Absatzplan
– Arbeitsrecht/Tarifverträgen

Qualitativer Bedarf
u.a. Anforderungen hinsichtlich
- körperlicher Verfassung
- Bildungsabschluss
- Verantwortungsbewusstsein
- logischen Denkens

↓ ↓

Bruttobedarf (Soll-Bestand)
– Personal-Ist-Bestand
\+ voraussichtliche Abgänge
– bereits feststehende Zugänge
= Nettobedarf (Beschaffungsbedarf)

Aufgaben

1 Von einem Werkzeugunternehmen liegen für das Jahr 20X1 folgende Daten vor:
- Jahresproduktionsmenge: 400 000 Stück
- Bearbeitungszeit pro Stück: 5,1 Minuten
- gearbeitete Zeit: 46 Wochen (unter Abzug des Urlaubs)
- Arbeitszeit pro Woche: 37 Stunden

a Berechnen Sie den Bruttopersonalbedarf in der Produktion.
b Wie verändert sich der Bruttopersonalbedarf bei folgenden Entwicklungen (alle anderen Ausgangsdaten bleiben gegenüber der Ausgangssituation stabil):
- Die Bearbeitungszeit je Stück sinkt auf 4,4 Minuten.
- Die Arbeitszeit erhöht sich auf 40 Stunden in der Woche.
- Die Jahresproduktionsmenge sinkt auf 360 000 Stück.

2 Im Rahmen der Personalplanung wird zwischen quantitativer und qualitativer Bedarfsermittlung unterschieden. Ordnen Sie die nachstehend aufgeführten Unterlagen bzw. Kriterien einer der beiden Arten des Personalbedarfs zu.
a Anforderungsprofil
b Qualifikationsanpassung
c Beschäftigungsgrad
d Stellenbeschreibung
e Fertigungskapazität

3 Ein Spielwarenhersteller hat für das kommende Geschäftsjahr folgenden Personalbedarfsplan erstellt:

Personalbedarfsplan 20X2	Einkauf	Fertigung	Verkauf	Verwaltung	Gesamt
Mitarbeiterbestand am 31.12.20X1	26	105	33	28	192
Mitarbeiter lt. Stellenplan am 31.12.20X2	26	112	36	29	203
Abgänge bis 31.12.20X2:					
– Ablauf befristeter Verträge	–	8	1	–	9
– Ruhestand	2	6	1	3	12
– Kündigungen*	2	7	2	2	13
Zugänge bis 31.12.20X2:					
– Rückkehr aus Elternzeit und Wehrdienst	1	3	1	2	7
– bereits abgeschlossene Arbeitsverträge	1	2	–	–	3
– Übernahme von Azubis	–	5	1	1	7
Nettopersonalbedarf	?	?	?	?	?

* voraussichtliche Fluktuation

a Berechnen Sie den Nettopersonalbedarf für jede Abteilung und insgesamt.
b Berechnen Sie die einzuplanenden Personalkosten in der Abteilung Einkauf für 20X2, wenn ein durchschnittliches Jahreseinkommen von 50 000,00 € inkl. Personalnebenkosten je Mitarbeiter angesetzt wird.
c Wie lassen sich Kündigungen (insbesondere vonseiten der Mitarbeiter) in die Personalbedarfsermittlung einbeziehen, wenn deren Anzahl zu Jahresbeginn noch völlig ungewiss ist?

3 Personalbeschaffung

AB → Lernsituation 60

Beispiel: In der Fly Bike Werke GmbH kündigt sich ein Personalwechsel an. Da Frau Lai, die EDV-Fachkraft, in den Ruhestand geht, muss die Stelle neu besetzt werden. Dies soll mit der Umstellung des Betriebes auf eine neue und umfassende ERP-Software geschehen, sodass ein kompetenter ERP-Systembetreuer gesucht wird.

3.1 Personalbedarfsmeldung

Analog zur Materialbedarfsmeldung wird auch der Personalbeschaffungsprozess zumeist mit einer Personalbedarfsmeldung angestoßen. Hierbei beschreibt und begründet die anfordernde Abteilung den aufgetretenen Personalbedarf, ggf. unter Verweis auf eine vorab erfolgte Kapazitäts- und Personalplanung. Die Betriebs- oder Geschäftsleitung kontrolliert die Notwendigkeit der Stellenbesetzung (z. B. aufgrund des aktuellen Stellenplans) und leitet die bestätigte Bedarfsmeldung an die Personalabteilung zwecks Einleitung von Beschaffungsmaßnahmen weiter.

Anforderungsprofil = Sollprofil
Fähigkeitsprofil = Istprofil

Personalbedarfsmeldung

Fly Bike Werke GmbH

Anfordernde Abteilung		
Abteilung	EDV	
Kostenstelle	4620	
Einsatzort	Oldenburg	
Bedarfszeitpunkt	sofort	
Berufsbezeichnung	Systembetreuer/-in	
Kenntnisse/Qualifikationen/ Anforderungen	– ERP-Systembetreuung – objektorientierte Programmierung – Datenbankkenntnisse	
Begründung für Bedarf	Ersatzbedarf	
Sonstiges		
	Teilzeitbeschäftigung möglich: ☐ ja ☒ nein	
Unterschriften	Datum: Aussteller/-in: 17.04.20XX Steffes	Datum: Vorgesetzte/-r: 17.04.20XX Peters
Geschäftsführung		
Der Beschaffung des gemeldeten Personals	☒ wird zugestimmt	☐ nicht zugestimmt
Bemerkung		
Unterschrift	Datum:	Geschäftsführung:

3.2 Grundfrage: Personalleasing vs. Stammbelegschaft

Wie die folgende Grafik zur Entwicklung der Leiharbeit verdeutlicht, mündet auch in Industriebetrieben die Personalsuche heutzutage nicht mehr automatisch in der Einstellung neuer Mitarbeiter. Durch die Möglichkeit der Arbeitnehmerüberlassung (Zeitarbeit, Personalleasing) ist eine flexible und zunehmend genutzte Alternative zum traditionellen Beschäftigungsverhältnis entstanden.

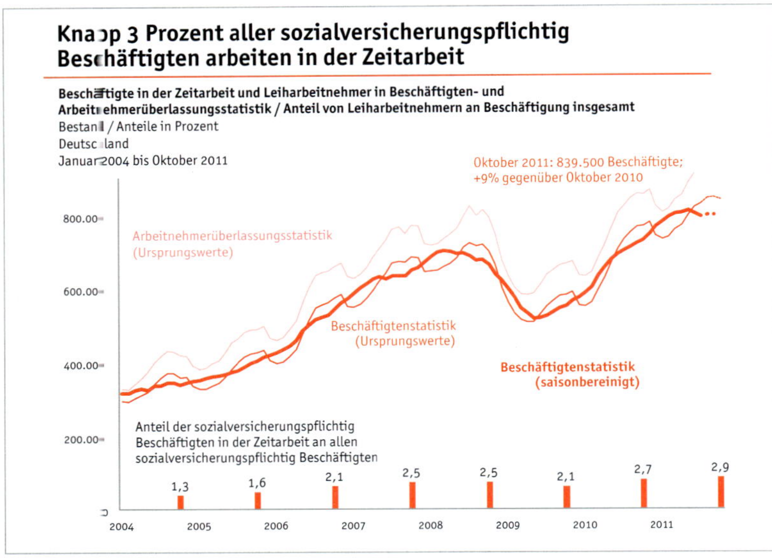

Quelle: Statistik der Bundesagentur für Arbeit, Beschäftigtenstatistik

> **!** Beim **Personalleasing** sind die Beschäftigten Arbeitnehmer einer Zeitarbeitsfirma. Ihr Arbeitsvertrag sieht die Abordnung an wechselnde Arbeitgeber vor.

Der Auftraggeber schließt mit der Zeitarbeitsfirma einen Überlassungsvertrag und ruft die beschäftigten Mitarbeiter ab.

Vorteile Personalleasing	Nachteile Personalleasing
– für das Unternehmen bequeme Beschäftigungsreserve – kein Aufbau von Fixkosten – geringe Freisetzungsfristen – exakt planbare Personalkosten durch feste Stundenpreise inkl. aller Nebenkosten – (zeitweise) Umgehung teurer Branchentarife möglich – On-the-Job-Test für spätere Übernahme, Arbeitnehmer können sich für Festanstellung empfehlen – Nutzung des Erfahrungswissens der Leiharbeiter aus anderen Betriebseinsätzen	– Angst vor Arbeitsplatzverlust in der Stammbelegschaft – Spannungen zwischen Stamm- und Leiharbeitern – oftmals geringere Qualifizierung des Leihpersonals – erhöhter Einarbeitungsaufwand durch häufigen Personalwechsel – zunehmende Abhängigkeit von Personaldienstleistern – Verlust an Motivation und Betriebsbindung beim Leihpersonal – Negativimage auf dem Arbeits- und Absatzmarkt

Ursprünglich vom Gesetzgeber zur kurzfristigen Überbrückung von Bedarfsspitzen oder zum Ausgleich unvorhersehbarer Personalausfälle gedacht, haben Leiharbeiter in manchen Betrieben bereits ein Drittel der Stammbelegschaft ersetzt. Um diese Entwicklung aufzuhalten, steht den ausgeliehenen Mitarbeitern nunmehr nach mehr als dreimonatigem Einsatz das gleiche Tarifentgelt wie der Stammbelegschaft zu.

3.3 Stellenausschreibung

Entscheidet sich der Betrieb für die Suche nach eigenem Personal, so muss zunächst eine aussagefähige und attraktive Stellenausschreibung gestaltet werden.

! Eine **Stellenausschreibung** ist die Ankündigung einer Stellenbesetzung mit der Aufforderung, sich bei Vorliegen entsprechender Voraussetzungen um die Position zu bewerben.

Die dazu benötigten inhaltlichen Informationen entnimmt die Personalabteilung
- hinsichtlich des Besetzungszeitpunktes aus der **Personalbedarfsmeldung** und
- hinsichtlich der Tätigkeitsbeschreibung, den damit einhergehenden Anforderungen und der tariflichen Eingruppierung aus der **Stellenbeschreibung**.

3.3.1 Stellenbeschreibung als Hilfsmittel zur Erstellung des Anforderungsprofils

! Eine **Stellenbeschreibung** ist ein personenunabhängig formulierter Überblick über die wesentlichen Kennzeichen eines Arbeitsplatzes.

Dazu gehören insbesondere
- Stellenbezeichnung,
- Stellenaufgaben,
- Stellenbefugnisse,
- organisatorische Einbindung (Abteilungszuordnung, Über- und Unterordnungsbeziehungen) und
- tarifliche Einstufung.

Die Kennzeichen der Stelle lassen direkt auf die notwendigen Eigenschaften des Stelleninhabers, das sogenannte **Anforderungsprofil**, schließen.

Beispiel: So setzt die Position eines Controllers, der umfangreiche Datenbestände aufbereitet und auswertet, eine hohe Konzentrationsfähigkeit voraus, während das Anforderungsprofil eines Verkaufsbeauftragten mit häufigem Kundenkontakt vor allem die rhetorischen und kommunikativen Fähigkeiten in den Mittelpunkt rückt.

Stellenbeschreibung — Fly Bike Werke GmbH

Bezeichnung der Stelle: Systembetreuer	Stellenkurzzeichen: SB
Aufgaben der Stelle (in Kurzform): ERP-Systembetreuung	
Vorgesetzter: Abteilungsleiter/-in Verwaltung	Stellenkurzzeichen: ALV
Weisungsbefugt gegenüber:	Stellenkurzzeichen:
Qualifikation des Stelleninhabers: Wirtschaftsinformatiker/in, Erfahrungen als Systembetreuer/-in	
Tätigkeiten im Einzelnen: siehe Anlage	
Der Stelleninhaber wird vertreten: Stelleninhaber/-in EDV	Stellenkurzzeichen: EDV
Der Stelleninhaber vertritt: Stelleninhaber/-in EDV	Stellenkurzzeichen: EDV
Weiterleitung von folgenden Informationen:	tarifl. Einstufung: Entgeltgruppe ab EG 10
Datum Unterschrift Stelleninhaber/-in	Datum H. Peters Unterschrift Geschäftsführer/-in
Hinweis für den Stelleninhaber: Mit dieser Stellenbeschreibung sind Ihre Aufgaben und Kompetenzen verbindlich festgelegt. Sie sind verpflichtet, in diesem Rahmen selbstständig zu handeln und im Einzelfall Sonderaufgaben zu übernehmen. Bei wesentlicher Veränderung der Tätigkeit wird eine neue Stellenbeschreibung veranlasst.	

Nach: http://www.lgh.de/upload/pdf/MCH/stellenbeschreibung-muster.pdf

3.3.2 Interne und externe Personalbeschaffung

Ist die inhaltliche Formulierung der Personalanzeige abgeschlossen, stehen dem Unternehmen grundsätzlich zwei Wege zu Verfügung, um mögliche Bewerber auf dem Arbeitsmarkt zu erreichen: Die offene Stelle kann sowohl innerhalb des Unternehmens (**intern**) als auch außerhalb (**extern**) ausgeschrieben und besetzt werden. Beide Wege der Personalbeschaffung haben verschiedene Vor- und Nachteile, die gegeneinander abzuwägen sind.

Eine **interne Stellenausschreibung** kann mittels Firmenzeitung, Aushang am „Schwarzen Brett", Intranet o. Ä. erfolgen.

Interne Personalbeschaffung	
Vorteile	Nachteile
– geringes Risiko der Fehlbesetzung, da der Bewerber im Unternehmen bekannt ist – Personal wird durch Aufstiegschancen motiviert – erhöhte Bindung an das Unternehmen – offene Stellen können relativ schnell und kostengünstig besetzt werden – verkürzte Einarbeitungsphase – betriebliches Entgeltniveau wird eingehalten – Stellen für Nachwuchs werden frei	– begrenzte Auswahl, – ggf. hohe Fortbildungskosten – „Betriebsblindheit" (kritischer Abstand zum eigenen Unternehmen fehlt) – fehlende Autorität bei Besetzung von Leitungspositionen – abgelehnte Mitarbeiter können das Betriebsklima vergiften – der geworbene Mitarbeiter fehlt an seinem alten Arbeitsplatz, es ergeben sich Wiederbesetzungsketten

Eine **externe Stellenausschreibung** kann beispielsweise erfolgen:
- durch Stellenanzeigen in Tageszeitungen und Fachzeitschriften
- über Jobbörsen im Internet (inkl. Arbeitsagentur)
- durch private Personalvermittlung
- bei Personalmessen
- durch Recruitment (persönliche Anwerbung) an Hochschulen
- durch Anfragen bei Zeitarbeitsunternehmen
- über die firmeneigene Homepage

Externe Personalbeschaffung	
Vorteile	Nachteile
– größere Bewerberzahl (Auswahl) – Mitarbeiter können Erfahrungen aus anderen Bereichen und Unternehmen einbringen, sind nicht durch betriebstypische Denkweisen vorbelastet. – Autorität ist unbelastet – Abgelehnte Mitarbeiter haben keinen negativen Einfluss auf das Betriebsklima.	– Fehlbesetzungsrisiko höher – bietet Mitarbeitern keine Aufstiegschancen – langwierig und kostenintensiv – Einarbeitungs-/Eingewöhnungsphase länger – „Push" auf das Gehaltsniveau

Beispiel: Bei der Besetzung der Stelle des Betreuers für das neu anzuschaffende ERP-System entscheidet sich die Geschäftsführung der Fly Bike Werke für eine externe Beschaffung und veröffentlicht die Stellenanzeige im Internet. Gründe:
- breitere Streuung als in Print-Medien
- günstiger als Print-Anzeigen
- über den Link zur Homepage Information über das Unternehmen möglich
- Das Berufsbild des gesuchten Mitarbeiters legt den Weg über das Internet nahe.

Fly Bike Werke GmbH

Wir sind ein mittelständischer deutscher Hersteller qualitativ hochwertiger Sport- und Freizeiträder. Kundenorientierung und Kollegialität bestimmen unseren Erfolg. Unsere Mitarbeiter erhalten Förderung und Freiraum. – Sind Sie dabei?

Unsere Kunden erwarten eine optimale und professionelle Auftragsabwicklung. Dementsprechend kennen Sie sich als Systembetreuer bestens mit den Funktionsweisen und Einsatzmöglichkeiten eines ERP-Systems aus. Sie haben breit angelegte Entwicklungskenntnisse und wollen diese auch weiterhin kreativ und innovativ für unsere nationalen und internationalen Kunden im Groß- und Einzelhandel umsetzen? Dann sollten wir uns kennenlernen.

Ihre Aufgaben
- Entwicklung und Implementierung einer unternehmensspezifischen IT-Lösung im Bereich des Enterprise Resource Planning
- Mitarbeit bei der Konzeption und Realisierung komplexer Programme und Datenbanken
- Analyse von Fehlern und Optimierung unserer Entwicklungs-, Test- und Produktsysteme
- tatkräftige Unterstützung beim Aufbau des internen technischen Know-hows

Unser Angebot
- intensive Förderung Ihrer individuellen Entwicklung
- Mitarbeit in einem kreativen Team
- leistungsorientierte Vergütung
- Standort ist Oldenburg

Anforderungen
- mehrjährige Berufserfahrung in der ERP-Systembetreuung
- abgeschlossenes Studium oder eine vergleichbar qualifizierte Ausbildung
- Kenntnisse in der objektorientierten Programmierung (v. a. Java, C++, HTML)
- Zertifizierung in der ERP-Betreuung (z. B. Microsoft Dynamics, KHK Classic Line, SAP ERP)
- Datenbankkenntnisse (vorzugsweise Microsoft SQL)
- Administration von Betriebssystemen (z. B. Windows 7 Professional oder Unix, Linux)
- Kundenorientierung, Flexibilität, analytisches Denken und Belastbarkeit
- gute Deutsch- und Englischkenntnisse in Wort und Schrift

AB → Lernsituation 61

3.4 Personalauswahl

3.4.1 Der traditionelle Auswahlprozess

Beim Personalauswahlverfahren gilt der einfache Grundsatz: Je ranghöher die zu besetzende Stelle, desto aufwendiger ist das Entscheidungsverfahren. Im Folgenden ist ein möglicher Ablauf bei der Kandidatensuche beschrieben.

Schritte bei der Personalauswahl am Beispiel einer Sachbearbeiterposition

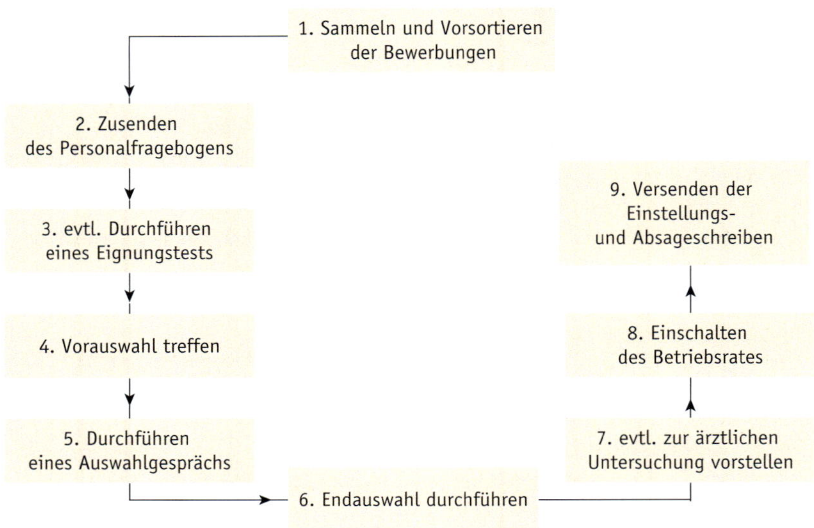

Die eingehenden Bewerbungen werden zunächst eher oberflächlich begutachtet, dabei werden offensichtlich ungeeignete Bewerber (z. B. Außendienstmitarbeiter mit Führerscheinentzug) aus dem weiteren Auswahlverfahren ausgeschlossen. Die grundsätzlich infrage kommenden Bewerbungen werden bis zum Ende der angegebenen Bewerbungsfrist zunächst gesammelt.

Da es bei Bewerbungen allgemein üblich und auch sinnvoll ist, die eigenen Vorzüge zu betonen und mögliche negative Sachverhalte nicht weiter anzuführen, nutzen viele Unternehmen einen Personalfragebogen, in dem die Bewerber Auskunft über alle stellenrelevanten Besetzungsmerkmale geben sollen (z. B. Gründe für eine längere Nichtbeschäftigung, Anlass für die Bewerbung, Vorstrafe). Durch diese einheitliche Informationsbasis wird der Kandidatenvergleich deutlich erleichtert.

Für die Analyse der Fähigkeiten und Kenntnisse der Bewerber können folgende **Bewerbungsinformationen und -unterlagen** herangezogen werden:

- Anschreiben
- Lebenslauf
- Schul- und Arbeitszeugnisse
- Zertifikate
- Arbeitsproben (für den kreativ-künstlerischen Bereich)
- Auszeichnungen und Empfehlungen

Beispiel: Muster Lebenslauf eines Bewerbers

Lebenslauf

Name	Aptar Shareef
Adresse:	Weidenstraße 33 27751 Delmenhorst 04221 191252
Geburtstag:	13. September 1969
Geburtsort:	New Delhi, Indien
Familienstand:	ledig

Schulausbildung

1979–1984	Grammar School „Mahatma Gandhi“, New Delhi (Zeugnis: www.AptarShareef.de/gramschool.htm)
1984–1988	Private Delhi Technology College „IBS“, New Delhi (Zeugnis: www.AptarShareef.de/techcoll.htm)

Studium

1988–1994	New Delhi Institute of Technology, Studium der Wirtschaftsinformatik
1992	Bachelor of Business Engineering (Zeugnis: www.AptarShareef.de/bacdeg.htm)
1994	Masters of Business Engineering (Zeugnis: www.AptarShareef.de/masdeg.htm)

Berufstätigkeit

1995–2001	Systembetreuer Oracle System Engineering Inc., Bombay, Indien (Referenz: www.AptarShareef.de/sec.htm)
2001–2007	Systembetreuer SAP R/3 Star Motorbike PLC London, Großbritannien (Referenz: www.AptarShareef.de/smcl.htm)
2007–2011	Systembetreuer SAP ERP, Star Motorbike AG, Bremen, Deutschland (Referenz: www.AptarShareef.de/smag.htm)

Sonstiges

- Kenntnisse grundlegender Funktionsweisen weiterer ERP-/PPS-Systeme
- Kenntnisse in Java und C++
- Führerschein Klasse B
- gute Deutschkenntnisse in Wort und Schrift
- sehr gute Englischkenntnisse in Wort und Schrift

Ist das Interesse an einer ausgeschriebenen Stelle so groß, dass eine Einladung aller potenziell geeigneten Bewerber zum Vorstellungsgespräch unmöglich wird, oder will der Betrieb bestimmte Kenntnisse der Bewerber nicht allein aufgrund von vorgelegten Dokumenten einschätzen, so bieten sich verschiedene Varianten von **Eignungstests** für eine weitere Auslese der Stellensuchenden an.

Aus der bisweilen sehr großen Anzahl eingehender Bewerbungen gelangt so durch Vorauswahl schließlich nur noch ein überschaubarer Kreis von Kandidaten in die engste Auswahl. Diese werden nun in einem persönlichen **Auswahlgespräch** ausführlich auf die Ausprägung bestimmter Persönlichkeitsmerkmale hin geprüft.

Typischer Verlauf eines Auswahlgesprächs

Phase	Gesprächsinhalt
I. Kontaktphase	Begrüßung, Vorstellung der Gesprächspartner, Dank für die Bewerbung und für den Vorstellungsbesuch, Zusicherung der Vertraulichkeit
II. Persönliche Präsentation des Bewerbers	
1. Persönliche Verhältnisse	Erkunden von persönlichen, familiären und sozialen Verhältnissen des Bewerbers (z. B. Herkunft, Wohnort, Familienstand)
2. Bildungsweg	Schulausbildung einschließlich beruflicher Bildung und Weiterbildung
3. Berufliche Entwicklung	Fragen zum erlernten Beruf und zu Berufsplänen, Gründe für Stellenwechsel, fachliche Qualifikation
III. Informationsphase	Information des Bewerbers über das Unternehmen, die Stelle, die Abteilung und Beantwortung der Fragen des Bewerbers
IV. Schlussphase	Darstellung des weiteren Ablaufs des Auswahlverfahrens und Bestimmung eines Entscheidungstermins, evtl. Regelung der Reisekostenerstattung, Verabschiedung

Quelle: Hentze, Joachim, Personalwirtschaftslehre, Bd. 1, S. 291

Qualifikationsmerkmale, vgl. **Kap. 2.2**

Von Interesse sind hierbei insbesondere psychische und soziale Eigenschaften des Bewerbers, die anhand schriftlicher Unterlagen nicht oder nicht hinreichend überprüft werden können. Hierzu zählen unter anderem die Sicherheit im Auftreten, Aufmerksamkeit, mündliche Ausdrucksfähigkeit oder analytisches Denkvermögen.

Daneben erfüllen Auswahlgespräche die folgenden Funktionen:
- Ergänzung oder Klärung von Einzelheiten des Lebenslaufs
- Abklärung der potenziellen Harmonie zwischen Bewerber und Unternehmen
- Schließen von Lücken und Ungereimtheiten in den Bewerbungsunterlagen
- Erkenntnisse über die Motivation des Bewerbers

Um subjektive Verzerrungen auszuschließen, nehmen von Betriebsseite oft mehrere Personen an den Vorstellungsgesprächen teil. Neben dem Personalchef kann dies der zukünftige Vorgesetzte des Kandidaten, ein Betriebspsychologe oder ein Mitglied der Geschäftsführung sein.

Obwohl der Bewerber selbstverständlich gut daran tut, alle an ihn gestellten Fragen wahrheitsgemäß zu beantworten, so wird sein privater Lebensbereich durch die Rechtsprechung vor beruflich nicht relevanten Erkundigungen geschützt.

Unzulässige/Verbotene Fragen im Vorstellungsgespräch

Wenn der Arbeitgeber unzulässige oder verbotene Fragen stellt, muss ein Bewerber diese Fragen nicht beantworten. Da es für einen Bewerber problematisch ist, Fragen nicht zu beantworten, kann er unzulässige Fragen bewusst falsch beantworten. Der Arbeitgeber kann in diesem Fall nicht den Arbeitsvertrag anfechten oder dem Arbeitnehmer deswegen Schwierigkeiten machen. Im Einzelfall kann es schwierig sein, zu klären, welche Fragen wirklich unzulässig sind.

1. Bisheriges Gehalt: Das Bundesarbeitsgericht hält Fragen nach dem bisherigen Verdienst in der Regel für unzulässig. Fragen sind erlaubt, wenn das vorherige Gehalt für die neue Stelle von Bedeutung ist. Fragen nach den Gehaltsvorstellungen sind erlaubt.
2. Schulden und Vermögensverhältnisse: Wenn es sich um eine besondere Vertrauensstellung handelt, darf diese Frage gestellt werden, z. B.: Bewerber darf über Vermögenswerte verfügen, kommt in Kontakt mit Betriebsgeheimnissen (...) Falls diese Bedingungen nicht zutreffen, ist die Frage in der Regel nicht zulässig.
3. Gehaltspfändungen: Im Normalfall hat der Arbeitgeber keinen ausreichenden Grund zu dieser Frage. Liegen konkrete Anhaltspunkte für umfangreiche Gehaltspfändungen vor, hat der Arbeitgeber ein berechtigtes Interesse. Er muss sich in seiner Buchhaltung darauf einstellen und hat damit Mehrarbeit und Kosten.
4. Schwangerschaft: Eine Bewerberin darf gegenüber einem Bewerber nicht benachteiligt werden. (§ 611 a BGB). Diese Frage ist generell unzulässig.
5. Heiratsabsichten und Kinderwunsch bei Frauen: Diese Frage ist diskriminierend und damit nicht zulässig.
6. Krankheiten: Wenn die Arbeitsfähigkeit in dem geplanten Arbeitsgebiet hoch ist, darf diese Frage gestellt werden. Der Arbeitgeber darf nach dem Vorliegen ansteckender Krankheiten fragen, um zum Beispiel im Gastronomiebereich die Ansteckungsgefahr der Kunden und Mitarbeiter zu vermeiden.
7. Vorstrafen: Wenn dies für den Arbeitsplatz erforderlich ist, darf diese Frage gestellt werden, z. B.: als Kassierer wegen Vermögensdelikten oder als Kraftfahrer wegen Verkehrsdelikten. Nachdem Vorstrafen im Register getilgt sind, darf der Bewerber seine Straffreiheit behaupten.

Nach: Günther Schaub/Hans Gottlob Rühle: Guter Rat im Arbeitsrecht, dtv-Taschenbuch (gekürzt)

Als Ergebnis der Bewerberanalyse wird nun der bereits beim Bewerbungseingang angelegte **Auswertungsbogen** um die Einschätzungen aus dem Vorstellungsgespräch komplettiert. Während des Auswahlprozesses wurden hier die Inhalte der Bewerbungsunterlagen, ggf. auch die des Tests, bereits protokolliert, sodass nun für die endgültige Entscheidung auf alle relevanten Bewerbermerkmale zurückgegriffen werden kann.

Die **Endauswahl** für die Stellenbesetzung erfolgt meist im Kreis derer, die bereits das Vorstellungsgespräch geführt hatten. Die Auswahlentscheidung wird entweder formlos durch begründete Abstimmung oder mittels formalisierter Verfahren wie Entscheidungstabelle oder Profilmethode vorgenommen.

Entscheidungsfindung, vgl. **Kap. 3.4.2**

Nach der Personalentscheidung und vor der Zusendung des Einstellungsschreibens sind schließlich noch wichtige Formalien zu prüfen. Da wäre zum einen eine **ärztliche Eingangsuntersuchung**. Diese ist in bestimmten Fällen (wie bei Mitarbeitern im Umgang mit Strahlenbelastungen und Gefahrstoffen, Mitarbeitern in der Personenbeförderung, Jugendlichen) gesetzlich vorgeschrieben, wird darüber hinaus aber auch angesetzt, um die körperliche Tauglichkeit der Bewerber (z. B. hinsichtlich allergischer Reaktionen) für ihre betriebliche Aufgabe zu gewährleisten.

Schließlich hat in Betrieben mit mehr als 20 Mitarbeitern der **Betriebsrat** ein Mitwirkungsrecht, er ist von jeder geplanten Einstellung mindestens eine Woche im Voraus zu unterrichten, dabei sind ihm die Bewerbungsunterlagen aller Bewerber vorzulegen.

Mitwirkungsrechte des Betriebsrats, vgl. §§ 93, 99 Betriebsverfassungsgesetz

Der Betriebsrat kann seine Zustimmung verweigern, wenn

- entgegen seinem Verlangen keine interne Ausschreibung der Stelle erfolgte,
- gegen ein Gesetz, eine Verordnung oder eine Tarifvereinbarung verstoßen wird,
- gegen eine betriebliche Auswahlrichtlinie verstoßen wird,
- die begründete Besorgnis besteht, dass die Einstellung zu Nachteilen für die bereits beschäftigten Mitarbeiter führen könnte,
- der neue Mitarbeiter einem internen Bewerber vorgezogen wird, ohne dass dies aus betrieblichen oder in der Person des Bewerbers liegenden Gründen gerechtfertigt ist.

Verweigert der Betriebsrat unter Bezugnahme auf einen der vorgenannten Gründe seine Zustimmung, so gilt die Einstellung als ausgesetzt. Der Arbeitgeber kann ggf. vor dem Arbeitsgericht die benötigte Zustimmung erstreiten.

3.4.2 Entscheidungsfindung

Im Rahmen der Entscheidungsfindung wird nun derjenige Bewerber ausgewählt, dessen Qualifikationen (Fähigkeitsprofil) den Stellenanforderungen (Anforderungsprofil) weitestgehend entsprechen.

beispielhafter Lebenslauf Aptar Shareef, vgl. S. 133

Beispiel: Für die zu besetzende Stelle eines ERP-Systembetreuers werden nun die Fähigkeitsprofile von Aptar Shareef sowie einer weiteren Bewerberin, Lisa Schulte, mit dem Anforderungsprofil verglichen.

schwarze Linie: Anforderungsprofil
rote Linie: Fähigkeitsprofil Aptar Shareef
blaue Linie: Fähigkeitsprofil Lisa Schulte

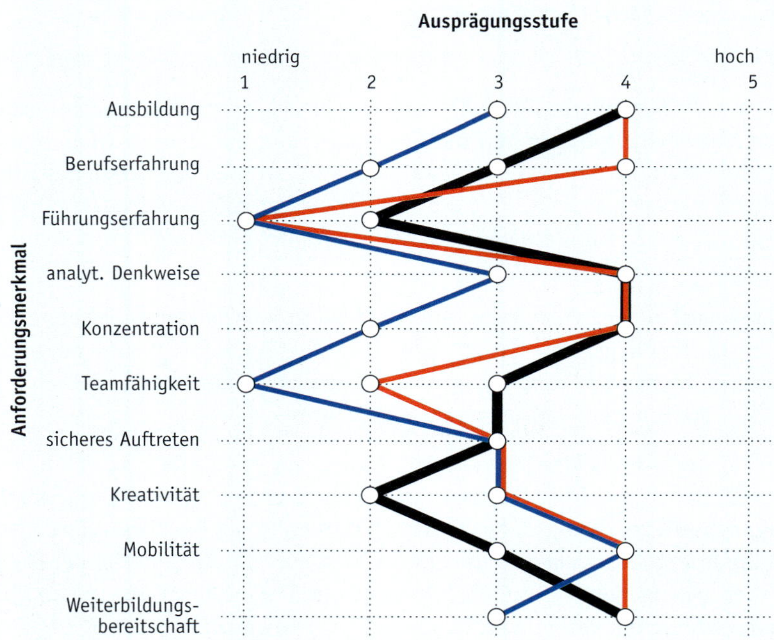

Sofern nicht bereits durch den optischen Vergleich der Linien das Ausmaß an Übereinstimmung festgestellt werden kann, ist auch eine rechnerische Deckungsanalyse möglich. Hierbei wird von jedem Bewerber die Summe der Abweichungen zwischen Anforderungs- und Fähigkeitsprofil ermittelt.

In der dargestellten Variante ist es dabei gleichgültig, ob der Bewerber das Merkmal unter- oder übererfüllt. Dies folgt dem Gedankengang, dass überqualifizierte Bewerber durch ständige Unterforderung Motivationsverluste erleiden, die sich ebenso nachteilig auf die Leistung auswirken wie häufige Überforderung.

Deckungsanalyse:

Merkmal	Aptar Shareef	Lisa Schulte
Ausbildung	0	(-) 1
Berufserfahrung	(+) 1	(-) 1
Führungserfahrung	(-) 1	(-) 1
analytische Denkweise	0	(-) 1
Konzentration	0	(-) 2
Teamfähigkeit	(-) 1	(-) 2
sicheres Auftreten	0	0
Kreativität	(+) 1	(+) 1
Mobilität	(+) 1	(+) 1
Weiterbildungsbereitschaft	0	(-) 1
Summe	5	11

Im vorliegenden Fall würde Aptar Shareef der Vorzug vor Lisa Schulte gegeben, da sein Profil deutlich weniger Abweichungen aufweist.

3.4.3 Assessment-Center

Mit der Hierarchieebene der zu besetzenden Position steigt im Allgemeinen auch der Aufwand, mit dem die Personalauswahl vorgenommen wird. Bei der Suche nach geeignetem Führungskräftenachwuchs wird fast schon traditionell zu einem Assessment-Center eingeladen.

Assessment-Center (AC)
eine Methode, bei der mehrere Personen über einen längeren Zeitraum hinweg verschiedene Aufgaben zu bewältigen haben

Im Unterschied zu konventionellen Testmethoden werden die Kandidaten hier oft für mehrere Tage in einer Tagungsstätte einquartiert und meist im gesamten Tagesablauf intensiv auf ihre Schlüsselqualifikationen hin untersucht. So sind Teamfähigkeit, Belastbarkeit, Flexibilität, Rhetorik oder Entscheidungsfähigkeit in den verschiedensten Situationen unter Beweis zu stellen.

Bewerber im Stresstest
So läuft das AC ab
(...) Der Klassiker unter den AC-Aufgaben ist die **Postkorb-Übung.** Der Kandidat erhält eine Liste mit Aufgaben sowie eine Einschätzung, wie lange jede Aufgabe dauern wird – und ein „Zeit-Budget". Nun sollen diese Aufgaben nach Wichtigkeit geordnet werden. Der Zeitrahmen ist so gesetzt, dass nicht alles geschafft werden kann. Es muss also sehr gut priorisiert werden. Anhand der Übung zeigen die Kandidaten, wie sie sich und ihren Workflow organisieren und strukturieren – und auch, wie realitätsnah sie sind. Kniffelig sind hier Aufgaben wie „Kind abholen" und „Meeting mit dem Chef".

Ein weiterer Klassiker ist die **Selbstpräsentation.** Bei dieser Aufgabe hat der Bewerber meist ein Kurzreferat über sich selbst zu halten. Meist bekommt der Kandidat zehn Minuten Zeit, in denen er über sich selbst sprechen soll, seine Stärken und Schwächen skizziert. Wichtiger als der Inhalt ist zumeist die Art und Weise der Präsentation: Ist das Erzählte strukturiert, wie ist die Mimik und Gestik, wie die Rhetorik des Bewerbers? Steht ein Flipchart oder ein Projektor bereit, sollten diese auch verwendet werden.

Neben Einzelaufgaben gibt es auch Gruppenarbeiten, zum Beispiel **Rollenspiele.** Die Bewerber werden beispielsweise in die Rolle eines Personalverantwortlichen hineinversetzt, der einem Mitarbeiter eine Verwarnung oder Kündigung mitteilt. Zur Gruppenarbeit gehören auch **Gruppendiskussionen** zu einem bestimmten Thema. Auch bei dieser Aufgabe zeigt sich das Verhalten der Bewerber im Team. Wer versucht, durch eine große Anzahl logischer Argumente zu überzeugen, wer hört zu und versucht, Harmonie herzustellen, wer schlägt Kompromisse vor und wer agiert als Diskussionsleiter? (...)

Nach: Zeit online, http://www.zeit.de/karriere/bewerbung/2010-02/bewerbung-assessmentcenter-meistern/seite-2, Stand: 16.02.2010

3.4.4 Headhunter

"How do you do, sir? My name is Harris and I run a successful head hunting company."

Die Besetzung der obersten Führungsspitze ist eine besonders heikle Angelegenheit, da hier nicht nur die getroffene Personalentscheidung, sondern bereits ein langwieriger oder missglückter Auswahlprozess (der mit dem Rückzug des favorisierten Kandidaten endet) das Vertrauen der Investoren und Mitarbeiter in das Unternehmen stark erschüttern könnte. Aus diesem Grund – und wegen des relativ übersichtlichen Kreises möglicher Kandidaten – werden die obersten Führungspositionen nicht öffentlich ausgeschrieben, sondern geeignete Nachfolger direkt angesprochen und ggf. abgeworben. Diese Aufgabe übernehmen zumeist zwischengeschaltete Personalberatungsunternehmen, die auf diskrete Weise Kontakt zu den gewünschten „Köpfen" suchen (daher der Begriff „Headhunter") oder dem Unternehmen selbst wechselwillige Spitzenkräfte vorschlagen.

3.4.5 Onlinebewerbung (E-Recruiting)

Immer öfter werden die ersten Schritte des Auswahlverfahren nicht über Zeitungsanzeige, Postweg und Papierdokument eingeleitet, sondern die Betriebe positionieren ihre Stellenausschreibungen in einer Internet-Stellenbörse und fordern die Bewerber zu Online-Bewerbungen auf. Eine Online-Bewerbung besteht aus den gleichen Elementen wie die konventionelle Bewerbung, es ist ein Webfragebogen auszufüllen und die beizufügenden Zeugnisse werden eingescannt und mit versandt. Manche Unternehmen benutzen bereits interaktive Testverfahren, die vom heimischen PC aus bewältigt werden können.

Für das Unternehmen sind die Vorteile von Online-Bewerbungen offensichtlich:
- Die Bewerbungen gehen schneller ein.
- Die Bewerber zeigen bereits mit der Bewerbung eine informationstechnische Basiskompetenz.
- Der Verwaltungsaufwand wird deutlich reduziert.
- Bewerbungsdaten können direkt in die Bewerberdatendank eingespeist werden.
- Ungeeignete Kandidaten erhalten sofort eine entsprechende Rückmeldung.
- Die Rücksendung von Bewerbungsunterlagen entfällt.

3.5 Arbeitsvertrag

AB → **Lernsituation 62**

Wie jeder andere Vertrag auch, kommt der Arbeitsvertrag nach § 611 ff. BGB durch zwei inhaltlich übereinstimmende Willenserklärungen zustande.

! Der **Arbeitsvertrag** verpflichtet den Arbeitnehmer zur Leistung der vereinbarten Dienste und den Arbeitgeber zur Entgeltzahlung.

Grundsätzlich ist der Arbeitsvertrag formfrei, d.h., er kann auch mündlich abgeschlossen werden. In diesem Falle ist der Arbeitgeber aber verpflichtet, dem Arbeitnehmer spätestens einen Monat nach Beginn des Arbeitsverhältnisses eine von ihm unterzeichnete Niederschrift über wesentliche Bedingungen des Vertrages auszuhändigen.

Rechtsgrundlage ist das „Gesetz über den Nachweis der für ein Arbeitsverhältnis geltenden wesentlichen Bedingungen" (kurz: Nachweisgesetz). Ausnahme: Der Arbeitnehmer arbeitet weniger als 400 Stunden im Jahr.

Inhalte des Arbeitsvertrages können sein:
- Beginn, Ort und Art der Tätigkeit
- Probezeit
- Geltung von Tarifverträgen
- Befristung
- Zusammensetzung der Vergütung und eventuelle spätere Gehaltserhöhungen
- Kündigungsfristen (soweit sie von den gesetzlichen Regelungen abweichen)
- Urlaubsdauer und eventueller Betriebsurlaub
- Nebenleistungen, wie z.B. Weihnachtsgeld und Urlaubsgeld
- Vertragsstrafen (bei Nichtantritt zur Arbeit oder unberechtigter fristloser Kündigung)
- Erlaubnis und Verbot von Nebentätigkeiten
- Fahrt-/Reisekostenerstattung
- betriebliche Altersversorgung
- Versetzungsmöglichkeiten
- Klausel über Schriftform bei Nebenabreden oder Vertragsveränderungen
- Wettbewerbsverbot nach Beendigung des Vertragsverhältnisses

Durch ein vertragliches Wettbewerbsverbot verpflichtet sich der Arbeitnehmer dazu, für eine bestimmte Zeit nach seinem Ausscheiden kein Gewerbe oder keine Anstellung auszuüben, die in Konkurrenz zum ehemaligen Arbeitgeber steht.

Nach § 74 a HGB darf die Dauer des Wettbewerbsverbotes maximal zwei Jahre betragen.

Beispiel: Nachdem sich Herr C. Steffes, Herr Peters und der neue Systemadministrator, Herr Shareef, über die wesentlichen Vertragsbedingungen geeinigt haben, wird der Arbeitsvertrag erstellt und unterschrieben (siehe Folgeseite).

Arbeitsvertrag für Angestellte unter Verweisung auf den Tarifvertrag

Zwischen der Fly Bike Werke GmbH, Rostocker Straße 334, 26121 Oldenburg (Arbeitgeber) und Herrn/Frau Aptar Shareef, geb. am 13.09.1969, wohnhaft in 27751 Delmenhorst, Weidenstraße 33 (Arbeitnehmer) wird folgender Arbeitsvertrag geschlossen.

§ 1 Inhalt und Beginn des Arbeitsverhältnisses
I. Der Arbeitnehmer tritt ab 01.06.20XX als ERP-Systembetreuer auf unbestimmte Zeit in die Dienste des Arbeitgebers.
II. Der Arbeitsvertrag bezieht sich auf eine Tätigkeit in Oldenburg. Der Arbeitgeber behält sich vor, dem Arbeitnehmer im Rahmen des Unternehmens auch an einem anderen Ort einzusetzen und/oder ihm eine andere der Vorbildung und den Fähigkeiten entsprechende Tätigkeit zu übertragen.

§ 2 Arbeitszeit
I. Die Arbeitszeit richtet sich nach den für den Betrieb geltenden tariflichen Bestimmungen.
II. Der Arbeitnehmer ist verpflichtet, im Rahmen des Arbeitszeitgesetzes und des gültigen Manteltarifvertrages auf Anordnung seiner Vorgesetzten Mehrarbeit zu leisten.

§ 3 Arbeitsvergütung und Urlaubsanspruch
I. Der Angestellte erhält eine monatliche Vergütung nach dem Gehalts-Tarifvertrag:
a) Gehalt nach der Entgeltgruppe EG 10 und
b) eine außerordentliche monatliche Zulage in Höhe von 250,00 €.
Übertarifliche Zahlungen sind bei tariflichen Lohnerhöhungen anrechenbar.
II. Die Arbeitsvergütung ist jeweils spätestens am Monatsende auszuzahlen.
III. Der Urlaubsanspruch richtet sich nach dem Manteltarifvertrag und beträgt zurzeit 30 Arbeitstage pro Kalenderjahr.

§ 4 Besondere Vergütungen
Neben dem in § 3 festgelegten Arbeitsentgelt werden noch folgende besondere Vergütungen gezahlt:
I. Weihnachtsgeld 50 % eines Monatsgehaltes (ohne Zulagen)
II. Urlaubsgeld 500,00 €
III. Zuschuss zu vermögenswirksamen Leistungen 26,00 €

§ 5 Fehlzeiten
Der Arbeitnehmer ist verpflichtet, im Falle der Dienstverhinderung den Grund und die voraussichtliche Dauer seiner Verhinderung vorher bzw. unverzüglich mitzuteilen und im Falle der Erkrankung diese bis zum Ablauf des 3. Werktages nach Eintritt der Dienstverhinderung nachzuweisen.

§ 6 Verschwiegenheitspflicht
Der Arbeitnehmer ist verpflichtet, über alle Betriebs- und Geschäftsgeheimnisse sowie über alle betriebsinternen vertraulichen Angelegenheiten Stillschweigen zu bewahren.

§ 7 Beendigung des Arbeitsverhältnisses
I. Das Arbeitsverhältnis endet mit Ablauf des Monats, in dem der Arbeitnehmer das 65. Lebensjahr vollendet.
II. Das Arbeitsverhältnis kann mit der Frist von 4 Wochen zur Mitte und zum Ende eines Monats gekündigt werden. Bei längerer Betriebszugehörigkeit verändert sich die Kündigungsfrist entsprechend den jeweils geltenden gesetzlichen und tarifvertraglichen Regelungen (insbesondere KSchG).

§ 8 Änderungen des Arbeitsvertrages
Änderungen dieses Vertrages bedürfen der Schriftform.

§ 9 Bestandteile des Vertrages
Die Angaben im Einstellungsfragebogen und in den Bewerbungsunterlagen sind Bestandteil des Arbeitsvertrages. Die unwahre Beantwortung der Fragen berechtigt zur Anfechtung oder außerordentlichen Kündigung des Arbeitsvertrages.

ÜBERSICHT: Personalbeschaffung

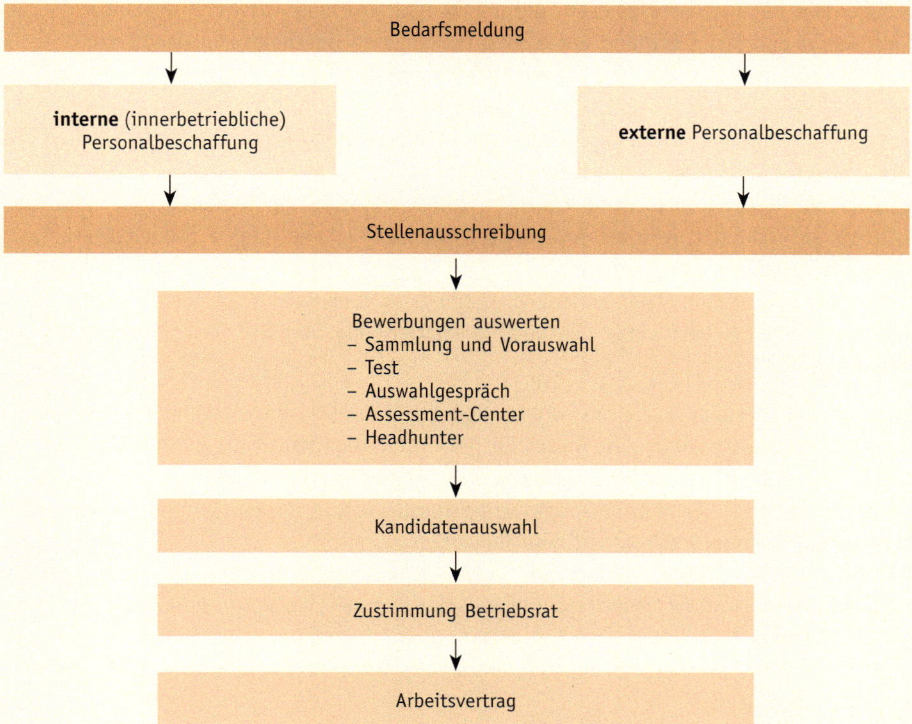

Aufgaben

1 Fertigen Sie auf Grundlage der nachfolgenden Stellenbeschreibung eine Stellenanzeige an.

- Arbeitgeber Fly Bike Werke GmbH, Oldenburg
- Stellenbeschreibung für Sachbearbeiter „Disposition/Logistik“
- Stellenbezeichnung: Disposition/Logistik
- organisatorische Eingliederung der Stelle:
  - übergeordnete Stelle: Leiter Einkauf/Logistik, Herr Thüne
  - nachgeordnete Stellen: Lager Einkauf/Verkauf, Versand
  - untergeordnete Stellen: –
- Stellvertretung durch: Leiter Einkauf/Logistik
- Stellvertretung von: Leiter Einkauf/Logistik
- Aufgaben und Befugnisse: Bezugsquellenermittlung für zu beschaffende Materialien und Handelswaren sowie deren Beschaffung aufgrund der Meldungen aus dem Bereich Lager oder auf direkte Anweisung vom Leiter Einkauf/Logistik, eingegangene Angebote bearbeiten und bewerten sowie die Bestellungen erteilen, Terminüberwachung der Lieferung

2 Auf eine Bedarfsanforderung der Beschaffungsabteilung hin wird sofort eine Stellenanzeige in der Tageszeitung für den dringend benötigten neuen Einkaufssachbearbeiter geschaltet. Die Anzeige wird auch von der kfm. Auszubildenden Bettina Lotto gelesen, die unmittelbar vor dem Abschluss der Ausbildung steht, den Arbeitsplatz gut kennt und sich Hoffnung auf eine entsprechende Übernahme gemacht hat.

a Welche Gründe könnte der Betrieb in diesem Fall haben, eine interne Stellenbesetzung durch Übernahme von Frau Lotto erst gar nicht in Betracht zu ziehen?

b Vorausgesetzt es gäbe auch in anderen Fällen eine Bevorzugung externer Bewerber: Welche nachteiligen Wirkungen auf die Belegschaft sind zu erwarten?

c Die Auszubildende Bettina Lotto wendet sich an den Betriebsrat, der wiederum den Personalchef in dieser Angelegenheit aufsucht. Mit welchen Argumenten kann er für eine interne Stellenbesetzung, also die Übernahme von Bettina Lotto, werben?

d Im Gespräch mit dem Personalchef äußert der Betriebsrat auch sein Befremden darüber, dass ihm der ganze Vorgang erst jetzt bekannt würde und kündigt „notfalls die Durchsetzung seiner Mitwirkungsrechte" an. Was meint er damit?

3 Die Günther Sachse KG stellt u. a. Elektromotoren her. Der Betrieb sucht dringend einen neuen Einkaufssachbearbeiter. Laut Stellenbeschreibung ist dieser für den internationalen Einkauf von Roh- und Betriebsstoffen zuständig, eine Tätigkeit, die auch den Abschluss von Rahmenverträgen beinhaltet und deshalb mit häufigen Dienstreisen verbunden ist. Der neue Einkaufssachbearbeiter soll ferner den Abteilungsleiter Beschaffung im Bedarfsfall vertreten. Für die Stelle gehen zwei Bewerbungen ein:

- Claudia Jürgens, 44, wird seit 14 Jahren mit einer Ausbildung zur Fremdsprachenkorrespondentin als Einkaufssachbearbeiterin in einer Lederwarenfabrik eingesetzt. Sie ist ledig und kinderlos, besitzt Fremdsprachendiplome in Englisch, Spanisch und Chinesisch. Frau Jürgens war vor 3 Jahren Projektleiterin beim Aufbau eines kleinen Einkaufsbüros in Südamerika und wirkte im Vorstellungsgespräch temperamentvoll, aber auch unkonzentriert.
- Florian Herstens, 33, hat nach gut abgeschlossenem BWL-Studium in einem Konkurrenzunternehmen ein Praktikum als Beschaffungsassistent („Junior Manager") absolviert, wurde danach aber als stellvertretender Lagerleiter eingesetzt. Er spricht fließend Englisch, ist jung verheiratet und gerade zum ersten Mal Vater geworden. Im Vorstellungsgespräch machte er einen extrem zurückhaltenden Eindruck.

a Erstellen Sie ein Anforderungsprofil der ausgeschriebenen Stelle. Bewerten Sie dabei die Merkmale „Fachkenntnisse", „Berufserfahrung", „Sprachkenntnisse", „Führungserfahrung", „Mobilität", „Kommunikationsfähigkeit" und „gewandtes Auftreten".

b Werten Sie die Angaben zu beiden Bewerbern aus und erstellen Sie entsprechende Fähigkeitsprofile.

c Treffen Sie aufgrund mehr oder weniger ausgeprägter Deckungsbereiche eine Auswahlentscheidung.

4 Entscheiden Sie, ob die folgenden Aussagen zu den Rechten des Betriebsrates bei Personaleinstellungen richtig oder falsch sind:

a Der Betriebsrat kann jeder Einstellung widersprechen.

b Der BR muss nur informiert werden, wenn ein schwerbehinderter Arbeitnehmer eingestellt wird, da die Einstellung schwerbehinderter Arbeitnehmer gefördert werden soll.

c Der BR hat das Recht, bei der Auswahl der Bewerber anwesend zu sein.

d Der BR hat für eine neu zu besetzende Stelle eine innerbetriebliche Stellenausschreibung gefordert. Die Geschäftsleitung ist dieser Forderung nachgekommen, hat die Stelle letztlich aber doch mit einem externen Bewerber besetzt. Der BR kann in diesem Fall seine Zustimmung zur Neueinstellung verweigern.

e Der BR muss bei einer Einstellung informiert werden, alle Bewerbungsunterlagen sind ihm vorzulegen.

f Der Arbeitgeber muss dem Betriebsrat automatisch bei jeder Einstellung beweisen, dass die Einstellung externer Bewerber nicht die Beförderungschancen der vorhandenen Mitarbeiter verschlechtert.

4 Personalverwaltung

Beispiel: Nach der Einstellung von Aptar Shareef muss nun die Personalabteilung alle arbeitsrechtlichen und betriebsorganisatorischen Regeln dieses Arbeitsverhältnisses erfassen. Sie hat dafür Sorge zu tragen, dass der Arbeitgeber alle Verpflichtungen aus dem Arbeitsverhältnis erfüllt und der Mitarbeiter in die Lage versetzt wird, seine Aufgabe effektiv auszuüben.

4.1 Rechtsgrundlagen des Arbeitsverhältnisses

Neben den Festlegungen im **Arbeitsvertrag** (siehe vorherigen Abschnitt) sind für die Personalabteilung auch folgende Regelungen von Bedeutung:
- Betriebsvereinbarungen
- die jeweils gültigen Tarifverträge
- Gewohnheitsrechte
- nationales Arbeitsrecht
- EU-Recht

Laut Betriebsverfassungsgesetz (BetrVG) werden **Betriebsvereinbarungen** zwischen Arbeitgebern und Betriebsrat geschlossen.

! Die **Betriebsvereinbarung** ist ein Vertrag zwischen Arbeitgeber und Betriebsrat eines Unternehmens, der verbindliche Normen für alle Arbeitnehmer eines Betriebes regelt.

Im Prinzip können alle dem Mitbestimmungsrecht des Betriebsrates unterliegenden Sachfragen durch Betriebsvereinbarungen geregelt werden. Dies sind nach § 87 Abs. 1 BetrVG insbesondere:
- Fragen der Betriebsordnung wie Rauchverbote oder Bekleidungsvorschriften
- Arbeitszeitregelungen inkl. Arbeitszeiterfassung
- Krankmeldung der Arbeitnehmer
- Urlaubsregelungen
- private Nutzung von Firmeneigentum (Telefon, Internet, Firmenwagen)
- Zahlungszeitpunkt der Arbeitsentgelte
- übertarifliche Vergütungen
- Vorruhestandsregelungen

Betriebsvereinbarung der Fly Bike Werke

Zwischen der Geschäftsleitung der Fly Bike Werke GmbH, Oldenburg, und dem Betriebsrat der Fly Bike Werke GmbH wird folgende **Betriebsvereinbarung über die Auszahlung zusätzlicher Leistungen** geschlossen:

1. Jeder Mitarbeiter der Fly Bike Werke GmbH erhält zusätzlich zum vereinbarten Monatsgehalt pro Kalenderjahr eine Sondervergütung.
2. Die Höhe der jährlichen Sondervergütung entspricht der im Tarifvertrag vereinbarten zusätzlichen Leistung plus der betrieblich vereinbarten Weihnachtsgratifikation von 500,00 €.
3. Die Auszahlung der Vergütung erfolgt in zwei Raten mit den Gehaltszahlungen im Monat des Jahresurlaubsantritts und im November.
4. Für Mitarbeiter, deren Beschäftigungsverhältnis während des Kalenderjahres beginnt oder endet, erfolgt eine anteilige Auszahlung der Gratifikation.
5. Gleiches gilt für Teilzeitbeschäftigte. Die Höhe der Gratifikation richtet sich nach dem prozentualen Anteil ihrer Beschäftigung.
6. Die Betriebsvereinbarung kann mit einer Frist von drei Monaten jeweils zum Ende des Kalenderjahres schriftlich gekündigt werden.

Oldenburg, 5. Mai 20XX

Peters — *Preis*

Geschäftsführung — Betriebsratsvorsitzender

Die Gesamtheit der zwischen Geschäftsleitung und Betriebsrat ausgehandelten Regularien bezeichnet man im allgemeinen Sprachgebrauch als **Betriebsordnung**.

Weitere Ansprüche der Mitarbeiter sind – sofern der Arbeitgeber dem entsprechenden Fachverband angehört – den Tarifverträgen zu entnehmen. Die Arbeitnehmereinkommen werden alle 1 bis 2 Jahre im **Entgelttarifvertrag** neu verhandelt, während wöchentliche Arbeitszeit, Urlaubsansprüche, Teilzeitregelungen u. Ä. im langfristigen **Manteltarifvertrag** festgeschrieben werden.

Allerdings verlassen immer mehr Unternehmen die Fachverbände, weil sie Nachteile in der Wettbewerbsfähigkeit durch die tarifvertraglichen Standards befürchten oder erkennen (wollen). Mit dem Austritt erlischt die Tarifbindung des Betriebes. Um weitere Austrittswellen zu verhindern, bieten einige Arbeitgeberverbände deshalb bereits eine besondere Mitgliedschaft ohne Tarifbindung an. Andererseits wurde in einigen Branchen die Wirkung von Tarifverträgen durch Allgemeinverbindlichkeitserklärung des Bundesarbeitsministers auch auf vorher nicht tarifgebundene Unternehmen ausgedehnt.

Neben einem Bündel **nationaler Vorschriften zum Arbeitsrecht** (Betriebsverfassungsgesetz, Jugendarbeitsschutzgesetz, Arbeitszeitgesetz u. v. m.) werden die Betriebe zunehmend auch von Urteilen und Rechtsvorschriften im Rahmen des **EU-Rechts** gebunden. Hier waren in der Vergangenheit bereits richtungsweisende Entscheidungen zur Gleichbehandlung von Männern und Frauen bei Entlohnungsfragen oder zur Nichtdiskriminierung Jüngerer bei den Kündigungsfristen zu verzeichnen.

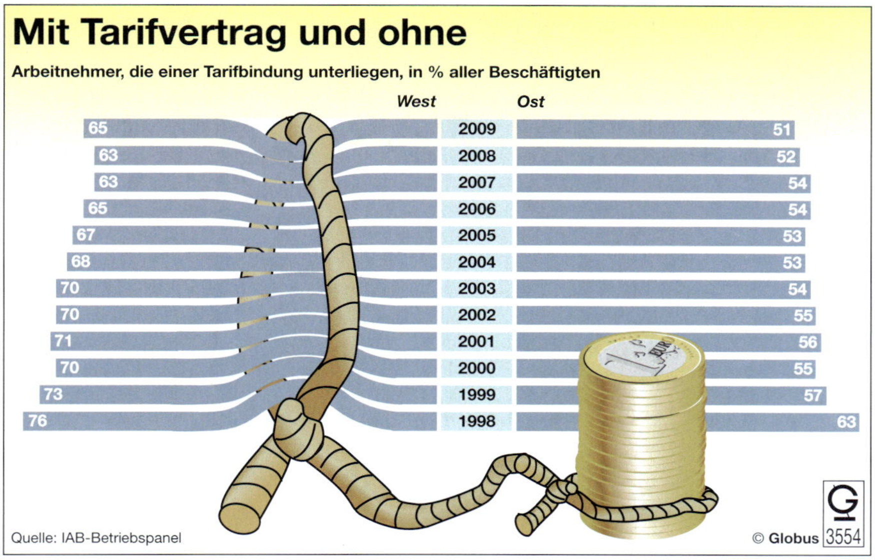

! Bei allen Rechtsgrundlagen gilt der Grundsatz: Gibt es in einem Fall konkurrierende Regelungen, so gilt die für den Arbeitnehmer günstigere Bestimmung. Es gibt allerdings eine Ausnahme: Ist eine Arbeitsbedingung tarifvertraglich geregelt, darf sie durch Betriebsvereinbarung nicht abgeändert werden – auch nicht zum Vorteil der Beschäftigten (§ 77 Abs. 3 BetrVG).

4.2 Erfassung neuer Mitarbeiter

Mit dem Eintritt neuer Mitarbeiter fällt in der Personalabteilung eine Reihe von Verwaltungsaufgaben an:

1) Es ist eine **Personalakte** anzulegen: In diese werden das Personalstammblatt mit allen wesentlichen Personalangaben, der Arbeitsvertrag, die zugesandten Bewerbungsunterlagen, die Versicherungsbescheinigung der Krankenkasse, der Sozialversicherungsausweis (sofern dieser nicht mitgeführt wird), ärztl. Gutachten u. a. m. abgelegt. Im Laufe der beruflichen Laufbahn eines Mitarbeiters wird die Personalakte später noch um Krankmeldungen, Fortbildungszertifikate oder Beurteilungen, aber ggf. auch durch Abmahnung und Kündigung ergänzt. Grundsätzlich darf der Arbeitgeber alle im Zusammenhang mit dem Arbeitsverhältnis entstehenden Informationen sammeln, der Mitarbeiter hat deshalb das Recht, jederzeit und umfassend in seine Personalakte Einsicht zu nehmen. Er kann verlangen, dass unrichtige Angaben korrigiert und unberechtigte nachteilige Vermerke (z. B. gegenstandslose Abmahnung) gelöscht werden. Schließlich darf er zu jeder Leistungs- oder Verhaltensbewertung des Arbeitgebers, die in die Personalakte eingeht, eine eigene Erklärung („Gegendarstellung“) verfassen. § 83 BetrVG
2) Es ist ein **Personaldatensatz** anzulegen: Der neue Mitarbeiter erhält eine Personalnummer, unter der alle verwaltungstechnisch wichtigen Kenndaten wie Einsatzstelle, Vergütung, tarifliche Arbeitszeit usw. abgespeichert werden. Damit ist auch der Eingang ins Personalinformationssystem, in die Arbeitszeiterfassung oder ins Lohnberechnungsprogramm verbunden. Heutzutage sind auch diese Personalverwaltungsmodule zumeist in einer ERP-Software miteinander verknüpft.

SGB
Sozialgesetzbuch

3) Der Arbeitnehmer ist zur gesetzlichen **Sozialversicherung anzumelden**: Nach § 28 a SGB IV findet die Anmeldung zu allen Versicherungszweigen nur noch elektronisch gegenüber der Einzugsstelle der gesetzlichen Krankenversicherung statt. Diese ist für eine evtl. notwendige Weiterleitung zuständig. Gemeldet werden beispielsweise die Sozialversicherungsnummer, die persönlichen Daten des Versicherten, der Grund der Meldung (hier: Beschäftigungsaufnahme) und die Betriebsnummer des Arbeitgebers.
4) Dem Mitarbeiter müssen die notwendigen **Berechtigungen** ausgestellt werden: Ohne Firmenausweis, Chip für die elektronische Parkschranke, Büroschlüssel, Passwort für den PC usw. kann auch der kompetenteste Mitarbeiter seinen Dienst nicht versehen. Deshalb sollten die entsprechenden Ausweise und Zugangscodes spätestens am ersten Arbeitstag bereitstehen.
5) Der Mitarbeiter benötigt **Informationen zur Orientierung** im Betrieb: Wird von Betriebsseite aus keine entsprechende Informationsveranstaltung angeboten, wird die Personalabteilung größerer Unternehmen meist eine **Einführungsmappe** zusammenstellen, die beispielsweise einen Raumplan, Rettungshinweise, Datenschutzvorschriften, ein Organigramm oder gültige Verhaltensregeln enthält.
6) Schließlich müssen **Begrüßung und Einweisung** am Arbeitsplatz organisiert sein: Dies geschieht zumeist in enger Absprache mit der anfordernden Abteilung. Mögliche Gestaltungselemente wären eine Vorstellungsrunde im Kreis der Kollegen, die Benennung von Verantwortlichen für die sachgerechte Einarbeitung oder regelmäßige Gespräche zwischen neuem Mitarbeiter und Abteilungsleitung zur Besprechung und Lösung von Einstiegsschwierigkeiten.

4.3 Ständige Verwaltungsaufgaben

Jenseits der fallbezogenen Personalbeschaffungs- und -freisetzungsaktivitäten beschäftigt sich die Personalverwaltung hauptsächlich mit der administrativen Führung des Personalbestands. Zu den immer wiederkehrenden Aufgaben gehören:

Die Entgeltabrechnung wird in Kap. 7.4 ausführlich beschrieben.

- die Lohn- und Gehaltsabrechnung
- die Führung der Arbeitszeitkonten
- das Bearbeiten von Fehlzeiten (Urlaubsansprüche, Krankheiten, Freistellungen)
- das Führen der Personalstatistik
- die Erstellung von Bescheinigungen
- die Aktualisierung von Personalakten
- die Ermittlung der Ausgleichsabgabe für Schwerbehinderte
- die Abführung einbehaltener Steuern und SV-Abgaben u. v. m.

5 Personaleinsatz

5.1 Qualitativer und quantitativer Personaleinsatz

Kernaufgabe des betrieblichen Personaleinsatzes ist es, dafür zu sorgen, dass die vorhandenen Mitarbeiter genau den Arbeitsplätzen zugeordnet werden, die ihren Fähigkeiten und der körperlichen Konstitution in möglichst hohem Maß entsprechen. Damit die Mitarbeiter ihre angedachte Funktion optimal erfüllen können, müssen aber nicht nur die Arbeitsinhalte, sondern auch die Arbeitsbedingungen den Neigungen und Fähigkeiten des Personals entsprechen. Die Einsatzfrage hat also zwei Dimensionen:

Qualitative **Frage**	*Quantitative* **Frage**
Welche Person (mit welchem Fähigkeitsprofil) wird dem Arbeitsplatz zugewiesen?	Wann und wie lange besetzt die Person den ihr zugewiesenen Arbeitsplatz?

5.2 Anlässe von Personaleinsatzentscheidungen

Im Produktionsbereich ist die Zuweisung von Arbeitsplätzen und Arbeitszeiten eine alltägliche Routineaufgabe, hier werden im wöchentlichen Abgleich von Produktionsaufträgen und verfügbarem Mitarbeiterstamm Dienst- oder Schichtpläne erstellt.

Beispiel: Schichtplan aus der Industrie

Wochenplan KW 11
Produktion, gedruckt am 13.01.20XX, 12:25 Uhr — 12.03.20XX bis 16.03.20XX

	12.03.20XX	13.03.20XX	14.03.20XX	15.03.20XX	16.03.20XX
Fräsen					
Früh 4 06:00–14:00	Karls Peter	Karls Peter	Karls Peter	Karls Peter	Karls Peter
Spät 4 14:00–22:00	Rottenbacher Christian	Rottenbacher Christian	Rottenbacher Christian	Rottenbacher Christian	Rottenbacher Christian
Nacht 4 22:00-06:00	Gräber Hans	Gräber Hans	Gräber Hans	Gräber Hans	Gräber Hans
Schleifen					
Früh 4 06:00–14:00	Reich Carsten	Reich Carsten	Reich Carsten	Reich Carsten	Reich Carsten
Spät 4 14:00–22:00	Klein Susanne	Klein Susanne	Klein Susanne	Klein Susanne	Klein Susanne
Nacht 4 22:00–06:00	Busch Richard	Busch Richard	Busch Richard	Busch Richard	Busch Richard
Schweißen					
Früh 4 06:00–14:00	Höger Florian	Höger Florian	Höger Florian	Höger Florian	Höger Florian
Spät 4 14:00-22:00	Müller Georg	Müller Georg	Müller Georg	Müller Georg	Müller Georg
Nacht 4 22:00-06:00	Kühn Timo	Kühn Timo	Kühn Timo	Kühn Timo	Kühn Timo

Aber auch in den anderen betrieblichen Bereichen sind – wenngleich in größeren Intervallen – regelmäßig Einsatzentscheidungen für die vorhandene Belegschaft zu treffen.

Gründe für eine Neuzuweisung von Arbeitsplätzen sind:
- technischer Fortschritt
- Änderung der Mitarbeiterdisposition
- Aufstieg

Veränderungen in der Stellenzuweisung ergeben sich zum einen durch geänderte Qualifikationsanforderungen beim Einsatz moderner Produktionstechniken und ERP-Systeme. Zum anderen verändert sich aber auch die Verfassung des Beschäftigten im Zeitablauf allmählich (Unfallfolgen, Altersleiden) oder veränderte Lebensumstände (Familiengründung) bedingen die Überlegung, Arbeitsbelastungen und -zeiten auf die aktuelle Situation auszurichten. Schließlich führt auch die berufliche Entwicklung zur Beförderungen und Versetzungen.

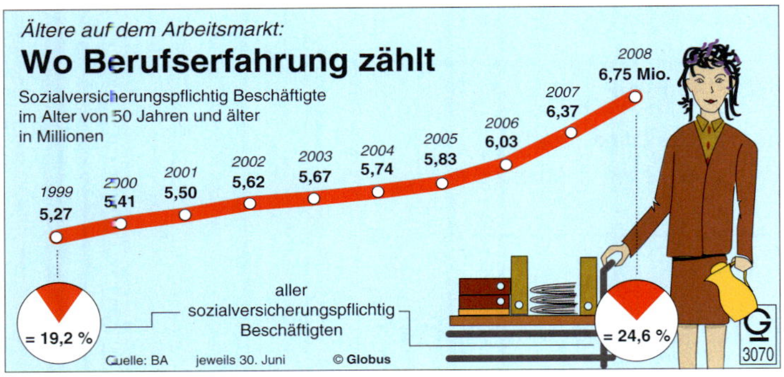

Durch Einsatz eines Personalinformationssystems ist es möglich, Veränderungen in der physischen, psychischen und sozialen Disposition des Arbeitnehmers sowie seine berufliche Leistung zu erfassen und zur Grundlage künftiger Einsatzentscheidungen zu machen. Dies wird in Kapitel 8 im Rahmen der Personalentwicklung noch eingehender thematisiert.

In Zukunft wird es eine wichtige Aufgabe von Personaleinsatz und -entwicklung sein, die immer älter werdenden Belegschaften und die immer komplexere technische Ausstattung aufeinander einzustellen. Die Zuweisung der Mitarbeiter zu geeigneten Arbeitsplätzen ist folglich keine einmalige Entscheidung, sondern ein ständiger Optimierungsprozess.

5.3 Gestaltung von Arbeitsbedingungen

Die äußeren Bedingungen, unter denen ein Mitarbeiter seine Tätigkeit leistet, bedingen wesentlich sein Leistungs**vermögen** und seine Leistungs**bereitschaft** (Motivation).

Zu diesen Bedingungen gehören insbesondere:
- die technisch-organisatorische Gestaltung des Arbeitsplatzes (Arbeitsergonomie)
- die Arbeitsorganisation
- Arbeitszeitmodelle und Pausenregelungen
- Entlohnung und sonstige Anreizsysteme
- Führungsstile

Personalführung, vgl. **Kap. 6**

Entlohnung, vgl. **Kap. 7**

Wegen ihrer grundlegenden Bedeutung werden Führungs- und Entlohnungsaspekte später noch in eigenen Kapiteln dargestellt.

5.3.1 Arbeitsergonomie

AB → Lernsituation 63

! Die **Ergonomie** ist die Wissenschaft von der Gesetzmäßigkeit menschlicher Arbeit.

Ergonomie
setzt sich aus den griechischen Wörtern *ergon* (Arbeit) und *nomos* (Gesetz, Regel) zusammen

Ziel der **Arbeitsergonomie** ist es, die Arbeitsgeräte und -einrichtungen so zu gestalten, dass selbst bei langjährigem Arbeitseinsatz keine Verschleißerkrankungen oder sonstige Schädigungen bei den Mitarbeitern zu beobachten sind.

Im Fokus der Betrachtung liegen dabei ein reizarmes Arbeitsumfeld (Helligkeit, Klima, Lärm), körperlich wenig belastende Arbeitsbewegungen (Körperhaltung, Kraftaufwand) sowie die leicht erfassbare Gestaltung der Bedienelemente und optischen Einrichtungen (Signale, Displays, Bildschirme) bei Mensch-Maschine-Interaktionen.

Beispiel: Vorgaben für die ergonomische Gestaltung eines Computerarbeitsplatzes

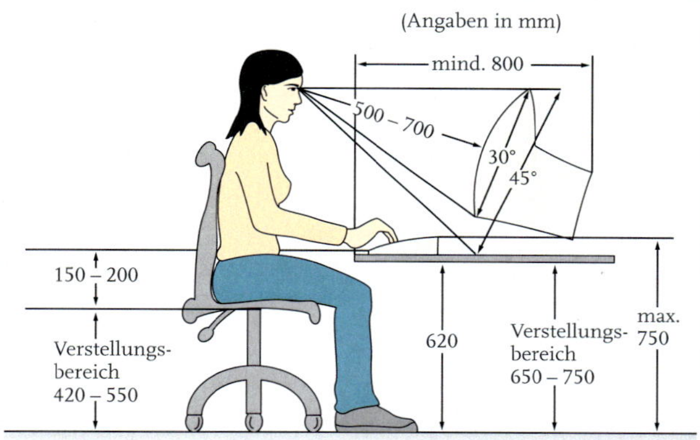

Der Betrieb ist in der arbeitsergonomischen Gestaltung nicht frei, sondern gesetzlichen Vorschriften (z. B. Arbeitsschutzgesetz), technischen Normen und Auflagen der Berufsgenossenschaft unterworfen.

Das lenkt jedoch zuweilen den Blick davon ab, dass die auch vom Gesetzgeber eingeforderte „Unschädlichkeit der Arbeit“ bestenfalls eine Minimalanforderung an die Arbeitsgestaltung sein kann. Höherwertige Ergonomieanforderungen fordern, dass Arbeit auch leicht erträglich, sozial zumutbar und persönlichkeitsfördernd ausgestaltet werden soll.

5.3.2 Arbeitsorganisation

AB → Lernsituation 64

Zur Reduzierung krankheitsbedingter Ausfallzeiten trägt nicht nur die technische Gestaltung des Arbeitsplatzes bei. Untersuchungen zeigen, dass sowohl dauerhafte Überforderung (Stress) als auch ständige Unterforderung (Monotonie) zu physischen und psychischen Krankheiten führen können. Deshalb ist es wichtig, die Arbeitsaufgaben – sofern möglich – abwechslungsreich, kommunikativ und persönlichkeitsfördernd zu gestalten. In diesem Zusammenhang legt die Arbeitsorganisation fest, welchen Tätigkeitsumfang und Entscheidungseinfluss der einzelne Mitarbeiter bei seiner Berufsausübung hat.

Arbeitsteilung (Taylorismus)

Bis in die 70er-Jahre des vergangenen Jahrhunderts galten die Grundsätze der vom Ingenieur Frederick Taylor (1856–1915) begründeten „Wissenschaftlichen Betriebsführung“ (Scientific Management) als wichtigster Baustein der Arbeitsgestaltung.

Taylor entdeckte, dass man die Produktivität menschlicher Arbeit ungemein steigern kann, wenn man den Arbeitsvorgang in kleinste Einzelverrichtungen aufteilt und allein auf einen Arbeitsschritt spezialisierte Mitarbeiter einsetzt. Durch rasche Wiederholung wird die Fertigkeit schnell eingeübt, der geringe Arbeitsinhalt erübrigt zeitaufwendige Denkprozesse.

Näherinnen

Taylor erwartete, dass gerade die Übersichtlichkeit der Aufgaben und die Zurücknahme von Verantwortung die Arbeitszufriedenheit günstig beeinflussen würde. Die Arbeiterschaft begrüßte die Einführung des Scientific Managements tatsächlich, da der enorme Produktivitätsfortschritt den Arbeitern über das gleichfalls neue Lohnsystems eines Akkordlohnes zugute kam und zu deutlichen Lohnsteigerungen führte.

Heute gilt der Begriff des Taylorismus als Synonym für inhumane Arbeitsbedingungen. Die wichtigsten Kritikpunkte von Arbeitswissenschaftlern und Gewerkschaften sind:

- Den Arbeitern geht der Überblick über die betrieblichen Abläufe verloren.
- Sich dauernd wiederholende Arbeitsverrichtungen führen zu sehr einseitigen körperlichen Belastungen und vorzeitigem Verschleiß.
- Der minimale Arbeitsinhalt bringt Monotonie mit sich, die ständige geistige Unterforderung zieht Arbeitsunlust und psychische Erkrankungen (z. B. Depression) nach sich.
- Die Arbeiter sind bei Ausfall nicht leistungsgleich vertretbar.
- Die Arbeit erlaubt keine berufliche Entwicklung.

Auch von Arbeitgeberseite wird der taylorsche Gestaltungsansatz infrage gestellt, da stark arbeitsteilige Betriebsbereiche meist durch hohe Fehlzeiten und Mitarbeiterfluktuation gekennzeichnet sind. Gleichwohl bietet er nach wie vor auch gering qualifizierten Menschen die Möglichkeit, eine Berufstätigkeit auszuüben.

Arbeitshumanisierung

! Unter **Arbeitshumanisierung** werden alle Bestrebungen zusammengefasst, die den menschlichen Handlungsspielraum zu erweitern suchen und so nicht nur zur Vermeidung vorzeitiger Berufsunfähigkeit, sondern auch zur Stärkung von Arbeitsmotivation und Arbeitszufriedenheit beitragen sollen.

Dabei kann in verschiedenen Richtungen vorgegangen werden:

Erweiterung des Handlungsspielraums	
horizontale Erweiterung (Hinzufügen weiterer ausführender Arbeitselemente)	vertikale Erweiterung (Hinzufügen dispositiver Arbeitselemente)

In diesem Zusammenhang haben sich vor allem folgende Formen der Arbeitsorganisation neu etabliert:
- Job Rotation
- Job Enlargement
- Job Enrichment
- teilautonome Arbeitsgruppen

Beispiel: Beim Arbeitsgang „Montage von Hinter- und Vorderrad" fallen bei der Fly Bike Werke GmbH folgende Arbeitselemente an:

Dispositive Elemente	Materialbestände erfassen	Materialteile disponieren	Arbeitsablauf festlegen (Arbeitsplan)	Funktionskontrolle
ausführende Elemente	Speichen in Felge eindrehen	Schlauch auf Felge ansetzen	Mantel überziehen	Rad einsetzen und festschrauben

Bislang hat der Produktionsmitarbeiter Fritz Läsig nur das Arbeitselement „Schlauch auf Felge ansetzen" ausgeübt. Im Zuge der Arbeitshumanisierung werden nun verschiedene Alternativen bei der Ausdehnung seines Tätigkeitsbereiches erwogen.

! Bei der **Job Rotation** (systematischer Arbeitsplatzwechsel) werden in festen Intervallen Arbeitsplätze mit vergleichbaren Funktionen und gleicher Hierarchieebene zwischen den Mitarbeitern getauscht.

Beispiel: Der Mitarbeiter Fritz Läsig wechselt im wöchentlichen Turnus zwischen den Arbeitselementen „Schlauch auf Felge ansetzen" und „Rad einsetzen und festschrauben".

Dispositive Elemente	Materialbestände erfassen	Materialteile disponieren	Arbeitsablauf festlegen (Arbeitsplan)	Funktionskontrolle
ausführende Elemente	Speichen in Felge eindrehen	Schlauch auf Felge ansetzen	Mantel überziehen	Rad einsetzen und festschrauben

Der Aufgabenwechsel muss sich jedoch nicht zwangsläufig innerhalb eines Arbeitsbereiches abspielen, sondern kann durchaus abteilungsübergreifend organisiert werden, was den Abwechslungsgrad (aber auch die Einarbeitungszeiten) noch deutlich erhöht.

Job Rotation (systematischer Arbeitsplatzwechsel)	
Vorteile	– Mitarbeiter erhalten praktischen Einblick in den gesamten Arbeitsablauf. – Der Zwang zur Bewältigung neuer Probleme erhöht die Flexibilität der Mitarbeiter und verringert die Monotonie. – Neue Mitarbeiter bringen neue Ideen in die Arbeitsbereiche ein. – Je mehr Personen an einer Job Rotation teilgenommen haben, desto leichter können freie Positionen intern besetzt werden.
Nachteile	– Einarbeitungszeiten fallen an. – Vorgesetzte fürchten, gute Mitarbeiter zu verlieren. – Zu kurze Einsatzzeiten verhindern eine wirkliche Identifikation mit der Aufgabe.

! Beim **Job Enlargement** (Aufgabenerweiterung) wird das Aufgabenfeld des Mitarbeiters durch vor- und nachgelagerte Elemente seiner bisherigen Tätigkeit ergänzt.

Beispiel: Dem Arbeitsplatz des Mitarbeiters Fritz Läsig werden nun auch dauerhaft die Tätigkeitselemente „Mantel überziehen" und „Rad ansetzen und festschrauben" zugeordnet.

Dispositive Elemente	Materialbestände erfassen	Materialteile disponieren	Arbeitsablauf festlegen (Arbeitsplan)	Funktionskontrolle
ausführende Elemente	Speichen in Felge eindrehen	Schlauch auf Felge ansetzen, Mantel überziehen, Rad einsetzen und festschrauben		

Obwohl Job Rotation wie auch Job Enlargement den Tätigkeitsbereich des Mitarbeiters deutlich erweitern, können sie das geistige Potenzial der Mitarbeiter kaum einbinden und zögern so mentale Ermüdungseffekte oft nur hinaus. Dem zeitlich begrenzten Motivationszuwachs kann aber das Modell des Job Enrichment entgegenwirken.

! Beim **Job Enrichment** (Aufgabenbereicherung) werden einer ausführenden Stelle dispositive Tätigkeitselemente wie Planungs-, Steuerungs- und Kontrollfunktionen hinzugefügt.

Beispiel: Der Mitarbeiter Fritz Läsig ist neben der Aufgabe „Schlauch auf Felge ansetzen" nun auch dafür verantwortlich, dass immer ausreichend viele und von der Größe her passende Fahrradmäntel für die Montage bereitstehen. Dazu muss er u. a. den Bedarf ermitteln und eine Bedarfsmitteilung für den Einkauf erstellen.

Dispositive Elemente	Materialbestände erfassen	Materialteile disponieren	Arbeitsablauf festlegen (Arbeitsplan)	Funktionskontrolle
ausführende Elemente	Speichen in Felge eindrehen	Schlauch auf Felge ansetzen	Mantel überziehen	Rad einsetzen und festschrauben

Das Job Enrichment führt damit zu einem höheren geistigen Anforderungsniveau der Stelle und ist deshalb fast immer mit Fortbildung und Höhergruppierung des betreffenden Mitarbeiters verbunden. Obwohl damit das Problem der Unterforderung angegangen wird, sind die Entscheidungsspielräume jedoch immer noch recht begrenzt, außerdem werden die sozial-kommunikativen Fähigkeiten nur in geringem Maße gefordert. Es liegt deshalb die Überlegung nahe, eine gemeinschaftliche Aufgabenerfüllung durch Teambildung zu fördern.

! **Teilautonomen Arbeitsgruppen** wird die Verantwortung für größere Arbeitsabläufe als Teamaufgabe übertragen. Dies gilt für alle damit zusammenhängenden dispositiven und ausführenden Tätigkeitselemente.

Beispiel: Die Fly Bike Werke GmbH organisiert den Bereich Radmontage als Gruppenfertigung. Der Mitarbeiter Fritz Läsig wird dem neu gegründeten Team zugewiesen. Er hat nun keine feste Aufgabe mehr, sondern legt diese im wöchentlichen Turnus in einer Teamsitzung am Montag selbst (mit) fest.

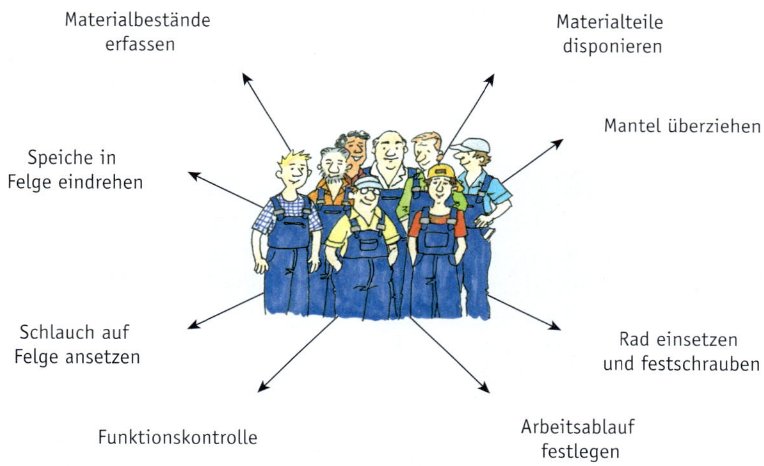

Grundgedanke der Teambildung ist, dass jede Tätigkeit von jedem Gruppenmitglied ausgeübt werden kann und auch im Wechsel ausgeübt werden soll. Manche Unternehmen weisen den Gruppen eine besonders hohe Autonomie zu, indem sie die folgenden Aufgaben in die Hand des Teams übergeben:

- Leitung der Gruppe
- Auswahl neuer einzustellender Gruppenmitglieder
- Einstufung in Lohngruppen
- Prämienverteilung
- Festlegung der Arbeits- und Pausenzeiten
- Arbeitsplatzgestaltung
- Maßnahmen der Arbeitssicherheit (soweit zulässig)
- Personalentwicklung/Fortbildung
- Vorgabe von Produktionszielen
- Kontrolle von Produktionsfortschritt und -qualität

Im Regelfall herrscht jedoch eine Teilautonomie, d. h., die Gruppe ist einer Reihe externer Vorgaben und Kontrollen unterworfen.

Teilautonome Arbeitsgruppen	
Vorteile	– Einsparung nichtproduktiver Instanzen wie Meister und Vorarbeiter – Ausschöpfung des gesamten Fähigkeitsspektrum des Mitarbeiters – Erziehung zu selbstverantwortlichem Handeln – Vermittlung eines breiten Erfahrungswissen (Personalentwicklung „on the job“) – Motivationssteigerung – Ausleseinstrument bei der Suche nach zukünftigen Führungskräften – Erhöhung der sozialen Bindung zwischen den Belegschaftsmitgliedern – Verringerung von Abstimmungswegen und Koordinationsaufwand
Nachteile	– hohe Einarbeitungszeiten, hohe Eingangsqualifikation nötig – kann das Entstehen von Rivalitäten fördern (z. B. bei der Prämienverteilung) – mögliche Ausgrenzung weniger leistungsfähiger Mitarbeiter – Ablaufstörungen innerhalb der Gruppe werden oft verzögert weitergegeben – personengebundene Schutzausrüstung ist mehrfach anzuschaffen – Verursacher von Schäden ist oft nicht eindeutig zu identifizieren (Haftungsfrage)

Arbeitszeitmodelle

Der Biorhythmus des Menschen unterliegt täglichen, monatlichen oder jahreszeitlichen Einflüssen. Die tägliche Leistungskurve bestätigt nur die schon selbst gewonnene Erkenntnis, dass am frühen Nachmittag (nach dem Mittagessen) sowie am späteren Abend der Körper seinen „Betriebszustand“ auf „Erholung“ stellt, während am Vormittag und frühen Abend die höchste Körpertemperatur erreicht wird und das neuronale Netzwerk auf voller Leistung „läuft“.

Der unten dargestellte Tagesrhythmus ist dabei als „Durchschnittswert“ zu verstehen und kann sich je nach Konstitution und Gewohnheit in die eine oder andere Richtung verschieben. Untersuchungen zeigen aber, dass selbst bei langjährigen Nachtarbeitern die innere Uhr den biologisch eingestellten Takt nicht verlässt.

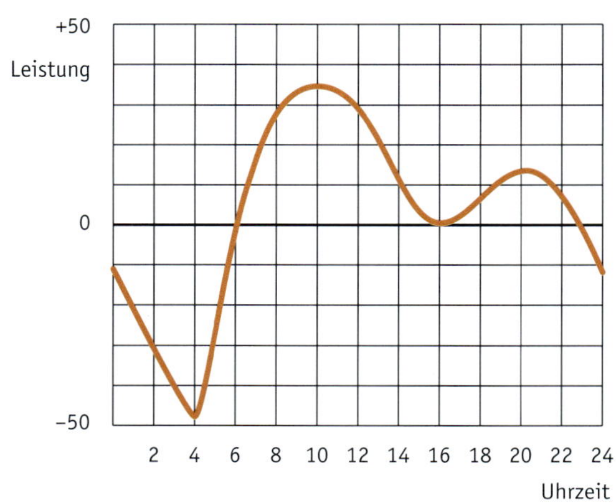

Aus arbeitsmedizinischer Sicht ist deshalb der Sinn von Nachtarbeit mit einem Fragezeichen versehen, hier erreichen Konzentrationsfähigkeit und Motivation einen Tiefstand und das Unfallrisiko steigt. Auf der anderen Seite bedingen moderne Produktionseinrichtungen hohe Investitionsausgaben, die sich nur bei starker Auslastung der Maschinen amortisieren. Unternehmen sind deshalb aus Gründen der Wettbewerbsfähigkeit oft gezwungen, den Betrieb über 24 Stunden aufrechtzuerhalten.

Durch entsprechende Arbeitszeitmodelle und angepasste Pausen lassen sich die nachteiligen Wirkungen jedoch deutlich mindern. Die am häufigsten praktizierten Alternativen zu starren Dienstzeiten werden im Folgenden kurz dargestellt:

a) **Wechselschichtsysteme** verändern die zeitliche Schichtzuordnung der Mitarbeiter meist im wöchentlichen Rhythmus, d. h., auf eine Woche Nachtschicht folgen eine Woche Spät- und eine weitere Woche Frühschicht. Dadurch wird eine Dauerbelastung durch ungünstige Arbeitszeiten vermieden.

b) Die **gleitende Arbeitszeit** besteht aus einer Kernzeit, innerhalb derer Anwesenheitspflicht herrscht, und einer Gleitzeit an den Randstunden des Arbeitstages, an denen der Mitarbeiter über die Länge seiner Anwesenheit selbst entscheidet.

Beispiel: In der Betriebsordnung der Fly Bike Werke GmbH sind für die Angestellten des Betriebes folgende Arbeitszeiten vorgesehen:

Uhrzeit	7:00	8:00	9:00	10:00	11:00	12:00	13:00	14:00	15:00	16:00	17:00	18:00

grün: Gleitzeiten schwarz: Kernzeiten

Das Modell der gleitenden Arbeitszeit kann mit und ohne Zeitausgleich angewendet werden. Ohne Zeitausgleich endet der Arbeitstag bei flexiblem Arbeitsbeginn nach einer festen Anzahl von Arbeitsstunden, d. h. Mitarbeiter, die später zur Arbeit kommen, können auch erst entsprechend später wieder gehen. Mit Zeitausgleich ist es einem Mitarbeiter erlaubt, trotz späterer Arbeitsaufnahme den Arbeitstag schon frühzeitig zu beenden, wenn er das so entstandene Arbeitszeitdefizit durch Vor- oder Nacharbeit an anderen Tagen ausgleicht.

Oftmals gewähren die Unternehmen Ausgleichszeiträume bis zu einem (Geschäfts-)Jahr oder setzen für das folgende Jahr ein Jahresstundensoll fest, das (bis auf die Kernarbeitszeit) nach Belieben abgearbeitet werden kann. Damit Betrieb und Mitarbeiter hier nicht zwischenzeitlich die Übersicht verlieren, werden sogenannte **Arbeitszeitkonten** eingerichtet, mit deren Hilfe der aktuelle Stand von Soll- und Ist-Arbeitszeiten eingesehen werden kann.

Abbildung Arbeitszeitkonto

Arbeitszeitkonto 1. Halbjahr 20XX

Name: Ganser	Vorname: Sabine	Geburtsdatum: 14.05.19XX
Straße: Nassestraße 11	PLZ: 26122	Ort: Oldenburg
Beruf: Vertriebsassistentin	Eintritt: 24.07.20XX	

Monat	Std. Übertrag	Soll-Stunden	Ist-Stunden	Differenz	Ausgezahlte Std.	Urlaub	Sonderurlaub	Krankheitstage
Jan. 20XX	0,00	140,00	142,60	2,60	0,00	0	0	0
Febr. 20XX	2,60	165,20	165,20	0,00	0,00	0	0	4
März 20XX	2,60	151,80	172,60	28,00	0,00	0	0	0
April 20XX	23,40	146,40	142,00	–4,40	0,00	4	0	0
Mai 20XX	19,00	145,80	154,20	8,40	0,00	0	0	0
Juni 20XX	27,40	159,60	159,60	0,00	0,00	0	0	0
Summe	**27,40**	**908,80**	**936,20**	**27,40**	**0,00**	**4 von 28**	**0**	**4**

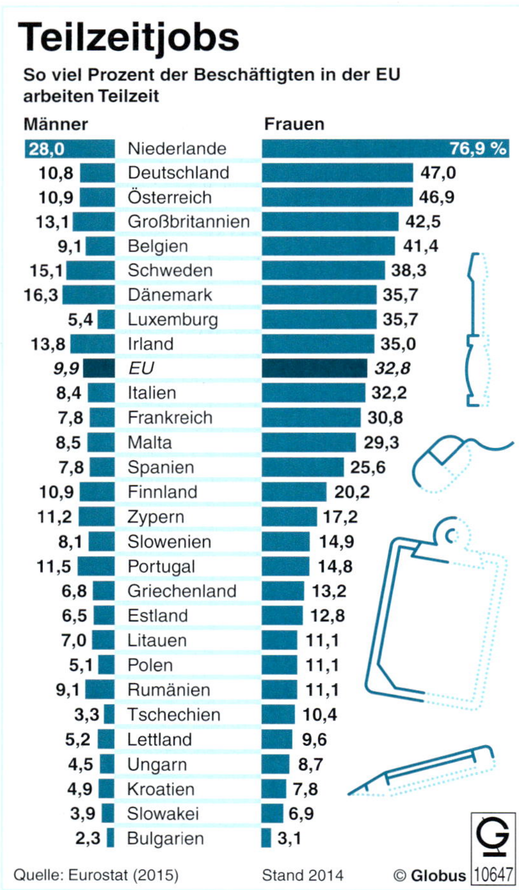

c) Die **freie Arbeitszeit** entspricht der gleitenden Arbeitszeit, kennt aber keine Kernzeit mehr.

d) **Teilzeitarbeit und Jobsharing** erlauben es dem Mitarbeiter, sonstige Verpflichtungen (z.B. Kindererziehung) oder Interessen durch Reduzierung der täglichen Arbeitszeit zu erfüllen. Bei der Teilzeitarbeit wird ein entsprechend reduziertes Aufgabengebiet geschaffen, während beim Jobsharing der Arbeitszuschnitt der Stelle unverändert bleibt, diese jedoch im Tagesablauf nacheinander von verschiedenen Mitarbeitern besetzt wird.

e) Bei der **Arbeit auf Abruf** wird ähnlich der gleitenden Arbeitszeit ein durchschnittlich oder jährlich zu leistendes Arbeitspensum vereinbart. Allerdings hat hier der Arbeitnehmer keinerlei Souveränität über die Lage seiner Arbeitszeit, sondern der Arbeitgeber ruft diese je nach dem Betriebsbedarf ab. Diese Arbeitszeitregelung wird auch als kapazitätsorientierte variable Arbeitszeit (KAPOVAZ) bezeichnet. Für sie gelten jedoch eine Reihe arbeitsrechtlicher Einschränkungen.

f) Beim Konzept der **flexiblen Lebensarbeitszeit** bzw. den stark verwandten **Vorruhestandsregelungen** kann der Mitarbeiter durch Mehrarbeit in der aktiven Berufsphase ein früheres Ausscheiden aus dem Arbeitsprozess erwirken. Beim Modell der flexiblen Lebensarbeitszeit werden langjährig Überstunden angespart, die in der Vorrentenzeit dann am Stück ausgeglichen werden. Bei den Vorruhestandsregelungen ist es kaum möglich, die Vielzahl von Varianten darzustellen. Häufig wird jedoch die Arbeitszeit älterer Mitarbeiter deutlich reduziert, ohne dass dies in gleichem Maße zu Lohnverzicht führt.

Wie bereits erwähnt, sind der flexiblen Arbeitszeitgestaltung **rechtliche Schranken** gesetzt, so z. B. über das Arbeitszeitgesetz, das Jugendarbeitsschutzgesetz, das Mutterschutzgesetz oder die Ladenschlussverordnungen der Bundesländer. Ebenso werden die Arbeitszeitregelungen durch die kommunale Ordnung hinsichtlich von Betriebszeiten oder sonstigen Auflagen wie Lärmschutz eingeengt.

Flexible Arbeitszeitgestaltung	
Vorteile für den Arbeitnehmer	– Anpassung der Arbeitszeit an den individuellen Leistungsrhythmus – bessere Vereinbarkeit von beruflichen und familiären Verpflichtungen – bei Teilzeitarbeit: Befriedigung wachsenden Einkommensbedarfes durch Arbeitszeitveränderung
Vorteile für den Arbeitgeber	– verlängerte Ansprechzeiten – Anpassung des Arbeitsvolumens an Nachfrageschwankungen – kostengünstige Bewältigung von Arbeitsspitzen – bessere Kapazitätsauslastung durch maßgerechte Ausdehnung der Betriebszeit – Verringerung von Leerlaufzeiten, höhere Arbeitsproduktivität – weniger Fehlzeiten – Attraktivitätssteigerung des Unternehmens für neue Mitarbeiter

Auch Zeitpunkt und Umfang von Arbeitspausen unterliegen gesetzlichen Mindeststandards. Unter Beachtung dieser Vorgaben bietet es sich an, Pausenzeiten im Tagesablauf so zu platzieren, dass sie die Regenerationsphase des Biorhythmus treffen und auch von der Länge her so bemessen sind, dass eine Erholungsphase eintreten kann.

ÜBERSICHT: Personaleinsatz

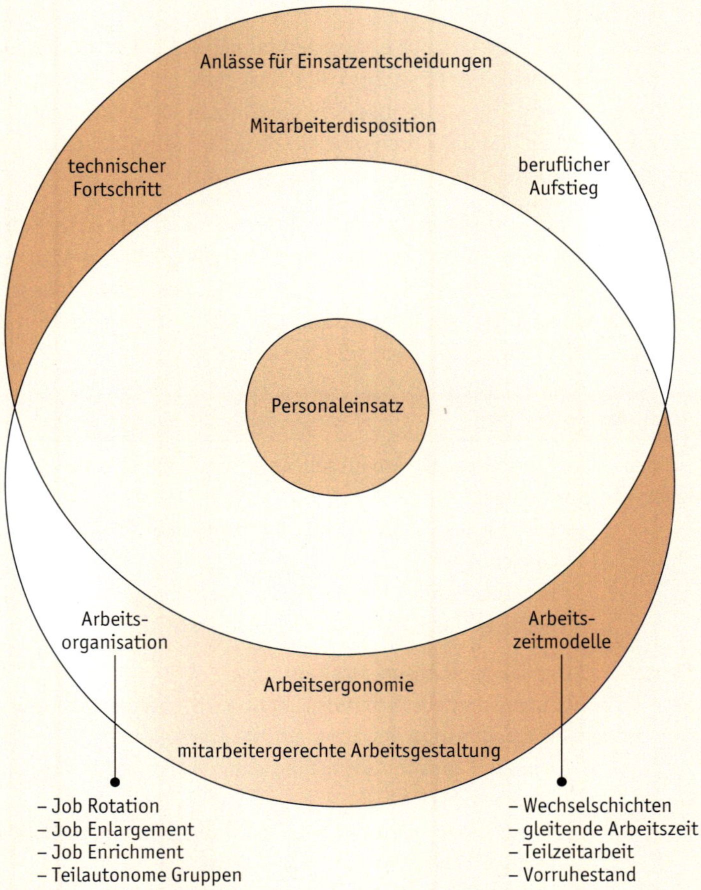

Aufgaben

1 Das steigende Durchschnittsalter der Beschäftigten wird die arbeitsergonomischen Anforderungen an die Arbeitsplätze in allen Wirtschaftsbereichen verändern. Wie könnte man sich in Zukunft
- **a** den Führerstand eines 70-jährigen Lkw-Fahrers,
- **b** den Arbeitsplatz einer 70-jährigen Verwaltungsangestellten,
- **c** die Klassenausstattung für einen 70-jährigen Lehrer,
- **d** die Betriebsmittel für einen 70-jährigen Monteur

vorstellen?

2 Im Folgenden ist das Arbeitszeitkonto eines Mitarbeiters abgebildet:

Datum	Übertrag Vormonat	Soll-Std.	Ist-Std.	Tagesdifferenz	Gesamt-differenz
31.08.	21,36				
01.09.		7,5	7,42	-0,08	21,28
02.09.		7,5	8,20		
05.09.		7,5	8,35		
06.09.		7,5	7,29		
07.09.		7,5	7,64		
08.09.		A	A	0	
09.09.		7,5	8,04		

a Ermitteln Sie den Stand des Arbeitszeitkontos zum Ende des 09.09.
b Wie ist der fehlende Eintrag am 08.09. zu erklären?
c Wieso ist vielen Mitarbeitern der Ausgleich von Überstunden mittels Arbeitszeitkonto lieber als eine Überstundenvergütung?

3 Was versteht man unter „kapazitätsorientierter variabler Arbeitszeit"?

4 Welche Form der Arbeitshumanisierung kann die folgenden Ansprüche erfüllen? Mehrfachnennung ist möglich.
a Mitarbeiter soll regelmäßig in ein anderes Arbeitsfeld wechseln.
b Mitarbeiter kann sich wechselnde Arbeitsfelder in Abstimmung mit Kollegen selbst auswählen.
c Mitarbeiter erhält auch dispositive Aufgaben.
d Mitarbeiter erhält ein erweitertes ausführendes Arbeitsfeld.
e Mitarbeiter sollen sich gegenseitig vertreten können.

AB → Lernsituation 65

6 Personalführung

Für ein „Danke" braucht es kein Budget

Die Umfrage des Beratungsunternehmens Gallup zur Motivation deutscher Arbeitnehmer beschreibt eine traurige Wirklichkeit in deutschen Büros. Gerade mal 13 % der Arbeitnehmer machen ihren Job mit vollem Engagement. Marco Nink von Gallup erklärt, woran das liegt.

sueddeutsche.de: 70 % der Deutschen machen laut Ihrer Umfrage Dienst nach Vorschrift. Ist das nicht eine unglaublich hohe Zahl?

Marco Nink: Dieser Anteil ist seit Jahren annähernd gleich groß. Das sind Mitarbeiter, die machen ihren Job und sind mäßig produktiv. Aber sie haben ein eher ambivalentes Verhältnis zu ihrer Arbeit. Sie geben nur das Notwendigste. Eigene Ideen, eigener Antrieb ist da nicht wirklich vorhanden. (...)

sueddeutsche.de: Woran liegt es denn, dass so vielen das Engagement fehlt?

Nink: Das liegt an schlechter Führung. Der direkte Vorgesetzte hat einen großen Einfluss auf das Arbeitsplatzumfeld. Wenn es da nicht stimmt, wird es schwierig für das Unternehmen. Es fängt an mit einem Mangel an Lob und Anerkennung für gute Arbeit, die geleistet wurde. Das vermissen sechs von zehn Befragten. Dabei ist das ein ganz entscheidender Motivationsfaktor. (...) Lob und Anerkennung, das sind einfach mal ein „Danke" oder ein „Gut gemacht". Das erfordert keinerlei Budget und auch keinerlei großen Zeitaufwand. Das ist etwas, was sehr leicht umzusetzen ist. (...)

Quelle: Nicola Holzapfel in Süddeutsche Zeitung vom 20. Oktober 2004 (gekürzt)

6.1 Führungsinstrumente

Falsches Führungsverhalten wirkt sich auf das Engagement der Belegschaft aus. Dabei ist der Führungsstil nur einer von mehreren Möglichkeiten zur zielgerichteten Verhaltensbeeinflussung von Mitarbeitern:

betriebliche Organisationsformen, vgl. LF 2, Band 1

Corporate Identity, vgl. LF 2, Band 1

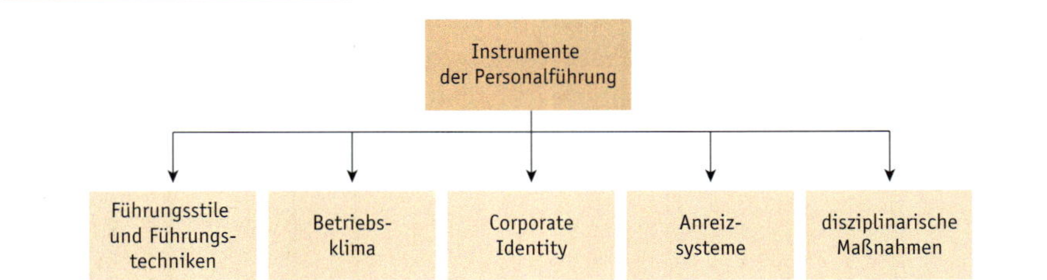

Dabei muss zunächst davon ausgegangen werden, dass die Ziele und Interessen der Betriebsangehörigen nicht mit dem Betriebsziel übereinstimmen. So wünscht sich mancher Arbeitnehmer einen ruhigen Arbeitstag, möglichst ohne lästige Kundenanrufe und -beschwerden, und spielt schon mal mit dem Gedanken, das Telefon einfach abzustellen. Der Betrieb hingegen muss das teure Personal hocheffizient einsetzen und will die Kundenbindung durch schnelle und entgegenkommende Reklamationsbearbeitung stärken.

Das Hauptziel der Personalführung besteht also darin, dafür zu sorgen, dass der Mitarbeiter sich mit dem Betriebsziel identifiziert. Diese Ausrichtung kann extrinsisch (durch äußere Anreize wie Prämien oder Abmahnungen) oder intrinsisch (durch innere Überzeugung) erfolgen.

6.2 Führungsstile

Führungsstile sind typische Verhaltensmuster eines Vorgesetzten, die von der Entscheidungssituation unabhängig sind.

Durch den gewählten Führungsstil sollen Motivation und Arbeitszufriedenheit der Mitarbeiter gefördert werden. Der optimale Führungsstil ist u. a. von der geforderten Geschwindigkeit der Entscheidungsfindung, vom Erfahrungsstand und von der Kommunikationsstärke der Untergebenen sowie von deren Wunsch nach persönlicher Teilhabe abhängig.

Dabei sind zwei Grundrichtungen anzutreffen:

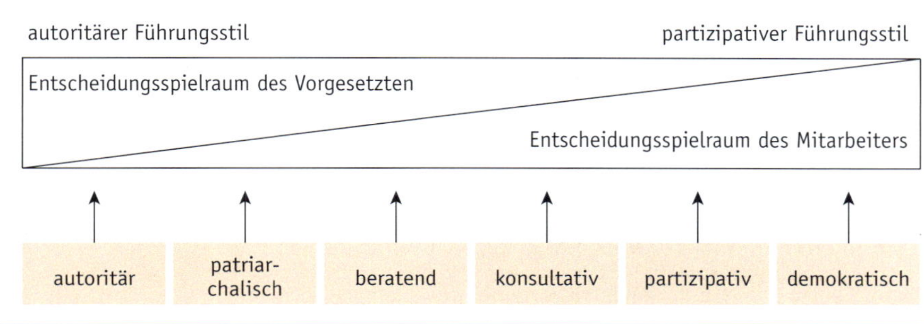

Nach: R. Tannenbaum, W. H. Schmidt (1958): How to choose a leadership pattern. In: "Harvard Business Review". 36/1958, pg. 95–102

Der **autoritäre Führungsstil** ist durch folgende Merkmale gekennzeichnet:

- Entscheidungen trifft der Vorgesetzte allein und ohne vorherige Beratung mit seinen Mitarbeitern.
- Es werden nur Informationen weitergegeben, die für die Aufgabenerfüllung unerlässlich sind.
- Widerstand wird mit Sanktionen begegnet.
- Der Mitarbeiter wird umfassend kontrolliert.

Spontan mag man vermuten, dass dieses Führungsverhalten von der gesamten Belegschaft abgelehnt wird. Tatsächlich jedoch zeigen Untersuchungen, dass manche Mitarbeiter gerade mit dem Fehlen von eigener Verantwortung ein Sicherheitsgefühl verbinden. Außerdem belohnen autoritäre Leitungssysteme den geforderten Gehorsam der Untergebenen meist mit Aufstiegschancen und gut planbaren Karrierewegen.

Der **partizipative Führungsstil** hat die folgenden Merkmale:

- Entscheidungen trifft der Vorgesetzte erst nach ausführlicher Besprechung mit den Mitarbeitern. Die Meinung aller Beschäftigten wird in die Entscheidung einbezogen.
- Der Vorgesetzte informiert seine Mitarbeiter regelmäßig über alle Entwicklungen und anstehenden Entscheidungen in ihrem Betriebsbereich.
- Widerstand wird durch Überzeugung und Einbindung von Gegenargumenten abgeschwächt, ggf. wird die Entscheidung verschoben, um (neue) Einwände angemessen zu berücksichtigen.
- Nur das Arbeitsergebnis, nicht der Mitarbeiter selbst wird kontrolliert.

Dieses System ist für die Betriebsangehörigen vor allem deshalb attraktiv, weil es eine Teilhabe und Identifikation an und mit den betrieblichen Zielsetzungen und den entsprechenden Umsetzungsmaßnahmen erlaubt. Der Mitarbeiter fühlt sich als Partner seines Vorgesetzten wertgeschätzt und arbeitet motiviert an den mitformulierten Aufgabenstellungen. Allerdings: In letzter Konsequenz sind auch beim partizipativen Führungsstil das Abwägen aller Argumente und die Entscheidung immer noch Sache des Vorgesetzten.

Zwischen diesen Grundrichtungen gibt es zahlreiche Zwischenstufen, es lassen sich auch noch extremere Ausprägungen denken.

Die folgende Tabelle erläutert weitere mögliche Stile:

V = Vorgesetzter
M = Mitarbeiter

Führungsstile	
autoritär	V entscheidet, Durchsetzung notfalls mit „Zwang"
patriarchisch	V entscheidet, Durchsetzung mit „Manipulation"
informierend	V entscheidet, Durchsetzung mit „Überzeugung"
beratend	V informiert, Meinungsäußerung der Betroffenen
konsultativ	V bietet M um Vorschläge und wählt darunter aus
partizipativ	M entscheidet in vereinbartem Rahmen autonom
demokratisch	M entscheidet autonom, V als Integrator, Koordinator

Willensbildung durch V
Willensbildung durch M

Abgewandelt nach: Schierenbeck, Henner, Grundzüge der BWL, München und Wien 2000

6.3 Führungstechniken

Während der Führungsstil quasi die persönlichkeitsbedingte Ausprägung des Führungsverhaltens darstellt, ist die Wahl der Führungstechnik für alle Leitungsinstanzen betriebseinheitlich geregelt.

! Als **Führungstechnik** wird die Vorgabe von Grundregeln oder Verfahrensweisen für eine effiziente Mitarbeiterführung verstanden.

In den vergangenen Jahrzehnten sind eine Reihe von Führungstechniken entwickelt worden, die sich teilweise überschneiden, aber auch widersprechen:

- **Management by Delegation:** Grundgedanke dieses Konzeptes ist, die Führungsebene vom Alltagsgeschäft zu entlasten, indem Routineaufgaben und die dazugehörende Entscheidungskompetenz auf untergeordnete Stellen übertragen werden. Hierbei entstehen typische Sachbearbeiterpositionen. Die Übertragung von Aufgaben und Verantwortung wird in der Stellenbeschreibung dokumentiert. Dennoch hat der Vorgesetzte auch für delegierte Aufgaben eine Aufsichtspflicht und muss die inhaltliche und zeitliche Aufgabenerfüllung regelmäßig überwachen.

- **Management by Decision Rules:** Grundgedanke dieses Konzeptes ist es, die persönlichkeitsbedingte Streuungsbreite möglicher Entscheidungen auszuschalten, indem alle Mitarbeiter für jede Entscheidungssituation einheitliche Entscheidungsregeln erhalten (z. B. „Aufträge von Neukunden werden nur bei Vereinbarung von Vorkasse angenommen"). Damit verliert die Person des Entscheiders ihre Bedeutung, die Aufgabe kann von einer beliebigen Person wahrgenommen werden.
- **Management by Exception:** Ähnlich wie beim Management by Delegation sind die gewöhnlichen Aufgaben und Entscheidungen an die ausführenden Stellen übertragen. Die Mitarbeiter haben hier jedoch genau definierte Ermessensspielräume (z. B. „über Einkäufe bis 5.000,00 € entscheidet der Sachbearbeiter allein"). Werden diese Toleranzwerte überschritten, fällt die Entscheidungskompetenz wieder dem Vorgesetzten zu.
- **Management by Objectives:** Grundgedanke dieses Konzeptes ist es, durch eine gemeinsame Zielvereinbarung die Angestellten an ein gewünschtes Arbeitsergebnis zu binden. Vorgesetzter und Mitarbeiter leiten gemeinsam aus den Oberzielen realisierbare Einzelziele ab, die dann für den Bearbeiter einen konkreten Vorgabewert darstellen. Das Ausmaß der Zielerreichung wird nach einem ebenfalls vorab festgelegten Zeitraum kontrolliert und ist Gradmesser für die weitere hierarchische Entwicklung und die künftige Entlohnung des Mitarbeiters.

Diese Auflistung ist keinesfalls vollständig. Meist setzt sich die betriebliche Leitungspraxis aus Fragmenten mehrerer Verfahren zusammen, selten wird ein Prinzip durchgängig angewandt. Gemeinsam ist allen Führungstechniken, dass sie den Vorgesetzten von Routineaufgaben entlasten und den Mitarbeitern ermöglichen, in bestimmten Grenzen selbst Entscheidungen zu treffen. Insofern stellen alle Management-by-Techniken eine Aufforderung zu einer partizipativen Führungskultur dar.

ÜBERSICHT: Instrumente der Personalführung

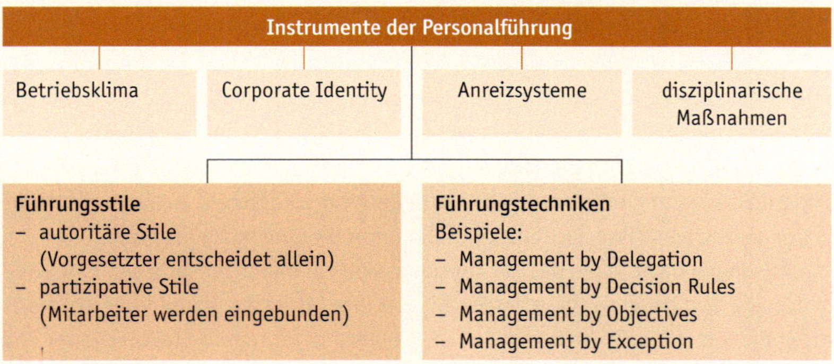

Aufgaben

1 Im Folgenden wird eine Reihe von Personalproblemen beschrieben. Versetzen Sie sich in die Rolle des Vorgesetzten und entscheiden Sie, welches Personalführungsinstrument am sinnvollsten eingesetzt werden könnte. Beschreiben Sie auch eine daraus folgende konkrete betriebliche Maßnahme, um das Problem abzustellen.
   a Wie jedes Jahr meldet sich für den Bereitschaftsdienst am Silvesterabend kein Mitarbeiter freiwillig.
   b Trotz guter Entlohnung, angenehmer Arbeitszeiten und interessanter Arbeit liegt die Fluktuationsquote im Betrieb wesentlich über dem Branchendurchschnitt.
   c Schon zum wiederholten Male berichtet uns ein Geschäftspartner, dass unsere Mitarbeiter sich am Telefon meist distanziert, gelegentlich auch abwertend über den eigenen Betrieb äußern.
   d Eine Kundin beschwert sich (so wie auch andere Kunden) darüber, von unserem Mitarbeiter übel beschimpft worden zu sein.
   e Ein Mitarbeiter hält nach einem gescheiterten Projekt seinem Gruppenleiter vor: „Ich hätte Ihnen gleich sagen können, dass das nicht klappt. Aber mich fragt ja keiner!"

2 Sortieren Sie die im Folgenden genannten Führungsstile nach den Einwirkungsmöglichkeiten der Mitarbeiter. Nennen Sie den Stil mit dem höchsten Einfluss auf Entscheidungen zuerst.
   a patriarchalisch
   b konsultativ
   c demokratisch
   d partizipativ
   e autoritär
   f beratend

3 Lesen Sie das nachfolgende Situationsbeispiel zum Thema Führungsstile und beantworten Sie die anschließenden Fragen.

E. ist Leiter der Einkaufsabteilung der Firma Gematex. Sein Führungsverhalten gegenüber seinen Mitarbeitern lässt sich durch folgende Beispiele beschreiben:
- E. gibt seine Anweisungen an die Sachbearbeiter nur über drei Gruppenleiter. Ebenso lässt er Anliegen der Sachbearbeiter über deren Gruppenleiter vortragen. Zudem werden die Distanzierungsbemühungen des E. noch verstärkt durch seine Sekretärin, die den Terminkalender ihres Chefs manchmal benutzt, um persönliche Gesprächswünsche abzuwimmeln. Die Informationen von „oben" nach „unten" sind beschränkt auf präzise Arbeitsanweisungen, die dem einzelnen Einkaufssachbearbeiter keinen Spielraum für eigene Ideen lassen. Es fehlen häufig Informationen über das Betriebsgeschehen.
- So wurde z. B. der Sachbearbeiter S., der ein neues Formular für einen vereinfachten und wirkungsvolleren Bestellvorgang entworfen hatte, mit dem Hinweis abgefertigt, er möge sich um seine eigenen Aufgaben kümmern. Wochen später wurde dann ein ähnliches Formular eingeführt, von dem es hieß, Abteilungsleiter E. habe es entworfen.
- E. hat seine Gruppenleiter angewiesen, eine Liste über Unpünktlichkeiten am Morgen und nach der Mittagspause zu führen. Diese Maßnahme hat besondere Verärgerung unter den Sachbearbeitern hervorgerufen, zumal die Einkäufertätigkeiten bei dringenden Telefonaten usw. eine strikte Pauseneinhaltung mitunter unmöglich machen.
- Sachbearbeiter S. steht mit seinem Unbehagen nicht allein da. Bei Kantinen- und Feierabendgesprächen hat sich eine Gruppe von Unzufriedenen gebildet, die sich gegenseitig in der Richtigkeit ihrer Auffassung und ihrer Kritik bestätigen. Eine Änderung der Situation wird jedoch für aussichtslos gehalten, da bekannt ist, dass Abteilungsleiter E. bei der Geschäftsleitung sehr gut angeschrieben ist. Fast alle aus dieser Gruppe haben deshalb schon mindestens einmal erwogen, in eine andere Firma zu wechseln. Als S. eines Tages ein durchaus sachlich vorgetragenes Wort der Kritik äußert, wird ihm geraten, sich doch einen anderen Job zu suchen, wenn es ihm hier nicht passe. Das tut er auch.

   a An welchen Grundsätzen orientiert sich das Führungsverhalten des Abteilungsleiters E.?
   b Wie würden Sie diesen Führungsstil benennen?
   c Geben Sie Gründe dafür an, dass der Führungsstil von E. trotz seiner Unbeliebtheit „funktioniert".
   d Formulieren Sie drei Vorschläge der Mitarbeiter an E., um das Betriebsklima wieder zu verbessern. Beachten Sie dabei aber, dass für E. eine völlige Umkehr seines Führungsstils vermutlich nicht akzeptabel sein wird.

7 Arbeitsbewertung und Entlohnung

Beispiel: Bei den diesjährigen Tarifverhandlungen im Tarifbezirk Nordwestliches Niedersachsen (dem auch die Fly Bike Werke GmbH angeschlossen ist) legt ein Gewerkschaftsvertreter der Arbeitgeberseite folgende Statistik vor:

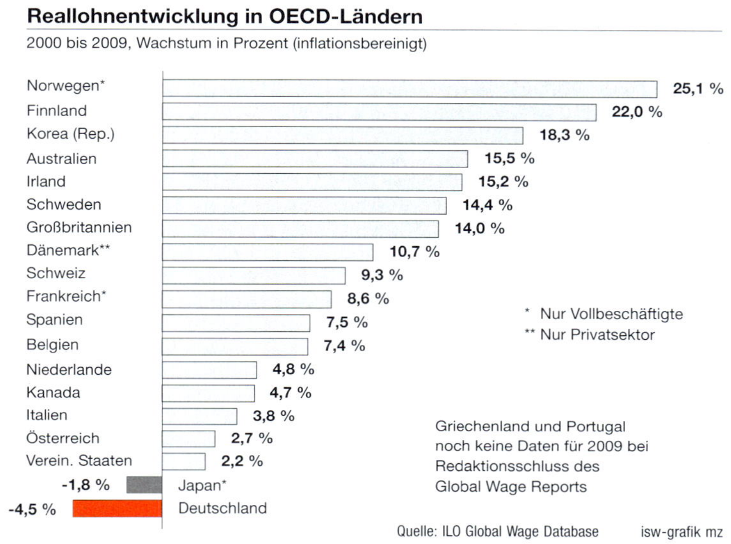

Zwischen 2000 und 2009 gingen die **Reallöhne** in Deutschland zurück. Auf der anderen Seite wies der ständige Exportanstieg während dieses Zeitraums auf die verbesserte Wettbewerbsfähigkeit inländischer Unternehmen hin und die Arbeitslosenquote nahm deutlich ab. Seit 2010 steigen auch die Reallöhne in Deutschland wieder.

7.1 Lohngerechtigkeit

Die aufgezeigte Grafik zur Reallohnentwicklung wirft unmittelbar die Frage nach der Gerechtigkeit der Entlohnung auf. Diese hat eine betriebswirtschaftliche und eine motivationspsychologische Komponente:

- Aus betriebswirtschaftlicher Sicht ist die Entlohnung ein **Kostenfaktor,** dessen Höhe die Wettbewerbsfähigkeit und die Ertragsaussichten des Unternehmens entscheidend mitbestimmt. So stärkt ein angemessenes Lohnniveau die Investitionsmöglichkeiten des Unternehmens in neue Produkte und Verfahren und erlaubt die Kalkulation attraktiver Absatzpreise. Die Globalisierung bewirkt zudem, dass den tarifgebundenen einheimischen Industrieunternehmen zunehmend ausländische Konkurrenz mit deutlich niedrigeren Sozial- und Entlohnungsstandards gegenübersteht.

  Die **absolute Lohngerechtigkeit** besteht also darin, dass das betriebliche Einkommensniveau in einem wirtschaftlich vertretbaren Verhältnis zu der durch menschliche Arbeit entstehenden Wertschöpfung steht, sprich: Der Einsatz von Mitarbeitern muss sich für den Betrieb lohnen, je mehr diese erwirtschaften, umso höher kann auch die Vergütung ausfallen.

- Aus motivationspsychologischer Sicht übt die Entlohnung eine starke **Anreizfunktion** aus, der Lohn stellt die Würdigung/Honorierung des Arbeitnehmerbeitrags bei der betrieblichen Leistungserstellung dar, er beeinflusst damit auch den beruflichen und sozialen Status jedes Mitarbeiters. So wird der Betrieb die kompetente und einsatzfreudige Fachkraft besser bezahlen und fördern als einen leicht austauschbaren Hilfsarbeiter.

Die **relative Lohngerechtigkeit** besteht also darin, die Vergütungsunterschiede innerhalb des Betriebes durch entsprechende Mehr- oder Minderleistungen der Beschäftigten sowie das jeweilige Ausmaß an Arbeitsanforderungen begründen zu können. Gelingt dies nicht, können Unzufriedenheit und Neid innerhalb der Belegschaft entstehen und das Arbeitsklima erheblich belasten.

Seit dem 1.1.2015 hat jeder volljährige Arbeitnehmer (nicht aber Kurzzeitpraktikanten, Auszubildende und Volontäre) Anspruch auf den **gesetzlichen Mindestlohn** (2015 – 2016: 8,50 € je Stunde; ab 2017: 8,84 €). Damit soll verhindert werden, dass Arbeitnehmer trotz voller Erwerbstätigkeit ihren Lebensunterhalt nur unter Inanspruchnahme öffentlicher Gelder (Sozialhilfe) bestreiten können.

Um die Lohnfindung für jeden Arbeitnehmer nachvollziehbar zu gestalten, ist es erforderlich, die Arbeitsplätze aller Mitarbeiter nach dem Ausmaß der an den Stelleninhaber gestellten Anforderungen zu bewerten. Die Schwierigkeit ist dabei, selbst für völlig unterschiedliche Stellenaufgaben (z. B. Lagerarbeiter und EDV-Systembetreuer) ein einheitliches Bewertungssystem anzuwenden.

7.2 Arbeitsstudien

Arbeitsstudien sind ein Obergriff für die Anwendung von Methoden und Verfahren, um die Arbeitsgestaltung unter Beachtung der menschlichen Leistungsfähigkeit zu verbessern und um Unterschiede in der Arbeitsschwierigkeit an verschiedenen Arbeitsplätzen festzustellen.

Untersuchungsgebiete von Arbeitsstudien

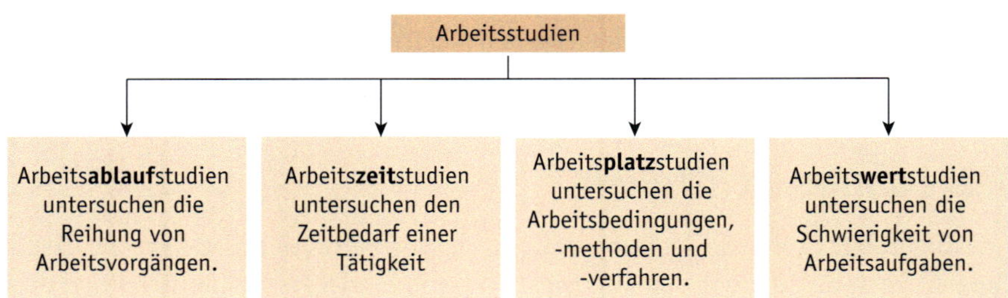

In Deutschland ist die Durchführung von Arbeitsstudien mit dem Begriff REFA, verknüpft. Dieser 1924 als „Reichsausschuss für Arbeitszeitermittlung“ gegründete Verband von Ingenieuren, Arbeitswissenschaftlern und Betriebspraktikern folgte der seinerzeit erst jungen Tradition des Scientific Managements und versuchte den Betriebserfolg durch eine wissenschaftlich fundierte Ermittlung von Vorgabezeiten zu stärken, die wiederum Basis von Lohnermittlung und Kalkulation waren (und es auch heute noch sind). Im Laufe der Jahrzehnte weitete sich das Arbeitsgebiet der REFA auf die im Folgenden dargestellten Arbeitsstudien aus und umfasst heute sogar das gesamte Produktionsmanagement inklusive verbundener Bereiche wie Umwelt-, Qualitäts-, Personalmanagement und Logistik.

7.2.1 Arbeitsablaufstudien

Mithilfe von Arbeitsablaufstudien ist eine Beurteilung der Arbeitsabläufe möglich. Stockungen, deren Verursacher Menschen oder technische Einrichtungen sind, werden aufgedeckt und können beseitigt werden.

! **Arbeitsablaufstudien** zerlegen den Arbeitsablauf in einzelne Arbeitsschritte und untersuchen deren sachliche, räumliche und zeitliche Zusammenhänge, um anschließend durch Optimierung Bearbeitungs-, Transport oder Liegezeiten einzusparen.

Kriterien der Arbeitsablaufgestaltung

Was?	→	Gliederung der Leistungserstellung in Teilschritte
Wo?	→	Ort der Leistungserstellung
Wann?	→	Zeit der Leistungserstellung
Woher/Wohin?	→	Vorgänger- und Nachfolgeschritte
Womit?	→	Menschen, Betriebsmittel, Werkstoffe

Im Folgenden ist ein sogenanntes Spaghetti-Diagramm abgebildet, mit dem zurückgelegte Wege im Produktionsablauf visualisiert werden. Ziel ist es, überflüssige Bewegungsvorgänge im Fertigungsablauf zu vermeiden.

weitere Darstellungen zu Aufgabengliederung und Ablauf, vgl. LF 2, Kap. 6.4 und 6.6, Band 1

Beispiel: Spaghetti-Diagramm

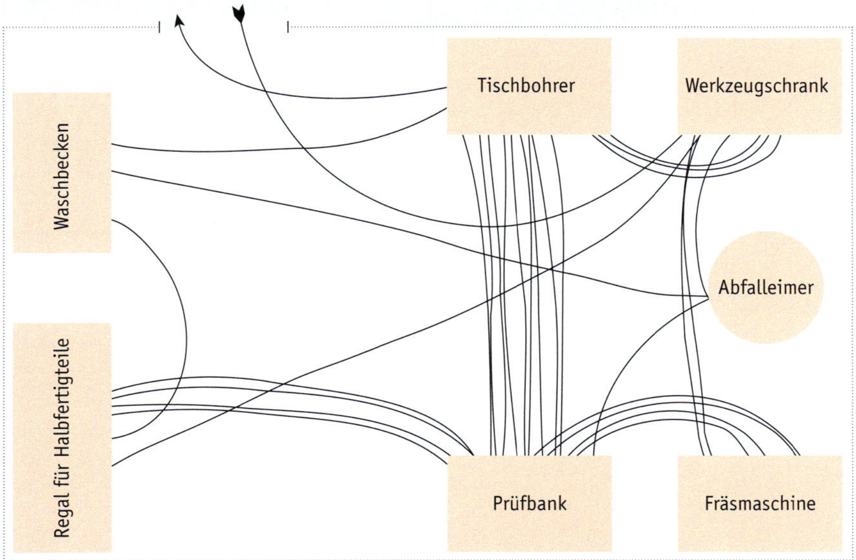

Im nebenstehenden Diagramm ist jeder zurückgelegte Weg der Beschäftigten bei der Nachbearbeitung von Fahrradrahmen abgebildet. Viele parallele Striche deuten auf eng verbundene Arbeitsgänge und Einrichtungen hin. Es ist deshalb sinnvoll, diese nebeneinander zu platzieren, um Wege einzusparen. Auch sollten die ersten und letzten Arbeitsstationen sinnvollerweise in der Nähe des Eingangs/Ausgangs angesiedelt werden.

7.2.2 Arbeitszeitstudien

Ziel von Arbeitszeitstudien ist die Ermittlung von Vorgabezeiten (Sollzeiten).

> ! Unter der **Vorgabezeit** ist der Zeitverbrauch für die ordnungsgemäße Erledigung einer Verrichtung (z. B. Montage eines Fahrrades) bei normaler Leistung der Arbeitskraft zu verstehen.

Vorgabezeiten werden benötigt für:
- die Lohnberechnung bei Leistungslohnarbeiten
- die Ermittlung der Durchlaufzeiten eines Produkts (Terminplanung)
- die Berechnung des Personalbedarfs
- die Kalkulation der Fertigungskosten

> ! **Normalleistung** ist die Leistung (die Produktionsmenge) je Zeiteinheit, die von jedem qualifizierten Arbeitnehmer nach entsprechender Einarbeitung ohne Gesundheitsschädigung auf Dauer mindestens erreicht und erwartet werden kann.

Voraussetzungen für die Ermittlung dieser durchschnittlichen berufsüblichen Leistung sind, dass die Mitarbeiter ausreichend geübt und geeignet sind, ein normales Arbeiten nach Betriebsvorschrift erfolgt und alle geltenden Sicherheitsvorschriften beachtet werden.

Teilt man die Zeiteinheit (meist 1 Stunde = 60 Minuten) durch die in dieser Zeiteinheit als Normalleistung zu erbringende Stückzahl, so erhält man die Vorgabezeit je Stück.

Beispiel: Ist die Normalleistung 10 Stück je Stunde (= 60 Minuten), so ermittelt sich die Vorgabezeit durch

$$\text{Vorgabezeit} = \frac{60}{10} = 6 \text{ Minuten je Stück}$$

> ! Die **Auftragszeit** bemisst den Zeitverbrauch des gesamten Fertigungsauftrages/Loses (z. B. Montage von 100 Fahrrädern). Sie setzt sich aus verschiedenen Elementen zusammen.

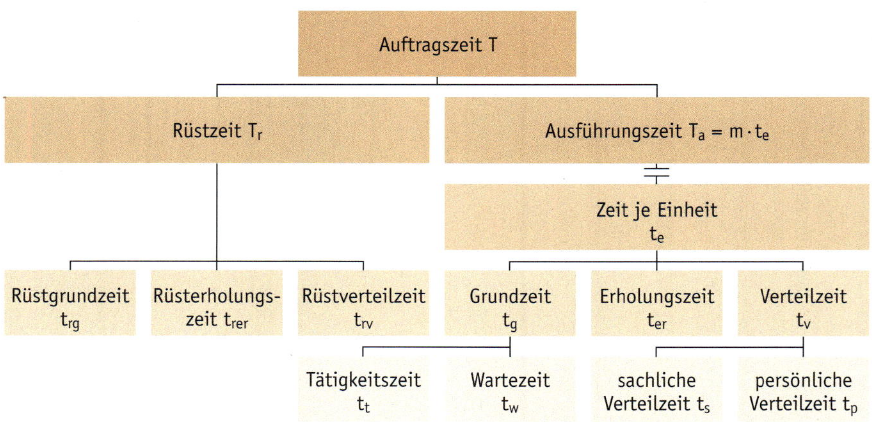

Quelle: de.wikipedia.org/wiki/Datei-Auftragszeit.jpg

Rüstzeiten sind Zeiten, die der Vorbereitung des Arbeitsplatzes und seiner Rückversetzung in den ursprünglichen Zustand dienen.

Die Summe aus Rüst- und Ausführungszeit ergibt die Auftragszeit, d. h. den Zeitverbrauch, bezogen auf eine bestimmte Fertigungsmenge.

Dazu gehören z. B. die Zeit für:
- das Reinigen von Werkzeugen und Maschinen,
- das Lesen des Arbeitsplanes,
- das Einspannen der Werkzeuge,
- das Einstellen der Maschine,
- den Probelauf,
- das Befüllen von Teilemagazinen.

! Die Rüstzeiten werden je Fertigungsauftrag/Los nur **einmalig** benötigt.

Ausführungszeiten dienen der eigentlichen Bearbeitung des Produktes (z. B. Bohren, Stanzen, Polieren). Sie fallen bei jedem Erzeugnis wieder neu an, steigen also in gleichem Maße wie die Stückzahl. Es gilt:

! Ausführungszeit = Zeit je Einheit · Auftragsmenge (oder: $T_a = t_e \cdot m$)

Da $T_a = t_e \cdot m$ gilt, lässt sich für die Auftragszeit auch einsetzen: $T = T_r + (t_e \cdot m)$

Die Auftragszeit ergibt sich dann durch:

! Auftragszeit = Rüstzeit + Ausführungszeit (oder: $T = T_r + T_a$)

Sowohl Rüst- als auch Ausführungszeiten setzen sich wiederum aus Grund-, Erhol- und Verteilzeiten zusammen:

a) Die **Grundzeit** bemisst regelmäßige/vorhersehbare Tätigkeits- und Wartezeiten.

b) Als **Erholzeit** werden Pausen berücksichtigt, die aufgrund tarifvertraglicher Regelungen als Arbeitszeit angerechnet werden.

c) Als **Verteilzeit** werden unregelmäßige/unvorhersehbare Tätigkeitsunterbrechungen zugeschlagen, die vom Mitarbeiter nicht zu vertreten bzw. nicht zu vermeiden sind. Dazu gehören **sachlich bedingte** Arbeitspausen, z. B. infolge von gelegentlichen Maschinenstörungen oder Materialengpässen, und **persönlich bedingte** Unterbrechungen, z. B. für Toilettengang oder Wechsel von Arbeitsbekleidung.

Sowohl Erhol- als auch Verteilzeit werden als prozentualer Aufschlag auf die Grundzeit ermittelt.

Beispiel 1: Die Rüstgrundzeit für die Montage des Kinderrads *Cool* beträgt 120 Minuten. Für Erhol- und Verteilzeit gilt jeweils ein Zuschlag von 10 %. Wie viele Minuten sind für die Rüstzeit anzusetzen?

Rüstgrundzeit		120 Min.
Rüsterholzeit	10 % der Rüstgrundzeit	12 Min.
Rüstverteilzeit	10 % der Rüstgrundzeit	12 Min.
Rüstzeit	**120 % der Rüstgrundzeit**	**144 Min.**

Beispiel 2: Die Ausführungsgrundzeit für die Montage des Kinderrads *Cool* ist der nachfolgenden Tabelle zu entnehmen. Hieraus lässt sich die Auftragszeit je Stück berechnen.

Ausführungsgrundzeit	Vormontage	– Dekore kleben	1,80 Min.
		– Rahmen und Gabelbau	3,20 Min.
		– Komponenten-Baugruppen	4,60 Min.
		– Laufräder	2,60 Min.
	Endmontage		23,00 Min.
	Verpackung		0,80 Min.

- Die Ausführungsgrundzeit beträgt 1,8 + 3,2 + 4,6 + 2,6 + 23 + 0,8 = 36 Min.
- Die Ausführungserholzeit beträgt 10 % von 36 = 3,6 Min.
- Die Ausführungsverteilzeit beträgt 10 % von 36 = 3,6 Min.
- Die Zeit je Stück ist also mit 36 + 3,6 + 3,6 = 43,2 Min. anzusetzen.

Da nun Rüstzeit (T_r) und Ausführungszeit je Stück (t_e) ermittelt sind, kann unter Einbezug der Produktionsmenge auch die Auftragszeit errechnet werden.

Gelegentlich erfolgen die Zeitangaben in **Dezimalminuten**, hier gilt:
1 Stunde = 100 Dezimalminuten
1 Minute = 100 Dezimalsekunden

Zusammenführung Beispiele 1 und 2:

- Die Ausführungszeit insgesamt beträgt 43,2 · 100 = 4 320 Min (Beispiel 2).
- Die Rüstzeit beträgt 144 Minuten (Beispiel 1).
- Die Auftragszeit wiederum setzt sich aus Rüst- und Ausführungszeit zusammen (vgl. Beispiel 1), also 144 + 4 320 = 4 464 Min. = 74 Std. 24 Min.

Die ermittelte Auftragszeit bestimmt nun im Zusammenspiel mit der dem jeweiligen Arbeitsgang zugeordneten Lohngruppe die Höhe der zu kalkulierenden Fertigungseinzelkosten (Fertigungslöhne).

Beispiel 3: In folgendem Arbeitsplan sind sowohl die Rüst- als auch die Ausführungszeiten je Stück für die Montage des Kinderrades *Cool* bereits errechnet und den einzelnen Arbeitsgängen zugeordnet:

Nr.	Beschreibung des Arbeitsganges	Rüstzeit in Min.	Ausführungszeit in Min.	Lohngruppe
1	Dekore kleben	12	2,16	2
2	Rahmen- und Gabelbau	36	3,84	5
3	Komponenten Baugruppen	36	5,52	4
4	Laufräder anbringen	24	3,12	3
5	Endmontage	36	27,6	5
6	Verpackung	-	0,96	2

Für die einzelnen Lohngruppen gelten folgende Bruttoentgelte je Stunde:

Lohngruppe	Bruttolohn je Std.	Bruttolohn je Min.
2	12,20	0,2033
3	13,40	0,2233
4	14,80	0,2467
5	16,30	0,2717

Wie hoch sind die Fertigungslöhne für den Fertigungsauftrag über 100 Stück?

Zeitverbrauch Arbeitsgang Nr. 1:
12 + (2,16 · 100) = 228 Min.

Entlohnung Arbeitsgang Nr. 1:
228 · 0,2033 = 46,35 €

Zeitverbrauch Arbeitsgang Nr. 2:
36 + (3,84 · 100) = 420 Min.

Entlohnung Arbeitsgang Nr. 2:
420 · 0,2717 = 114,11 €

Zeitverbrauch Arbeitsgang Nr. 3:
36 + (5,52 · 100) = 588 Min.

Entlohnung Arbeitsgang Nr. 3:
588 · 0,2467 = 145,06 €

Zeitverbrauch Arbeitsgang Nr. 4:
24 + (3,12 · 100) = 336 Min.

Entlohnung Arbeitsgang Nr. 4:
336 · 0,2233 = 75,03 €

Zeitverbrauch Arbeitsgang Nr. 5:
36 + (27,6 · 100) = 2 796 Min.

Entlohnung Arbeitsgang Nr. 5:
2.796 · 0,2717 = 759,67 €

Zeitverbrauch Arbeitsgang Nr. 6:
0,96 · 100 = 96 Min.

Entlohnung Arbeitsgang Nr. 6:
96 · 0,2033 = 19,52 €

Lohnsumme: 46,35 + 114,11 + 145,06 + 75,03 + 759,67 + 19,52 = 1.159,74 €

Die Vorgabezeit (Soll-Zeit) wird unter den Bedingungen der Normalleistung ermittelt. Wie hoch die von einem Arbeitnehmer tatsächlich benötigte Zeit ist (Ist-Zeit), ist davon abhängig, wie hoch der Leistungsgrad ist, mit dem er seine Arbeit ausführt.

! Der **Leistungsgrad** eines Mitarbeiters setzt seine Leistung ins Verhältnis zur geforderten Normalleistung.

Der Leistungsgrad ist abhängig von der Leistungsfähigkeit und der Leistungsbereitschaft des jeweiligen Mitarbeiters:

- Die **Leistungsfähigkeit** ist vor allem von Ausbildungsstand, Alter, Erfahrung, Geschlecht oder Kondition abhängig.
- Die **Leistungsbereitschaft** ist vor allem eine Frage emotionaler Stimmungen sowie gegebener Anreize.

Akkordlohn, vgl. **Kap. 7.3.3**

! Der Leistungsgrad kann auf zwei Wegen ermittelt werden:

– für die Zeitleistung: $\text{Leistungsgrad} = \frac{\text{Vorgabezeit} \cdot 100}{\text{Ist-Zeit}}$

– für die Mengenleistung: $\text{Leistungsgrad} = \frac{\text{Ist-Menge} \cdot 100}{\text{Normalleistung}}$

Je höher der Leistungsgrad eines Mitarbeiters ist, desto geringer ist die Zeit, die er für die Ausführung eines Auftrages benötigt, und desto höher ist die Menge der gefertigten Stücke in einer bestimmten Zeiteinheit. Erfolgt die Vergütung der Arbeitsleistung als Leistungslohn, so beeinflusst der Leistungsgrad auch die Höhe des Lohnes eines Mitarbeiters.

Beispiel: An einem 8-stündigen Arbeitstag montiert eine Arbeiterin bei einer Vorgabezeit von 5 Min./Stk. genau 105 Gepäckträger.

Die Normalleistung beträgt nun 5 Min./Stk. Dies sind umgerechnet 12 Stück je Stunde oder 96 Stück am Arbeitstag.

Die Ist-Leistung beträgt 105 Stück am Arbeitstag. Dies sind umgerechnet 13,125 Stück je Stunde oder 4,5714 Min./Stk.

$$\text{Leistungsgrad für die Zeitleistung} = \frac{5 \cdot 100}{4{,}5714} = 109{,}38\,\%$$

$$\text{Leistungsgrad für die Mengenleistung} = \frac{105 \cdot 100}{96} = 109{,}38\,\%$$

7.2.3 Arbeitsplatzstudien

Ziel von Arbeitsplatzstudien ist es, die räumliche Gestaltung von Arbeitsplätzen so anzulegen, dass auch ohne Zuwachs an Anstrengung die Qualität und Quantität der erbrachten Leistung erhöht werden kann.

Zu den Arbeitsbedingungen zählen Umgebungseinflüsse und die ergonomische Gestaltung des Arbeitsplatzes.

! Im Rahmen von **Arbeitsplatzstudien** werden Arbeitsbedingungen, Arbeitsmethoden und Arbeitsverfahren untersucht.

Bei der Untersuchung der **Arbeitsmethoden** steht insbesondere die Rationalisierung der Bewegungsabläufe im Vordergrund. Der Wirkungsgrad menschlicher Arbeit kann z. B. durch Änderung der Bewegungsrichtung oder regelmäßigen Aufgabenwechsel erhöht werden.

Bei der Untersuchung von **Arbeitsverfahren** steht die Frage im Mittelpunkt, wie die Betriebsmittelausstattung den Arbeitsplatz technologisch verbessern kann, z. B. durch Einsatz von Motoren anstelle von menschlichem Kraftaufwand oder durch selbstkontrollierende Steuerungen.

Beispiel: Eine Analyse der Arbeits- und Grifftechnik am Arbeitsplatz von Herrn Preis in der Fertigung ergab, dass der Rollschrank mit Kleinteilen, der bisher hinter ihm stand, besser rechts neben dem Arbeitsplatz stehen sollte. So braucht sich Herr Preis nicht mehr bei jeder Entnahme eines Kleinteiles umzudrehen und spart wertvolle Sekunden, die sich im Laufe des Tages zu mehreren Minuten summieren.

7.2.4 Arbeitswertstudien (Arbeitsbewertung)

Im Sinne der relativen Lohngerechtigkeit ist die Entlohnung vom persönlichen Leistungsgrad, aber auch von den mit der Berufsausübung zusammenhängenden Anforderungen abhängig. Während der individuelle Leistungsgrad meist täglichen Schwankungen unterliegt und so ständig neu gemessen werden muss, sind die von einem Arbeitsplatz ausgehenden Qualifikationserfordernisse mittelfristig stabil und werden im Rahmen der Arbeitsbewertung erfasst.

Anlässe einer Arbeitsbewertung sind:
- Einrichtung eines Arbeitsplatzes
- größere technisch-organisatorische Veränderungen
- periodische Aktualisierung (in längeren Intervallen, z. B. alle 5 Jahre)

! **Aufgabe der Arbeitsbewertung** ist es, für alle betrieblichen Stellen anforderungsbedingte Arbeitswerte zu bestimmen und die Tätigkeiten in Lohn- oder Gehaltsklassen einzuordnen.

Der **Schwierigkeitsgrad** der verschiedenen Tätigkeiten kann auf zwei Wegen erfasst werden:
a) als Pauschalbetrachtung der Arbeitsstelle (**summarische** Arbeitsbewertung)
b) als Summe der Ausprägungen (Intensität) einzelner Anforderungsarten (**analytische** Arbeitsbewertung)

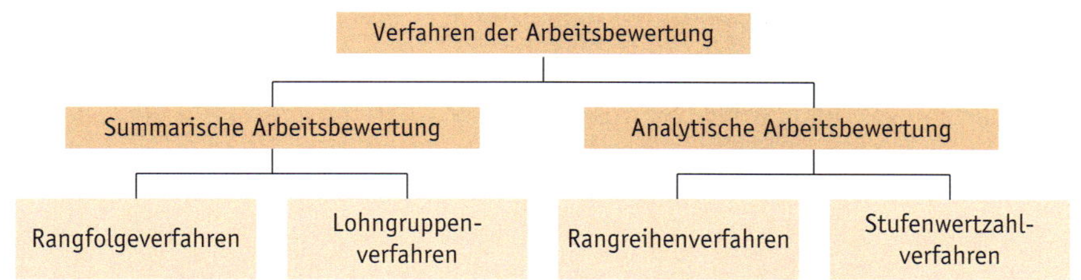

Die Zuordnung von **Entgelten** zu den anforderungsabhängigen Kennzahlen erfolgt schließlich auf der Basis von Lohnvereinbarungen zwischen den Tarifvertragsparteien.

Summarische Arbeitsbewertung

Bei der summarischen Arbeitsbewertung wird der Arbeitsplatz als Ganzes bewertet.

! **Summarische Arbeitsbewertungsmethoden** sind Verfahren, bei denen die Arbeitsanforderungen einer Tätigkeit, wie z. B. Können, Arbeitsbelastung und Verantwortung, in ihrer Gesamtheit erfasst und folglich die Arbeitsschwierigkeiten pauschal beurteilt werden.

Es lassen sich Rangfolge- und Lohngruppenverfahren unterscheiden:

Beim **Rangfolgeverfahren** werden alle im Unternehmen vorkommenden Stellen aufgelistet, in Bezug auf die Arbeitsschwierigkeit miteinander verglichen und in eine Rangfolge gebracht. Entsprechend dem ermittelten Rang erfolgt anschließend auch die Abstufung der Entlohnung.

Beispiel: Im Lager der Fly Bike Werke GmbH sind folgende Stellen eingerichtet: Staplerfahrer, Lagerleiter, Lagerfachkraft, Materialdisponent, Lagerhelfer und Verpacker.

Stelle / Vergleich zu	Staplerfahrer	Lagerleiter	Lagerfachkraft	Materialdisponent	Lagerhelfer	Verpacker	Σ	Rang
Staplerfahrer	kein	-	-	-	+	+	++	2
Lagerleiter	+	kein	+	+	+	+	+++++	5
Lagerfachkraft	+	-	kein	-	+	+	+++	3
Materialdisponent	+	-	+	kein	+	+	++++	4
Lagerhelfer	-	-	-	-	kein	-		0
Verpacker	-	-	-	-	+	kein	+	1

+ = im Vergleich höhere Anforderungen; – = im Vergleich niedrigere Anforderungen

Ergebnis: Der Lagerleiter hat den höchsten Rang, der Lagerhelfer den geringsten.

Vorteil: einfache, kostengünstige und leicht verständliche Handhabung

Nachteil: subjektive Bewertung, zunehmende Unübersichtlichkeit mit zunehmender Anzahl der zu vergleichenden Tätigkeiten, Schwierigkeitsabstände zwischen den Stellen bleiben unklar und erschweren gerechte Lohnabstufung

Beim **Lohngruppenverfahren** wird ein Katalog von Lohn- und Gehaltsgruppen erstellt. Die zu bewertende betriebliche Stelle kann nun anhand von Leitaussagen und/oder Beispielen zu einer bestimmten Lohngruppe zugeordnet werden.

Im nachstehenden Beispiel entspricht der Tarifecklohn der Lohngruppe 5.

Da in den Lohngruppendefinitionen nicht nur das Anforderungsniveau beschrieben ist, sondern über einen Prozent-Schlüssel auch die relativen Lohnabstände zwischen den Lohngruppen ausgewiesen werden, ist es bei Tarifverhandlungen nicht nötig, über die Höhe jeder einzelnen Lohngruppe zu verhandeln. Die Verhandlungen konzentrieren sich in der Praxis auf die Vereinbarung des sogenannten **Tarifecklohns**, welcher dem 100%-Wert entspricht. Alle anderen Lohngruppen ergeben sich dann durch die ausgewiesenen prozentualen Auf- und Abschläge. Der Tarifecklohn wird meist für Tätigkeiten angesetzt, die eine abgeschlossene Berufsausbildung oder entsprechende fachliche Schulung mit Berufserfahrung voraussetzen.

ERA
Entgeltrahmenabkommen, vgl. S. 178 f. und **Kap. 7.3**

Im Zuge der ERA-Umstellung ist die Entwicklung zu beobachten, dass klassische (und im betrieblichen Zuordnungsfall dann möglicherweise strittige) Lohngruppenbeschreibungen nunmehr auf formale Merkmale wie Bildungsabschluss oder Tätigkeitsdauer reduziert sind. Auch wurden sie mittlerweile vielfach ganz durch analytische Verfahren ersetzt.

Beispiel: Manteltarifvertrag mit der IG Metall im Tarifgebiet Nord-Württemberg/Nordbaden von 2009

LG	Lohngruppendefinition	Begriffsbestimmung	Schlüssel
Basis-LG	Arbeiten, die durch **Anweisung** und ohne Übung ausgeführt werden können	Die Anweisung legt genau dar, wie eine Verrichtung auszuführen ist (im Rahmen der Erfordernis, i. d. R. mit einmaligem Charakter).	82,0 %
1	Arbeiten mit geringen Anforderungen, die nach entsprechender **Einweisung** ohne weitere Sach- und Arbeitskenntnisse ausgeführt werden können	Einweisung: die Tätigkeiten an einem neuen Arbeitsplatz erklären (bis zu einer Woche)	86,0 %
2	Arbeiten mit geringen Anforderungen, die nach entsprechender **Unterweisung** mit geringen Sach- und Arbeitskenntnissen ausgeführt werden können	Unterweisung: Vermittlung von Kenntnissen und/oder Fertigkeiten durch Anleitung oder Belehrung (bis zu zwei Wochen)	88,5 %
3	Arbeiten, die nach entsprechendem **Anlernen** geringe Sach-, Arbeits- und berufsspezifische Kenntnisse voraussetzen	Anlernen: Vermittlung von Kenntnissen und Fertigkeiten durch Belehrung, Anleitung und methodische Übung (bis zu sechs Wochen)	91,0 %
4	Tätigkeiten, welche bezogen auf Teile eines oder mehrerer Berufsbilder eine entsprechende **Einarbeitung** voraussetzen	Einarbeitung: Vermittlung von Kenntnissen und Fertigkeiten aus Arbeitsinhalten eines Berufsbildes durch fundiertes Anlernen (bis zu sechs Monaten)	96,0 %
5	Aufgaben, deren komplexe Anforderungen den Einsatz von umfassenden **Fachkenntnissen im Sinne eines Berufsbildes** erfordern	Fachkenntnisse im Sinne eines Berufsbildes: Berufserfahrung nicht unter drei Jahren oder anerkannte Ausbildungsberufe	100,0 %
6	Aufgaben, die neben einer umfassenden **Entfaltung erweiterter Fachkenntnisse** eine zu großen Teilen selbstständige und eigenverantwortliche Arbeitsweise abfordern	Entfaltung erweiterter Fachkenntnisse: Berufserfahrung nicht unter vier Jahren oder nach Abschluss anerkannter Ausbildungsberufe mindestens ein Jahr Berufserfahrung	108,0 %
7	Aufgaben, die neben einem hohen Maß an fachlicher Kompetenz Selbstständigkeit, Verantwortung und Können voraussetzen sowie auf die Funktion bezogene **Aspekte des betrieblichen Zusammenwirkens** beinhalten	Aspekte des betrieblichen Zusammenwirkens: nachgewiesene zusätzliche Qualifizierung oder umfangreiche Kenntnisse der betrieblichen Situation/Tätigkeitsbereiche	115,0 %
8	**organisatorische Aufgabenfelder**, die ergänzend zu der entsprechenden fachlichen und Führungskompetenz Selbstständigkeit, mehrjährige Erfahrungsanwendung und Verantwortung erfordern	Organisatorische Aufgabenfelder: Koordination übergreifender Aufgaben durch planerisches Denken und Handeln	120,0 %
9	Aufgabenfelder, deren **Entscheidungsspielräume** nur durch hervorragendes Können, Dispositionsvermögen und Führungskompetenz ausgefüllt werden können	Entscheidungsspielräume: beinhaltet ständige personelle und/oder materielle Entscheidungsprozesse	125,0 %

Vorteil: kostengünstiges und leicht verständliches Verfahren

Nachteil: Gefahr der Schematisierung, starres Modell (technische Entwicklungen und individuelle Besonderheiten können nur schwer berücksichtigt werden)

Analytische Arbeitsbewertung

Die größten Schwächen der summarischen Verfahren sind ihre geringe Transparenz und die fehlende Skalierung. Hier wird ein Anforderungsvergleich durchgeführt, dessen Regeln und Kriterien von den Betroffenen nicht nachvollzogen werden können und dessen Umsetzung in eine konkrete Arbeitsvergütung in keinem festen Verhältnis steht. Die analytische Arbeitsbewertung versucht diese Defizite abzustellen, indem sie einzelne Anforderungskriterien definiert und getrennt bewertet.

! **Analytische Arbeitsbewertungsmethoden** sind Verfahren, bei denen die Arbeitsschwierigkeit aufgrund einer Reihe von Einzelmerkmalen erhoben wird. Der Arbeitswert der Tätigkeit insgesamt ergibt sich aus der Summe der gewichteten Einzelbewertungen.

Dieses einheitliche System von Anforderungsarten wurde bereits 1950 auf einer internationalen Konferenz von Arbeitswissenschaftlern geschaffen.

Als bekanntestes System gilt das sogenannte **Genfer Schema**. Es unterscheidet die vier Hauptkategorien „Können“, „Verantwortung“, „Belastung“ und „Arbeitsbedingungen“. Die REFA entwickelte das Schema weiter, indem sie die Dimensionen „Können“ und „Belastung“ weiter in körperliche und geistige Anforderungen unterteilte, es ergeben sich so letztlich sechs Belastungsausprägungen.

Anforderungsarten des Genfer Schemas

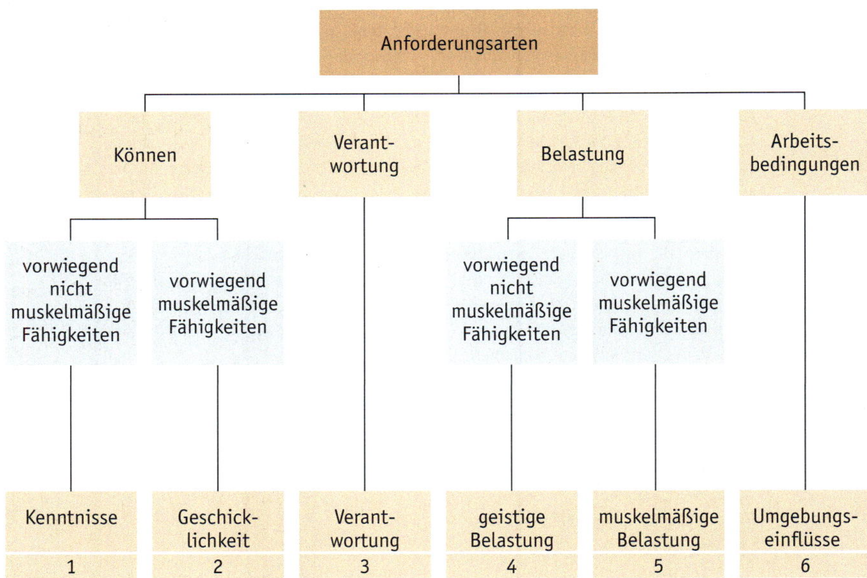

Quelle: Becker, Fred G.: Lexikon des Personalmanagements, 2. Aufl. DTV-Beck 2002.

Auch später wurde das System immer weiter entwickelt und verfeinert:

Genfer Schema: Weitere Spezifizierungen (Beispiele)	
Merkmale	Untermerkmale (Anforderungsarten)
Verantwortung für ...	– eigene Arbeit – Betriebsmittel und Produkte – Sicherheit und Gesundheit anderer
Arbeitsbedingungen (Umgebungseinflüsse) ...	Temperatur, Nässe, Schmutz, Dämpfe, Lärm und Erschütterung, Blendung oder Dunkelheit, Erkältungsgefahr, Arbeit im Freien, Unfallgefahr

Als Methoden der analytischen Arbeitsbewertung werden das Rangreihen- und das Stufenwertzahlverfahren unterschieden.

Beim **Rangreihenverfahren** werden die betrieblichen Arbeitsplätze nach jeder Anforderungsart getrennt in eine Rangfolge gebracht. Der Umstand, dass bestimmte Belastungen subjektiv (für den Arbeitnehmer) oder objektiv (für den Arbeitserfolg) schwerer wiegen als andere, wird dadurch berücksichtigt, dass die jeweilige Rangfolge mit unterschiedlichen Gewichtungsziffern (Multiplikatoren) versehen wird. Durch Addition der gewichteten Rangpunkte ergibt sich eine skalierte Ordnung von Arbeitsplatzanforderungen.

Beispiel: Es wird noch einmal das Beispiel des Lagerpersonals bei der Fly Bike Werke GmbH aufgegriffen. An dieser Stelle konzentriert sich die Betrachtung auf die Stelle des Staplerfahrers.

Anforderungsmerkmal	Rang	Gewicht	Gew. Rang
Kenntnisse	2	8	16
Geschicklichkeit	4	6	24
Verantwortung – für eigene Arbeit – für Betriebsmittel – für Sicherheit anderer	 3 5 5	 2 2 3	 6 10 15
Geistige Belastung	2	5	10
Körperliche Belastung	2	3	6
Umgebungseinflüsse – Temperatur – Lärm – Unfallgefahr	 6 5 6	 1 1 1	 6 5 6
Summe			104

Ergebnis: Der Gabelstaplerfahrer erreicht 104 Punkte. Würde der Materialdisponent nun 156 Punkte erreichen, würde dies auch einen 50 %igen Mehrverdienst rechtfertigen.

Beim **Stufenwertzahlverfahren** wird für jede Anforderungsgruppe oder -art eine mehr oder minder große Zahl von Anforderungsstufen festgelegt. Diese Stufen sind dann mit einem entsprechenden Punktwert versehen. Die Höhe der unter einer bestimmten Anforderungsart maximal zu erreichenden Punktzahl drückt die Bedeutung/Gewichtung des entsprechenden Merkmals aus.

Beispiel: Neuer gemeinsamer Bewertungsbogen nach Entgeltrahmenabkommen (ERA) in der Metallindustrie

ERA-Punktbewertungsbogen zur Bewertung von Arbeitsaufgaben					
Arbeitsaufgabe:				Nr. der Arbeitsaufgabe:	
Abteilung/Kostenstelle:			Datum:	Bearbeiter:	
Anforderungsmerkmale			**Bewertungsstufen für die Arbeitsaufgabe**	**Punktwert**	
Können	Arbeitskenntnisse	1	Arbeitsaufgaben mit einem Können, das durch ein Anlernen von bis zu 1 Woche erworben wird.	6	
		2	Arbeitsaufgaben mit einem Können, das durch ein Anlernen von weniger als 4 Wochen erworben wird.	12	
		3	Arbeitsaufgaben mit einem Können, das durch ein Anlernen ab 4 Wochen erworben wird.	18	
		4	Arbeitsaufgaben mit einem Können, das durch ein Anlernen ab 3 Monaten erworben wird.	25	
		5	Arbeitsaufgaben mit einem Können, das durch ein Anlernen ab 6 Monaten erworben wird.	32	
		6	Arbeitsaufgaben mit einem Können, das durch ein Anlernen ab 1 Jahr erworben wird.	40	
	Fachkenntnisse	7	Arbeitsaufgaben mit einem Können, das i. d. R. durch eine abgeschlossene Ausbildung in einem anerkannten Ausbildungsberuf von mindestens 2-jähriger Regelausbildungsdauer erworben wird	48	
		8	Arbeitsaufgaben mit einem Können, das i. d. R. durch eine abgeschlossene Ausbildung in einem anerkannten Ausbildungsberuf von mindestens 3-jähriger Regelausbildungsdauer erworben wird	58	
		9	Arbeitsaufgaben mit einem Können, das i. d. R. durch eine abgeschlossene Ausbildung in einem anerkannten Ausbildungsberuf und durch eine zusätzliche anerkannte 1-jährige Fachausbildung erworben wird.	69	
		10	Arbeitsaufgaben mit einem Können, das i. d. R. durch eine abgeschlossene Ausbildung in einem anerkannten Ausbildungsberuf und durch eine zusätzliche anerkannte 2-jährige Fachausbildung erworben wird.	81	
		11	Arbeitsaufgaben mit einem Können, das i. d. R. durch eine abgeschlossene Fachhochschulausbildung erworben wird. Arbeitsaufgaben mit einem Können, das i. d. R. durch eine abgeschlossene Universitätsausbildung erworben wird.	94	
		12	Arbeitsaufgaben mit einem Können, das i. d. R. durch eine abgeschlossene Universitätsausbildung erworben wird.	108	
	Berufserfahrung	1	Arbeitsaufgaben, die zusätzlich zu den Fachkenntnissen Berufserfahrungen von mindestens 1 Jahr bis zu 3 Jahren erfordern.	6	
		2	Arbeitsaufgaben, die zusätzlich zu den Fachkenntnissen Berufserfahrungen von mehr als 3 Jahren erfordern.	12	

Handlungs- und Entscheidungsspielraum	1	Die Erfüllung der Arbeitsaufgaben ist im Einzelnen vorgegeben.	2	
	2	Die Erfüllung der Arbeitsaufgaben ist weitgehend vorgegeben.	10	
	3	Die Erfüllung der Arbeitsaufgaben ist teilweise vorgegeben.	18	
	4	Die Erfüllung der Arbeitsaufgaben erfolgt überwiegend ohne Vorgaben weitgehend selbstständig.	30	
	5	Die Erfüllung der Arbeitsaufgaben erfolgt weitgehend ohne Vorgaben selbstständig.	40	
Kooperation	1	Die Erfüllung der Arbeitsaufgaben erfordert kaum Kommunikation und Zusammenarbeit.	2	
	2	Die Erfüllung der Arbeitsaufgaben erfordert regelmäßige Kommunikation und Zusammenarbeit.	4	
	3	Die Erfüllung der Arbeitsaufgaben erfordert regelmäßige Kommunikation und Zusammenarbeit sowie gelegentliche Abstimmung.	10	
	4	Die Erfüllung der Arbeitsaufgaben erfordert regelmäßige Kommunikation, Zusammenarbeit und Abstimmung.	15	
	5	Die Erfüllung der Arbeitsaufgaben erfordert in hohem Maße Kommunikation, Zusammenarbeit und Abstimmung	20	
Mitarbeiterführung	1	Die Erfüllung der Arbeitsaufgaben erfordert kein Führen.	0	
	2	Die Erfüllung der Arbeitsaufgaben erfordert, Beschäftigte fachlich anzuweisen, anzuleiten und zu unterstützen.	5	
	3	Die Erfüllung der Arbeitsaufgaben erfordert, Beschäftigte zur Zielerreichung zweckmäßig einzusetzen, zu unterstützen, zu fördern und zu motivieren.	10	
	4	Die Erfüllung der Arbeitsaufgaben erfordert, Ziele zu entwickeln und die Beschäftigten zweckmäßig zur Zielerreichung einzusetzen, zu unterstützen, zu fördern und zu motivieren.	20	
Gesamtpunktsumme				

Quelle: http://www.metallnrw.de/download/Tarifkarte%202010%20_%202012.pdf

Auch die gezeigten analytischen Bewertungsverfahren haben Vor- und Nachteile.

Vorteile:

- systematischere Vorgehensweise im Vergleich mit den summarischen Verfahren
- Ausmaß der Anforderungsabstände zwischen verschiedenen Stellen ist erkennbar
- nachvollziehbare Vergütung

Nachteile:

- höherer Aufwand im Vergleich mit summarischen Verfahren
- quasi-objektive Vorgehensweise bei Festlegung der Gewichtungsanteile

ÜBERSICHT: Arbeitsstudien

Forderung nach gerechtem Lohn → Arbeitsstudien

Arbeitsstudien	Arbeitsablaufstudien	Optimierung von Transport- und Liegezeiten
	Arbeitszeitstudien	Grundzeit + Erholzeit + Verteilzeit } Ermittlung der Rüstzeiten; Ermittlung der Ausführungszeiten
	Arbeitsplatzstudien	Suche nach verbesserten – Arbeitsbedingungen – Arbeitsmethoden – Arbeitsverfahren
	Arbeitswertstudien	– summarische Methoden = Pauschalbewertung des Arbeitsplatzes – analytische Methoden = Bewertung nach Anforderungsarten (Genfer Schema)

Aufgaben

1 Erkundigen Sie sich in Ihrem Ausbildungsbetrieb, welcher Tarifvertrag für Ihr Unternehmen gilt. Beschaffen Sie sich folgende Informationen:
- **a** Wie viele Entgeltgruppen gibt es?
- **b** Aufgrund welcher Anforderungen erfolgt die Entgeltgruppeneinteilung?
- **c** Werden die Anforderungsarten gewichtet?

2 Ermitteln Sie die Auftragszeit (Angabe in Stunden und Minuten), wenn folgende Daten gegeben sind:
- Auftragsgröße: 20 Werkstücke
- Rüstgrundzeit: 15 Minuten
- Rüstverteilzeit: 10 %, kein Erholzeitzuschlag
- Ausführungsgrundzeit je Werkstück: 12 Minuten
- Ausführungsverteilzeit: 5 %, kein Erholzeitzuschlag

3 Berechnen Sie die Auftragszeit erneut, wenn alle Zeitangaben in Aufgabe 2 auf Dezimalminuten basieren.

4 Für folgende Mitarbeiter wurde im Rahmen der späteren Entgeltermittlung die Arbeitsleistung festgestellt.

	Normalleistung	Ist-Leistung
Maier, Hans	220 Stück je Std.	230 Stück je Std.
Gebauer, Klaus	14 Min. je Stück	16 Min. je Stück
Lehmann, Jörg	0,5 Stück je Min.	30 Stück je Std.

- **a** Berechnen Sie den Leistungsgrad aller Arbeitnehmer.
- **b** Überlegen Sie weiter, welche Faktoren für diese Unterschiede verantwortlich sein könnten.
- **c** Klaus Gebauer ist deutlich unter der Normalleistung geblieben. Entscheiden Sie, welche Auswirkungen damit verbunden sind:
  - **ca** die Unfallgefahr ist gestiegen
  - **cb** die Lohnstückkosten sinken
  - **cc** der Mitarbeiterverdienst steigt
  - **cd** die Produktionsmenge ist geringer als erwartet
  - **ce** die Lohnstückkosten steigen
  - **cf** es ist mit vermehrten Maschinenausfällen zu rechnen

5 Welche der folgenden Arbeitsgänge zählen Ihrer Meinung nach zur Rüstzeit, welche zur Ausführungszeit?
- **a** Auftrag lesen
- **b** Werkzeug prüfen
- **c** Maschine einrichten
- **d** Teile fräsen
- **e** Arbeitsausführung kontrollieren
- **f** Arbeitsplatz aufräumen

6 Im Labor einer Schokoladenfabrik arbeiten sechs Mitarbeiter: ein Diplom-Chemiker, eine Chemielaborantin, die Laborleiterin, eine Spülhilfe (zum Säubern der Laborgeräte), eine Geschmackstesterin und der Laborverwalter (zuständig für die Geräte und Chemikalien).

Vergleich / zu Stelle	Diplom-Chemiker	Chemie-laborant	Labor-leiter	Spül-hilfe	Ge-schmacks-tester	Labor-verwalter	Σ	Rang
Diplom-Chemiker								
Chemielaborant								
Laborleiter								
Spülhilfe								
Geschmackstester								
Laborverwalter								

Muster! Bitte übertragen

Führen Sie nach der oben stehenden Vorlage einen Stellenvergleich nach dem Rangfolgeverfahren durch.

7 Bei der Herstellung von Tretlagern wird bei der Fly Bike Werke GmbH seit Kurzem anstelle einer konventionellen Werkzeugmaschine eine CNC-Maschine mit zentraler Werkstattprogrammierung verwendet. Dies ist für den bislang an der Maschine eingesetzte Facharbeiter Lutz Haffner mit einer deutlichen Anforderungsreduzierung verbunden, da seine Arbeit nun darauf reduziert ist, die Betriebsmittelstände zu überwachen und das Materialmagazin aufzufüllen. Ihm werden deshalb eine Änderungskündigung und die Weiterbeschäftigung zu veränderten (verschlechterten) Bedingungen angeboten. Herr Haffner ist empört. Sein Vorgesetzter versucht ihn zu überzeugen und zeigt ihm deshalb Ausschnitte aus der alten und der neuen Stellenbeschreibung:

Stellenbeschreibung alt

„Zu seinen Stellenaufgaben gehört das aufmerksame Studieren der Arbeitspläne, das Einsetzen und Justieren der benötigten Werkzeuge unter Beachtung der sicherheitstechnischen Vorkehrungen, die selbstständige Disposition von Material und Betriebsmitteln, der Probelauf der Maschine und die stichprobenhafte Bemessung und Funktionsprüfung der produzierten Bausteile. Alle 200 Betriebsstunden übernimmt er die Kurzwartung."

Stellenbeschreibung neu

„Zu seinen Stellenaufgaben gehört das Ablesen von Temperatur und Betriebsmittelstand, kritische Werte übermittelt er dem Leitstand sicherheitshalber zusätzlich zur automatischen Betriebsdatenerfassung. Beim Erreichen des Minimalbestandes füllt er das Materialmagazin der Maschine wieder auf. Er ist ferner für die Reinigung des Sichtschutzes zuständig."

a Nutzen Sie hinsichtlich einer analytischen Arbeitsbewertung das Genfer Schema und stellen Sie fest, bei welchen Anforderungsarten Ihrer Meinung nach durch die Anschaffung der neuen Maschine eine Anforderungsverringerung eingetreten ist.

b Sehen Sie auch Bereiche mit nun erhöhten Anforderungen?

c Halten Sie die Einstufung von Lutz Haffner in eine niedrigere Tarifstufe für gerechtfertigt?

AB → Lernsituation 66

7.3 Lohnformen

Beispiel: Bei der Fly Bike Werke GmbH sind die Handwerker angerückt. Gerade wird in der Personalverwaltung von einer Bürotür die Aufschrift „Lohnbüro" entfernt. Dies gibt Anlass zu allerlei Spekulationen.

„Oh je! Wir sind pleite und jetzt gibt's wohl kein Geld mehr ..." – „Bloß keine Aufregung! Uns geht's gut, wir wechseln nur die Bezeichnung."

7.3.1 Reformprojekt Entgeltrahmenabkommen

Die Höhe des Arbeitsentgeltes wird entweder **einzelvertraglich** im Arbeitsvertrag geregelt oder ergibt sich aus Regelungen der **Entgelttarifverträge**.

Traditionell wurde bei Tarifverträgen bis vor wenigen Jahren eine Trennung in einen **Gehalt**sbereich für Angestellte und einen **Lohn**bereich für Arbeiter vorgenommen. Durch die zunehmende Technisierung im Produktionsbereich wandelte sich jedoch das Berufsbild des Arbeiters weg vom unermüdlichen Werker hin zum hochqualifizierten Betriebsmanager und Programmierer computergestützter Fertigungseinrichtungen. Die unterschiedlichen Entgeltsysteme waren daher sachlich kaum mehr begründbar, außerdem verhinderte der starre Rahmen im Gehaltsbereich kennzahlenorientierte Leistungsvergütungen.

Seit 2002 wurden nun die Lohn- und Gehaltstarifverträge nach und nach durch einheitliche Entgeltrahmenabkommen (ERA) ersetzt.

Grundsätzliche Merkmale der ERA sind:
- Sie gelten für alle Betriebsangehörigen gleich.
- Sie haben zwei Kernkomponenten: Grundentgelt und Leistungsentgelt.
- Beim Leistungsentgelt kann aus einem breiten Spektrum von Vergütungssystemen ausgewählt werden.
- Neue Anforderungsmerkmale wie Führung, Kooperation und Kommunikation fließen in die Arbeitsbewertung mit ein.

ERA – ein neues Entlohnungssystem

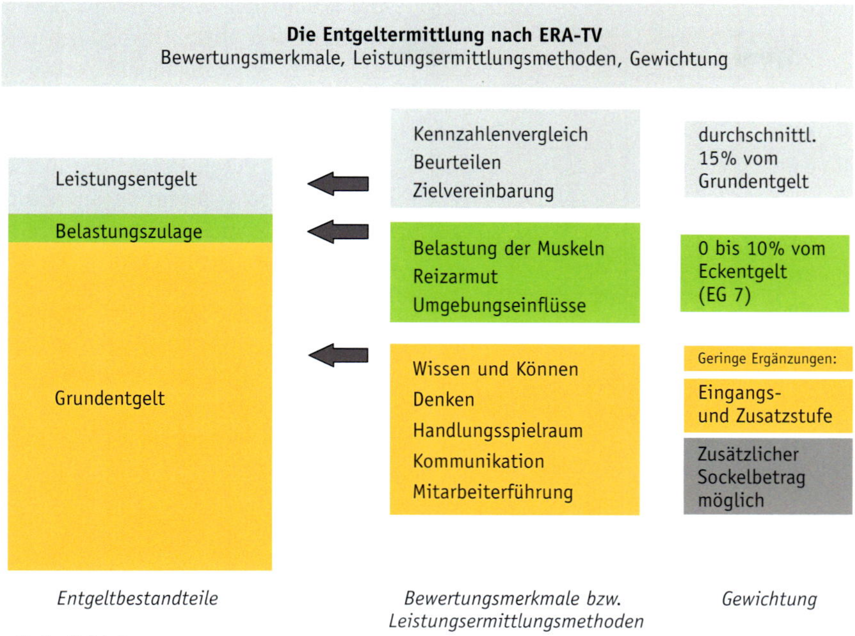

Quelle: IG Metall

7.3.2 Entgeltbestandteile

Das **Grundentgelt** ist die feste Einkommenskomponente der tariflichen Entlohnung, es wird unabhängig von einem bestimmten Arbeitsergebnis aufgrund einer analytischen Arbeitsbewertung festgelegt.

Die dabei angewandten Einstufungskriterien sind:

- Wissen und Können (Fachkenntnisse, Arbeitskenntnisse, Erfahrung)
- Denken
- Handlungsspielraum
- Kooperation und Kommunikation
- Mitarbeiterführung

vgl. ERA-Punktbewertungsbogen auf S. 178 f.

Relativ neu ist hierbei der „Handlungsspielraum“ als Entlohnungskriterium, wobei in ihm nun auch das traditionelle Merkmal der „Verantwortung für die eigene Arbeit“ aufgeht. So wird eine Arbeit streng nach Anweisung geringer bewertet als eine, in der dem Arbeitnehmer zwar eine Zielvorgabe gesetzt ist, ihm die Wahl der geeigneten Arbeitsmittel und -wege aber selbst überlassen bleibt. Hinsichtlich der „Verantwortung für die Arbeit anderer“ wurde nun der Begriff der „Mitarbeiterführung“ verwendet. Besonders hoch bewertet wird hier die Fähigkeit eines Vorgesetzten, seine Mitarbeiter auch unter ständig wechselnden Rahmenbedingungen und widerstrebenden persönlichen Interessenlagen von der Verfolgung des Betriebsziels zu überzeugen.

Beispiel: ERA-Monatsgrundentgelte für Beschäftigte, gültig seit 1. April 2011

		nachrichtlich: 110 %	nachrichtlich: Stundenentgelte
	Euro	Euro	Euro
Ertgeltgruppe EG 1	1.958,00	2.153,80	12,86
Ertgeltgruppe EG 2	1.981,50	2.179,65	13,01
Ertgeltgruppe EG 3	2.005,00	2.205,50	13,17
Ertgeltgruppe EG 4	2.036,00	2.239,60	13,37
Ertgeltgruppe EG 5	2.078,00	2.285,80	13,65
Ertgeltgruppe EG 6	2.132,50	2.345,75	14,01
Ertgeltgruppe EG 7	2.199,50	2.419,45	14,45
Ertgeltgruppe EG 8	2.313,50	2.544,85	15,20
Ertgeltgruppe EG 9	2.500,50	2.750,55	16,42
Ertgeltgruppe EG 10	2.748,50	3.023,35	18,05
Ertgeltgruppe EG 11	3.081,00	3.389,10	20,24
Ertgeltgruppe EG 12			
bis zum 36. Monat	3.175,00	3.492,50	20,85
nach dem 36. Monat	3.527,50	3.880,25	23,17
Ertgeltgruppe EG 13			
bis zum 18. Monat	3.548,50	3.903,35	23,31
nach dem 18. Monat	3.757,00	4.132,70	24,68
nach dem 36. Monat	4.174,00	4.591,40	27,42
Ertgeltgruppe EG 14			
bis zum 12. Monat	4.031,00	4.434,10	26,48
nach dem 12. Monat	4.283,00	4.711,30	28,13
nach dem 24. Monat	4.535,00	4.988,50	29,79
nach dem 36. Monat	5.040,00	5.544,00	33,10

Quelle: http://www.metallnrw.de/download/Tarifkarte%202010%20_%202012.pdf

Insbesondere im Produktionsbereich sind Mitarbeiter belastenden Umwelteinflüssen wie Hitze, Lärm, Staub oder körperlich anstrengenden Aufgaben ausgesetzt. Als Ausgleich hierfür ist eine **Belastungszulage** vorgesehen, die bis zu 10 % des Eckentgeltes ausmachen kann. Als Belastung anerkannt werden heute auch monotone Arbeitsabläufe und das Fehlen sozialer Kontakte am Arbeitsplatz. Neben den Belastungszulagen fließen den Arbeitsnehmern auch tarifliche Zusatzleistungen für Nacht- und Schichtarbeit oder Überstundenzuschläge zu.

Spätestens nach einer sechsmonatigen Betriebszugehörigkeit hat jeder Arbeitnehmer Anspruch auf ein zusätzliches **Leistungsentgelt**. Dieses kann individuell bis zu 30 % des Grundentgeltes erreichen und soll im Durchschnitt der Beschäftigten bei 15 % liegen.

Vergütete Leistungsmerkmale können dabei sein:

- Ergebnisse periodischer Leistungsbeurteilungen
- Erfüllung von Zielvereinbarungen
- Kennzahlenvergleiche

Die direkte Einbeziehung von Leistungsbeurteilungen in die Entgeltberechnung erfordert eine neue Gestaltung der betrieblichen Beurteilungsbögen. Aus den Ergebnissen der regelmäßigen Personalbeurteilungen soll der Anspruch auf eine bestimmte Höhe der Leistungszulage möglichst direkt und nachvollziehbar abgeleitet werden können. Die Beurteilungsstufe A entspricht so einer noch hinreichend tauglichen Aufgabenerfüllung, die aber nicht über die Mindestanforderungen hinausgeht und deshalb zu keiner Leistungszulage berechtigt. Die durchgängige Bewertung in Stufe E würde hingegen Anspruch auf das maximale Leistungsentgelt erzeugen.

Merkmale	Beurteilungsstufen				
Entspricht der tariflichen Ausgangsleistung = 100 %	**A** Das Leistungsergebnis entspricht dem Ausgangsniveau der Arbeitsaufgabe	**B** Das Leistungsergebnis entspricht im Allgemeinen den Erwartungen	**C** Das Leistungsergebnis entspricht in vollem Umfang den Erwartungen	**D** Das Leistungsergebnis liegt über den Erwartungen	**E** Das Leistungsergebnis liegt weit über den Erwartungen
Effizienz	0	2	4	6	8
Qualität	0	2	4	6	8
Flexibilität	0	1	2	3	4
Verantwortliches Handeln	0	1	2	3	4
Kooperation	0	1	2	3	4
Führungsverhalten (nur Führungskräfte)	0	1	2	3	4
Gesamtpunktzahl					
Leistungsentgelt (%) = Gesamtpunktzahl/maximale Punktzahl · 30 %					

Quelle: http://www.wekos.com/pdf/ERA-Leistungsentgelt-Vortragsunterlagen.pdf

Beispiel: Markus Beck hat bei allen Merkmalen die Beurteilungsstufe C erhalten. Dies ergibt 16 von 32 möglichen Punkten. Damit erhält er ein Leistungsentgelt in Höhe des Grundentgeltes von:

$$\frac{16}{32} \cdot 30\,\% = 15\,\%$$

Sofern entsprechend operational formuliert, kann auch das Erreichen von Zielvereinbarungen (z. B. „Inbetriebnahme der Auslandsfiliale bis zum 1. Quartal 20XX") zu entsprechenden Leistungszulagen führen. Die Schwierigkeit liegt hier jedoch darin, dass das Kriterium „Zielerreichung" oftmals nur die Zustände „erreicht" und „nicht erreicht" kennt und deshalb für differenzierte Leistungsentgelte nicht immer anwendbar ist. Dieser Nachteil wird durch Kennzahlensysteme, die den Leistungsgrad der Mitarbeiter mit skalierbaren Erfolgsdaten erfassen, ausgeschlossen. Hier wiederum ist jedoch darauf zu achten, dass nur solche Kennzahlen verwandt werden, die vom Mitarbeiter auch durch Umsicht oder Anstrengung positiv beeinflusst werden können.

Beispiele für Erfolgskennzahlen in einzelnen Betriebsbereichen	
Produktion	Ist-Zeit, Ist-Menge, Maschinenausfallzeit, Nacharbeitsquote
Absatz	Absatzmenge, Reklamationsquote, Anzahl Kundenkontakte
Beschaffung	durchschnittliche Lagerbestände, Beschaffungszeit, Lieferausfälle
Finanzierung	gezahlte Kreditzinsen, mittlerer Zahlungseingang, Kapitalumschlag
Personal	Fluktuationsquote, Entgeltsumme, Stellenbesetzungszeit

Akkordzuschlag, vgl. **Kap. 7.3.3**

Als zusätzlicher Entgeltbestandteil ist noch der **Sockelbetrag** zu erwähnen, der für Mitarbeiter im Fertigungsbereich als Ersatz für den früheren Akkordzuschlag gedacht ist. Er kommt dann zur Anwendung, wenn sich das Leistungsentgelt im Sinne der Kennzahlenmethode aus dem Verhältnis von Vorgabezeit und Ist-Zeit errechnet.

Zusammenfassend lässt sich feststellen, dass das Entgeltsystem zwar formal einheitlicher, inhaltlich aber bedeutend variantenreicher geworden ist. Die frühere tarifvertragliche Trennung von leistungsunabhängigen (Gehalt, Zeitlohn) und leistungsabhängigen (Akkordlohn, Prämienlohn) Entlohnungsformen wurde abgelöst durch ein kombiniertes Entlohnungssystem mit festen und leistungsabhängigen Bestandteilen. Da jedoch nicht alle Betriebe tarifgebunden sind, finden auch die traditionellen Entgeltformen weiter Anwendung.

7.3.3 Traditionelle Entgeltformen

Zeitentgelte

Bei Zeitentgelten wird die Arbeitszeit vergütet, die der Mitarbeiter dem Unternehmen zur Verfügung stellt. Das Zeitentgelt ist leistungsunabhängig und wird im Regelfall pro Monat angegeben und ausgezahlt. Es kann aber in bestimmten Fällen auch auf Wochen oder Stunden umgerechnet werden.

Das Zeitentgelt umfasst auch das frühere Gehalt.

! Das **Zeitentgelt** (früher: Zeitlohn) ist eine feste Vergütung, die für die Anwesenheit des Mitarbeiters gezahlt wird, da mittelfristig davon ausgegangen wird, dass der Mitarbeiter mindestens die Normalleistung erbringt.

Zeitentgelt findet dort **Anwendung**,
- wo eine exakte Leistungsbewertung unmöglich ist,
- wo besondere Anforderungen an schöpferische, kreative oder dispositive Leistungen gestellt werden,
- wo sicherheitsrelevante Arbeiten ausgeführt werden,
- wo die Arbeitsqualität im Vordergrund steht oder
- wo die Leistung nicht durch die Mitarbeiter beeinflussbar ist (z. B. bei gegebenen Taktzeiten).

Vorteile beim Einsatz des Zeitentgelts:
- leicht nachvollziehbare Abrechnung (für den Mitarbeiter)
- geringer Erstellungsaufwand (für den Betrieb)
- vorhersehbares Einkommen (für den Mitarbeiter)
- konstante Lohnsumme (für den Betrieb)
- Schonung von Mensch und Betriebsmitteln

Nachteile beim Einsatz des Zeitlohns:
- Anreiz für Mehrleistung fehlt (für den Mitarbeiter)
- Mehrleistung wird nicht honoriert (für den Mitarbeiter)
- Lohnstückkosten sind schwer kalkulierbar (für den Betrieb)

Beispiel: Bei der Fly Bike Werke GmbH montiert ein ungelernter Arbeiter Fahrradsättel. Hierfür erhält er ein monatliches Grundentgelt von 1.834,00 €. Je nach Tagesform schwankt seine Leistung deutlich.

Leistungsgrad und Lohnstückkosten bei Zeitentgelt

Monatliche Montagemenge	Lohnstückkosten*
1 000	1,83
1 200	1,53
1 400	1,31
1 600	1,15

* ohne Leistungsentgelt und sonstige Zulagen

Leistungsentgelte

Die Leistungsentgelte können auch nach dem aktuellen ERA in zwei Formen erbracht werden:

a) In Form eines Leistungszuschlages zum Grundentgelt. Dieses sogenannte **Prämienmodell** entspricht dem einheitlichen ERA-Grundaufbau und ist mittlerweile als Standardmodell anzusehen.
b) In Form eines **Akkordlohnes**, bei dem sich die Entgelthöhe linear zur Arbeitsleistung verhält.

Da viele erfahrene Produktionsmitarbeiter auf Dauer Leistungsgrade von 130 % und mehr erbrachten (und erbringen), würde die Umstellung auf das Prämienmodell oftmals mit deutlichen Einkommensverlusten einhergehen. Im Sinne der „Bestandswahrung" blieb deshalb bei der ERA-Gestaltung dieses Entlohnungssystem weiter zulässig, wird aber schrittweise ersetzt und ist in manch neueren Tarifvereinbarungen gar nicht mehr vorgesehen.

Für die Anwendbarkeit des Akkordlohnes müssen drei wichtige Voraussetzungen gegeben sein:

1) **Akkordfähigkeit:** Der Ablauf der zu entlohnenden Tätigkeit ist gleichartig und regelmäßig sowie leicht und genau messbar.
2) **Akkordreife:** Die zu entlohnende Tätigkeit wird vom Mitarbeiter nach entsprechender Übung beherrscht.
3) **Unmittelbare Beeinflussbarkeit der Leistung** durch den Mitarbeiter.

Der Akkordlohn kann mithilfe von zwei Verfahren ermittelt werden.

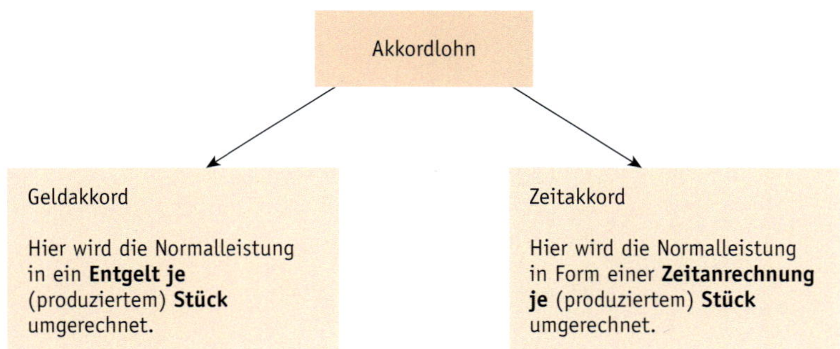

In beiden Fällen geht man dabei vom entsprechenden zeitbezogenen Grundlohn der jeweiligen Entgeltgruppe aus. Diesem wird bereits vor der Umrechnung ein sogenannter **Akkordzuschlag** hinzugefügt, der ausgleichen soll, dass unproduktive Erhol- und Verteilzeiten beim Zeitentgelt mitbezahlt werden, während sie beim Akkordlohn zu Vergütungskürzungen führen müssen. Das Äquivalent zum Zeitentgelt ist deshalb der **Akkordrichtsatz**.

Beispiel: Bei der Fly Bike Werke GmbH möchte der ungelernte Sattelmontierer Mahmud Ützgan in eine Akkordentlohnung wechseln. In Entgeltgruppe 4 stehen ihm ein monatliches Grundentgelt von 1.784,00 € sowie eine Schmutzzulage von 50,00 € zu. Die durchschnittliche tarifliche Arbeitszeit beträgt monatlich 164 Stunden und der Akkordzuschlag ist mit 10 % anzusetzen.

Umrechnung auf Stundenvergütung: 1.834 : 164 = 11,18 €
Akkordzuschlag je Stunde: 10 % von 11,18 = 1,12 €
Akkordrichtsatz je Stunde: 11,18 + 1,12 = 12,30 €

Unabhängig vom gewählten Verfahren führen Geld- und Zeitakkord bei gleicher Leistung auch zu gleicher Vergütung.

! Beim **Geldakkord** ermittelt sich der Lohn durch die Formeln

Geldakkord = Stückzahl · Akkordsatz je Stück

$$\text{Akkordsatz je Stück} = \frac{\text{Akkordrichtsatz je Stunde*}}{\text{Normalleistung je Stunde*}}$$

* Prinzipiell können hier auch andere Zeiteinheiten wie Tage, Wochen oder Monate gewählt werden, die gewählte Zeiteinheit muss aber in Zähler und Nenner identisch sein.

Beispiel: Als Normalleistung für die Montage von Fahrradsätteln werden 12 Stück je Stunde ermittelt. Herr Ützgan hat im Monat Mai an 20 Arbeitstagen mit jeweils 8 Arbeitsstunden 2 000 Stück montiert.

$$\text{Akkordsatz je Stück} = \frac{12{,}30}{12} = 1{,}025\ €$$

Geldakkord = 2 000 · 1,025 = 2 050,00 €

Fazit: Die Umstellung auf Akkordlohn bringt ihm einen Mehrverdienst in Höhe von 216,00 €.

! Beim **Zeitakkord** lautet die Berechnungsweise:

Zeitakkord = Stückzahl · Vorgabezeit je Stück · Minutenfaktor

$$\text{Vorgabezeit je Stück} = \frac{60}{\text{Normalleistung je Stunde}}$$

$$\text{Minutenfaktor} = \frac{\text{Akkordrichtsatz je Stunde}}{60}$$

Beispiel: Es gelten die gleichen Angaben wie im Beispiel zuvor.

$$\text{Vorgabezeit je Stück} = \frac{60}{12} = 5\ \text{Minuten}$$

$$\text{Minutenfaktor} = \frac{12{,}30}{60} = 0{,}205\ €$$

Zeitakkord = 2 000 · 5 · 0,205 = 2 050,00 €

Fazit: Das Ergebnis entspricht dem Stückakkord.

Vorteil des Zeitakkords gegenüber dem Geldakkord ist, dass bei Tarifänderungen lediglich einmalig der Multiplikator (Minutenfaktor) angepasst werden muss und nicht die große Menge der Akkordsätze.

Allgemeine **Vorteile** des Akkordlohnes sind:
- Anreiz zu erhöhter Leistung (durch den Mitarbeiter)
- Betrieb trägt kein Risiko für Minderleistung von Mitarbeitern
- konstante Lohnstückkosten für den Betrieb

Dabei sind allerdings arbeitsrechtliche und tarifvertragliche Schranken zu beachten, so darf auch bei Minderleistung eines Arbeitnehmers das tarifliche Grundentgelt nicht unterschritten werden.

Allgemeine **Nachteile** des Akkordlohnes sind:
- gesundheitliche Gefahren durch übersteigertes Arbeitstempo
- Gefahr des erhöhten Betriebsmittelverschleißes
- kein Anreiz für umsichtiges Arbeiten
- aufwendige Lohnabrechnung durch den Betrieb

Im Rahmen des Arbeitsverhältnisses hat der Arbeitgeber auch eine Pflicht der Fürsorge für seine Mitarbeiter. Um schädigende Überlastungen zu vermeiden, steigt das Akkordeinkommen ab einem bestimmten Leistungsrad nur noch unterproportional zur Mengenleistung, ab einer Obergrenze (z. B. 130 %) überhaupt nicht mehr.

Weitere Entgeltmodelle

Unternehmen, die nicht dem Entgeltrahmenabkommen (ERA) unterliegen, können die Vergütung ihrer Mitarbeiter ebenfalls durch Leistungsanreize, hier in Form von **Prämien**, ergänzen.

Mögliche Prämienarten sind:
- Zeitersparnisprämie
- Mengenprämie
- Güteprämie
- Materialersparnisprämie
- Nutzungsprämie (Maschinenauslastung)
- Termineinhaltungsprämie
- Unfallverhütungsprämie
- Umsatzprämie

Prämien bieten eine breitere Anreizwirkung als der Akkordlohn.

Beispiel: Ein Vertreter erhält ein Grundgehalt von 500,00 €. Darüber hinaus erhält er 1 % Umsatzprämie, bis zu 150,00 € Termineinhaltungsprämie und eine Unfallverhütungsprämie von 500,00 € am Jahresende auf die schadensfreie Nutzung seines Dienstwagens.

Sachbezüge erhalten als Lohnersatzleistung einen immer höheren Stellenwert bei der Motivierung von Mitarbeitern. Dazu zählen sogenannte **Incentive-Reisen**, **Firmenwagen** (mit privater Nutzung) oder eine attraktive **Firmenwohnung**. Diese geldwerten Bezüge sind allerdings im Rahmen der Einkommensteuerermittlung wie Geldbezüge zu versteuern.

Incentive-Reisen
Reisen mit hohem privatem Erlebnischarakter

Gewinnbeteiligungen der Mitarbeiter können entweder über direkte Zuwendung oder durch Kapitalbeteiligung erfolgen. Bei der reinen Erfolgsbeteiligung ist der Mitarbeiter kein Anteilseigner, sondern erhält einen vorab bestimmten Anteil am Unternehmenserfolg der abgelaufenen Periode in Form einer Prämie. Das Grundentgelt ist bei diesen Verfahren meist vorab entsprechend reduziert. Bei Kapitalbeteiligungen kann der Mitarbeiter entweder als Gesellschafter/Aktionär zum Eigenkapitalgeber oder als Anleihenbesitzer zum Fremdkapitalgeber werden. Die daraus entstehenden Erträge fließen ihm zusätzlich zum Arbeitsentgelt zu, sind jedoch auch mit einem gewissen Verlustrisiko verbunden.

Eine oft diskutierte und nur selten angewandte Variante der Gewinnbeteiligung ist der **Investivlohn**. Hier wird den Arbeitnehmern ein bestimmter Anteil des vereinbarten Entgeltes nicht ausgezahlt, sondern fließt entweder in die betriebliche Anlage oder in einen überbetrieblichen Vermögensfonds. Mit steigendem Investivvermögen wächst mit der Zeit auch der Ertragsrückfluss (Gewinnausschüttungen, Zinsen) des Mitarbeiters. Dies kann auch Mitarbeitern mit geringem Verdienstpotenzial (z. B. Hilfsarbeitern) zu einem einträglichen Einkommen verhelfen.

Speziell an diese Gruppe wenden sich sogenannte **Kombilohn**-Modelle. Gerade Berufseinsteiger, Unqualifizierte und ältere Arbeitnehmer machen die Erfahrung, dass die am Arbeitsmarkt zu erzielenden Vergütungen nicht wesentlich höher, oft sogar geringer sind als staatliche Transferzahlungen für Erwerbslosigkeit. Im Falle einer Arbeitsaufnahme werden deshalb zum Arbeitsentgelt von staatlichen Trägern noch Zusatzleistungen gewährt. Der Umfang dieser „Aufstocker" im Rahmen von Alg II ist jedoch stark begrenzt und deckt oft nur die bei einer Arbeitsaufnahme zusätzlich anfallenden Kosten für Berufskleidung, Fahrgeld usw. ab.

Alg II
Arbeitslosengeld II, ugs. meist „Hartz IV", Grundsicherungsleistung für erwerbsfähige Arbeitslose

ÜBERSICHT: Arbeitsentgelte

Entgeltbestandteile ERA

Grundentgelt	→ Basisvergütung für die Arbeitsanforderungen der Stelle; wird im Regelfall als Zeitlohn berechnet; Zeitentgelt
Leistungsentgelt	→ Zusatzvergütung für das Erfüllen betrieblicher Leistungsnormen; bis zu 30% des Grundentgeltes möglich
Belastungszulagen	→ Zusatzvergütung für besondere Arbeitsbelastungen, für Nacht- und Schichtarbeit
evtl. Sockelbetrag	→ Zuschlag bei Akkordlohn
auch als Akkordlohn möglich	

Aufgaben

1 In der Personalabteilung eines Betriebs wird darüber diskutiert, ob die Akkordentlohnung in der Endmontage gem. ERA durch ein zeitabhängiges Grundentgelt sowie eine an der Montagequalität orientierte Leistungszulage ersetzt werden soll.

- **a** Stellen Sie sowohl aus Sicht des Arbeitnehmers als auch des Arbeitgebers zwei Vor- und Nachteile einer rein mengenabhängigen Bezahlung dar.
- **b** Wäre die Umstellung auf das neue Entgeltsystem Ihrer Meinung nach sinnvoll? Begründen Sie.
- **c** Erläutern Sie kurz allgemein, für welche Tätigkeiten ein (eher) zeitabhängiges Entgelt angebracht ist.

2 Welche beiden Errechnungsformeln für die Akkordlohnberechnung sind richtig?

Geldakkord

- **a** = Zeiteinsatz · Akkordsatz/Stk.
- **b** = Stückzahl · Akkordsatz/Stk.
- **c** = Stundensatz · Akkordsatz/Stk.

Zeitakkord

- **d** = Stückzahl · Vorgabezeit · Minutenfaktor
- **e** = Arbeitszeit · Stückzahl · Minutenfaktor
- **f** = (Stückzahl + Vorgabezeit) · Minutenfaktor

3 Ermitteln Sie aufgrund der nachfolgenden Daten den Akkordlohn des Mitarbeiters. Verwenden und vergleichen Sie dabei den Zeit- und den Geldakkord:

- Zeitentgelt je Std.: 12,25 €
- Akkordzuschlag: 15 %
- Normalleistung je Std.: 10 Stk.
- Ist-Leistung des Arbeitnehmers: 1880 Stk./Monat

4 Sie sollen die Lohnkosten bei wechselnden Produktionsmengen und unterschiedlichen Entgeltmodellen ermitteln.

- **a** Ermitteln Sie die Lohnstückkosten für die Entgeltmodelle A und B nach folgendem Schema:

Entgeltmodell A:
- Grundentgelt als Zeitlohn: 2.250,00 €/Monat
- Leistungsentgelt: 15 % des Grundentgeltes (fest)

Entgeltmodell B:
- Akkordsatz je Stk.: 8,48 €
- mind. jedoch das Grundentgelt aus Modell A

Produktions-menge/Monat	Entlohnung Modell A	Stückkosten Modell A	Entlohnung Modell B	Stückkosten Modell B
200				
300				
400				
500				
600				

Muster! Bitte übertragen

- **b** Wie würde sich der Vergleich ändern, falls im Modell B der Grundlohn als Untergrenze entfiele?
- **c** Welches Kalkulationsproblem bringt insbesondere das Modell A mit sich?

5 Bei der bisherigen Entlohnung mittels Akkordlohn erhielt die Packerin Else Freppl einen Akkordsatz von 14,42 € je Stück. Bei einer Normalleistung von 1 230 Stück (in einem Monat mit 21 Arbeitstagen) erreichte sie im Durchschnitt einen Leistungsgrad von 125 %. In Zukunft soll sie ein Grundentgelt von monatlich 1.500,00 € erhalten. Ihr Leistungsentgelt soll wie folgt geregelt sein: Für jedes Prozent, welches sie über der Normalleistung liegt, erhält sie weitere 10,00 € monatlich, maximal aber 360,00 €. Ermitteln Sie die zu erwartende Einkommensveränderung von Frau Freppl.

AB → Lernsituation 34

7.4 Entgeltabrechnung

Beispiel: Die kaufmännische Auszubildende Bettina Lotto hält gerade ihre erste Entgeltabrechnung in Händen und liest etwas verwundert ...

„... Solidaritätszuschlag: Spende ich hier für die Dritte Welt?
... Pflegeversicherung: Ich bin erst 19 – wieso brauch ich denn so was?
... Unfallversicherung: Gegen Unfälle hilft nur Vorsicht, keine Versicherung!
... Brutto- und Nettovergütung: Super, ich bekomme gleich zwei Mal mein Geld!"

Möglicherweise kann ihr ja Frau Linden aus der Personalabteilung die verwirrende Aufstellung erklären. Am besten schaut sie gleich mal dort vorbei ...

7.4.1 Steuerpflicht

Die Steuermerkmale des Arbeitnehmers werden seit dem 01.01.2013 direkt durch Anfrage des Arbeitgebers beim Finanzamt erhoben (der Datenpool ist beim Bundeszentralamt für Steuern angelegt); die bislang übliche Lohnsteuerkarte entfällt.

Natürliche Personen, die im Inland ihren Wohnsitz oder gewöhnlichen Aufenthaltsort haben, sind unbeschränkt **einkommensteuerpflichtig**. Bei Einkünften aus unselbstständiger Arbeit wird die Lohnsteuer als Vorwegabzug (Zwangssparen) auf die Einkommensteuerschuld am Jahresende erhoben, vom Arbeitgeber direkt abgezogen und an das Finanzamt abgeführt. Neben der Lohnsteuer sind auch die Kirchensteuer und der Solidaritätszuschlag vom Arbeitgeber einzuziehen. Die Grundlage für den Steuerabzug bilden die **Steuermerkmale** des Arbeitnehmers sowie entsprechende **Lohnsteuertabellen**. Relevante Steuermerkmale des Arbeitnehmers sind:

- die gewählte Lohnsteuerklasse
- die berücksichtigungsfähige Kinderzahl
- registrierte Freibeträge
- die Religionszugehörigkeit
- in Ausnahmefällen auch das Alter

Durch die Wahl der richtigen **Lohnsteuerklasse**(n) soll verhindert werden, dass der Lohnsteuerabzug mit der späteren Einkommensteuerschuld in einem Missverhältnis steht und hohe Rück- oder Nachzahlungen anfallen.

Die Lohnsteuerklassen und deren Voraussetzungen

Steuerklasse I
- ledig
- verheiratet mit im Ausland lebendem Ehegatten oder dauernd getrennt lebend
- in eingetragener Lebensgemeinschaft lebend
- verwitwet oder geschieden

Steuerklasse II
- alleinerziehend und es liegen die sonstigen Voraussetzungen für Lohnsteuerklasse I vor
- mindestens ein Kind muss in der Wohnung gemeldet sein
- keine zweite erwachsene Person darf in der Wohnung gemeldet sein

Steuerklasse III
- verheiratet, nicht dauerhaft getrennt lebend
- der Ehegatte ist nicht berufstätig oder in Steuerklasse V

Steuerklasse IV
- verheiratet, nicht dauerhaft getrennt lebend
- beide Ehegatten sind berufstätig

Steuerklasse V
- verheiratet, nicht dauerhaft getrennt lebend
- beide Ehegatten sind berufstätig
- der Partner ist in Steuerklasse III

Steuerklasse VI
- es bestehen mehrere Arbeitsverhältnisse
- die Lohnsteuerkarte wurde beim aktuellen Arbeitgeber nicht abgegeben

Aus gleichem Grund ist die **berücksichtigungsfähige Kinderzahl** anzugeben. Als unterhaltspflichtige Kinder sind alle Kinder auch bis über deren Volljährigkeit hinaus bis zum Abschluss einer ersten Berufsausbildung oder eines Erststudiums anzusetzen, maximal aber bis zum 25. Lebensjahr.

Bei unverheirateten Eltern erhält jeder Elternteil grundsätzlich 0,5 Kinderfreibeträge pro Kind. Bei verheirateten und in Gütergemeinschaft lebenden Eltern ist die Zuweisung aller Kinderfreibeträge auf einen Ehegatten möglich. In der Steuerklassenkombination IV/IV erhalten beide Elternteile die volle Kinderzahl eingetragen, die jedoch jeweils nur mit einem halben Kinderfreibetrag angerechnet wird. In den Lohnsteuerklassen V und VI gibt es keine entsprechende Eintragsmöglichkeit.

Neben dem Kindesunterhalt lassen sich weitere steuermindernde Sachverhalte bereits bei der Lohnsteuererhebung durch die Registrierung besonderer **Freibeträge** berücksichtigen. Diese sind z. B. möglich bei

- hohen Werbungskosten (z. B. für lange Fahrwege zur Arbeit),
- außergewöhnlichen Belastungen (z. B. Behandlungskosten für chronische Krankheiten, auch bei nahen Angehörigen),
- Kinderbetreuungskosten (z. B. Tagesmutter) und
- Unterhaltszahlungen an den geschiedenen Ehegatten.

Grundlage für einen möglichen **Kirchensteuerabzug** sind insbesondere die Kirchensteuergesetze der Bundesländer. Steuerpflichtig sind Angehörige solcher Religionsgemeinschaften, die einen Status als Körperschaft des öffentlichen Rechts erworben haben und deren Leitungsgremium einen entsprechenden Entschluss zur Steuererhebung gefasst hat (wie die römisch-katholische Kirche, die evangelische Kirche des Rheinlands, die protestantische Kirche der Pfalz usw.). In Bayern und Baden-Württemberg beträgt der Abzug 8 %, in den übrigen Bundesländern 9 % der fiktiven Lohnsteuer.

Während die Arbeitnehmer die Kirchensteuer durch Kirchenaustritt umgehen können, ist der **Solidaritätszuschlag** für alle einkommensteuerpflichtigen Berufstätigen unvermeidbar. Er beträgt zurzeit 5,5 % der fiktiven Lohnsteuer. Trotz seines Namens ist der Solidaritätszuschlag nicht an die Förderung der neuen Bundesländer gebunden, sondern geht in den allgemeinen Steuertopf des Bundes.

Das **Alter** spielt nur hinsichtlich des Altersentlastungsbetrages bei Personen nach dem 64. Lebensjahr eine Nebenrolle.

! Die einbehaltene Lohn- und Kirchensteuer sowie den Solidaritätszuschlag des laufenden Monats hat der Arbeitgeber bis zum 10. des Folgemonats an das **Betriebsstättenfinanzamt** abzuführen.

Das **Betriebsstättenfinanzamt** ist das für den Ort der jeweiligen Niederlassung zuständige Finanzamt.

Einkommenssteuertarif - zwei Problemzonen

Das IW Köln schlägt vor, zwischen dem Grundfreibetrag von derzeit 7.664 Euro und dem Spitzensteuersatz ab 52.152 Euro einen linearen Tarif anzuwenden. Damit würde der „Mittelstandsbauch" beseitigt, der Bezieher mittlerer Einkommen besonders belastet

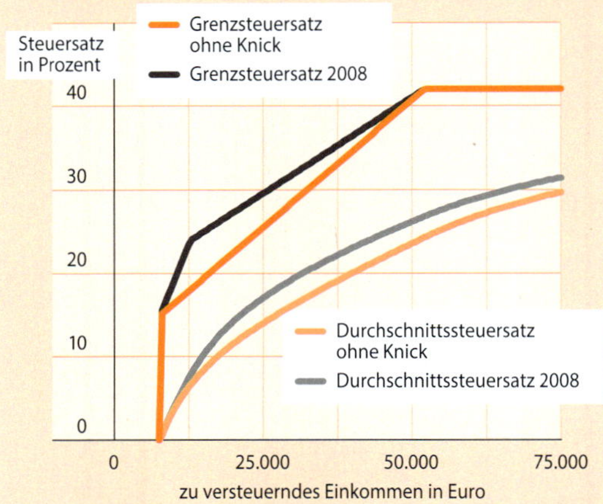

Zu versteuerndes Einkommen	Steuerentlastung laut IW-Vorschlag	
	in Prozent	in Euro
8.000	2,0	1
9.000	5,1	11
10.000	8,0	32
12.000	13,4	109
14.000	17,2	222
16.000	18,6	333
18.000	19,0	439
20.000	18,9	538
25.000	17,8	759
30.000	16,2	943
35.000	14,6	1.090
40.000	13,0	1.200
45.000	11,5	1.272
50.000	10,0	1.307

Quelle: IW-Berechnungen

Institut der deutschen Wirtschaft Köln

Ausnahmen entstehen dort, wo der Arbeitnehmer nur geringfügige Einkünfte erzielt, und damit der Arbeitgeber die Beiträge allein trägt (die sog. Minijobs). Die Beiträge zur gesetzlichen Unfallversicherung trägt der Arbeitgeber immer allein und zahlt sie an die Berufsgenossenschaften.

Bei freiwillig in der gesetzlichen Krankenversicherung versicherten Arbeitnehmern hat der Arbeitgeber als Zuschuss den Betrag zu zahlen, den er im Falle der Krankenversicherungspflicht zu zahlen hätte, höchstens jedoch die Hälfte des Betrags, den der Arbeitnehmer für seine Krankenversicherung bezahlt. Entsprechendes gilt auch für die Pflegeversicherung.

7.4.2 Sozialversicherungspflicht

Die 5 „Säulen" der gesetzlichen Sozialversicherung:
- Rentenversicherung
- Arbeitslosenversicherung
- Unfallversicherung
- Krankenversicherung
- Pflegeversicherung

Erwerbstätige, die ihren Lebensunterhalt durch unselbstständige Arbeit verdienen, bedürfen in besonderem Maße des Schutzes und der Fürsorge des Staats. Sie sind deshalb grundsätzlich sozialversicherungspflichtig. Neben Steuern muss der Arbeitgeber vom Arbeitnehmerentgelt deshalb auch Sozialversicherungsbeiträge abziehen und sie – zusammen mit seinem Arbeitgeberanteil – an die zuständige Krankenkasse überweisen. Für die einzelnen Zweige der gesetzlichen Sozialversicherung gelten dabei folgende Beitragsregeln:

Sozialversicherungsbeiträge 2019

Sozialversicherung	Beitragssatz/ gesamt	Arbeitnehmer-beitrag	Arbeitgeber-beitrag
Krankenversicherung	14,6 %*	7,3 %**	7,3 %**
Pflegeversicherung Kinderlose ab 23. Lj. ***	3,05 % 3,3 %	1,525 % 1,775 %	1,525 %
Rentenversicherung	18,6 %	9,3 %	9,3 %
Arbeitslosenversicherung	2,5 %	1,25 %	1,25 %

* allgemeiner Beitragssatz

** zzgl. eines krankenkassenindividuellen Zusatzbeitrags, der je zur Hälfte von Arbeitnehmer und Arbeitgeber getragen wird (durchschnittlich 0,9 % : 2 = je 0,45 %; Stand: 01.01.2019)

*** Ausnahme Sachsen:

- Beitragssatz/gesamt: 3,05 % (bzw. 3,3 %)
- Arbeitnehmerbeitrag: 2,025 % (unter 23 Jahren und/oder mit Kindern) bzw. 2,275 % (Kinderlose ab 23 Jahren)
- Arbeitgeberbeitrag: 1,025 %

Die Unfallversicherung trägt allein der Arbeitgeber, sie taucht auf der Lohn- und Gehaltsabrechnung des Arbeitnehmers nicht auf. Die Sozialversicherungsabzüge werden nur bis zur sogenannten Beitragsbemessungsgrenze errechnet, d. h., das darüber liegende Entgelt des Arbeitnehmers ist beitragsfrei.

Beitragsbemessungsgrenzen 2019

	West (Brutto monatlich)	Ost (Brutto monatlich)
Krankenversicherung	4.537,50 €	4.537,50 €
Pflegeversicherung	4.537,50 €	4.537,50 €
Rentenversicherung	6.700,00 €	6.150,00 €
Arbeitslosenversicherung	6.700,00 €	6.150,00 €

Eine Besonderheit ist in Bezug auf die gesetzliche Krankenversicherung zu berücksichtigen: Übersteigt das Einkommen des Arbeitnehmers die **Versicherungspflichtgrenze** von 5.062,50 €, kann dieser in eine private Krankenversicherung wechseln.

Die Gesamtsozialversicherungsbeiträge (also Arbeitgeber- und Arbeitnehmeranteile) sind spätestens am drittletzten Bankarbeitstag des Monats der Entgeltzahlung in voraussichtlicher Höhe der Beitragsschuld fällig. Das bedeutet, dass sie im Regelfall vom Arbeitgeber bereits überwiesen werden, noch bevor durch die Gehaltszahlung eine Beitragspflicht eintritt. Dies ist für die Buchung von wesentlicher Bedeutung.

7.4.3 Nettoentgeltberechnung am praktischen Beispiel

Das **Bruttoentgelt** fasst alle Geldleistungen und die meisten geldwerten Vorteile in einer Summe zusammen. Es ist die Grundlage für die Ermittlung der Steuer- und Sozialversicherungsabzüge. Nicht steuerpflichtig ist die Erstattung von Auslagen, die der Arbeitnehmer vorgeleistet hat (z. B. Reisekostenabrechnung).

Das **Nettoentgelt** ist die verbleibende Vergütung nach Berücksichtigung aller gesetzlichen Abzüge, also nach Steuern und Sozialversicherungsabgaben. Es entspricht nicht immer dem Überweisungsbetrag, da auch privat bedingte Abzüge wie vermögenswirksames Sparen oder die Verrechnung eines früher gewährten Vorschusses in die Entgeltabrechnung einfließen. Zum besseren Verständnis soll das nachfolgende praktische Beispiel die Zusammenhänge verdeutlichen

Beispiel: Herr Gilles aus der Versandabteilung der Fly Bike Werke GmbH (Oldenburg, Niedersachsen) ist verheiratet (Lohnsteuerklasse III) und hat zwei berücksichtigungsfähige Kinder. Sein Monatsentgelt (Grundentgelt + Leistungsentgelt) beträgt 2.671,99 €.

Herr Gilles erhält ferner noch eine Überstundenvergütung, einen Zuschuss zur Kontoführung sowie einen Arbeitgeberzuschuss zum vermögenswirksamen Sparen, die allesamt steuerpflichtig sind und sein steuerpflichtiges Einkommen auf 2.919,24 € erhöhen.

Allgemeine Monats-Lohnsteuertabelle 2019 / West von 2.913,00 € bis 2.927,99 €, Kirchensteuer 9 %

Kinderfreibetrag				0		0,5		1		1,5		2		2,5		3		3,5		4
ab €	StK	Steuer	SolZ	KiStr	SolZ	KiStr	SolZ	KiStr	SolZ	KiStr	SolZ	KiStr	SolZ	KiStr	SolZ	KiStr	SolZ	KiStr	SolZ	KiStr
2.913,00																				
	1	397,58	21,86	35,78	16,76	27,42	11,94	19,54	7,41	12,12	-	5,26	-	0,12	-	-	-	-	-	-
	2	350,41	-	-	14,31	23,42	9,63	15,77	2,89	8,59	-	2,42	-	-	-	-	-	-	-	-
	3	157,50	-	14,17	-	7,90	-	2,70	-	-	-	-	-	-	-	-	-	-	-	-
	4	397,58	21,86	35,78	19,27	31,54	16,76	27,42	14,31	23,42	11,94	19,54	9,64	15,77	7,41	12,12	2,91	8,60	-	5,26
	5	709,91	39,04	63,89	-	-	-	-	-	-	-	-	-	-	-	-	-	-	-	-
	6	746,16	41,03	67,15	-	-	-	-	-	-	-	-	-	-	-	-	-	-	-	-
2.916,00																				
	1	398,33	21,90	35,84	16,79	27,48	11,98	19,60	7,44	12,18	-	5,31	-	0,15	-	-	-	-	-	-
	2	351,16	-	-	14,35	23,48	9,67	15,83	3,01	8,64	-	2,46	-	-	-	-	-	-	-	-
	3	158,16	-	14,23	-	7,94	-	2,74	-	-	-	-	-	-	-	-	-	-	-	-
	4	398,33	21,90	35,84	19,31	31,61	16,79	27,48	14,35	23,49	11,98	19,60	9,67	15,83	7,44	12,18	3,03	8,65	-	5,31
	5	711,00	39,10	63,99	-	-	-	-	-	-	-	-	-	-	-	-	-	-	-	-
	6	747,25	41,09	67,25	-	-	-	-	-	-	-	-	-	-	-	-	-	-	-	-
2.919,00																				
	1	399,08	21,94	35,91	16,83	27,55	12,01	19,66	7,48	12,24	-	5,36	-	0,18	-	-	-	-	-	-
	2	351,91	-	-	14,38	23,54	9,70	15,88	3,13	8,69	-	2,50	-	-	-	-	-	-	-	-
	3	158,66	-	14,27	-	7,99	-	2,77	-	-	-	-	-	-	-	-	-	-	-	-
	4	399,08	21,94	35,91	19,35	31,67	16,83	27,55	14,39	23,54	12,01	19,66	9,71	15,89	7,48	12,24	3,14	8,70	-	5,36
	5	712,00	39,16	64,08	-	-	-	-	-	-	-	-	-	-	-	-	-	-	-	-
	6	748,25	41,15	67,34	-	-	-	-	-	-	-	-	-	-	-	-	-	-	-	-
2.922,00																				
	1	399,83	21,99	35,98	16,87	27,61	12,05	19,72	7,51	12,29	-	5,40	-	0,22	-	-	-	-	-	-
	2	352,58	-	-	14,42	23,60	9,74	15,94	3,26	8,75	-	2,54	-	-	-	-	-	-	-	-
	3	159,33	-	14,33	-	8,03	-	2,81	-	-	-	-	-	-	-	-	-	-	-	-
	4	399,83	21,99	35,98	19,39	31,73	16,87	27,61	14,42	23,60	12,05	19,72	9,74	15,95	7,51	12,29	3,26	8,75	-	5,40
	5	713,08	39,21	64,17	-	-	-	-	-	-	-	-	-	-	-	-	-	-	-	-
	6	749,33	41,21	67,43	-	-	-	-	-	-	-	-	-	-	-	-	-	-	-	-
2.925,00																				
	1	400,58	22,03	36,05	16,91	27,68	12,09	19,78	7,55	12,35	-	5,45	-	0,25	-	-	-	-	-	-
	2	353,33	-	-	14,46	23,67	9,78	16,00	3,38	8,81	-	2,58	-	-	-	-	-	-	-	-
	3	160,00	-	14,40	-	8,08	-	2,84	-	-	-	-	-	-	-	-	-	-	-	-
	4	400,58	22,03	36,05	19,43	31,80	16,91	27,68	14,46	23,67	12,09	19,78	9,78	16,01	7,55	12,35	3,39	8,82	-	5,45
	5	714,16	39,27	64,27	-	-	-	-	-	-	-	-	-	-	-	-	-	-	-	-
	6	750,41	41,27	67,53	-	-	-	-	-	-	-	-	-	-	-	-	-	-	-	-

Gemäß Lohnsteuertabelle ergibt sich bei einem Einkommen ab 2.919,00 € und Steuerklasse III ein Lohnsteuerabzug von 158,66 €. Wandert man in der gleichen Zeile nach rechts, so ergeben sich in den beiden Spalten mit zwei Kinderfreibeträgen 0,00 € Abzüge für Solidaritätszuschlag und Kirchensteuer.

Krankenversicherung:	7,75 %*	von 2.919,24 =	226,24 €
Pflegeversicherung:	1,525 %	von 2.919,24 =	44,52 €
Rentenversicherung:	9,3 %	von 2.919,24 =	271,49 €
Arbeitslosenversicherung:	1,25 %	von 2.919,24 =	36,49 €

* allg. AN-Beitrag 7,3 % + krankenkassenindividueller Zusatzbeitrag 0,45 %

Die Errechnung wird durch den Umstand erleichtert, dass Herr Gilles die Beitragsbemessungsgrenzen nicht erreicht und auch kein Zuschlag für Kinderlose in der Pflegeversicherung anfällt.

Einschließlich seines Eigenbeitrags zur Vermögensbildung sieht die Entgeltabrechnung von Herrn Gilles nun wie folgt aus:

Verdienstnachweis

Abrechnungsmonat: 04/2019

Robert Gilles
Hamburger Straße 43
26129 Oldenburg

Werk	Abteilung	Kostenstelle	Personalnr.
		153	120

Geburtsdatum	Eintrittsdatum
14.05.19XX	01.02.20XX
Tarifgruppe	**Std.-Lohn**

Soll-Std.	Soll-Tage	Arbeitstage	Feiertage	Vortrag	Urlaub genommen	Rest
				38.00	0.00	38.00

Steuerklasse/Kinder/Religion	Freibetrag Monat/Jahr	Steuertage	Sozialversicherungsnummer	SV-Tage
3 2.0 20=rk	0 0	30	11 180966 S315	30

Art	Bezeichnung	Std./Tag	Faktor	%-Zuschlag	SV-pflichtiger Verdienst	Steuerpfl. Verdienst	Bruttoverdienst
4	Monatslohn				2.671,99	2.671,99	2.671,99
20	Überstundengrundlohn	10.00	17.55		175,50	175,50	175,50
21	Überstundenzuschlag	10.00	17.55	25.00	43,88	43,88	43,88
180	Kontoführungsgebühr				1,28	1,28	1,28
190	VL-Arbeitgeberanteil				26,59	26,59	26,59

			Monatswerte	Jahreswerte
			-----------	----------
Bruttoverdienst			2.919.24	12.002,89
Steuerpflichtig	2.919,24			11.820,24
Lohnsteuer		158,66-		703,69-
Solidaritätszuschlag		0,00-		0,00-
Kirchensteuer		0,00-		0,00-
SV-pflichtig (lfd. Bezüge)	2.919,24			11.820,24
Krankenversicherung		226,24-		969,22-
Pflegeversicherung		44,52-		150,88-
Rentenversicherung		271,49-		1.105,14-
Arbeitslosenversicherung		36,49-		170,30-
Nettoverdienst		2.181,84		8.721,01
Vermögensbildung		40,00-		160,00-
Überweisungsbetrag		2.141,84		8.561,01

AB → Lernsituation 35

7.5 Personalbuchungen

7.5.1 Buchung der Entgeltabrechnung

Beispiel: Frau Linden, die Personalsachbearbeiterin der Fly Bike Werke GmbH, hat die Entgeltabrechnung für Herrn Gilles erstellt. Dieser Beleg ist nun die Grundlage der Buchung im Rechnungswesen. Und da ist einiges zu tun.

Aus Übersichtsgründen sollen zunächst die Abrechnungsdaten aus dem vorherigen Kapitel noch einmal zusammengefasst werden:

Monatsentgelt	2.671,99 €	Bruttolohn 2.919,24 € (Steuer- und SV-Pflicht 2.919,24 €)
Überstundenentgelt	175,50 €	
Überstundenzuschlag	43,88 €	
Kontoführungsgebühr	1,28 €	
VL-Arbeitgeberanteil	26,59 €	
Lohnsteuer	158,66 €	Steuerabzüge 158,66 €
Solidaritätszuschlag	0,00 €	
Kirchensteuer	0,00 €	
Krankenversicherung	226,24 €	Sozialversicherungsabzüge 578,74 €
Pflegeversicherung	44,52 €	
Rentenversicherung	271,49 €	
Arbeitslosenversicherung	36,49 €	

Die Entgeltabrechnung wird nun in vier Schritten gebucht:

(1) Abführung der Sozialversicherungsbeiträge

Wie in Kapitel 7.4.2 bereits erwähnt, werden die Beiträge zur gesetzlichen Sozialversicherung bereits abgeführt, noch bevor durch die Entgeltabrechnung eine konkrete Beitragspflicht entsteht. Buchungstechnisch müssen sie aus Unternehmenssicht deshalb wie ein **Vorschuss an die Sozialkassen** behandelt werden. Dieser wird auf das Konto 2640 „SV-Vorauszahlung“ gebucht.

Abgeführt werden aber nicht nur die Arbeitnehmer-, sondern auch die Arbeitgeberanteile.

Beispiel: Im vorliegenden Fall beträgt der Arbeitnehmeranteil 578,74 €. Der Arbeitgeberanteil entspricht in diesem Fall bei allen Zweigen der gesetzlichen Sozialversicherung (Kranken-, Pflege-, Renten- und Arbeitslosenversicherung) dem Arbeitnehmeranteil.

- Krankenversicherungsanteil Arbeitgeber: 7,75 % von 2.919,24 = 226,24 €
- Gesamtanteil Arbeitgeber: 226,24 + 44,52 + 271,49 + 36,49 = 578,74 €
- Sozialversicherungsbeitrag gesamt: 578,74 (AG) + 578,74 (AN) = 1.157,48 €

Kontonr.	Kontobezeichnung	Betrag Soll	Betrag Haben
2640	SV-Vorauszahlung	1.157,48	
an 2800	Bank		1.157,48

! Alle Beiträge werden unabhängig vom Versicherungsträger an die Krankenkasse überwiesen, die die Weiterleitung übernimmt.

(2) Entgeltabrechnung

Vorläufig existiert der durch Entgeltrahmenabkommen abgeschaffte Unterschied zwischen Lohn- und Gehaltsempfängern im Kontenrahmen weiter. Im Weiteren wird davon ausgegangen, dass Herr Gilles als Versandmitarbeiter Gehalt bezieht. Mit der Gehaltsabrechnung verändert sich die abgabenrechtliche Situation:

- Die quasi als Vorschuss erbrachte Leistung der Sozialversicherungsbeiträge ist nun in eine Beitragspflicht umgewandelt, das Konto SV-Vorauszahlung ist auszugleichen und auf „0" zu stellen. Dies geschieht bei der Gehaltsabrechnung zunächst mit dem Arbeitnehmeranteil.
- Es entsteht gleichfalls die Steuerplicht. Da die einbehaltenen Steuerabzüge aber erst im folgenden Monat ans Finanzamt weitergeleitet werden, entsteht zunächst eine Verbindlichkeit gegenüber dem Finanzamt.
- Ebenfalls fällig ist der Beitrag des Arbeitnehmers zum vermögenswirksamen Sparen. Solange der Betrieb diesen einbehalten, aber noch nicht weitergeleitet hat, entstehen hier Verbindlichkeiten aus vermögenswirksamen Leistungen.

Kontonr.	Kontobezeichnung	Betrag Soll	Betrag Haben
6300	Gehälter	2.891,37	
6320	sonst. tarifl. Leistungen	27,87	
an 2640	SV-Vorauszahlung		578,74
an 4830	Vbl. gegenüber Finanzbehörden		158,66
an 4860	Vbl. aus vermögensw. Leistungen		40,00
an 2800	Bank		2.141,84

Die Belastung des Bankkontos entspricht dem Überweisungsbetrag aus der Entgeltabrechnung.

(3) Buchung des Arbeitgeberanteils zur Sozialversicherung

Mit (2) wurde der Arbeitnehmeranteil des Sozialversicherungsbeitrags von einem Vorschuss in einen Gehaltsabzug umgestellt. Der mit der Entgeltabrechnung nun ebenfalls abgabepflichtige Arbeitgeberanteil muss – anstelle des Vorschusses – als weiterer Aufwand neben dem Bruttolohn erfasst werden. Hierfür steht das Konto „Arbeitgeberanteil zur Sozialversicherung" zur Verfügung.

! Löhne und Gehälter werden hier ebenfalls mit verschiedenen Konten (6400 oder 6410) angesprochen.

Hinweis:
- Auf den Hauptkonten (6200 Löhne/6300 Gehälter) wird die Arbeitsvergütung inklusive aller Zulagen, wie z. B. Leistungsprämien oder Überstundenzuschlägen, gebucht.
- Die Konten 6220/6320 (Sonstige tarifliche Leistungen) umfassen vereinbarte Sondervergütungen, die nicht in Bezug zu einer bestimmten Arbeitsleistung stehen, z. B. Kontoführungsgebühr oder vermögenswirksame Leistungen.
- Die Konten 6230/6330 (Freiwillige Aufwendungen) umfassen Sondervergütungen ohne Rechtsanspruch, z. B. Zuschuss des Arbeitgebers zu einer Kur.

Prinzipiell können auch die Sondervergütungen auf den Hauptkonten gebucht werden.

Kontonr.	Kontobezeichnung	Betrag Soll	Betrag Haben
6410	Arbeitgeberanteil zur SV	578,74	
an 2640	SV-Vorauszahlung		578,74

(4) Abführung noch einbehaltener Abzüge

Während die SV-Abzüge bereits vorab überwiesen wurden, sind nun nach der Entgeltabrechnung noch die Steuerabzüge und evtl. Arbeitnehmer-Sparbeiträge im Rahmen der vermögenswirksamen Leistungen abzuführen

Kontonr.	Kontobezeichnung	Betrag Soll	Betrag Haben
4830	Vbl. gegenüber Finanzbehörden	158,66	
4860	Vbl. aus vermögenswirks. Leistungen	40,00	
an 2800	Bank		198,66

7.5.2 Gesetzliche Unfallversicherung

Im Gegensatz zu den anderen Zweigen der gesetzlichen Sozialversicherung taucht die Unfallversicherung in der Entgeltabrechnung der Arbeitnehmer nicht auf. Grund: Hier zahlt der Arbeitgeber die Beiträge allein. Diese werden auch nicht über die Krankenversicherung umgeleitet, sondern direkt an den Versicherungsträger (dies ist bei Unternehmen die Berufsgenossenschaft) geschickt. Dementsprechend werden sie als „Beiträge zur Berufsgenossenschaft" gebucht. Maßgeblich für die Höhe der Beiträge sind die Entgeltsumme sowie die Gefahrenklasse.

Beispiel: Die Fly Bike Werke GmbH hat den Beitragsbescheid der Berufsgenossenschaft für das Jahr 2019 über 115.000,00 € erhalten und sofort angewiesen. Die Buchung lautet:

Kontonr.	Kontobezeichnung	Betrag Soll	Betrag Haben
6420	Beiträge zur Berufsgenossenschaft	115.000,00	
an 2800	Bank		115.000,00

7.5.3 Vorschüsse

Unter bestimmten Umständen sind manche Arbeitgeber bereit, ihren Beschäftigten einen kurzfristigen, unverzinsten Kredit einzuräumen, der mit der nächsten Entgeltabrechnung wieder eingezogen wird. Hier spricht man im Allgemeinen von einem „Vorschuss".

Dem Kreditcharakter entsprechend werden gewährte Vorschüsse auf einem speziellen Forderungskonto gebucht, welches beim Einzug der Forderungen bei der kommenden Gehaltsabrechnung wieder ausgeglichen, d. h. auf „0" gestellt wird.

Beispiel: Herr Gilles musste eine größere Reparatur an seinem Privat-Pkw bezahlen, sein Konto ist so bereits vor Monatsende ins Minus gerutscht. Jetzt hat er sich auch privat zu einem Fortbildungskurs „Logistikmanagement" angemeldet, hier wird die Kursgebühr fällig. Schweren Herzens bittet er deshalb den Geschäftsführer der Fly Bike Werke GmbH, Herrn Peters, um einen Bar-Vorschuss von 800,00 €.

Sofern Herr Peters dies genehmigt, wird am Auszahlungstag wie folgt gebucht:

Kontonr.	Kontobezeichnung	Betrag Soll	Betrag Haben
2650	Forderungen an Mitarbeiter	800,00	
an 2880	Kasse		800,00

Auf der folgenden Entgeltabrechnung von Herrn Gilles würde dann nach der Position „Nettoverdienst“ neben den vermögenswirksamen Leistungen noch ein zusätzlicher Abzug für die „Einbehaltung Vorschuss“ ausgewiesen werden.

Nettoverdienst	2.181,84	8.721,01
914 Vermögensbildung	40,00–	160,00–
917 Einbehaltung Vorschuss	800,00–	800,00–
Überweisungsbetrag	1.341,84	7.761,01

Die Buchung bei der Gehaltsabrechnung würde sich gegenüber dem Eingangsfall wie folgt verändern:

Kontonr.	Kontobezeichnung	Betrag Soll	Betrag Haben
6300	Gehälter	2.891,37	
6320	sonst. tarifl. Leistungen	27,87	
an 2640	SV-Vorauszahlung		578,74
an 4830	Vbl. gegenüber Finanzbehörden		158,66
an 4860	Vbl. aus vermögensw. Leistungen		40,00
an 2650	Forderungen an Mitarbeiter		800,00
an 2800	Bank		1.341,84

7.5.4 Entgeltliche und unentgeltliche Sachleistungen

Den Mitarbeitern gewährte unentgeltliche Sachbezüge (privat nutzbares Firmen-Kfz, Verschenken von Unternehmensprodukten usw.) werden mit ihrem tatsächlichen Aufwand auf dem Konto „Sachbezug“ (Konto 6250 oder 6350) eingetragen.

Diese sind mit ihrem geldwerten Vorteil dem Bruttolohn hinzuzurechnen. Bei den verbreiteten Dienstwagen mit privater Nutzung wird hier zurzeit ein monatlicher Vorteil von 1 % des Listenpreises angesetzt (anstelle dieses pauschalen Ansatzes kann der Nutzungsanteil auch individuell mit Fahrtenbuch ermittelt werden). Dieser Nutzungsvorteil muss, sofern er oberhalb der Bagatellgrenze von zurzeit 44,00 € monatlich liegt, dem Bruttoverdienst hinzugerechnet, versteuert und sozialversichert werden.

Ein geldwerter Vorteil in entsprechend geringerer Höhe entsteht auch, wenn Sachleistungen zwar gegen Entgelt, aber unterhalb des marktüblichen Preises abgegeben werden (z. B. verbilligte Werkswohnung, Sonderrabatte für betriebliche Erzeugnisse für Werksangehörige). Es bestehen allerdings Freigrenzen.

Wird eine entgeltliche Sachleistung an einen Mitarbeiter nicht als Bargeschäft oder Zielkauf, sondern über einen Einzug mit der nächsten Entgeltabrechnung abgewickelt, ergibt sich für diese Zeit wiederum eine Forderung an den Mitarbeiter. Es handelt sich hier um keinen Geld-, sondern um einen Sachvorschuss.

Beispiel: Herr Gilles hat im Rahmen eines besonderen Werksverkaufs ein Fahrrad aus dem Absatzlager der Fly Bike Werke GmbH erworben. Der Verkaufspreis beträgt 500,00 € netto + 95,00 € USt. = 595,00 €.

Das Unternehmen bucht beim Verkauf:

Kontonr.	Kontobezeichnung	Betrag Soll	Betrag Haben
2650	Forderungen an Mitarbeiter	595,00	
an 5000	Umsatzerlöse für eig. Erzeugnisse		500,00
an 4800	Umsatzsteuer		95,00

Der Einzug in der nächsten Gehaltsabrechnung erfolgt wie beim vorher dargestellten Barvorschuss.

7.5.5 Mehrarbeits-, Nachtarbeits- und Schichtzuschläge

Im Regelfall werden auch Zuschläge zum Grundentgelt, insbesondere Überstunden- und Schichtzulagen, so besteuert wie jede andere Geldleistung des Arbeitgebers.

Obwohl hier oftmals um eine Gleichstellung gerungen wurde, gibt es aber seit vielen Jahrzehnten eine bedeutende Ausnahme:

§ 3 b EStG

! Zuschläge, die für tatsächlich geleistete Sonntags-, Feiertags- oder Nachtarbeit neben dem Grundlohn gezahlt werden, sind in der folgenden Höhe **steuerfrei:**

a. für Nachtarbeit (20:00 – 06:00 Uhr) allgemein bis zu 25 %; für die Arbeit in der Zeit zwischen 00:00 und 04:00 Uhr, wenn diese vor 00:00 Uhr aufgenommen wird, bis zu 40 % des Grundlohns
b. für Sonntagsarbeit bis zu 50 % des Grundlohns
c. für Arbeit an gesetzlichen Feiertagen und an Silvester ab 14:00 Uhr bis zu 125 % des Grundlohns
d. für Arbeit an Heiligabend ab 14:00 Uhr, den Weihnachtsfeiertagen und am 1. Mai bis zu 150 % des Grundlohns

7.5.6 Minijobs

Eine sogenannte „geringfügige Beschäftigung" liegt vor, wenn das Arbeitseinkommen aus einem Beschäftigungsverhältnis regelmäßig im Monat 450,00 € nicht übersteigt (Stand: 2016). Aufgrund der geringen Einkommenshöhe besteht im gewerblichen Bereich zumindest bei den Lohnsteuerklassen I bis IV keine Steuerpflicht. Um die Aufnahme einer geringfügigen Beschäftigung zu fördern, werden die Arbeitnehmer außerdem weitgehend von der Sozialversicherungsbeitragspflicht befreit: Im gewerblichen Bereich trägt der **Arbeitgeber** einen Pauschalbetrag von 28 % des Arbeitslohns: 13 % für Krankenversicherung (nur für einen gesetzlich krankenversicherten Arbeitnehmer), 15 % für Rentenversicherung. Ein rentenversicherungspflichtiger **Arbeitnehmer** trägt nur einen Beitragssatz von 3,7 % zur Rentenversicherung. Beträge zur Pflege- und Arbeitslosenversicherung fallen für Arbeitgeber und Arbeitnehmer nicht an. *

* Andere SV-Beitragssätze gelten für 450-Euro-Minijobs in Privathaushalten.

7.6 Einkommensteuererklärung des Arbeitnehmers

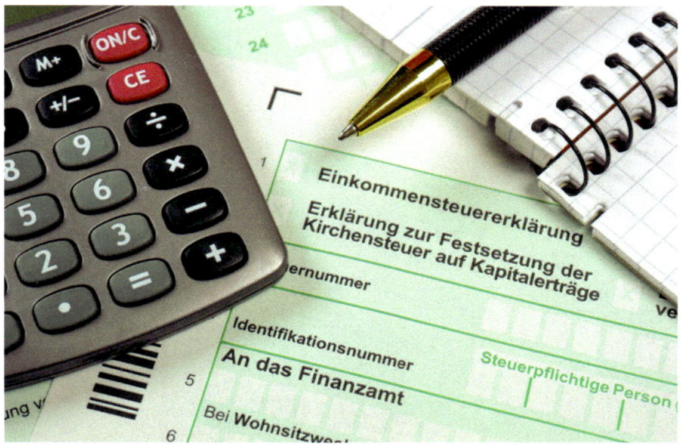

Die Einkommensteuererklärung ist die schriftliche Erklärung eines Steuerpflichtigen über sein erzieltes Einkommen im vergangenen Jahr. Sie erstreckt sich auch beim Arbeitnehmer nicht nur auf das erzielte Arbeitseinkommen, sondern auch auf alle anderen Einkünfte wie Zins- oder Mieteinnahmen, Wertzuwächse bei Sach- und Geldanlagen u. a. m.

Anhand des erzielten Einkommens werden – unter Anrechnung von Freigrenzen, Unterhaltsverpflichtungen, Werbungskosten und besonderen Belastungen – die Einkommensteuer, der Solidaritätszuschlag und die Kirchensteuer auf einem Einkommensteuerbescheid für das gesamte abgelaufene Kalenderjahr festgelegt.

Wurde aufgrund der laufenden Lohnsteuerabzüge vom Arbeitnehmer eine höhere Abgabe einbehalten, als aufgrund der gesamten Einkommensverhältnisse im Einkommensteuerbescheid festgelegt wird, so erhält der Steuerzahler die Differenz erstattet. Umgekehrt muss er einen Fehlbetrag nachzahlen. Zu diesen Differenzen kommt es vor allem,

- wenn das Arbeitsentgelt im Jahresverlauf stark schwankt (z. B. bei Arbeitslosigkeit, Provisionen, Leistungszulagen),
- wenn sich die persönlichen Lebensverhältnisse ändern (Heirat, Geburt von Kindern),
- wenn Ehepaare eine für ihre Lebensverhältnisse ungünstige Steuerklassenkombination wählen oder
- wenn steuermindernde Sachverhalte nicht beim Finanzamt eingetragen wurden.

Beispiel: Die Ehefrau von Herrn Gilles hat lediglich einen 450,00-€-Job, dafür sind 39,50 € Lohnsteuer und 3,55 € Kirchensteuer fällig. Mit der Steuerklassenkombination III/V zahlt das Ehepaar zusammen 225,00 € Lohnsteuer (185,50 €+ 39,50 €), mit der Kombination IV/IV aber schon 421,41 €. Das verändert aber nicht die Einkommenssteuerschuld im Steuerbescheid, hier würde Herr Gilles die zu viel gezahlte Lohnsteuer zurückerhalten.

Sofern dies nicht bereits bei den Steuermerkmalen zur Lohnsteuererhebung per Registrierung geschehen ist, kann der Steuerpflichtige bei seiner Einkommensteuererklärung eine Reihe von Sachverhalten steuermindernd geltend machen:

Werbungskosten sind Aufwendungen, die zum Erhalt oder zur Sicherung der Einkünfte dienen. Dazu gehören: Aufwendungen für Arbeitsmittel (Fachliteratur, Bekleidung usw.), für Fahrten zwischen Wohnung und Arbeitsstätte, Beiträge zu Berufsverbänden, Aufwendungen für eine Berufsfortbildung und Mehraufwendungen aufgrund einer beruflich begründeten doppelten Haushaltsführung.

Beispiel: Für jeden Entfernungskilometer kann eine Entfernungspauschale von 0,30 € abgesetzt werden.

Sonderausgaben sind Aufwendungen, die aus wirtschafts- und sozialpolitischen Gründen steuerlich absetzbar sind. Bei den eintragungsfähigen übrigen Sonderausgaben gelten als

- **unbeschränkt abzugsfähig:** z. B. Renten und dauernde Lasten, Kirchensteuer, Krankenversicherung (nur Basisversorgung ohne Krankengeld)
- **beschränkt abzugsfähig:** z. B. Unterhaltsleistungen an den geschiedenen Ehegatten, Vorsorgeaufwendungen, Kosten des eigenen Berufsausbildungsverhältnisses und der Weiterbildung, Schulgeld, Spenden an gemeinnützige Verbände.

Außergewöhnliche Belastungen sind u. a. Kinderbetreuungskosten, Krankheitskosten, weitere Unterhaltsaufwendungen (sofern nicht als Sonderausgaben erfasst), Kosten für die Berufsausbildung eines Kindes und Kosten für eine krankheitsbedingt notwendige Haushaltshilfe.

ÜBERSICHT: Entgeltabrechnung

	Grund- und Leistungsentgelte	
+	Überstundenentgelte	
+	tarifliche und freiwillige Zulagen	
+	Arbeitgeberanteil vermögenswirksames Sparen	
+	Sachleistungen / geldwerte Vorteile	
=	**Bruttoentgelt**	
–	Lohnsteuer	nach Steuertabellen
–	Solidaritätszuschlag	
–	Kirchensteuer	
–	Rentenversicherung	nach gesetzlichen Beitragssätzen unter Beachtung von Beitragsbemessungsgrenzen
–	Arbeitslosenversicherung	
–	Krankenversicherung	
–	Pflegeversicherung	
=	**Nettoentgelt**	
–	Vorschüsse	
–	vermögenswirksames Sparen	
=	**Überweisung**	

Aufgaben

1 Welche Steuerklassen sind in den folgenden Fällen möglich?
   a Michaela, 19, lebt mit ihrem ebenfalls berufstätigen Freund Ralf, 20, zusammen.
   b Ramona, 33, alleinerziehende Mutter eines 4-jährigen Kindes, arbeitet als Verkäuferin.
   c Claudia, 42, in zweiter Ehe verheiratet, kinderlos, arbeitet in einem Pflegeheim. Mit Erlaubnis des Pflegeheims hat sie nun noch einen Nebenjob bei einem ambulanten Pflegedienst angenommen.
   d Alexander, 52, geschiedener Einkaufsleiter. Seine beiden Töchter leben bei ihrer Mutter.
   e Fredo, 33, freischaffender und leider etwas erfolgloser Künstler. Seine Ehefrau ist Büroangestellte und in Steuerklasse III eingestuft. Fredo erhält in ihrer Firma nun einen Teilzeitjob als Bürobote.

2 Bis zu welchem Zeitpunkt müssen Steuern und Sozialversicherungsbeiträge abgeführt werden?

3 Berechnen Sie mithilfe der nachstehenden Lohnsteuertabelle sowie der in Kapitel 7.4.2 abgedruckten Sozialversicherungssätze für einen Angestellten mit einem Bruttoeinkommen von 4.875,00 €, evangelisch, geschieden, ein berücksichtigungsfähiges Kind, die folgenden Abzüge:
- Lohnsteuer, Kirchensteuer, Solidaritätszuschlag
- Rentenversicherung, Arbeitslosenversicherung, Krankenversicherung, Pflegeversicherung

Allgemeine Monats-Lohnsteuertabelle 2019 / West von 4.863,00 € bis 4.877,99 €, Kirchensteuer 9 %

Kinderfreibetrag			0		0,5		1		1,5		2		2,5		3	
ab €	StK	Steuer	SolZ	KiStr	SolZ	KiStr	SolZ	KiStr	SolZ	KiStr	SolZ	KiStr	SolZ	KiStr	SolZ	KiStr
4.863,00																
	1	970,58	53,38	87,35	46,76	76,52	40,43	66,17	34,39	56,28	28,64	46,87	23,18	37,93	18,00	29,45
	2	909,66	-	-	43,56	71,28	37,37	61,16	31,48	51,51	25,87	42,33	20,55	33,62	15,51	25,39
	3	592,33	32,57	53,30	27,72	45,36	22,99	37,63	18,42	30,15	13,99	22,90	2,89	15,88	-	9,37
	4	970,58	53,38	87,35	50,03	81,87	46,76	76,52	43,56	71,29	40,43	66,17	37,38	61,16	34,39	56,28
	5	1.409,91	77,54	126,89	-	-	-	-	-	-	-	-	-	-	-	-
	6	1.446,16	79,53	130,15	-	-	-	-	-	-	-	-	-	-	-	-
4.866,00																
	1	971,66	53,44	87,44	46,82	76,61	40,49	66,26	34,45	56,37	28,69	46,95	23,22	38,00	18,04	29,53
	2	910,75	-	-	43,61	71,37	37,43	61,25	31,53	51,59	25,92	42,41	20,59	33,70	15,56	25,47
	3	593,16	32,62	53,38	27,76	45,43	23,04	37,71	18,47	30,22	14,03	22,96	3,03	15,94	-	9,41
	4	971,66	53,44	87,44	50,09	81,97	46,82	76,61	43,62	71,38	40,49	66,26	37,43	61,25	34,45	56,37
	5	1.411,08	77,60	126,99	-	-	-	-	-	-	-	-	-	-	-	-
	6	1.447,33	79,60	130,25	-	-	-	-	-	-	-	-	-	-	-	-
4.869,00																
	1	972,75	53,50	87,54	46,87	76,70	40,54	66,35	34,50	56,45	28,74	47,03	23,27	38,08	18,09	29,61
	2	911,83	-	-	43,67	71,46	37,48	61,33	31,58	51,68	25,96	42,49	20,64	33,77	15,60	25,53
	3	594,00	32,67	53,46	27,80	45,49	23,08	37,76	18,50	30,28	14,07	23,02	3,16	16,00	-	9,47
	4	972,75	53,50	87,54	50,15	82,07	46,87	76,70	43,67	71,47	40,54	66,35	37,49	61,34	34,50	56,45
	5	1.412,25	77,67	127,10	-	-	-	-	-	-	-	-	-	-	-	-
	6	1.448,50	79,66	130,36	-	-	-	-	-	-	-	-	-	-	-	-
4.872,00																
	1	973,83	53,56	87,64	46,93	76,80	40,60	66,44	34,55	56,54	28,79	47,12	23,32	38,16	18,13	29,67
	2	912,91	-	-	43,72	71,55	37,53	61,42	31,63	51,76	26,01	42,57	20,68	33,85	15,65	25,61
	3	594,83	32,71	53,53	27,84	45,56	23,12	37,84	18,54	30,34	14,10	23,08	3,30	16,06	-	9,52
	4	973,83	53,56	87,64	50,21	82,17	46,93	76,80	43,73	71,56	40,60	66,44	37,54	61,43	34,55	56,54
	5	1.413,41	77,73	127,20	-	-	-	-	-	-	-	-	-	-	-	-
	6	1.449,66	79,73	130,46	-	-	-	-	-	-	-	-	-	-	-	-
4.875,00																
	1	974,91	53,62	87,74	46,99	76,89	40,65	66,53	34,60	56,63	28,84	47,19	23,37	38,24	18,18	29,75
	2	913,91	-	-	43,78	71,64	37,59	61,51	31,68	51,84	26,06	42,65	20,73	33,93	15,69	25,67
	3	595,50	32,75	53,59	27,88	45,63	23,16	37,90	18,58	30,40	14,15	23,15	3,43	16,12	-	9,58
	4	974,91	53,62	87,74	50,27	82,26	46,99	76,89	43,78	71,65	40,65	66,53	37,59	61,52	34,60	56,63
	5	1.414,58	77,80	127,31	-	-	-	-	-	-	-	-	-	-	-	-
	6	1.450,83	79,79	130,57	-	-	-	-	-	-	-	-	-	-	-	-

4 Vergleichen Sie bei gleichem Einkommen die Sozialversicherungsabzüge zwischen 2019 und den jetzt aktuellen Werten. Rechnen Sie die Differenz für den Arbeitnehmer aus und versuchen Sie, die Ursachen der Beitragsveränderung zu analysieren.

5 An wen sind die Sozialversicherungsbeiträge zu zahlen?

6 Frau Lai möchte aufgrund folgender hoher Werbungskostem einen Freibetrag in ihre Steuerkarte eintragen lassen:

a Fahrten mit dem Pkw zwischen Wohnung und Arbeitsstätte: 220 Tage, 35 km einfache Entfernung, 0,30 €

b Kursgebühren für Weiterbildung: 1.250,00 €

c Fahrten zum Weiterbildungsinstitut und zur Arbeitsgemeinschaft
- 80 Tage, 12 km, 0,30 €, 2-mal (hin und zurück)
- 30 Tage, 15 km, 0,30 €, 2-mal (hin und zurück)
- 30 Tage, 18 km, 0,30 €, 2-mal (hin und zurück)

d Fachliteratur, Sonstiges: 200,00 €

Welchen Freibetrag kann sie sich zusätzlich eintragen lassen, wenn für alle Arbeitnehmer auch ohne besonderen Nachweis ein Werbungskostenpauschalbetrag von 1.000,00 € im Jahr gilt?

7 Buchen Sie folgende Sachverhalte für die Fly Bike Werke GmbH, Oldenburg:

15.03.XX	Ausgangsrechnung: Die Mitarbeiterin Frau Maria Flink (Abteilung: Produktion) hat für ihren Sohn ein Mountain-Bike gekauft, das mit der nächsten Gehaltsabrechnung verrechnet werden soll. Rechnungsbetrag netto 300,00 € + 19 % USt. 57,00 €
26.03.XX	Bankauszug: Überweisung der Sozialversicherungsbeiträge* an die Krankenkasse Arbeitgeberanteil: 355,44 € Arbeitnehmeranteil: 355,44 €
29.03.XX	Gehaltsabrechnung: Frau Flink (Steuerklasse IV; 1,5 Kinder; ev.) hat im März 2019 165 Std. für einen Stundenlohn von 10,03 € gearbeitet. Außerdem hat sie 11 Überstunden geleistet, auf die sie eine Zulage von 25 % erhalten hat. Zuschuss AG zu VL: 26,59 €; Sparrate: 40,00 € Lohnsteuer lt. Lohnsteuertabelle: 137,41 €, kein Solidaritätszuschlag und keine Kirchensteuer Arbeitnehmeranteil zur SV: 355,44 €
29.03.XX	Eigenbeleg: Arbeitgeberanteil zur Sozialversicherung in Höhe von 355,44 €
06.04.XX	Bankauszug: Überweisung der Sparrate* von Frau Flink Bankauszug: Überweisung der Steuer an das Finanzamt*
10.04.XX	Bankauszug: Überweisung des Beitrags für die Unfallversicherung* von Frau Flink an die Berufsgenossenschaft, Beitrag 104,22 €

* In der Praxis werden die Steuern und Beiträge nicht für jeden Mitarbeiter einzeln, sondern für die gesamte Belegschaft gemeinsam abgeführt.

** Die Angaben zur Lohnsteuer und zur Sozialversicherung beziehen sich auf das Jahr 2019.

8 Die Gehaltsliste (Lohnjournal) der Fly Bike Werke GmbH (Fahrradhersteller) weist für den Monat Oktober 20XX folgende Summen aus (in €):

Gesamt Brutto	Lohnsteuer	Kirchen-steuer	Sol.-Zuschlag	SV-AN gesamt	Auszah-lung gesamt	Überwei-sung VL	SV-AG gesamt
98.760,80	16.055,78	996,77	638,02	19.692,98	59.941,57	1.435,68	19.496,02

a Ermitteln Sie die gesamten Personalaufwendungen.

b Bilden Sie die Buchungssätze für

ba die Überweisung der Verbindlichkeiten gegenüber den Sozialversicherungsträgern,

bb die Überweisung der Gehälter,

bc den Arbeitgeberanteil zu den Sozialversicherungen,

bd die Überweisung der Sparbeträge und der Verbindlichkeiten gegenüber dem Finanzamt.

8 Personalentwicklung

Beispiel: Frau Linden aus der Personalabteilung wurde vom Geschäftsführer der Fly Bike Werke GmbH, Herrn Peters, gebeten, den Fortbildungsbedarf für das kommende Geschäftsjahr eingehend zu untersuchen und ihn anzumelden. Daraufhin legt ihm Fr. Linden folgenden Fortbildungsplan vor:

Name	Maßnahme	Dauer	Geschätzte Kosten
Stefan Schneider	Sicherheitslehrgang	1 Woche	2.800,00 €
Lukas Work	Programmiertechnik Fertigungsautomatisation	2 Wochen	4.500,00 €
Rolf Polster	Business Englisch International Trade	3 Tage	600,00 €
Sabine Ganser	Informationsmesse Biketrends	2 Tage	500,00 €
Kai Schimanski	neue EN-Normen	4 Tage	1.500,00 €

„Ganz schön teuer", meint Herr Peters. Und: „Muss das wirklich sein?" – Frau Linden entgegnet trocken: „Kein Problem, wir können auch wieder zur Draisinenherstellung zurück."

Draisine: Erstes Fahrrad als hölzernes Laufrad, ca. 1820

Qualifizierte Mitarbeiter sind für das Unternehmen eine entscheidende Voraussetzung, um im Wettbewerb erfolgreich bestehen zu können. Die Notwendigkeit zur Erweiterung der in der Erstausbildung gewonnenen Qualifikation ergibt sich durch den zunehmenden technologischen und strukturellen Wandel und die daraus resultierenden neuen Anforderungen an Unternehmen und ihre Mitarbeiter. Dabei gewinnen neben der reinen Fachkompetenz auch Führungs-, Kommunikations-, Team- und Konfliktlösungskompetenzen zunehmend an Bedeutung.

! Die **Personalentwicklung** umfasst alle Maßnahmen zur Vermittlung von Qualifikationen, die zur Bewältigung gegenwärtiger und zukünftiger betrieblicher Aufgaben erforderlich sind. Dabei sind auch die individuellen Entwicklungswünsche der Mitarbeiter zu berücksichtigen.

8.1 Ziele der Personalentwicklung

Die Ziele der Personalentwicklung lassen sich in eine Betriebs- und in eine Arbeitnehmersicht gliedern:

Ziele der Personalentwicklung	
aus Betriebssicht	**aus Sicht der Mitarbeiter**
– Aktualisierung der Qualifikation der Mitarbeiter – Handhabung neuer Betriebsmittel – Erhöhung der Vertretungs- und Einsatzfähigkeit in verschiedenen Bereichen – Entwicklung von Führungskräften aus den eigenen Reihen – Verbesserung und Anpassung des Sozialverhaltens – größere Unabhängigkeit vom Arbeitsmarkt	– Arbeitsplatzsicherung – Wahrnehmung von Aufstiegschancen – Abwechslung im Berufsalltag – bessere tarifliche Einstufung – Stärkung von Ansehen und Selbstbewusstsein

8.2 Zyklus der Personalentwicklung

Personalentwicklung ist als Kreislauf zu verstehen, der den Mitarbeiter den größten Teil seiner Betriebsangehörigkeit begleitet.

Zyklus der individuellen Personalentwicklung

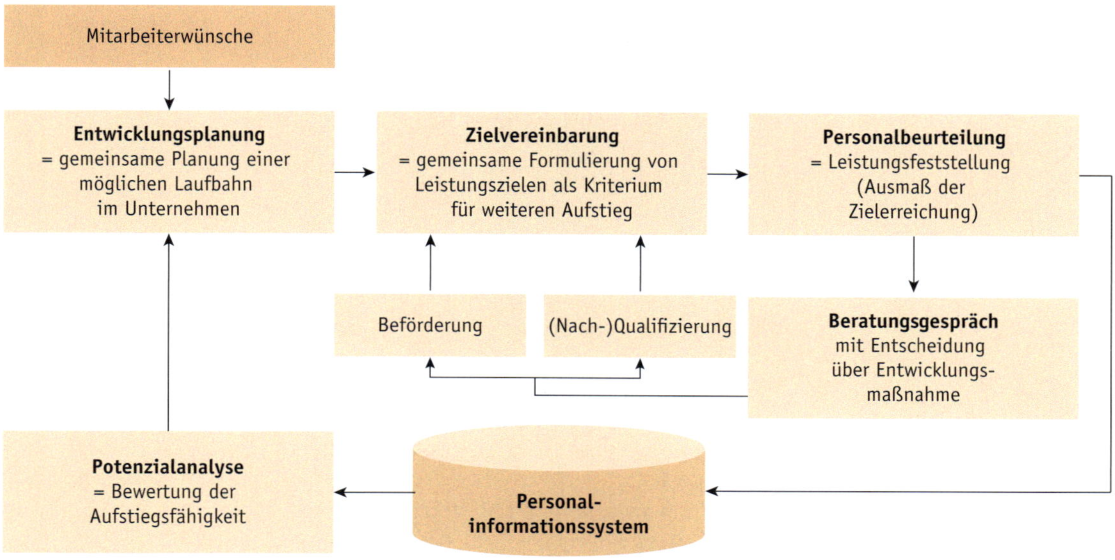

In einem ersten Mitarbeitergespräch (evtl. schon im Rahmen der Einstellung) wird anhand der geäußerten Entwicklungsziele des Mitarbeiters, des vorhandenen Stellenpools im Unternehmen sowie der durch Bewerbungsunterlagen, Test und Vorstellung gezeigten Fähigkeiten (die im Personalinformationssystem abgespeichert wurden) eine mögliche Laufbahn des Mitarbeiters im Unternehmen skizziert. Dies wird als Entwicklungsplanung bezeichnet.

Beispiel: Der Auszubildende Vlad Radomir Adler hat seine Ausbildung zum Industriekaufmann bei der Fly Bike Werke GmbH abgeschlossen. Im Rahmen eines Übernahmeangebotes stellt ihm der Verwaltungsleiter Herr Steffes folgende berufliche Perspektive vor:

Laufbahnplan für Herrn Adler

Anstellungsjahr	Mögliche Laufbahnstufe	Entgeltstufe	Schwerpunkte	Fördermaßnahmen	Leistungsbewertung
2011	Junior-Sachbearbeiter Vertrieb	6	Fachhandel mit B- und C-Kunden	– Seminar Vertragsrecht – Training Kundengespräche	Standard-Beurteilungsbogen
2013	Sachbearbeiter Vertrieb	7	Fachhandel mit A-Kunden	– Sprachkurs Wirtschaftsenglisch – Projektmitarbeit	Standard-Beurteilungsbogen
2015	Senior-Sachbearbeiter Vertrieb	8, 9	– Fachhandel mit A-Kunden – Abteilungsausbilder	– Ausbildereignungsschein – Führungskräfteseminar I	– Standard-Beurteilungsbogen – Seminarnote – Kundenbefragung

2018	Gruppenleitung Fachhandel	10, 11	– ausgewählte A-Kunden – Mitarbeiterführung – Aufgabenkontrolle	– Führungskräfteseminar II – Teilnahme am internen Austauschprogramm	– Beurteilungsbogen für Führungskräfte – Check – Austauschprogramm – Seminarnote
2021	stellvertretende Abteilungsleitung Vertrieb	12, 13	– Führung der Gruppenleiter – Mitarbeiterbeurteilung – Mitwirkung bei Vertriebszielen	– Erteilung Prokura – Seminar Personalbeurteilung – Seminar Zeitmanagement	– Beurteilungsbogen für Führungskräfte – evtl. externe Personalberatung

Um die nächste der möglichen Karrierestufen zu erreichen, werden in Rahmen einer Zielvereinbarung zwischen Betrieb/Vorgesetzten und Mitarbeiter die zu erbringenden Arbeitsergebnisse festgelegt. Die Beteiligung des Mitarbeiters hat dabei zwei Effekte: Sie bindet ihn an die selbst formulierte Leistungsvorgabe und sie sorgt dafür, dass keine (aus Arbeitnehmersicht) unrealistischen Zielsetzungen in die Vereinbarung aufgenommen werden.

Nach einer vorab ebenfalls vereinbarten Zeitspanne wird das erreichte Ergebnis festgestellt und die entsprechende Mitarbeiterleistung bewertet. Die daraus resultierende Personalbeurteilung kann entweder direkt über Kennzahlensysteme oder indirekt über einen Beurteilungsbogen erfolgen.

Die Personalbeurteilung ist mit dem Mitarbeiter zu besprechen. In diesem oder in einem eigens angesetzten Beratungsgespräch werden anschließend die Konsequenzen für die weitere Entwicklung des Beschäftigten erörtert. Hier gibt es im Prinzip nur zwei mögliche Entscheidungen: Entweder hat der Mitarbeiter die (per Zielvereinbarung formulierten) in ihn gesetzten Erwartungen erfüllt und erreicht damit die nächste Karrierestufe oder seine Leistungen waren hierfür nicht ausreichend. In diesem Falle verzögert sich der Aufstieg um mindestens eine Zeitperiode, in der erkannte Defizite des Mitarbeiters durch gezielte Fördermaßnahmen (Schulungen, Projekte, Praxiseinsätze) ausgeglichen werden können. Erfüllen Mitarbeiter wiederholt nicht die Zielvereinbarung, gilt ihr Entwicklungspotenzial als erschöpft.

Der beurteilte Mitarbeiter hat laut Betriebsverfassungsgesetz mehrere Möglichkeiten, um gegen benachteiligende Beurteilungen vorzugehen:
1) Er kann nach § 82 BetrVG verlangen, dass ihm die Beurteilung seiner Leistungen und die Möglichkeiten der beruflichen Entwicklung (eingehend) erörtert werden. Er kann hierzu ein Mitglied des Betriebsrates hinzuziehen.
2) Er kann nach § 83 BetrVG Einsicht in seine Personalakte nehmen, evtl. wiederum unter Hinzuziehung eines Betriebsratsmitglieds. Er kann eine Gegendarstellung zu einer dort abgelegten Beurteilung verfassen, diese muss aufgenommen werden.
3) Es hat nach § 84 BetrVG das Recht, sich bei den zuständigen Stellen (auch) über eine vermeintlich falsche Beurteilung zu beschweren. Auch hierzu kann er ein Mitglied des Betriebsrates beratend oder vermittelnd hinzuziehen. Der Arbeitgeber muss die Beschwerde prüfen und den Arbeitnehmer über das Prüfungsergebnis informieren.

Unabhängig von einer konkreten Meinungsverschiedenheit steht dem Betriebsrat nach § 94 ein Mitbestimmungsrecht bei der Aufstellung von allgemeinen Beurteilungsgrundsätzen zu.

8.3 Personalinformationssystem (PIS)

Seit vielen Jahren werden im gesamten Bereich des Personalmanagements unterstützend Computer eingesetzt. Dabei nimmt die Personalverwaltung typische Datenverarbeitungsaufgaben wahr. Datenbanken, die eine umfassende Verwaltung des Personals ermöglichen und darüber hinaus Daten über die Arbeitsplätze im Unternehmen zur Verfügung stellen, nennt man Personalinformationssysteme (PIS) oder Human Ressource Information Systems (HIS).

! **Personalinformationssysteme (PIS)** dienen der Erfassung, Speicherung und Berechnung von Informationen über das Personal und die Arbeitsplätze. Die Informationen werden für die Planung von Personaleinsatz und Personalentwicklung, aber auch zu Controllingzwecken verwendet.

Je nach technischem Ausbaustand können PIS auch weitere Funktionen übernehmen, z. B.:

- Zeiterfassung
- Bewerberverwaltung
- Verwaltung des Zeitarbeitspersonals
- Personalabrechnung
- Personalberichterstattung

Im Prinzip besteht ein Personalinformationssystem aus drei miteinander verknüpften Datenbanken, nämlich

a) der Arbeitsplatz-(Stellen-)datenbank, die sämtliche Informationen, insbesondere aber die Qualifikationsanforderungen, aller betrieblichen Arbeitsplätze enthält,
b) der Personaldatenbank, die sämtliche Informationen, insbesondere aber die Befähigungen aller Betriebsangehörigen enthält,
c) der Methodendatenbank, die Kriterien und rechentechnische Modelle enthält, mit denen der geeignetste (verfügbare) Mitarbeiter für einen Arbeitsplatz ermittelt wird.

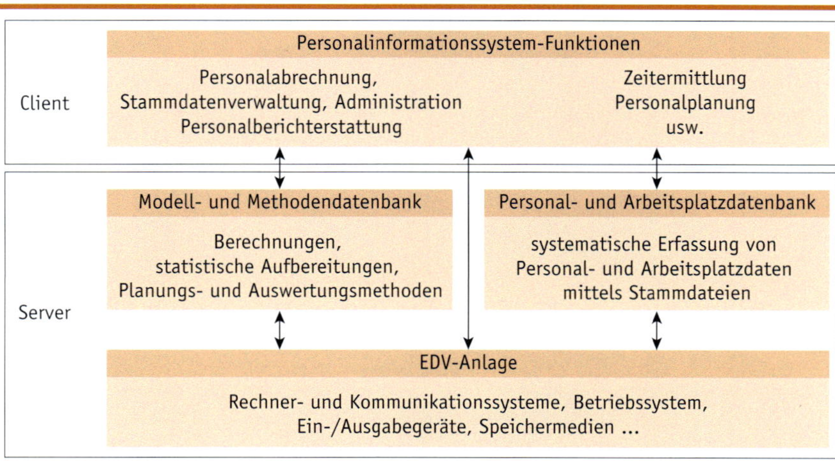

Quelle: Oechsler, W. A. (1997): Personal und Arbeit: Einführung in die Personalwirtschaft unter Einbeziehung des Arbeitsrechts, 6. Auflage, München, Wien 1997

Vorteile von Personalinformationssystemen sind:
- Möglichkeit, Arbeitsaufgaben im Personalbereich schneller zu erledigen (Zeitersparnis)
- Daten befinden sich bei entsprechender Pflege stets auf dem aktuellen Stand.
- Daten der Mitarbeiter können gleichzeitig von mehreren Stellen genutzt werden.
- Einsparung von Formularen und Listen
- Entlastung der Sachbearbeiter von Routinetätigkeit
- integrierte Durchführung aller Personalverwaltungsaufgaben

Nachteile können sich ergeben durch:
- hohe Komplexität von EDV-Systemen
- hohe Fixkosten
- hohen Aufwand zur Sicherung vor unbefugten Zugriffen (Datenschutz)

8.4 Maßnahmen der Personalentwicklung

Eine grundlegende Einteilung von Personalentwicklungsmaßnahmen ist die Unterscheidung von Ausbildungs-, Fortbildungs- und Weiterbildungsmaßnahmen sowie Umschulungen.

Als **Ausbildung** wird die erste berufliche Grundqualifizierung bezeichnet, die den Ausgebildeten befähigt, als Fachkraft einen Beruf auszuüben. Hierzu zählen alle Bildungsgänge, die mit einer Berufsabschlussprüfung vor der IHK oder der Handwerkskammer abgeschlossen werden und im Wechsel der Lernorte Betrieb und Berufsschule organisiert sind.

Eine **Fortbildung** passt die durch Ausbildung erworbene Qualifikation den technisch-organisatorisch-rechtlichen Veränderungen des Berufsfeldes an. Entsprechend spricht man hier auch von einer *Anpassungsfortbildung*. Wird das Qualifikationsniveau auch ohne Bezug auf eine konkrete betriebliche Änderung angehoben, spricht man von einer *Aufstiegsfortbildung*. Obwohl sich hier die Grenzen zwischen den Begriffen verwischen, unterscheiden sich Fortbildung und Weiterbildung dadurch, dass Fortbildung aus einer bestimmten Arbeitsaufgabe heraus erfolgt, d.h. im gleichen Berufsfeld liegt.

Struktur der IHK-Fortbildungsprüfung

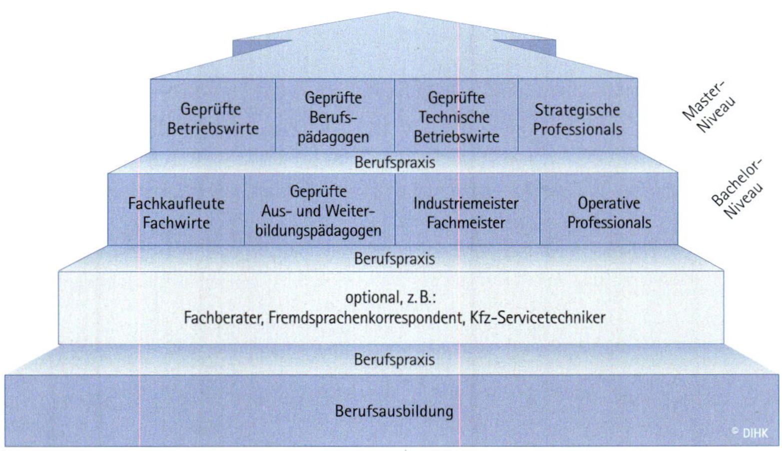

© DIHK (www.dihk.de/themenfelder/aus-und-weiterbildung/weiterbildung/weiterbildungsabschluesse)

Berufliche **Weiterbildung** ist mit der Aufstiegsfortbildung eng verwandt, kann je nach Auslegung mit ihr auch gleichgesetzt werden. Auch hier wird ein höheres Qualifikationsniveau angestrebt. Im Allgemeinen ist eine Weiterbildung aber breiter und langfristiger angelegt und führt aus dem bisherigen Berufsumfeld heraus. Insofern kann die oben dargestellte IHK-Maßnahme, die zu einem Abschluss als Betriebswirt führt, durchaus auch als „Weiterbildung“ bezeichnet werden. Als Weiterbildung gelten im Übrigen auch berufsunspezifische Seminare wie „Stressbewältigung am Arbeitsplatz“ oder „Perfektes Deutsch im Büro“.

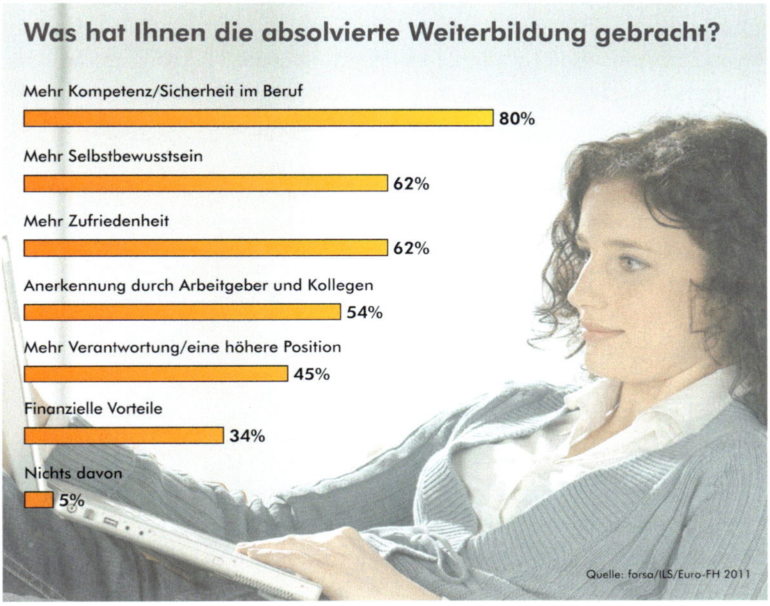

Eine **Umschulung** wird nur selten in betrieblicher Regie durchgeführt, hier wird aufgrund der Arbeitsmarktsituation oder persönlicher Einschränkungen des Arbeitnehmers (z. B. entstandene Allergien) eine vollkommene berufliche Neuausrichtung angestrebt, die wie die (Erst-)Ausbildung mit der Abschlussprüfung in einem anerkannten Ausbildungsberuf endet.

Einer anderen Einteilung nach lassen sich die Maßnahmen zur Personalentwicklung nach ihrem Einwirkungsort unterscheiden. Maßnahmen **„on the job“** finden am Arbeitsplatz, **„near the job“** in der weiteren Arbeitsumgebung und **„off the job“** außerhalb der eigentlichen Arbeitsstätte statt.

Maßnahmen zur Personalentwicklung		
on the job	near the job	off the job
Einarbeitung	Qualitätszirkel	Seminar
Job Rotation	Lernstatt	Selbststudium
Projektarbeit (1)	Workshop	Planspiel
Training	Projektarbeit (2)	Konferenz
Stellvertretung		Diskussionsforum
Hospitation		Fachtagung

8.5 Lebenslanges Lernen in der Wissensgesellschaft

Es ist ein Merkmal der modernen Arbeitswelt, dass das Wissen zu einem eigenständigen Leistungsfaktor wird. Der Europäische Rat von Lissabon hat im März 2000 festgestellt, dass sich Europa unbestreitbar auf dem Weg in das Zeitalter des Wissens befindet – mit all seinen Konsequenzen für das kulturelle, wirtschaftliche und soziale Leben. Lern-, Lebens- und Arbeitsmuster wandeln sich rasch. Das bedeutet nicht nur, dass sich Einzelne an den Wandel anpassen, sondern auch, dass sich „eingefahrene" Handlungsmuster ändern müssen. In den Schlussfolgerungen des Europäischen Rates von Lissabon wird bekräftigt, dass der erfolgreiche Übergang zur wissensbasierten Wirtschaft und Gesellschaft mit einer Orientierung zum lebenslangen Lernen einhergehen muss.

! **Lebenslanges Lernen** ist „jede zielgerichtete Lerntätigkeit, die einer kontinuierlichen Verbesserung von Kenntnissen, Fähigkeiten und Kompetenzen dient".

Was als „zielgerichtet" gilt, beschreiben die entsprechenden Leitlinien der Beschäftigungspolitik:
- Beschäftigungsfähigkeit
- Unternehmergeist
- Anpassungsfähigkeit
- Chancengleichheit

Als Oberziel lebenslangen Lernens wird neben der Beschäftigungsfähigkeit die aktive Staatsbürgerschaft genannt. Unter den Begriff „aktive Staatsbürgerschaft" lassen sich Ziele wie individuelle Persönlichkeitsentwicklung, demokratisch engagiertes Bürgerverhalten und auch kulturelle Teilnahme und Weiterentwicklung subsumieren.

Verantwortlich dafür, dass dieses hoch gesteckte Ziel auch erreicht wird, sind aus Sicht des Europäischen Rates zum einen die Bildungs- und Berufsbildungspolitik eines Landes (mit Unterstützungsaktivitäten seitens der EU) und zum anderen das kontinuierlich lernende Individuum.

In dem Memorandum werden folgende neue Basiskompetenzen, welche die bekannten Schlüsselqualifikationen (einschließlich Lesen, Schreiben, Rechnen) ergänzen, als entscheidend für die Zukunft Europas benannt:
- IT-Fertigkeiten (digitale Kompetenz)
- Fremdsprachen
- technologische Kultur
- Unternehmergeist
- soziale Fähigkeiten

Die digitale Kompetenz besteht in erster Linie in PC-Anwender-Kompetenz und in der Fähigkeit, die Möglichkeiten des Internets sinnvoll zu nutzen. Dabei ist vor allem Wert zu legen auf die Fähigkeit, die Informationsfülle zu reduzieren und rationale Strategien der Konzentration auf das Wesentliche zu entwickeln.

ÜBERSICHT: Personalentwicklung

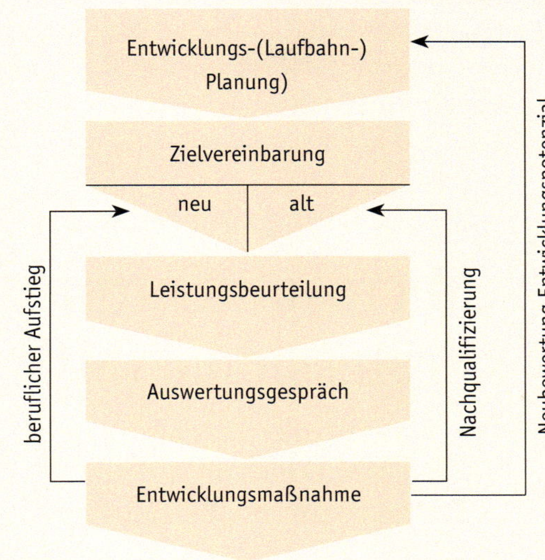

Aufgaben

1 Erkundigen Sie sich in Ihrer Personalabteilung nach typischen Berufswegen von Industriekaufleuten.

2 Recherchieren Sie im Internet, wer – außer der IHK – noch als Anbieter von Fort- und Weiterbildungsveranstaltungen für Industriekaufleute auftritt.

3 Auch der Staat unterstützt die Fortbildungsbereitschaft von Berufstätigen durch Zuschüsse und Steuererleichterungen.
   a Welche staatliche Institution ist besonders an einer hohen (und aktualisierten) Qualifikation der Beschäftigten interessiert und warum?
   b Welche Fördermöglichkeiten konnten Sie ermitteln?

4 Irene Beyer, gerade ausgelernte Industriekauffrau, hat ein festes Berufsziel. Sie möchte eines (hoffentlich nicht allzu fernen) Tages Leiterin der Controllingabteilung eines mittelständischen Unternehmens werden. Im Folgenden sind eine Reihe von Fort- und Weiterbildungsmaßnahmen aufgeführt. Welche davon können Irene Beyer ihrem Berufsziel näher bringen?

Weiterbildung zum Netzwerkadministrator

Microsoft Certified IT Professional (MCITP)

Datenbankkonzept und -sprache,
Netzwerktechnik und TCP/IP,
Praktikum im Betrieb

Intensiv-Seminar zum Thema

Personalführung

Wir veranstalten Seminare zum Thema Personalführung
- für neue und erfahrene Führungskräfte
- offene oder In-House-Seminare

Berufsbegleitendes Hochschulstudium

Bachelorstudiengänge, Bachelor of Arts (B.A.):
- Banking & Finance
- Business Administration
- Gesundheits- und Sozialmanagement
- Steuerrecht
- International Management

Masterstudiengänge, Master of Arts (M.A.) in den Fachvertiefungen:
- Management (Accounting & Finance)
- Management (IT-Management)
- Management (Human Resources)
- Management (Marketing)
- Management (Logistik)

Weiterbildung mit IHK-Prüfung
- Geprüfter Bilanzbuchhalter
- Geprüfte Bilanzbuchhalterin

Technische Akademie **NRW**

Seminar
Finanzierung und Finanzmanagement

Klangschalen-Seminar:

Entspannung mit tibetanischen Klangschalen

Löst Verspannungen und hilft, den Stress des Alltags hinter sich zu lassen.

9 Beendigung von Arbeitsverhältnissen

Beispiel: Der Geschäftsführer der Fly Bike Werke GmbH hat schlecht geschlafen. Gleich um 8.00 Uhr hat er den Exportsachbearbeiter, Herrn Rolf Polster, zu sich bestellt, um ihm die Kündigung zu überreichen. Die Ausfuhren sind in den letzten beiden Jahren um über 70 % zurückgegangen, nun soll der Export eingestellt werden. Herr Polster wird deshalb nicht mehr benötigt.

9.1 Anlässe

AB → Lernsituation 69

Die Freisetzung von Mitarbeitern ist vermutlich die schwierigste und für Betriebsklima und Unternehmensimage problematischste personalpolitische Entscheidung. Gerechtfertigt wird sie durch den Umstand, dass unproduktiv eingesetzte Mitarbeiter den wirtschaftlichen Erfolg des Unternehmens belasten und letztlich damit alle Arbeitsplätze gefährden.
Im Einzelnen lassen sich drei Gründe von Personalfreisetzungen finden:
- **betriebsbedingte Gründe:** z. B. Betriebsverlagerung, Aufgabe von Geschäftsbereichen, Stilllegung von Betriebsteilen, technische Innovation / Rationalisierung, Auftragsrückgang, Produktionsverbote und -auflagen
- **personenbedingte Gründe:** z. B. unzureichende Qualifikation, Beschäftigungseinschränkungen infolge Krankheit
- **verhaltensbedingte Gründe:** z. B. Unzuverlässigkeit, Unehrlichkeit, Ungehorsam, Beleidigung von Vorgesetzten, Tätlichkeiten gegenüber Kollegen

9.2 Freisetzungsarten

Nicht jede Personalfreisetzung muss in einer Kündigung münden. Eine sogenannte **interne Personalfreisetzung** erfolgt ohne eine Verringerung des Personalbestandes, hier wird das vergütete Arbeitsvolumen in wirtschaftlich schwachen Betriebsteilen durch Versetzung der Mitarbeiter, Überstundenabbau, freiwillige Teilzeitarbeit oder Kurzarbeit reduziert und so Kosten eingespart.

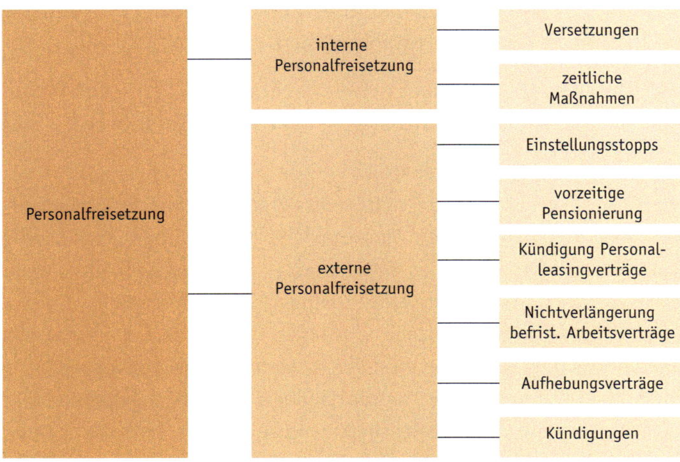

Quelle: Thommen, Achleitner: Allgemeine Betriebswirtschaftslehre, 4. Auflage, Wiesbaden 2003

Bei einer **externen Personalfreisetzung** wird die Mitarbeiterzahl zwar verringert, dennoch muss auch hier nicht unbedingt eine Kündigung ausgesprochen werden. Alternativen hierzu sind u.a. Einstellungsstopps, mit denen die natürliche Fluktuation ausgenutzt werden kann, Vorruhestandsregelungen, das Auslaufen befristeter Arbeitsverträge, der Verzicht auf Leiharbeitskräfte oder Aufhebungsverträge.

natürliche Fluktuation
Auch ohne eine Kündigung zu erhalten, verlassen jährlich 3 bis 10% des Personals ihr Unternehmen.

AB → Lernsituation 70

9.3 Kündigung von Arbeitsverhältnissen

9.3.1 Ordentliche und außerordentliche Kündigung

Trotz der im vorangegangenen Abschnitt dargestellten großen Auswahl an Freisetzungsmöglichkeiten ist die **Kündigung** nach wie vor die häufigste Art, ein Beschäftigungsverhältnis zu lösen.

! Die **Kündigung** ist eine einseitige Erklärung des Arbeitgebers oder des Arbeitnehmers, ein Arbeitsverhältnis zu einem bestimmten Zeitpunkt beenden zu wollen.

Die arbeitsrechtliche Trennung zwischen Arbeitgeber und Arbeitnehmer kann geordnet oder spontan erfolgen, dementsprechend unterscheiden sich ordentliche und außerordentliche Kündigung

Bei der **ordentlichen Kündigung** liegen betriebs- oder personenbedingte, gelegentlich auch verhaltensbedingte Gründe mittlerer Schwere vor. Bei gewöhnlichem Fehlverhalten des Mitarbeiters (z.B. häufige Verspätungen, mangelnde Sorgfalt) ist eine Kündigung zwar möglich, jedoch muss dem Mitarbeiter zuvor (mehrmals) durch Abmahnung das Fehlverhalten mitgeteilt und ihm Gelegenheit gegeben worden sein, dies abzustellen. Eine ordentliche Kündigung erfolgt immer unter Beachtung der gesetzlichen und tariflichen Kündigungsfristen.

Gelegentlich ist aber das Fehlverhalten einzelner Mitarbeiter so dramatisch (z.B. Verrat von Geschäftsgeheimnissen, Pöbeleien gegenüber Kunden, Diebstahl), dass eine Fortsetzung des Arbeitsverhältnisses selbst während der regulären Kündigungsfrist unzumutbar ist. Deshalb erlaubt das Gesetz aus wichtigem Grund (§ 626 BGB) eine fristlose, **außerordentliche Kündigung**. Aber Vorsicht: Der kündigende Teil muss die Unerträglichkeit einer Fortsetzung auch dadurch dokumentieren, dass er sich nicht mehr als zwei Wochen nach Bekanntwerden des wichtigen Grundes Zeit lässt, eine außerordentliche Kündigung auszusprechen.

Bagatelldelikt
Straftat von geringer Bedeutung

In der arbeitenden Bevölkerung, aber zunehmend auch in der Rechtsprechung umstritten ist das Vorgehen mancher Arbeitgeber bei sogenannten Bagatelldelikten.

Beispiel: Kündigung bei Bagatelldelikten
Die Kassiererin eines Einzelhandelsgeschäfts hatte Pfandbons im Gesamtwert von 1,30 €, die in ihrer Filiale gefunden worden waren, eingelöst. Der Arbeitgeber kündigte daraufhin – trotz eines Widerspruchs des Betriebsrats – das Arbeitsverhältnis wegen eines dringenden Tatverdachts fristlos, hilfsweise fristgemäß. Die Kündigung wurde vom Zweiten Senat des Bundesarbeitsgerichts für unwirksam erklärt, da die mit der Kündigung verbundenen schwerwiegenden Einbußen der Kassiererin schwerer wiegen als der Kündigungsgrund. Als besonders relevant wurde dabei die über drei Jahrzehnte ohne rechtlich relevante Störungen verlaufene Beschäftigung angesehen. Dadurch erwarb sich die Kassiererin ein hohes Maß an Vertrauen, das durch den atypischen und einmaligen

Kündigungssachverhalt nicht vollständig zerstört werden konnte. Auch der vergleichsweise geringfügige wirtschaftliche Schaden für das Einzelhandelsgeschäft wurde berücksichtigt, eine Abmahnung als milderes Mittel gegenüber einer Kündigung sei angemessen und ausreichend gewesen.

Nach: http://www.deubner-recht.de/aktuelles/arbeitsrecht/Fristlose-Kuendigung-bei-Bagatelldelikten-erschwert-5361500.html (Quelle: BAG - Pressemitteilung vom 10.06.2010)

9.3.2 Formvorschriften der Kündigung

Die Kündigung ist eine empfangsbedürftige Willenserklärung, die mit ihrem Zugang wirksam wird. Sie muss **schriftlich** erfolgen (§ 623 BGB) und den Empfänger unmissverständlich erkennen lassen, dass das Arbeitsverhältnis zu einem bestimmten Zeitpunkt enden soll.

Zusammengefasst lässt sich sagen: Nicht jede verhaltensbedingte Kündigung ist außerordentlich, jede außerordentliche Kündigung des Arbeitgebers ist jedoch verhaltensbedingt.

Aus Beweissicherungsgründen ist es empfehlenswert, eine Kündigung entweder im Beisein von Zeugen oder durch Einschreiben mit Rückschein zuzustellen. Nach gängiger Rechtsprechung muss die Kündigung nicht persönlich vom Gekündigten entgegengenommen werden, es genügt, wenn sie in den *persönlichen Verfügungsbereich* gelangt. Ein Einwurf im Briefkasten o. Ä. ist also ausreichend. Der Gekündigte kann sich der Kündigung nicht durch Abwesenheit entziehen, weil er dafür Sorge tragen muss, dass ihn die Erklärung in seinem Verfügungsbereich auch erreicht (z. B. bei Urlaubsreise die Nachbarn bitten, nach der Post zu sehen). Eine nur mündlich formulierte Kündigung ist dagegen in jedem Fall unwirksam.

Beispiel: Kündigungsschreiben

Kündigung des Beschäftigungsverhältnisses zum 30.09.20XX

Sehr geehrter Herr Polster,

zu unserem größten Bedauern müssen wir Ihnen mitteilen, dass durch die Beendigung unserer Exportaktivitäten Ihr Arbeitsplatz zukünftig entfällt, da wir Ihnen momentan auch keine andere angemessene Beschäftigungsmöglichkeit anbieten können.

Wir kündigen deshalb Ihr seit dem 01.04.199X bestehendes Beschäftigungsverhältnis mit einer Frist von sieben Monaten zum Monatsende, es endet folglich mit Ablauf des 30.09.20XX.

Bitte setzen Sie sich in den nächsten Wochen mit Frau Linden in Verbindung, um die anstehenden Abwicklungsfragen zu besprechen. Wir weisen Sie auch darauf hin, dass Sie Ihre Ansprüche auf Alg I gefährden, wenn Sie sich nicht spätestens drei Monate vor Beendigung des Arbeitsverhältnisses arbeitssuchend gemeldet haben.

Wir möchten nochmals versichern, dass mit dieser Kündigung keine Bewertung Ihrer Tätigkeit in unserem Unternehmen verbunden war und ist und bedanken uns für Ihr Verständnis.

Mit freundlichen Grüßen

9.3.3 Kündigungsfristen

Die gesetzliche Grundkündigungsfrist (= Mindestkündigungsfrist) gilt für beide Arbeitsvertragspartner. Nach § 622 I BGB können Arbeitgeber und Arbeitnehmer das Beschäftigungsverhältnis mit einer Frist von vier Wochen entweder zum 15. oder zum Ende eines Kalendermonats kündigen. Die Kündigungsfrist während einer vereinbarten Probezeit beträgt mindestens zwei Wochen (§ 622 III BGB).

Besteht das Arbeitsverhältnis im Unternehmen schon länger als zwei Jahre, verlängert sich die Kündigungsfrist **nur für den Arbeitgeber** (§ 622 II BGB) je nach Dauer des Arbeitsverhältnisses auf bis zu sieben Monate. Die gesetzlichen Regelungen können in gewissem Umfang durch Tarif- und Einzelarbeitsvertrag verändert werden (§ 622 IV–VI BGB).

Gesetzliche Kündigungsfristen für langjährig Beschäftigte (Kündigung durch Arbeitgeber)	
Beschäftigungszeit	**Kündigungsfrist**
ab 2 Jahren	1 Monat zum Monatsende
ab 5 Jahren	2 Monate zum Monatsende
ab 8 Jahren	3 Monate zum Monatsende
ab 10 Jahren	4 Monate zum Monatsende
ab 12 Jahren	5 Monate zum Monatsende
ab 15 Jahren	6 Monate zum Monatsende
ab 20 Jahren	7 Monate zum Monatsende

9.3.4 Kündigungsschutz nach Kündigungsschutzgesetz

! Das Kündigungsschutzgesetz (KSchG) gilt in Betrieben, die regelmäßig mehr als 10 Mitarbeiter beschäftigen. Auszubildende werden dabei nicht mitgezählt. Es gilt in diesen Betrieben dann für alle Mitarbeiter, deren Beschäftigungsverhältnis seit mehr als 6 Monaten ununterbrochen besteht.

Gemäß § 1 des KSchG ist eine Kündigung dann unwirksam, wenn sie „sozial ungerechtfertigt" ist.

a) Eine **sozial gerechtfertigte Kündigung** liegt dann vor, wenn ein **objektiver Kündigungsgrund** vorliegt. Dieser muss – wie in Abschnitt 1 bereits erläutert –, in der Person oder im Verhalten des Arbeitnehmers liegen oder dringenden betrieblichen Erfordernissen entsprechen. Ein objektiver Kündigungsgrund liegt dann vor, wenn die der Kündigung zugrunde liegenden Tatbestände schwerwiegend, nachvollziehbar und beweisbar sind.

Beispiel: Gerade eben unterlag die Fly Bike Werke GmbH gegen ihren Wartungstechniker Maxeiner vor dem Arbeitsgericht in einem Kündigungsschutzprozess. Die verhaltensbedingte Kündigung war damit begründet worden, dass der Mann seine Arbeit „nicht mit der gebotenen Sorgfalt und Regelmäßigkeit" erledigte und es so zu einigen teuren Maschinenausfällen gekommen war. Die Arbeitsrichterin forderte im Prozess die entsprechenden Wartungspläne und -protokolle und bat um eine genaue Beschreibung, welche (unterlassene) Wartungstätigkeit zu welcher Funktionsstörung geführt hat. Der Geschäftsführer der Fly Bike Werke GmbH konnte hierzu als Nicht-Techniker vor Gericht nur vage Angaben machen.

b) Eine Kündigung ist auch dann sozial gerechtfertigt, wenn der **Grundsatz der Verhältnismäßigkeit** gewahrt wird. Eine Kündigung darf nur das letzte Mittel sein, der Betrieb muss belegen, dass er alle anderen Möglichkeiten ausgeschöpft hat oder ihm keine Alternativen zur Verfügung stehen, um das Beenden des Arbeitsverhältnisses zu vermeiden. So muss bei einer betriebs- oder personenbedingten Kündigung nach § 1 Abs. 2 geprüft werden, ob ein Arbeitnehmer nicht (ggf. nach entsprechenden Qualifizierungsmaßnahmen, möglicherweise auch unter schlechteren Arbeitsbedingungen) an einer anderen Stelle im Unternehmen weiterbeschäftigt werden kann. Bei einer verhaltensbedingten Kündigung ist zu prüfen, ob der Arbeitgeber bereits anderweitige disziplinarische Mittel (z. B. Versetzung) erfolglos ergriffen hat und/oder durch **Abmahnungen** auf eine Verhaltensänderung hingewirkt hat.

Beispiel: Im Beispiel des Wartungstechnikers ist die Kündigung vermutlich doppelt unwirksam. Je nach Schwere des Fehlverhaltens wären hier vor einer verhaltensbedingten Kündigung sogar mehrere erfolglose Abmahnungen durch den Betrieb nachzuweisen.

Eine Abmahnung ist keine gesetzliche Anforderung, hat sich jedoch aus der „ständigen Rechtsprechung" (Gerichtspraxis) als Voraussetzung zu einer verhaltensbedingten Kündigung entwickelt. Sie erfüllt verschiedene Funktionen: Zum einen wird der Arbeitnehmer auf ein bestimmtes vertragswidriges Verhalten hingewiesen (**Hinweisfunktion**), zum anderen wird dieser zu vertragsgemäßem Verhalten in der Zukunft aufgefordert (**Ermahnungsfunktion**). Außerdem erhält er die Ankündigung, dass im Wiederholungsfall gekündigt wird (**Androhungs- bzw. Warnfunktion**). Eine schriftliche Abmahnung erbringt schließlich auch den gerichtsverwertbaren Nachweis, dass der Arbeitgeber erfolglos auf eine Verhaltensänderung hingewirkt hat (**Dokumentationsfunktion**).

Bei einer fristlosen Kündigung aus „wichtigem Grund", d. h. in besonders schwerwiegenden Fällen, die die Vertrauensbasis zwischen Arbeitgeber und Arbeitnehmer unwiderruflich zerstören, ist jedoch keine Abmahnung erforderlich.

Beispiel: Es hat sich herausgestellt, dass die Maschinenausfälle nicht durch nachlässige Wartung, sondern durch vorsätzlichen Einbau schadhafter Teile (Sabotage) zustande kamen. Damit wollte sich der Wartungstechniker für das ihm verweigerte Leistungsentgelt „revanchieren".

c) Eine sozial gerechtfertigte Kündigung liegt auch dann vor, wenn bei einer betriebsbedingten Kündigung und mehreren Beschäftigten im zu verkleinernden Betriebsbereich nach § 1 Abs. 3 eine **Sozialauswahl** durchgeführt wurde. Sinn der Sozialauswahl ist es, den Mitarbeiter zu identifizieren, für den die Kündigung die relativ geringste Härte darstellt, weil er die wenigsten Unterhaltspflichten hat und vermutlich am schnellsten einen neuen Job findet.

Kriterien der Sozialauswahl

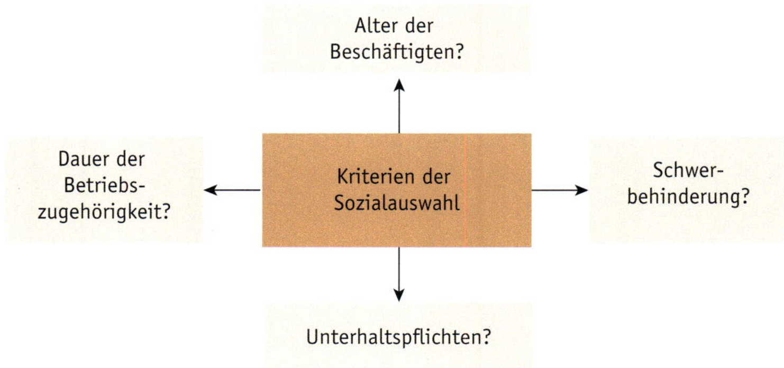

Bei der Sozialauswahl sind nur die vier oben dargestellten Kriterien zulässig. Jeder Mitarbeiter erhält für jeden ihn betreffenden sozialen Nachteil entsprechende Sozialpunkte (z. B. einen Punkt für jedes Jahr Betriebszugehörigkeit oder fünf Punkte je Kind). Der Mitarbeiter mit den wenigsten Sozialpunkten ist zu entlassen.

! Von der Sozialauswahl ausnehmen kann der Betrieb sog. „Leistungsträger", also Berufstätige, die wegen ihrer Kenntnisse und Leistungen unersetzlich sind.

Ist der Arbeitnehmer der Meinung, die ausgesprochene Kündigung sei rechtlich unzulässig, so muss er innerhalb von drei Wochen Kündigungsschutzklage vor dem Arbeitsgericht erheben.

9.3.5 Einwirkungsmöglichkeiten des Betriebsrates bei Kündigungen nach dem Betriebsverfassungsgesetz

Besteht im Betrieb ein Betriebsrat, ist dieser nach dem Betriebsverfassungsgesetz (BetrVG) vor jeder Kündigung unter Mitteilung der Kündigungsgründe zu hören. Eine ohne **Anhörung des Betriebsrats** ausgesprochene Kündigung ist unwirksam (§ 102 Abs. 1 BetrVG).

Weit in der Arbeitnehmerschaft verbreitet ist der Irrglaube, dass der Betriebsrat die Kündigung im Regelfall verhindern könne. In der Rechtspraxis sind die Möglichkeiten des Betriebsrates jedoch sehr begrenzt.

Innerhalb von einer Woche nach Zustellung der Kündigungserklärung kann der Betriebsrat gegen die Kündigung Widerspruch erheben. Der Widerspruch ist nur bei einem der folgenden Gründe möglich: § 102 BetrVG

- Die Sozialauswahl ist unzureichend oder gar nicht vorgenommen worden.
- Der Arbeitnehmer kann an anderer Stelle im Unternehmern weiterbeschäftigt werden.
- Eine Weiterbeschäftigung (vorzugsweise an gleicher Stelle) ist nach einer zumutbaren Umschulungs- oder Fortbildungsmaßnahme möglich.
- Es liegt ein Verstoß gegen eine im Betrieb geltende Auswahlrichtlinie vor, die die Entlassungen regelt.
- Der Arbeitnehmer ist mit einer möglichen Änderungskündigung (Weiterbeschäftigung zu verschlechterten Bedingungen) einverstanden.

Erhebt der Arbeitnehmer **nach dem frist- und ordnungsgemäßen Widerspruch des Betriebsrats** innerhalb von drei Wochen nach Erhalt der Kündigung eine Kündigungsschutzklage beim Arbeitsgericht, muss er vom Arbeitgeber bis zum Abschluss des Arbeitsgerichtsverfahrens weiter beschäftigt werden.

Um einen ggf. langfristigen **Kündigungsschutzprozess** im Fall einer betriebsbedingten Kündigung zu vermeiden, kann der Arbeitgeber versuchen, den Arbeitnehmer von der Erhebung einer Kündigungsschutzklage abzuhalten. Dies kann z. B. durch Umwandlung der Kündigung in einen Aufhebungsvertrag mit Vereinbarung einer Abfindung geschehen.

9.3.6 Rechtsstreit und Abfindungsanspruch

Der Rechtsstreit wird gewöhnlich in zwei Instanzen, dem Arbeitsgericht und dem Landesarbeitsgericht, ausgetragen. In erster Instanz kann jede Partei sich selbst vertreten. Dem eigentlichen Verfahren ist ein Gütetermin vorgeschaltet, der durch gegenseitiges Entgegenkommen der Kontrahenten einen **Vergleich** bewirken soll. Übliche Vergleichsinhalte sind die Umwandlung einer außerordentlichen in eine ordentliche Kündigung, die Zahlung einer **Abfindung als freiwillige Leistung** oder die Formulierung eines vorteilhaften Arbeitszeugnisses.

Ist der Gekündigte mit seiner Kündigungsschutzklage erfolgreich, so lebt das Arbeitsverhältnis – sofern es durch Widerspruch des Betriebsrates nicht sowieso weiterbestand – wieder auf. Dem Wiederbeschäftigten steht damit auch das gesamte üblicherweise angefallene Arbeitsentgelt zu. Geht der Arbeitgeber daraufhin in die nächste Instanz, so besteht das Arbeitsverhältnis (vorläufig) weiter.

Allerdings: Auch ein erfolgreicher Gerichtsprozess wird unabhängig vom Urteil den vorherigen Zustand nur in Ausnahmefällen noch einmal herstellen. Der Arbeitskonflikt belastet die Beziehungen zwischen Arbeitgeber und Arbeitnehmer so stark, dass eine weitere vertrauensvolle Zusammenarbeit meist undenkbar ist.

Nach § 9 KSchG kann das Gericht auf Antrag des Arbeitnehmers ein Arbeitsverhältnis auflösen, das laut Gerichtsurteil weiterbesteht, wenn es dem Arbeitnehmer aufgrund des schlechten Betriebsklimas und zu erwartender Benachteiligungen nicht zuzumuten ist, die Stelle wieder anzutreten. In diesem Fall verurteilt es den Arbeitgeber als Ersatzleistung zu einer **Abfindung als Pflichtleistung**. Die gleiche Folge tritt ein, wenn der Arbeitgeber die Auflösung beantragt, weil er Demotivation und fehlende Loyalität des Mitarbeiters nach einem aggressiv ausgetragenen Prozess zu erwarten hat.

Arbeitnehmer und Arbeitgeber können den Antrag auf Auflösung des Arbeitsverhältnisses bis zum Schluss der letzten mündlichen Verhandlung in der Berufungsinstanz stellen.

Obwohl hierüber keine gesetzliche Grundlage existiert, hat sich in der Gerichtspraxis eine Regelabfindung von einem halben Bruttomonatseinkommen je Beschäftigungsjahr eingebürgert. Dieser Richtwert kann jedoch der sozialen Situation des Betroffenen, aber auch den wirtschaftlichen Verhältnissen des Unternehmens oder den Umständen der Kündigung angepasst werden.

9.3.7 Besonderer Kündigungsschutz

Eine über den beschriebenen allgemeinen Kündigungsschutz hinausgehende Arbeitsplatzsicherheit genießen besonders schutzbedürftige Personengruppen. Dazu gehören:

- **Betriebsratsmitglieder:** Sie sind auch noch bis zu einem Jahr nach Aufgabe dieses Amtes vor Kündigung geschützt (§ 15 KSchG). Das Gleiche gilt auch für Mitglieder der Jugend- und Auszubildendenvertretung. Hier ist allerdings noch zu beachten: Ist ein Auszubildender Mitglied der Jugend- und Auszubildendenvertretung, so endet die Betriebsangehörigkeit auch ohne Kündigung mit dem Bestehen der Abschlussprüfung. Nach § 78a BetrVG muss deshalb der Arbeitgeber das Mitglied spätestens drei Monate vorher darüber informieren, dass er keine Übernahme beabsichtigt. In diesem Fall kann der Auszubildende dann schriftlich die Weiterbeschäftigung verlangen. Der Arbeitgeber kann dann wiederum, bis spätestens zwei Wochen nach Ende des Ausbildungsverhältnisses, beim Arbeitsgericht beantragen, eine Weiterbeschäftigung abzulehnen, wenn diese für ihn unzumutbar ist. Er hat die entsprechenden Gründe zu belegen. Ansonsten wird ein Arbeitsverhältnis auf unbestimmte Dauer begründet.
- **Werdende und erziehende Mütter und Väter:** Nach § 9 des Mutterschutzgesetzes (MuSchG) ist die Kündigung einer Schwangeren von dem Zeitpunkt an unzulässig, an dem der Arbeitgeber über die Schwangerschaft informiert wurde. Der Kündigungsschutz gilt dann bis vier Monate nach der Entbindung. Eine in Unkenntnis der Schwangerschaft ausgesprochene Kündigung wird unwirksam, wenn die Schwangere innerhalb von zwei Wochen belegt, dass die Schwangerschaft zum Zeitpunkt der Kündigung bereits bestand. Nach § 18 Bundeselterngeld- und Elternzeitgesetz (BEEG) darf der Arbeitgeber das Arbeitsverhältnis auch während einer verlangten Elternzeit nicht kündigen. Die Elternzeit darf von beiden Elternteilen mit einer Ankündigungsfrist von mindestens acht Wochen in Anspruch genommen werden, sie endet spätestens mit dem dritten Geburtstag des Kindes. Den Eltern bleibt dabei überlassen, ob ein Elternteil allein, beide Elternteile gemeinsam oder beide Elternteile abwechselnd die Elternzeit nutzen. Es ist auch möglich, eine Teilzeitbeschäftigung während der Elternzeit auszuüben.

- **Auszubildende:** Hier regelt das Berufsbildungsgesetz (BBiG) das Kündigungsrecht. Nach § 22 ist nach Ablauf der Probezeit eine Kündigung vonseiten des Ausbildenden (Betriebes) nur aus wichtigem Grund und fristlos möglich, dabei dürfen die maßgeblichen Umstände nicht länger als zwei Wochen bekannt sein.
- **Bundeswehr- und Zivildienstleistende:** Obwohl die Zahl der Wehrpflichtigen/Zivildienstpflichtigen mit der Aussetzung des Wehrdienstes stark zurückgeht, sind die nachfolgend dargestellten Regelungen des Arbeitsplatzschutzgesetzes (ArbPlSchG) nicht überflüssig geworden, sie gelten nun analog für den ersatzweise eingeführten freiwilligen Wehr- und Zivildienst. Nach § 2 ArbPlSchG gilt der besondere Kündigungsschutz ab der Zustellung des Einberufungsbescheides bis zur Entlassung aus dem Wehr-/Zivildienst. Auch darf eine freiwillige Meldung zu diesen Diensten kein Anlass für eine Kündigung sein.
- **Schwerbehinderte:** Der gesetzliche Status dieser Personengruppe wird im Sozialgesetzbuch (SGB) geregelt. Nach einer mindestens 6-monatigen Beschäftigungsdauer ist laut § 85 SGB bei einer Kündigung die **vorherige** Zustimmung des zuständigen Integrationsamtes erforderlich. Das Integrationsamt holt vor seiner Entscheidung eine Stellungnahme von Betriebsrat und Schwerbehindertenvertretung ein und hört ggf. den zu Entlassenden persönlich an. Gegen die Entscheidungen des Integrationsamtes ist zunächst Widerspruch zu erheben, was einen aus vielerlei Interessengruppen zusammengesetzten Widerspruchsausschuss aktiviert. Danach steht der Gang zum Verwaltungsgericht offen.

9.3.8 Sozialplan

Beispiel: Bei der Fly Bike Werke GmbH herrscht große Aufregung. Es geht das Gerücht um, dass die gesamte Produktion nach Polen verlagert werden soll. Während der Geschäftsführer unerreichbar im Urlaub weilt, organisiert die Gewerkschaft gemeinsam mit der Stadtteilverwaltung, dem Betriebsrat, den Beschäftigten und ihren Familienangehörigen, einigen Sportvereinen, der evangelischen Kirche und einer Bürgerinitiative namens „Globalisierungsstopp" einen Protestmarsch durch die Oldenburger Innenstadt. Als der von der Situation völlig überraschte und durch Funk und Presse informierte Geschäftsführer Herr Peters aus dem Urlaub herbeieilt, faucht ihn der Betriebsrat mit einem „So billig werden Sie uns hier nicht los" an. Erst die klare Stellungnahme des Geschäftsführers, dass das Gerücht jeder Grundlage entbehre und er eine Bestandsgarantie für den Standort Oldenburg abgebe, kann die Wogen wieder glätten.

Im Wirtschaftsleben kommt es nicht selten vor, dass Betriebe nicht nur einzelne Mitarbeiter freisetzen, sondern ganze Abteilungen, Zweigstellen, Fabriken oder Unternehmensbereiche schließen. Ist ein größerer Anteil an Mitarbeitern von solch einer **Betriebsänderung** betroffen, kann für das Unternehmen die Pflicht zur Aufstellung eines Sozialplanes bestehen.

! Ein **Sozialplan** ist eine Betriebsvereinbarung zwischen Arbeitgeber und Betriebsrat, mit dem wirtschaftliche Nachteile einer Betriebsveränderung für die betroffenen Mitarbeiter ausgeglichen werden sollen. Scheitert die Einigung zwischen Arbeitgeber und Betriebsrat, legt die Einigungsstelle den Sozialplan fest.

Aus den vorangegangenen Bemerkungen lassen sich schon fast alle Voraussetzungen für die verpflichtende Erstellung eines Sozialplans ableiten.

Checkliste Sozialplanerstellung:
- Es gibt eine Betriebsänderung.
- Es ist ein größerer Anteil von Arbeitnehmern nachteilig betroffen.
- Der Betrieb ist wirtschaftlich zu Ausgleichsleistungen fähig.

Der § 111 BetrVG definiert Betriebsänderungen folgendermaßen:
- Einschränkung und Stilllegungen ganzer Betriebsteile oder des gesamten Betriebes
- Verlegung wesentlicher Betriebsteile oder des gesamten Betriebes
- Zusammenschluss mit anderen Betrieben oder Abspaltung
- grundlegende Änderung der Betriebsorganisation
- Einführung neuer Arbeitsmethoden und Fertigungsverfahren
- Das nächste Kriterium, der Anteil der betroffenen Mitarbeiter, ist nach der Betriebsgröße gestaffelt. Nach § 17 KSchG ist eine anzeigepflichtige „Massenentlassung" gegeben, wenn
  - bei 20 bis 59 Beschäftigten mehr als 5 Personen betroffen sind.
  - bei 60 bis 499 Beschäftigten entweder mehr als 10 % oder mehr als 25 Personen betroffen sind.
  - bei mehr als 500 Beschäftigten mindestens 30 Personen betroffen sind.

Betriebe mit weniger als 20 Arbeitnehmern oder Betriebe, die aufgrund ihrer wirtschaftlichen Situation zu keinen Sonderleistungen fähig sind (insbesondere, wenn sie sich im Insolvenzverfahren befinden), müssen keinen Sozialplan erstellen. Das Gleiche gilt für Betriebe, in denen kein gewählter Betriebsrat amtiert.

Beispiel: Sozialplan bei der Schließung des Bochumer Nokia-Werks
Als das Nokia-Werk in Bochum 2008 geschlossen wurde, weil der Handybauer seine Produktion nach Rumänien verlegte, einigten sich Nokia und IG Metall auf einen Sozialplan mit einem Volumen von insgesamt 200 Mio. €, der in dieser Höhe bis zu diesem Zeitpunkt einmalig war.

Von den 200 Mio. € entfielen 15 Mio. € auf eine Transfergesellschaft. Die restlichen 185 Mio. € wurden für Abfindungen verwendet. Die Abfindungen für den einzelnen Mitarbeiter berechneten sich folgendermaßen: Beschäftigungsdauer mal Bruttomonatsgehalt mal Alter geteilt durch 20. Dabei wurde maximal die Tarifgruppe T6 (6.000,00 €) zugrunde gelegt. Die maximale Abfindungssumme je Mitarbeiter betrug 220.000,00 €.

Von den Beschäftigten wurden die Eckpunkte des Sozialplans positiv aufgenommen, für den Standort Deutschland könnte das Ergebnis allerdings problematisch sein. Beobachter befürchten, dass die teure Werksschließung ein negatives Signal für Investoren gewesen sein könnte.

Meist stehen Abfindungen im Mittelpunkt eines Sozialplanes, er kann jedoch auch viele andere Gestaltungselemente beinhalten wie:

- Qualifizierungsmaßnahmen
- Übernahme in Auffanggesellschaften
- Vorruhestandsregelungen
- Einsatz privater Arbeitsvermittler
- großzügige Freistellungen von der Arbeit, insbesondere auch zur Suche nach neuer Anstellung
- Übernahme von Bewerbungskosten
- Motivationstraining

Unabhängig vom Sozialplan ist übrigens im Rahmen der Beteiligung des Betriebsrates in wirtschaftlichen Angelegenheiten (nach §§ 106 ff. des BetrVG) ein sogenannter **Interessenausgleich** zu suchen, in dem versucht werden soll, ein grundsätzliches Einvernehmen über Art und Umfang einer beabsichtigten Betriebsänderung zu erzielen. Dies ist im Gegensatz zum Sozialplan aber nicht erzwingbar.

9.4 Arbeitszeugnis

AB → Lernsituation 71

Die verwaltungstechnische Abwicklung einer Personalfreisetzung ist quasi eine spiegelbildliche Umkehrung der in Kapitel 4.2 aufgezeigten Tätigkeiten: die Personalakte abschließen, den Arbeitnehmer über die Krankenkasse abmelden, den Personaldatensatz nach der letzten Abrechnung löschen und die Berechtigungen stornieren.

Insbesondere im Zusammenhang mit einem Wechsel des Arbeitgebers erhält der ausscheidende Mitarbeiter eine **Urlaubsbescheinigung**, aus der der bislang schon gewährte Jahresurlaub hervorgeht. Er hat ferner eine **Arbeitsbescheinigung** mit amtlichen Vordruck auszufertigen, die auch den Auflösungsgrund des Arbeitsverhältnisses enthält und damit nicht nur zur Ermittlung der Bezugshöhe des Alg I dient, sondern auch evtl. Sperrfristen auslösen kann. Üblich ist schließlich noch eine **Ausgleichsquittung**, mit der sich Arbeitgeber und -nehmer gegenseitig bestätigen, dass keine Forderungen mehr bestehen.

Beim Arbeitnehmer besonders gefragt ist zumeist aber das **Arbeitszeugnis**. Seit 1. Januar 2003 gilt für alle Arbeitnehmer der § 109 der Gewerbeordnung, der den Anspruch auf ein schriftliches Arbeitszeugnis festschreibt. Dabei kann der Arbeitnehmer wählen, ob er ein einfaches oder ein qualifiziertes Zeugnis haben möchte. Der Arbeitgeber muss beides aber erst auf Verlangen erstellen.

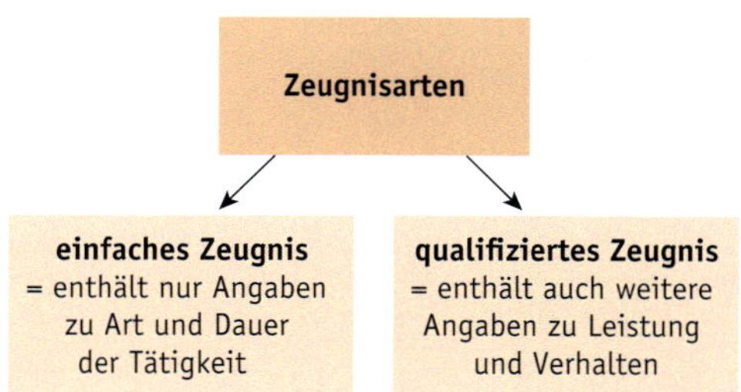

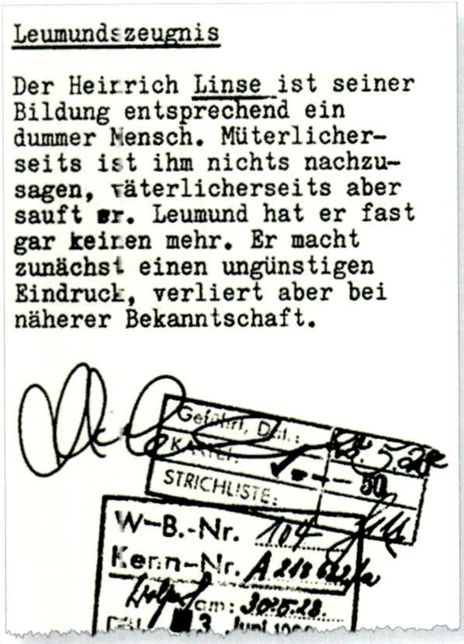

Leumundszeugnis

Der Heinrich Linse ist seiner Bildung entsprechend ein dummer Mensch. Müterlicherseits ist ihm nichts nachzusagen, väterlicherseits aber sauft er. Leumund hat er fast gar keinen mehr. Er macht zunächst einen ungünstigen Eindruck, verliert aber bei näherer Bekanntschaft.

STRICHLISTE:
W-B.-Nr.
Kenn-Nr.

So wars früher: Klare Worte!

§ 109 Abs. 2 der Gewerbeordnung
Das Zeugnis muss klar und verständlich formuliert sein. Es darf keine Merkmale oder Formulierungen enthalten, die den Zweck haben, eine andere als aus der äußeren Form oder aus dem Wortlaut ersichtliche Aussage über den Arbeitnehmer zu treffen.

Dieser Passus weist auf ein besonderes Problem bei der Zeugniserstellung hin, die sogenannte **Geheimsprache der Zeugnisformulierung**. Sie entstand aufgrund eines kaum lösbaren Interessen- und Haftungskonfliktes des zeugnisformulierenden Arbeitgebers: Zum einen darf das Arbeitszeugnis keine unwahren oder positiv übertriebenen Leistungs- und Verhaltensaussagen machen, weil dies beim neuen Arbeitgeber zu einer Fehleinschätzung führen könnte. Ist dem neuen Arbeitgeber durch die (Fehl-)Einstellung ein Schaden entstanden, könnte er den zeugnisausstellenden Betrieb haftbar machen. Zum anderen darf das Arbeitszeugnis die Aufnahme einer weiteren Erwerbstätigkeit aber auch nicht unnötig erschweren, sonst entsteht eine Haftungspflicht gegenüber dem ehemaligen Mitarbeiter.

Aus diesen gegenteiligen Ansprüchen heraus haben sich bei der Zeugniserstellung Sprachschablonen entwickelt, die eine andere Bedeutung haben, als die positive Formulierung zunächst erwarten lässt.

Formulierungen in Arbeitszeugnissen und ihre Bedeutung

Formulierung	Bedeutung
Er (Sie) hat die ihm (ihr) übertragenen Aufgaben stets zu unserer vollsten Zufriedenheit erledigt.	sehr gute Leistungen
Er (Sie) hat die ihm (ihr) übertragenen Aufgaben stets zu unserer vollen Zufriedenheit erledigt.	gute Leistungen
Er (Sie) hat die ihm (ihr) übertragenen Aufgaben zu unserer vollen Zufriedenheit erledigt.	befriedigende Leistungen
Er (Sie) hat die ihm (ihr) übertragenen Aufgaben zu unserer Zufriedenheit erledigt.	ausreichende Leistungen
Er (Sie) hat die ihm (ihr) übertragenen Aufgaben im Großen und Ganzen zu unserer Zufriedenheit erledigt.	mangelhafte Leistungen
Er (Sie) hat sich bemüht, die ihm (ihr) übertragenen Aufgaben zu unserer Zufriedenheit zu lösen.	unzureichende Leistungen
Er (Sie) hat sich im Rahmen seiner (ihrer) Fähigkeiten eingesetzt.	Hat getan, was ihm/ihr möglich war. Das war aber nicht viel.
Er (Sie) zeigte für seine (ihre) Arbeit Verständnis	war faul
Er (Sie) trug durch seine (ihre) Geselligkeit zur Verbesserung des Betriebsklimas bei.	Alkoholiker, trinkt auch im Betrieb
Er (Sie) kam mit den Vorgesetzten gut zurecht.	„Kriecher", bei Kollegen unbeliebt

Er (Sie) war tüchtig und wusste sich gut zu verkaufen.	Egoist, unangenehm im Umgang
Er zeigte großes Einfühlungsvermögen im Umgang mit Kollegen.	homosexuell
Wegen seiner (ihrer) Pünktlichkeit war er (sie) für alle ein Vorbild.	Er/Sie hat keine bedeutenden positiven Eigenschaften.
Hat sich engagiert für Arbeitnehmerinteressen eingesetzt.	Vorsicht, aktive(r) Gewerkschaftsvertreter(in)
Er (Sie) war jederzeit gesprächsbereit.	„Klatschmaul“
Er (Sie) hat alle Arbeiten ordnungsgemäß erledigt.	Bürokrat ohne Eigeninitiative
Er (Sie) scheidet auf eigenen Wunsch aus unserem Unternehmen aus.	Wir wollten ihn behalten.
Wir bedauern sein (ihr) Ausscheiden.	heißt genau das
Wir haben uns im gegenseitigen Einvernehmen getrennt.	wäre sonst gefeuert worden

Diese Praxis widerspricht jedoch mittlerweile den Vorschriften der Gewerbeordnung.

Beispiel Wartungstechniker Maxeiner, vgl. **Kap. 9.3.4**

Beispiel: Der unzuverlässige Wartungstechniker Maxeiner der Fly Bike Werke GmbH willigt nach dem gewonnenen Kündigungsschutzprozess in eine Aufhebung des Arbeitsvertrages unter Zahlung einer hohen Abfindung ein. Auf seinen Wunsch hin erstellt die Personalsachbearbeiterin der Fly Bike Werke GmbH, Frau Linden, nach Rücksprache mit ihrem Vorgesetzten folgendes Arbeitszeugnis (hier nur als Auszug widergegeben):

> Herr Maxeiner arbeitete vom 01.04.20X1 bis 30.08.20X3 als Wartungstechniker im Produktionsbereich QS. Ihm oblag die selbstständige Pflege und Einstellung unserer Produktionseinrichtungen sowie die Dokumentation der Wartungsarbeiten. In einigen Fällen wirkte er an der Erstellung von Wartungsplänen mit.
>
> Herr Maxeiner bemühte sich, die Wartungsvorgaben gewissenhaft und termingerecht umzusetzen. Wir verdanken ihm wichtige Erkenntnisse über die Störtoleranz der Anlagen. Herr M. wurde wegen seines bescheidenen Auftretens geschätzt. Sein Verhalten gegenüber Mitarbeitern und Vorgesetzten war einwandfrei.
>
> Herr Maxeiner verlässt uns im gegenseitigen Einvernehmen zum heutigen Tage. Wir wünschen ihm für die Zukunft alles Gute.

→ hat sich nicht bewährt, kurze Betriebszugehörigkeit

→ hat seine Aufgaben nicht gewissenhaft und termingerecht erledigt

→ hat Chaos verursacht

→ trat kaum in Erscheinung, war unauffällig im Umgang

→ Es ist gut, dass wir ihn losgeworden sind.

ÜBERSICHT: Personalfreisetzung

Personalfreisetzung

Kündigung
- ordentlich
- außerordentlich
- personenbedingt
- verhaltensbedingt
- betriebsbedingt

Kündigungsschutz
- allgemein: Schutz vor sozial ungerechtfertigter Kündigung
- Beachten von Kündigungsfristen
- besondere Personengruppen

Arbeitszeugnis
- einfaches Zeugnis
- qualifiziertes Zeugnis
- Formulierung wahrheitsgemäß und erwerbsfördernd

Aufgaben

1 Die Geschäftsführung der Brühler Mineralbrunnen AG, einem Hersteller von Erfrischungsgetränken mit 120 Arbeitsplätzen in Abfüllung, Chemielabor, Verwaltung und Versand, beschließt im Rahmen eines Rationalisierungsplans die Verringerung des Personalbestandes. Dabei sollen Kündigungen nur im Notfall ausgesprochen und andere Wege der Lohnkostenreduzierung gesucht werden. Suchen Sie in diesem Zusammenhang Lösungen für folgende Mitarbeiter:

Name	Alter	Familienstand	Tätigkeit	Beschäftigungsumfang
Herr Filts	59	verh., 2 erw. Kinder	Lagerist	40 Std./W
Frau Hase	34	gesch., 2 jüngere Kinder	Verwaltungsangestellte	40 Std./W
Frau Rieber	39	ledig, kinderlos	Laborantin	20 Std./W, befristeter Vertrag
Herr Kern	27	ledig, 1 Kleinkind	Abfüller	meist über 45 Std./W, hat 300 Überstunden angesammelt

2 An welchem Tag endet das Arbeitsverhältnis nach den gesetzlichen Fristen, wenn die Kündigung am folgenden Tag ausgesprochen wurde?

a am 31. Juli bei einem Mitarbeiter in der Probezeit

b am 15. August bei einem Mitarbeiter mit 18 Monaten Betriebszugehörigkeit

c am 1. Oktober bei einem Mitarbeiter mit 13 Jahren Betriebszugehörigkeit

d am 30. September bei einem Mitarbeiter mit 25 Monaten Betriebszugehörigkeit

3 Ist für folgende „Massenentlassungen" ein Sozialplan auszuarbeiten?

a 14 von 19 Beschäftigten werden gekündigt.

b 6 von 24 Beschäftigten werden gekündigt.

c 12 von 330 Beschäftigten werden gekündigt.

d 32 von 510 Beschäftigten werden gekündigt.

4 In der Personalabteilung eines Unternehmens wird seit geraumer Zeit eine zunehmende Fluktuation im Bereich Verkauf registriert. Erst kürzlich ist wieder eine Kündigung eingegangen. Herr Michael Krause, geboren am 28. Februar 1974, der seit dem 1. August 2000 im Unternehmen tätig ist, hat am 1. Juli 2012 sein Kündigungsschreiben in der Personalabteilung abgegeben.

Auszug aus dem Kündigungsschreiben
Meine Kündigung begründe ich mit der ständigen Bevormundung und der Herabsetzung durch meinen direkten Vorgesetzten, der Abteilungsleiter Herrn Werner. Weder ist eine selbstständige Arbeit möglich, noch kann man Eigenverantwortung und Initiative entwickeln. Neulich hat dieser mich vor allen Kollegen als „Betriebstrottel" beschimpft. Im diesem Betriebsklima will ich nicht weiter arbeiten und habe mich deshalb neben einer Beleidigungsklage für den Wechsel des Arbeitsplatzes entschieden und bitte um ein qualifiziertes Arbeitszeugnis. ▼

a Würde auch dem Arbeitnehmer in diesem Fall das Recht auf (fristlose) Kündigung aus „wichtigem Grund" zustehen?

b Welche Handhabe hätte der Betrieb gegen den Abteilungsleiter?

c Was muss bei der Zeugniserstellung für Herrn Krause beachtet werden? Wählen Sie entsprechend:

ca Der Betrieb entscheidet, ob Herr Krause ein Zeugnis erhält.

cb Der Betrieb darf eine Gebühr für für das Zeugnis erheben.

cc Das Zeugnis enthält Angaben zu Leistung und Verhalten.

cd Das Zeugnis muss in Schriftform erstellt werden.

ce Im Zeugnis muss auch das letzte Entgelt angegeben sein.

cf Das Zeugnis enthält Angaben zu Art und Dauer der Arbeit.

cg Herr Krause hat ein eigenes Formulierungsrecht.

ch Das Zeugnispapier muss verrottungsfest sein.

5 Prüfen Sie, ob der Betriebsrat in folgenden Fällen einer Arbeitgeberkündigung rechtswirksam widersprechen kann:

a Der Auszubildende Ludwig Hirbol wurde fristlos gekündigt, weil er nachweislich Geld aus der Firmenkasse entwendet hat.

b Der Schweißer Heinz Vasda wurde nach mehreren Abmahnungen gekündigt, weil seine Schweißnähte nach wie vor unsauber waren.

c Der Maschinenbediener Gerd Kotter wurde gekündigt, weil er die neu gekaufte CNC-Maschine nicht programmieren konnte.

d Der Lkw-Fahrer Nikolas Krepniew wurde gekündigt, weil der gesamte Fuhrpark verkauft und die Logistik nun von einem externen Dienstleister übernommen wird. Herr Krepniew hat keinen Schulabschluss und spricht nur gebrochenes Deutsch.

e Die Sekretärin Claudia Neu wird als alleinerziehende Mutter von drei Kinder als einzige von 14 Mitarbeiterinnen des Schreibbüros betriebsbedingt gekündigt.

6 Was versteht man unter einer Abmahnung? Welchen Inhalt sollte eine Abmahnung enthalten?

7 Schreiben Sie ein Arbeitszeugnis für:

- Silvia Weggener, am 01.08. vor 43 Jahren geboren
- seit 01.03.20XX (seit genau 12 Jahren) im Unternehmen
- davon die ersten 4 Jahre und 3 Monate in der Kundenbuchhaltung, dort betraut mit den üblichen Aufgaben wie Überwachung des Zahlungszieles, Zuordnung der Zahlungseingänge zu offenen Forderungen, Mahnwesen
- danach bis zum Schluss in der Hauptbuchhaltung als Sachkontenführerin (Kontierung aller eingehenden Geschäftsfälle, auch verantwortlich für Rückstellungsbildung)
- die letzten 3 Jahre als stellvertretende Abteilungsleiterin mitverantwortlich für den gesamten Jahresabschluss
- Leistung: immer gut bis sehr gut, legte viele Schwachstellen frei und machte leicht umsetzbare Verbesserungsvorschläge
- Verhalten: selbstbewusst und zielstrebig, oft auch übereifrig (macht mehr als sie soll). Menschlich eher unnahbar, unbeliebt. War seit vielen Jahren Mitglied in der Sekte „OMM", was auffiel, weil sie Mitarbeiter verschiedentlich bedrängte, an Aufnahmezeremonien teilzunehmen. Störte den Betriebsfrieden und wurde nach einer Abmahnung entlassen.

10 Personalcontrolling

Für eine allgemeine Darstellung des Controllingprozesses, der auch auf das Personalcontrolling zutrifft, vgl. LF 2, Kap. 3.4

Das Personalcontrolling dient dazu, die personalwirtschaftlichen Ziele in Plandaten und konkrete Maßnahmen umzusetzen. Ebenso können erzielte Ergebnisse kontrolliert werden. Insbesondere durch seine letzte Aufgabe soll gewährleistet werden, dass die Mitarbeiter ihr Augenmerk von ihrer persönlichen Arbeitsmotivation auf die Betriebsziele richten.

Allerdings geht es im Personalcontrolling nicht um die Beurteilung oder Kontrolle einzelner Mitarbeiter. Dies ist und bleibt – zumindest im Regelfall – die Aufgabe des direkten Vorgesetzten. Angestrebt wird eine ganzheitliche Vorgehensweise, die das gesamte Personalmanagement umfasst.

Das Personalcontrolling bezieht sich grundsätzlich auf alle Teilprozesse des Personalmanagements.

Bezugsobjekte des Personalcontrollings

Bereiche des Personalmanagements	Controlling-Aufgaben beim Personaleinsatz
Personalbestandsanalyse	Durchführung von Personalbestandsanalysen
Personalbedarfsbestimmung	Bestimmung des Personalbedarfs durch eine Personalbedarfsplanung
Personalbeschaffung	Bestimmung der kostengünstigsten Beschaffungswege, Bereitstellung von Instrumenten zur objektiven Bewerberauswahl
Personalentwicklung	Bildungscontrolling, Laufbahncontrolling
Personalfreisetzung	Ermittlung der kostengünstigsten Freisetzungsform, Überwachung der Abwicklung
Personaleinsatz	Personaleinsatzplanung, Profilanalysen, Erhöhung produktiver Arbeitszeiten
Personalkostenmanagement	Unterstützung bei der Aufstellung des Personal-Kostenbudgets, Überwachung der tatsächlichen Personalkosten, Kennzahlenanalysen, Abweichungsanalysen

Dementsprechend leiten sich auch die meisten eingesetzten Kennzahlen ab.

Kennzahlen der Personalarbeit

Alters-, Geschlechts-, Qualifikations- und Einsatzstruktur

Beispiel Anteil ungelernter (Mit-)Arbeiter:

$$= \frac{\text{Anzahl ungelernte Mitarbeiter} \cdot 100}{\text{Mitarbeiterzahl}}$$

Beispiel Altersstruktur:

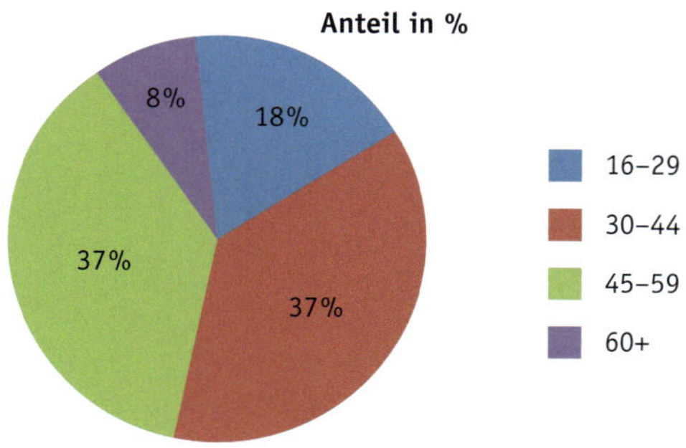

Personalaufwand

Beispiel Personalkostensatz (je Stunde):

$$= \frac{\text{alle Entgelte + Personalnebenkosten}}{\text{geleistete Arbeitsstunden}}$$

Beispiel Personalkosten je Mitarbeiter:

$$= \frac{\text{alle Entgelte + Personalnebenkosten}}{\text{Anzahl an Mitarbeitern}}$$

Personalleistung

Beispiel Arbeitsproduktivität:

$$= \frac{\text{Produktionsmenge}}{\text{Anzahl an produktiven Arbeitsstunden}}$$

Personalentwicklung

Beispiel Ausbildungsquote:

$$= \frac{\text{Anzahl der Auszubildenden} \cdot 100}{\text{Mitarbeiterzahl}}$$

Personalwechsel

Beispiel Fluktuationsquote:

$$= \frac{\text{Personalabgänge im Jahresverlauf} \cdot 100}{\text{Personalbestand am Jahresbeginn}}$$

Weitere Analysewerte können die Personalbeschaffungs-/-einstellungsquote, die Stellenbesetzungsquote, der durchschnittliche Leistungsgrad, die Anzahl der produktiven Stunden, die Anzahl der Überstunden, die Abwesenheitsquote, die Entgeltsumme, der Frauenanteil u. a. sein.

Das Personalcontrolling eines Unternehmens sollte mehr bieten als eine rückblickende oder bestenfalls monatsaktuelle Personalstatistik. Die Instrumente des Personalcontrollings sollten eine Zukunftsbetrachtung mithilfe von Prognosedaten ermöglichen. Die Genauigkeit dieser Vorhersagen ist abhängig von der Qualität der Ausgangsdaten, von der Eintrittswahrscheinlichkeit der zukünftigen Daten und vom zeitlichen Horizont der Vorhersage.

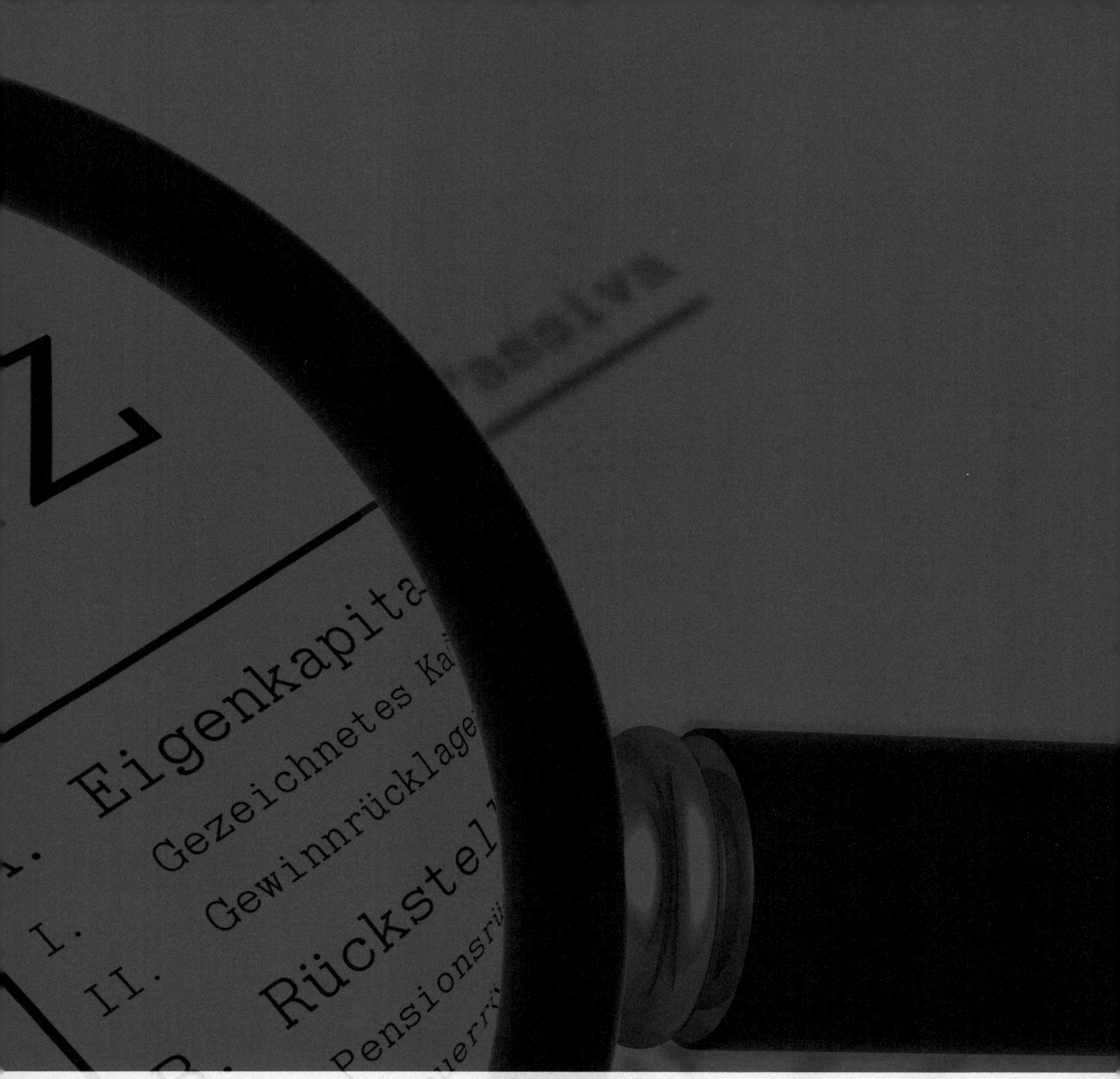

8 Jahresabschluss analysieren und bewerten

1 Ergebnisse aufbereiten und bewerten

Unternehmensergebnisse werden in Form eines Jahresabschlusses ausgewiesen und im Rahmen der Bilanzanalyse ausgewertet.

Inventur, vgl. **LF 3**, **Kap. 2.1**, Band 1

Ist zum Ende eines Geschäftsjahres die Inventur „gelaufen" (Mengen- und Wertermittlung), stehen viele notwendige Istwerte für die Bilanz fest. Die Salden der Buchhaltung als Sollwerte müssen jetzt überprüft und ggf. korrigiert werden.

Sollwerte (Buchwerte) rechnerische Ergebnisse (Werte) des vorläufigen Kontenabschlusses der Buchführung

Istwerte (Inventurwerte) tatsächliche Werte der in der Inventur aufgenommenen Vermögens- und Schuldenposten, vgl. **LF 3**, **Kap. 2.1** und **3.8**, Band 1

Wertunterschiede zwischen **Sollwerten** (**Buchwerten**) und **Istwerten** (**Inventurwerten**) haben ihre Ursache in
- unterlassenen, doppelten oder fehlerhaften Buchungen,
- nicht erfassten Mengenveränderungen (z. B. Schwund, Diebstahl),
- nicht erfassten Werteveränderungen (z. B. gesunkenen Wiederbeschaffungskosten, Beschädigungen).

Inventurdifferenzen vgl. **LF 3**, **Kap. 3.8**, Band 1

Unterlassene Buchungen müssen nachgeholt, doppelte und fehlerhafte Buchungen müssen storniert werden. Bei fehlerhaften Buchungen muss anschließend eine neue, richtige Buchung vorgenommen werden. Nicht erfasste Mengen- und Werteveränderungen müssen nachträglich erfolgswirksam berücksichtigt werden.

Sind alle Inventurdifferenzen geklärt und gebucht, muss **der Jahresabschluss** vorbereitet werden: Dabei sind insbesondere
- in der **zeitlichen Erfolgsabgrenzung** Geschäftsvorfälle wertmäßig den richtigen Jahren zuzuordnen,
- **Rückstellungen** z. B. für ungewisse Verbindlichkeiten oder für drohende Verluste zu bilden oder aufzulösen,
- vielfältige **Bewertungsentscheidungen** zu treffen und zu dokumentieren.

Abgrenzungsrechung, vgl. **Kap. 2**

Rückstellungen, vgl. **Kap. 3**

Bewertung, vgl. **Kap. 4**

Danach kann gemäß den entsprechenden Vorschriften ein endgültiger **Jahresabschluss aufgestellt** werden (z. B. Bilanz, Gewinn- und Verlustrechnung).

Aufstellung des Jahresabschlusses nach HGB, vgl. **Kap. 5**

Der Jahresabschluss wird von verschiedenen Interessengruppen (Geschäftsführung, Eigenkapitalgebern, Banken und anderen Fremdkapitalgebern, interessierte Öffentlichkeit wie Umweltgruppen) **analysiert** und **ausgewertet**.

Auswertung des Jahresabschlusses, vgl. **Kap. 6**

AB → **Lernsituation 72**

2 Zeitliche Erfolgsabgrenzung

Beispiel: In der Finanzbuchhaltung der FBW GmbH fehlt am 31.12. noch eine Einzahlung für Zinsen des letzten Kalendermonats und die Dezembermiete für die Büroflächen ist noch nicht an den Vermieter überwiesen worden. Andererseits wurden aber schon Versicherungsprämien für das Folgejahr gezahlt und der Untermieter der Lagerhalle hat die Miete bereits im Dezember im Voraus für das gesamte nächste Jahr überwiesen.

Einzahlungen und Auszahlungen können nicht immer in dem Geschäftsjahr auf den Finanzkonten eines Unternehmens gebucht werden, in denen der Ertrag oder der Aufwand tatsächlich zu erfassen wäre. Nachträgliche Zahlungsein- und -ausgänge oder im Voraus erbrachte Ein- oder Auszahlungen müssen für den Jahresabschluss erfolgswirksam dem Geschäftsjahr zugeordnet werden, in das die Erträge oder die Aufwendungen – wirtschaftlich gesehen – tatsächlich gehören. Diese Zuordnung nennt man die zeitliche Erfolgsabgrenzung.

Zeitliche Erfolgsabgrenzung

Nachträgliche Zahlungen antizipative (vorweggenommene) Aufwendungen und Erträge des alten Jahres mit Aus- oder Einzahlung im neuen Jahr	**Vorauszahlungen** transitorische (übertragene) Aufwendungen und Erträge des neuen Jahres mit Aus- oder Einzahlung im alten Jahr

Abgrenzungskonten für

nachzuzahlende		vorausbezahlte	
Erträge	Aufwendungen	Aufwendungen	Erträge
2690 Sonstige Forderungen	4890 Sonstige Verbindlichkeiten	2900 Aktive Jahresabgrenzung	4900 Passive Jahresabgrenzung

2.1 Sonstige Forderungen

Beispiel: Die Zinsen eines Arbeitnehmerdarlehens für das 4. Quartal 20X1 (altes Jahr) in Höhe von 350,00 € werden erst am 02.01.20X2 (neues Jahr) dem Bankkonto der FBW GmbH gutgeschrieben. Die Zinsen müssen bereits in 20X1 als Ertrag gebucht werden, obwohl sie der FBW erst in 20X2 als Finanzmittel zur Verfügung stehen.

Die Leistung der FBW GmbH (Kreditgewährung) und die Gegenleistung des Schuldners (Zinsen) sind wirtschaftlich dem Jahr 20X1 zuzuordnen.

Nachträgliche Einzahlungen: Sonstige Forderungen

31.12.	
Ertrag entsteht im alten Jahr.	Einzahlung erfolgt im neuen Jahr.
Abgrenzungskonto: 2690 Übrige sonstige Forderungen	

Buchungen im alten Jahr (31.12.20X1)

Grundbuch:

1) Buchung des Zinsertrages, 2) Abschluss Konto 5710 Zinserträge,
3) Abschluss Konto 2690 Übrige sonstige Forderungen

Nr.	Soll	€	Haben	€
1)	2690 Übrige sonstige Forderungen	350,00	5710 Zinserträge	350,00
2)	5710 Zinserträge	350,00	8020 GuV-Konto	350,00
3)	8010 SBK	350,00	2690 Übrige sonstige Forderungen	350,00

Hauptbuch:

S	2690 Übrige sonstige Forderungen		H
1) 5710	350,00	3) 8010	350,00

S	5710 Zinserträge		H
2) 8020	350,00	1) 2690	350,00

S	8010 SBK		H
3) 2690	350,00		

S	8020 GuV-Konto		H
		2) 5710	350,00

Buchungen im neuen Jahr (20X2)

Grundbuch:
1) Eröffnung Konto 2690 Übrige sonstige Forderungen (01.01.0X2), 2) Bankgutschrift Zinsertrag (02.01.20X2)

Nr.	Soll	€	Haben	€
1)	2690 Übrige sonstige Forderungen	350,00	8000 EBK	350,00
2)	2800 Bankguthaben	350,00	2690 Übrige sonstige Forderungen	350,00

Hauptbuch:

S	2690 Übrige sonstige Forderungen		H
1) 8000	350,00	2) 2800	350,00

S	2800 Bankguthaben		H
8000	50.000,00		
2) 2690	350,00		

Die zeitliche Erfolgsabgrenzung mit der Buchung „Übrige sonstige Forderungen an ein Ertragskonto" erhöht für das alte Jahr das Vermögen in der Bilanz und die Erträge im GuV-Konto. Es handelt sich immer um **Geldforderungen**; der Gewinn steigt.

2.2 Sonstige Verbindlichkeiten

Beispiel: Die FBW GmbH mietet in 20X1 Flächen in einem fremden Bürogebäude an. Die Miete (600,00 €) ist immer nachträglich zum 2. Werktag des Folgemonats an den Vermieter zu überweisen. Die Dezembermiete wird also am 03.01.20X2 überwiesen.

Dieser Mietaufwand muss bereits im Dezember 20X1 gebucht werden. Die Nutzung der Büroräume und die damit verbundenen Mietaufwendungen sind wirtschaftlich dem Jahr 20X1 zuzuordnen.

Nachträgliche Auszahlungen: Sonstige Verbindlichkeiten

31.12.	
Aufwand entsteht im alten Jahr.	Auszahlung erfolgt im neuen Jahr.
Abgrenzungskonto: 4890 Übrige sonstige Verbindlichkeiten	

Buchungen im alten Jahr (31.12.20X1)

Grundbuch:
1) Buchung des Mietaufwandes, 2) Abschluss Konto 6700 Mieten, Pachten,
3) Abschluss Konto 4890 Übrige sonstige Verbindlichkeiten

Nr.	Soll	€	Haben	€
1)	6700 Mieten, Pachten	600,00	4890 Übrige sonstige Verbindlichkeiten	600,00
2)	8020 GuV-Konto	600,00	6700 Mieten, Pachten	600,00
3)	4890 Übrige sonstige Verbindlichkeiten	600,00	8010 SBK	600,00

Hauptbuch:

S	6700 Mieten, Pachten		H
1) 4890	600,00	2) 8020	600,00

S	4890 Übrige sonstige Verbindlichkeiten		H
3) 8010	600,00	1) 6700	600,00

S	8020 GuV-Konto		H
2) 6700	600,00		

S	8010 SBK		H
		3) 4890	600,00

Buchungen im neuen Jahr (20X2)

Grundbuch:

1) Eröffnung Konto 4890 Übrige sonstige Verbindlichkeiten (01.01.20X2)
2) Banküberweisung der Dezembermiete (03.01.20X2)

Nr.	Soll	€	Haben	€
1)	8000 EBK	600,00	4890 Übrige sonstige Verbindlichkeiten	600,00
2)	4890 Übrige sonstige Verbindlichkeiten	600,00	2800 Bankguthaben	600,00

Hauptbuch:

S	4890 Übrige sonstige Verbindlichkeiten		H
2) 2800	600,00	1) 8000	600,00

S	2800 Bankguthaben		H
8000	50.000,00	2) 4890	600,00

Die zeitliche Erfolgsabgrenzung mit der Buchung „Aufwandskonto an Übrige sonstige Verbindlichkeiten" erhöht für das alte Jahr die Schulden in der Bilanz und die Aufwendungen im GuV-Konto. Es handelt sich immer um **Geldverbindlichkeiten**; der Gewinn sinkt.

2.3 Aktive Jahresabgrenzung

Beispiel: Die FBW GmbH überweist am 01.10.20X1 die Versicherungsprämie für ihr Bürogebäude (900,00 €) für 12 Monate im Voraus an den Versicherer. Wirtschaftlich sind aber nur 225,00 € (3/12 der Jahresprämie) dem Jahr 20X1 zuzurechnen.

Für 9 Monate des Folgejahres wird die Versicherungsprämie (675,00 € = 9/12 der Jahresprämie) im Voraus bezahlt; sie darf den Erfolg der FBW GmbH auch erst im Jahr 20X2 mindern.

Die „Jahresabgrenzung" wird oft auch als „Rechnungsabgrenzung" bezeichnet, z. B. im Handelsgesetzbuch (§ 266 HGB).

Auszahlungen im Voraus: Aktive Jahresabgrenzung

31.12.	
Auszahlung erfolgt im alten Jahr.	Aufwand entsteht im neuen Jahr.
Abgrenzungskonto: 2900 Aktive Jahresabgrenzung	

Buchungen im alten Jahr (20X1)

Grundbuch:

1) Buchung der Überweisung der Versicherungsprämie (01.10.20X1)
2) Abgrenzung der auf das Folgejahr (20X2) entfallenden Versicherungsprämie (31.12.20X1)
3) Abschluss Konto 6900 Versicherungsbeiträge (31.12.20X1)
4) Abschluss Konto 2900 Aktive Jahresabgrenzung (31.12.20X1)

Nr.	Soll	€	Haben	€
1)	6900 Versicherungsbeiträge	900,00	2800 Bankguthaben	900,00
2)	2900 Aktive Jahresabgrenzung	675,00	6900 Versicherungsbeiträge	675,00
3)	8020 GuV-Konto	225,00	6900 Versicherungsbeiträge	225,00
4)	8010 SBK	675,00	2900 Aktive Jahresabgrenzung	675,00

Hauptbuch:

S	6900 Versicherungsbeiträge		H
1) 2800	900,00	2) 2900	675,00
		3) 8020	225,00
	900,00		900,00

S	2800 Bankguthaben		H
8000	50.000,00	1) 6900	900,00

S	8010 SBK		H
4) 2900	675,00		

S	2900 Aktive Jahressabgenzung		H
2) 6900	675,00	4) 8010	675,00

S	8020 GuV-Konto		H
3) 6900	225,00		

Buchungen im neuen Jahr (01.01.20X2)

Grundbuch:

1) Eröffnung Konto 2900 Aktive Jahresabgrenzung
2) Auflösung der Jahresabgrenzung

Nr.	Soll	€	Haben	€
1)	2900 Aktive Jahresabgrenzung	675,00	8000 EBK	675,00
2)	6900 Versicherungsbeiträge	675,00	2900 Aktive Jahresabgrenzung	675,00

Hauptbuch:

S	2900 Aktive Jahressabgenzung		H
1) 8000	675,00	2) 6900	675,00

S	6900 Versicherungsbeiträge		H
2) 2900	675,00		

Vereinfachte Buchung

Die Bildung einer aktiven Jahresabgrenzung kann vereinfacht werden, wenn bereits im alten Jahr bei der Buchung des Aufwandes sofort die Erfolgsabgrenzung durchgeführt wird.

Grundbuch:

1) Überweisung der Versicherungsprämie am 01.10.20X1 mit sofortiger Erfolgsabgrenzung

Nr.	Soll	€	Haben	€
1)	6900 Versicherungsbeiträge 2900 Aktive Jahresabgrenzung	225,00 675,00	2800 Bankguthaben	900,00

Die zeitliche Erfolgsabgrenzung mit der Buchung „Aktive Jahresabgrenzung an ein Aufwandskonto" erhöht für das alte Jahr das Vermögen in der Bilanz und mindert die Aufwendungen im GuV-Konto. Es handelt sich immer um **Leistungsforderungen**; der Gewinn steigt.

2.4 Passive Jahresabgrenzung

Beispiel: Schon am 01.12.20X1 überweist ein Untermieter der Lagerhalle der FBW GmbH die Miete für die Monate Dezember 20X1 bis Februar 20X2 in Höhe von 1.200,00 € auf das Bankkonto der FBW GmbH.

Einzahlungen im Voraus: Passive Jahresabgrenzung

31.12.	
Einzahlung erfolgt im alten Jahr.	Ertrag entsteht im neuen Jahr.
Abgrenzungskonto: 4900 Passive Jahresabgrenzung	

Die „Jahresabgrenzung" wird oft auch als „Rechnungsabgrenzung" bezeichnet, z. B. im Handelsgesetzbuch (§ 266 HGB).

Buchungen im alten Jahr

Grundbuch:

1) Buchung der Bankgutschrift der Mieteinzahlung (01.12.20X1)
2) Abgrenzung der auf das Folgejahr entfallenden Mieterträge (31.12.20X1)
3) Abschluss Konto 5400 Mieterträge (31.12.20X1)
4) Abschluss Konto 4900 Passive Jahresabgrenzung (31.12.20X1)

Nr.	Soll	€	Haben	€
1)	2800 Bankguthaben	1.200,00	5400 Mieterträge	1.200,00
2)	5400 Mieterträge	800,00	4900 Passive Jahresabgrenzung	800,00
3)	5400 Mieterträge	400,00	8020 GuV-Konto	400,00
4)	4900 Passive Jahresabgrenzung	800,00	8010 SBK	800,00

Hauptbuch:

S 5400 Mieterträge H

S		H	
2) 4900	800,00	1) 2800	1.200,00
3) 8020	400,00		
	1.200,00		1.200,00

S 4900 Passive Jahresabgenzung H

S		H	
4) 8010	800,00	2) 5400	800,00

S 2800 Bankguthaben H

S		H	
8000	50.000,00		
1) 5400	1.200,00		

S 8010 SBK H

S		H	
		4) 4900	800,00

S 8020 GuV-Konto H

S		H	
		3) 5400	400,00

Buchungen im neuen Jahr (01.01.20X2)

Grundbuch:

1) Eröffnung Konto 4900 Passive Jahresabgrenzung, 2) Auflösung des Jahresabgrenzungspostens

Nr.	Soll	€	Haben	€
1)	8000 EBK	800,00	4900 Passive Jahresabgrenzung	800,00
2)	4900 Passive Jahresabgrenzung	800,00	5400 Mieterträge	800,00

Hauptbuch:

S	5400 Mieterträge		H
		2) 4900	800,00

S	4900 Passive Jahresabgrenzung		H
2) 5400	800,00	1) 8000	800,00

Vereinfachte Buchung

Die Bildung von passiven Jahresabgrenzungsposten kann ebenfalls vereinfacht werden, wenn bereits bei der Buchung des Ertrages sofort die Erfolgsabgrenzung durchgeführt wird.

Grundbuch:

1) Bankgutschrift der Mieteinzahlung am 01.12.20X1 mit sofortiger Erfolgsabgrenzung

Nr.	Soll	€	Haben	€
1)	2800 Bankguthaben	1.200,00	5400 Mieterträge 4900 Passive Jahresabgrenzung	400,00 800,00

Die zeitliche Erfolgsabgrenzung mit der Buchung „Ertragskonto an Passive Jahresabgrenzungsposten" erhöht für das alte Jahr die Schulden in der Bilanz und mindert die Erträge im GuV-Konto. Es handelt sich immer um **Leistungsverbindlichkeiten**; der Gewinn sinkt.

Zeitliche Erfolgsabgrenzung und Umsatzsteuer

Eine Buchung der Umsatzsteuer im Rahmen von umsatzsteuerpflichtigen Aufwendungen oder Erträgen ist immer nur dann notwendig, wenn die Leistung bereits erbracht ist. Zum Buchungszeitpunkt (altes oder neues Jahr) muss ein Beleg vorhanden sein. Anderenfalls darf keine Buchung der Umsatzsteuer im Rahmen der Erfolgsabgrenzung vorgenommen werden, es ist der Nettobetrag abzugrenzen.

ÜBERSICHT: Zeitliche Erfolgsabgrenzung

	Antizipative Erfolgsabgrenzung		Transitorische Erfolgsabgrenzung	
Buchungssatz	Sonstige Forderungen an Ertragskonto	Aufwandskonto an Übrige sonstige Verbindlichkeiten	Aktive Jahresabgrenzung an Aufwandskonto	Ertragskonto an Passive Jahresabgrenzung
es handelt sich um	Geldforderungen	Geldverbindlichkeiten	Leistungsforderungen	Leistungsverbindlichkeiten
Werteveränderungen	Vermögen steigt	Schulden steigen	Vermögen steigt	Schulden steigen
	Erträge steigen	Aufwendungen steigen	Aufwendungen sinken	Erträge sinken
	Gewinn steigt	Gewinn sinkt	Gewinn steigt	Gewinn sinkt

Aufgaben

1 Unser Mieter hat die Dezembermiete bis zum 31.12.20X1 in Höhe von 1.200,00 € noch nicht überwiesen. Die Überweisung erfolgt am 03.01.20X2. Buchen Sie:

altes Jahr:
a 31.12.20X1: Ertragsbuchung im alten Jahr
b 31.12.20X1: Abschluss des Ertragskontos
c 31.12.20X1: Abschluss des Abgrenzungskontos

neues Jahr:
d 01.01.20X2: Eröffnung des Abgrenzungskontos
e 03.01.20X2: Eingang der Zahlung auf dem Bankkonto

2 Unser Schuldner zahlt uns für unser Darlehen in Höhe von 50.000,00 € 6 % Zinsen pro Jahr. Er zahlt nachträglich halbjährig am 01.02. und am 01.08. Buchen Sie:

altes Jahr:
a 31.12.20X1: Ertragsbuchung im alten Jahr
b 31.12.20X1: Abschluss des Ertragskontos
c 31.12.20X1: Abschluss des Abgrenzungskontos

neues Jahr:
d 01.01.20X2: Eröffnung des Abgrenzungskontos
e 03.01.20X2: Eingang der Zahlung auf dem Bankkonto

3 Die Gebühren für die Dezemberausgabe einer Fachzeitschrift in Höhe von 100,00 € zzgl. 7,00 € (7 %) Umsatzsteuer ist bis zum 31.12.20X1 noch nicht vom Verlag abgebucht worden. Die Abbuchung vom Geschäftskonto erfolgt am 03.01.20X2. Buchen Sie:

altes Jahr:
a 31.12.20X1: Aufwandsbuchung im alten Jahr
b 31.12.20X1: Abschluss des Aufwandskontos
c 31.12.20X1: Abschluss des Abgrenzungskontos

neues Jahr:
d 01.01.20X2: Eröffnung des Abgrenzungskontos
e 03.01.20X2: Abbuchung der Zahlung vom Bankkonto

4 Die Zinsen für unsere Darlehensschuld in Höhe von 30.000,00 € bei einem Zinssatz von 5 % zahlen wir nachträglich halbjährig jeweils am 01.03. und am 01.09. Buchen Sie:

altes Jahr:
a 31.12.20X1: Aufwandsbuchung im alten Jahr
b 31.12.20X1: Abschluss des Aufwandskontos
c 31.12.20X1: Abschluss des Abgrenzungskontos

neues Jahr:
d 01.01.20X2: Eröffnung des Abgrenzungskontos
e 01.03.20X2: Zahlungsausgang vom Bankkonto

5 Am 01.10. des alten Jahres wird eine Lagerhallenmiete für ein halbes Jahr im Voraus in Höhe von 12.000,00 EUR an den Vermieter per Bank überwiesen. Buchen Sie:

altes Jahr:
- a 01.10.20X1: Mietauszahlung
- b 31.12.20X1: Erfolgsabgrenzung
- c 31.12.20X1: Abschluss des Erfolgskontos
- d 31.12.20X1: Abschluss des Abgrenzungskontos

neues Jahr:
- e 01.01.20X2: Eröffnung des Abgrenzungskontos
- f 01.01.20X2: Auflösung des Abgrenzungskontos

6 Am 01.09. erhalten wir die Zinszahlung eines Darlehensnehmers (Mitarbeiterdarlehen) für ein halbes Jahr im Voraus auf unserem Bankkonto gutgeschrieben (Darlehensbetrag 10.000,00 €, Darlehenszinssatz 6 %). Buchen Sie:

altes Jahr:
- a 01.09.20X1: Zinsgutschrift
- b 31.12.20X1: Erfolgsabgrenzung
- c 31.12.20X1: Abschlussbuchung des Erfolgskontos
- d 31.12.20X1: Abschlussbuchung des Abgrenzungskontos

neues Jahr:
- e 01.01.20X2: Eröffnung des Abgrenzungskontos
- f 01.01.20X2: Auflösung des Abgrenzungskontos

7 Bilden Sie (nur) die Abgrenzungsbuchungen am Geschäftsjahresende:
- a Wir überweisen die Kfz-Steuer für das neue Jahr in Höhe von 900,00 € bereits am 29.12. des alten Jahres von unserem Bankkonto an das Finanzamt.
- b Wir erhalten die Januarmiete für die Untervermietung von Büroräumen für das 1. Quartal des neuen Jahres in Höhe von 3.000,00 € bereits am 28.12. des alten Jahres auf dem Bankkonto gutgeschrieben.
- c Unsere Provisionsabrechnung für das 4. Quartal des alten Jahres mit einer Provisionsforderung in Höhe von 12.000,00 € zzgl. USt kann erst im neuen Jahr erstellt werden.
- d Unsere Grundsteuer für die Geschäftsgrundstücke in Höhe von 24.000,00 € für 12 Monate wird erst am 30.06. des neuen Jahres rückwirkend für 12 Monate von unserem Bankkonto abgebucht.

3 Rückstellungen

AB → Lernsituation 73

Beispiel: Im November 20X1 wurden Schäden an der Fassade des FBW-Bürogebäudes festgestellt (kein versicherter Schadensfall). Die FBW beauftragt einen Bauunternehmer, für die Fassadenreparatur einen Kostenvoranschlag zu erstellen, der die wahrscheinlichen Reparaturkosten beziffert. Die Reparatur ist für das Folgejahr geplant.

Pohl GmbH
Dachdecker und Fassadenarbeiten

Pohl

Kostenvoranschlag

Datum: 22.12.20XX

Behebung von Fassadenschäden am Gebäude der FBW GmbH, Rostocker Str. 334, 26121 Oldenburg:

Lohnkosten	32.000,00 €
Materialkosten	22.000,00 €
Summe	54.000,00 €
+ 19 % Umsatzsteuer	10.260,00 €

gez. *Hartmut Pohl*
Dachdeckermeister

Auszahlungshöhe oder -zeit unsicher: Rückstellung

31.12.	
Aufwand entsteht im alten Jahr.	Auszahlungshöhe und/oder Auszahlungszeitpunkt unbekannt (Schätzung)
Abgrenzungskonto: 39XX Sonstige Rückstellungen	

Für Aufwendungen oder Schulden, die wirtschaftlich einem bestimmten Geschäftsjahr zugeordnet werden können (z. B. der Fassadenschaden dem Jahr 20X1), **müssen** Unternehmen Rückstellungen bilden, wenn deren Höhe noch nicht sicher feststeht und/oder der Zahlungszeitpunkt erst in späteren Geschäftsjahren liegt. Bei Instandhaltungsaufwendungen (z. B. Fassadenschaden) gilt dies allerdings nur, wenn die Reparatur innerhalb von drei Monaten im Folgejahr nachgeholt wird. Mit einer Aufwandsbuchung „Aufwandskonto an Rückstellungen“ wird schon im aktuellen, den Aufwand begründenden Geschäftsjahr der Gewinn gemindert und als durchaus gewünschter „Nebeneffekt“ auch die aktuelle Steuerlast des Unternehmens gesenkt. Daher gibt es für solche Rückstellungen **beschränkende gesetzliche Regelungen.**

§ 249 HGB Rückstellungen

(1) Rückstellungen sind für ungewisse Verbindlichkeiten und für drohende Verluste aus schwebenden Geschäften zu bilden. Ferner sind Rückstellungen zu bilden für
1. im Geschäftsjahr unterlassene Aufwendungen für Instandhaltung, die im folgenden Geschäftsjahr innerhalb von drei Monaten, oder für **Abraumbeseitigung**, die im folgenden Geschäftsjahr nachgeholt werden,
2. Gewährleistungen, die ohne rechtliche Verpflichtung erbracht werden.

(2) Für andere als die in Absatz 1 bezeichneten Zwecke dürfen Rückstellungen nicht gebildet werden. Rückstellungen dürfen nur aufgelöst werden, soweit der Grund hierfür entfallen ist.

Abraum
Bergwerke, taubes Gestein

Für alle Rückstellungen gilt, dass die Begründung für ihre wirtschaftliche Ursache in einem Geschäftsjahr liegt, in dem noch keine Zahlung erfolgt. Im Unterschied zu normalen Verbindlichkeiten stehen aber die Höhe und/oder der tatsächliche Zeitpunkt der Zahlung noch nicht mit Gewissheit fest. Der Rückstellungsbetrag muss daher geschätzt werden.

Die Schätzung muss einer vernünftigen kaufmännischen Beurteilung entsprechen.

Bewertung von Rückstellungen gemäß § 253 HGB

Gemäß § 253 HGB sind Rückstellungen in Höhe des nach vernünftiger kaufmännischer Beurteilung notwendigen Erfüllungsbetrages anzusetzen. Rückstellungen mit einer Restlaufzeit von mehr als einem Jahr werden mit dem ihrer Restlaufzeit entsprechenden durchschnittlichen Marktzinssatz der vergangenen sieben Geschäftsjahre abgezinst (bei Altersversorgungsverpflichtungen: durchschnittlicher Marktzinssatz von 15 Jahren). Der anzuwendende Abzinsungszinssatz wird von der Deutschen Bundesbank ermittelt und monatlich bekannt gegeben.

Rückstellungsarten	
Schuldrückstellungen entstehen aufgrund von Verpflichtungen gegenüber Dritten	**Aufwandsrückstellungen** entstehen für notwendige Aufwendungen
– Pensionsrückstellungen – Prozessrückstellungen – Steuerrückstellungen – Gewährleistungsrückstellungen mit und ohne rechtlichen Anspruch (z. B. Kaufpreisminderung)	– Gewährleistungsrückstellungen mit und ohne rechtlichen Anspruch (z. B. Nachbesserung) – Rückstellungen für Instandhaltungen, Großreparaturen oder Generalüberholungen innerhalb von drei Monaten im Folgejahr – Rückstellungen für Abraumbeseitigung

3.1 Bildung einer Rückstellung

Beispiel: Herr Peters plant, den Fassadenschaden im Jahr 20X2 bis Monat März beheben zu lassen. In der Finanzbuchhaltung soll deshalb in Höhe des Kostenvoranschlages eine Rückstellung gebildet werden. Dabei muss die im Kostenvoranschlag angegebene Umsatzsteuer unberücksichtigt bleiben, da die Leistung ja noch nicht erbracht wurde und eine Rechnung natürlich nicht vorliegt.

Buchungen im alten Jahr (31.12.20X1)

Grundbuch:

1) Rückstellungsbildung für die Fassadenreparatur (Instandhaltungskosten)
2) Abschluss Konto 6160 Fremdinstandhaltung
3) Abschluss Konto 3990 Sonstige Rückstellungen (für Aufwendungen)

Nr.	Soll	€	Haben	€
1)	6160 Fremdinstandhaltung	54.000,00	3990 Sonstige Rückstellungen	54.000,00
2)	8020 GuV-Konto	54.000,00	6160 Fremdinstandhaltung	54.000,00
3)	3990 Sonstige Rückstellungen	54.000,00	8010 SBK	54.000,00

Hauptbuch:

S	6160 Fremdinstandhaltung		H
1) 3990	54.000,00	2) 8020	54.000,00

S	3990 Sonstige Rückstellungen		H
3) 8010	54.000,00	1) 6160	54.000,00

S	8020 GuV-Konto		H
2) 6160	54.000,00		

S	8010 SBK		H
		3) 3990	54.000,00

Die Bildung einer Rückstellung mit der Buchung „Aufwandskonto an Rückstellungen" erhöht die Schulden in der Bilanz und die Aufwendungen in der Gewinn- und Verlustrechnung. Es handelt sich immer um **ungewisse Verbindlichkeiten**, d. h. die Höhe des Betrages und/oder der Zahlungszeitpunkt sind Schätzwerte, der Gewinn sinkt.

3.2 Auflösung einer Rückstellung

Rückstellungen müssen aufgelöst werden, wenn die geplante Maßnahme (hier die Fassadenreparatur) durchgeführt oder die Verpflichtung erfüllt wurde oder wenn der Grund für die Rückstellungsbildung weggefallen ist.

Bei der Schätzung von zukünftigen Aufwandsbeträgen ist es immer möglich, dass der Schätzwert auch tatsächlich eingehalten wird. In diesem Fall wird die Rückstellung im Folgejahr – hier nach Durchführung der Reparatur – „erfolgsneutral" aufgelöst.

! **Tatsächliche Reparaturkosten entsprechen dem Kostenvoranschlag:**

tatsächliche Aufwandshöhe = Rückstellungsbetrag

54.000,00 € = 54.000,00 €

Buchungen im neuen Jahr (20X2) bei Einhaltung des Rückstellungsbetrages

Grundbuch:

1) Buchung der **Reparaturkosten** bei Rechnungseingang zzgl. 19 % Umsatzsteuer
2) Banküberweisung des Rechnungsbetrages ohne Abzüge

Reparaturkosten
Lohn- und Materialkosten

Nr.	Soll	€	Haben	€
1)	3990 Sonstige Rückstellungen 2600 Vorsteuer	54.000,00 10.260,00	4400 Verbindlichkeiten a. L. L.	64.260,00
2)	4400 Verbindlichkeiten a. L. L.	64.260,00	2800 Bankguthaben	64.260,00

Natürlich kann die tatsächliche Aufwandshöhe den Rückstellungsbetrag auch unter- oder überschreiten.

Buchungen im neuen Jahr (20X2) bei Unterschreiten des Rückstellungsbetrages

! **Tatsächliche Reparaturkosten unterschreiten den Kostenvoranschlag um 10 %:**

tatsächliche Aufwandshöhe < Rückstellungsbetrag

48.600,00 € < 54.000,00 €

Wird der Rückstellungsbetrag für die im Folgejahr abgerechnete Reparatur nicht voll in Anspruch genommen, ist der Unterschreitungsbetrag im Folgejahr als **periodenfremder Ertrag** auf dem Konto 5480 Erträge aus der Herabsetzung von Rückstellungen gewinnerhöhend zu buchen.

Nettorechnungsbetrag	48.600,00
+ 19 % Umsatzsteuer	9.234,00
= Bruttorechnungsbetrag	57.834,00

Grundbuch:

1) Buchung der Reparaturkosten (Lohn- und Materialkosten) bei Rechnungseingang zzgl. 19 % Umsatzsteuer
2) Banküberweisung des Rechnungsbetrages ohne Abzüge

Nr.	Soll	€	Haben	€
1)	3990 Sonstige Rückstellungen 2600 Vorsteuer	54.000,00 9.234,00	4400 Verbindlichkeiten a. L. L. 5480 Erträge aus der Herabsetzung von Rückstellungen	57.834,00 5.400,00
2)	4400 Verbindlichkeiten a. L. L.	57.834,00	2800 Bankguthaben	57.834,00

Buchungen im neuen Jahr (20X2) bei Überschreiten des Rückstellungsbetrages

! **Tatsächliche Reparaturkosten überschreiten den Kostenvoranschlag um 10 %:**
tatsächliche Aufwandshöhe > Rückstellungsbetrag
59.400,00 € > 54.000,00 €

Nettorechnungsbetrag	59.400,00
+ 19 % Umsatzsteuer	11.286,00
= Bruttorechnungsbetrag	70.686,00

Grundbuch:

1) Buchung der Reparaturkosten bei Rechnungseingang zzgl. 19 % USt
2) Banküberweisung des Rechnungsbetrages ohne Abzüge

Nr.	Soll	€	Haben	€
1)	3990 Sonstige Rückstellungen 2600 Vorsteuer 6990 Periodenfremde Aufwendungen	54.000,00 11.286,00 5.400,00	 4400 Verbindlichkeiten a. L. L.	 70.686,00
2)	4400 Verbindlichkeiten a. L. L.	70.686,00	2800 Bankguthaben	70.686,00

Reicht der Rückstellungsbetrag für den im Folgejahr abgerechneten Reparaturauftrag nicht aus, ist der Überschreitungsbetrag im Folgejahr als **periodenfremder Aufwand** gewinnmindernd zu buchen. Eine Buchung auf dem Konto Fremdinstandhaltung ist im Folgejahr nicht mehr möglich, da der Fassadenschaden bereits im Vorjahr entstanden ist.
Schätzfehler erhöhen oder vermindern durch die Buchung von periodenfremden Erträgen oder Aufwendungen den Gewinn in Folgejahren. In allen Fällen ist das Konto Sonstige Rückstellungen nach Abschluss der Fassadenreparatur ausgeglichen.

Beispiel:

S	3990 Sonstige Rückstellungen		H
4400	54.000,00	8000	54.000,00

Rückstellungsbetrag (EBK) = Auflösungsbetrag

Aufgaben

1 Die Reparatur einer Klimaanlage, die im Dezember des alten Jahres nicht mehr durchgeführt werden konnte, wird auf das neue Jahr (Januar) verschoben. Der Kostenvoranschlag der Servicefirma beläuft sich auf 26.000,00 € zzgl. USt. Ende Januar des Folgejahres wird die Klimaanlage repariert und in Rechnung gestellt.

Fall 1: Nettorechnungsbetrag 22.000,00 € zzgl. 19 % USt
Fall 2: Nettorechnungsbetrag 26.000,00 € zzgl. 19 % USt
Fall 3: Nettorechnungsbetrag 32.000,00 € zzgl. 19 % USt

Buchen Sie
a den Kostenvoranschlag der Servicefirma im alten Jahr und
b den Rechnungseingang der Servicefirma im neuen Jahr (Fälle 1 bis 3).

2 Eine Fassadenreparatur musste auf das neue Geschäftsjahr verschoben werden. Der Kostenvoranschlag des Bauunternehmers betrug im Dezember 20X1 18.000,00 € zzgl. 19 % USt.
a Wie lautet die Buchung am 31.12.20X1?
b Wie ist zu buchen, wenn die Reparatur im Januar des Folgejahres (20X2) ausgeführt wird und der Bauunternehmer eine Rechnung in Höhe von 19.000,00 € zzgl. 19 % USt schickt?

3 Der Steuerberater der Wolff GmbH ist sich nicht sicher. Einige Aufwandspositionen im Jahresabschluss 20X1 könnten vom Finanzamt nicht als abzugsfähige Betriebsausgaben anerkannt werden. In diesem Fall würde sich möglicherweise eine Gewerbesteuernachzahlung in Höhe von bis zu 22.000,00 € ergeben.
a Wie lautet die Buchung am 31.12.20X1?
b Wie ist zu buchen, wenn das Finanzamt im Mai des Folgejahres (20X2) einen Gewerbesteuerbescheid schickt mit einer Nachzahlung von
ba 16.400,00 € (Fall 1),
bb 24.200,00 € (Fall 2)?

4 Ein Unternehmen der Farbenindustrie hat mit Qualitätsproblemen zu kämpfen. Eine Charge, die Ende Dezember 20X1 bereits von einigen Kunden reklamiert wurde, könnte für alle Kunden gänzlich unbrauchbar sein. Es wird intern vereinbart, dass alle Reklamationen der Kunden, die diese Charge betreffen, anerkannt werden, auch wenn sie erst im Folgejahr (20X2) eintreffen sollten. Der noch nicht reklamierte Teil der Charge hat einen Nettowert von 52.000,00 €.
a Bilden Sie die Rückstellung für das Jahr 20X1.
b Im Januar 20X2 reklamiert ein Kunde eine Lieferung aus dieser Charge im Nettowert von 12.000,00 € zzgl. 19 % Umsatzsteuer. Die Farbe wird zurückgenommen und umweltgerecht entsorgt. Buchen Sie die Rücknahme.
c Bis zum Jahresende 20X2 treffen keine weiteren die Charge betreffenden Reklamationen ein. Es ist davon auszugehen, dass keine Restbestände mehr bei den Kunden lagern. Lösen Sie die verbleibende Rückstellung auf.

4 Bewertung von Vermögen und Schulden

Zunächst muss zwischen einer Bewertung nach Handelsrecht (HGB) und einer Bewertung nach Steuerrecht (EStG) unterschieden werden.

Bewertung von Vermögen und Schulden – rechtliche Grundlagen

Rechtliche Grundlagen	
Handelsrecht §§ 252 – 256 HGB für Kaufleute §§ 279 – 283 HGB für Kapitalgesellschaften §§ 308 – 309 HGB für Konzerne	**Steuerrecht** §§ 5 – 7 EStG
Zielsetzung Substanzerhaltung, Gläubigerschutz	**Zielsetzung** Ermittlung des Gewinns zur Besteuerung nach einheitlichen Maßstäben (Steuergerechtigkeit)
Handelsbilanz	**Steuerbilanz**

Offenlegungspflichten, vgl. **Kap. 5.1**

Bewertungen in der Handelsbilanz können demnach von denen in der Steuerbilanz abweichen. Die Handelsbilanz, die einer Bewertung nach dem Prinzip der Vorsicht folgt und ggf. veröffentlich werden muss, zeigt dann ein „anderes Bild“ als die Steuerbilanz, die nur dem Finanzamt zur Verfügung gestellt werden muss.

4.1 Bewertungsgrundsätze und -prinzipien

Bei der Bewertung der im Jahresabschluss ausgewiesenen Vermögensgegenstände und Schulden gelten nach § 252 HGB folgende allgemeine Grundsätze, von denen nur in begründeten Ausnahmefällen abgewichen werden darf.

Bewertungsgrundsätze	
Bilanzidentität	Die Wertansätze in der Eröffnungsbilanz des Geschäftsjahrs müssen mit denen der Schlussbilanz des vorhergehenden Geschäftsjahrs übereinstimmen.
Unternehmensfortführung	Bei der Bewertung ist von der Fortführung der Unternehmenstätigkeit auszugehen, sofern dem nicht tatsächliche oder rechtliche Gegebenheiten entgegenstehen.
Einzelbewertung	Die Vermögensgegenstände und Schulden sind zum Abschlussstichtag einzeln zu bewerten.
Prinzip der Vorsicht	Es ist vorsichtig zu bewerten. Alle vorhersehbaren Risiken und Verluste, die bis zum Abschlussstichtag entstanden sind, sind zu berücksichtigen, selbst wenn diese erst zwischen dem Abschlussstichtag und dem Tag der Aufstellung des Jahresabschlusses bekannt geworden sind. Gewinne sind nur zu berücksichtigen, wenn sie bis zum Abschlussstichtag realisiert sind.
Periodenabgrenzung	Aufwendungen und Erträge des Geschäftsjahrs sind unabhängig von den Zeitpunkten der entsprechenden Zahlungen im Jahresabschluss zu berücksichtigen.
Bewertungskontinuität	Die auf den vorhergehenden Jahresabschluss angewandten Bewertungsmethoden sind beizubehalten.

Der Gesetzgeber konkretisiert das **Prinzip der Vorsicht** durch das Anschaffungskostenprinzip, das Niederstwertprinzip und das Höchstwertprinzip für Vermögens- und Schuldenposten. In bestimmten Fällen werden auch **Bewertungsalternativen** zugelassen. Unternehmen können im Rahmen dieser gesetzlich zugelassenen Bewertungswahlrechte ihren Gewinn beeinflussen. Bewertungen außerhalb der gesetzlichen Vorschriften sind Bilanzfälschungen und damit strafrechtlich relevant!

Kapitaleignerprinzip: keine willkürlichen Unterbewertungen von Vermögensgegenständen zum Nachteil der Kapitaleigner (z. B. Aktionäre einer AG). Denn eine Unterbewertung von Vermögensgegenständen als Ergebnis überhöhter Abschreibungen führt zu niedrigeren Gewinnen und damit ggf. zu niedrigeren Gewinnausschüttungen für die Kapitaleigner.

4.1.1 Anschaffungskostenprinzip

Für das Anlage- und Umlaufvermögen gilt das Anschaffungskostenprinzip. Danach sind Vermögensgegenstände **höchstens mit den Anschaffungskosten** – vermindert um planmäßige Abschreibungen, soweit vorgeschrieben – anzusetzen.

Anschaffungskosten, vgl. **LF 3**, **Kap. 6**, Band 1

Anschaffungskosten sind Aufwendungen, die geleistet werden, um einen Vermögensgegenstand zu erwerben und ihn in einen betriebsbereiten Zustand zu versetzten, soweit sie dem Vermögensgegenstand einzeln zugeordnet werden können. Zu den Anschaffungskosten gehören auch die Nebenkosten sowie die nachträglichen Anschaffungskosten. Anschaffungspreisminderungen sind abzuziehen.

Anschaffungskosten

Begriffe laut HGB		Beispiele
	Anschaffungspreis	Preise aus Preislisten, Katalogen oder individuellen Angeboten
–	Anschaffungspreis-minderungen	Rabatte, Skonti, Boni, Preisnachlässe aufgrund von Mängelrügen
+	Anschaffungs-nebenkosten	Bezugskosten aller Art (Transportkosten, Verpackungskosten, Einfuhrzölle), aber auch je nach Art des Vermögensgegenstandes Montage- (bei Maschinen) oder Zulassungskosten (bei Fahrzeugen), ebenso Gebühren (z. B. Makler- oder Notargebühren)
+	nachträgliche Anschaffungskosten	nachträgliche, werterhöhende Veränderungen des Vermögensgegenstandes (Aufrüstungen als An-, Ein- oder Umbauten usw.)

Beispiel: Kauf eines Schreibtisches für den Geschäftsführer			
	Anschaffungspreis	Preis laut Preisliste	2.800,00 €
–	Anschaffungspreisminderung	Rabatt 15 %	420,00 €
+	Anschaffungsnebenkosten	Kosten der Lieferung	250,00 €
+	Anschaffungsnebenkosten	Aufstellungskosten	100,00 €
=	**Anschaffungskosten**	**Nettorechnungsbetrag**	**2.730,00 €**
+	keine Anschaffungskosten	19 % Umsatzsteuer	518,70 €
=	Zahlungsbetrag	Bruttorechnungsbetrag	3.248,70 €

Die bezahlte Umsatzsteuer gehört nie zu den Anschaffungskosten! Kosten für die Finanzierung der Anschaffung wie z. B. Kreditzinsen sind ebenfalls kein Bestandteil der Anschaffungskosten. Skontovereinbarungen oder Gutschriften für Mängelrügen können die Anschaffungskosten nachträglich reduzieren. Der spätere Kauf von Anbauteilen (z. B. eine PC-Halterung oder ein Kabelkanal für den Schreibtisch) können sie nachträglich erhöhen.

4.1.2 Herstellungskosten

Selbst hergestellte Vermögensgegenstände (z. B. Anlagegüter oder noch nicht verkaufte Erzeugnisse) müssen mit ihren Herstellungskosten bewertet werden.

§ 255 HGB
Herstellungskosten sind die Aufwendungen, die durch den Verbrauch von Gütern und die Inanspruchnahme von Diensten für die Herstellung eines Vermögensgegenstands, seine Erweiterung oder für eine über seinen ursprünglichen Zustand hinausgehende wesentliche Verbesserung entstehen. Dazu gehören die Materialkosten, die Fertigungskosten und die Sonderkosten der Fertigung sowie angemessene Teile der Materialgemeinkosten, der Fertigungsgemeinkosten und des Werteverzehrs des Anlagevermögens, soweit dieser durch die Fertigung veranlasst ist. Bei der Berechnung der Herstellungskosten dürfen angemessene Teile der Kosten der allgemeinen Verwaltung sowie angemessene Aufwendungen für soziale Einrichtungen des Betriebs, für freiwillige soziale Leistungen und für die betriebliche Altersversorgung einbezogen werden, soweit diese auf den Zeitraum der Herstellung entfallen. Forschungs- und Vertriebskosten dürfen nicht einbezogen werden.

Zinsen für Fremdkapital gehören nicht zu den Herstellungskosten. Zinsen für Fremdkapital, das zur Finanzierung der Herstellung eines Vermögensgegenstands verwendet wird, dürfen angesetzt werden, soweit sie auf den Zeitraum der Herstellung entfallen; in diesem Falle gelten sie als Herstellungskosten des Vermögensgegenstands.

Damit entsprechen die HGB-Regelungen den steuerrechtlichen Vorschriften.

! **Ermittlung der Herstellungskosten**

	Materialeinzelkosten (Fertigungsmaterial)
+	Fertigungseinzelkosten (Fertigungslöhne)
+	Sondereinzelkosten der Fertigung
+	angemessene Materialgemeinkosten
+	angemessene Fertigungsgemeinkosten inkl. Werteverzehr des Anlagevermögens
=	Mindestwert nach Handels- und Steuerrecht
+	angemessene Verwaltungsgemeinkosten
=	Höchstwert nach Handels- und Steuerrecht

Beispiel: Die FBW GmbH fertigt für die eigene Produktion eine Effektlackieranlage.

Berechnungen:

	Materialeinzelkosten (MEK)	7.000,00 €
+	angemessene Materialgemeinkosten (20 % der MEK)	1.400,00 €
+	Fertigungseinzelkosten (FEK)	5.000,00 €
+	angemessene Fertigungsgemeinkosten (60 % der FEK)	3.000,00 €
+	Sondereinzelkosten der Fertigung	1.000,00 €
=	Herstellungskosten (HK Mindestwert)	17.400,00 €
+	angemessene Verwaltungsgemeinkosten (5 % der HK)	870,00 €
=	Herstellungskosten (Höchstwert)	18.270,00 €

4.1.3 Niederstwertprinzip

Für das Anlage- und Umlaufvermögen eines Unternehmens gilt hinsichtlich der Bewertung das sogenannte Niederstwertprinzip: Bei zwei möglichen Bilanzwerten muss **stets der niedrigere Wert** angesetzt werden.

Gemildertes Niederstwertprinzip im Anlagevermögen

Beispiel: Eine Lackieranlage, die nach planmäßiger Abschreibung noch fortgeführte Anschaffungskosten in Höhe von 1.200,00 € aufweist, ist aufgrund eines Schadenfalls unbrauchbar geworden. Eine Reparatur ist wirtschaftlich nicht mehr sinnvoll. Ein Schrotthändler erklärt sich bereit, die Anlage für einen Materialwert in Höhe von 250,00 € (Zeitwert) zu übernehmen. Zum Bilanzstichtag befindet sich die Maschine noch im Unternehmensvermögen und muss deshalb neu bewertet werden.

Bei Finanzanlagen können gemäß § 253 Abs. 3 Satz 4 HGB außerplanmäßige Abschreibungen auch bei voraussichtlich nicht dauernder Wertminderung vorgenommen werden (Wahlrecht).

Das gemilderte Niederstwertprinzip besagt, dass ein Anlagegut bei **voraussichtlich dauernden Wertminderungen** am Bilanzstichtag außerplanmäßig auf den niedrigeren Zeitwert abgeschrieben werden muss. Ist die Wertminderung dagegen nur kurzfristig, darf keine außerplanmäßige Abschreibung vorgenommen werden (gemildertes Niederstwertprinzip).

§ 253 Abs. 5 HGB
Wertaufholungspflicht:
Entfallen die Gründe für die Wertminderung, muss der Wert durch Zuschreibung aufgeholt werden. Obergrenze: (ggf. fortgeführte) Anschaffungs- oder Herstellungskosten.

! Anschaffungskosten > dauerhafter Zeitwert → Bilanzwert ist der Zeitwert.

Da die Lackieranlage nicht mehr repariert wird, ist die Wertminderung dauerhaft und eine **außerplanmäßige Abschreibung** notwendig. Der Zeitwert entspricht in diesem Fall nur noch dem Schrottwert der Maschine.

außerplanmäßige Abschreibungen, vgl. **LF 3**, **Kap. 8.2.3**, Band 1

Anschaffungskosten zum Zeitwert eines Anlagegutes	
	Anschaffungskosten
–	planmäßige Abschreibungen
=	fortgeführte Anschaffungskosten
–	außerplanmäßige Abschreibung
=	dauerhaft niedrigerer Zeitwert

Solange die Lackieranlage noch nicht verkauft ist, ist der Verlust noch nicht realisiert. Trotzdem muss dieser Verlust als Wertminderung in der Bilanz ausgewiesen werden.

Beispiel: Ein Reservegrundstück wird durch eine Bebauungsplanänderung der Gemeinde zum Bauland. Die Anschaffungskosten vor vielen Jahren betrugen 25.000,00 €. Der realistische Marktpreis gemäß Gutachten eines Sachverständigen beträgt aktuell 250.000,00 € (Zeitwert).

In diesem Fall liegt der Zeitwert des Grundstückes dauerhaft über den Anschaffungskosten. Der höhere Zeitwert bleibt jedoch in der Bilanz und damit auch in der Gewinn- und Verlustrechnung unberücksichtigt. Das Grundstück ist trotz der Wertsteigerung mit seinen Anschaffungskosten zu bewerten.

Der Gewinn aus der Wertsteigerung des Grundstückes ist noch nicht realisiert (kein Verkauf). Die Wertsteigerung darf in der Bilanz nicht ausgewiesen werden.

! Anschaffungskosten < dauerhafter Zeitwert → Bilanzwert sind die Anschaffungskosten.

Bewertung im Umlaufvermögen, vgl. **Kap. 4.3**

Der Zeitwert eines Anlagegutes kann höher oder niedriger liegen als die (fortgeführten) Anschaffungskosten. Für die Bewertung des Anlagegutes in der Bilanz ist bei einem Vergleich **immer der niedrigere** Wert anzusetzen.

Strenges Niederstwertprinzip im Umlaufvermögen

§ 253 HGB Wertansätze der Vermögensgegenstände und Schulden
(...)
(4) Bei Vermögensgegenständen des Umlaufvermögens sind Abschreibungen vorzunehmen, um diese mit einem niedrigeren Wert anzusetzen, der sich aus einem Börsen- oder Marktpreis am Abschlussstichtag ergibt. Ist ein Börsen- oder Marktpreis nicht festzustellen und übersteigen die Anschaffungs- oder Herstellungskosten den Wert, der den Vermögensgegenständen am Abschlussstichtag beizulegen ist, so ist auf diesen Wert abzuschreiben. (...)

Gemäß § 255 (4) HGB entspricht der beizulegende Zeitwert dem Marktpreis. Soweit kein aktiver Markt besteht, anhand dessen sich der Marktpreis ermitteln lässt, ist der beizulegende Zeitwert mithilfe allgemein anerkannter Bewertungsmethoden zu bestimmen. Lässt sich der beizulegende Zeitwert nicht ermitteln, sind die Anschaffungs- oder Herstellungskosten fortzuführen. Beim Umlaufvermögen sind **Abschreibungen in jedem Fall notwendig**, sobald der Zeitwert unter die Anschaffungskosten fällt. Dabei spielt es – anders als beim Anlagevermögen – keine Rolle, ob eine Wertminderung von Dauer ist. Es gilt immer das (strenge) Niederstwertprinzip.

!
Anschaffungskosten > Zeitwert → Bilanzwert ist der Zeitwert.
oder
Anschaffungskosten < Zeitwert → Bilanzwert sind die Anschaffungskosten.

Bewertung von Inventurmengen, vgl. **Kap. 4.3.1** und **LF 3, Kap. 2.1.5**, Band 1

Der **Zeitwert** beim Umlaufvermögen ist entweder
- ein Börsen- oder Marktpreis (z. B. aktueller Bezugspreis des Lieferanten) oder
- ein beizulegender Zeitwert (z. B. auch bei Beschädigungen von Waren)

Ein **höherer Zeitwert** bleibt in der Bilanz unberücksichtigt, d. h. Werterhöhungen führen nach HGB nicht zu Ertragsbuchungen.

Beispiel: Der Stammlieferant für hochwertige Textilien hat aufgrund gestiegener Energie- und Rohstoffkosten die Verkaufspreise um 16 % erhöht. Ein Warenvorrat der FBW GmbH, der mit einem Einstandspreis von 12.000,00 € bewertet ist (Anschaffungskosten), würde nun bei einer Wiederbeschaffung 13.920,00 € kosten. Trotzdem muss die FBW GmbH diesen Warenvorrat mit einem Bilanzwert von 12.000,00 € ausweisen. Wäre der Wiederbeschaffungspreis zum Zeitpunkt der Bilanzerstellung dagegen auf 10.500,00 € gefallen, so müsste die FBW GmbH ihren Warenvorrat um 1.500,00 € niedriger bewerten (strenges Niederstwertprinzip).

Imparität
Ungleichheit

Im Ergebnis behandelt das HGB damit mögliche Verluste beim Anlage- und Umlaufvermögen anders als mögliche Gewinne. Diese Ungleichbehandlung nennt man auch das **Imparitätsprinzip**. Wertminderungen müssen nach Abschreibungen ausgewiesen werden, Wertsteigerungen dürfen dagegen nur dann ausgewiesen werden, wenn sie realisiert wurden, z. B. bei einem Verkauf (**Realisationsprinzip**).

4.1.4 Höchstwertprinzip

Für die **Bewertung der Schulden** eines Unternehmens gilt das sogenannte Höchstwertprinzip. Hier muss bei zwei möglichen Bilanzwerten nicht der niedrigere, sondern stets **der höhere Wert** angesetzt werden.

Höchstwertprinzip bei Schulden: aus Sicht des Vermögens eine Umkehr des Niederstwertprinzips

Bei **Verbindlichkeiten in Fremdwährungen** kommt das Höchstwertprinzip (kein Ausweis von nicht realisierten Gewinnen bei Verbindlichkeiten) regelmäßig zur Anwendung, wenn die Restlaufzeit der Verbindlichkeit **über ein Jahr hinaus** beträgt. Gemäß § 256 a HGB sind auf fremde Währung lautende Verbindlichkeiten zum Devisenkassamittelkurs am Abschlussstichtag umzurechnen.

Bei einer Restlaufzeit bis zu einem Jahr sind alle Kursveränderungen erfolgswirksam zu erfassen – das Höchstwertprinzip gilt hier dann nicht! Zur Bewertung kurzfristiger Fremdwährungsverbindlichkeiten siehe Beispiel auf Seite 282.

Beim erstmaligen Ansatz einer Fremdwährungsverbindlichkeit gilt der Entstehungskurs beim Zugang. Für Fremdwährungsverbindlichkeiten gilt der Devisengeldkurs (= Verkaufskurs der Bank) für Devisen pro Euro. Für die Währungsumrechnung zum Jahresabschluss ist der Devisenkassamittelkurs zum Abschlussstichtag maßgebend. Der Kurs ergibt sich durch Addition des Geld- und Briefkurses und Division dieser Summe durch zwei.

Beispiel: Darlehenssumme 250.000,00 US-Dollar, Darlehenslaufzeit 5 Jahre, Tilgung am Ende der Darlehenslaufzeit

Kursangaben	a) Buchungstag der Darlehensaufnahme	b) Bewertung am 31.12.20XX
Devisengeldkurs	1,2034	1,3381
Devisengeldkurs	1,2094	1,3441

a) Zugangsbewertung für die Fremdwährungsverbindlichkeit mit dem Devisengeldkurs:
250.000,00 USD : 1,2034 USD/€ = 207.744,72 €
b) Folgebewertung am 31.12.20XX (Abschlussstichtag) mit dem Devisenkassamittelkurs:
Devisenkassamittelkurs = (1,3381 + 1,3441) : 2 = 1,3411 USD/€
rechnerischer Folgewert der Darlehensschuld = 250.000,00 : 1,3411 = 186.414,13 €
Hinweis: Da das Darlehen eine Restlaufzeit von mehr als einem Jahr aufweist, dürfen nicht realisierte Gewinne aus Kursveränderungen nicht ausgewiesen werden. Das Darlehen muss mit seinem Zugangswert (207.744,72 € = Anschaffungskosten) ausgewiesen werden. Keine Erfolgsbuchung erlaubt!

ÜBERSICHT: Bewertungsprinzipien nach dem HGB

Prinzip der Vorsicht nach HGB verlangt:

Nicht realisierte Verluste **müssen** ausgewiesen werden:
→ Abschreibung auf den Zeitwert

Nicht realisierte Gewinne dürfen nicht ausgewiesen werden (Realisationsprinzip):
→ Wertobergrenze: (ggf. fortgeführte) Anschaffungskosten

Imparitätsprinzip: Prinzip der Ungleichbehandlung von nicht realisierten Verlusten und Gewinnen

Bewertung auf Basis von

Anschaffungskostenprinzip
für Anlage- und Umlaufvermögen

Anschaffungskosten sind immer der höchstmögliche Bilanzwert.

Niederstwertprinzip
für Anlagevermögen (gemildert) und Umlaufvermögen (streng)

Liegt der Zeitwert unter den Anschaffungskosten, darf, ggf. muss abgeschrieben werden.

Höchstwertprinzip
für Schulden

Höhere Erfüllungsbeträge von Schulden werden zum Bilanzwert.

AB → Lernsituation 74

4.2 Bewertung des Anlagevermögens

§ 247 Abs. 2 HGB

Unter Anlagevermögen sind laut HGB immaterielle Vermögenswerte, Sachanlagen und Finanzanlagen auszuweisen. Im Anlagevermögen sind nur die Vermögenswerte auszuweisen, die bestimmt sind, **dauernd dem Geschäftsbetrieb zu dienen**.

Bestandteile des Anlagevermögens	
Immaterielle Werte	nicht stoffliche, aber werthaltige Vermögensgegenstände eines Unternehmens wie z. B. Konzessionen, gewerbliche Schutzrechte und ähnliche Rechte und Werte, Lizenzen an solchen Rechten und Werten sowie ein Geschäfts- oder Firmenwert
Sachanlagen	Grundstücke und Bauten, technische Anlagen und Maschinen, Betriebs- und Geschäftsausstattung einschließlich Fuhrpark
Finanzanlagen	Anteile an verbundenen Unternehmen oder Ausleihungen an sie, Beteiligungen, Ausleihungen an Unternehmen, mit denen ein Beteiligungsverhältnis besteht, Wertpapiere des Anlagevermögens und sonstige Ausleihungen

4.2.1 Kauf von Anlagegütern – Anschaffungskosten

§ 248 Abs. 2 HGB

aktivieren
Aufnahme als Vermögensgegenstand auf der Aktivaseite der Bilanz

Alle Vermögensgegenstände müssen beim Kauf mit ihren **Anschaffungskosten** aktiviert werden. Selbst geschaffene, d. h. nicht gekaufte immaterielle Vermögensgegenstände können in die HGB-Bilanz aufgenommen werden. Selbst hergestellte Sachanlagen müssen mit ihren Herstellungskosten bewertet werden.

§ 255 Abs. 1 HGB

Erfassung der Anschaffungskosten in einem Schritt

Beispiel: Die FBW GmbH kauft am 9. Januar 20X1 einen Lkw. Das Fahrzeug wird am 12. Januar 20X1 zugelassen und an einen Mitarbeiter der FBW GmbH übergeben.

	Listenpreis		65.000,00 €
+	Sonderausstattungen	+	2.500,00 €
–	Firmenkundenrabatt 10 %	–	6.750,00 €
+	Überführungskosten	+	520,00 €
+	Zulassungskosten	+	200,00 €
=	Nettorechnungsbetrag	=	61.470,00 €
+	19 % Umsatzsteuer	+	11.679,30 €
=	Bruttorechnungsbetrag	=	73.149,30 €

Grundbuch:
Buchung der Lkw-Anschaffung auf Ziel bei Rechnungseingang

Nr.	Soll	€	Haben	€
1)	0840 Fuhrpark	61.470,00		
	2600 Vorsteuer	11.679,30	4400 Verbindlichkeiten a. L. L.	73.149,30

Hauptbuch:

S	0840 Fuhrpark		H
1) 4400 = Anschaffungskosten	61.470,00		

Erfassung der Anschaffungskosten in mehreren Schritten

Beispiel: Für den Geschäftsführer eines Industrieunternehmens wird ein neuer Schreibtisch erworben.

Alle Rechnungsbeträge beinhalten 19 % Umsatzsteuer.
Die in Rechnungsbeträgen enthaltene Umsatzsteuer gehört nicht zu den Anschaffungskosten.

Grundbuch:

1) Eingangsrechnung des Möbelhauses, Bruttorechnungsbetrag 2.975,00 €
2) Eingangsrechnung der Spedition für die Anlieferung und Aufstellung des Schreibtisches, Bruttorechnungsbetrag 119,00 € (Fracht und Aufstellung = Anschaffungsnebenkosten)
3) Kontoauszug mit Lastschrift, Überweisung des Rechnungsbetrages an das Möbelhaus unter Abzug von 3 % Skonto, Überweisungsbetrag 2.885,75 € (Nettoskonto = nachträgliche Anschaffungspreisminderung)

Nettoskonto:
$$\frac{\text{Bruttoskonto}}{(1 + \text{Steuersatz})}$$

$$\frac{89{,}25}{(1 + 0{,}19)} = 75{,}00\ €$$

Nr.	Soll	€	Haben	€
1)	0870 Büromöbel 2600 Vorsteuer	2.500,00 475,00	4400 Verbindlichkeiten a. L. L.	2.975,00
2)	0870 Büromöbel 2600 Vorsteuer	100,00 19,00	4400 Verbindlichkeiten a. L. L.	119,00
3)	4400 Verbindlichkeiten a. L. L.	2.975,00	0870 Büromöbel 2600 Vorsteuer 2800 Bankguthaben	75,00 14,25 2.885,75

Hauptbuch:

S	0870 Büromöbel		H
1) 4400	2.500,00	3) 4400	75,00
2) 4400	100,00	**Saldo**	**2.525,00**
		= Anschaffungskosten	

Buchungstechnik beim Einkauf mit Unterkonten und Vorsteuerkonten, vgl. **LF 3, Kap. 6**, Band 1

Wie beim Einkauf von Werkstoffen im Umlaufvermögen ist bei nachträglichen Preisminderungen (hier Skonto) die Vorsteuer entsprechend zu korrigieren. Unterkonten (wie z. B. Nachlässe) gibt es im Anlagevermögen allerdings nicht. Alle Anschaffungsnebenkosten, nachträgliche Anschaffungskosten oder Anschaffungspreisminderungen werden direkt auf dem Anlagekonto gebucht.

Beispiel: Hauptbuch für Anlagekonten

S	Anlagekonto H
Anschaffungspreis	– nachträgliche Anschaffungspreisminderung
+ Anschaffungsnebenkosten	= Saldo (Anschaffungskosten)
+ nachträgliche Anschaffungskosten	

Um die **Abschreibungen für ein Gebäude** ermitteln zu können, muss der Gesamtkaufpreis einschließlich Nebenkosten auf das Grundstück und das Gebäude aufgeteilt werden. Die auf das Grundstück entfallenden Anschaffungskosten einschließlich der anteiligen Anschaffungsnebenkosten können nicht planmäßig abgeschrieben werden, da die Nutzung eines Grundstückes zeitlich unbegrenzt erfolgen kann. Deshalb ist für die Steuerbehörden diese Aufteilung von großer Bedeutung.

Beispiel: Ein Industrieunternehmen erwirbt eine Lagerhalle mit Grundstück zu einem Anschaffungspreis von 100.000,00 €. Die Anschaffungskosten und alle Anschaffungsnebenkosten sind dabei auf Grundstück und Gebäude im Verhältnis 20 % zu 80 % aufzuteilen. Dies gilt natürlich nicht für Ein-, Um- und Anbauten des Gebäudes. Diese verändern den Grundstückswert nicht.

Anschaffungskosten für ein Grundstück mit Gebäude[1]	Grundstück (20 %)	Lagerhalle (80 %)	Summen (100 %)
Anschaffungspreis	20.000,00	80.000,00	100.000,00
Anschaffungsnebenkosten:			
Grunderwerbsteuer[2] (3,5 %)	700,00	2.800,00	3.500,00
Maklergebühr (3,0 %)	600,00	2.400,00	3.000,00
Grundbuchkosten	120,00	480,00	600,00
Notarkosten für die Eigentumsübertragung (2,0 %)	400,00	1.600,00	2.000,00
nachträgliche Anschaffungskosten: Einbauten in der Lagerhalle	0,00	12.000,00	12.000,00
Summe Anschaffungskosten	21.820,00	99.280,00	121.100,00

[1] Alle Beträge – soweit umsatzsteuerpflichtig – sind ohne Umsatzsteuer anzugeben. Die Umsatzsteuer gehört nicht zu den Anschaffungskosten.

[2] länderspezifischer Steuersatz

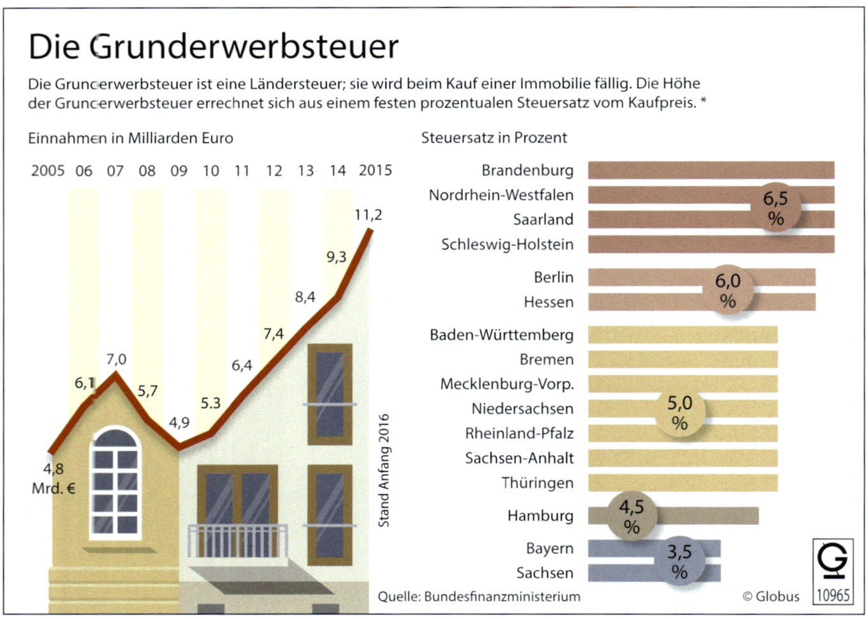

* Hinweis: Mit Kaufpreis ist der notarielle Kaufpreis für ein Grundstück mit Gebäude gemeint.

Die obersten Finanzbehörden von Bund und Ländern stellen für die Aufteilung Grundstückswert/Gebäudewert eine Arbeitshilfe als Tabellenkalkulationsdatei (*.xls) zur Verfügung, die es unter Berücksichtigung der höchstrichterlichen Rechtsprechung ermöglicht, in einem typisierten Verfahren entweder eine Kaufpreisaufteilung selbst vorzunehmen oder die Plausibilität einer vorliegenden Kaufpreisaufteilung zu prüfen.

www.bundesfinanzministerium.de/ (Suche: "Grundstückskaufpreis")

4.2.2 Selbst hergestellte Anlagen – aktivierte Eigenleistungen

Fast alle Wirtschaftsgüter, die ein Unternehmen benötigt, sind auf dem (Welt-)Markt verfügbar. Trotzdem findet man in der Gewinn- und Verlustrechnung vieler Unternehmen den Posten „**Aktivierte Eigenleistungen**". Das bedeutet, dass diese Unternehmen Anlagegüter für den eigenen Gebrauch (eigene Nutzung) nicht bei anderen Unternehmen gekauft, sondern selbst hergestellt haben. Vorhandenes Know-how bei nicht ausgelasteter Produktion oder auch Image-Gründe (Fuhrpark eines Pkw-Herstellers) oder Geheimhaltungsgründe (Anlagen für Forschungszwecke) sind oft der Grund für derartige Eigenleistungen.

Beispiel: Eigenfertigung eines Lagerregals in einer Möbelfabrik

§ 255 Abs. 2 HGB

Einzelkosten:

Materialaufwendungen:	
– Rohstoffe (Holz)	600,00 €
– Hilfsstoffe (Leim, Schrauben)	20,00 €
Personalaufwendungen:	
– Löhne (Zuschnitt, Montage)	230,00 €
– Gehälter (Konstruktionszeichnung erstellen)	70,00 €
Summe der direkt zugerechneten Aufwendungen	920,00 €

Einzelkosten
Kosten, die dem Kostenträger direkt zugerechnet werden können und auch zugerechnet werden.

angemessene **Gemeinkostenzuschlagssätze** auf die Einzelkosten, die in derselben Abrechnungsperiode angefallen sind, in %:

Materialgemeinkostenzuschlagssatz	25,5 %
Fertigungsgemeinkostenzuschlagssatz	142,6 %
Verwaltungsgemeinkostenzuschlagssatz	8,6 %
Vertriebsgemeinkostenzuschlagssatz	4,6 %

Gemeinkosten
Kosten, die dem Kostenträger nicht direkt zugerechnet werden. Die Zuschlagssätze werden in einem Betriebsabrechnungsbogen ermittelt.
Vgl. **LF 4, Kap. 3.1–3.3**, Band 1

In diesem Fall kann der Wert des Lagerregals wie folgt ermittelt werden:

Materialeinzelkosten (Roh- und Hilfsstoffe)	620,00 €
+ Materialgemeinkosten (25,5 % der Materialeinzelkosten)	158,10 €
= *Materialkosten*	*778,10 €*
Fertigungseinzelkosten (Löhne für Zuschnitt und Montage)	230,00 €
+ Fertigungsgemeinkosten (142,6 % der Fertigungseinzelkosten)	327,98 €
+ Sondereinzelkosten der Fertigung (Gehalt für die Erstellung der Konstruktionszeichnung)	70,00 €
= *Fertigungskosten*	*627,98 €*
Herstellkosten (Material- und Fertigungskosten)	*1.406,08 €*
+ Verwaltungsgemeinkosten (8,6 % der Herstellkosten)	120,92 €
+ Vertriebsgemeinkosten (bei Eigenleistungen nicht zurechenbar)	0,00 €
= Herstellungskosten	1.527,00 €

Zuschlagskalkulation mit Gemeinkostenzuschlagssätzen bei der Kalkulation von Erzeugnissen,
vgl. **LF 4, Kap. 3.4**, Band 1

Alle Einzel- und Gemeinkosten gehen in der jeweiligen Aufwandsart bei deren Abschluss in die GuV-Rechnung ein. Da diese Aufwendungen nicht sofort den Gewinn mindern dürfen, wird bei der Aktivierung des Lagerregals ein Ertragskonto, das Konto 5300 Aktivierte Eigenleistungen, den bereits gebuchten Aufwendungen in gleicher Höhe gegenübergestellt.

S	8020 GuV-Konto		H
6xxx Aufwandsarten	1.527,00	5300 Aktivierte Eigenleistungen	1.527,00
6520 Abschreibungen a. S.	109,07		

Während der Nutzungszeit fließen diese Aufwendungen als Abschreibungen wieder als Aufwand in die GuV-Rechnung zurück. Die Lagerregale haben eine Nutzungsdauer von 14 Jahren, sie werden linear abgeschrieben. Herstellung und Fertigstellung erfolgen im Januar (keine zeitanteilige Abschreibung).

Grundbuch:

1) Buchung bei Fertigstellung des Lagerregals (bewertet mit Herstellungskosten)
2) Abschreibung des Lagerregals im Erstellungsjahr (Herstellung im Januar → voller Jahresabschreibungsbetrag)

Nr.	Soll	€	Haben	€
1)	0830 Lager- und Transporteinrichtungen	1.527,00	5300 Aktivierte Eigenleistungen	1.527,00
2)	6520 Abschreibungen auf Sachanlagen	109,07	0830 Lager- und Transporteinrichtungen	109,07

4.2.3 Anlagen im Bau

Werden selbst hergestellte Anlagen nicht innerhalb eines Geschäftsjahres fertiggestellt, so müssen im Jahresabschluss die bereits gebuchten Aufwendungen auf dem Anlagekonto 0950 Anlagen im Bau aktiviert werden.

Beispiel: Eine Maschinenfabrik stellt für die eigene Fertigung eine Blechpresse selbst her. Die Blechpresse ist zum 31.12.20XX zur Hälfte fertiggestellt. Die Herstellungskosten betragen bis zu diesem Zeitpunkt 20.000,00 €. Weitere 20.000,00 € Herstellungskosten fallen im Folgejahr an.

Grundbuch:

1) Aktivierung der nicht fertiggestellten Anlage im Geschäftsjahr 20X1
2) Aktivierung der Herstellungskosten im Folgejahr (20X2)
3) Umbuchung von Anlagen im Bau auf Maschinen bei Fertigstellung der Blechpresse

Nr.	Soll	€	Haben	€
1)	0950 Anlagen im Bau	20.000,00	5300 Aktivierte Eigenleistungen	20.000,00
2)	0950 Anlagen im Bau	20.000,00	5300 Aktivierte Eigenleistungen	20.000,00
3)	0720 Maschinen	40.000,00	0950 Anlagen im Bau	40.000,00

4.2.4 Anzahlungen

Bilanzgliederungsschema nach § 266 HGB, vgl. **Kap. 5.2.1**

Gemäß dem Bilanzgliederungsschema nach § 266 HGB sind folgende Anzahlungen bei Kapitalgesellschaften offen in der Bilanz auszuweisen:

Geleistete Anzahlungen		
auf immaterielle Vermögensgegenstände	**auf Sachanlagen**	**auf Vorräte**
Aktivseite A. Anlagevermögen I. Immaterielle Vermögensgegenstände 4. geleistete Anzahlungen	Aktivseite A. Anlagevermögen II. Sachanlagen 4. geleistete Anzahlungen und Anlagen im Bau	Aktivseite B. Umlaufvermögen I. Vorräte 4. geleistete Anzahlungen

Erhaltene Anzahlungen
Erhaltene Anzahlungen auf Bestellungen
Passivseite C. Verbindlichkeiten 3. erhaltene Anzahlungen auf Bestellungen

Anzahlungen werden oft bei Großaufträgen und teuren Sonderanfertigungen vereinbart. Für den Verkäufer dienen sie zur Vorfinanzierung der Produktion und zur (teilweisen) Absicherung der zukünftigen Forderungen. Für den Käufer bedeuten Anzahlungen immer ein Risiko, da bei Insolvenz des Verkäufers die Anzahlung ganz oder teilweise verloren gehen kann. Anzahlungen sind immer umsatzsteuerpflichtig.

Geleistete Anzahlungen

Beispiel: Die FBW schließt einen Kaufvertrag mit einem Hersteller für Lackierautomaten ab. Ein Kaufpreis von 100.000,00 € zzgl. 19 % USt wird fest vereinbart. Der Lackierautomat wird nach Abschluss des Kaufvertrags gemäß den technischen Vorgaben der FBW GmbH produziert. In den Zahlungsbedingungen wird daher eine Anzahlung in Höhe von 35 % des Kaufpreises festgelegt, die innerhalb von 10 Tagen nach Abschluss des Kaufvertrags zu überweisen ist. Der Restbetrag wird nach Lieferung und mängelfreier Inbetriebnahme des Lackierautomaten fällig. Der Hersteller stellt für die Anzahlung und für die Restzahlung je eine umsatzsteuerrechtlich zulässige Rechnung aus.

! **Geleistete Anzahlungen** gehören zu den Vermögenswerten mit Forderungscharakter einer Kapitalgesellschaft im Anlage- oder im Umlaufvermögen. Ihre Aktivierung setzt einen Zahlungsausgang voraus.

Notwendige Schlussrechnung: Auf der Schlussrechnung muss der Verkäufer die Anzahlungen vom gesamten Rechnungsbetrag abziehen und die bereits abgeführte Umsatzsteuer für die Anzahlungen gesondert aufführen. Ist dies nicht der Fall, muss die Umsatzsteuer ein zweites Mal an das Finanzamt abgeführt werden.

Beispiel: Schlussrechnung (Auszug):

Lackierautomat			100.000,00 €
+ 19 % Umsatzsteuer			+ 19.000,00 €
= gesamter Rechnungsbetrag			= 119.000,00 €
Abzüglich Anzahlung	35.000,00 €		
+ 19 % Umsatzsteuer	6.650,00 €		
= Anzahlungsbetrag brutto	41.650,00 €	→	– 41.650,00 €
= ausstehender Rechnungsbetrag			= 77.350,00 €

Grundbuch:

1) Banküberweisung der Anzahlung nach Eingang der Anzahlungsrechnung mit 19 % USt
2) Rechnungseingang nach Lieferung des Lackierautomaten (Schlussrechnung)
   a) Kauf des Lackierautomaten
   b) Verrechnung der Anzahlung
3) Überweisung der Restzahlung

Hinweis: Eine Buchung auf dem Konto Verbindlichkeiten a. L. L. bei Rechnungseingang entfällt, da dieses Konto nur für bereits erbrachte Lieferungen oder Leistungen zur Verfügung steht.

Nr.	Soll	€	Haben	€
1)	0900 Geleistete Anzahlungen auf Sachanlagen 2600 Vorsteuer	35.000,00 6.650,00	2800 Bankguthaben	41.650,00
2a)	0720 Maschinen 2600 Vorsteuer	100.000,00 19.000,00	4400 Verbindlichkeiten a. L. L.	119.000,00
2b)	4400 Verbindlichkeiten a. L. L.	41.650,00	0900 Geleistete Anzahlungen auf Sachanlagen 2600 Vorsteuer	35.000,00 6.650,00
3)	4400 Verbindlichkeiten a. L. L.	77.350,00	2800 Bankguthaben	77.350,00

Erhaltene Anzahlungen

! **Erhaltene Anzahlungen** gehören bis zur Vertragserfüllung zu den Schulden einer Kapitalgesellschaft. Ihre Passivierung setzt einen Zahlungseingang voraus.

Beispiel: (Fortsetzung) Aus Sicht des Lieferanten des Lackierautomaten für die FBW GmbH sehen die Buchungen wie folgt aus:

Grundbuch:

1) Eingang der Anzahlung auf dem Bankkonto
2) Rechnungsausgang nach Lieferung des Lackierautomaten (Schlussrechnung)
   a) Verkauf des Lackierautomaten
   b) Verrechnung der Anzahlung
3) Zahlungseingang der Restzahlung auf dem Bankkonto

Nr.	Soll	€	Haben	€
1)	2800 Bankguthaben	41.650,00	4300 Erhaltene Anzahlungen 4800 Umsatzsteuer	35.000,00 6.650,00
2a)	2400 Forderungen a. L. L.	119.000,00	5000 Umsatzerlöse f. e. Erzeugnisse 4800 Umsatzsteuer	100.000,00 19.000,00
2b)	4300 Erhaltene Anzahlungen 4800 Umsatzsteuer	35.000,00 6.650,00	2400 Forderungen a. L. L.	41.650,00
3)	2800 Bankguthaben	77.350,00	2400 Forderungen a. L. L.	77.350,00

4.2.5 Abschreibung von Anlagevermögen

§ 253 HGB Zugangs- und Folgebewertung

(...)

(3) Bei Vermögensgegenständen des Anlagevermögens, deren Nutzung zeitlich begrenzt ist, sind die Anschaffungs- oder die Herstellungskosten um planmäßige Abschreibungen zu vermindern. Der Plan muss die Anschaffungs- oder Herstellungskosten auf die Geschäftsjahre verteilen, in denen der Vermögensgegenstand voraussichtlich genutzt werden kann. Ohne Rücksicht darauf, ob ihre Nutzung zeitlich begrenzt ist, sind bei Vermögensgegenständen des Anlagevermögens bei voraussichtlich dauernder Wertminderung außerplanmäßige Abschreibungen vorzunehmen, um diese mit dem niedrigeren Wert anzusetzen, der ihnen am Abschlussstichtag beizulegen ist. Bei Finanzanlagen können außerplanmäßige Abschreibungen auch bei voraussichtlich nicht dauernder Wertminderung vorgenommen werden.

Planmäßige und außerplanmäßige Abschreibung

Abnutzbare Anlagegüter
→ Nutzung zeitlich begrenzt

Beispiele: immaterielle Vermögensgegenstände und Sachanlagen (ohne Grundstücke) wie Gebäude, technische Anlagen und Maschinen, Betriebs- und Geschäftsausstattung mit Fuhrpark

↓

planmäßige Abschreibung gemäß § 253 HGB und §§ 6, 7 EStG

Nicht abnutzbare Anlagegüter
→ Nutzung zeitlich nicht begrenzt

Beispiele: Grundstücke und alle Finanzanlagen

↓

keine planmäßige Abschreibung möglich!

↓

(Zusätzliche) außerplanmäßige Abschreibungen gemäß § 253 HGB und §§ 6, 7 EStG sind bei allen Anlagegütern möglich.

Planmäßige Abschreibung auf Sachanlagen

Beispiel: Die FBW GmbH hat im Rahmen der Anlagenverwaltung den auf Seite 264 abgedruckten Abschreibungsplan für einen neuen Lkw erstellt. Die Abschreibungspläne werden von dem in der Anlagenbuchhaltung eingesetzten EDV-System automatisch erstellt.

Abschreibungsmethoden nach Steuer- und Handelsrecht, zeitanteilige Abschreibung, geringwertige Wirtschaftsgüter, vgl. **LF 3**, **Kap. 8.2.1**, Band 1

Beim Kauf des Fahrzeuges wurde wie folgt gebucht (Grundbuch; vgl. Seite 256):

Nr.	Soll	€	Haben	€
1)	0840 Fuhrpark	61.470,00		
	2600 Vorsteuer	11.679,30	4400 Verbindlichkeiten a. L. L.	73.149,30

Die Anschaffungskosten werden in diesem Beispiel abschließend erfasst. Anschaffungspreisminderungen oder nachträgliche Anschaffungskosten liegen nicht vor.

Auszug aus dem Abschreibungsplan der FBW GmbH (Beispiel bei linearer Abschreibung)

Inv.-Nr. 1000						Lastkraftwagen MB 232
Anschaffungsdatum 09.01.X1					Anschaff.-Kosten: 61.470,00 €	
Konto-Nr. 0840	Kostenstelle: 10	Standort: Fuhrpark	Nutzungsdauer: 9 Jahre	Abschreibung in %: 11,11	lineare Abschreibung	
Datum	**Vorgang**	**Buchungstext**	**Anschaffungskosten (AK) in €**	**planmäßige Abschreibung in €**	**außerplanmäßige Abschreibung in €**	**Buchwert in €**
09.01.X1		Lkw MB 232	61.470,00	0,00	0,00	61.470,00
31.12.X1	Zugang		0,00	6.830,00	0,00	–6.830,00
31.12.X1	Summe		61.470,00	6.830,00	0,00	54.640,00
Jahr	**Historische AK in €**	**Zugang in €**	**Abgang in €**	**Umbuchung in €**	**Abschreibung (Geschäftsjahr in €)**	**Buchwert in €**
20X1	0,00	61.470,00	0,00	0,00	6,830,00	54.640,00
20X2	61.470,00	0,00	0,00	0,00	6.830,00	47.810,00
20X3	61.470,00	0,00	0,00	0,00	6.830,00	40.980,00
20X4	61.470,00	0,00	0,00	0,00	6.830,00	34.150,00
20X5	61.470,00	0,00	0,00	0,00	6.830,00	27.320,00
20X6	61.470,00	0,00	0,00	0,00	6.830,00	20.490,00
20X7	61.470,00	0,00	0,00	0,00	6.830,00	13.660,00
20X8	61.470,00	0,00	0,00	0,00	6.830,00	6.830,00
20X9	61.470,00	0,00	0,00	0,00	6.829,00	1,00[1]

[1] Verbleibt das Anlagegut im Unternehmen, kann ein „Erinnerungswert" in Höhe von 1,00 € angesetzt werden.

Buchung von planmäßigen Abschreibungen auf Sachanlagen

Beispiel: Für das erste Nutzungsjahr des Lkw durch die FBW GmbH ergeben sich folgende Abschreibungs- und Abschlussbuchungen.

Grundbuch:
1) Erfassung der Abschreibung am Geschäftsjahresende
2) Abschluss Konto Fuhrpark
3) Abschluss Konto Abschreibungen auf Sachanlagen

Nr.	Soll	€	Haben	€
1)	6520 Abschreibungen auf Sachanlagen	6.830,00	0840 Fuhrpark	6.830,00
2)	8010 SBK	54.640,00	0840 Fuhrpark	54.640,00
3)	8020 GuV-Konto	6.830,00	6520 Abschreibungen auf Sachanlagen	6.830,00

Hauptbuch:

S	0840 Fuhrpark		H
4400	61.470,00	1) 6520	6.830,00
		2) 8010	54.640,00
	61.470,00		61.470,00

S	6520 Abschreibungen auf Sachanlagen		H
1) 0840	6.830,00	3) 8020	6.830,00

S	8020 GuV-Konto		H
3) 6520	6.830,00		

S	8010 SBK		H
2) 0840	54.640,00		

Außerplanmäßige Abschreibungen auf Sachanlagen

Beispiel: (Fortsetzung) Im 4. Nutzungsjahr wird der LKW bei einem Unfall beschädigt; der Schaden wird nicht repariert, der LKW aber weiterhin genutzt. Wegen der voraussichtlich dauernden Wertminderung muss zusätzlich außerplanmäßig abgeschrieben werden.

§ 253 Abs. 3

vgl. Abschreibungsplan auf Seite 264

Tatsächliche Abschreibungstabelle

	Anschaffungskosten		61.470,00 €
–	Abschreibungsbetrag 1. Jahr	–	6.830,00 €
=	Buchwert Ende 1. Nutzungsjahr	=	54.640,00 €
–	Abschreibungsbetrag 2. Jahr	–	6.830,00 €
=	Buchwert Ende 2. Nutzungsjahr	=	47.810,00 €
–	Abschreibungsbetrag 3. Jahr	–	6.830,00 €
=	Buchwert Ende 3. Nutzungsjahr	=	40.980,00 €
–	Abschreibungsbetrag 4. Jahr (planmäßig)	–	6.830,00 €
–	**außerplanmäßige Abschreibung**	–	**10.000,00 €**
=	Buchwert Ende 4. Nutzungsjahr (nach planmäßiger und außerplanmäßiger Abschreibung)	=	24.150,00 €
–	Abschreibungsbetrag 5. Jahr	–	4.830,00 €
=	Buchwert Ende 5. Nutzungsjahr	=	19.320,00 €

Neuberechnung der planmäßigen Abschreibung nach außerplanmäßiger Abschreibung ohne Änderung der Nutzungsdauer:

$$\frac{24.150{,}00\ €}{5} = 4.830{,}00\ €$$

(5 = Restnutzungsdauer in Jahren)

Buchung von außerplanmäßigen Abschreibungen auf Sachanlagen

Grundbuch (viertes Nutzungsjahr):

1) Planmäßige Abschreibung im vierten Nutzungsjahr
2) Außerplanmäßige Abschreibung im vierten Nutzungsjahr

Nr.	Soll	€	Haben	€
1)	6520 Abschreibungen auf Sachanlagen	6.830,00	0840 Fuhrpark	6.830,00
2)	6550 Außerplanmäßige Abschreibungen auf Sachanlagen	10.000,00	0840 Fuhrpark	10.000,00

Hauptbuch:

S	0840 Fuhrpark		H
8000	40.980,00	1) 6520	6.830,00
		2) 6550	10.000,00
		Saldo	24.150,00
			= Restbuchwert

S	6520 Abschreibungen auf Sachanlagen		H
1) 0840	6.830,00	8020	6.830,00

S	6550 Außerplanmäßige Abschr. auf Sachanlagen		H
2) 0840	10.000,00	8020	10.000,00

Nach der planmäßigen und der außerplanmäßigen Abschreibung ergibt sich auf dem Konto 0840 Fuhrpark am Ende des vierten Nutzungsjahres als Saldo der Restwert von 24.150,00 €. Hat sich die Restnutzungsdauer des Fahrzeuges nicht geändert, ist dieser Betrag über 5 Jahre weiter jährlich linear mit 4.830,00 € abzuschreiben, wenn keine Zuschreibung erfolgen muss.

§ 253 Abs. 5 Satz 1 HGB

Außerplanmäßige Abschreibungen sind allerdings nicht „endgültig". Sollte der Grund für die außerplanmäßige Abschreibung in einem späteren Geschäftsjahr wegfallen (das Fahrzeug wird z. B. doch wieder werterhöhend repariert), gilt das Wertaufholungsgebot. Wertaufholung bedeutet hier, dass Gewinn erhöhende Zuschreibungen vorgenommen werden müssen.

Zuschreibungen

Abschreibung = Aufwand
Zuschreibung = Ertrag

Gemäß § 253 Abs. 5 HGB darf ein niedrigerer Wertansatz nach außerplanmäßigen Abschreibungen im Anlagevermögen (auch bei Finanzanlagen) und nach Abschreibungen im Umlaufvermögen nicht mehr beibehalten werden, wenn die Gründe dafür nicht mehr bestehen. Ausnahme: Ein niedrigerer Wertansatz eines entgeltlich erworbenen Geschäfts- oder Firmenwertes ist beizubehalten. **Zuschreibungen**, das Gegenteil von **Abschreibungen**, erhöhen den Wert des Vermögensgegenstandes bis maximal zum Buchwert nach planmäßiger Abschreibung. Sie erhöhen damit den Gewinn.

Beispiel: (Fortsetzung) Im 5. Nutzungsjahr wird der Unfallschaden an dem LKW der FBW GmbH doch repariert. Es muss eine Zuschreibung erfolgen:

vgl. Abschreibungsplan auf Seite 264

	Buchwert Ende 3. Nutzungsjahr	40.980,00
–	Abschreibungsbetrag 4. Jahr (planmäßig)	6.830,00
–	außerplanmäßige Abschreibung	10.000,00
=	Buchwert Ende 4. Nutzungsjahr	24.150,00
+	Zuschreibung 5. Nutzungsjahr	10.000,00
–	Abschreibung 5. Nutzungsjahr (planmäßig)	6.830,00
=	Buchwert Ende 5. Nutzungsjahr	27.320,00

Grundbuch:
1) Buchung der Zuschreibung im 5. Nutzungsjahr

Nr.	Soll	€	Haben	€
1)	0840 Fuhrpark	10.000,00	5440 Erträge aus Werterhöhungen von Gegenständen des Anlagevermögens (Zuschreibungen)	10.000,00

Erläuterung: Wird der Pkw im 5. Nutzungsjahr wieder instand gesetzt (z. B. durch wertsteigernde Reparaturen), so darf (nur) die außerplanmäßige Abschreibung durch eine Zuschreibung zurückgenommen werden. Wird die außerplanmäßige Abschreibung nur teilweise durch eine Zuschreibung aufgehoben, ist der lineare Abschreibungsbetrag neu zu berechnen.

4.2.6 *Verkauf gebrauchter Anlagegüter*

Jedes Unternehmen „trennt" sich irgendwann von seinen gebrauchten Anlagegütern. Diese werden nicht immer umweltfreundlich „entsorgt", sondern finden noch einen Käufer.

Beispiel: Die FBW GmbH verkauft einen gebrauchten Pkw, der laut AfA-Tabelle zwar noch ein Jahr Nutzungsdauer aufweist, aber – wegen einer Neuanschaffung – nicht mehr benötigt wird. Der Pkw (Nutzungsdauer lt. AfA-Tabelle 6 Jahre) wurde vor 5 Jahren gekauft (Anschaffungskosten = 36.000,00 €) und 5 volle Nutzungsjahre linear abgeschrieben (Abschreibungsbetrag = 5 x 6.000,00 € = 30.000,00 €). Der Buchwert des Fahrzeuges betrug damit laut Anlagendatei zum Jahresanfang noch 6.000,00 €. Ein Käufer erwirbt das gut erhaltene Fahrzeug am 31.03.20XX zu einem Verkaufspreis von 8.000,00 € zzgl. 19 % Umsatzsteuer gegen Barzahlung.

AfA-Tabelle, vgl. **LF 3**, **Kap. 8.2.1**, Band 1

Grundbuch:

1) zeitanteilige Abschreibung im Verkaufsjahr = 3/12 von 6.000,00 € (Jahresabschreibung) = 1.500,00 €
2) Verkaufsbuchung (Nettoverkaufspreis 8.000,00 € + 19 % USt)
3) Anlagenabgang (Buchwert = 4.500,00 €)

Nr.	Soll	€	Haben	€
1)	6520 Abschreibungen auf Sachanlagen	1.500,00	0840 Fuhrpark	1.500,00
2)	2880 Kasse	9.520,00	5410 Sonstige Erlöse (aus Anlagenabgängen)	8.000,00
			4800 Umsatzsteuer	1.520,00
3)	6979 Anlagenabgänge	4.500,00	0840 Fuhrpark	4.500,00

Bei dieser – von der AKA Nürnberg vorgegebenen – Buchungstechnik ist es unerheblich, ob das Anlagegut zum, über oder unter Buchwert verkauft wird. Verkaufsgewinne oder Verkaufsverluste ergeben sich nach dem Abschluss der Erfolgskonten „5410 Sonstige Erlöse" (Ertrag) und „6979 Anlagenabgänge" (Aufwand) immer in der GuV.

Abschlussbuchungen der Erfolgskonten

Nr.	Soll	€	Haben	€
1)	5410 Sonstige Erlöse (aus Anlagenabgängen)	8.000,00	8020 GuV-Konto	8.000,00
2)	8020 GuV-Konto	4.500,00	6979 Anlagenabgänge	4.500,00

Hauptbuch (Abschlusskonto GuV):

S	8020 GuV-Konto		H
6979 Anlagenabgänge	4.500,00	5410 Sonstige Erlöse	8.000,00

In diesem Fall erzielt das Unternehmen durch den Pkw-Verkauf einen Verkaufsgewinn in Höhe von 3.500,00 € (Nettoverkaufspreis 8.000,00 € – Buchwert 4.500,00 €), der sich positiv auf das Jahresergebnis ausweist. Übersteigt der Wert des Anlagenabgangs (immer der Buchwert) den Nettoverkaufserlös, sinkt das Unternehmensergebnis.

Sonderfall Inzahlungnahme

Wird das gebrauchte Fahrzeug nicht an Dritte verkauft, sondern beim Verkäufer eines neuen Anlagengutes in Zahlung gegeben, verrechnet der Käufer den Verkaufspreis des gebrauchten Fahrzeuges mit der Verbindlichkeit gegenüber dem Neuanlagenverkäufer. Der Käufer zahlt letztlich nur den Differenzbetrag.

Beispiel: Die FBW GmbH erwirbt bei einem Autohaus einen neuen PKW mit Anschaffungskosten (Nettoeinkaufspreis) in Höhe von 45.000,00 € und gibt seinen gebrauchten Pkw (siehe Fall oben) in Zahlung.

Grundbuch:

1) Kauf des neuen Pkw auf Ziel (Nettoeinkaufspreis 45.000,00 € + 19 % USt)
2) Inzahlunggabe (Nettoverkaufspreis 8.000,00 € + 19 % USt)
3) Anlagenabgang (Buchwert = 4.500,00 €)
4) Rechnungsausgleich per Banküberweisung

Nr.	Soll	€	Haben	€
1)	0840 Fuhrpark 2600 Umsatzsteuer	45.000,00 8.550,00	4400 Verbindlichkeiten a. L. L.	53.550,00
2)	4400 Verbindlichkeiten a. L. L.	9.520,00	5410 Sonstige Erlöse (aus Anlagenabgängen) 4800 Umsatzsteuer	8.000,00 1.520,00
3)	6979 Anlagenabgänge	4.500,00	0840 Fuhrpark	4.500,00
4)	4400 Verbindlichkeiten a. L. L.	44.030,00	2800 Bankguthaben	44.030,00

Der Bruttoinzahlungnahmepreis des gebrauchten Fahrzeuges verringert die Verbindlichkeit gegenüber dem Neuwagenverkäufer.

4.2.7 Anlagenspiegel

Alle Wertveränderungen im Anlagevermögen müssen in einem Anlagenspiegel, auch Anlagengitter genannt, dargestellt werden. Dabei muss der Anlagenspiegel unverändert nur von mittelgroßen und großen Kapitalgesellschaften aufgestellt werden. Siehe hierzu Seite 293 Größenklassen von Kapitalgesellschaften.

Nach § 284 HGB sind der neue Anlagespiegel ab 2016 nur noch im Anhang und nicht mehr wahlweise in oder unter der Bilanz anzugeben. Gleichzeitig wird die Aufgliederung der Abschreibungen im Anlagespiegel erweitert.

§ 284 HGB: Erläuterung der Bilanz und der Gewinn- und Verlustrechnung

(...)

(3) Im Anhang ist die Entwicklung der einzelnen Posten des Anlagevermögens in einer gesonderten Aufgliederung darzustellen. Dabei sind, ausgehend von den gesamten Anschaffungs- und Herstellungskosten, die Zugänge, Abgänge, Umbuchungen und Zuschreibungen des Geschäftsjahrs sowie die Abschreibungen gesondert aufzuführen. Zu den Abschreibungen sind gesondert folgende Angaben zu machen:

1. die Abschreibungen in ihrer gesamten Höhe zu Beginn und Ende des Geschäftsjahrs,
2. die im Laufe des Geschäftsjahrs vorgenommenen Abschreibungen und
3. Änderungen in den Abschreibungen in ihrer gesamten Höhe im Zusammenhang mit Zu- und Abgängen sowie Umbuchungen im Laufe des Geschäftsjahrs.

Sind in die Herstellungskosten Zinsen für Fremdkapital einbezogen worden, ist für jeden Posten des Anlagevermögens anzugeben, welcher Betrag an Zinsen im Geschäftsjahr aktiviert worden ist.

Damit kann ein Anlagenspiegel wohl auch „dreiteilig“ aufgestellt werden. Ein mögliches Beispiel mit Zusatzangaben:

Teil 1: Historische Anschaffungs- oder Herstellungskosten

Angabe der einzelnen Posten und ihrer jeweiligen Anschaffungs- oder Herstellungskosten						
Posten des Anlagevermögens	Anfangsbestand 01.01.20XX	Zugänge 01.01. - 31.12.20XX	Abgänge 01.01. – 31.12.20XX	Umbuchungen 01.01. – 31.12.20XX	Zuschreibungen 01.01. – 31.12.20XX	Endbestand 31.12.20XX

Dieser Teil des Anlagenspiegels muss ggf. um eine Spalte „davon aktivierte Zinsen“ erweitert werden, falls diese in den Herstellungskosten berücksichtigt wurden.

Teil 2: Kumulierte Abschreibungen

Angabe der einzelnen Posten und ihrer jeweiligen kumulierten Abschreibungen						
Posten des Anlagevermögens	Anfangsbestand 01.01.20XX	Zugänge 01.01. - 31.12.20XX	Abgänge 01.01. – 31.12.20XX	Umbuchungen 01.01. – 31.12.20XX	Abschreibungen des Geschäftsjahrs 01.01. – 31.12.20XX	Endbestand 31.12.20XX

Teil 3: Buchwerte

Angabe der einzelnen Posten und ihrer jeweiligen Buchwerte		
Posten des Anlagevermögens	Anfangsbestand 01.01.20XX	Endbestand 31.12.20XX

Hinweis: Da der Gesetzestext keine zwingende Reihenfolge der Pflichtangaben vorschreibt, kann auch eine andere Reihenfolge gewählt werden. Zurzeit (Jahr 2016) gibt es noch keine allgemein übliche Darstellungsform.

Erläuterungen zum Anlagenspiegel	
Posten des Anlagevermögens	Natürlich muss im Anlagenspiegel nicht jedes einzelne Anlagegut aufgeführt werden. Eine Zusammenfassung zu Posten nach dem Gliederungsschema der Bilanz nach § 266 HGB ist ausreichend.
Anfangsbestand und Endbestand	Im Teil 1 sind für alle vorhandenen Posten ihre historischen Anschaffungs- oder Herstellungskosten bei Inbetriebnahme oder Fertigstellung anzugeben. Im Teil 2 sind alle darauf entfallenen kumulierten (aufaddierten) Abschreibungen während der bisherigen Nutzungsdauer zu beziffern. Im Teil 3 sind die historischen Anschaffungs- oder Herstellungskosten um die kumulierten Abschreibungen zu vermindern und je Posten zusammenzufassen.
Zugänge	In der Abrechnungsperiode neu angeschaffte oder hergestellte Anlagegüter: – Teil I: Anschaffungs- oder Herstellungskosten – Teil II: darauf entfallende Abschreibungen

Abgänge	Gebrauchte Anlagegüter, die in der Abrechnungsperiode verkauft oder auf sonstige Weise (z. B. Verschrottung) aus dem Betriebsvermögen ausgeschieden sind: – Teil I: Anschaffungs- oder Herstellungskosten – Teil II: darauf entfallende Abschreibungen
Umbuchungen	Hier sind Anlagegüter, die ihren Anlageposten innerhalb des Anlagevermögens wechseln, einzutragen. Beispiel: Eine „Anlage im Bau“ wird nach Fertigstellung dem Bilanzposten „Technische Anlagen und Maschinen“ zugeordnet. Hier ist zu bachten, dass Umbuchungen mit „+“-Werten (Zugang) und „–“-Werten (Abgang) bei den jeweiligen Posten anzugeben sind: – Teil I: Anschaffungs- oder Herstellungskosten – Teil II: darauf entfallende Abschreibungen
Zuschreibungen	Sind Anlagegüter in der Vergangenheit ggf. zusätzlich außerplanmäßig abgeschrieben worden und ist der Grund für diese Abschreibungen weggefallen, so muss die Werterhöhung in Teil 1 eingetragen werden.

Hinweis: In AKA-Prüfungen sind noch keine Aufgaben zum Anlagenspiegel nach der neuen gesetzlichen Regelung gestellt worden (Stand: August 2016).

AB → Lernsituation 75

4.3 Bewertung im Umlaufvermögen

Zum Umlaufvermögen eines Industrieunternehmens gehören:

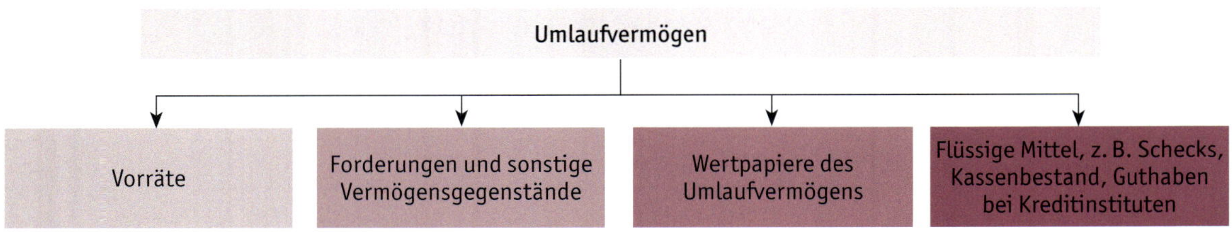

4.3.1 Bewertung der Vorräte

Für ein Industrieunternehmen ist die **Bewertung der Vorräte** von besonderer Bedeutung. Grundsätzlich gilt hier die **Einzelbewertung**. Gekaufte Vorräte werden dabei mit deren Anschaffungskosten und selbst hergestellte Vorräte mit deren Herstellungskosten bewertet. Am Geschäftsjahresende ist auch hier – wie im Anlagevermögen – der Zeitwert zu ermitteln. Der niedrigere Wert wird zum Bilanzwert.

Bewertung der Vorräte

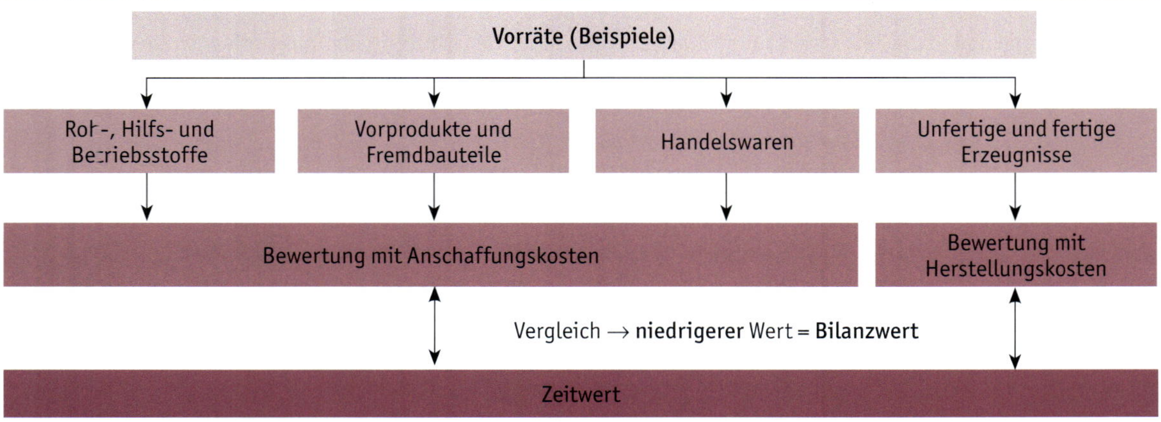

Einkauf von Fremdbauteilen (Anschaffungskosten)

FRIKA GmbH & Co. KG

Frikawerke GmbH & Co. KG · Gartenstr. 19 · 58739 Wickede/Ruhr

Fly Bike Werke GmbH
Rostocker Str. 334
26121 Oldenburg

Rechnung Nr. 512

Kundennummer:	Rechnungs-Nr.:	Bei Zahlung bitte angeben!	Rechnungsdatum
K 11	512		20.11.20XX
Ihre Bestellung Nr.: 69	vom 10.11.20XX	Lieferschein: 410	Lieferdatum: 20.11.20XX

Pos.-Nr.	Artikel-Nr.	Warenbezeichnung	Menge	Preis/Einheit	Rabatt	Gesamtbetrag
1	44300	Fahrradlenker	680	12,00 €	25 %	6.120,00 €
2	45100	Gepäckträger	630	8,14 €	25 %	3.846,15 €

Warenwert	Versandkosten	Nettobetrag	MwSt-Satz	MwSt-Betrag	Rechnungsbetrag
9.966,15 €	131,00 €	10.097,15 €	19 %	1.918,46 €	12.015,61 €

Zahlungsziel: 30 Tage. Bei Zahlung innerhalb von 7 Tagen 2 % Skonto auf den Rechnungsbetrag.

Einzelbewertung von Vorräten

Wurde die Rechnung innerhalb der Skontofrist bezahlt, so müssen nach dem Prinzip der Einzelbewertung am 31.12.20XX die Restbestände, die dieser Lieferung zuzuordnen sind, wie folgt bewertet werden:

Einzelbewertung

Bewertung	Lenker	Gepäckträger
Inventurmenge (Restbestand) am 31.12.	180 Stück	230 Stück
Listenpreis je Stück	12,00 €	8,14 €
Listenpreis der Inventurmenge	2.160,00 €	1.872,20 €
– 25 % Rabatt	– 540,00 €	– 468,05 €
+ 0,10 Euro Versandkosten je Stück	+18,00 €	+ 23,00 €
– 2 % Skonto	– 32,76 €	– 28,54 €
= Anschaffungskosten der Inventurmenge	= 1.605,24 €	= 1.398,61 €
Anschaffungskosten je Stück	**8,92 €**	**6,08 €**

Das Prinzip der Einzelbewertung für die gesamten Vorräte einzuhalten, wäre allerdings sehr zeit- und damit auch sehr kostenaufwendig, wenn die am Jahresende zu bewertenden Vorräte aus verschiedenen Lieferungen mit unterschiedlichen Anschaffungskosten stammen. Zur Vereinfachung des Bewertungsverfahrens sind deshalb auch **Sammel- bzw. Gruppenbewertungen** möglich.

Durchschnittsbewertung

§ 240 Abs. 4 HGB Inventar

(...)

(4) Gleichartige Vermögensgegenstände des Vorratsvermögens sowie andere gleichartige oder annähernd gleichwertige bewegliche Vermögensgegenstände und Schulden können jeweils zu einer Gruppe zusammengefasst und mit dem gewogenen Durchschnittswert angesetzt werden. (...)

Beispiel: Für das „Sport"-Bremssystem wird laut Inventur am 31.12.20XX ein Endbestand von 650 Stück ermittelt. Bei diesem Artikel ist eine Zuordnung zu bestimmten Lieferungen nicht möglich bzw. wirtschaftlich nicht sinnvoll.

Bewertung des Sport-Bremssystems nach der jährlichen Durchschnittswertermittlung

Bestände/Einkäufe	Menge in Stück	Anschaffungskosten je Stück (€)	Anschaffungskosten gesamt (€)
Anfangsbestand am 01.01.20XX	520	20,16	10.483,20
Einkauf 02.02.20XX	1900	21,10	40.090,00
Einkauf 16.05.20XX	1750	20,70	36.225,00
Einkauf 01.08.20XX	2000	21,10	42.200,00
Einkauf 30.11.20XX	1500	21,80	32.700,00
Summe	7670	Ø 21,08	161.698,20
Endbestand am 31.12.20XX	650	Ø 21,08	13.702,00

Bei der **gewogenen Durchschnittsberechnung** werden dem Wert des Jahresanfangsbestands die Werte aller Einkäufe hinzuaddiert und die Summe durch die Gesamtmenge (Anfangsbestand + Einkäufe in Stück) dividiert. Das Ergebnis sind die durchschnittlichen Anschaffungskosten je Stück, die mit der Inventurmenge (Endbestand am 31.12.20XX) multipliziert werden.

Gewogene Durchschnittswertermittlung

Durchschnittliche Anschaffungskosten je Stück:

$$\frac{\text{Summe der Anschaffungskosten}}{\text{Gesamtmenge in Stück}} = \frac{161.689,20}{7.670} = 21,08\ €$$

Die Anschaffungskosten der Bremssysteme (Endbestand laut Inventur) betragen damit 650 Stück · 21,08 € = 13.702,00 €.

Bei schwankenden Anschaffungskosten führt eine **permanente (gleitende) Durchschnittswertermittlung** zu genaueren Ergebnissen. Bei diesem Verfahren werden die Durchschnittswerte der Bestände nach jeder Bestandsveränderung neu ermittelt.

Permanente (gleitende) Durchschnittswertermittlung

auch Methode des permanent gewogenen Durchschnitts genannt

! **Durchschnittswerte der Bestände:** $\frac{\text{Anschaffungskosten des Bestandes}}{\text{Menge des Bestandes}}$

Alle Durchschnittswerte der Bestände werden hier auf zwei Nachkommastellen kaufmännisch gerundet. Die Verbräuche werden dann mit diesem gerundeten Wert je Stück bewertet.

Bewertung der Sport-Bremssysteme nach der permanenten Durchschnittsberechnung

Bestände / Einkäufe / Verbrauch	Menge in Stück	Anschaffungskosten je Stück (€)[1]	Anschaffungskosten gesamt (€)
Bestand am 01.01.20XX	520	20,16	10.483,20
Verbrauch bis 01.02.20XX	- 500	20,16	- 10.080,00
Bestand am 01.02.20XX	= 20	Ø 20,16	= 403,20
Einkauf 02.02.20XX	+1900	21,10	+ 40.090,00
Bestand am 02.02.20XX	= 1920	Ø 21,09	= 40.493,20
Verbrauch bis 15.05.20XX	- 1600	21,09	- 33.744,00
Bestand am 15.05.20XX	= 320	Ø 21,09	= 6.749,20
Einkauf 16.05.20XX	+ 1750	20,70	+ 36.225,00
Bestand am 16.05.20XX	= 2070	Ø 20,76	= 42.974,20
Verbrauch bis 31.07.20XX	- 2050	20,76	- 42.558,00
Bestand am 31.07.20XX	= 20	Ø 20,81	= 416,20
Einkauf 01.08.20XX	+ 2000	21,10	+ 42.200,00
Bestand am 01.08.20XX	= 2020	Ø 21,10	= 42.616,20
Verbrauch bis 29.11.20XX	- 1800	21,10	- 37.980,00
Bestand am 29.11.20XX	= 220	Ø 21,07	= 4.636,20
Einkauf 30.11.20XX	+ 1500	21,80	+ 32.700,00
Bestand am 30.11.20XX	= 1720	Ø 21,71	= 37.336,20
Verbrauch bis 31.12.20XX	- 1070	21,71	- 23.229,70
Bestand am 31.12.20XX	650	Ø 21,70	= 14.106,50

[1] Durchschnittswerte auf zwei Nachkommastellen gerundet

Beispielrechnungen:

Durchschnittswert des Bestandes am 01.02.20XX:

$\frac{403{,}20\ €}{20\ \text{Stück}} = 20{,}16\ €/\text{Stück}$

Durchschnittswert des Bestandes am 02.02.20XX:

$\frac{40.493{,}20\ €}{1920\ \text{Stück}} = 21{,}09\ €/\text{Stück}$

usw.

Da die Bezugspreise in diesem Beispiel ab Mai 20XX ständig gestiegen sind, führt diese Bewertung mit permanenter Durchschnittswertermittlung zu einem höheren Bilanzwert im Vergleich zur gewogenen Durchschnittswertermittlung.

Verbrauchsfolgebewertung

§ 256 HGB Bewertungsvereinfachungsverfahren
Soweit es den Grundsätzen ordnungsmäßiger Buchführung entspricht, kann für den Wertansatz gleichartiger Vermögensgegenstände des Vorratsvermögens unterstellt werden, dass die zuerst oder dass die zuletzt angeschafften zuerst veräußert worden sind.

Es können folgende, nach HGB zulässige Verbrauchsfolgen unterschieden werden:
Last in first out (Lifo): Der zuletzt eingekaufte Werkstoff wird zuerst verbraucht.
First in first out (Fifo): Der zuerst eingekaufte Werkstoff wird zuerst verbraucht.

Unternehmen, die nach internationalen Rechnungslegungsvorschriften bewerten, müssen dagegen entweder das Verfahren der Durchschnittsbewertung oder die Fifo-Methode anwenden (IAS 2.25).

Steuerrechtlich ist in der Regel zurzeit nur das **Lifo-Verfahren** erlaubt. Die Einzelbewertung (tatsächliche und nachweisbare Verbrauchsfolge für einen bestimmten Werkstoff) wird von diesen Regelungen natürlich nicht berührt.

Beispiel: In einem Geschäftsjahr werden von einem Werkstoff folgende Werte erfasst:

Bestände / Verbräuche / Einkäufe	Menge in Stück	Anschaffungskosten je Stück (€)	Wert (€)
Anfangsbestand	100	8,00	800,00
Verbrauch 1	60	–	–
Einkauf 1	160	7,00	1.120,00
Einkauf 2	200	9,50	1.900,00
Verbrauch 2	250	–	–
Endbestand	150	–	–

In AKA-Prüfungen kann bei Verbrauchsfolgeverfahren auch eine gesetzlich erlaubte **fiktive (erdachte, angenommene) Verbrauchsfolge** unterstellt werden. Dann sind die in den folgenden Tabellen angegebenen Einkaufs- und Verbrauchszeitpunkte nicht mehr bewertungsrelevant.

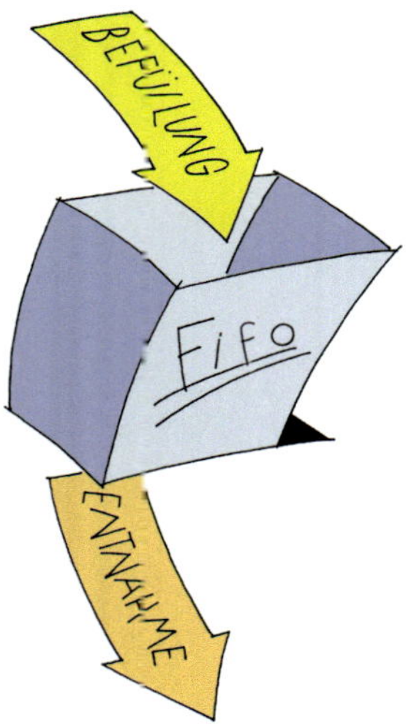

Bei der **Fifo-Methode** wird davon ausgegangen, dass die zuerst eingekauften Werkstoffe auch zuerst entnommen und verbraucht werden. Bei verderblichen Werkstoffen ist das ein „Muss“, bei Silo-Lagerung (Befüllung von oben, Entnahme von unten) technisch auch unvermeidlich. In diesem Fall muss wie folgt gerechnet werden:

Fifo-Methode

Bestände/ Verbräuche/Einkäufe	Menge in Stück	Anschaffungskosten je Stück (€)	Wert (€)
Anfangsbestand (AB)	100	8,00	800,00
Verbrauch 1	60	60 Stück zu 8,00	480,00
Einkauf 1	160	7,00	1.120,00
Einkauf 2	200	9,50	1.900,00
Verbrauch 2	250	40 Stück zu 8,00 (aus AB) + 160 Stück zu 7,00 (aus Einkauf 1) + 50 Stück zu 9,50 (aus Einkauf 2)	1.915,00
Endbestand	150	150 Stück zu 9,50 (aus Einkauf 2)	1.425,00

fiktiver Wert = letzter Einkauf: 150 Stück zu 9,50 € = (ebenfalls) 1.425,00 €

Bei der Lifo-Methode wird davon ausgegangen, dass die zuletzt eingekauften Werkstoffe zuerst verbraucht werden. Bei einer Lagerung in Behältnissen, die von oben befüllt und auch von oben wieder geleert werden (z. B. Kisten, Schütten, Kartons), ist dies auch technisch nachvollziehbar, wenn sich die eingelagerten Werkstoffe nicht vermischen (also z. B. keine Flüssigkeiten). In diesem Fall muss wie folgt gerechnet werden:

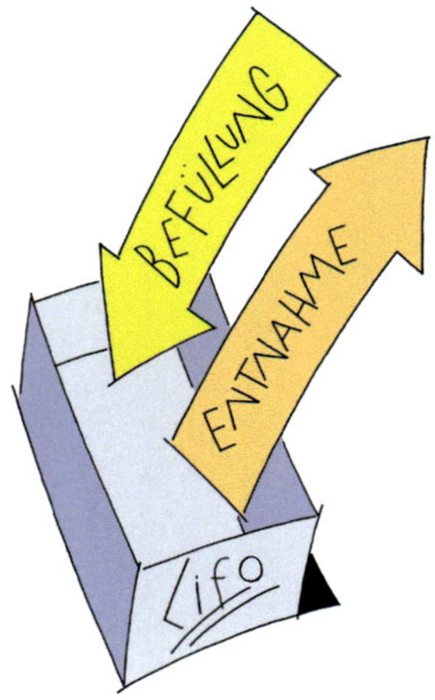

Lifo-Methode

Bestände/ Verbräuche/Einkäufe	Menge in Stück	Anschaffungskosten je Stück (€)	Wert (€)
Anfangsbestand	100	8,00	800,00
Verbrauch 1	60	60 Stück zu 8,00	480,00
Einkauf 1	160	7,00	1.120,00
Einkauf 2	200	9,50	1.900,00
Verbrauch 2	250	200 Stück zu 9,50 (aus Einkauf 2) + 50 Stück zu 7,00 (aus Einkauf 1)	2.250,00
Endbestand	150	110 Stück zu 7,00 (aus Einkauf 1) + 40 Stück zu 8,00 (aus AB)	1.090,00

fiktiver Wert = Anfangsbestand und 1. Einkauf:
100 Stück zu 8,00 €
+ 50 Stück zu 7,00 € =
1.150,00 €

Liegen die Anschaffungskosten von gelagerten Vorräten (z. B. von Rohstoffen) am Bilanzstichtag über deren Zeitwert, so sind diese Bestände bei üblichen Wertminderungen mit der Buchung: „6000 Aufwendungen für Rohstoffe an 2000 Rohstoffe" aufwandswirksam abzuwerten (strenges Niederstwertprinzip).

strenges Niederstwertprinzip, vgl. **Kap. 4.1.3**

ÜBERSICHT: Anschaffungskosten und Zeitwert im Vergleich

Ermittlung der Anschaffungskosten

Einzelbewertung
z. B. direkt zugeordneter Bezugspreis eines Werkstoffes

Durchschnittsbewertung
- gewogener Durchschnitt
- permanenter Durchschnitt

Verbrauchsfolgeverfahren
- Last in first out (Lifo)
- First in first out (Fifo)

Vergleich

Ermittlung des Zeitwertes

Börsen- oder Marktpreis oder beizulegender Zeitwert

Bewertung:
Der im Vergleich niedrigere Wert (Anschaffungskosten oder Zeitwert) muss als Inventur- und damit als Bilanzwert angesetzt werden.

Geleistete Anzahlungen bei Vorräten

Wie im Anlagevermögen müssen auch im Umlaufvermögen Anzahlungen separat gebucht werden.

Beispiel: Die FBW GmbH bestellt bei einem Rohrhersteller einen Großposten Aluminiumrohre für die Produktion eines neuen Fahrradmodells zu einem Kaufpreis von 30.000,00 € zzgl. 19 % Umsatzsteuer. Da die Rohre nach Sondermaßen angefertigt werden müssen, verlangt der Rohrhersteller 1/3 des Kaufpreises als Anzahlung. Die Restzahlung ist bei Lieferung ohne jeden Abzug fällig.

Grundbuch:

1) Banküberweisung der Anzahlung nach Eingang der Anzahlungsrechnung
2) Rechnungseingang nach Lieferung der Aluminiumrohre (Schlussrechnung)
   a) Kauf der Aluminiumrohre (bestandsorientierte Buchungstechnik)
   b) Verrechnung der Anzahlung
3) Überweisung der Restzahlung

Nr.	Soll	€	Haben	€
1)	2300 Geleistete Anzahlungen auf Vorräte 2600 Vorsteuer	10.000,00 1.900,00	2800 Bankguthaben	11.900,00
2a)	2000 Rohstoffe 2600 Vorsteuer	30.000,00 5.700,00	4000 Verbindlichkeiten a. L. L.	35.700,00
2b)	4400 Verbindlichkeiten a. L. L.	11.900,00	2300 Geleistete Anzahlungen auf Vorräte 2600 Vorsteuer	10.000,00 1.900,00
3)	4400 Verbindlichkeiten a. L. L.	23.800,00	2800 Bankguthaben	23.800,00

Herstellungskosten bei eigenen Vorräten

Beispiel: Produktion von Fahrradrahmen (Herstellungskosten)
Die Fly Bike Werke GmbH hat im Abrechnungsmonat Dezember 20X1 200 sehr hochwertige Fahrradrahmen für ein neuartiges Trekkingmodell produziert. Erst im Januar 20X2 werden diese Rahmen (unfertige Erzeugnisse) in der Montage zu Fahrrädern (fertige Erzeugnisse).

Ermittlung der Herstellungskosten für 200 Fahrradrahmen	
Materialeinzelkosten (Roh- und Hilfsstoffe)	1.600,00 €
+ Materialgemeinkosten (15 % der Materialeinzelkosten)	240,00 €
= *Materialkosten*	*1.840,00 €*
Fertigungseinzelkosten (Löhne für Zuschnitt und Montage)	1.000,00 €
+ Fertigungsgemeinkosten (410 % der Fertigungseinzelkosten)	4.100,00 €
+ Sondereinzelkosten der Fertigung	2.000,00 €
= *Fertigungskosten*	*7.100,00 €*
Herstellkosten (Material- und Fertigungskosten)	*8.940,00 €*
+ Verwaltungsgemeinkosten (6 % der Herstellkosten)	536,40 €
+ Vertriebsgemeinkosten (bei Eigenleistungen nicht zurechenbar)	0,00 €
= **Herstellungskosten**	**9.476,40 €**

Der Bilanzwert der Fahrradrahmen ist damit 9.476,40 €, wenn keine Wertminderungen z. B. durch Beschädigungen feststellbar sind (beizulegender Zeitwert). Alle Gemeinkostenzuschlagssätze gelten hier als angemessen.

Im Normalfall haben selbst hergestellte Vorräte, soweit es sich um unfertige Erzeugnisse handelt, keinen Börsen- oder Marktpreis (die Rahmen oder die Gabeln der FBW GmbH z. B. sind unternehmensindividuell und werden nicht weiterveräußert). Es ist jedoch denkbar, dass es bei Standardteilen auch einen Markt für unfertige Erzeugnisse gibt. Für fertige Erzeugnisse gibt es immer einen Marktpreis, bei bestimmten Gütern (z. B. Agrarprodukte) auch einen Börsenpreis.

ÜBERSICHT: Bewertung unfertiger und fertiger Erzeugnisse

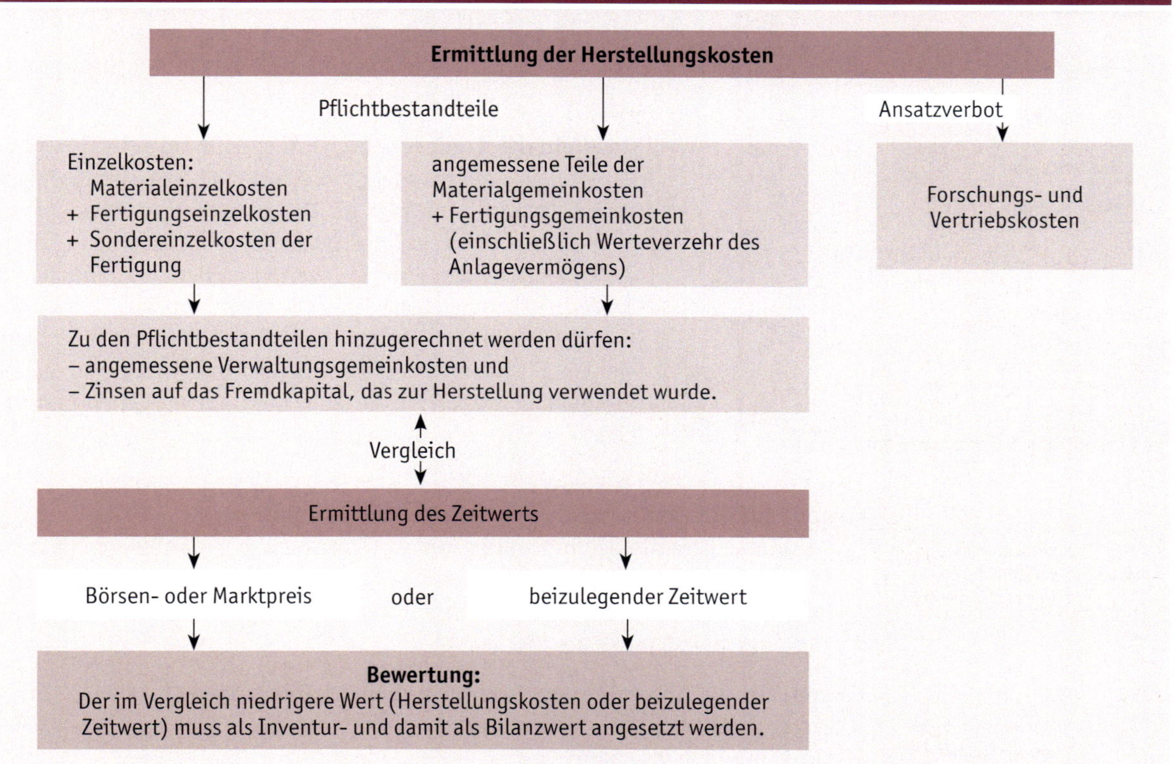

4.3.2 Bewertung von Forderungen

Gerade heutzutage ist auch die Bewertung der Forderungen oft mit Problemen verbunden. Nicht alle Kunden, die auf Ziel kaufen, bezahlen ihre Eingangsrechnungen rechtzeitig und vollständig. Einige Kunden zahlen leider auch nie.

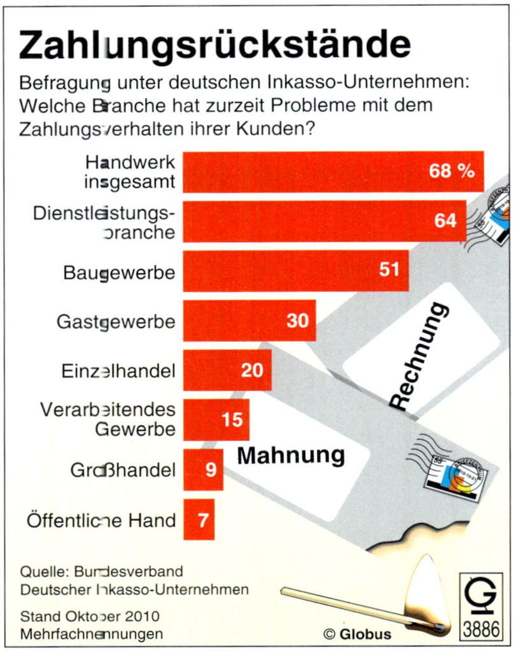

Obwohl die Industrie allgemein nicht zu den besonders gefährdeten Branchen zählt, sind auch hier oft **Wertkorrekturen** notwendig. Forderungen, deren vollständiger Ausgleich gefährdet (unwahrscheinlich) ist, sind in der Buchführung von den einwandfreien Forderungen zu trennen und auf das Konto 2470 Zweifelhafte Forderungen umzubuchen. Stellt sich heraus, dass eine Forderung ganz oder teilweise uneinbringlich wird, so muss diese durch eine Aufwandsbuchung auf dem Konto 6950 Abschreibung auf Forderungen auf ihren wahrscheinlichen Wert abgeschrieben werden.

Zweifelhafte Forderungen: Drohende Verluste – also auch Forderungen, die ggf. nicht mehr vollständig zu Einzahlungen führen werden – müssen im Umlaufvermögen ausgewiesen werden. Auch hier sind Abschreibungen vorzunehmen, wenn die zu erwartenden Einzahlungen unter dem ursprünglichen Forderungsbetrag liegen. Die Umsatzsteuer, die in den zweifelhaften Forderungen enthalten ist, darf noch nicht korrigiert werden. Erst wenn eine Forderung ganz oder teilweise uneinbringlich geworden ist, darf die Umsatzsteuer berichtigt werden.

kaufmännisches und gerichtliches Mahnverfahren, vgl. LF 10, Band 3

Gründe für die Erfassung als zweifelhafte Forderung:
- Der Kunde befindet sich in Zahlungsverzug. Trotz mehrerer Mahnungen (kaufmännisches Mahnverfahren, Einstieg in das gerichtliche Mahnverfahren, Zahlungsaufforderung durch einen Rechtsanwalt) erfolgt keine Zahlung.
- Zahlungsverweigerung des Kunden

Insolvenzverfahren, vgl. LF 11, Band 3

Gründe für die Abschreibung uneinbringlicher Forderungen:
- Eröffnung eines Insolvenzverfahrens
- Die Forderung ist verjährt.
- Der Schuldner ist unauffindbar, Vermögenswerte sind nicht feststellbar.
- Der Schuldner besitzt keine pfändbaren Vermögenswerte.

Entstehen und Ausfall einer Forderung in einem Geschäftsjahr

Beispiel: Ein Kunde der FBW GmbH befindet sich mit einer offenen Forderung in Höhe von 11.900,00 € im Zahlungsverzug. Alle Mahnungen der FBW GmbH bleiben ohne Rückmeldung. Die FBW GmbH muss diese Forderung als „zweifelhaft" betrachten.

Grundbuch:
1) Ausstellung der Ausgangsrechnung (Erfassung der Forderung)
2) Umbuchung einer ehemals einwandfreien Forderung auf das Konto „Zweifelhafte Forderungen"

Nr.	Soll	€	Haben	€
1)	2400 Forderungen a. L. L.	11.900,00	5000 Umsatzerlöse f. e. Erz. 4800 Umsatzsteuer	10.000,00 1.900,00
2)	2470 Zweifelhafte Forderungen	11.900,00	2400 Forderungen a. L. L.	11.900,00

Beispiel: Noch im selben Geschäftsjahr wird ein Insolvenzverfahren gegen diesen Kunden eröffnet. Die Forderung der Fly Bike Werke GmbH wird damit zu 100 % uneinbringlich und muss vollständig abgeschrieben werden. Dabei ist es zunächst unerheblich, ob der Insolvenzverwalter später noch Zahlungen aus der Insolvenzmasse an die Gläubiger leisten kann oder nicht.

Bereits mit der Eröffnung des Insolvenzverfahrens darf die Umsatzsteuer vollständig korrigiert werden. Das vereinnahmte Entgelt für die Fly Bike Werke GmbH aus diesem Verkauf beträgt 0,00 Euro, die Umsatzsteuer darauf beträgt dann selbstverständlich auch 0,00 Euro. Falls nach Abschluss des Insolvenzverfahrens doch noch eine Zahlung erfolgt (Insolvenzquote), ist eine Ertragsbuchung notwendig. Die im Zahlungsbetrag enthaltene Umsatzsteuer lebt wieder auf.

Grundbuch:

3) vollständige Abschreibung der zuletzt zweifelhaften Forderung bei Eröffnung des Insolvenzverfahrens
4) Eingang einer Teilzahlung aus der Insolvenzmasse (Insolvenzquote 20 %) nach Abschluss des Insolvenzverfahrens

Nr.	Soll	€	Haben	€
3)	6950 Abschreibungen auf Forderungen 4800 Umsatzsteuer	10.000,00 1.900,00	2470 Zweifelhafte Forderungen	11.900,00
4)	2800 Bankguthaben	2.380,00	5495 Erträge aus abgeschriebenen Forderungen 4800 Umsatzsteuer	2.000,00 380,00

Entstehen und Ausfall einer Forderung in zwei verschiedenen Geschäftsjahren

Beispiel: Im Geschäftsjahr 20X1 verkauft die Fly Bike Werke GmbH an einen Neukunden Erzeugnisse im Wert von 5.950,00 € brutto auf Ziel. Da der Kunde auch im Ablauf des kaufmännischen Mahnverfahrens keine Zahlung leistet, muss die ehemals einwandfreie Forderung auf das Konto 2470 Zweifelhafte Forderungen umgebucht werden. Die Fly Bike Werke GmbH geht zum Jahresende 20X1 davon aus, dass der mögliche Forderungsausfall 70 % betragen könnte (Schätzung). Im Folgejahr kann der Kunde dann allerdings nur 20 % der Forderungssumme an die Fly Bike Werke GmbH überweisen (Forderungsausfall 80 %).

Bei der Schätzung eines Forderungsausfalls darf nur vom Nettowert der Forderung abgeschrieben werden und keine Umsatzsteuerkorrektur erfolgen. Diese erfolgt erst im Folgejahr nach dem Zahlungseingang bzw. dem endgültigen Ausfall der Forderung.

Grundbuch im Jahr 20X1:

1) Erzeugnisverkauf auf Ziel (Erfassung der Forderung)
2) Die Forderung wird für die FBW GmbH zweifelhaft.
3) teilweise Abschreibung der Forderung (70 % vom Nettoforderungswert) nach Schätzung des Insolvenzverwalters

Nr.	Soll	€	Haben	€
1)	2400 Forderungen a. L. L.	5.950,00	5000 Umsatzerlöse f. e. Erz. 4800 Umsatzsteuer	5.000,00 950,00
2)	2470 Zweifelhafte Forderungen	5.950,00	2400 Forderungen a. L. L.	5.950,00
3)	6950 Abschreibungen auf Forderungen	3.500,00	2470 Zweifelhafte Forderungen	3.500,00

Grundbuch im Jahr 20X2:

1) Zahlungseingang bei der FBW GmbH durch Überweisung des Schuldners (20 % der Forderungssumme = 1.190,00 €)

Nr.	Soll	€	Haben	€
1)	2800 Bankguthaben 6990 Periodenfremde Aufwendungen 4800 Umsatzsteuer	1.190,00 500,00 760,00	2470 Zweifelhafte Forderungen	2.450,00

Der niedrigere Zahlungseingang im Vergleich zum Schätzwert des Insolvenzverwalters führt im Folgejahr zu **periodenfremden Aufwendungen**, da das Konto 6950 Abschreibungen auf Forderungen – auch bei Schätzungen – nur für ausfallende Forderungen des laufenden Geschäftsjahres verwendet werden soll.

Zweifelhafte Forderungen – Berechnungen

	Nettowert	Umsatzsteuer	Bruttowert
Ausgangsrechnung	5.000,00 €	950,00 €	5.950,00 €
Abschreibung am Jahresende: 70 % auf den Nettowert	3.500,00 €	nach Schätzungen keine Korrektur erlaubt	–
zweifelhafte Forderung	1.500,00 €	950,00 €	2.450,00 €
Zahlungseingang im Folgejahr	1.000,00 €	190,00 €	1.190,00 €
Steuerberichtigung periodenfremder Aufwand	 500,00 €	760,00 €	–

Höhere Forderungseingänge als erwartet sollen als **periodenfremde Erträge** (Konto 5490) erfasst werden. Betreffen derartige Forderungseingänge das laufende Geschäftsjahr, so sind auf das Konto 5495 Erträge aus abgeschriebenen Forderungen zu buchen.

Unerwartete Zahlungseingänge auf bereits abgeschriebene Forderungen führen zu einem „Aufleben" der bereits korrigierten Umsatzsteuer. Aus dem Zahlungsbetrag ist der Umsatzsteueranteil herauszurechnen und auf dem Umsatzsteuerkonto zu buchen.

ÜBERSICHT: Wertkorrekturen bei Forderungen

Forderungsart	Buchung auf Konto	Ablauf
einwandfreie Forderungen nach Erzeugnisverkauf auf Ziel	2400 Forderungen a. L. L.	↓
zweifelhafte Forderungen bei vermuteten Zahlungsausfällen	2470 Zweifelhafte Forderungen	
Uneinbringliche Forderungen sind abzuschreiben. Die Umsatzsteuer ist zu korrigieren (nicht nach Schätzungen).	6950 Abschreibungen auf Forderungen	
Zahlungseingänge auf bereits abgeschriebene Forderungen des laufenden Jahres	5495 Erträge aus abgeschriebenen Forderungen[1]	
notwendige zusätzliche Abschreibungen auf Forderungen aus Vorjahren	6990 Periodenfremde Aufwendungen	
Zahlungseingänge auf bereits abgeschriebene Forderungen aus Vorjahren	5490 Periodenfremde Erträge	

[1] zusätzlich eingeführtes Konto

4.3.3 Bewertung von Wertpapieren des Umlaufvermögens

Wertpapiere des Umlaufvermögens gehören zu den **nicht abnutzbaren Vermögensgegenständen** eines Unternehmens. Die „Nutzung" ist zeitlich nicht begrenzt, damit ist auch eine planmäßige Abschreibung nicht möglich. Eine außerplanmäßige Abschreibung ist allerdings Pflicht, wenn der Zeitwert unter die Anschaffungskosten sinkt.

strenges Niederstwertprinzip, vgl. **Kap. 4.1.3**

Beispiel: Um kurzfristig nicht benötigte flüssige Mittel ertragreich anzulegen, hat die FBW GmbH am 24.11.20XX 100 Aktien eines Telekommunikations-Unternehmens mit guten Zukunftsaussichten gekauft. Die Anschaffungskosten betrugen je Aktie 54,00 €, das Aktienpaket steht mit 5.400,00 € „in den Büchern". Die Wiederbeschaffungskosten zum Bilanzstichtag am 31.12.20XX betragen wegen eines plötzlichen Kurssturzes aber nur noch 3.500,00 €. Der Wertverlust in Höhe von 1.900,00 € muss abgeschrieben werden.

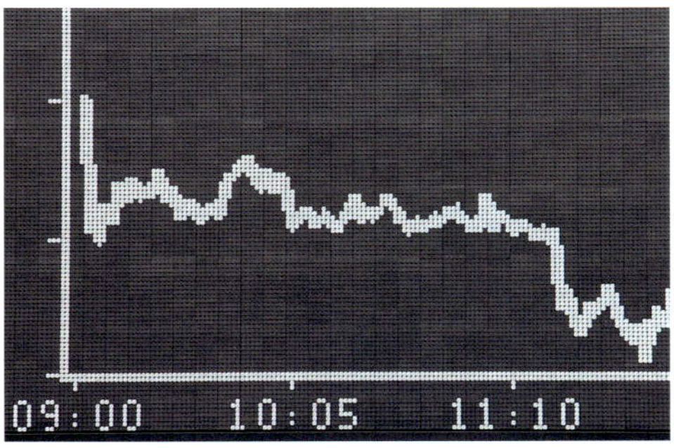

Grundbuch:

1) Abschreibung des Wertverlustes der Aktien

Nr.	Soll	€	Haben	€
1)	7420 Abschreibungen auf Wertpapiere des Umlaufvermögens	1.900,00	2700 Wertpapiere des Umlaufvermögens	1.900,00

4.4 Bewertung von Schulden

Zur Bewertung von Fremdwährungsverbindlichkeiten mit über einem Jahr Laufzeit und zur Währungsumrechnung siehe Seite 255.

Die Bewertung der Schulden nach dem Höchstwertprinzip verlangt unter anderem, dass Rückstellungen und Verbindlichkeiten nur mit der Höhe des notwendigen Erfüllungsbetrags zu bewerten sind. Dieses Grundprinzip wird durch § 256 a HGB durchbrochen. Das Höchstwertprinzip gilt demnach nicht mehr für Fremdwährungsverbindlichkeiten bis zu einem Jahr Restlaufzeit.

Beispiel: Die Fly Bike Werke GmbH kauft Federgabeln in den USA. Der Rechnungseingang über 128.000,00 USD erfolgt mit Lieferung der Fremdbauteile am 15.11.20XX. Der Lieferer gewährt ein Zahlungsziel von 45 Tagen.

Fall 1: Kursgewinn

Kursangaben (in US-Dollar/€)	a) Buchungstag der Eingangsrechnung	b) Bewertung am 31.12.20XX
Devisengeldkurs	1,2782	1,3381
Devisengeldkurs	1,2842	1,3441

1) Berechnungen

a) Zugangsbewertung für die Fremdwährungsverbindlichkeit mit dem Devisengeldkurs:
128.000,00 USD : 1,2782 USD/EUR = 100.140,82 €

b) Folgebewertung am 31.12.20XX (Abschlussstichtag) mit dem Devisenkassamittelkurs:
Devisenkassamittelkurs = (1,3381 + 1,3441) : 2 = 1,3411 USD/€
rechnerischer Folgewert der Fremdwährungsschuld = 128.000,00 : 1,3411 = 95.444,04 €

c) Werteveränderung zum Abschlussstichtag:
Werteveränderung in € = 100.140,82 € – 95.444,04 € = 4.696,78 € (Kursgewinn)

2) Buchungen im Grundbuch:

1) Zugangsbuchung der Fremdwährungsverbindlichkeit (aufwandsorientiert)
2) Werteveränderung der Fremdwährungsverbindlichkeit am Abschlussstichtag
3) Abschlussbuchung Konto Aufwendungen für Vorprodukte/Fremdbauteile
4) Abschlussbuchung Konto Verbindlichkeiten a. L. L.

Nr.	Soll	€	Haben	€
1)	6010 Aufwendungen für Fremdbauteile	100.140,82	4400 Verbindlichkeiten a. L. L.	100.140,82
2)	4400 Verbindlichkeiten a. L. L.	4.696,78	6010 Aufwendungen für Fremdbauteile	4.696,78
3)	8020 GuV-Konto	95.444,04	6010 Aufwendungen für Fremdbauteile	95.444,04
4)	4400 Verbindlichkeiten a. L. L.	95.444,04	8010 SBK	95.444,04

Fall 2: Kursverlust:

1) Berechnungen
a) (wie oben)
b) Folgebewertung am 31.12.20XX (Abschlussstichtag) mit dem Devisenkassamittelkurs:
Annahme: Der Devisenkassamittelkurs am 31.12.20XX beträgt 1,1436 USD/€.
rechnerischer Folgewert der Fremdwährungsschuld = 128.000,00 : 1,1436 = 111.927,25 €

c) Werteveränderung zum Abschlussstichtag:
Werteveränderung in € = 100.140,82 € – 111.927,25 € = –11.786,43 € (Kursverlust)

2) Buchung im Grundbuch (ausgewiesen wird im Folgenden nur die Aufwandsbuchung der Werteveränderung der Fremdwährungsverbindlichkeit am Abschlussstichtag):

Nr.	Soll	€	Haben	€
2)	6010 Aufwendungen für Fremdbauteile	11.786,43	4400 Verbindlichkeiten a. L. L.	11.786,43

Hinweis: Kursgewinne und Kursverluste werden hier mit dem dazugehörenden Aufwandskonto 6010 Aufwendungen für Fremdbauteile verrechnet. In der Praxis können dafür separate Kursgewinn- oder Kursverlustkonten eingerichtet werden. Im AKA-Kontenplan sind derartige Konten aber nicht vorgesehen.

Kreditaufnahme mit Disagio

Beispiel: Die FBW GmbH nimmt zum 01.01.20XX ein zehnjähriges Darlehen in Höhe von 100.000,00 € auf. Die Hausbank hatte ein Ratendarlehen mit jährlich 10 % Tilgung und mit einem **Disagio** von 10.000,00 € zu folgenden Bedingungen angeboten:
- Darlehensbetrag 100.000,00 €,
- Auszahlungsbetrag 90.000,00 €,
- Nominalzinssatz 4,50 % pro Jahr,
- Tilgung jährlich rückwirkend 10 % der Darlehenssumme.

Disagio bei Kreditaufnahmen Differenzbetrag zwischen dem (höheren) Rückzahlungsbetrag und dem (niedrigeren) ausgezahlten Betrag

Hinweis: Ein Disagio bei Kreditaufnahmen ist als aktiver Jahresabgrenzungsposten zu betrachten, der während der Kreditlaufzeit zeitanteilig aufzulösen (abzuschreiben) ist.

Jahresabgrenzung, vgl. **Kap. 2.3 und 2.4**

Abschreibung, vgl. **Kap. 4.2.5** und **LF 3, Kap. 8**, Band 1

Grundbuch:
1) Kreditauszahlung gegen Bankgutschrift
2) Tilgungszahlung am Geschäftsjahresende (10 % der Darlehenssumme)
3) Zinszahlung am Geschäftsjahresende (4,5 % der Darlehenssumme)
4) planmäßige Abschreibung des Disagios (1/10 des Jahresabgrenzungspostens)

Nr.	Soll	€	Haben	€
1)	2800 Bankguthaben 2900 Aktive Jahresabgrenzung	90.000,00 10.000,00	4250 Langfristige Bankverbindlichkeiten (Darlehen)	100.000,00
2)	4250 Langfristige Bankverbindlichkeiten (Darlehen)	10.000,00	2800 Bankguthaben	10.000,00
3)	7510 Zinsaufwendungen	4.500,00	2800 Bankguthaben	4.500,00
4)	7590 Sonstige zinsähnliche Aufwendungen	1.000,00	2900 Aktive Jahresabgrenzung	1.000,00

Auch in dem Fall, dass der Auszahlungsbetrag unter dem Kreditbetrag liegt, ist nach dem Höchstwertprinzip immer der Erfüllungsbetrag (Darlehenssumme ggf. nach Tilgungsabschlägen) in der Bilanz auszuweisen.

4.5 Bedeutung von Bewertungsentscheidungen

Anteilseigner
Inhaber von Aktien oder Stammeinlagen einer Kapitalgesellschaft

Aktiengesellschaft, vgl. LF 1 Kap. 8.4.1, Band 1

Bewertungsentscheidungen im Rahmen des gesetzlich Möglichen (erlaubte Bewertungsalternativen) sind immer im Hinblick auf ihre Auswirkungen auf die Erfolgsrechnung (GuV-Rechnung) und auch auf die Bilanz zu treffen. Abschreibungen oder Zuschreibungen als Ergebnis dieser Bewertungsentscheidungen haben weit reichende Konsequenzen und müssen den Interessen (Zielen) des Unternehmens entsprechen. Letztlich entscheidet die Unternehmensleitung im Rahmen ihrer Bilanzpolitik. Die Interessen der **Anteilseigner** dürfen dabei nicht unberücksichtigt bleiben.

Anteilseigner (Aktionäre) auf der Hauptversammlung der Porsche Automobil Holding SE

Auswirkungen von Bewertungsentscheidungen

Abschreibungen = Wertminderungen	Zuschreibungen = Werterhöhung

Erfolgsauswirkungen

• Aufwand in der GuV-Rechnung • Verminderung des Gewinnes • Minderung der vom Gewinn abhängigen Steuern • ggf. Minderung der Gewinnausschüttung an die Anteilseigner	• Ertrag in der GuV-Rechnung • Erhöhung des Gewinnes • Erhöhung der vom Gewinn abhängigen Steuern • ggf. Erhöhung der Gewinnausschüttung an die Anteilseigner

Bilanzauswirkungen

• Vermögensminderung in der Bilanz • geringere Kreditwürdigkeit durch im Wert sinkende Vermögensgegenstände und sinkende Gewinne • höhere Liquidität durch geringeren Abfluss von flüssigen Mitteln für Steuern und ggf. für Gewinnausschüttungen	• Vermögenserhöhung in der Bilanz • erhöhte Kreditwürdigkeit durch im Wert steigende Vermögensgegenstände und steigende Gewinne • sinkende Liquidität durch höheren Abfluss von flüssigen Mitteln für Steuern und ggf. Gewinnausschüttungen

4.6 Stille Rücklagen (stille Reserven)

Grundsätzlich sind in Bilanzen deutscher Unternehmen – oft erhebliche – stille Rücklagen „versteckt“. Sie entstehen durch Unterbewertung von Vermögensgegenständen oder durch Überbewertung von Schulden.

Die willkürliche Bildung stiller Rücklagen durch Bewertungen außerhalb der gesetzlichen Vorgaben ist verboten. Die **Ursache** für stille Rücklagen sind oft zwangsläufig die Bewertungsgrundlagen des HGB.

Das *Anschaffungskostenprinzip* z. B. verhindert den Ansatz realistischer Zeitwerte von Grundstücken oder Wertpapieren, wenn diese Werte über den Anschaffungskosten liegen.

Beispiel: Ein unternehmenseigenes Grundstück mit einer Fläche von 2 000 qm, das 1980 als Wiese zu einem Preis von umgerechnet 10.000,00 € erworben wurde, steht im Jahr 20XX (Bauland) immer noch mit diesen 10.000,00 € Anschaffungskosten in einer Unternehmensbilanz. Hat das Grundstück laut Gutachten aktuell einen Zeitwert von 250.000,00 €, so hat das Unternehmen eine stille Rücklage in Höhe von 240.000,00 € allein in diesem Grundstück.

Auch *Mindestabschreibungsbeträge* (z. B. bei linearer Abschreibung) führen oft dazu, dass der tatsächliche Wert einer abnutzbaren Sachanlage höher liegt, als er in der Bilanz ausgewiesen werden muss.

Entsprechend führen *Überbewertungen bei den Schulden* zu stillen Rücklagen, wenn im Rahmen von gesetzlich möglichen Bewertungsspielräumen immer ein möglichst hoher Wert (Prinzip der Vorsicht) angesetzt wird.

Entstehung stiller Rücklagen

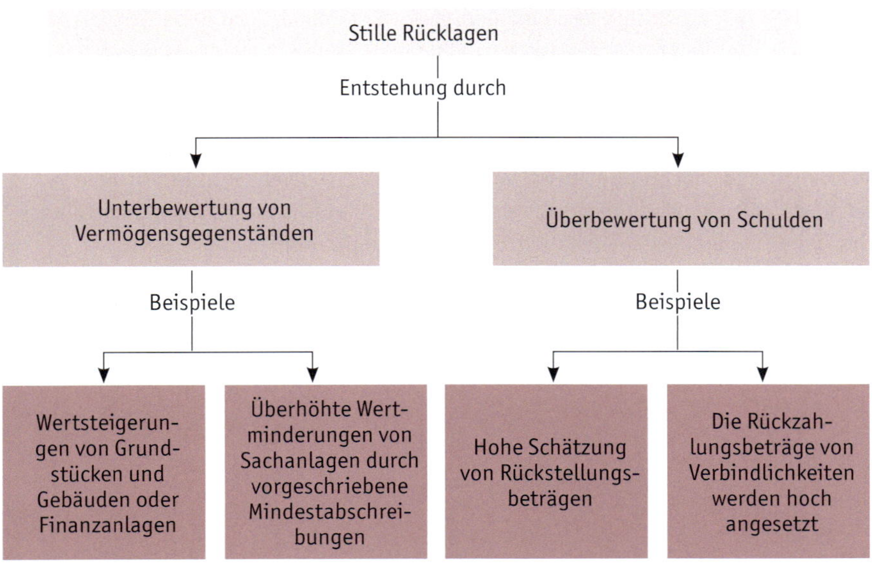

Aufgaben

1 Wie können Inventurdifferenzen (Abweichungen der Ist-Werte von den Sollwerten) entstehen?

2 Nennen Sie die Zielsetzungen des Handelsgesetzbuches und des Einkommensteuergesetzes hinsichtlich der Bewertung von Vermögen und Schulden der Unternehmen.

3 Ordnen Sie die nachstehenden Grundsätze (1–6) den unten stehenden Erläuterungen (a–f) zu.

1 Bilanzidentität
2 Unternehmensfortführung
3 Prinzip der Einzelbewertung
4 Prinzip der Vorsicht
5 Prinzip der Periodenabgrenzung
6 Bewertungskontinuität

Erläuterung der Bewertungsgrundsätze:

a Noch nicht realisierte Verluste müssen in der Bilanz ausgewiesen werden; noch nicht realisierte Gewinne dürfen in der Bilanz nicht ausgewiesen werden.
b Alle Wertansätze der Eröffnungsbilanz entsprechen den Wertansätzen der Schlussbilanz des Vorjahres.
c Kein willkürlicher Wechsel der Abschreibungsmethoden von Jahr zu Jahr.
d Unabhängig vom Zahlungszeitpunkt sind Aufwendungen und Erträge dem Geschäftsjahr zuzuordnen, in das sie – wirtschaftlich gesehen – gehören.
e Bei allen Bewertungen ist von einem Fortbestand des Unternehmens auszugehen.
f Vermögensgegenstände und Schulden sind – bis auf wenige Ausnahmen – einzeln zu bewerten.

4 Welche Begriffe benutzt das Handelsgesetzbuch zur rechnerischen Ermittlung der Anschaffungskosten und wie ist zu rechnen?

5 Welche Kosten dürfen nicht in die Herstellungskosten selbst hergestellter Anlagen einbezogen werden?

6 Ermitteln Sie den jeweiligen Bilanzwert und geben Sie an, welches Bewertungsprinzip zur Anwendung kommt.

a Der Wiederbeschaffungswert eines Rohstoffvorrates (Anschaffungskosten 2,0 Mio. €) ist zum Jahresende auf 1,2 Mio. € gesunken. Bilanzwert?
b Ein vor 10 Jahren für 20.000,00 € angeschafftes Reservegrundstück wurde durch eine Bebauungsplanänderung jetzt Bauland. Gemäß Gutachten beträgt sein Marktwert 200.000,00 €. Bilanzwert?
c Eine Fremdwährungsverbindlichkeit in USD, die zum Entstehungszeitpunkt umgerechnet einer Schuld in € von 22.500,00 € entsprach, steigt durch Wechselkursveränderungen auf 24.600,00 €. Bilanzwert?
d Einem Lkw, der nach planmäßiger Abschreibung einen Buchwert von 120.000,00 € aufweist, wird nach Gutachten eines Sachverständigen nur noch ein Zeitwert von 80.000,00 € zugerechnet. Bilanzwert?
e Der Vorrat eines Fremdbauteiles, der einen Bezugspreis von 5.000,00 € verursacht hat, kann zum Bilanzstichtag wegen erheblicher Preiserhöhungen für 8.500,00 € wiederbeschafft werden. Bilanzwert?

7 Erläutern Sie
a das Niederstwertprinzip,
b das Höchstwertprinzip und
c das Imparitätsprinzip.

8 Ein Industrieunternehmen kauft eine neue Maschine (Konto 0700) auf Ziel:

Listenpreis	260.000,00 €
+ Sonderausstattungen	20.000,00 €
– 12,5 % Rabatt	? €
+ Montagekosten (kein Rabatt, kein Skonto)	15.000,00 €
= Nettorechnungsbetrag	? €

a Buchen Sie den Rechnungseingang zzgl. 19 % Umsatzsteuer.
b Nach einer erfolgreichen Mängelrüge sendet der Maschinenhersteller eine Gutschrift in Höhe von 15 % auf den **Listenpreis** der Maschine. Buchen Sie die Gutschrift.
c Buchen Sie den Rechnungsausgleich per Banküberweisung unter Abzug von 2 % Skonto.
d Der Kauf der neuen Maschine erfolgt am 08.03.20XX, die betriebsgewöhnliche Nutzungsdauer beträgt laut AfA-Tabelle 12 Jahre. Ermitteln Sie den linearen Abschreibungsbetrag für das erste Nutzungsjahr.
e Buchen Sie die lineare Abschreibung im ersten Nutzungsjahr.

9 Eigenfertigung eines Chef-Schreibtisches:

Einzelkosten	
Materialaufwendungen	
Rohstoffe (Holz)	1.600,00 €
Fremdbauteile (Kabelkanal und Abdeckung)	80,00 €
Hilfsstoffe (Leim, Schrauben)	40,00 €
Personalaufwendungen in der Fertigung	
Löhne (Zuschnitt, Montage)	690,00 €
Gehälter (Konstruktionszeichnung erstellen)	170,00 €
angemessene Gemeinkostenzuschlagssätze auf die Zuschlagsgrundlagen, die in derselben Abrechnungsperiode angefallen sind, in %:	
Materialgemeinkostenzuschlagssatz	20,00 %
Fertigungsgemeinkostenzuschlagssatz	150,00 %
Verwaltungsgemeinkostenzuschlagssatz	9,50 %

Ermitteln Sie
a den höchstmöglichen Wertansatz und
b den niedrigstmöglichen Wertansatz für die Handelsbilanz.
c Wie ist bei Fertigstellung des Chef-Schreibtisches zu buchen?

10 Bei der Bestellung eines Lkw (mit Sonderaufbauten) mit einem Nettorechnungsbetrag von 250.000,00 € sind 25 % des Rechnungsbetrages sofort per Banküberweisung als Anzahlung zu leisten.

Buchen Sie unter Berücksichtigung von 19 % Umsatzsteuer
- **a** die Anzahlung,
- **b** den Eingang der Schlussrechnung mit 8 Tagen Zahlungsziel und
- **c** den Ausgleich der Schlussrechnung per Banküberweisung (kein Skonto).

11 Der Pkw des Geschäftsführers hat nach linearer Abschreibung (Nutzungsdauer 6 Jahre) nach drei vollständigen Jahresabschreibungen noch einen Buchwert von 39.000,00 €. Im vierten Geschäftsjahr wird der Pkw weit über das übliche Maß hinaus genutzt und leicht beschädigt (keine Reparatur geplant), sodass laut Gutachten dem Fahrzeug nur noch ein Zeitwert von 15.000,00 € beizumessen ist.

- **a** Ermitteln Sie
  - **aa** die Anschaffungskosten des Pkw und
  - **ab** den Wertverlust des Pkw bis zum Ende des vierten Nutzungsjahres in € und in %.
- **b** Buchen Sie
  - **ba** die planmäßige Jahresabschreibung im vierten Nutzungsjahr,
  - **bb** die außerplanmäßige Jahresabschreibung im vierten Nutzungsjahr.

12 Eine Verpackungsmaschine mit einem Buchwert von 5.000,00 € wird bar für 3.570,00 € inkl. 19 % Umsatzsteuer verkauft. Buchen Sie
- **a** den Barverkauf und
- **b** den Anlagenabgang
- **c** Wie wäre zu buchen (alle notwendigen Buchungssätze), wenn die gebrauchte Verpackungsmaschine beim Zielkauf einer neuen Verpackungsmaschine (Listenpreis 180.000,00 €, 15 % Rabatt, Lieferung und Montage sind im Preis inbegriffen und rabattfähig) für 8.000,00 € netto in Zahlung gegeben wird.

13 Ein Rohstoff wurde am 14.11.20X1 in einer Menge von 24 000 kg zum kg-Preis von 5,20 € netto eingekauft. Der Lieferant gewährt 12,5 % Rabatt und 2 % Skonto. Auf den Zieleinkaufspreis sind Bezugskosten in Höhe von 2 % (nicht skontierfähig) zu bezahlen.

- **a** Buchen Sie
  - **aa** den Zieleinkauf (bestandsorientiert),
  - **ab** den Rechnungsausgleich per Banküberweisung mit Skontoabzug.
- **b** Ermitteln Sie
  - **ba** die Anschaffungskosten je kg,
  - **bb** den Bilanzwert der am 31.12.20X1 noch vorhandenen 5 200 kg, wenn die Wiederbeschaffungskosten 4,20 €/kg betragen.
- **c** Welche Buchung ist am 31.12.20X1 ggf. noch vorzunehmen?

14 Ermitteln Sie den fehlenden Wert im Anlagenspiegel (verkürzte Darstellung).

Anlagegüter (Bilanzposten)	Anschaffungs- oder Herstellungskosten	Zugänge	Abgänge	Umbuchungen	Zuschreibungen	Abschreibungen (kumuliert)	Buchwert zum Schluss des Geschäftsjahres
0	1	2	3	4	5	6	7
BGA	400.000,00	60.000,00	20.000,00	+5.000,00	0,00	?	265.000,00

15 Bilden Sie aus Sicht des Verkäufers alle Buchungssätze zu den angegebenen Geschäftsvorfällen (ohne Abschluss- und Eröffnungsbuchungen).

Nr.	Datum	Geschäftvorfall	Beträge in €	
A	14.11.20X1	Verkauf von Erzeugnissen auf Ziel an den Kunden Roll GmbH	Nettowarenwert Umsatzsteuer Rechnungsbetrag	100.000,00 19.000,00 119.000,00
B	18.11.20X1	Verkauf von Erzeugnissen auf Ziel an den Kunden Waller KG	Nettowarenwert Umsatzsteuer Rechnungsbetrag	50.000,00 9.500,00 59.500,00
C	28.11.20X1	Eröffnung des Insolvenzverfahrens über das Vermögen der Roll GmbH		
D	9.12.20X1	Die Waller KG beantragt ein Insolvenzverfahren.		
E	16.12.20X1	Abschluss des Insolvenzverfahrens über das Vermögen der Roll GmbH. Der Insolvenzverwalter überweist auf das Bankkonto		35.700,00
F	4.02.20X2	Das Insolvenzverfahren der Waller KG ist im neuen Jahr abgeschlossen; es wird eine Insolvenzquote von nur 5% ermittelt, die an die Gläubiger per Banküberweisung ausgezahlt wird.		

16 Eine Aktiengesellschaft mit umfangreichen Liquiditätsreserven erwirbt 10 000 Aktien einer anderen börsennotierten Aktiengesellschaft in der Hoffnung auf kurzfristige erhebliche Kurssteigerungen. Die Anschaffungskosten betragen 220,00 € je Aktie gegen Banklastschrift.

a Wie hoch ist der Anschaffungswert aller Aktien im Kaufjahr?

b Wie hoch ist der Bilanzwert am Geschäftsjahresende, wenn der Zeitwert auf 270,00 € je Aktie gestiegen ist?

c Wie hoch ist der Bilanzwert im Folgejahr, wenn der Zeitwert auf 200,00 € je Aktie gesunken ist?

d Welche Buchungen sind jeweils notwendig?

17 Ein Unternehmen kauft Handelswaren in den USA auf Ziel. Die Eingangsrechnung über 160.000,00 USD wird am 20.11.20XX gebucht (Wechselkurs 1,00 € = 1,50 USD). Die Einfuhrumsatzsteuer in Höhe von 19 % der Rechnungssumme wird per Banküberweisung bezahlt. Am 31.12.20XX liegt der Wechselkurs bei 1,00 € = 1,45 USD.

Ermitteln Sie:
a den Warenwert bei Rechnungseingang in €,
b die Höhe der Einfuhrumsatzsteuer in €,
c den Wertansatz für die Auslandsschuld in der Bilanz des Unternehmens 31.21.20XX,
d den Kursverlust in € und in %.

18 Ein Unternehmen nimmt am Jahresanfang 20XX ein Darlehen zum Umbau des Verwaltungsgebäudes in Höhe von 200.000,00 € auf, das mit einer Grundschuld abgesichert wird. Im Vertrag wird ein Disagio in Höhe von 4 % vereinbart. Die Zinsen für das Darlehen werden jährlich rückwirkend in Höhe von 7 % der restlichen Darlehenssumme bezahlt. Die Tilgung erfolgt jeweils am Jahresende in Höhe von 10 % der Darlehenssumme.

Ermitteln Sie
a den Auszahlungsbetrag des Darlehens,
b die Zinsen für das erste Jahr,
c die Tilgung am Ende des ersten Jahres.

Buchen Sie die:
a Auszahlung des Darlehens gegen Bankgutschrift,
b die Banküberweisung der Zinsen,
c die teilweise Auflösung des Disagios am Jahresende und
d die Tilgungszahlung per Banküberweisung

19 Erläutern Sie die Bildung von stillen Rücklagen im Anlagevermögen an einem selbst gewählten Beispiel.

5 Aufstellung des Jahresabschlusses nach Handelsrecht

AB → Lernsituation 77

Nach der zeitlichen Erfolgsabgrenzung und den notwendigen Bewertungsentscheidungen kann der Jahresabschluss aufgestellt werden. Art, Inhalt und Umfang der zu erstellenden Bestandteile des Jahresabschlusses sind abhängig von den Offenlegungspflichten des jeweiligen Unternehmens.

5.1 Offenlegungs- und Prüfungspflichten

Je nach Unternehmensform, Branche oder Unternehmensgröße in Abhängigkeit von bestimmten Größenmerkmalen sind folgende Bestandteile eines Jahresabschlusses, ggf. ergänzt um einen Lagebericht, aufzustellen und zu veröffentlichen.

Bestandteile und Informationsgehalt der Rechenschaftslegung

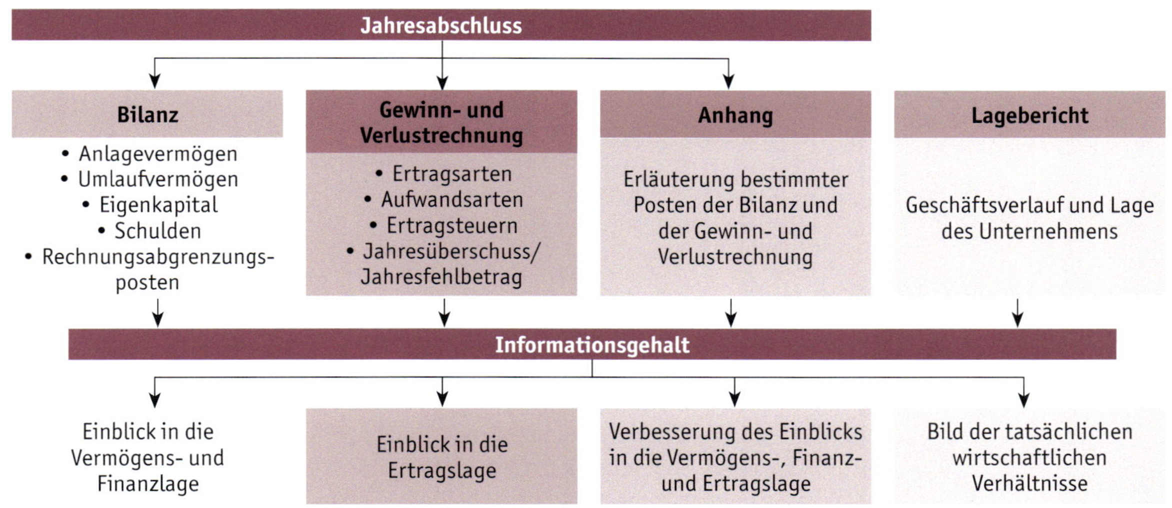

Erster **Empfänger des Jahresabschlusses** ist natürlich die Geschäftsleitung des Unternehmens selbst. An den ermittelten Daten wird der unternehmerische Erfolg ihrer Tätigkeit gemessen. Die Veröffentlichung der Jahresabschlüsse soll darüber hinaus auch allen Interessierten – oft auch Stakeholder genannt – wie den Anteilseignern (Gesellschaftern, Aktionären), Finanzbehörden, Gläubigern, Konkurrenten, Lieferern, Kunden, Gewerkschaften, Mitarbeitern usw. ermöglichen, sich einen Überblick über die wirtschaftlichen Verhältnisse des Unternehmens zu verschaffen.

Stakeholder
= Personen oder Institutionen, die am Jahresabschluss eines Unternehmens interessiert sind, vgl. **LF 2**, **Kap. 3.2**, Band 1

Das ist insbesondere dann dringend erforderlich, wenn z.B. den Gläubigern gegenüber nur das Gesellschaftsvermögen haftet. Die Veröffentlichungspflichten sind hier die Kehrseite der Haftungsbeschränkung. Besonders bei großen Unternehmen ist die „Öffentlichkeit" allgemein an den Zahlen dieser Unternehmen interessiert.

Großunternehmen gemäß § 1 Publizitätsgesetz, vgl. **Kap. 5.1.1**

Bei Banken oder Versicherungen sind die Unternehmensdaten allein schon wegen der Branche für viele interessant – sie „verwalten" viel Geld, das anderen gehört! Banken und Versicherungen müssen deshalb unabhängig von ihrer Größe immer einen Jahresabschluss veröffentlichen.

5.1.1 Offenlegungspflichtige Unternehmen

Nach § 1 Publizitätsgesetz (PublG) haben **alle Großunternehmen** – unabhängig von Branche und Unternehmensform – ihren Jahresabschluss zu veröffentlichen, wenn in einem Jahresabschluss der Vergangenheit und für die zwei darauf folgenden Abschlussstichtage jeweils **mindestens zwei** der drei nachstehenden Merkmale zutreffen:

Merkmale von offenlegungspflichtigen Großunternehmen nach § 1 PublG
1. Die Bilanzsumme übersteigt 65 Millionen €.
2. Die Umsatzerlöse übersteigen 130 Millionen €.
3. Das Unternehmen beschäftigt durchschnittlich mehr als 5 000 Arbeitnehmer.

Dies gilt auch für alle Einzel- oder Personengesellschaften sowie für wirtschaftliche Vereine und öffentlich-rechtliche Rechtsträger als Kaufleute. Darüber hinaus umfasst der Kreis der offenlegungspflichtigen Unternehmen grundsätzlich (d. h. **auch bei Unterschreiten** obiger Merkmale)

Rechtsformen von Unternehmen, vgl. **LF 1, Kap. 8**, Band 1

- alle Kapitalgesellschaften (z. B. AG, GmbH, KGaA),
- eingetragene Genossenschaften,
- Personengesellschaften ohne eine natürliche Person als persönlich haftenden Gesellschafter (z. B. GmbH & Co. KG),
- Banken und Versicherungsunternehmen.

5.1.2 Rechnungslegungspflichten der Kapitalgesellschaften

Die gesetzlichen Vertreter einer Kapitalgesellschaft haben den Jahresabschluss, bestehend aus Bilanz, Gewinn- und Verlustrechnung und Anhang, aufzustellen. Daneben ist ein Lagebericht zu erstellen. Der Jahresabschluss hat ein den tatsächlichen Verhältnissen entsprechendes Bild der Vermögens-, Finanz- und Ertragslage der Kapitalgesellschaft zu vermitteln.

§ 325 HGB

Seit 2007 müssen die offenlegungspflichtigen Unternehmen ihre Jahresabschlussunterlagen **elektronisch** beim Betreiber des elektronischen Bundesanzeigers, dem Bundesanzeiger-Verlag in Köln, einreichen. Zuvor mussten Jahresabschlüsse schriftlich bei den Registergerichten eingereicht werden.

§ 329 Abs. 1 HGB

Der Betreiber des elektronischen Bundesanzeigers prüft, ob alle Unterlagen fristgemäß und vollzählig eingereicht worden sind. Fällt die Prüfung negativ aus, wird das für die Durchführung von Ordnungsgeldverfahren zuständige Bundesamt für Justiz unterrichtet. Ordnungsstrafen bis zu 25.000,00 € sind möglich.

Nach der Einreichung und Bekanntmachung der Jahresabschlüsse im elektronischen Bundesanzeiger werden die Unterlagen an das Unternehmensregister weitergeleitet. Sie sind dann im Internet für jedermann einsehbar. Auch im elektronischen Bundesanzeiger können die Daten kostenlos eingesehen werden.

www.ebundesanzeiger.de
www.unternehmensregister.de

Aufstellungs- und Veröffentlichungspflichten nach Größenklassen[1)]

Größe der Kapitalgesellschaft[2)]		Kleinstkapitalgesellschaft § 267a HGB	kleine Kapitalgesellschaft § 267 Abs. 1 HGB	mittelgroße Kapitalgesellschaft § 267 Abs. 2 HGB	große Kapitalgesellschaft § 267 Abs. 3 HGB
Merkmale	Bilanzsumme	bis 350.000,00 €	> 0,35 – 6 Mio. €	> 6 – 20 Mio. €	> 20 Mio. €
	Umsatzerlöse	bis 700.000,00 €	> 0,7 – 12 Mio. €	> 12 – 40 Mio. €	> 40 Mio. €
	durchschnittliche Arbeitnehmerzahl	bis 10 Arbeitnehmer	bis 50 Arbeitnehmer	bis 250 Arbeitnehmer	über 250 Arbeitnehmer
Jahresabschluss	Fristen § 264 HGB	6 Monate	6 Monate	3 Monate	3 Monate
	Bilanz § 266 HGB	ja, stark verkürzt § 266 Abs. 1 HGB	ja, verkürzt § 266 (1) HGB	ja, vollständig	ja, vollständig
	Gewinn- und Verlustrechung § 275 HGB	ja, stark verkürzt § 275 Abs. 5 HGB	ja, verkürzt § 276 (1) HGB	ja, verkürzt § 276 (1) HGB	ja, vollständig
	Anhang §§ 284 ff. HGB (Erläuterung)	nein, Angaben unter der Bilanz ggf. notwendig	ja	ja	ja
Lagebericht § 289 HGB		nein	nein § 264 (1) HGB	ja	ja
Offenlegung und Prüfung	Offenlegung §§ 325 ff. HGB	ja, nur Bilanz	ja, Bilanz und Anhang (keine GuV-Rechnung)	ja, auch Bilanz und Anhang in verkürzter Form möglich	ja
	Art	nur Hinterlegung beim Bundesanzeiger	Einreichung und Bekanntmachung im elektronischen Bundesanzeiger		
	Fristen	spätestens 12 Monate nach dem Jahresabschluss[3)]			
	externe Abschlussprüfer § 316 HGB	keine	keine	ja	ja

[1)] Größenklassen nach Bilanzrichtlinien-Umsetzungsgesetz vom 07.01.2015

[2)] § 267 Abs. 3 und 4 HGB: Mittelgroße und große Kapitalgesellschaften sind solche, die mindestens zwei der drei Merkmale überschreiten. Die Rechtsfolgen treten nur ein, wenn die Merkmale an den Abschlussstichtagen von zwei aufeinanderfolgenden Geschäftsjahren über- oder unterschritten werden.

[3)] Für kapitalmarktorientierte Kapitalgesellschaften (z. B. börsennotierte Aktiengesellschaften) gilt eine Einreichungsfrist zur Offenlegung von vier Monaten (§ 325 Abs. 4 S. 1 HGB).

Die Größenklassen gemäß obiger Tabelle entscheiden darüber, welche Informationspflichten eine Kapitalgesellschaft erfüllen muss. Je kleiner ein Unternehmen ist, desto weniger Daten sind zu veröffentlichen. Diese Schwellenwerte wurden durch das Bilanzrechtsmodernisierungsgesetz (BilMoG) ab 2010 erhöht, sodass heute mehr Unternehmen als klein oder mittelgroß gelten.

E-Bilanz: Ab dem Jahr 2012 müssen alle Unternehmen zusätzlich ihre **steuerrechtlichen** Bilanz- und Gewinn- und Verlustdaten elektronisch an das Finanzamt übermitteln. Das kann ein HGB-Abschluss mit einer steuerlichen Überleitungsrechnung oder direkt eine Steuerbilanz sein.

5.2 Bilanz

5.2.1 Gliederung der Bilanz

§ 247 HGB Abs. 1
Inhalt der Bilanz

Inhalt der Bilanz für alle Kaufleute

In der Bilanz sind das Anlage- und das Umlaufvermögen, das Eigenkapital, die Schulden sowie die Rechnungsabgrenzungsposten gesondert auszuweisen und hinreichend zu gliedern.

Rechnungsabgrenzung
Jahresabgrenzung, vgl. **Kap. 2.3** und **2.4**

Ergänzende Vorschriften für Kapitalgesellschaften

§ 266 HGB Gliederung der Bilanz

Die Bilanz ist in Kontoform aufzustellen. Große und mittelgroße Kapitalgesellschaften haben auf der Aktivseite und auf der Passivseite die in § 266 HGB bezeichneten Posten gesondert und in der vorgeschriebenen Reihenfolge auszuweisen. Kleine Kapitalgesellschaften brauchen nur eine verkürzte Bilanz aufzustellen, in welche lediglich die mit Buchstaben und römischen Zahlen bezeichneten Posten gesondert und in der vorgeschriebenen Reihenfolge aufzunehmen sind.

Beispiel: Verkürzte Bilanz einer kleinen Kapitalgesellschaft

Aktiva	Passiva
A. Anlagevermögen	**A. Eigenkapital**
I. Immaterielle Vermögensgegenstände	I. gezeichnetes Kapital
II. Sachanlagen	II. Kapitalrücklage
III. Finanzanlagen	III. Gewinnrücklagen
B. Umlaufvermögen	IV. Gewinnvortrag/Verlustvortrag
I. Vorräte	V. Jahresüberschuss/Jahresfehlbetrag
II. Forderungen und sonstige Vermögensgegenstände	**B. Rückstellungen**
III. Wertpapiere	**C. Verbindlichkeiten**
IV. Kassenbestand, Bundesbankguthaben, Guthaben bei Kreditinstituten und Schecks	**D. Rechnungsabgrenzungsposten**
C. Rechnungsabgrenzungsposten	**E. Passive latente Steuern**[1]
D. Aktive latente Steuern[1]	
E. Aktiver Unterschiedsbetrag aus der Vermögensrechnung[1]	

[1] Sind für die FBW GmbH ohne Bedeutung. Die Posten werden nicht ausgewiesen.

Rückstellungen
Verbindlichkeiten, die dem Grunde nach bekannt sind, deren Höhe und Zeitpunkt ihres Anfalls aber unbekannt sind, vgl. **Kap. 3**

Das Gliederungsschema für Kapitalgesellschaften wird heute üblicherweise von allen Unternehmen – unabhängig von ihrer Rechtsform – übernommen.

ÜBERSICHT: Gliederung der Bilanz

Gliederung der Bilanz

- Einzelkaufleute und Personengesellschaften → keine feste Bilanzgliederung § 247 HGB
- kleine Kapitalgesellschaften → verkürzte Bilanzgliederung nach § 266 Abs. 1 HGB
- große und mittelgroße Kapitalgesellschaften → Bilanzgliederung nach § 266 Abs. 2 und 3 HGB

Bilanzgliederung für große und mittelgroße Kapitalgesellschaften

Aktiva

A. Anlagevermögen
- I. Immaterielle Vermögensgegenstände:
  1. Selbst geschaffene gewerbliche Schutzrechte und ähnliche Rechte und Werte
  2. entgeltlich erworbene Konzessionen, gewerbliche Schutzrechte und ähnliche Rechte und Werte sowie Lizenzen an solchen Rechten und Werten
  3. Geschäfts- oder Firmenwert
  4. geleistete Anzahlungen
- II. Sachanlagen:
  1. Grundstücke, grundstücksgleiche Rechte und Bauten einschließlich der Bauten auf fremden Grundstücken
  2. technische Anlagen und Maschinen
  3. andere Anlagen, Betriebs- und Geschäftsausstattung
  4. geleistete Anzahlungen und Anlagen im Bau
- III. Finanzanlagen:
  1. Anteile an verbundenen Unternehmen
  2. Ausleihungen an verbundene Unternehmen
  3. Beteiligungen
  4. Ausleihungen an Unternehmen, mit denen ein Beteiligungsverhältnis besteht
  5. Wertpapiere des Anlagevermögens
  6. sonstige Ausleihungen

B. Umlaufvermögen
- I. Vorräte:
  1. Roh-, Hilfs- und Betriebsstoffe
  2. unfertige Erzeugnisse, unfertige Leistungen
  3. fertige Erzeugnisse und Waren
  4. geleistete Anzahlungen
- II. Forderungen und sonstige Vermögensgegenstände:
  1. Forderungen aus Lieferungen und Leistungen
  2. Forderungen gegen verbundene Unternehmen
  3. Forderungen gegen Unternehmen, mit denen ein Beteiligungsverhältnis besteht
  4. sonstige Vermögensgegenstände
- III. Wertpapiere:
  1. Anteile an verbundenen Unternehmen
  2. sonstige Wertpapiere
- IV. Kassenbestand, Bundesbankguthaben, Guthaben bei Kreditinstituten und Schecks

C. Rechnungsabgrenzungsposten

D. Aktive latente Steuern

E. Aktiver Unterschiedsbetrag aus Vermögensrechnung

Passiva

A. Eigenkapital
- I. Gezeichnetes Kapital
- II. Kapitalrücklage
- III. Gewinnrücklagen:
  1. gesetzliche Rücklage
  2. Rücklage für Anteile an einem herrschenden oder mehrheitlich beteiligten Unternehmen
  3. satzungsmäßige Rücklagen
  4. andere Gewinnrücklagen
- IV. Gewinnvortrag/Verlustvortrag
- V. Jahresüberschuss/Jahresfehlbetrag

B. Rückstellungen
1. Rückstellungen für Pensionen und ähnliche Verpflichtungen
2. Steuerrückstellungen
3. sonstige Rückstellungen

C. Verbindlichkeiten
1. Anleihen
   - davon konvertibel
2. Verbindlichkeiten gegenüber Kreditinstituten
3. erhaltene Anzahlungen auf Bestellungen
4. Verbindlichkeiten aus Lieferungen und Leistungen
5. Verbindlichkeiten aus der Annahme gezogener Wechsel und der Ausstellung eigener Wechsel
6. Verbindlichkeiten gegenüber verbundenen Unternehmen
7. Verbindlichkeiten gegenüber Unternehmen, mit denen ein Beteiligungsverhältnis besteht
8. sonstige Verbindlichkeiten
   - davon aus Steuern
   - davon im Rahmen der sozialen Sicherheit

D. Rechnungsabgrenzungsposten

E. Passive latente Steuern

5.2.2 Ausweis des Eigenkapitals in der Bilanz

Personengesellschaften, vgl. **LF1, Kap. 8.3**, Band 1

Einzelunternehmen weisen das Eigenkapital in einer Position aus. **Personengesellschaften** weisen für jeden Inhaber eine eigenständige Eigenkapitalposition aus (Eigenkapital Gesellschafter A, Gesellschafter B usw.). Bei voll haftenden Gesellschaftern kann sich das Eigenkapital im Zeitablauf ändern. Es steigt durch nicht ausgezahlte Gewinne oder Privateinlagen; es sinkt durch verrechnete Verluste oder Privatentnahmen.

Kapitalgesellschaften, vgl. **LF1, Kap. 8.4**, Band 1

Eigenkapitalausweis in der Bilanz: § 268 Abs. 1 HGB

Für **Kapitalgesellschaften** gelten besondere Ausweispflichten gemäß HGB. Dabei kann das Eigenkapital **vor, nach teilweiser oder nach vollständiger Ergebnisverwendung** ausgewiesen werden. Für externe Bilanzempfänger ist es zumeist wichtig zu wissen, wie viel Kapital tatsächlich im Unternehmen verbleibt, da Kapitalausschüttungen an die Anteilseigner dem Unternehmen für das Erreichen seiner wirtschaftlichen Ziele nicht mehr zur Verfügung stehen. Das ist aber nicht in jedem Fall garantiert.

Fall 1: Eigenkapitalausweis vor der Ergebnisverwendung

Hier erkennt der Bilanzempfänger nur, dass noch keinerlei Entscheidungen über die Ergebnisverwendung getroffen worden sind. Über die Bildung von Gewinnrücklagen oder Gewinnausschüttungen muss erst noch entschieden werden.

Eigenkapitalausweis nach § 266 HGB

A. Eigenkapital	Erläuterungen (Beispiele)
I. Gezeichnetes Kapital	Kapital, auf das die Haftung der Gesellschafter für die Verbindlichkeiten der Kapitalgesellschaft gegenüber den Gläubigern beschränkt ist (Grund- oder Stammkapital).
II. Kapitalrücklage	Betrag, der bei der Ausgabe von Anteilen über dem Nennwert der Anteile liegt Beispiel: Bei einer Kapitalerhöhung durch Ausgabe von Aktien beträgt der Nennwert 1,00 €, der Ausgabewert 3,00 € pro Aktie. Die Kapitalrücklage je Aktie beträgt dann 2,00 €. Das Gezeichnete Kapital steigt um 1,00 € je Aktie.
III. Gewinnrücklagen	Beträge, die im Geschäftsjahr oder einem früheren Geschäftsjahr aus dem Ergebnis (Gewinn) für die Kapitalgesellschaft einbehalten worden sind.
IV. Gewinnvortrag[1]	unverteilter Gewinnrest aus dem Vorjahr
V. Jahresüberschuss[2]	Gewinn des abgelaufenen Geschäftsjahres

[1] gegebenenfalls auch Verlustvortrag aus dem Vorjahr
[2] gegebenenfalls auch Jahresfehlbetrag, wenn ein Verlust ausgewiesen werden muss

Fall 2: Eigenkapitalausweis nach teilweiser Ergebnisverwendung

Hier erkennt der Bilanzempfänger, dass über die Verwendung eines Restgewinnes (Bilanzgewinn) durch die Anteilseigner noch entschieden werden muss. Die Gliederungspunkte I. bis III. bleiben unverändert. Betragsmäßig wird aus einem Gewinnvortrag (IV.) und dem Jahresüberschuss (V.) nach Bildung von (ersten) Gewinnrücklagen die neue Position **IV. Bilanzgewinn**.

IV. Bilanzgewinn	Wird ein Bilanzgewinn ausgewiesen, so sind bereits Gewinnrücklagen, für die kein Beschluss der Anteilseigner nötig ist, gebildet worden. Nur der Bilanzgewinn steht noch für eine weitere Erhöhung der Gewinnrücklagen und/oder für Ausschüttungen an die Anteilseigner zur Verfügung.

Fall 3: Eigenkapitalausweis nach vollständiger Ergebnisverwendung

Hier erkennt der Bilanzempfänger, dass die Anteilseigner abschließend über die Ergebnisverwendung entschieden haben. Erst jetzt wird ersichtlich, wie viel Kapital tatsächlich im Unternehmen verbleibt und nicht ausgeschüttet wird. Die Gliederungspunkte I. bis III. bleiben unverändert. Betragsmäßig wird aus dem Bilanzgewinn ggf. nach einer weiteren Bildung von Gewinnrücklagen und/oder Gewinnausschüttung die neue Position **IV. Gewinnvortrag für das Folgejahr**.

IV. Gewinnvortrag	Wird ein neuer Gewinnvortrag ausgewiesen, so ist das Ergebnis bereits vollständig verteilt worden (Bildung von Gewinnrücklagen und/oder Ausschüttungen).

Neben den in der Bilanz offen ausgewiesenen Kapital- und Gewinnrücklagen sind in jedem Unternehmen stille Rücklagen (stille Reserven) vorhanden, die in der Bilanz nicht ausgewiesen werden;
vgl. **Kap. 4.6**

Beispiel: Um die Betriebserweiterung finanzieren zu können, hat die **Beier GmbH** in jüngster Zeit Gewinnrücklagen gebildet. Darüber hinaus ist ein neuer Gesellschafter aufgenommen worden. Dieser hat zusätzlich zu seiner Einlage 100.000,00 € auf das Bankkonto der Beier GmbH eingezahlt, die jetzt als Kapitalrücklage ausgewiesen werden. Laut Gesellschaftsvertrag ist eine jährliche Aufstockung der Gewinnrücklagen von 5.000,00 € vereinbart. In der Gesellschafterversammlung wird eine Gewinnauszahlung von 120.000,00 € an die Gesellschafter beschlossen.

Die **FBW GmbH** hat laut Gesellschafterbeschluss ihren aktuellen Jahresüberschuss vollständig zur Erhöhung der Gewinnrücklagen einbehalten.

Eigenkapitalausweis in Abhängigkeit von der Ergebnisverwendung (in €)

A. Eigenkapital	vor Ergebnisverwendung		nach teilweiser Ergebnisverwendung		nach vollständiger Ergebnisverwendung	
	Beier GmbH	FBW GmbH	Beier GmbH	FBW GmbH	Beier GmbH	FBW GmbH
I. Gezeichnetes Kapital	300.000,00	300.000,00	300.000,00	300.000,00	300.000,00	300.000,00
II. Kapitalrücklage	100.000,00	–	100.000,00	–	100.000,00	–
III. Gewinnrücklagen	50.000,00	300.000,00	55.000,00	400.000,00	55.000,00	400.000,00
IV. Gewinnvortrag (Vorjahr)	750,00	–	–	–	–	–
V. Jahresüberschuss	127.850,00	100.000,00	–	–	–	–
IV. Bilanzgewinn	–	–	123.600,00		–	
IV. Gewinnvortrag (Berichtsjahr)	–	–	–		3.600,00	
Summe Eigenkapital	578.600,00	700.000,00	578.600,00	700.000,00	458.600,00	700.000,00

Beispiel: Berechnungen zur Ergebnisverwendung
Ausgangsbasis: Eigenkapitalteile vor der Ergebnisverwendung

	Beier GmbH	FBW GmbH
Gewinnvortrag	750,00 €	–
+ Jahresüberschuss	127.850,00 €	100.000,00 €
= zu verteilender Gewinn	128.600,00 €	100.000,00 €
– Einstellung in die Gewinnrücklage	5.000,00 €	100.000,00 €
= Bilanzgewinn	123.600,00 €	0,00 €
– Gewinnanteile der Gesellschafter (noch nicht ausgezahlt)	120.000,00 €	0,00 €
= Gewinnvortrag für das Folgejahr	3.600,00 €	0,00 €

5.3 Gewinn- und Verlustrechnung

§ 275 HGB

Im Unterschied zur Finanzbuchhaltung müssen Kapitalgesellschaften ihre Gewinn- und Verlustrechnung gemäß HGB **in Staffelform** aufstellen. Nur mittelgroße und große Kapitalgesellschaften müssen diese Gewinn- und Verlustrechnung veröffentlichen. Kleine und mittelgroße Kapitalgesellschaften dürfen die Positionen 1 bis 5 zu einer Position „Rohergebnis" zusammenfassen. Bei der Aufstellung der GuV-Rechnung sind nach HGB (teilweise mit weiteren Untergliederungen) folgende Posten auszuweisen:

Beispiel: Aufbau der GuV-Rechnung nach § 275 Abs. 2 HGB

GuV-Positionen nach HGB (teilweise verkürzt)	Erläuterungen/Beispiele für ein Industrieunternehmen		
1. Umsatzerlöse	Erlöse aus dem Verkauf und der Vermietung oder Verpachtung von Produkten sowie aus der Erbringung von Dienstleistungen nach Abzug von Erlösschmälerungen und der Umsatzsteuer sowie sonstiger direkt mit dem Umsatz verbundener Steuern	Rohergebnis: Positionen 1. – 5.	Betriebsergebnis (einschließlich außerordentlicher Aufwendungen und Erträge): Positionen 1. – 8.
2. Erhöhung oder Verminderung des Bestandes an fertigen und unfertigen Erzeugnissen	Änderung der Erzeugnisbestände, z. B. Lageraufbau von Erzeugnissen (Mehrbestand)		
3. andere aktivierte Eigenleistungen	Wert selbst hergestellter Anlagegüter		
4. sonstige betriebliche Erträge	weitere sonstige Erträge (auch außerordentliche), soweit nicht in 1. bis 3. enthalten (ohne Finanz- und Zinserträge)		
5. Materialaufwand	Aufwendungen für Roh-, Hilfs-, und Betriebsstoffe oder Fremdbauteile und der Wareneinsatz		
6. Personalaufwand	Löhne, Gehälter, vermögenswirksame Leistungen des Arbeitgebers, soziale Abgaben, Aufwendungen für die Altersvorsorge		
7. Abschreibungen	– im Anlagevermögen (ohne Finanzanlagen) – im Umlaufvermögen, soweit diese die in der Kapitalgesellschaft üblichen Abschreibungen überschreiten		
8. sonstige betriebliche Aufwendungen	weitere sonstige Aufwendungen (auch außerordentliche), soweit nicht in 5. bis 7. enthalten (ohne Finanz- und Zinsaufwendungen)		
9. Erträge aus Beteiligungen	Erträge und Aufwendungen aus dem Finanzbereich einschließlich Zinsen	Finanzergebnis: Positionen 9. – 13.	
10. Erträge aus anderen Wertpapieren und Ausleihungen des Finanzanlagevermögens			
11. sonstige Zinsen und ähnliche Erträge			
12. Abschreibungen auf Finanzanlagen und auf Wertpapiere des Umlaufvermögens			
13. Zinsen und ähnliche Aufwendungen			
14. Steuern vom Einkommen und vom Ertrag	Körperschaft – und Gewerbeertragsteuer		
15. Ergebnis nach Steuern			
16. sonstige Steuern	weitere Steuern, z. B. Grundsteuer oder Kfz-Steuer, soweit nicht in Position 4. enthalten		
17. Jahresüberschuss/Jahresfehlbetrag			

Vollständige Gewinn- und Verlustrechnung nach § 275 Abs. 2 HGB bei Anwendung des Gesamtkostenverfahrens

1. Umsatzerlöse
2. Erhöhung oder Verminderung des Bestandes an fertigen und unfertigen Erzeugnissen
3. andere aktivierte Eigenleistungen
4. sonstige betriebliche Erträge
5. Materialaufwand:
   a) Aufwendungen für Roh-, Hilfs- und Betriebsstoffe und für bezogene Waren
   b) Aufwendungen für bezogene Leistungen
6. Personalaufwand:
   a) Löhne und Gehälter
   b) soziale Abgaben und Aufwendungen für Altersvorsorge und für Unterstützung, davon für Altersvorsorge
7. Abschreibungen:
   a) auf immaterielle Vermögensgegenstände des Anlagevermögens und Sachanlagen
   b) auf Vermögensgegenstände des Umlaufvermögens, soweit diese die in der Kapitalgesellschaft üblichen Abschreibungen überschreiten
8. sonstige betriebliche Aufwendungen
9. Erträge aus Beteiligungen,
   davon aus verbundenen Unternehmen
10. Erträge aus anderen Wertpapieren und Ausleihungen des Finanzanlagevermögens,
    davon aus verbundenen Unternehmen
11. sonstige Zinsen und ähnliche Erträge,
    davon aus verbundenen Unternehmen
12. Abschreibungen auf Finanzanlagen und auf Wertpapiere des Umlaufvermögens
13. Zinsen und ähnliche Aufwendungen,
    davon an verbundene Unternehmen
14. Steuern vom Einkommen und vom Ertrag
15. Ergebnis nach Steuern
16. sonstige Steuern
17. Jahresüberschuss/Jahresfehlbetrag

Das oben ausgewiesene **Gesamtkostenverfahren** berücksichtigt alle Aufwendungen einer Abrechnungsperiode. Da die Aufwendungen der Produktion und deren Erlöse nicht immer in die gleiche Abrechnungsperiode fallen, müssen hier z. B. die Bestandsveränderungen von unfertigen und fertigen Erzeugnissen als Aufwand (Bestandsminderungen) oder Ertrag (Bestandserhöhungen) ausgewiesen werden. Dasselbe gilt für aktivierungspflichtige Eigenleistungen (Ertrag).

Gesamtkostenverfahren
Positionen 5–7:
Gliederung nach Aufwandsarten

Das **Umsatzkostenverfahren** stellt den Umsatzerlösen einer Abrechnungsperiode nur diejenigen Aufwendungen gegenüber, die für die tatsächlich verkauften Produkte angefallen sind (Umsatzkosten). Bei Anwendung des Umsatzkostenverfahrens sind bis zum Betriebsergebnis nach § 275 Abs. 3 HGB folgende GuV-Positionen auszuweisen:

Positionen 4.–5.: Gliederung nach Funktionen (Kostenstellen)

Kostenstellen, vgl. **LF 4**, **Kap. 1.2** und **3.2**, Band 1

1. Umsatzerlöse
2. Herstellungskosten der zur Erzielung der Umsatzerlöse erbrachten Leistungen
3. Bruttoergebnis vom Umsatz
4. Vertriebskosten
5. allgemeine Verwaltungskosten
6. sonstige betriebliche Erträge
7. sonstige betriebliche Aufwendungen

Der Jahresüberschuss ist in beiden Fällen gleich.

Durch das ab 2016 gültige Bilanzrichtlinienumsetzungsgesetz (BilRuG) ist im neuen Gliederungsschema der GuV-Rechnung nach HGB das früher notwendige betriebsgewöhnliche Ergebnis (= Ergebnis der gewöhnlichen Geschäftstätigkeit) vollständig entfallen, da es auch das außerordentliche Ergebnis nicht mehr gibt. Außerordentliche Ertrags- oder Aufwandsposten sind jetzt im Anhang je GuV-Position anzugeben.

§ 285 HGB: Sonstige Pflichtangaben
Ferner sind im Anhang anzugeben:
(...)
31. jeweils der Betrag und die Art der einzelnen Erträge und Aufwendungen von außergewöhnlicher Größenordnung oder außergewöhnlicher Bedeutung, soweit die Beträge nicht von untergeordneter Bedeutung sind;
(...)

ÜBERSICHT: Ergebnisstruktur nach HGB

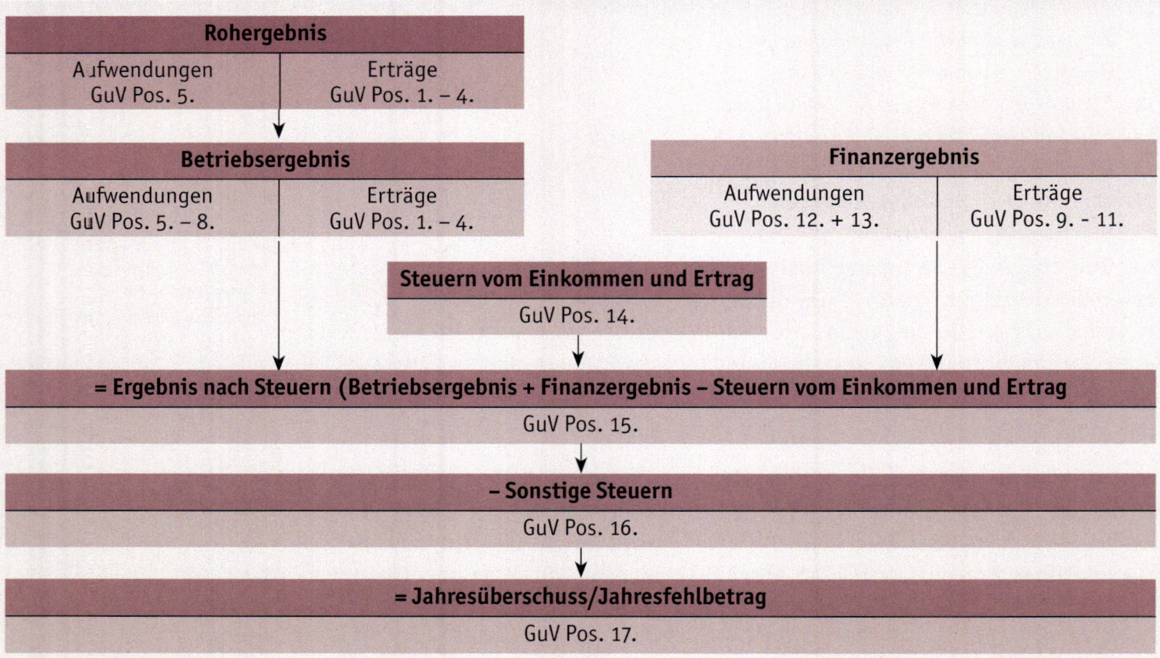

Hinweis: Unternehmensindividuell können jetzt auch zusätzliche Zwischensummen benannt und ausgewiesen werden!

5.4 Anhang und Lagebericht

Zum Jahresabschluss einer Kapitalgesellschaft gehören Erläuterungen zur Bilanz und zur Gewinn- und Verlustrechnung, die in einem Anhang aufzunehmen sind. Einen Katalog von Pflichtangaben enthalten die §§ 284 und 285 HGB. Kleine und mittlere Kapitalgesellschaften müssen nicht alle Angaben veröffentlichen.

Beispiel: Inhalte des Anhangs nach §§ 284 f. HGB

Mögliche Inhalte des Anhangs	Beispiele
allgemeine Grundsätze der Bilanzierung, der Bewertung und der Währungsumrechnung	– Darstellung und Erläuterung von angewandten Bilanzierungs- und Bewertungsmethoden mit Angaben hinsichtlich Änderungen zu Vorjahren und deren Einfluss auf die Vermögens-, Finanz- und Ertragslage – Umrechnungskurse für Forderungen und Verbindlichkeiten in Fremdwährungen
erläuternde, ergänzende und korrigierende Informationen zur Bilanz und zur Gewinn- und Verlustrechnung	– Ausweis eines Anlagespiegels, der den Wert und die Entwicklung der einzelnen Anlagegüter erläutert (soweit nicht in der Bilanz selbst dargestellt) – angewandte Abschreibungsmethoden – Verbindlichkeiten mit einer Restlaufzeit von mehr als 5 Jahren – Aufgliederung der Umsatzerlöse nach Tätigkeitsbereichen oder regionalen Märkten – durch Pfandrechte gesicherte Verbindlichkeiten – sonstige (auch zukünftige) finanzielle Verpflichtungen, die nicht in der Bilanz erscheinen – einmalige, außergewöhnliche Ergebnisse – Abweichungen der Handelsbilanz von der Steuerbilanz
sonstige Angaben	– Namen aller Mitglieder der Geschäftsführung und des Aufsichtsrates; Angaben über deren gesamte Bezüge vom Unternehmen – Anzahl der beschäftigten Arbeitnehmer

Inhalte des Lageberichts gemäß § 289 HGB

Mittlere und große Kapitalgesellschaften müssen neben dem Jahresabschluss mit Bilanz, Gewinn- und Verlustrechnung und Anhang zusätzlich einen Lagebericht veröffentlichen. Dieser Bericht soll die derzeitige und zukünftige Situation des Unternehmens hinsichtlich seiner Chancen und Risiken darstellen. Es muss darin ein den „tatsächlichen Verhältnissen entsprechendes Bild" vermittelt werden. Der Lagebericht soll das Bild aus Bilanz und GuV für die Gläubiger abrunden. § 289 HGB

Dabei soll auch
- auf bedeutsame Vorgänge, die nach Abschluss des Geschäftsjahres eingetreten sind (z. B. konjunkturelle und saisonale Tendenzen in der Branche, Ergebnisanalysen),
- auf die voraussichtliche Entwicklung (z. B. Marktentwicklung, Konsumverhalten) und
- auf den Bereich Forschung und Entwicklung (z. B. neue Produkte) eingegangen werden.

Aufgaben

1 Welche Bestandteile gehören zum Jahresabschluss einer Kapitalgesellschaft?

2 Wer hat Interesse an einem Jahresabschluss einer Kapitalgesellschaft?

3 a In welche Größenklasse ist nachfolgende Kapitalgesellschaft einzuordnen, wenn sie die folgenden Daten in zwei nachfolgenden Berichtsjahren erreicht?

Bilanzsumme	Umsatzerlöse	Ø Arbeitnehmerzahl
bis 15,0 Mio. €	36,5 Mio. €	270

b Welche Offenlegungspflichten muss diese Kapitalgesellschaft erfüllen?

4 Stellen Sie fest, ob nachfolgende Konten (a–l)
1 zum Anlagevermögen,
2 zum Umlaufvermögen,
3 zum Fremdkapital,
4 zu den Aufwendungen,
5 zu den Erträgen,
6 zu den Steuern
gehören:

a Unfertige Erzeugnisse
b Geleitete Anzahlungen auf Vorräte
c Aktivierte Eigenleistungen
d Bestandsminderung fertige Erzeugnisse
e Erhaltene Anzahlungen auf Sachanlagen
f Fremdbauteile
g Konzessionen
h Steuerrückstellungen
i Abschreibungen auf Finanzanlagen
j Umsatzsteuer
k Ausfuhrzölle
l Beteiligungen

5 Wie kann das Eigenkapital einer Kapitalgesellschaft ausgewiesen werden?

6 Wo (1–4) finden Sie nachfolgende Informationen (a–i) über eine Kapitalgesellschaft?
1 Bilanz
2 GuV-Rechnung
3 Anhang
4 Lagebericht

a Jahresgewinn oder Jahresverlust
b Anlagenspiegel
c Namen aller Mitglieder der Geschäftsführung
d Anzahl der Mitarbeiter
e Gesamtleistung
f Rohergebnis
g Rechnungsabgrenzungsposten
h angewandte Abschreibungsmethoden
i konjunkturelle und saisonale Tendenzen in der Branche

7 Welche Berechnungen sind richtig?
a Jahresüberschuss/Jahresfehlbetrag = Betriebsergebnis + Finanzergebnis
b Ergebnis nach Steuern – Sonstige Steuern = Jahresüberschuss/Jahresfehlbetrag
c Betriebsergebnis + Rohergebnis = Gesamtergebnis
d Jahresüberschuss/Jahresfehlbetrag – Sonstige Steuern = Ergebnis nach Steuern
e Finanzergebnis – Rohergebnis = Betriebsergebnis

6 Auswertung des Jahresabschlusses

AB → Lernsituation 78

AB → Lernsituation 79

6.1 Grundlagen (Adressaten, Auswertungsmethoden)

Alle internen und externen Informationsempfänger von Jahresabschlüssen können anhand der Vermögens-, Finanz- und Ertragslage eines Unternehmens überprüfen, ob die individuellen Zielsetzungen, die sie mit diesem Unternehmen verbinden, realisiert werden konnten.

Empfänger von Jahresabschlüssen

Empfänger	Mögliche Zielsetzungen
Gesellschafter (Anteilseigner)	dauerhafte (hohe) Gewinnausschüttungen, Unternehmenswachstum
Gläubiger	Sicherheit für Zins- und Tilgungszahlungen
Kunden	dauerhafte Lieferbereitschaft
Lieferer	dauerhafte Kauf- und Zahlungsfähigkeit
Mitarbeiter	sicherer Arbeitsplatz

Die Datenbasis der Informationsempfänger ist dabei allerdings unterschiedlich umfangreich.

Datenbasis für Analysen der Unternehmensergebnisse

Externe Analyse	Interne Analyse
– Jahresabschluss nach HGB mit Bilanz, GuV-Rechnung, ggf. Anhang und Lagebericht (Offenlegungspflichten beachten) – weitere Veröffentlichungen des Unternehmens – Presseberichte über das Unternehmen	– Jahresabschluss nach HGB mit Bilanz, GuV-Rechnung, ggf. Anhang und Lagebericht – Steuerbilanz – interne Bilanzen nach alternativen internen Rechnungslegungsprinzipien – Daten der Kosten- und Leistungsrechnung – weitere Planungs- und Ergebnisrechnungen aller Art, Unternehmensziele
beschränkte Informationsbasis	je nach internem Empfänger (in Abhängigkeit von Hierarchiestufen und der internen Informationspolitik) mehr oder weniger vollständige Informationsbasis

Dabei sind alle Analysen je nach Informationslage unterschiedlich zu beurteilen.

Auswertungen der Unternehmensergebnisse

Zeitvergleich	Betriebsvergleich / Branchenvergleich	Soll-Ist-Vergleich
Vergleich der Ergebnisse vorangegangener Abrechnungsperioden mit den Ergebnissen der aktuellen Abrechnungsperiode	Vergleich der Unternehmensergebnisse und deren Entwicklung mit denen anderer Unternehmen (gleiche Branche, vergleichbare Größe und Zielsetzungen) oder den Durchschnittswerten der Branche	Vergleich geplanter Ergebnisse mit tatsächlich realisierten Ergebnissen; zumeist nur als interne Analyse möglich, da für unternehmensexterne Planungsdaten i. d. R. nicht oder nur beschränkt zur Verfügung stehen

Basis für alle Auswertungen sind die Bilanz und die Gewinn- und Verlustrechnung eines Unternehmens.

6.2 Aufbereitung der Bilanz

Bevor die Bilanz der FBW GmbH mithilfe von Kennzahlen ausgewertet wird, werden einzelne Bilanzpositionen zusammengefasst und die Bilanz in eine übersichtlichere Form, eine so genannte Strukturbilanz, gebracht.

Beispiel: Um die geplante Betriebserweiterung finanzieren zu können, haben die Gesellschafter der FBW GmbH im Vorjahr den Jahresüberschuss von 100.000,00 € komplett in die Gewinnrücklagen eingestellt. Auch in diesem Jahr soll der Jahresüberschuss im Unternehmen verbleiben.

Fly Bike Werke GmbH

Bilanz der Fly Bike Werke GmbH, Oldenburg, zum 31.12.20XX (in €)

Aktiva	Vorjahr	Berichtsjahr	Passiva	Vorjahr	Berichtsjahr
A. Anlagevermögen			**A. Eigenkapital**		
1. Grundstücke und Bauten	635.200,00	612.850,00	1. Gezeichnetes Kapital	300.000,00	300.000,00
2. Technische Anlagen und Maschinen	224.904,00	131.870,00	2. Gewinnrücklagen	300.000,00	400.000,00
3. Betriebs- und Geschäftsausstattung	138.371,00	97.505,00	3. Jahresüberschuss	100.000,00	150.000,00
B. Umlaufvermögen			**B. Rückstellungen**	7.600,00	6.225,00
1. Roh-, Hilfs- und Betriebsstoffe	224.800,00	288.000,00	**C. Verbindlichkeiten**		
2. Unfertige Erzeugnisse	36.000,00	48.000,00	1. Langfristige Bankverbindlichkeiten	639.000,00	602.000,00
3. Fertige Erzeugnisse	72.900,00	140.000,00	2. Verbindlichkeiten aus Lieferung und Leistung	690.000,00	920.000,00
4. Handelswaren	0,00	4.000,00	3. Sonstige Verbindlichkeiten	13.000,00	24.000,00
5. Forderungen aus Lieferungen und Leistungen	541.520,00	720.000,00			
6. Kasse	3.105,00	2.400,00			
7. Bankguthaben	172.800,00	357.600,00			
	2.049.600,00	2.402.225,00		2.049.600,00	2.402.225,00

Neben den absoluten Zahlen (€) ist die Ermittlung von relativen Größen (%) notwendig. Dadurch wird
- die Bedeutung einzelner Posten deutlicher,
- ein Zeitvergleich übersichtlicher,
- ein Vergleich mit anderen Unternehmen derselben Branche ermöglicht.

Strukturbilanz der FBW GmbH (in €)

Aktiva	Vorjahr	Berichtsjahr	Passiva	Vorjahr	Berichtsjahr
Anlagevermögen	998.475,00	842.225,00	Eigenkapital	700.000,00	850.000,00
Umlaufvermögen	1.051.125,00	1.560.000,00	– Gewinnrücklagen	300.000,00	400.000,00
– Vorräte	333.700,00	480.000,00	Fremdkapital	1.349.600,00	1.552.225,00
– Forderungen	541.520,00	720.000,00	– langfristig	639.000,00	602.000,00
– flüssige Mittel	175.905,00	360.000,00	– kurzfristig	710.600,00	950.225,00
Gesamtvermögen	2.049.600,00	2.402.225,00	Gesamtkapital	2.049.600,00	2.402.225,00

Strukturbilanz der FBW GmbH (in %)[1]

Aktiva	Vorjahr	Berichtsjahr	Passiva	Vorjahr	Berichtsjahr
Anlagevermögen	48,72	35,06	Eigenkapital	34,15	35,38
Umlaufvermögen	51,28	64,94	– Gewinnrücklagen	14,64	16,65
– Vorräte	16,28	19,98	Fremdkapital	65,85	64,62
– Forderungen	26,42	29,97	– langfristig	31,18	25,06
– flüssige Mittel	8,58	14,99	– kurzfristig	34,67	39,56
Gesamtvermögen	100,00	100,00	Gesamtkapital	100,00	100,00

Werteveränderungen in der Strukturbilanz gegenüber Vorjahr (in %)[1]

Aktiva	Berichtsjahr	Passiva	Berichtsjahr
Anlagevermögen	–15,65	Eigenkapital	21,43
Umlaufvermögen	48,41	– Gewinnrücklagen	33,33
– Vorräte	43,84	Fremdkapital	15,01
– Forderungen	32,96	– langfristig	–5,79
– flüssige Mittel	104,66	– kurzfristig	33,72
Gesamtvermögen	17,20	Gesamtkapital	17,20

Hinweis: Positionen mit „–" sind wertmäßig in den oberhalb genannten Positionen enthalten. Als Einzelwerte werden sie für die Bilanzanalyse benötigt und deshalb zusätzlich separat ausgewiesen.

[1] kaufmännisch gerundete Einzelwerte

Beispiel: Hinweise zur Strukturbilanz der FBW GmbH

Das Anlagevermögen besteht ausschließlich aus Sachanlagen. Alle Forderungen sind kurzfristig (Laufzeit bis zu einem Jahr). Die Jahresüberschüsse der betrachteten Geschäftsjahre wurden den Gewinnrücklagen zugeführt und verbleiben im Unternehmen. Alle Verbindlichkeiten aus Lieferungen und Leistungen sowie die sonstigen Verbindlichkeiten sind kurzfristig (Laufzeit bis zu einem Jahr). Auch die Rückstellungen der FBW GmbH stellen kurzfristiges Fremdkapital dar.

Beurteilung: In einer Gesamtbetrachtung haben sich alle Bilanzwerte der FBW GmbH verbessert. Das Unternehmen agiert am Markt zunehmend erfolgreicher. Das werden auch die nachfolgenden Kennzahlen im Detail aufzeigen.

6.3 Bilanzanalyse mithilfe von Kennzahlen

Die Strukturbilanz dient als Basis für die Bilanzanalyse. Dabei werden mithilfe verschiedener **Kennzahlen** die Unternehmensergebnisse verdeutlicht und vergleichbar gemacht.

Bei der **vertikalen Bilanzanalyse** werden jeweils nur Werte der Aktiva- oder Passivaseite der Bilanz zueinander in Beziehung gesetzt (Vermögens- und Kapitalstruktur). Die **horizontale Bilanzanalyse** setzt Aktiva- und Passivaposten der Bilanz miteinander in Beziehung (Liquidität und Anlagendeckung).

Aufbau und Bestandteile der Bilanzanalyse

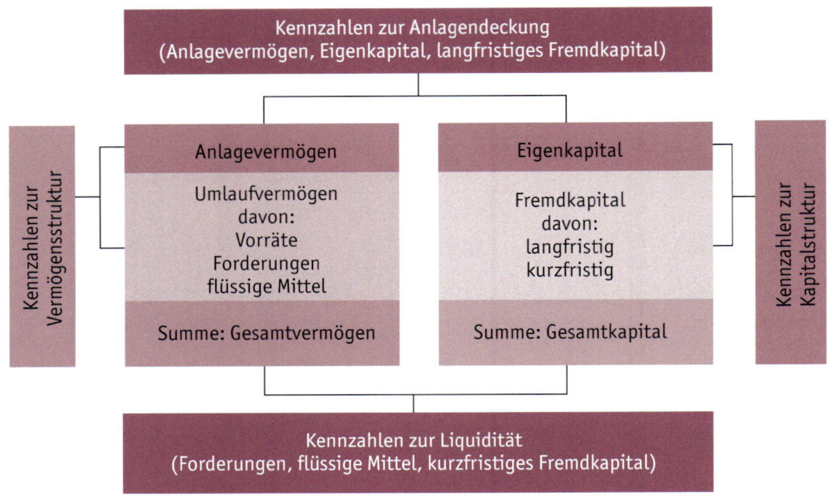

Kennzahlen im Vergleich:
Zeitvergleich
Unternehmensvergleich
Branchenvergleich
Soll-/Ist-Vergleich

Die Aussagefähigkeit aller Kennzahlen ergibt sich nicht abschließend im Zeitvergleich eines Unternehmens (Entwicklung: Verbesserung oder Verschlechterung?). Unternehmensvergleiche oder Vergleiche mit Branchendurchschnittswerten sind bei externer Analyse von größter Bedeutung (besser oder schlechter als andere Unternehmen oder die Branche insgesamt?). Nur bei wenigen Kennzahlen gibt es „Vorgabewerte“, die ein Unternehmen erreichen sollte. In der internen Analyse gibt es natürlich auch konkrete Ziel- oder Planwerte (Soll-/Ist-Vergleich), die von vielen Unternehmen allerdings nicht veröffentlicht werden.

6.3.1 Vermögensstruktur

Der Vermögensaufbau zeigt, inwieweit Unternehmen anlage- oder arbeitsintensiv sind:

- Eine Investition ins **Anlagevermögen** birgt die Gefahr, dass bei rasch wechselnden Geschmacksänderungen teure Spezialmaschinen unbrauchbar werden. Hohe fixe Kosten (z. B. Abschreibungen, Zinsen usw.) verursacht das Anlagevermögen immer.
- Hohe Bestände bei den **Vorräten** bedeuten eine Erhöhung des Lagerrisikos, der Lagerkosten und der Kapitalbindung.
- Hohe **Forderungsbestände** bereiten Sorgen wegen des möglichen Zahlungsverzugs bzw. der Uneinbringlichkeit.

Grundsätzlich gilt: So wenig **Anlagevermögen** wie möglich, aber so viel wie nötig, um das Sachziel zu erreichen. Optimal wäre es also, wenn die Kapazitätsgrenze der Maschinen der Absatzgrenze entspricht.

Das **Umlaufvermögen** ist der eigentliche Gewinnbringer eines Unternehmens. Produktionsprozesse (z. B. Verbrauch von Material → Herstellung von Erzeugnissen) und Absatzprozesse (z. B. Verkauf von Erzeugnissen → Zugang von Forderungen und flüssigen Mitteln) ermöglichen erst aktuelle und zukünftige Gewinne.

Die folgenden Kennzahlen zur Vermögensstruktur zeigen den prozentualen Anteil der Vermögenspositionen am Gesamtvermögen des Unternehmens.

Kennzahlen zur Vermögensstruktur

$$\text{Anlagenintensität (Anlagenquote)} = \frac{\text{Anlagevermögen} \cdot 100}{\text{Gesamtvermögen}}$$

$$\text{Umlaufintensität (Quote des Umlaufvermögens)} = \frac{\text{Umlaufvermögen} \cdot 100}{\text{Gesamtvermögen}}$$

$$\text{Vorratsquote} = \frac{\text{Vorräte} \cdot 100}{\text{Gesamtvermögen}}$$

$$\text{Forderungsquote} = \frac{\text{Forderungen} \cdot 100}{\text{Gesamtvermögen}}$$

Beispiel: Vermögensstruktur der FBW GmbH

	Vorjahr	Berichtsjahr
Anlagenintensität (Anlagenquote) =	$\frac{998.475,00 \cdot 100}{2.049.600,00} = 48,72\,\%$	$\frac{842.225,00 \cdot 100}{2.402.225,00} = 35,06\,\%$
Umlaufintensität (Quote des Umlaufvermögens) =	$\frac{1.051.125,00 \cdot 100}{2.049.600,00} = 51,28\,\%$	$\frac{1.560.000,00 \cdot 100}{2.402.225,00} = 64,94\,\%$
Vorratsquote =	$\frac{333.700,00 \cdot 100}{2.049.600,00} = 16,28\,\%$	$\frac{480.000,00 \cdot 100}{2.402.225,00} = 19,98\,\%$
Forderungsquote =	$\frac{541.520,00 \cdot 100}{2.049.600,00} = 26,42\,\%$	$\frac{720.000,00 \cdot 100}{2.402.225,00} = 29,97\,\%$

Beurteilung:

- Die Anlagenintensität (Berichtsjahr 35,06 %) ist zugunsten der Umlaufintensität (Berichtsjahr 64,94 %) zurückgegangen. Beide Kennzahlen addiert ergeben immer 100 %. Die positive Entwicklung basiert auf den Wertminderungen der vorhandenen Anlagegüter durch Abschreibungen bei einem gleichzeitigen Anstieg des Umlaufvermögens. Investitionen für die Betriebserweiterung (neue, produktivere Sachanlagen) werden erst in der Zukunft erfolgen. Der Absatz und damit die **Umsatzerlöse** sind auch ohne diese Neuinvestitionen vorab schon erheblich gesteigert worden.

Umsatzerlöse
der FBW GmbH
lt. GuV-Rechnung
Vorjahr: 5.800.000,00 €
Berichtsjahr: 6.893.555,85 €

- Die Erhöhung der Produktionsmengen und der Umsatzerlöse führte zwangsläufig zu einer Erhöhung der Vorratsquote (Materialvorräte und Erzeugnisse; Steigerung von 16,28 % auf 19,98 %) und
- der Forderungsquote (Verkäufe von Erzeugnissen auf Ziel; Steigerung von 26,42 % auf 29,97 %).
- Auch die flüssigen Mittel sind erheblich gestiegen (+ 104,66 %).

6.3.2 Kapitalstruktur

Eine schlechte Eigenkapitalausstattung ist nach wie vor der Hauptgrund dafür, dass in Deutschland zahlreiche Unternehmen in Insolvenz geraten.

Kriterien zur Beurteilung der Finanzierung:
- Unabhängigkeit
- Kreditwürdigkeit
- Krisenfestigkeit

Eine möglichst hohe Eigenkapitalquote ist ein Zeichen der Unabhängigkeit des Unternehmens von Fremdkapitalgebern und zeigt den Entscheidungsspielraum des Unternehmens auf.

Ein Verhältnis Fremdkapital zu Eigenkapital von 1 : 1 galt lange Zeit als optimal. Das erreicht aber heutzutage kaum noch ein Unternehmen. Auch deshalb wird ein Verhältnis von 2 : 1 (Fremdkapital zu Eigenkapital) positiv gesehen. Durchschnittlich hatten laut dem Monatsbericht der Deutschen Bundesbank vom Januar 2010 die deutschen Unternehmen im verarbeitenden Gewerbe (Industrie) im Betrachtungszeitraum ein Eigenkapital von ca. 28 %.

Verfügt ein Unternehmen über ein großes Eigenkapital und eine gute Ertragslage (Sicherheiten), so wird es ohne Mühe weiteres zinspflichtiges Fremdkapital aufnehmen können. Zinsen müssen unabhängig von der Ertragslage gezahlt werden. Das bedeutet, dass Fremdkapitalgeber auch in Krisenzeiten (schlechte Ertragslage) kaum auf die Zahlung von Zinsen und Tilgung verzichten werden.

Kennzahlen zur Kapitalstruktur[1]

$$\text{Eigenkapitalquote} = \frac{\text{Eigenkapital} \cdot 100}{\text{Gesamtkapital}} \qquad \text{Fremdkapitalquote} = \frac{\text{Fremdkapital} \cdot 100}{\text{Gesamtkapital}}$$

$$\text{Verschuldungsgrad} = \frac{\text{Fremdkapital} \cdot 100}{\text{Eigenkapital}} \qquad \text{Grad der Selbstfinanzierung} = \frac{\text{Gewinnrücklagen} \cdot 100}{\text{Gesamtkapital}}$$

Beispiel: Kapitalstruktur der FBW GmbH

	Vorjahr	Berichtsjahr
Eigenkapitalquote =	$\frac{700.000,00 \cdot 100}{2.049.600,00} = 34,15\,\%$	$\frac{850.000,00 \cdot 100}{2.402.225,00} = 35,38\,\%$
Fremdkapitalquote =	$\frac{1.349.600,00 \cdot 100}{2.049.600,00} = 65,85\,\%$	$\frac{1.552.225,00 \cdot 100}{2.402.225,00} = 64,62\,\%$
Verschuldungsgrad =	$\frac{1.349.600,00 \cdot 100}{700.000,00} = 192,80\,\%$	$\frac{1.552.225,00 \cdot 100}{850.000,00} = 182,61\,\%$
Grad der Selbstfinanzierung =	$\frac{300.000,00 \cdot 100}{2.049.600,00} = 14,64\,\%$	$\frac{400.000,00 \cdot 100}{2.402.225,00} = 16,65\,\%$

[1] Alle Kennzahlen werden in diesem Lernfeld so angegeben, wie sie in der Formelsammlung des Prüfungskatalogs für die IHK-Prüfungen „Industriekaufmann/Industriekauffrau" von der AKA (Aufgabenstelle für kaufmännische Abschluss- und Zwischenprüfungen, Nürnberg) veröffentlicht werden.

Beurteilung:
- Im Berichtsjahr gehörten ca. 35 % des Unternehmens den Eigentümern.
- Der Einfluss der Fremdkapitalgeber lag damit bei ca. 65 % (Fremdkapitalquote). Beide Kennzahlen addiert ergeben immer 100 %.
- Im Zeitvergleich zeigt sich, dass die **Eigenkapitalquote** von 34,15 % auf 35,38 % gesteigert werden konnte.
- Entsprechend ist der **Verschuldungsgrad** von 192,90 % auf 182,61 % gesunken. Die Entwicklung ist also positiv.

Eigenkapitalquote

Fremdkapitalquote

Verschuldungsgrad

Der Grad der **Selbstfinanzierung** sagt etwas darüber aus, inwieweit ein Unternehmen sich aus eigener Kraft selbstständig finanzieren kann. Dies geschieht vorzugsweise dadurch, dass Gewinne nicht ausgeschüttet werden, sondern zum Zweck der Investierung im Unternehmen rentabel verwendet werden.

Beispiel: Genau dies ist in den betrachteten Geschäftsjahren bei den FBW GmbH passiert: Die Jahresüberschüsse wurden vollständig den Gewinnrücklagen zugeführt und haben damit das Eigenkapital nachhaltig erhöht.

6.3.3 Anlagendeckung

Nur in den seltensten Fällen wird ein Unternehmen über so viel Eigenkapital verfügen, dass es damit das Anlagevermögen vollkommen finanzieren kann. Vermögensgegenstände, die für die Verwirklichung des Sachziels notwendig sind, müssen dem Betrieb immer zur Verfügung stehen. Vermögenspositionen, die für die Betriebsbereitschaft notwendig sind, müssen deshalb durch Eigenkapital und langfristiges Fremdkapital (Anlagendeckung) gedeckt werden.

Beispiel: Die Nutzungsdauer einer Maschine der FBW GmbH beträgt fünf Jahre. Sie wird mithilfe eines Darlehens mit einer Laufzeit von fünf Jahren finanziert.

Kennzahlen zur Anlagendeckung

$$\text{Deckungsgrad I} = \frac{\text{Eigenkapital} \cdot 100}{\text{Anlagevermögen}} \qquad \text{Deckungsgrad II} = \frac{(\text{Eigenkapital} + \text{langfristiges Fremdkapital}) \cdot 100}{\text{Anlagevermögen}}$$

Bei einer Gesamtbetrachtung gilt, dass die Kennzahl Deckungsgrad II größer als 1 bzw. 100 % sein muss. Denn die Betriebsbereitschaft muss ja auf jeden Fall garantiert sein. Außerdem sollten Kapitalbindungsfristen und Kapitalüberlassungsfristen übereinstimmen. Im anderen Fall müssten fällige Schulden evtl. durch den Verkauf einer betriebsnotwendigen Anlage getilgt werden.

Fristenkongruenz (goldene Bilanzregel)

Beispiel: Anlagendeckung der FBW GmbH

	Vorjahr	Berichtsjahr
Deckungsgrad I =	$\frac{700.000,00 \cdot 100}{998.475,00} = 70,11\,\%$	$\frac{850.000,00 \cdot 100}{842.225,00} = 100,92\,\%$
Deckungsgrad II =	$\frac{(700.000,00 + 639.000,00) \cdot 100}{998.475,00} = 134,10\,\%$	$\frac{(850.000,00 + 602.000,00) \cdot 100}{842.225,00} = 172,40\,\%$

Beurteilung:

- Das Eigenkapital der FBW GmbH reicht im Berichtsjahr zur Deckung des Anlagevermögens aus (Deckungsgrad I > 100 %).

Deckungsgrad I

- Aber auch eine Unterdeckung wie im Vorjahr ist nicht weiter tragisch, solange die Vermögensgegenstände des Anlagevermögens durch Eigenkapital und langfristiges Fremdkapital gedeckt werden. Das ist in beiden Jahren gegeben (Deckungsgrad II > 100 %).
  Kann das Unternehmen die Zins- und Tilgungsraten durch die Gewinne des Unternehmens pünktlich bedienen, ist die Betriebsbereitschaft – und damit die Verwirklichung der Sachziele – insofern gesichert, dass keine betriebsnotwendigen Anlagengegenstände veräußert werden müssen.

Deckungsgrad II

6.3.4 Liquidität

Ein Kaufmann muss jederzeit in der Lage sein, seine fälligen Verbindlichkeiten zu erfüllen. Liquiditätskennzahlen bieten Erkenntnisse zur Zahlungsfähigkeit des Unternehmens zu einem bestimmten Zeitpunkt.

Kennzahlen zur Liquidität

$$\text{Liquidität 1. Grades} = \frac{\text{flüssige Mittel} \cdot 100}{\text{kurzfristiges Fremdkapital}}$$

$$\text{Liquidität 2. Grades} = \frac{(\text{flüssige Mittel} + \text{Forderungen}) \cdot 100}{\text{kurzfristiges Fremdkapital}}$$

$$\text{Liquidität 3. Grades} = \frac{\text{Umlaufvermögen} \cdot 100}{\text{kurzfristiges Fremdkapital}}$$

Die **Liquidität 1. Grades** setzt die flüssigen Mittel des Unternehmens ins Verhältnis zu den **kurzfristigen Verbindlichkeiten**. Zu den kurzfristigen Verbindlichkeiten gehören u. a. kurzfristige Rückstellungen (z. B. Steuerrückstellungen), Verbindlichkeiten a. L. L., Wechselschulden, soziale Abgaben (Arbeitgeber- und Arbeitnehmeranteil) für die Krankenkassen und einbehaltene Steuern für das Finanzamt, Anzahlungen von Kunden und ggf. passive Rechnungsabgrenzungsposten.

Rechnungsabgrenzung
Jahresabgrenzung, vgl. **Kap. 2.3** und **2.4**

Die **Liquidität 2. Grades** stellt den kurzfristigen Verbindlichkeiten neben den liquiden Mitteln auch die kurzfristigen Forderungen gegenüber. Zu den **kurzfristigen Forderungen** zählen neben den Forderungen a. L. L. z. B. auch Besitzwechsel, Anzahlungen an Lieferer, Vorsteuerüberhang, Vorschüsse an Mitarbeiter und ggf. aktive Rechnungsabgrenzungsposten.

Diese Liquiditätskennzahl berücksichtigt die größtenteils übereinstimmenden Zahlungsfälligkeiten sowohl bei den kurzfristigen Verbindlichkeiten als auch bei den kurzfristigen Forderungen. Da die Restlaufzeiten, d. h. die Ein- und Auszahlungszeitpunkte, dieser beiden Positionen oft ähnlich sind, ist die Aussagefähigkeit der Liquidität 2. Grades wesentlich größer als die der Liquidität 1. Grades, die nur die flüssigen Mittel zur Abdeckung der dringenden Verbindlichkeiten berücksichtigt. Eine Liquidität II > 100 % wird als ausreichend angesehen.

Die **Liquidität 3. Grades** berücksichtigt im Zähler das gesamte Umlaufvermögen. Kreditinstitute verlangen in der Regel, dass das Umlaufvermögen (= working capital) die kurzfristigen Schulden möglichst weit überdeckt.

Kann ein Unternehmen seinen fälligen Zahlungsverpflichtungen nicht nachkommen (Zahlungsunfähigkeit = Illiquidität) und sind die Finanzierungsmöglichkeiten erschöpft, ist die Insolvenz unvermeidlich.

Beispiel: Liquidität der Fly Bike Werke GmbH

	Vorjahr	Berichtsjahr
Liquidität 1. Grades =	$\frac{175.905,00 \cdot 100}{710.600,00} = 24,75\,\%$	$\frac{360.000,00 \cdot 100}{950.225,00} = 37,89\,\%$
Liquidität 2. Grades =	$\frac{(175.905,00 + 541.520,00) \cdot 100}{710.600,00} = 100,96\,\%$	$\frac{(360.000,00 + 720.000,00) \cdot 100}{950.225,00} = 113,66\,\%$
Liquidität 3. Grades =	$\frac{1.051.125,00 \cdot 100}{710.600,00} = 147,92\,\%$	$\frac{1.560.000,00 \cdot 100}{950.225,00} = 164,17\,\%$

Beurteilung: Die Liquiditätskennzahlen der Fly Bike Werke GmbH sind als gut zu beurteilen. Eine Liquidität II in Höhe von über 100 % wird erreicht. Die Fly Bike Werke GmbH kann also ihren kurzfristigen Zahlungsverpflichtungen nachkommen. Die Bilanz bietet aber nur eine Zeitpunktbetrachtung; die Liquidität kann sich in kürzester Zeit innerhalb des folgenden Geschäftsjahres wesentlich ändern.

6.4 Aufbereitung der Gewinn- und Verlustrechnung

Wie die Bilanz wird auch die GuV-Rechnung vor der Analyse aufbereitet:

Gewinn- und Verlustrechnung der Fly Bike Werke GmbH		
Gesamtkostenverfahren, Beträge in €	**Vorjahr**	**Berichtsjahr**
1. Umsatzerlöse	5.800.000,00	6.893.555,85
2. Erhöhung oder Verminderung an Erzeugnissen	18.000,00	105.500,00
3. aktivierte Eigenleistungen	3.000,00	3.600,00
4. sonstige betriebliche Erträge	–	4.000,00
5. Materialaufwand	3.271.300,00	3.565.000,00
Rohergebnis	**2.549.700,00**	**3.441.655,85**
6. Personalaufwand	1.845.990,00	2.250.000,00
7. Abschreibungen	170.000,00	210.000,00
8. sonstige betriebliche Aufwendungen	324.000,00	344.000,00
Betriebsergebnis	**209.710,00**	**637.655,85**
9. Erträge aus Beteiligungen	–	–
10. Erträge aus anderen WP/Finanzanlagen	–	–
11. sonstige Zinsen	–	–
12. Abschreibungen auf WP des UV/Finanzanlagen	–	355.412,35
13. Zinsaufwendungen	60.480,00	47.628,00
9. bis 13. Finanzergebnis	**– 60.480,00**	**– 403.040,35**
14. Steuern vom Einkommen und vom Ertrag	47.230,00	82.115,50
15. Ergebnis nach Steuern	102.000,00	152.500,00
16. Sonstige Steuern	2.000,00	2.500,00
17. **Jahresüberschuss/Jahresfehlbetrag**	**100.000,00**	**150.000,00**

WP = Wertpapiere, UV = Umlaufvermögen

Betrachtet man ausschließlich die betrieblichen Erträge und Aufwendungen der FBW GmbH, so sehen die Werte wie folgt aus:

Beispiel: Betriebliche Ertrags- und Aufwandsarten der FBW GmbH[1]

Ertragsarten	Vorjahr		Berichtsjahr		Veränderung	
	€	%	€	%	€	%
Absatzleistung	5.800.000,00	99,64	6.893.555,85	98,39	1.093.555,85	18,85
Lagerleistung	18.000,00	0,31	105.500,00	1,51	87.500,00	486,11
Eigenleistung	3.000,00	0,05	3.600,00	0,05	600,00	20,00
sonstige betriebliche Erträge	0,00	0,00	4.000,00	0,06	4.000,00	
gesamte betriebliche Erträge	**5.821.000,00**	**100,00**	**7.006.655,85**	**100,00**	**1.185.655,85**	**20,37**

Aufwandsarten	Vorjahr		Berichtsjahr		Veränderung	
	€	%	€	%	€	%
Materialeinsatz	3.271.300,00	58,30	3.565.000,00	55,97	293.700,00	8,98
Personalaufwand	1.845.990,00	32,90	2.250.000,00	35,33	404.010,00	21,89
Abschreibungen	170.000,00	3,03	210.000,00	3,30	40.000,00	23,53
sonstige betriebliche Aufwendungen	324.000,00	5,77	344.000,00	5,40	20.000,00	6,17
gesamte betriebliche Aufwendungen	**5.611.290,00**	**100,00**	**6.369.000,00**	**100,00**	**757.710,00**	**13,50**

[1] Prozentsätze kaufmännisch gerundet

Beurteilung:
- Bei den Erträgen spielen für die FBW GmbH nur die **Umsatzerlöse** eine entscheidende Rolle. Alle anderen Ertragsbestandteile sind nahezu unbedeutend für den Erfolg. Eine Steigerung der Umsatzerlöse (Absatzleistung) um 18,85 % kann als sehr gut bewertet werden.
- Gewinnfördernd ist auf jeden Fall der geringe Anstieg der **Materialkosten** (nur + 8,98 %), die den Hauptkostenblock mit weit über 50 % der gesamten betrieblichen Aufwendungen bilden.
- Die Steigerungen bei den **Personalaufwendungen** (Lohnerhöhungen, Zahlungen für Überstunden oder für zusätzliche Aushilfskräfte) und
- bei den **Abschreibungen** (höherer Verschleiß und Einsatz neuer Anlagegüter, bedingt durch eine größere Produktion) konnten durch die Umsatzerhöhungen leicht aufgefangen werden.

Der **Jahresüberschuss** der FBW GmbH ist von 100.000,00 € (Vorjahr) auf 150.000,00 € (Berichtsjahr) gestiegen. In allen folgenden Kennzahlen wird der jeweilige Jahresüberschuss als Gewinn angesetzt. Gewinnbereinigungen erfolgen bei der FBW GmbH nicht.

Gewinnbereinigungen: Bei Kapitalgesellschaften können außerordentliche Beiträge aus dem Gewinn herausgerechnet werden. Bei Einzelunternehmen und Personengesellschaften kann z. B. der kalkulatorische Unternehmerlohn vom Gewinn abgezogen werden.

6.4.1 Eigenkapitalrentabilität

Die absolute Höhe des Gewinns sagt noch nichts darüber aus, ob die betriebliche Verwendung des eingesetzten Kapitals wirtschaftlich (rentabel) erfolgte. Die Eigenkapitalrentabilität dient zur Beurteilung des Gewinns im Verhältnis zum eingesetzten Eigenkapital.

Kennzahl Eigenkapitalrentabilität

$$\text{Eigenkapitalrentabilität (Unternehmerrentabilität)} = \frac{\text{Gewinn} * 100}{\text{Eigenkapital}}$$

Bei der FBW GmbH wird als Gewinn der Jahresüberschuss angesetzt. Für das Eigenkapital wird ein Durchschnittswert des betrachteten Jahres ermittelt.

$$\text{durchschnittliches Eigenkapital} = \frac{\text{Anfangsbestand} + \text{Endbestand}}{2}$$

	Vorjahr	Berichtsjahr
durchschnittliches Eigenkapital =	$\frac{(600.000{,}00 + 700.000{,}00) \cdot 100}{2}$ = 650.000,00 €	$\frac{(700.000{,}00 + 850.000{,}00) \cdot 100}{2}$ = 775.000,00 €

Beispiel: Eigenkapitalrentabilität der Fly Bike Werke GmbH

Vorjahr	Berichtsjahr
$\frac{100.000{,}00 \cdot 100}{650.000{,}00}$ = 15,38 %	$\frac{150.000{,}00 \cdot 100}{775.000{,}00}$ = 19,35 %

Beurteilung: Eine Eigenkapitalrentabilität von fast 20 %, die im Berichtsjahr erreicht wurde, kann als überdurchschnittlich gut angesehen werden. Für die Gesellschafter muss sich das Risiko lohnen, in das Unternehmen zu investieren. Die Verzinsung des Eigenkapitals muss deshalb über dem Zinssatz liegen, der auf dem Kapitalmarkt für eine sichere, langfristige Geldanlage (z. B. in Bundesschatzbriefen) erzielt werden kann. Beträgt der Kapitalmarktzinssatz z. B. 5 % und die Eigenkapitalrentabilität der Fly Bike Werke GmbH im Berichtsjahr 19,35 %, dann wird das unternehmerische Risiko der Gesellschafter mit 14,35 % (19,35 % – 5 %) „belohnt“.

6.4.2 Gesamtkapitalrentabilität (Leverage-Effekt)

Die Gesamtkapitalrentabilität bzw. Unternehmensrentabilität berücksichtigt sowohl die **Verzinsung des Eigen- als auch des Fremdkapitals** (also des Gesamtkapitals). Neben dem Gewinn als Verzinsung des Eigenkapitals müssen auch die gezahlten Zinsaufwendungen für das Fremdkapital in die Formel einfließen.

! **Kennzahl Gesamtkapitalrentabilität**

$$\text{Gesamtkapitalrentabilität (Unternehmungsrentabilität)} = \frac{(\text{Gewinn} + \text{Fremdkapitalzinsen}) \cdot 100}{\text{Gesamtkapital}}$$

Bei der FBW GmbH wird für das Gesamtkapital ein Durchschnittswert des betrachteten Jahres ermittelt.

$$\text{Durchschnittliches Gesamtkapital} = \frac{\text{Anfangsbestand} + \text{Endbestand}}{2}$$

Der Anfangsbestand für das Gesamtkapital ist jeweils der Endbestand des Vorjahres.

	Vorjahr	Berichtsjahr
durchschnittliches Gesamtkapital =	$\frac{1.949.939{,}20 + 2.049.600{,}00}{2}$ = 1.999.769,60 €	$\frac{2.402.255{,}00 + 2.049.600{,}00}{2}$ = 2.225.912,50 €

Beispiel: Gesamtkapitalrentabilität der FBW GmbH

Vorjahr	Berichtsjahr
$\frac{100.000,00 + 60.480,00}{1.999.769,60} = 8{,}02\,\%$	$\frac{150.000,00 + 47.628,00}{2.225.912,50} = 8{,}88\,\%$

Beurteilung: Liegt die Gesamtkapitalrentabilität noch über dem Kapitalmarktzins, dürfte auch die Kreditwürdigkeit der FBW GmbH positiv beurteilt werden. Beträgt der Marktzins z. B. 6 %, kann das Unternehmen durch eine Erhöhung der Kreditaufnahme seine Eigenkapitalrentabilität weiter steigern (Leverage-Effekt).

Beispiel zum Leverage-Effekt

	Fall 1	Fall 2
Eigenkapital Fremdkapital **Gesamtkapital**	1.000.000,00 € 1.000.000,00 € **2.000.000,00 €**	500.000,00 € 1.500.000,00 € **2.000.000,00 €**
Gewinn FK-Zinsen **Gewinn + FK-Zinsen**	300.000,00 € 100.000,00 € **400.000,00 €**	250.000,00 € 150.000,00 € **400.000,00 €**
FK-Zinssatz $= \frac{\text{FK-Zinsen} \cdot 100}{\text{Fremdkapital}}$	$\frac{100.000 \cdot 100}{1.000.000} = 10\,\%$	$\frac{150.000 \cdot 100}{1.500.000} = 10\,\%$
EK-Rentabilität $= \frac{\text{Gewinn} \cdot 100}{\text{Eigenkapital}}$	$\frac{300.000 \cdot 100}{1.000.000} = 30\,\%$	$\frac{250.000 \cdot 100}{500.000} = 50\,\%$
GK-Rentabilität $= \frac{(\text{Gewinn + FK-Zinsen}) \cdot 100}{\text{Gesamtkapital}}$	$\frac{400.000 \cdot 100}{2.000.000} = 20\,\%$	$\frac{400.000 \cdot 100}{2.000.000} = 20\,\%$

Erläuterungen zum Beispiel: Das Unternehmen erwirtschaftet in beiden Fällen mit einem Gesamtkapital von 2.000.000,00 € insgesamt 400.000,00 €, die in Gewinn und Fremdkapitalzinsen aufgeteilt werden müssen. Der Fremdkapitalzinssatz beträgt in beiden Fällen 10 %. Der Ersatz von Eigen- durch Fremdkapital in Höhe von 500.000,00 € steigert die Rentabilität des jetzt niedrigeren Eigenkapitals von 30 % (Fall 1) auf 50 % (Fall 2).

Natürlich steigt aber damit das **Unternehmerrisiko** und der Eigenkapitalersatz bringt auch einen **Verlust an Unabhängigkeit**. Zusätzlich muss überlegt werden, ob es für das eingesparte Eigenkapital sinnvolle Alternativanlagen gibt.

6.4.3 Umsatzrentabilität

Die Umsatzrentabilität drückt den relativen Gewinnanteil in den Umsätzen aus. Je kleiner der Prozentsatz ist, desto größer müssen die Umsätze sein, um eine befriedigende Verzinsung des Eigenkapitals zu erreichen.

Kennzahl Umsatzrentabilität

$$\text{Umsatzrentabilität} = \frac{\text{Gewinn} \cdot 100}{\text{Umsatzerlöse}}$$

Beispiel: Umsatzrentabilität der FBW GmbH

	Vorjahr	Berichtsjahr
Umsatzrentabilität	$\frac{100.000,00 \cdot 100}{5.800.000,00} = 1,72\,\%$	$\frac{150.000,00 \cdot 100}{6.893.555,85} = 2,18\,\%$

Beurteilung: Nur ein Zeitvergleich oder ein Branchenvergleich kann Auskunft darüber geben, ob der ermittelte Prozentsatz als ausreichend betrachtet werden kann. Eine geringe Umsatzrentabilität birgt die Gefahr, dass schon geringe Kostensteigerungen (bzw. geringe Umsatzeinbußen) genügen, um in die Verlustzone zu geraten. Die Umsatzrentabilität von um die 2 % ist im Branchenvergleich eher gering, eine große Absatzmenge muss hier die niedrigen Gewinne je verkaufter Einheit ausgleichen. Das Unternehmen muss sich also bemühen, durch Vermehrung der Umsätze (Preiserhöhung, Absatzerweiterung) oder Verminderung der Kosten das Verhältnis Gewinn zu Umsätzen zu verbessern.

6.4.4 Kennzahlen zu Umschlagshäufigkeiten

Wie in der Lagerwirtschaft (Lagerkennzahlen) können auch Umschlagshäufigkeiten auf Basis von Jahresabschlusswerten gebildet werden. Dabei werden hier nur die Kapital- und die Forderungsumschlagshäufigkeit exemplarisch für alle Kapital- und Vermögenswerte dargestellt. Das System dieser Kennzahlenart ist immer gleich.

Lagerkennzahlen, vgl. **LF 6, Kap. 5.3**

Kapitalumschlagshäufigkeiten

Die Kapitalumschlagshäufigkeiten gehören zu den wichtigsten Kennzahlen dieser Gattung. Die Kapitalumschlagshäufigkeit des Eigen- oder des Gesamtkapitals gibt an, wie häufig (Anzahl) das jeweilige Kapital über die Umsatzerlöse zurück ins Unternehmen fließen. Je schneller (häufiger) das Kapital zurückfließt, desto weniger Kapital muss insgesamt eingesetzt werden.

Nebeneffekt: Hohe Kapitalumschlagshäufigkeiten führen durch niedrigeren Kapitaleinsatz zu höheren Renditen (Eigenkapital- bzw. Gesamtkapitalrentabilität) und verbessern auch die Liquidität.

Kennzahlen zum Kapitalumschlag

$$\text{Umschlagshäufigkeit des Eigenkapitals} = \frac{\text{Umsatzerlöse}}{\text{Eigenkapital}}$$

$$\text{Umschlagshäufigkeit des Gesamtkapitals} = \frac{\text{Umsatzerlöse}}{\text{Gesamtkapital}}$$

$$\text{durchschnittliche Kapitalumschlagdauer} = \frac{360}{\text{Kapitalumschlagshäufigkeit}}$$

Beispiel: Kapitalumschlagshäufigkeit der FBW GmbH

	Vorjahr	Berichtsjahr
Umschlagshäufigkeit des Eigenkapitals	$\frac{5.800.000,00}{650.000,00}$ = 8,92-mal	$\frac{6.893.555,85}{775.000,00}$ = 8,89-mal
Umschlagshäufigkeit des Gesamtkapitals	$\frac{5.800.000,00}{1.999,769,60}$ = 2,90-mal	$\frac{6.893.555,85}{2.225.912,50}$ = 3,09-mal
Durchschnittliche Kapitalumschlagsdauer (hier: EK)	$\frac{360}{8,92}$ = 40,36 Tage	$\frac{360}{8,89}$ = 40,49 Tage

Beurteilung: Das Eigenkapital fließt in beiden Jahren fast 9 mal über die Umsatzerlöse zurück ins Unternehmen, beim Gesamtkapital ist der Wert natürlich geringer (ca. 3 mal). Dabei sind beide Werte im Berichtsjahr leicht gestiegen und haben sich damit verbessert. Das zeigt entsprechend auch der Wert der durchschnittlichen Kapitalumschlagsdauer des Eigenkapitals. Es dauert ca. 40 Tage, bis über die Umsatzerlöse ein Betrag in Höhe des Eigenkapitals zurückgeflossen ist.

Forderungsumschlagshäufigkeit

Die Forderungsumschlagshäufigkeit ist ein Maßstab für die Kapitalbindung in unbezahlten Ausgangsrechnungen. Je schneller die Forderungen, die ja durch Umsatzerlöse entstanden sind (Zielverkäufe), in das Unternehmen zurückfließen, desto besser ist dessen Liquidität.

Kennzahlen zum Forderungsumschlag

$$\text{Umschlagshäufigkeit der Forderungen} = \frac{\text{Umsatzerlöse}}{\text{Forderungsbestand}}$$

$$\text{Durchschnittliche Kreditdauer} = \frac{360}{\text{Umschlagshäufigkeit der Forderungen}}$$

Beispiel: Forderungsumschlagshäufigkeit der FBW GmbH

	Vorjahr	Berichtsjahr
Umschlagshäufigkeit der Forderungen	$\frac{5.800.000,00}{541.520,00}$ = 10,71-mal	$\frac{6.893.555,85}{720.000,00}$ = 9,57-mal
Durchschnittliche Kreditdauer	$\frac{360}{10,71}$ = 33,61 Tage	$\frac{360}{9,57}$ = 37,61 Tage

Beurteilung: In diesem Fall haben sich die Kennziffern für die FBW GmbH verschlechtert. Es dauert im Berichtsjahr durchschnittlich 37,61 Tage, bis die Kunden ihre Rechnungen bezahlen (Vorjahr 33,61 Tage). Die durchschnittliche Kundenkreditfrist ist also gestiegen. Ursache sind die gestiegenen Absatzmengen, die wohl nur über längere Zahlungsziele für die Kunden zu erreichen waren. Die FBW GmbH sollte ihr Forderungsmanagement überprüfen. Kürzere Zahlungsziele, z. B. durch höhere Skontosätze oder kürzere Skontofristen, könnten die Liquidität weiter verbessern. Auch ein erfolgreicheres Mahnwesen führt zu schnelleren Zahlungseingängen.

6.4.5 Cashflow

Cashflow
= Selbstfinanzierungskraft

Der Cashflow hat als Kennzahl bei Jahresabschlussanalysen stark an Bedeutung gewonnen. Kaum eine Veröffentlichung von Jahresabschlüssen erfolgt ohne den Cashflow. Problematisch ist dabei, dass es offensichtlich noch nicht gelungen ist, eine einheitliche Definition und Inhaltsbestimmung zu finden.

Der Cashflow ist eine finanzwirtschaftliche Kennzahl, die über die finanziellen Regenerierungsmöglichkeiten des Unternehmens in einer Periode, über finanzielle Abhängigkeiten und über die Fähigkeit zur Schuldentilgung informiert.

! **Grundformel für den Cashflow**

    Jahresüberschuss
\+ Abschreibungen auf Anlagen
+/– Veränderung der langfristigen Rückstellungen

Diese Grundformel geht davon aus, dass der Gewinn und die realisierten Abschreibungen auf Anlagen unter Berücksichtigung langfristiger Rückstellungen dem Unternehmen über Erträge zugeflossen sind und als Mittelüberschuss zur Verfügung stehen. Dieser kann entweder zur Schuldentilgung, für Investitionen oder für Ausschüttungen an die Gesellschafter genutzt werden. Der Cashflow gibt also Auskunft über die innere Finanzkraft, die ein Unternehmen wirklich stark macht.

Innerhalb der Rückstellungen haben die Zuführungen zu den Pensionsrückstellungen beim Cashflow eine bedeutende Rolle, da sie dem Unternehmen bis zu ihrer Auflösung in der Regel langfristig zur Verfügung stehen und zwischenzeitlich zur Finanzierung von Ausgaben herangezogen werden können.

! **Cashflow-Kennzahl**

$$\text{Cashflow-Umsatzverdienstrate} = \frac{\text{Cashflow} \cdot 100}{\text{Umsatzerlöse}}$$

Setzt man den Cashflow ins Verhältnis zu den Umsatzerlösen, so zeigt die sogenannte Cashflow-Umsatzverdienstrate, wie viel der Umsatzerlöse an selbst erwirtschafteten Finanzierungsmitteln zur Verfügung stehen.

Beispiel: Cashflow der FBW GmbH

	Vorjahr	Berichtsjahr
Jahresüberschuss	100.000,00 €	150.000,00 €
+ Abschreibungen auf Anlagen	+ 170.000,00 €	+ 210.000,00 €
+ Veränderung der langfristigen Rückstellungen	+ 0,00 €	+ 0,00 €
= Cashflow	= 270.000,00 €	= 360.000,00 €
Cashflow-Umsatzverdienstrate	$\frac{270.000,00 \cdot 100}{5.800.000,00}$ = 4,66 %	$\frac{360.000,00 \cdot 100}{6.893.555,85}$ = 5,22 %

Beurteilung: Da die Jahresüberschüsse der betrachteten Geschäftsjahre vollständig in die Gewinnrücklagen eingestellt wurden, stehen der FBW GmbH erhebliche Mittel für Investitionen zur Verfügung.

6.4.6 Return on Investment (ROI)

Umsatzrentabilität, vgl. **Kap. 6.4.3**

Die Kennzahl ROI ist das Produkt aus Umsatzrentabilität und Umschlagshäufigkeit des Eigenkapitals.

Kapitalumschlagshäufigkeit, vgl. **Kap. 6.4.4**

Kennzahl ROI

$$\text{ROI} = \frac{\text{Gewinn} \cdot 100}{\text{Umsatzerlöse}} \cdot \frac{\text{Umsatzerlöse}}{\text{Eigenkapital}}$$

$$\text{Umsatzrentabilität} \cdot \text{Umschlagshäufigkeit des Eigenkapitals}$$

Beispiel: Return on Investment der FBW GmbH im Berichtsjahr

$$= \frac{150.000{,}00 \cdot 100}{6.893.555{,}85} \cdot \frac{6.893.555{,}85}{775.000{,}00}$$

$$= 2{,}1759\,\% \cdot 8{,}8949$$

$$= 19{,}35\,\%$$

Das Ergebnis entspricht der Eigenkapitalrentabilität, denn der Umsatz kann weggekürzt werden. Die ROI-Formel zeigt aber, dass die Eigenkapitalrentabilität

- sowohl durch eine Steigerung der Umsatzrentabilität
- als auch durch eine Erhöhung der Eigenkapitalumschlagshäufigkeit gesteigert werden kann.

Die Erweiterung der Eigenkapitalrentabilitätskennzahl um die Berechnung des ROI dient somit zur Verbesserung der Analyse als Basis für konkretere Maßnahmen zur Steigerung der Eigenkapitalrentabilität. Umsatzsteigerungen und/oder Kostensenkungen führen zu Gewinnsteigerungen. Auch der Ersatz von Eigen- durch Fremdkapital (Leverage-Effekt) kann – unter sonst gleichen Bedingungen – die Eigenkapitalrentabilität erhöhen.

Leverage-Effekt, vgl. **Kap. 6.4.2**

Ansätze zur Steigerung der Eigenkapitalrentabilität	
... über Umsatzrentabilität	... über Kapitalumschlag
– Erhöhung des Umsatzes (Preis · Absatz) – Kostensenkung – Ziel: Gewinnsteigerung	– Verringerung des betriebsnotwendigen Kapitals – Erhöhung des Kapitalumschlags – Ziel: geringeres Risiko bei erhöhter Wirtschaftlichkeit

ÜBERSICHT: Kennzahlen der Bilanz- und Erfolgsanalyse (Beispiele)[1]

Jahresabschlussanalyse

- Jahresabschlussanalyse
  - Beurteilung der Vermögens- und Finanzlage
    - Bilanzanalyse
  - Beurteilung der Ertragslage
    - Erfolgsanalyse

Bilanzanalyse

Bilanzanalyse

- Vermögensstruktur
  - $\text{Anlagenintensität} = \frac{\text{Anlagevermögen} \cdot 100}{\text{Gesamtvermögen}}$
  - $\text{Umlaufintensität} = \frac{\text{Umlaufvermögen} \cdot 100}{\text{Gesamtvermögen}}$
  - $\text{Vorratsquote} = \frac{\text{Vorräte} \cdot 100}{\text{Gesamtvermögen}}$
  - $\text{Forderungsquote} = \frac{\text{Forderungen} \cdot 100}{\text{Gesamtvermögen}}$
- Kapitalstruktur
  - $\text{Eigenkapitalquote} = \frac{\text{Eigenkapital} \cdot 100}{\text{Gesamtkapital}}$
  - $\text{Fremdkapitalquote} = \frac{\text{Fremdkapital} \cdot 100}{\text{Gesamtkapital}}$
  - $\text{Selbstfinanzierungsgrad} = \frac{\text{Gewinnrücklagen} \cdot 100}{\text{Gesamtkapital}}$
  - $\text{Verschuldungsgrad} = \frac{\text{Fremdkapital} \cdot 100}{\text{Eigenkapital}}$
- Anlagendeckung
  - $\text{Deckungsgrad I} = \frac{\text{Eigenkapital} \cdot 100}{\text{Anlagevermögen}}$
  - $\text{Deckungsgrad II} = \frac{\left(\text{Eigenkapital} + \text{langfrist. Fremdkap.}\right) \cdot 100}{\text{Anlagevermögen}}$
- Liquidität (Zahlungsfähigkeit)
  - $\text{Liquidität 1. Grades} = \frac{\text{flüssige Mittel} \cdot 100}{\text{kurzfristiges Fremdkapital}}$
  - $\text{Liquidität 2. Grades} = \frac{\left(\text{flüssige Mittel} + \text{kurzfrist. Ford.}\right) \cdot 100}{\text{kurzfristiges Fremdkapital}}$
  - $\text{Liquidität 3. Grades} = \frac{\text{Umlaufvermögen} \cdot 100}{\text{kurzfristiges Fremdkapital}}$

Erfolgsanalyse

Erfolgsanalyse (GuV)

- $\text{Eigenkapitalrentabilität} = \frac{\text{Gewinn} \cdot 100}{\text{Eigenkapital}}$
- $\text{Gesamtkapitalrentabilität} = \frac{(\text{Gewinn} + \text{Fremdkapitalzinsen}) \cdot 100}{\text{Gesamtkapital}}$
- $\text{Umsatzrentabilität} = \frac{\text{Gewinn} \cdot 100}{\text{Umsatzerlöse}}$

[1] alle Kennzahlen in der Schreibweise wie im Prüfungskatalog der AKA, Nürnberg

AB → Lernsituation 80

6.5 Statistische Auswertungen

Unternehmensergebnisse werden intern (z. B. der Geschäftsleitung) und extern (z. B. den Gesellschaftern oder Aktionären) auf Papier und auch personell, z. B. bei der jährlichen Gesellschafter- oder Hauptversammlung, präsentiert.

Je nach Empfänger der Informationen werden nicht nur die Zahlen und Ergebnisse des Jahresabschlusses, sondern auch interne Zahlen der Kosten- und Leistungsrechnung oder Planungsrechnungen aller Art präsentiert. Dabei sollten lange Zahlenreihen möglichst vermieden werden. Aussagefähiger sind z. B. Diagramme. Basis zur Erstellung dieser Diagramme sind Verhältniszahlen, Indexzahlen oder Auswertungszahlen aus Tabellen.

Verhältniszahlen

Schwerpunkt statistischer Auswertungen sind Verhältniszahlen. Mehrere Zahlenwerte werden hier miteinander in Beziehung gesetzt. Zumeist wird ein prozentuales Verhältnis angegeben.

	Gliederungszahlen	Messzahlen	Beziehungszahlen
Erläuterung	Anteil eines Einzelwertes an einem Gesamtwert in %	Verhältnis von zwei Werten im Vergleich in %	Verhältnis unterschiedlicher Zahlen zueinander
Beispiel	**Eigenkapitalquote** der FBW GmbH im Berichtsjahr 20XX Berechnung: $\frac{\text{Eigenkapital} \cdot 100}{\text{Gesamtkapital}}$ $\frac{850.000{,}00 \cdot 100}{2.402.225{,}00} = 35{,}38\,\%$	**Jahresumsätze** der FBW GmbH im Berichtsjahr 20XX im Vergleich zum Vorjahr Berechnung: $\frac{\text{Jahresumsatz 20XX} \cdot 100}{\text{Jahresumsatz Vorjahr}}$ $\frac{6.893.555{,}85 \cdot 100}{5.800.000{,}00} = 118{,}85\,\%$	**Umsatz der FBW GmbH** je Mitarbeiter im Jahr 20XX Berechnung: $\frac{\text{Jahresumsatz}}{\text{Anzahl der Mitarbeiter}}$ $\frac{6.893.555{,}85}{38} = 181.409{,}36\ €$
Aussage	Der Eigenkapitalanteil am Gesamtkapital 20XX beträgt 35,38 %.	Der Jahresumsatz von 20XX beträgt 118,85 % des Vorjahres.	Im Jahr 20XX hat die FBW GmbH 181.409,36 € je Mitarbeiter umgesetzt.

Nachdem die notwendigen statistischen Werte ermittelt und ausgewertet wurden, können diese zu Kennziffern verdichtet werden. Die Kennziffern – hier zum Beispiel die Eigenkapitalquote der FBW GmbH 20XX – lassen sich dann wiederum grafisch aufbereiten und z. B. in einem Kreisdiagramm visualisieren.

Eigen- und Fremdkapitalquote, vgl. Kap. 6.3.2

Eigen- und Fremdkapitalquote der FBW GmbH 20XX

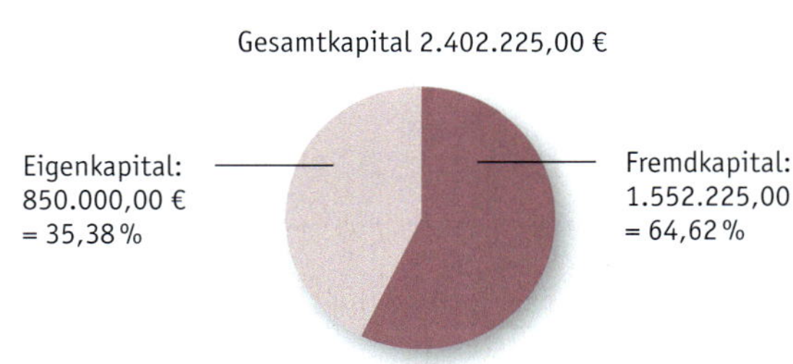

Indexzahlen

Ausgangsbasis ist ein Wert, der als 100 % festgesetzt wird (Basiszahl). Die Folgewerte werden in % dieser Basiszahl angegeben.

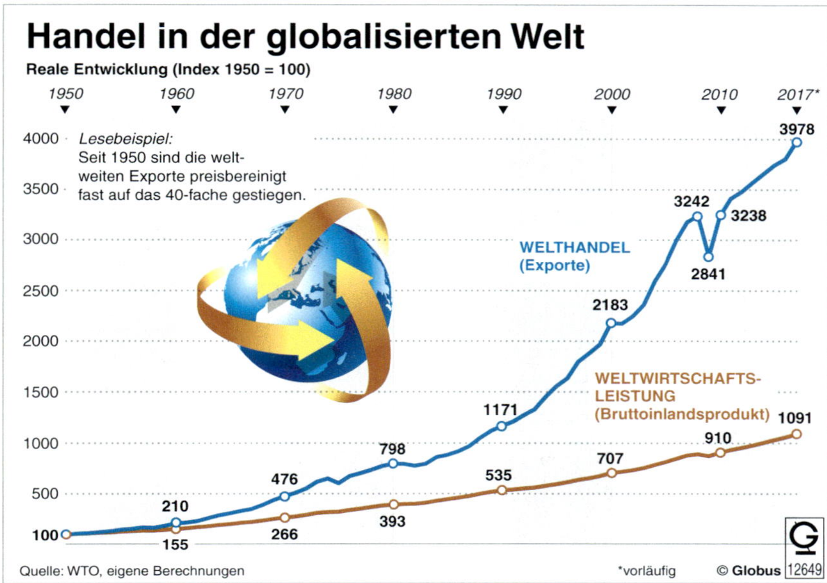

In obiger Grafik werden die Weltwirtschaftsleistung und der Welthandel (Exportvolumen) für das Jahr 1950 mit jeweils 100 % angegeben. Die Steigerung auf diese Basiswerte wird in % angegeben.

Das Exportvolumen entspricht im Jahr 2017 einer Indexzahl von 3 978 im Vergleich zum Basisjahr 1950. Im Vergleich zum Basisjahr 1950 ist er damit um 3 878 % gestiegen. Prozentuale Steigerungen lassen sich allerdings auch von jedem anderen angegebenen Jahr auf spätere Jahre ermitteln.

Steigerung des Exportvolumens zwischen 2010 und 2017

Im Jahr 2010 entspricht das Exportvolumen 3 238 Indexpunkten, im Jahr 2017 sind es 3 978 Indexpunkte. Die Steigerung zwischen 2010 und 2017 beträgt damit 740 Indexpunkte. Die Basiszahl (100 %) beträgt 3 238.

Berechnung:

$$\frac{740}{3\,238} = 0{,}2285 = 22{,}9\,\%$$

Von 2010 bis 2017 wuchs das Exportvolumen um 22,9 %, seit dem Jahr 2000 sogar um 82,2 %. Die Weltwirtschaftsleistung nahm im gleichen Zeitraum dagegen nur um 19,9 % bzw. um 54,3 % zu.

Indexzahlen spielen bei vielen ökonomischen Anwendungen der Statistik eine große Rolle. Eine der bekanntesten ist der Verbraucherpreisindex für die Lebenshaltung als Maß für die allgemeine Teuerung (Kaufkraft des Geldes).

Verbraucherpreisindex, vgl. **FK 3, LF 12, Kap. 4.1**

Tabellenauswertung

Werden Tabellen ausgewertet, sind zumeist Maximalwerte, Minimalwerte und Durchschnittswerte zu ermitteln.

Bestände/Einkäufe eines Fremdbauteils	Menge in Stück	Anschaffungskosten je Stück (€)	Anschaffungskosten gesamt (€)
Anfangsbestand am 01.01.20XX	520	20,16	10.483,20
Einkauf 02.02.20XX	1 900	21,10	40.090,00
Einkauf 16.05.20XX	1 750	20,70	36.225,00
Einkauf 01.08.20XX	2 000	21,10	42.200,00
Einkauf 30.11.20XX	1 500	21,80	32.700,00
Summe	7 670		161.698,20
höchste Anschaffungskosten	Maximalwert	21,80	
geringste Anschaffungskosten	Minimalwert	20,16	
durchschnittliche Anschaffungskosten (ungewichtet)	Mittelwert (Durchschnittswert)	20,97	
durchschnittliche Anschaffungskosten (gewichtet)	Gewogener Durchschnitt	21,08	

Die höchsten und die geringsten Anschaffungskosten je Stück (**Maximal- und Minimalwerte**) lassen sich direkt aus der Tabelle ersehen, da nur eine überschaubare Anzahl von Werten zur Verfügung steht. In großen Tabellen, die mit einem Tabellenkalkulationsprogramm erstellt wurden, helfen entsprechende Suchfunktionen.

Bei der Ermittlung der **ungewichteten Anschaffungskosten** werden die Anschaffungsmengen nicht berücksichtigt. Der ungewichtete oder einfache Durchschnittswert ergibt sich aus nachfolgender Berechnung:

$$\textbf{ungewichteter (einfacher) Durchschnittswert:} = \frac{\text{Summe aller betrachteten Werte (in €)}}{\text{Anzahl dieser Werte}}$$

Bei der Ermittlung der gewichteten Anschaffungskosten werden die unterschiedlichen Mengen zur Gewichtung berücksichtigt, d. h., die jeweiligen Anschaffungskosten werden mit der dazugehörigen Anschaffungsmenge multipliziert. Der gewichtete oder gewogene Durchschnittswert ergibt sich aus nachfolgender Berechnung:

$$\textbf{gewichteter (gewogener) Durchschnittswert:} = \frac{\text{Summe aller gewichteten Werte (in €)}}{\text{Summe der Mengen (in Stück)}}$$

Durchschnittliche Anschaffungskosten

$$\textbf{einfacher Durchschnitt:} \frac{20{,}16 + 21{,}10 + 20{,}70 + 21{,}10 + 21{,}80}{5} = 20{,}97\ €$$

$$\textbf{gewogener Durchschnitt:} \frac{161.698{,}20}{7670} = 21{,}08\ €$$

Aufgaben

Hinweis: Bitte runden Sie kaufmännisch ggf. alle Kennziffern auf zwei Nachkommastellen.

1 Beachten Sie die Strukturbilanz auf Seite 305 (Kap. 6.2) und geben Sie an, in welcher Position nachfolgende Konten eingeordnet sind:
a fertige Erzeugnisse
b Anzahlungen auf Sachanlagen
c Kapitalrücklagen
d Hypothekendarlehen (Restlaufzeit 8 Jahre)
e Bankguthaben
f Umsatzsteuer
g Vorsteuer
h Bilanzgewinn

2 Welche Kennzahlen gehören zur vertikalen (1) und horizontalen (2) Bilanzanalyse?
a Deckungsgrad I
b Liquidität 2. Grades
c Anlagenintensität
d Verschuldungsgrad

3 Ermitteln Sie mithilfe der nachfolgenden Strukturbilanz einer Kapitalgesellschaft alle Kennzahlen zur
a Vermögensstruktur,
b Kapitalstruktur,
c Anlagendeckung,
d Liquidität.

Aktiva		Strukturbilanz			Passiva
	Vorjahr	Berichtsjahr		Vorjahr	Berichtsjahr
Anlagevermögen	**400.000,00**	**450.000,00**	**Eigenkapital**	**250.000,00**	**350.000,00**
Umlaufvermögen	**600.000,00**	**750.000,00**	davon		
davon			– Gewinnrücklagen	50.000,00	100.000,00
– Vorräte	200.000,00	250.000,00	**Fremdkapital**	**750.000,00**	**850.000,00**
– Forderungen	300.000,00	350.000,00	davon		
– flüssige Mittel	100.000,00	150.000,00	– langfristig	550.000,00	600.000,00
			– kurzfristig	200.000,00	250.000,00
Gesamtvermögen	**1.000.000,00**	**1.200.000,00**	**Gesamtkapital**	**1.000.000,00**	**1.200.000,00**

4 Zwei Unternehmen erzielen nachfolgende Werte:

Unternehmen 1		Unternehmen 2	
Umsatzerlöse	8.600.000,00	Umsatzerlöse	14.600.000,00
Gewinn	400.000,00	Gewinn	400.000,00
Fremdkapitalzinsen	320.000,00	Fremdkapitalzinsen	420.000,00
Ø Eigenkapital	2.000.000,00	Ø Eigenkapital	4.000.000,00
Ø Fremdkapital	3.000.000,00	Ø Fremdkapital	6.000.000,00

Ermitteln Sie für beide Unternehmen
a die Rentabilitätskennziffern,
b die Kapitalumschlagshäufigkeiten.

5 Ein Industriebetrieb hat folgende Zahlen zur Auswertung ermittelt:

	Vorjahr (in 1.000 €)	Berichtsjahr (in 1.000 €)
Jahresüberschuss	15.000	24.000
Abschreibungen	18.000	20.000
Erhöhung der Pensionsrückstellungen	4.500	4.000
Fremdkapitalzinsen	18.000	24.000
durchschnittliches Eigenkapital	150.000	160.000
durchschnittliches Fremdkapital	225.000	240.000
Umsatz	600.000	600.000

a Errechnen Sie aus den Angaben für das Vorjahr und das Berichtsjahr die/den

aa Eigenkapitalrentabilität,
ab Gesamtkapitalrentabilität,
ac Umsatzrentabilität,
ad Return on Investment (ROI),
ae Cashflow,
af Verschuldungsgrad.

b Stellen Sie die wesentlichen Veränderungen heraus und geben Sie dafür Gründe an.

6 Die Bilanz eines Industriebetriebs weist folgende Zahlen aus:

Aktiva — Bilanz Industrie-GmbH vom 31.12.20XX — Passiva

Position	Berichtsjahr	Vorjahr	Position	Berichtsjahr		Vorjahr	
A. Anlagevermögen			A. Eigenkapital				
I. Sachanlagen	2.800.000,00	2.400.000,00	I. Gezeichnetes Kapital		1.080.000,00		1.080.000,00
B. Umlaufvermögen			II. Gewinnrücklagen		60.000,00		400.000,00
I. Vorräte	470.000,00	200.000,00	III. Jahresüberschuss/-fehlbetrag		−40.000,00		120.000,00
II. Forderungen und sonstige Vermögensgegenstände	500.000,00	1.100.000,00	Rückstellungen – davon mit einer Restlauflaufzeit bis zu einem Jahr	300.000,00	500.000,00	250.000,00	400.000,00
III. liquide Mittel	330.000,00	300.000,00	C. Verbindlichkeiten – davon mit einer Restlauflaufzeit bis zu einem Jahr	1.200.000,00	2.500.000,00	1.200.000,00	2.000.000,00
	4.100.000,00	4.000.000,00			4.100.000,00		4.000.000,00

Ermitteln Sie für das Berichts- und Vorjahr nachfolgende Kennzahlen und erläutern Sie die Entwicklung des Unternehmens im Zeitvergleich:

a Anlagenintensität
b Umlaufintensität
c Vorratsquote
d Forderungsquote
e Eigenkapitalquote
f Fremdkapitalquote
g Verschuldungsgrad
h Grad der Selbstfinanzierung
i Deckungsgrad I
j Deckungsgrad II
k Liquidität 1. Grades
l Liquidität 2. Grades
m Liquidität 3. Grades

7

Bilanz der Klausen GmbH, Köln, zum 31.12.20XX

Aktiva	Vorjahr	Berichtsjahr	Passiva	Vorjahr	Berichtsjahr
A. Anlagevermögen			A. Eigenkapital		
I. Immaterielle Vermögensgegenstände	–	–	I. Gezeichnetes Kapital	300.000,00	400.000,00
			II. Kapitalrücklage	–	100.000,00
II. Sachanlagen	406.250,00	642.600,00	III. Gewinnrücklagen	50.000,00	50.000,00
III. Finanzanlagen	–	–	IV. Gewinnvortrag	250,00	750,00
B. Umlaufvermögen			V. Jahresüberschuss	72.600,00	127.850,00
I. Vorräte	262.600,00	378.200,00	B. Rückstellungen	2.300,00	54.000,00
II. Forderungen und sonstige Vermögensgegenstände	243.720,00	296.200,00	C. Verbindlichkeiten	550.000,00	703.100,00
			D. Rechnungsabgrenzungsposten	2.250,00	4.300,00
III. Wertpapiere	–	–			
IV. Schecks, Kassenbestand, Bundesbank- und Postbankguthaben, Guthaben bei Kreditinstituten	61.705,00	116.800,00			
C. Rechnungsabgrenzungsposten	3.125,00	6.200,00			
	977.400,00	1.440.000,00		977.400,00	1.440.000,00

a Ermitteln Sie die Werteveränderungen vom Vorjahr zum Berichtsjahr in %:

a1 Jahresüberschuss **a2** Eigenkapital
a3 Sachanlagevermögen **a4** Umlaufvermögen
a5 Eigenkapitalquote **a6** Umlaufintensität

b Sind nachfolgende Aussagen richtig (bzw. möglich) oder falsch?

Aussage 1: Die Bilanzsumme ist vom Vorjahr zum Berichtsjahr um ca. 85,3 % gestiegen.

Aussage 2: Aus dem Ergebnis des Vorjahres wurden 50.000,00 € in die Gewinnrücklagen eingestellt.

Aussage 3: Der Gewinn hat sich im Vergleich zum Vorjahr mehr als verdoppelt.

Aussage 4: Aktive Rechnungsabgrenzungsposten sind in der Bilanzanalyse den kurzfristigen Forderungen hinzuzurechnen.

Aussage 5: Im Berichtsjahr wurde ein neuer Gesellschafter aufgenommen. Er hat eine Einlage in Höhe von 100.000,00 € gezeichnet und ein Agio von 100 % eingezahlt.

Aussage 6: Die Bilanzposition „C. Verbindlichkeiten" enthält nur die Verbindlichkeiten aus Lieferungen und Leistungen.

Aussage 7: Die Vorratsquote wird durch die Formel $\frac{\text{Vorräte} \cdot 100}{\text{Umlaufvermögen}}$ ermittelt und beträgt im Berichtsjahr 46,23 %.

Aussage 8: Die Klausen GmbH hat im Berichtsjahr mit 32 Mitarbeitern einen Jahresumsatz in Höhe von 3.260.000 € erzielt. Je Mitarbeiter wurden damit 101.875,00 € umgesetzt.

9 Das Unternehmen im gesamt- und weltwirtschaftlichen Zusammenhang einordnen

1 Grundlagen

1.1 Betriebswirtschaft, Volkswirtschaft, Weltwirtschaft

Bisher haben Sie das wirtschaftliche Geschehen vor allem aus der betriebswirtschaftlichen Perspektive analysiert. Lernfeld 9 betrachtet das Unternehmen in seinem gesamt- und weltwirtschaftlichen Zusammenhang. Deshalb ist es wichtig, zunächst die betriebswirtschaftliche von der volks- und weltwirtschaftlichen Sichtweise zu unterscheiden.

Organisation, vgl. LF 2, Band 1
Leistungserstellung, vgl. LF 5, Band 1
Einkauf/Beschaffung, vgl. LF 6
Personalwirtschaft, vgl. LF 7
Absatz, vgl. LF 10, Band 3

Die **Betriebswirtschaft** erfasst die wirtschaftlichen Vorgänge in und zwischen **einzelnen** privaten und öffentlichen Unternehmen, z. B. die Organisation der Arbeitsabläufe, die Leistungserstellung, den Einkauf bei Lieferanten, die Kalkulation der Kosten und Preise, die Werbung für die zu vermarktenden Produkte, den Verkauf an Kunden und die Personalpolitik.

Wirtschaftssubjekt
selbstständig handelnde Einheiten im Wirtschaftsgeschehen einer Volkswirtschaft

Die **Volkswirtschaft** umfasst **alle** Wirtschaftssubjekte eines Staates und deren wirtschaftliche Beziehungen, z. B. die Lohnzahlungen der Unternehmen an die privaten Haushalte und die Investitionen des Staates. Sie umfasst also die **Gesamtheit** der miteinander verflochtenen Einzelwirtschaften (Unternehmen, Haushalte, Staat und Banken).

Die **Weltwirtschaft** umfasst die globalen wirtschaftlichen Aktivitäten zwischen Staaten, also die Gesamtheit der miteinander verflochtenen Volkswirtschaften. In diesem Zusammenhang interessieren z. B. der internationale Handel, Investitionen von Unternehmen im Ausland sowie das Nord-Süd-Gefälle zwischen den Industrie- und Entwicklungsländern.

Die **Betriebswirtschafts*lehre*** beschäftigt sich mit betriebswirtschaftlichen Vorgängen, sie betrachtet das wirtschaftliche Geschehen aus der Sicht des einzelnen Unternehmens (**Froschperspektive**). Die **Volkswirtschafts*lehre*** untersucht die volks- und weltwirtschaftlichen Aktivitäten, sie betrachtet das wirtschaftliche Geschehen mit Blick auf die Gesamtheit der Wirtschaftssubjekte (**Vogelperspektive**).

1.2 Bedürfnis, Bedarf und Nachfrage

AB → **Lernsituation 81**

Bedürfnisse werden durch ein Mangelgefühl deutlich, sind unbegrenzt und veränderbar.

Im Rahmen der Volkswirtschaftslehre werden Wünsche Bedürfnisse genannt und als zentrale Antriebskräfte des wirtschaftlichen Entscheidens und Handelns angesehen. Bedürfnisse sind unbegrenzt. Menschen haben unterschiedliche Bedürfnisse. Diese sind z. B. abhängig vom Alter, Geschlecht, sozialen und gesellschaftlichen Umfeld, von der technischen Entwicklung und dem Einkommen. Einige Bedürfnisse müssen i. d. R. unmittelbar befriedigt werden, wie z. B. Hunger und Durst. Andere können mittelfristig erfüllt werden, wie z. B. der Wunsch nach Mobilität oder Geborgenheit.

Güter
Waren und Dienstleistungen, vgl. **Kap. 1.3**

Kaufkraft
das zur Verfügung stehende Einkommen

Markt, vgl. **Kap. 2.1**

Wenn sich die Bedürfnisse des Menschen auf ganz bestimmte Güter beziehen und zu ihrer Befriedigung Kaufkraft vorhanden ist, wird von einem **Bedarf** gesprochen. Erst wenn Güter tatsächlich gekauft werden, d. h. der Bedarf am Markt wirksam wird, handelt es sich um eine **Nachfrage**.

Beispiel: Vom Bedürfnis zur Nachfrage

Bedürfnis	→	Bedarf	→	Nachfrage
Durst	→	Wunsch nach Mineralwasser (bei vorhandener Kaufkraft)	→	Kauf einer Mineralwasserflasche

Man kann Bedürfnisse nach unterschiedlichen **Kriterien** einteilen:

Bedürfnisse

Art der Befriedigung	Dringlichkeit	Konkretheit	Bewusstheit
– Individualbedürfnisse – Kollektivbedürfnisse	– Existenzbedürfnisse – Luxusbedürfnisse – Kulturbedürfnisse	– materielle Bedürfnisse – immaterielle Bedürfnisse	– offene (bewusste) Bedürfnisse – verdeckte (latente) Bedürfnisse

- **Individualbedürfnisse** kann ein Mensch für sich alleine befriedigen (z. B. das Bedürfnis zu essen).
- **Kollektivbedürfnisse** können nur von einer Gemeinschaft befriedigt werden (z. B. das Bedürfnis nach Umweltschutz).
- **Existenzbedürfnisse** umfassen die Bedürfnisse, die erfüllt sein müssen, um die Existenz zu sichern (z. B. ausreichende Nahrung, Kleidung, Sicherheit).
- **Luxusbedürfnisse** müssen nicht befriedigt werden, sie erhöhen aber die Lebensqualität (z. B. Schmuck, Auto).
- **Kulturbedürfnisse** beschreiben den Wunsch nach Kultur (z. B. Bücher lesen).
- **Materielle Bedürfnisse** richten sich auf Gegenstände (z. B. Fernseher).
- **Immaterielle Bedürfnisse** können nicht mithilfe von Geld befriedigt werden, da sie z. B. geistiger oder religiöser Natur sind (wie der Wunsch nach Macht oder Gerechtigkeit).
- **Offene Bedürfnisse** werden bewusst wahrgenommen.
- **Verdeckte (latente) Bedürfnisse** sind unbewusst, sie können aber bewusst gemacht werden, z. B. durch Werbung.

Abraham Maslow (1908–1970) unterscheidet **fünf Bedürfnisebenen**. Aus diesen Bedürfnisebenen ergibt sich eine sogenannte Bedürfnispyramide.

1. Physiologische Bedürfnisse müssen vor allen anderen Bedürfnissen befriedigt werden. Sie sind zur Lebenserhaltung unbedingt notwendig, z. B. Nahrung, Getränke und Schlaf.
2. Sicherheitsbedürfnisse sind darauf ausgerichtet, dass die physiologischen Bedürfnisse auch in Zukunft befriedigt werden können, z. B. Altersvorsorge durch Geldwertstabilität, Ordnung, Gesetze und Regeln.
3. Soziale Bedürfnisse ergeben sich aus den sozialen Kontakten des Individuums und dem Wunsch nach einem Leben in einer Gemeinschaft, nach Geselligkeit und Freundschaft.

Physiologische Bedürfnisse
die körperlichen Bedürfnisse der Lebewesen

Geldwertstabilität
gleichbleibende Kaufkraft des Geldes

Rangordnung der Bedürfnisse nach Maslow (Karikatur von Rauschenbach)

4. Wertschätzungsbedürfnisse sind darauf ausgerichtet, als Mensch von anderen Menschen Anerkennung und Bestätigung zu erhalten; nicht selten sind sie eine wesentliche „Triebfeder" des Verhaltens.
5. Entwicklungsbedürfnisse zielen auf die sogenannte Selbstverwirklichung des Menschen ab. Sie beruhen auf dem Wunsch, das Leben gemäß eigener Vorstellungen zu gestalten.

Nach Maslow wird die Befriedigung eines höherrangigen Bedürfnisses erst dann angestrebt, wenn die vorgelagerten Bedürfnisse befriedigt sind.

An der Theorie von Maslow wird in der Literatur beispielsweise kritisiert, sie treffe nur für den amerikanisch-europäischen Kulturraum zu. Es wird ferner angezweifelt, ob die Entwicklung der Persönlichkeitsbedürfnisse nach Stufen erfolgt. Gleichwohl besitzt die Theorie bis heute eine hohe Erklärungskraft. Sie ermöglicht es, menschliche Bedürfnisse und die Möglichkeiten ihrer Befriedigung systematisch zu analysieren.

AB → Lernsituation 82

1.3 Güter und Güterknappheit

! Alle Mittel zur Bedürfnisbefriedigung werden als **Güter** bezeichnet.

Für die Befriedigung der menschlichen Bedürfnisse stehen die Güter nicht im Überfluss zur Verfügung. Wir leben nicht im Schlaraffenland.

Nur ganz wenige Güter stellt uns die Natur noch kostenlos zur Verfügung, wie z. B. Sand in der Wüste (**freie Güter**). Alle anderen Güter sind knapp und müssen erarbeitet bzw. hergestellt werden. Sie werden deshalb **wirtschaftliche Güter** genannt.

Beispiel: Land, Wasser und Luft können heute nicht mehr als freie Güter bezeichnet werden, da sie einen Preis haben (Land, Wasser) bzw. Produktionskosten verursachen (z. B. für die Säuberung von Wasser und Luft).

Achtung! Wenn von Gütern die Rede ist, sind auch alle Dienstleistungen gemeint. Damit die Dienstleistungen nicht „untergehen", wird auch häufig von Waren und Dienstleistungen gesprochen.

Wirtschaftliche bzw. knappe Güter können in materielle und immaterielle Güter unterschieden werden. **Materielle Güter**, die auch als Sachgüter bezeichnet werden, sind gegenständlich erfahrbar. Zu den **immateriellen Gütern** gehören **Dienstleistungen** und **Rechte** (z. B. Patente, Lizenzen, Miete und Pacht).

Sachgüter werden in Konsumgüter und Produktionsgüter eingeteilt. **Konsumgüter** werden von den privaten Haushalten nachgefragt, z. B. Nahrungsmittel. **Produktionsgüter** (auch Investitionsgüter genannt) werden hingegen von Unternehmen zum Zweck der Herstellung von Gütern nachgefragt. Sowohl Konsum- als auch Produktionsgüter können in Gebrauchs- und Verbrauchsgüter unterteilt werden. **Gebrauchsgüter** werden über einen längeren Zeitraum genutzt, z. B. Waschmaschinen und Werkzeug. **Verbrauchsgüter** können nur einmal genutzt werden, z. B. Brot, Butter, Spülmittel und Strom.

Bei der überwiegenden Mehrheit der Güter handelt es sich um **private Güter**, sie werden angeboten, weil sie individuell nachgefragt werden. Daneben gibt es noch die **öffentlichen Güter**, die aufgrund ihrer Eigenschaften faktisch vom Staat angeboten werden und der Allgemeinheit zur Verfügung stehen.

Eine weitere Unterscheidung ist die nach Substitutions- und Komplementärgütern sowie unabhängigen Gütern. **Substitutionsgüter** ersetzen sich gegenseitig. Ein Gut wird gegen ein anderes ausgetauscht, z. B. wird eine Schreibmaschine gegen einen PC ausgetauscht oder ein Bleistift gegen einen Kugelschreiber. Wenn Güter zur Verwendung durch andere Güter ergänzt werden müssen, spricht man von **Komplementärgütern**. Komplementärgüter sind zum Beispiel PC und Monitor oder Minen und Kugelschreiber. **Unabhängige Güter** haben keinen Bezug zueinander, wie z. B. Autos und Kugelschreiber.

1.4 Ökonomisches Prinzip

AB → Lernsituation 83

Ökonomisches Prinzip
auch Wirtschaftlichkeitsprinzip, Rationalprinzip

Das Ökonomische Prinzip bezeichnet die Annahme, dass Wirtschaftssubjekte ihre wirtschaftlichen Mittel wegen der Knappheit der vorhandenen Güter möglichst effizient einsetzen. Private Haushalte streben dabei nach **Nutzenmaximierung**, Unternehmen nach **Gewinnmaximierung**.

Das Ökonomische Prinzip kann zwei Ausprägungen annehmen:
- Nach dem **Maximalprinzip** soll mit vorhandenen Mitteln ein möglichst hoher Ertrag erzielt werden, d. h., dass beispielsweise mit einer bestimmten Menge Geld möglichst viele Bedürfnisse befriedigt werden sollen.
- Nach dem **Minimalprinzip** hingegen soll ein bestimmtes Ziel mit möglichst geringen Mitteln erzielt werden, d. h., dass beispielsweise für die Befriedigung eines Bedürfnisses möglichst wenig Geld ausgegeben werden soll.

Beispiel: Die kaufmännische Auszubildende Bettina Lotto möchte ihr Zimmer verschönern und hat dazu 300,00 € zur Verfügung. Sie möchte für dieses Geld nicht nur das Zimmer streichen, sondern auch neue Gardinen und einen neuen Teppich kaufen (Maximalprinzip). Handelt sie hingegen nach dem Minimalprinzip, dann wird sie versuchen, für den Neuanstrich ihres Zimmers, neue Gardinen und den neuen Teppich möglichst wenig Geld auszugeben.

Das Verhaltensmodell des **Homo oeconomicus** versucht menschliches Verhalten zu erklären. Der Homo oeconomicus maximiert durch sein Handeln seinen eigenen Nutzen.

Der Annahme des Ökonomischen Prinzips liegt das Modell des **Homo oeconomicus** zugrunde. Charakteristische Merkmale, die den Homo oeconomicus auszeichnen, sind:

- Er handelt streng rational.
- Er besitzt eine vollständige Marktübersicht (Markttransparenz), d.h., er kennt alle Güter mit ihren Preisen und alle Alternativen sind ihm bekannt. Er besitzt somit eine unbegrenzte Informationsverarbeitungskapazität.
- Durch sein Verhalten versucht er seinen persönlichen Nutzen zu maximieren.
- Er trifft seine Entscheidungen, ohne sich von anderen Personen (Freunde, Bekannte usw.) beeinflussen zu lassen.

1.5 Volkswirtschaftliche Produktionsfaktoren

Produzieren bedeutet Umwandeln und Bereitstellen von Gütern, wobei **Produktionsfaktoren** kombiniert werden. Das Ergebnis der Produktion sind Güter und Dienstleistungen. Die produzierten Güter dienen entweder dem Konsum oder werden in der weiteren Produktion eingesetzt.

ausführlich zu den betriebswirtschaftlichen Produktionsfaktoren und zur Abgrenzung von den volkswirtschaftlichen Produktionsfaktoren, vgl. LF 2, Band 1

! **Produktionsfaktoren** gehen nicht direkt in die produzierten Güter ein, sondern werden als Leistung für die Erstellung von Gütern bereitgestellt, d.h., sie sind Voraussetzung für die Güterproduktion.

In der **Betriebswirtschaft** unterscheidet man die Produktionsfaktoren dispositive Arbeit, ausführende Arbeit, Betriebsmittel und Werkstoffe. Die klassische Einteilung der Produktionsfaktoren aus **volkswirtschaftlicher Sicht** lautet: Arbeit, Boden (bzw. Natur) und Kapital.

Die Produktionsfaktoren Arbeit und Boden bezeichnet man als **ursprüngliche (originäre) Produktionsfaktoren**, da sie ursprünglich vorhanden und nicht von anderen Produktionsfaktoren abgeleitet sind. Der Produktionsfaktor Kapital hingegen entsteht erst durch das Zusammenwirken der ursprünglichen Produktionsfaktoren, er wird deshalb auch als **abgeleiteter (derivater) Produktionsfaktor** bezeichnet.

Arbeit

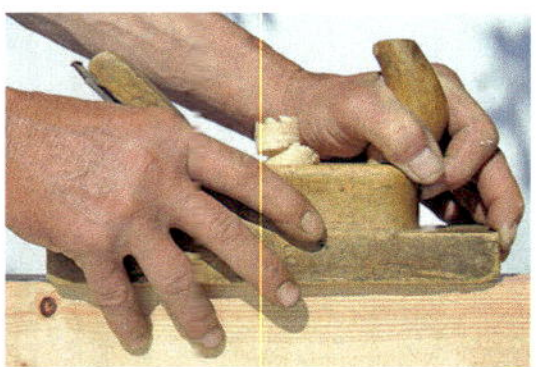
Arbeit

! **Arbeit** ist der Einsatz geistiger und körperlicher Fähigkeiten in betrieblichen Leistungsprozessen gegen Entgelt.

Der Faktor Arbeit umfasst das gesamte Arbeitskräftepotenzial einer Volkswirtschaft. Der Produktionsfaktor lässt sich unterscheiden in **geistige** und **körperliche** Arbeit oder in **leitende** Tätigkeit (z.B. Geschäftsführer) und **ausführende** Tätigkeit (z.B. Sachbearbeiter im Büro).

Volkswirtschaftliche Gesamtrechnung, vgl. Kap. 3.2

Durch menschliche Arbeit werden Güter und Dienstleistungen geschaffen. Zugleich erzielt der Mensch durch seine Arbeit Einkommen. In der Volkswirtschaftlichen Gesamtrechnung (VGR) werden nur die Tätigkeiten erfasst, für die ein Entgelt gezahlt wird.

Beispiel: Reinigt eine Putzfrau die Böden, dann arbeitet sie. Wird die gleiche Tätigkeit von der Hausfrau ausgeübt, so liegt formal keine Arbeit vor.

Das Maß für die Leistungsfähigkeit von Arbeit ist die **Arbeitsproduktivität**: Das mengenmäßige Produktionsergebnis wird durch die eingesetzte Arbeitszeit dividiert. Die Arbeitsproduktivität beeinflusst das **Wirtschaftswachstum** einer Volkswirtschaft. Unterschiede in der Arbeitsproduktivität können durch folgende Faktoren bedingt sein:

- Leistungsfähigkeit der Mitarbeiter (z. B. Belastbarkeit, Ausbildung)
- Leistungsbereitschaft der Mitarbeiter (z. B. Motivation, Bezahlung)
- Leistungsfähigkeit der Maschinen (z. B. technische Ausstattung)

Arbeitsproduktivität
Leistungsfähigkeit (Produktionsmenge : Arbeitsstunden)

zum Wirtschaftswachstum siehe Volkswirtschaftliche Gesamtrechnung, vgl. **Kap. 3.2**

Beispiel: Die Sekretärin A schreibt in zwei Stunden 30 Seiten Text, ihre Kollegin in fünf Stunden 70 Seiten. Wer ist produktiver? Die Antwort lautet: Die Sekretärin A. Sie produziert 15 Seiten pro Stunde, B nur 14. Die Sekretärin B mag durchaus besser ausgebildet, auch motivierter als ihre Kollegin sein, ist aber dennoch weniger produktiv, weil sie auf einem veralteten PC arbeiten muss, während ihrer Kollegin ein moderner, leistungsstarker PC zur Verfügung steht.

Boden bzw. Natur

Boden bzw. Natur

! Zum Produktionsfaktor **Boden** gehören die gesamte Bodenfläche, die für landwirtschaftliche, industrielle, gewerbliche und verkehrsmäßige Nutzung benötigt wird, sowie Luft, Wasser und die vorhandenen Bodenschätze.

Der Produktionsfaktor Boden umfasst also die ganze natürliche Umwelt, weshalb der Begriff Natur treffender ist.

Der Produktionsfaktor Boden wird auf dreierlei Weise genutzt:

- **Anbau:** Der Boden dient zum Anbau von Pflanzen, also als land- und forstwirtschaftliche Nutzfläche.
- **Abbau:** Der Boden liefert die natürlichen Ressourcen für die Produktion, wie z. B. Energie und Bodenschätze.
- **Standort:** Der Boden dient als Standort für Betriebs- und Geschäftsgebäude.

Die Natur ist durch die wirtschaftliche Nutzung vielfachen Belastungen ausgesetzt.

Kapital

! Unter **Kapital** versteht man Produktionsmittel, die im Urzustand der Welt nicht vorhanden waren, sondern vom Menschen selbst erschaffen wurden.

Kapital

Formen des Kapitals sind:

- **Realkapital**: jedwede technische Ausstattung, Gebäude und Infrastruktur, die im Betrieb zur Erzeugung von Gütern und Dienstleistungen eingesetzt werden
- **Geldkapital**: eigene und geliehene Geldmittel, um diese in Realkapital zu investieren
- **Humankapital**: technisches Wissen, um den Produktionsprozess zu steuern

Beispiel: Eine Büroangestellte legt einen Teil ihres Gehaltes auf einem Sparkonto an. Sie bildet damit Geldkapital. Wenn die Bank diese Mittel einem Unternehmer als Kredit zur Verfügung stellt und dieser z. B. Werkzeuge erwirbt, wird damit Realkapital gebildet. Gleiches gilt, wenn Gewinne, die in einem Unternehmen erwirtschaftet werden, nicht auf die Anteilseigner verteilt, sondern für den Erwerb von Produktionsanlagen verwendet werden.

Rekapitalbildung über Sparen im Haushalt

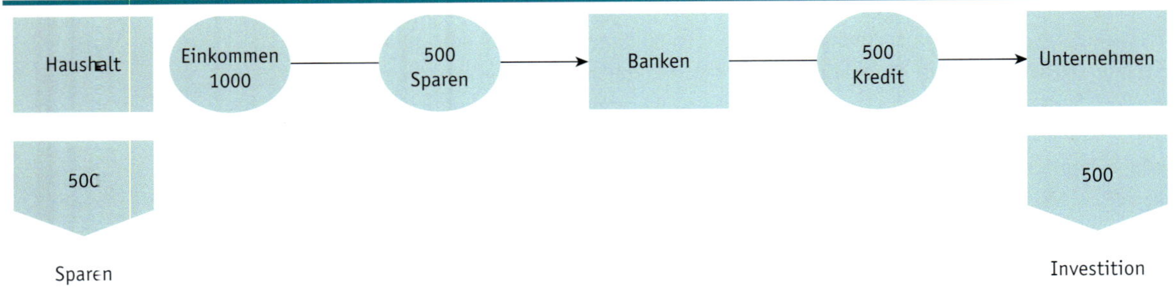

Arbeitsproduktivität, vgl. S. 333

In einer Zeit, in der Wissen ständig anwächst und die weltweite Vernetzung sich zunehmend beschleunigt, werden Fähigkeiten und Techniken der Informationsgewinnung, -verarbeitung und -bewertung immer bedeutsamer. Aus diesem Grund wird das Element **Information** nicht selten auch als zusätzlicher Produktionsfaktor angesehen. Ohne Informationen und deren Austausch entstehen keine Grundlagen für neue Entwicklungen und technischen Fortschritt. Technische Neuerungen sind beispielsweise unabdingbar, um die Produktivität des Faktors Arbeit zu erhöhen und das Wachstum der Wirtschaft zu vergrößern.

Minimalkostenkombination und Faktorsubstitution

ökonomisches Prinzip, vgl. **Kap. 1.4**

Gemäß dem **ökonomischen Prinzip** wird ein Betrieb diejenige Kombination von Produktionsfaktoren wählen, mit der er das gewünschte Leistungsergebnis zu geringsten Kosten herstellen kann.

Beispiel: Für die Herstellung einer Schrankwand kann eine Möbelfabrik entweder fünf Arbeiter alleine oder drei Arbeiter plus eine Kreissäge oder einen Arbeiter plus eine vollautomatische Werkzeugmaschine einsetzen. Die Möbelfabrik wird die Kombination aus Kapital- und Arbeitseinsatz wählen, mit der die Schrankwand am günstigsten zu produzieren ist.

Ändert sich der Preis eines Produktionsfaktors (steigen z. B. die Tariflöhne für Arbeitsleistungen), wird so dieser – sofern möglich – durch einen anderen ersetzt; dies nennt man **Faktorsubstitution**.

Größte wirtschaftliche, arbeitsmarktpolitische und soziale Bedeutung hat der **Ersatz von Arbeit durch Kapital** im Rahmen einer zunehmenden Automatisierung in der Fertigung, aber auch in fast allen Dienstleistungsbereichen (z. B. Geldautomaten, Fahrscheinautomaten). Diese Entwicklung verfolgt aus unternehmerischer Sicht auch das Ziel einer **Steigerung der Arbeitsproduktivität**, sorgt andererseits aber auch dafür, dass sich Beschäftigungsmöglichkeiten für gering qualifizierte Arbeitskräfte immer weiter verringern.

1.6 Arbeitsteilung

In entwickelten Volkswirtschaften werden Güter mithilfe von Produktionsfaktoren in einem arbeitsteiligen Prozess hergestellt. Die Arbeitsteilung hat sich als wirtschaftlich sehr effizient herausgestellt, weil auf diese Weise die Produktivität der Arbeit deutlich gesteigert wird. Die Arbeitsteilung ist der Wegbereiter der Industrialisierung.

Man unterscheidet die folgenden Arten der Arbeitsteilung:

Hauswirtschaftliche/geschlechtliche Arbeitsteilung: Eine der ältesten Formen der Arbeitsteilung ist die zwischen Mann und Frau. Die Frau übernahm eher die hausnahen, reproduktiven Arbeiten, der Mann war mehr für die produktiven Arbeiten zuständig.

Berufliche Arbeitsteilung: Die berufliche Arbeitsteilung besteht aus Berufsbildung und Berufsspaltung:
- Die **Berufsbildung** fand statt, als die Haushalte begannen, nicht mehr alles, was sie verbrauchten, selbst herzustellen. Innerhalb der Dorfgemeinschaften bildeten sich die Berufe aus, indem jeder das produzierte, was seinen Fähigkeiten und Möglichkeiten am besten entsprach. Die produzierten Güter wurden getauscht. Dadurch konnte insgesamt mehr produziert werden.
- In der Folge kam es innerhalb vormals einheitlicher Berufe zu einer noch weitergehenden Spezialisierung, zur **Berufsspaltung**. Der einzelne Produzent beschränkte die Produktion auf wenige Erzeugnisse und/oder wenige Produktionsschritte, weitete sie dafür aber mengenmäßig aus.

Beispiel: Aus dem Grundberuf Schmied entwickelten sich z. B. Waffenschmied, Goldschmied und Kunstschmied.

Innerbetriebliche/technische Arbeitsteilung (Arbeitszerlegung): Unter der innerbetrieblichen Arbeitsteilung versteht man die Aufteilung eines Arbeitsprozesses in mehrere Einzelschritte. In Betrieben erfolgt die Arbeitsteilung auf zwei Ebenen:
- **Zerlegungen in Abteilungen:** Die mit der Produktion zusammenhängenden Arbeitsvorgänge werden auf Abteilungen aufgeschlüsselt. Es gibt z. B. Einkauf, Verkauf, Rechnungswesen und Produktion.
- **Zerlegung in Teilverrichtungen:** In den Abteilungen spezialisieren sich Personen oder Arbeitsgruppen innerhalb einzelner **Stellen**. Berufsbezeichnungen wurden von Tätigkeitsbezeichnungen abgelöst, z. B. Dreher, Schweißer, Former, Fräser.

Am weitesten geht die Arbeitszerlegung bei der Fließbandfertigung, bei welcher der Einzelne nur noch wenige Handgriffe ausführt. Ausgangspunkt dieser Entwicklung war die Industrialisierung, der Produktionsprozess wurde in verschiedene Teilprozesse aufgeteilt.

Die Organisationsstruktur der innerbetrieblichen Arbeitsteilung mit Abteilungen und Stellen wird im Organigramm eines Unternehmens deutlich.

Organigramm, vgl. LF 2, Band 1

Beispiel: Organigramm, funktionale Organisation eines Betriebs

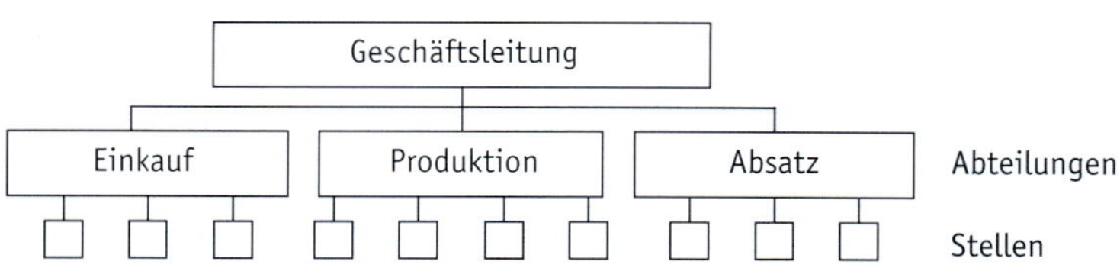

wird auch als **zwischenbetriebliche** oder **sektorale** Arbeitsteilung bezeichnet

Volkswirtschaftliche Arbeitsteilung

Volkswirtschaftliche Arbeitsteilung ist eine Teilung des Produktionsprozesses auf spezialisierte Betriebe, die in drei Produktionsbereiche zusammengefasst werden:

- Im **primären Sektor** entsteht die Güterproduktion unmittelbar aus der Natur heraus. Zu diesem Sektor gehören z. B. Landwirtschaft, Forstwirtschaft, Fischerei, Jagd ebenso wie Bergbau oder Kiesgruben.
- Im **sekundären Sektor** werden die Rohstoffe verarbeitet und Güter produziert. Industrie und Handwerk sind auf diese Aufgabe spezialisiert.
- Im **tertiären Sektor** werden die produzierten Güter verteilt oder immaterielle Güter erstellt, und zwar vom Handel (Außen-, Groß- und Einzelhandel), von Kreditinstituten, Versicherungen, Transportunternehmen usw. Deshalb wird dieser Sektor auch als Dienstleistungssektor bezeichnet.

Beispiel: Ein konsumreifes Gut durchläuft oft mehrere Wirtschaftsstufen. Milch z. B. wird in der Landwirtschaft erzeugt, in Molkereien „verarbeitet" und in Lebensmittelgeschäften zum Kauf angeboten.

Die Staaten können ihren Wohlstand mehren, wenn sie im internationalen Vergleich günstige Produkte für andere Staaten mitproduzieren und die Güter, die sie nicht zu Weltmarktpreisen herstellen können, importieren.

Internationale Arbeitsteilung

Die internationale Arbeitsteilung trägt der Tatsache Rechnung, dass die Verflechtungen zwischen den Volkswirtschaften immer stärker werden. Die einzelnen Staaten spezialisieren sich auf die Produktion von Gütern, die sie günstiger als andere Güter herstellen können. Dafür gibt es verschiedene Gründe: höher entwickelte Produktionstechnik, billigere Arbeitskräfte, kürzere Transportwege, bessere klimatische Bedingungen.

Vor- und Nachteile der Arbeitsteilung

Die Entwicklung der verschiedenen Formen der Arbeitsteilung hatte viele positive **Folgen**, die Arbeitsteilung hat aber auch negative Effekte:

Arbeitsteilung

Vorteile	Nachteile
– Berücksichtigung der unterschiedlichen Voraussetzungen der einzelnen Menschen und der Umwelt, z. B. Neigungen, Anlagen, Ausbildung, Erfahrungen, Wissen, Ausstattung mit Werkzeugen und Maschinen, Bodenschätze und Klima – Weiterentwicklung der Produktionsfaktoren, z. B. berufliche Ausbildung, Fähigkeiten und Fertigkeiten, technischer Fortschritt, Entwicklung der Wissenschaften – Spezialisierung auf wenige Tätigkeiten erhöht Arbeitstempo – Arbeitszerlegung ermöglicht Maschineneinsatz und damit kostengünstige Massenproduktion. – bessere Versorgung mit Gütern – steigendes Einkommen – wachsender Lebensstandard – Einsparung von Arbeitsaufwand und Arbeitszeit – mehr Freizeit	– Eintönigkeit der Arbeit – Zwang zu straffer Arbeitsdisziplin – Schaffung von Abhängigkeiten der Menschen und Betriebe untereinander – Störanfälligkeit der Wirtschaft, z. B. bei Streik oder Zulieferproblemen (Bsp. Ölkrise) – Versorgungsprobleme bei Störfällen – Beziehung zum Arbeitsprodukt geht verloren – Einseitige Beanspruchung kann zu körperlichen und psychischen Schäden führen. – sinkende Arbeitsmotivation – Durch die Spezialisierung verkümmern Fähigkeiten des Menschen. – Maschinen rationalisieren Arbeitsplätze weg, daraus resultieren alle negativen Folgen der Arbeitslosigkeit für den Einzelnen und die Gesellschaft.

ÜBERSICHT: Volkswirtschaftliche Grundlagen

<table>
<tr><td>Wirtschaftswissenschaften</td><td colspan="3">Betriebswirtschaft
(Wirtschaft aus der Froschperspektive)</td><td colspan="3">Volkswirtschaft
(Wirtschaft aus der Vogelperspektive)</td></tr>
<tr><td>Von den Bedürfnissen zur Nachfrage</td><td colspan="6">Bedürfnis → Bedarf → Nachfrage
Bedürfnis (Mangelgefühl)
Bedarf (finanziell gesicherte Möglichkeit, ein bestimmtes Produkt zu kaufen)
Nachfrage (Bedarf, der am Markt wirksam wird)</td></tr>
<tr><td>Bedürfnisarten</td><td colspan="6">Unterscheidung nach:
– Art der Befriedigung
– Dringlichkeit
– Konkretheit
– Bewusstheit</td></tr>
<tr><td>Güterarten</td><td>– freie Güter
– wirtschaftliche Güter</td><td>– materielle Güter
– immaterielle Güter</td><td>– Konsumgüter
– Produktionsgüter</td><td colspan="2">– private Güter
– öffentliche Güter</td><td>– Substitutionsgüter
– Komplementärgüter
– unabhängige Güter</td></tr>
<tr><td>Ökonomisches Prinzip</td><td colspan="6">Homo Oeconomicus handelt
– nach dem Maximalprinzip (maximaler Nutzen bei gegebenem Mitteleinsatz) oder
– nach dem Minimalprinzip (minimaler Mitteleinsatz bei gegebenem Nutzen).</td></tr>
<tr><td>Volkswirtschaftliche Produktionsfaktoren</td><td colspan="6">– Arbeit
– Boden (bzw. Natur)
– Kapital</td></tr>
<tr><td>Stufen der Arbeitsteilung</td><td>hauswirtschaftlich</td><td>beruflich:
– Berufsbildung
– Berufsspaltung (Spezialisierung)</td><td>innerbetrieblich/technisch (Arbeitszerlegung):
– Zerlegung in Teilverrichtungen
– Zerlegung in Abteilungen bzw. Funktionen</td><td colspan="2">volkswirtschaftlich:
Spezialisierung von Unternehmen auf Produktion bestimmter Güter</td><td>international:
Spezialisierung von Volkswirtschaften/Staaten auf die Produktion bestimmter Güter</td></tr>
</table>

Aufgaben

1 Grenzen Sie die Volks- von der Betriebswirtschaftslehre ab.

2 Unterscheiden Sie die Begriffe „Bedürfnisse“, „Bedarf“ und „Nachfrage“.

3 Erläutern Sie die Bedürfnisebenen von Maslow an Beispielen.

4 In Deutschland gibt es viele leer stehende Wohnungen. Deutet dies darauf hin, dass kein Bedarf nach Wohnraum besteht? Gibt es womöglich andere Ursachen?

5 Im Folgenden sind verschiedene Aussagen über freie, öffentliche und/oder wirtschaftliche Güter aufgeführt. Entscheiden Sie, um welche Güterart es sich jeweils handelt.
- a Das Gut kann von jedem kostenlos in Anspruch genommen werden.
- b Das Gut ist für jeden verfügbar.
- c Für das Gut ist ein Preis zu bezahlen.
- d Zur Herstellung des Guts sind Produktionsverfahren erforderlich.
- e Das Gut hat keinen Preis.
- f Das Gut existiert nur in begrenzter Menge.
- g Das Gut kann in jeder beliebigen Menge gekauft werden.

6 Begründen Sie, warum es problematisch ist, wenn die Luft oder der Boden als freie Güter beansprucht werden.

7 Worin besteht der Unterschied zwischen knappen und seltenen Gütern?

8 Welche Sachgüter und Dienstleistungen produziert Ihr Ausbildungsbetrieb?

9 Welche der nachfolgenden Güter würden Sie paarweise als komplementär, substitutiv oder unabhängig voneinander bezeichnen: Auto, Limonade, Hühnereier, Benzin, Milch, Zucker, Streichholz, Kaffee, Butter, Bleistift, Margarine, Kugelschreiber, Käse?

10 Wie ändert sich bei den obigen Gütergruppen (Aufgabe 9) die Nachfrage nach einem der Güter, wenn die Nachfrage nach dem jeweils anderen steigt?

11 Vom morgendlichen Aufstehen bis zu diesem Augenblick haben Sie diverse öffentliche Güter und Dienstleistungen benutzt. Überlegen Sie welche und listen Sie sie auf.

12 Entscheiden Sie sich in folgenden Fällen, ob das Minimal- oder das Maximalprinzip zugrunde liegt:
- a Eine Hausfrau versucht mit ihrem festen Haushaltsgeld ihre Familie möglichst zufriedenzustellen.
- b Ein Hersteller von PCs wählt unter den Anbietern von Zulieferteilen gleicher Qualität den günstigsten Lieferanten aus.
- c Ein Sparer will 10.000,00 € zu möglichst hohen Zinsen anlegen.

13 Welche Produktionsfaktoren betrachtet man aus volkswirtschaftlicher Sicht als ursprüngliche Faktoren?
- a Geldkapital
- b Realkapital
- c menschliche Arbeit
- d mechanische Arbeit
- e Natur (Boden)

14 Im Monat September arbeiten in einem Büro fünf Sekretärinnen 37,5 Std./Woche, in denen sie 1 850 Blatt Papier beschriften. Zum 30. September wird eine Sekretärin entlassen. Die Übrigen produzieren im Monat Oktober mit unveränderter persönlicher Arbeitszeit 1 720 Blatt. In welchem Monat ist die Arbeitsproduktivität höher? Nennen Sie Gründe für die Änderungen in der Arbeitsproduktivität.

15 Wer ist volkswirtschaftlich produktiv? Begründen Sie Ihre Entscheidung zu folgenden Beispielen:
- a Eine Kauffrau erteilt gegen Kaffee und Kuchen Nachhilfeunterricht in Buchführung.
- b Ein Einbrecher schleppt unter größten Anstrengungen einen Tresor.
- c Ein Lkw-Fahrer macht eine Pause und schläft im Führerhaus ein.
- d Die Hausfrau putzt Fenster.
- e Sie selbst, indem Sie die Fragen beantworten.
- f Der Torwart einer Profimannschaft lehnt sich während eines Spiels gemütlich an den Torpfosten.

16 Erklären Sie an einem Beispiel die Realkapitalbildung.

17 Ordnen Sie die Arten von Arbeitsteilung den Erscheinungsformen der Arbeitsteilung zu:
- a Urproduktion – verarbeitendes Gewerbe – Handel und Dienstleistung
- b Beschaffung – Produktion – Absatz
- c Kontieren – Buchen – Ablegen
- d Anbau von holländischen Tulpen – Herstellen von Schweizer Käse – Keltern von französischem Wein

18 Beschreiben Sie die Arbeitsteilung in Ihrem Ausbildungsbetrieb.

19 Stellen Sie die Vor- und Nachteile der Arbeitsteilung gegenüber.

2 Preisbildung auf dem Markt

2.1 Markt als Treffpunkt von Angebot und Nachfrage

AB → Lernsituation 84

Die Koordination der Produktion von Gütern und Dienstleistungen und deren Verbrauch (Konsum) übernimmt in einem marktwirtschaftlichen System der **Markt**. Er ist der wichtigste Lenkungsmechanismus für die wirtschaftlichen Aktivitäten der Menschen. Allgemein betrachtet führt der Markt Anbieter (Verkäufer) und Nachfrager (Käufer) eines Gutes zusammen. Alle wirtschaftlichen Aktivitäten sind daher grundsätzlich Tauschprozesse von Waren oder Dienstleistungen gegen das Tauschmittel Geld.

! Der **Markt** ist der Ort, an dem Angebot und Nachfrage aufeinandertreffen.

Marktarten

Je nachdem, was auf einem Markt gehandelt wird, unterscheidet man zwei verschiedene **Marktarten**, nämlich Faktor- und Gütermärkte:

Volkswirtschaftliche Produktionsfaktoren, vgl. **Kap. 1.5**

Marktarten

Faktormärkte
Beispiele:
- Arbeitsmarkt
- Kapitalmarkt
- Immobilienmarkt

Gütermärkte
Beispiele:
- Konsumgütermärkte
- Investitionsgütermärkte

Güter, vgl. **Kap. 1.3**

Funktionen des Marktes

Der **Markt** hat verschiedene **Aufgaben** bzw. **Funktionen** zu erfüllen:
- **Versorgungsfunktion:** Der Markt soll für die bestmögliche Versorgung der Bevölkerung mit Gütern sorgen.
- **Koordinationsfunktion:** Der Markt soll Angebot und Nachfrage zusammenführen.
- **Preisbildungsfunktion:** Angebot und Nachfrage bewirken auf dem Markt die Preisbildung.
- **Verteilungsfunktion:** Auf dem Markt werden Waren und Dienstleistungen verteilt.

Preisbildung, vgl. **Kap. 2.2**

Marktformen

Nach der Anzahl der Anbieter und Nachfrager auf einem Markt unterscheidet man verschiedene Marktformen:

Marktformen

	viele Anbieter	wenige Anbieter	ein Anbieter
viele Nachfrager	**Polypol** *Beispiel:* *viele Blumenhändler – viele Konsumenten*	**(Angebots-)Oligopol** *Beispiel:* *wenige Autohersteller – viele Konsumenten*	**(Angebots-)Monopol** *Beispiel:* *ein Wasserwerk – viele Konsumenten*
wenige Nachfrager	**Nachfrageoligopol** *Beispiel:* *viele Landwirte – wenige Molkereien*	**zweiseitiges Oligopol** *Beispiel:* *wenige Eisenbahnhersteller – wenige Abnehmer*	**beschränktes Angebotsmonopol** *Beispiel:* *ein Hersteller eines speziellen Medikamentes – wenige Nachfrager, da seltenes Krankheitsbild*
ein Nachfrager	**Nachfragemonopol** *Beispiel:* *viele Straßenbauunternehmen – Staat als einziger Nachfrager*	**beschränktes Nachfragemonopol** *Beispiel:* *wenige Militärflugzeughersteller – Staat als einziger Nachfrager*	**zweiseitiges Monopol** *Beispiel:* *ein Hersteller einer speziellen Waffe – Bundeswehr als einziger Abnehmer*

Bedingungen für Nachfrage und Angebot

Jedes zu kaufende oder zu verkaufende Gut braucht einen Markt. Ohne Markt und damit verbundene Nachfrage ist es nutzlos, ein „Ladenhüter". Die **Menge und der Zeitpunkt der Nachfrage** hängen von einer Vielzahl von **Faktoren** ab, z. B.:

Bedürfnisse, vgl. **Kap. 1.2**

- der Stärke der Bedürfnisse
- der Höhe des verfügbaren Einkommens
- dem Preis für die nachgefragten Güter
- der Existenz und den Preisen ähnlicher Güter (Substitutionsgüter)
- Mode- und Trenderscheinungen
- der Qualität der Güter
- der technischen Entwicklung
- den Zukunftserwartungen der Nachfrager
- der Existenz und den Preisen ergänzender Güter (Komplementärgüter)

Die **Menge und auch der Zeitpunkt des Angebots** hängen ebenfalls von einer Vielzahl von **Faktoren** ab, z. B.:

- dem Gewinnstreben der Anbieter
- den Kosten und Zielsetzungen der einzelnen Anbieter
- der Konkurrenzsituation auf dem Absatzmarkt
- dem für das angebotene Gut erzielbaren Preis
- den saisonalen Einflüssen
- den gesetzlichen Rahmenbedingungen durch den Staat
- der Konjunkturlage
- der technischen Entwicklung

Bestimmungsfaktoren von Angebot und Nachfrage

Nachfrage		Anbieter
Bedarf		Gewinnstreben
Einkommen		Kosten
Preis	**Markt**	Konkurrenz
Substitutionsgüter		Preis
Mode- und Trenderscheinungen		saisonale Einflüsse
Qualität		gesetzliche Rahmenbedingungen
technische Entwicklung		Konjunkturlage
Zukunftserwartungen		technische Entwicklung
Komplementärgüter		

2.2 Preisbildung

AB → **Lernsituation 85**

2.2.1 Bedingungen des vollkommenen Marktes

Das folgende Zusammenspiel von Angebot und Nachfrage beruht auf den Modell-Annahmen des sogenannten vollkommenen Marktes:

- Alle Güter sind homogen, d. h., sie unterscheiden sich weder durch Qualität noch durch Aufmachung, Farbe, Geschmack oder Verpackung (z. B. Banknoten, Aktien, Rohöl in Barrel, Edelmetalle in Unzen).
- Es gibt keine persönlichen Präferenzen. Die Entscheidungen werden unabhängig von anderen Personen getroffen (z. B. wird ein Anbieter, der besonders freundlich ist, nicht bevorzugt).
- Es gibt keine räumlichen Präferenzen. Kaufentscheidungen werden z. B. nicht durch einen besonders günstigen Standort beeinflusst.
- Es gibt keine zeitlichen Präferenzen, d. h., es gibt keine Lieferfristen oder Abnahmetermine. Die Anbieter können sofort liefern und die Nachfrager sind bereit, die Güter sofort entgegenzunehmen.
- Es herrscht vollkommene Markttransparenz. Anbieter und Nachfrager kennen sämtliche Informationen. Die Anbieter kennen Preise und Mengen, zu denen die Nachfrager ein Gut kaufen wollen. Die Nachfrager wissen wiederum, zu welchen Preisen und Mengen die Anbieter ein Gut verkaufen möchten.

Obwohl **in der Realität vollkommene Märkte nicht existieren**, sind diese Modell-Annahmen und damit die Vorstellungen der idealen Preisbildung ein geeignetes Instrument zur Analyse realer Marktgeschehnisse.

2.2.2 Nachfragekurve

Die Nachfragekurve zeigt, wie viel von einem Gut zu welchem Preis nachgefragt wird.

Beispiel: Wenn der Preis für Kartoffeln sinkt, werden die Verbraucher mehr Kartoffeln nachfragen. Bei steigenden Preisen nimmt die Nachfrage nach Kartoffeln ab und die Nachfrager greifen z. B. zu Reis.

! **Gesetz der Nachfrage:** Die Nachfrage nach einem Gut steigt, wenn der Preis sinkt. Steigt der Preis eines Gutes, dann sinkt die Nachfrage.

Dieses Gesetz gilt allerdings nur dann, wenn alle anderen Einflüsse auf die Nachfrage unverändert bleiben, d. h., dass z. B. Vorlieben nicht berücksichtigt werden und die Preise ähnlicher Güter oder das Einkommen der Käufer unverändert bleiben. Die Beziehung zwischen Preis und Menge der nachgefragten Güter lässt sich durch die Nachfragekurve (auch Preisabsatzfunktion, Nachfragefunktion oder Preisabsatzkurve genannt) veranschaulichen, indem man die jeweiligen beiden Werte in einem Koordinatensystem abträgt. Auf der horizontalen Achse wird die Menge des Gutes abgetragen und auf der vertikalen Achse der Preis desselben Gutes.

Beispiel: Die Nachfragekurve für Kartoffeln auf dem Wochenmarkt in Frankfurt ergibt sich aus folgender Tabelle:

Preis in € pro kg Kartoffeln	nachgefragte Menge in kg
1,00	2,0
2,00	1,5
3,00	1,0
4,00	0,5

Bei einem niedrigen Preis kaufen die Kunden mehr Kartoffeln als bei einem hohen Preis.

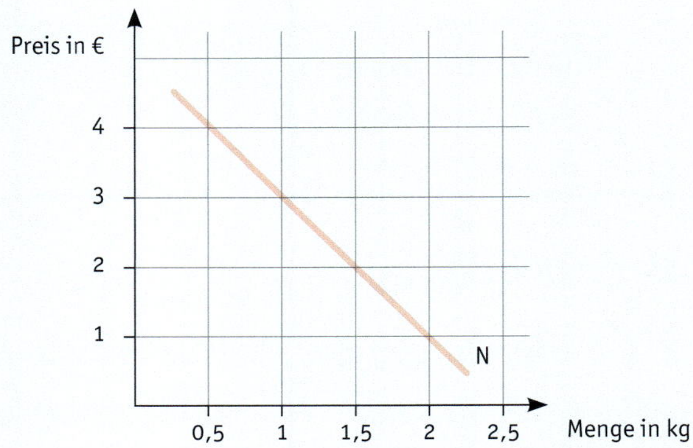

Erhöht sich der Preis für die Kartoffeln, so bewegt sich die Nachfrage entlang der gegebenen Nachfragekurve nach links. Sinkt der Preis, so bewegt sich die Nachfrage entlang der Kurve nach rechts.

Verändern sich anstatt des Preises andere die Nachfrage beeinflussende Faktoren, wie z. B. das Einkommen der Bevölkerung oder die Anzahl der Nachfrager, führt das zu einer Verschiebung der Nachfragekurve.

Beispiel: Erhöht sich das Einkommen der Bevölkerung in einem Land, dann steigt tendenziell die Nachfrage nach Handys. Das höhere Einkommen verschiebt die Nachfragekurve nach rechts, weil zu jedem Handypreis eine höhere Menge nachgefragt wird. Die Nachfragekurve verschiebt sich ebenfalls nach rechts, wenn zusätzliche Nachfrager auf dem Handymarkt auftreten (N_1).

Sinkt das Einkommen oder die Anzahl der Nachfrager, dann verschiebt sich die Nachfragekurve nach links, weil zu jedem Preis weniger Handys nachgefragt werden (N_2).

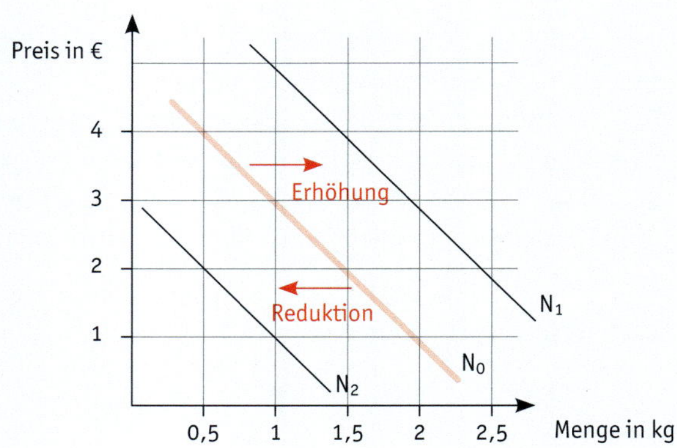

Bei Gütern, die dringend benötigt werden und für die keine Alternativen existieren, ist der Preis weniger variabel als bei Gütern, bei denen die Verbraucher auf andere Güter ausweichen können.

2.2.3 Angebotskurve

Die Angebotskurve zeigt, wie viel von einem Gut bei einem bestimmten Preis angeboten wird.

Beispiel: Steigt der Preis für Kartoffeln, weil mehr Kartoffelchips nachgefragt werden, wird der Landwirt Grünfeld mehr Kartoffeln anbauen. Bei sinkenden Preisen nimmt das Angebot an Kartoffeln ab, weil jetzt auf einigen Flächen Zuckerrüben angebaut werden. Damit lassen sich höhere Preise und höhere Gewinne erzielen.

! **Gesetz des Angebots:** Bei steigenden Preisen steigt das Angebot. Bei sinkenden Preisen nimmt das Angebot entsprechend ab.

Steigen die erzielbaren Preise für ein Gut, so erhöhen die Unternehmen ihre Angebotsmenge in der Erwartung höherer Gewinne. Steigende Preise locken zusätzliche Anbieter auf den Gesamtmarkt, wodurch das Gesamtangebot steigt. Die Beziehung zwischen Preis und angebotener Menge an Gütern lässt sich mithilfe der Angebotskurve abbilden.

Beispiel: Die Angebotskurve für Kartoffeln auf dem Frankfurter Wochenmarkt ergibt sich aus folgender Tabelle.

Preis in € pro kg Kartoffeln	angebotene Menge in kg
1,50	0,75
2,00	1,50
2,50	2,00
3,00	2,75

Die Verkäufer bieten mehr Kartoffeln an, wenn der Preis hoch ist.

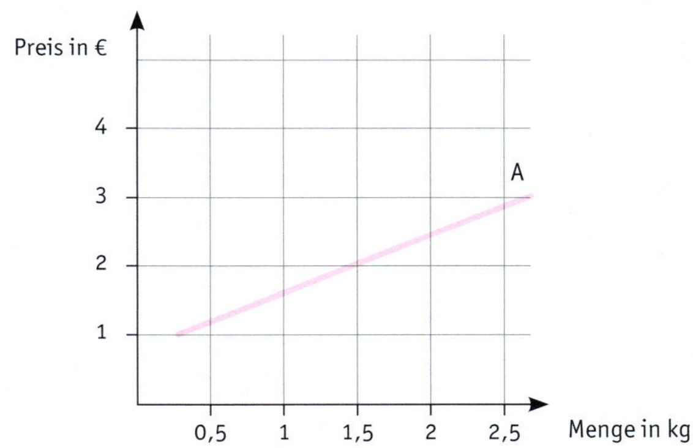

Erhöht sich der Preis für die Kartoffeln, so bewegt sich das Angebot entlang der gegebenen Angebotskurve nach rechts. Sinkt der Preis, so bewegt sich das Angebot entlang der Kurve nach links.

Die dargestellte Angebotskurve ist unter der Bedingung erstellt, dass alle anderen Einflussfaktoren auf das Angebot gleich bleiben. Ebenso wie die Nachfragekurve verschiebt sie sich als Ganzes, sobald sich andere Einflussfaktoren als der Preis verändern. Die Kurve verschiebt sich nach rechts, wenn zum selben Preis mehr angeboten wird. Sie verschiebt sich nach links, wenn zum selben Preis weniger angeboten wird.

Das Angebot wird vor allem durch die Kosten und die Verfügbarkeit der benötigten Produktionsfaktoren beeinflusst.

2.2.4 Preisbildung auf dem vollkommenen Markt

Werden die Nachfragekurve und die Angebotskurve zusammengefügt, so ergibt sich das Bild des vollständigen Marktes mit beiden Marktseiten. Es ist erkennbar, dass sich auf diesem Markt ein Gleichgewicht mit einem **Gleichgewichtspreis** und einer Gleichgewichtsmenge bildet. Zu diesem Preis wird die gesamte angebotene Menge auch nachgefragt.

Gleichgewichtspreis
Er entspricht dem Marktpreis.

Beispiel: Auf dem Kartoffelmarkt in Frankfurt ergibt sich bei 1,5 kg Kartoffeln ein Gleichgewichtspreis von 2,00 €. Die gesamte nachgefragte Menge entspricht in diesem Punkt der angebotenen Menge.

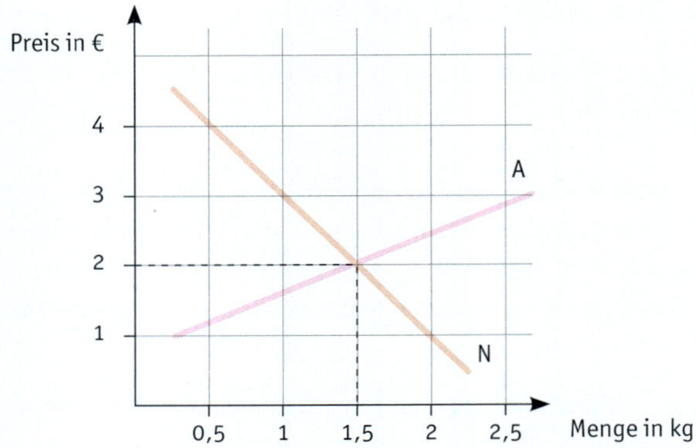

Bei Preisen ober- und unterhalb des Gleichgewichtspreises ergeben sich ein Angebots- und ein Nachfrageüberhang bzw. eine Nachfrage- und Angebotslücke:

- Ein **Angebotsüberhang** (Nachfragelücke) liegt vor, wenn das Angebot die Nachfrage übersteigt, d. h., die Anbieter können nicht alle Produkte verkaufen, da die Angebotspreise zu hoch liegen.
- Bei einem **Nachfrageüberhang** (Angebotslücke) ist die Nachfrage höher als das Angebot, da die Preise für ein Marktgleichgewicht zu niedrig liegen.

Angebots- und Nachfrageüberhang

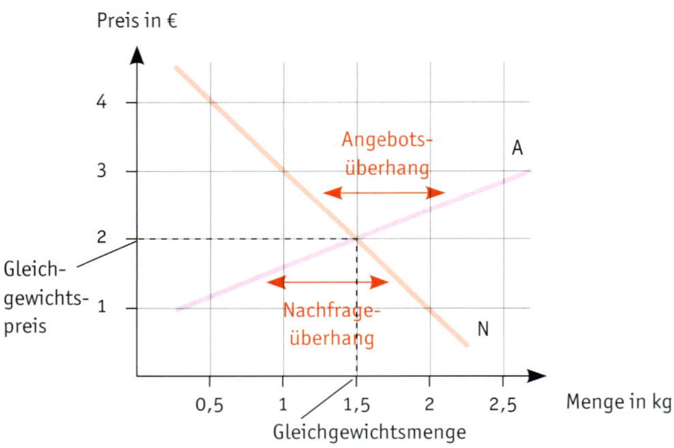

Die Preisbildung sorgt dafür, dass die angebotenen und die nachgefragten Mengen sich ausgleichen. Ein Angebotsüberhang wird später durch sinkende Preise und eine verringerte Güterproduktion, ein Nachfrageüberhang durch steigende Preise und erhöhte Güterproduktion beseitigt. Somit wird immer wieder ein Marktgleichgewicht hergestellt.

Konsumenten- und Produzentenrente

Der **Konsument** hat im Regelfall eine Vorstellung davon, wie viel er für ein bestimmtes Gut zu zahlen bereit ist.

! Die **Konsumentenrente** ist die Differenz aus dem Preis, den der Konsument zu zahlen bereit ist, und dem Gleichgewichtspreis.

Beispiel: Sabine Schneider ist bereit, für eine Hose 110,00 € zu bezahlen. In einem Internetshop kann sie die Hose für 90,00 € kaufen. Die Konsumentenrente beträgt in diesem Fall 20,00 €.

Die Summe aller individuellen Konsumentenrenten ergibt die Konsumentenrente eines Marktes.

Entsprechend hat der **Anbieter** normalerweise eine Vorstellung davon, welchen Preis er für ein Gut mindestens erzielen möchte.

! Die **Produzentenrente** ist die Differenz zwischen dem Preis, den ein Anbieter für ein Gut erzielen möchte, und dem Gleichgewichtspreis.

Beispiel: Schreiner Blanke ist bereit, einen von ihm gefertigten Schreibtisch für 400,00 € zu verkaufen, da dieser Preis seine Produktionskosten deckt. Da der Gleichgewichtspreis auf dem Markt 500,00 € für einen entsprechenden Schreibtisch beträgt, kann er ihn für 500,00 Euro verkaufen. Seine Produzentenrente beträgt 100,00 €.

Die Summe aller individuellen Produzentenrenten ergibt die Produzentenrente eines Marktes.

2.2.5 Funktionen von Marktpreisen

Marktpreise von Gütern haben verschiedene **Aufgaben** bzw. **Funktionen**:

- Die Marktpreise eines Gutes spiegeln den Knappheitsgrad und seinen Wert wider (**Signalfunktion**).
- Ein hoher Marktpreis bewirkt, dass die Anbieter dieses Gut produzieren. Die Produktionsfaktoren werden dorthin gelenkt, wo sich die besten Gewinnchancen bieten bzw. Marktlücken existieren (**Lenkungsfunktion**).
- Anbieter, die nicht mehr in der Lage sind, ihre Güter zum Gleichgewichtspreis anzubieten, werden vom Markt verdrängt, da die Nachfrager sich für billigere Güter entscheiden werden (**Ausschaltungsfunktion** bzw. **Auslesefunktion**). Gleiches gilt für Nachfrager, die nicht über die entsprechenden finanziellen Mittel verfügen, um sich ein Gut zu kaufen.
- Durch Marktpreise werden die Güter vergleichbar gemacht sowie Angebot und Nachfrage abgestimmt (**Ausgleichsfunktion**).

2.3 Preiselastizität der Nachfrage

! Die **Preiselastizität der Nachfrage** gibt an, in welchem Maß die Nachfrage auf eine Preisänderung reagiert.

Die Preiselastizität hängt sehr stark von der Art des Gutes ab. Das Maß, mit dem die Reaktion der Nachfrage auf eine Preisänderung gemessen werden kann, ist die Preiselastizität der Nachfrage.

$$\text{Preiselastizität der Nachfrage } (E_N) = \frac{\text{Änderung der Nachfrage in \%}}{\text{Änderung des Preises in \%}}$$

Die Nachfrage ist **elastisch**, wenn der Elastizitätskoeffizient größer 1 ist, und **unelastisch** bei einem Wert kleiner 1.

$E_N = \frac{15\,\%}{30\,\%} = 0{,}5$

Beispiel: Erhöht ein Anbieter seinen Preis z. B. um 30 %, die nachgefragte Menge seines Gutes sinkt aber nur um 15 %, dann reagiert die Nachfrage kaum auf die veränderten Preise. Die Nachfrage ist unelastisch.
Reagieren die Nachfrager auf Preissenkungen oder Preissteigerungen dagegen mit Reaktionen, die über dem Prozentsatz der Preisänderung liegen, z. B. mit einem Nachfragerückgang von 20 % auf eine Preissteigerung von 10 %, so ist die Nachfrage elastisch.

$E_N = \frac{20\,\%}{10\,\%} = 2$

Sinkt oder steigt die Nachfrage um den gleichen Prozentsatz, wie die Preise sinken oder steigen, spricht man von einer **proportional-elastischen** Nachfrage ($E_N = 1$).

Eine völlig **starre** Nachfrage liegt vor, wenn, egal wie sich die Preise eines Gutes ändern, immer die gleiche Menge nachgefragt wird (Grenzfall) ($E_N = 0$).

Beispiel: Muss jemand täglich eine lebensnotwendige Tablette einnehmen, dann ist der Tablettenpreis belanglos.

Wird jede zu einem bestimmten Preis erhältliche Menge eines Gutes gekauft, dann ist die Nachfrage nach diesem Gut vollkommen elastisch (Grenzfall) ($E_N = \infty$).

Mögliche Nachfragekurven

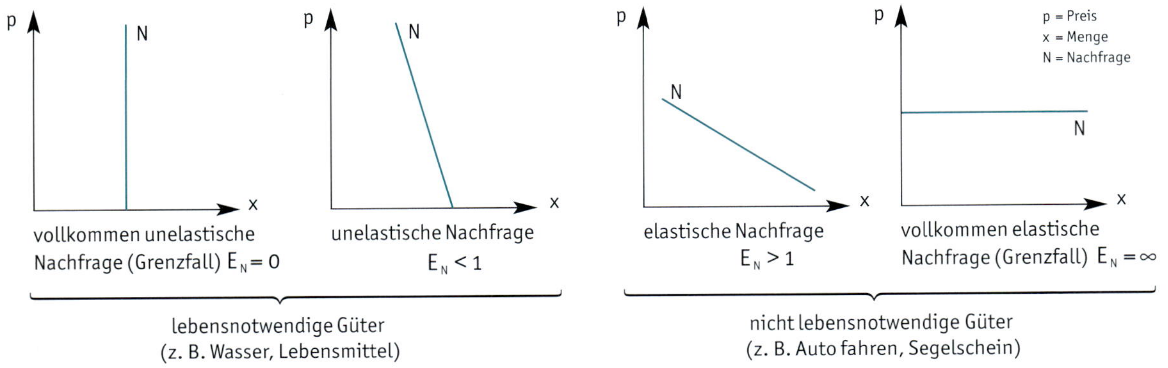

Zusammenfassend lässt sich folgende Regel formulieren: Bei **elastischer Nachfrage** führen Preiserhöhungen zu sinkenden Umsätzen, während bei **unelastischer Nachfrage** ein steigender Umsatz zu erwarten ist. Diese Sicht vernachlässigt jedoch die dabei entstehenden Kosten, sodass allein die Information über die Nachfrageelastizität zur Preisfestlegung nicht ausreicht.

2.4 Marktformen und Preisbildung

Für die Wettbewerbsintensität spielen die Marktform sowie die Möglichkeiten des Marktzutritts für neue Marktteilnehmer eine große Rolle. Wesentlich ist, inwiefern neue Marktteilnehmer die Möglichkeit haben, in einen Markt einzutreten. Marktzutrittsbeschränkungen können in gesetzlichen Vorgaben, aber auch in technischen oder finanziellen Beschränkungen bestehen. Der Wettbewerb wird stark beeinflusst, wenn auf einer Marktseite die **Marktmacht** größer ist als auf der anderen Seite. Im Extremfall kann der Wettbewerb dann sogar ausgeschaltet werden.

2.4.1 Preisbildung im unvollkommenen Polypol

Marktformen, vgl. **Kap. 2.1**

Im Polypol stehen sich auf dem unvollkommenen Markt viele Anbieter und viele Nachfrager gegenüber. Die Güter sind nicht homogen, und die Käufer haben räumliche, zeitliche und persönliche Präferenzen. Zugleich fehlt der vollständige Marktüberblick.

Innerhalb einer bestimmten Bandbreite kann der Anbieter deshalb einen gewinnmaximalen Preis festsetzen, ohne dass die Nachfrager zur Konkurrenz abwandern. In diesem Bereich verhält sich der Anbieter wie ein Monopolist. Deshalb wird auch von einem **monopolistischen Preisspielraum** gesprochen. Wird der Preis über die obere Preisgrenze hinaus erhöht, so wandern die Nachfrager zur Konkurrenz ab. Senkt der Anbieter seinen Preis unter die untere Preisgrenze, so werden zu viele Nachfrager angelockt. Damit kann unter Umständen nicht die gesamte Nachfrage befriedigt werden. Außerdem erzielt der Anbieter keinen Gewinn mehr. Beide Bereiche werden als **polypolistische Bereiche** bezeichnet.

Beispiel: In einer Stadt gibt es viele Döner-Läden. Die Preise für einen Geflügeldöner sind jeweils unterschiedlich. Wenn der Döner-Laden „Dönerglück" den Preis von 1,50 € auf 2,00 € erhöht, wirkt sich das kaum auf die Nachfrage aus. Erhöht das „Dönerglück" den Preis aber auf 3,00 €, werden viele Kunden zur Konkurrenz abwandern, da ihnen der Preis zu hoch erscheint. Setzt es den Preis auf 1,00 €, so werden neue Kunden angelockt.

Doppelt geknickte Preisabsatzfunktion

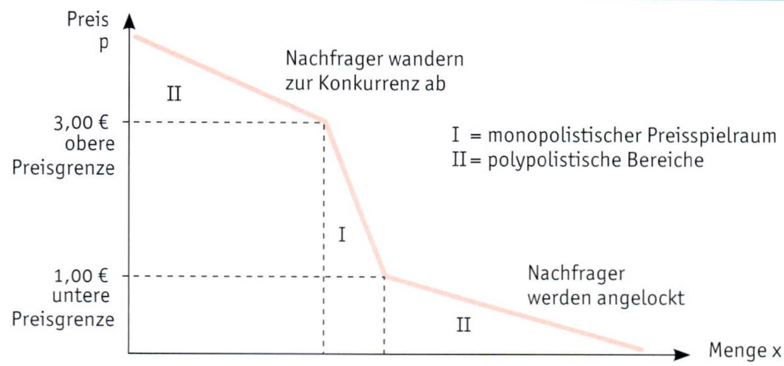

2.4.2 Preisbildung im unvollkommenen Oligopol

Neben dem Polypol ist das Oligopol die häufigste Marktform. In einem Oligopol stehen wenige Anbieter vielen Nachfragern gegenüber.

Marktformen, vgl. **Kap. 2.1**

Der einzelne Oligopolist besitzt einen großen Marktanteil und kann dadurch auch den Marktpreis stärker beeinflussen. Bei der Preisgestaltung muss er die Reaktion der Nachfrager ebenso berücksichtigen wie die Reaktion der anderen Anbieter. Insbesondere beim Angebot von homogenen Gütern achten die Anbieter auf ihre Mitbewerber. Häufig kommt es daher zu einer **Preisstarrheit** bzw. zu gleichgerichtetem Verhalten auf oligopolistischen Märkten für homogene Güter.

Beispiel: Ein Oligopolist setzt seinen Preis für ein Liter Benzin von 1,55 € auf 1,60 € herauf. Die anderen Anbieter halten ihre Preise konstant. Viele Nachfrager wandern ab, da sie beim günstigsten Anbieter kaufen werden. Die Preisabsatzfunktion für eine Preiserhöhung verläuft flach, da keine Reaktion der anderen Anbieter vorausgesetzt wird (rote Linie). Senkt der Oligopolist allerdings seinen Preis für einen Liter Benzin von 1,55 € auf 1,50 €, werden auch die anderen Anbieter ihre Preise senken. Die Preisabsatzfunktion für eine Preissenkung verläuft steiler, weil eine Reaktion der anderen Anbieter vorausgesetzt wird (grüne Linie).

Einfach geknickte Preisabsatzfunktion

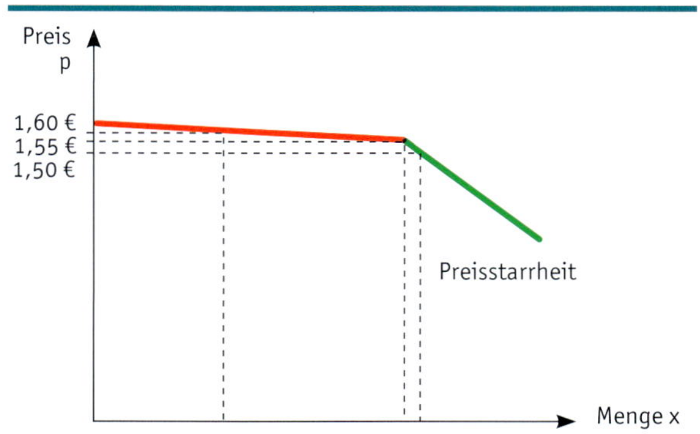

Im Oligopol sind neben der Preisstarrheit auch andere Preisstrategien denkbar:
- Bei einer **Marktverdrängungspolitik** versucht ein Oligopolist, die anderen Anbieter durch Preisunterbietungen auszuschalten, um deren Marktanteile zu gewinnen. Die anderen Anbieter werden auf die Preissenkung ebenfalls mit einer Preissenkung reagieren. Dieser Prozess kann dazu führen, dass Anbieter aus dem Markt verdrängt werden, da sie ihre Kosten langfristig nicht mehr decken können. In diesem Fall wird auch von ruinösem Wettbewerb gesprochen.
- Ein Preiskampf kann für alle Anbieter zum Nachteil werden, da die Kosten nicht mehr gedeckt werden können. Daher treffen Anbieter oft stillschweigende **Preisabsprachen** über ihr Verhalten. Abgestimmtes Verhalten oder sogar vertragliche Vereinbarungen zwischen den Anbietern sind nach dem Gesetz gegen Wettbewerbsbeschränkungen verboten, da der Wettbewerb auf der Preisebene umgangen wird. In der Realität bilden sich sogenannte **Frühstückskartelle**, die praktisch nicht nachgewiesen werden können.
- Ein besonders umsatzstarker Anbieter wird häufig von seinen Konkurrenten als **Preisführer** anerkannt. Verändert er seine Preise, so zieht die Konkurrenz nach.

Gesetz gegen Wettbewerbsbeschränkungen, vgl. **Kap. 5.5.3**

Frühstückskartell
Es existieren keine offiziellen Absprachen oder Verträge. Kurze Besprechungen oder Telefonate genügen für abgestimmtes Verhalten.

2.4.3 Preisbildung im vollkommenen und unvollkommenen Monopol

Marktformen, vgl. **Kap. 2.1**

Beim Monopol steht ein Anbieter vielen Nachfragern gegenüber. In einem **vollkommenen Markt** ist die Preisabsatzfunktion identisch mit der Gesamtnachfragekurve, d. h., die zu einem bestimmten Preis abgesetzte Menge entspricht der am Markt zu diesem Preis nachgefragten Menge. Der Monopolist kann für ein Gut entweder die Absatzmenge (Mengenfixierer) oder den Preis (Preisfixierer) festlegen. Die Nachfrager entscheiden dann durch ihr Verhalten über den Preis bzw. durch ihre Kaufbereitschaft über die absetzbare Menge. Auf einem vollkommenen Markt kann der Monopolist nur einen Preis für ein Gut verlangen. Eine **Preisdifferenzierung** durch den Monopolisten ist somit nicht möglich.

Preisdifferenzierung
Für das gleiche Gut können unterschiedliche Preise gefordert werden.

Auf einem **unvollkommenen Markt** kann der Monopolist für ein Gut unterschiedliche Preise verlangen und so seinen Gewinn erhöhen. Allerdings muss es ihm dann gelingen, das gleiche Gut zu unterschiedlichen Preisen auf verschiedenen Teilmärkten zu verkaufen.

Eine Preisdifferenzierung ist z. B. möglich durch:
- **räumliche Preisdifferenzierung:** Das Gut wird an verschiedenen Orten zu einem unterschiedlichen Preis angeboten.
- **zeitliche Preisdifferenzierung:** Das Gut wird zu unterschiedlichen Zeitpunkten zu einem unterschiedlichen Preis angeboten.
- **sachliche Preisdifferenzierung:** Das Gut wird in unterschiedlichen Ausführungen zu einem unterschiedlichen Preis angeboten.
- **persönliche Preisdifferenzierung:** Das Gut wird verschiedenen Personengruppen zu einem unterschiedlichen Preis angeboten.

Konsumentenrente, vgl. **Kap. 2.2.4**

Ziel der Preisdifferenzierung ist es, die **Produzentenrente** abzuschöpfen.

2.5 Marktversagen

Von Marktversagen spricht man dann, wenn der Markt seine Funktionen nicht erfüllt. Wenn dies geschieht, kommt es z. B. zu einer Über- oder Unterversorgung mit bestimmten Gütern. Für das Marktversagen kann es verschiedene Gründe geben:

Funktionen des Marktes, vgl. Kap. 2.1

Marktmacht: In der Realität kann der Wettbewerb z. B. durch Unternehmenskonzentration eingeschränkt werden: Die wenigen Anbieter erlangen Marktmacht, die sie in Form von Preisdiktaten missbrauchen können.

Wettbewerb, vgl. Kap. 5

Öffentliche Güter: Beim Kauf eines privaten Gutes muss der Käufer die Bedingungen des Eigentümers des Gutes anerkennen. Akzeptiert er diese Bedingungen (z. B. den Preis) nicht, wird er von der Nutzung des Gutes ausgeschlossen. Für **öffentliche Güter** gilt dieses **Ausschlussprinzip** aber nicht: Niemand kann von der Nutzung öffentlicher Güter (z. B. der Straßenbeleuchtung) ausgeschlossen werden. Dadurch kommt es zu einem Trittbrettfahrer-Verhalten, d. h., Einzelne können das öffentliche Gut nutzen, ohne dafür zu bezahlen. Es kann sich also kein Marktpreis bilden.

private und öffentliche Güter, vgl. Kap. 1.3

Eigentumsrechte an einem Gut bedeutet, dass der Eigentümer über das Gut frei verfügen kann, d. h., er kann es verkaufen, verschenken und verleihen.

Umwelt: Zu den öffentlichen Gütern zählt auch die Umwelt. Solange sie nichts kostet, besteht für das einzelne Wirtschaftssubjekte kein unmittelbarer Anreiz, sich umweltgerecht zu verhalten. Das fördert in der Regel umweltschädliches Verhalten. Auch das Gewinnstreben veranlasst die Produzenten, die Umwelt kostenlos zu nutzen und die Beseitigung der ökologischen Schäden auf Dritte bzw. die Allgemeinheit abzuwälzen. Die entstehenden Kosten werden als **externe Effekte** bezeichnet.

Auf unvollkommenen Märkten besteht häufig **asymmetrische Information** (v. a. mangelnde Marktübersicht, Beeinflussung der Konsumenten durch die Werbung).

Konjunkturschwankungen: In der Marktwirtschaft kommt es immer wieder zu erheblichen Konjunkturschwankungen, die zu Unternehmenszusammenbrüchen, Arbeitslosigkeit und allgemeiner wirtschaftlicher Stagnation führen können.

Auch die **mangelnde Verteilungsgerechtigkeit** (die ungleiche Verteilung von Einkommen und Vermögen) wird oft auch als Marktversagen angesehen.

Ungleiche Verteilungen können zu sozialen Spannungen führen.

2.6 Politische Preisbildung

In einigen Bereichen greift der Staat in die freie Marktpreisbildung ein, um bestimmte Anbieter (z. B. Landwirtschaft) oder Nachfrager (z. B. bedürftige Haushalte) zu schützen. Die Eingriffe des Staates finden marktkonform oder marktkonträr statt:

- **Marktkonforme (indirekte) Maßnahmen** belassen den Preismechanismus, wirken aber durch Steuerung von Angebot und Nachfrage auf die Preisbildung ein.

Beispiel: Der Staat beschließt ein umfangreiches Wohnungsbauprogramm in Ballungsgebieten. Durch das steigende Angebot an Mietwohnungen treten Leerstände auf, sodass Vermieter zu Mietpreissenkungen veranlasst werden.

- **Marktkonträre (direkte) Maßnahmen** setzen die freie Preisbildung außer Kraft. Hier legt der Staat Mindest- oder Höchstpreise fest oder verhängt Preisstopps.

Beispiel: Im Rahmen der „Mietpreisbremse" darf bei einer Neuvermietung in Ballungsgebieten die Miete nur um 10 % über der ortsüblichen Vergleichsmiete liegen.

Marktkonforme Maßnahmen (z. B. Subventionen an Anbieter, Transferzahlungen an Nachfrager, Verkehrsteuern, z. B. Umsatzsteuer) wirken oft nur mittel- bis langfristig auf Angebot und Nachfrage ein.

Ist ein unmittelbarer Effekt gewünscht, muss der Staat zu **marktkonträren Maßnahmen**, also zu einer staatlichen Preisfestlegung greifen. Dies führt jedoch zu einem Marktungleichgewicht:

Preissituation	Angebots- und Nachfragesituation
Gleichgewichtspreis	Angebots- und Nachfragemenge sind gleich.
Mindestpreis (Preis oberhalb des Gleichgewichtspreises)	Es besteht ein Angebotsüberhang.
Höchstpreis (Preis unterhalb des Gleichgewichtspreises)	Es besteht ein Nachfrageüberhang.

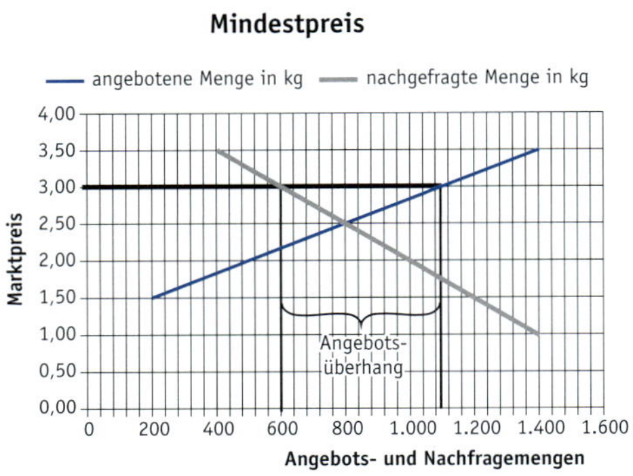

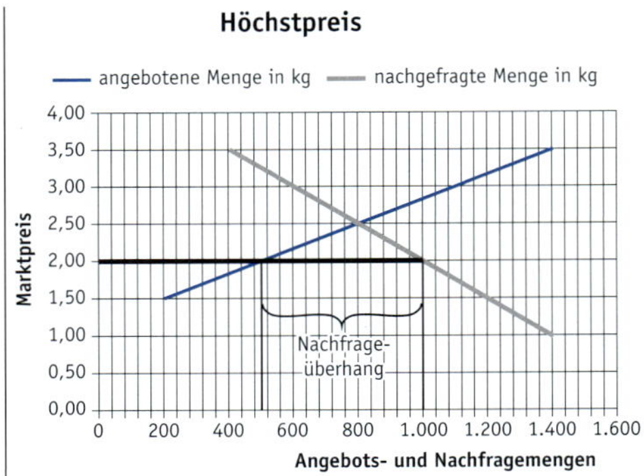

Kennzeichen eines Höchstpreises mit dem entsprechenden Nachfrageüberhang ist u. a. das Entstehen sogenannter „Schwarzmärkte“, auf denen die ansonsten nicht erhältlichen Waren vom Käufer zum tatsächlichen Handelswert erworben werden können. Um die durch staatliche Eingriffe entstandenen Ungleichgewichte wieder zu beseitigen, muss der Staat nochmals aktiv werden:

- Ein entstandener Angebotsüberhang kann z.B. durch **Produktionskontingente** (Mengenbeschränkungen) oder **staatliche Aufkäufe** ausgeglichen werden.
- Ein entstandener Nachfrageüberhang kann durch **Rationierung** (Ausgabe von Bezugsscheinen) oder **staatliche Produktionsprämien** ausgeglichen werden. Das Agieren auf Schwarzmärkten ist zudem **strafbar**.

ÜBERSICHT: Preisbildung am Markt

Markt	– Ort, an dem Angebot und Nachfrage zusammentreffen – zentraler Lenkungsmechanismus für die wirtschaftlichen Aktivitäten der Wirtschaftssubjekte – übernimmt die Koordination von Produktion und Konsum in einer Volkswirtschaft	
Vollkommener Markt	Funktionsbedingungen: Alle Güter sind homogen; keine persönlichen, räumlichen und zeitlichen Präferenzen; vollkommene Markttransparenz	
Unvollkommene Märkte	– heterogenes Güterangebot – häufig irrationales Verhalten und Präferenzen der Marktteilnehmer – zeitliche Verzögerungen bei der Anpassung an veränderte Marktstrukturen	– fehlende Markttransparenz
Gesetz der Nachfrage / Gesetz des Angebots	Gesetz der Nachfrage: Die Nachfrage nach einem Gut steigt, wenn der Preis sinkt. Steigt der Preis eines Gutes, dann sinkt die Nachfrage.	Gesetz des Angebots: Bei steigenden Preisen steigt das Angebot; bei sinkenden Preisen nimmt das Angebot entsprechend ab.
Marktformen	– Polypol (viele Anbieter, viele Nachfrager) – Oligopol (wenige Anbieter und/oder wenige Nachfrager)	– Monopol (ein Anbieter und/oder ein Nachfrager)
Marktversagen	Markt funktioniert nicht als Koordinierungssystem. Beispiele: Vorliegen von Marktmacht, öffentliche Güter	
Staatliche Preisbeeinflussung	– marktkonforme Maßnahmen (z. B. Bauprogramme, Transferzahlungen, Subventionen, Verkehrsteuern) – marktkonträre Maßnahmen (z. B. Mindest- und Höchstpreise → Marktungleichgewichte)	

Aufgaben

1 Erklären Sie den Begriff „Markt".

2 Erläutern Sie, warum die Existenz von Märkten für das Funktionieren der Wirtschaft unbedingt notwendig ist.

3 Suchen Sie Beispiele zu den verschiedenen Arten von Märkten.

4 Erläutern Sie die verschiedenen Einflussgrößen für das Anbieter- und Nachfragerverhalten.

5 In welcher Form können auf den einzelnen Märkten Probleme auftreten?

6 Erarbeiten Sie die Vor- und Nachteile der einzelnen Marktformen für die Marktteilnehmer.

7 Welche der Voraussetzungen für einen vollkommenen Markt sind am ehesten realisierbar?

8 Warum kann es in der Volkswirtschaft auf einem Markt keine völlig homogenen Güter geben?

9 Erläutern Sie Marktsituationen, in denen ein Angebots- oder ein Nachfrageüberhang denkbar ist.

10 Suchen Sie Beispiele aus dem täglichen Leben, um mögliche Gründe für die Verschiebungen der Angebots- und Nachfragekurven zu verdeutlichen.

11 Recherchieren Sie, ob es in Deutschland noch Monopole gibt und wie die Preise dort festgelegt werden.

12 Erläutern Sie, warum der Preisbildungsmechanismus nicht bei allen Gütern funktioniert.

13 Erklären Sie, was unter einer elastischen und einer unelastischen Nachfrage verstanden wird.

14 Was wird unter „Marktversagen" verstanden?

15 Nennen Sie zwei Beispiele für politische Preisbildung und begründen Sie, warum der Staat in diesen Fällen in die Preisbildung eingreift.

3 Wirtschaftskreislauf und Volkswirtschaftliche Gesamtrechnung

3.1 Wirtschaftskreislauf

AB → Lernsituation 86

Arbeitsteilung, vgl. **Kap. 1.6**

Der Tausch von Waren und Dienstleistungen vollzieht sich auf Märkten, vgl. **Kap. 2.1**

Modell
vereinfachte Darstellung der Wirklichkeit

Die wirtschaftlichen Abläufe in einer arbeitsteiligen Volkswirtschaft sind außerordentlich komplex und kompliziert. Millionen von Menschen stehen direkt oder indirekt mit allen anderen in Tauschbeziehungen. Um die wirtschaftliche Realität zu verstehen, müssen die grundlegenden Beziehungen verdeutlicht werden. Um die Komplexität der wirtschaftlichen Prozesse verstehen zu können, arbeitet die Volkswirtschaftslehre mit **Modellen**.

Das **Modell des Wirtschaftskreislaufs** geht in seiner modernen Form auf John Maynard Keynes (1883–1946) zurück. Er versuchte, die gesamtwirtschaftlichen Zusammenhänge und das Zusammenwirken der unterschiedlichen wirtschaftlichen Faktoren wie Einkommen, Ausgaben, Beschäftigung, Sparen, Staatshaushalt usw. modellhaft zu betrachten und somit die Abläufe in einer arbeitsteiligen Volkswirtschaft vereinfacht darzustellen. In solch einem Modell lassen sich auch Erklärungen für Störungen entwickeln.

! Der **Wirtschaftskreislauf** ist ein bildhaftes Modell, das die ökonomische Realität in mehrfacher Hinsicht vereinfacht. Er dient zur Veranschaulichung der Aktivitäten in einer Volkswirtschaft.

Es handelt sich also um ein typisches ökonomisches Denkmodell, mit dem sich nie die ganze Wirklichkeit erfassen lässt. Im Hinblick auf die Darstellung des Wirtschaftskreislaufes gilt es zwei Elemente zu unterscheiden, und zwar Sektoren und Ströme. In den **Sektoren** werden die Marktteilnehmer nach der Art ihrer wirtschaftlichen Aktivität zusammengefasst: **private Haushalte**, **Unternehmen**, **Staat**, **Banken** und **Ausland**. Bei den **Strömen** werden die Beziehungen zwischen den Sektoren nach **Güterstrom** und **Geldstrom** unterschieden.

Merkmale der Wirtschaftssubjekte im Wirtschaftskreislauf

Merkmale	Private Haushalte	Unternehmen	Staat
Ziel	max. Bedürfnisbefriedigung	max. Gewinn	Sicherung der Stabilität und des Wirtschaftswachstums
Einnahmenbildung	Verkauf der Produktionsfaktoren Arbeit, Boden, Kapital an ein Unternehmen → Lohn, Miete, Pacht, Zins, Gewinn als Einkommen	Erlöse aus dem Verkauf von Gütern	Steuern, Gebühren, Beiträge
Einnahmenverwendung	Konsum und Sparen	Investitionen	– Subventionen – Transferzahlungen – staatlicher Konsum – staatliche Investitionen
Art der Produktion	für den Eigenbedarf	für den Fremdbedarf	Bereitstellung öffentlicher Güter

3.1.1 Einfacher Wirtschaftskreislauf

Das nachfolgende Schaubild stellt eine schematische Gliederung der Volkswirtschaft dar. In diesem Modell besteht die Volkswirtschaft aus zwei Sektoren: **private Haushalte** und **Unternehmen**. Die privaten Haushalte stellen den Unternehmen Produktionsfaktoren, z. B. Arbeitskraft, Boden und Kapital, zur Verfügung. Sie sind in diesem Fall die Anbieter. Für die Überlassung dieser Produktionsfaktoren zahlen die Unternehmen an die privaten Haushalte Entgelte in Form von Löhnen, Pachten, Zinsen und Gewinnen. Mit dem erhaltenen Einkommen können die privaten Haushalte Konsumausgaben tätigen. Sie übernehmen hier die Rolle des Nachfragers.

Güter, vgl. **Kap. 1.3**

Wirtschaftskreislauf mit zwei Sektoren

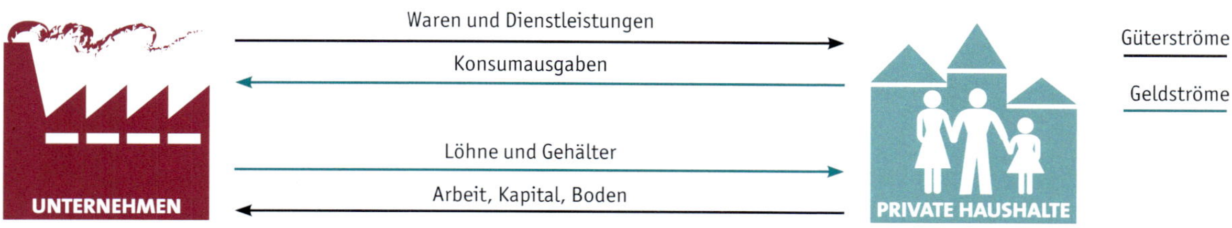

Wenn die privaten Haushalte das gesamte Einkommen für den Kauf von Gütern ausgeben, ist der Kreislauf geschlossen. Die Menge der produzierten Güter und der Lebensstandard bleiben gleich, d. h., dass es kein Wirtschaftswachstum und keine Vermögensbildung gibt. Die Wirtschaft befindet sich entsprechend der Modellvorstellung in einem statischen Zustand.

statisch
starr, unbeweglich

Die Wirklichkeit funktioniert anders:
- So geben die privaten Haushalte nicht alles aus, sie sparen.
- Auch beziehen nicht alle privaten Haushalte Einkommen von den Unternehmen. Sie bekommen Geld vom Staat.
- Viele Güter werden außerhalb der Volkswirtschaft gekauft. Es gibt Beziehungen zum Ausland.

3.1.2 Erweiterter Wirtschaftskreislauf

In einem erweiterten Modell werden auch die Sektoren Staat und Ausland sowie Banken integriert. Mit dieser Erweiterung wird die Wirklichkeit besser dargestellt.

Mit der Einbeziehung des **Sektors** Staat erfolgt eine wichtige Ergänzung. Die privaten Haushalte und Unternehmen entrichten an den Staat Steuern, Gebühren und Beiträge. Mit den Einnahmen unterstützt der Staat u. a. bedürftige Haushalte (Sozialhilfe usw.), sichert die Existenz erhaltenswerter Unternehmen durch Unterstützungszahlungen (Subventionen) und entlohnt seine Beschäftigten, z. B. Lehrer, Polizisten oder Verwaltungsangestellte. Außerdem kauft er Waren und Dienstleistungen. Da die privaten Haushalte, die Unternehmen und der Staat nicht nur konsumieren, sondern auch sparen, wird das Modell um den **Sektor Banken** erweitert. Mit der Erweiterung des Modells um den **Sektor Ausland** wird der Kreislauf einer geschlossenen Volkswirtschaft verlassen, d. h., der Waren-, Kapital- und Dienstleistungsverkehr findet grenzüberschreitend statt (Exporte und Importe). Zur Vereinfachung werden in nachfolgender Abbildung nur noch die Geldströme betrachtet, die auf die jeweiligen Konten der Sektoren fließen.

Staat
öffentlicher Haushalt

Wirtschaftskreislauf mit fünf Sektoren (nur Geldströme)

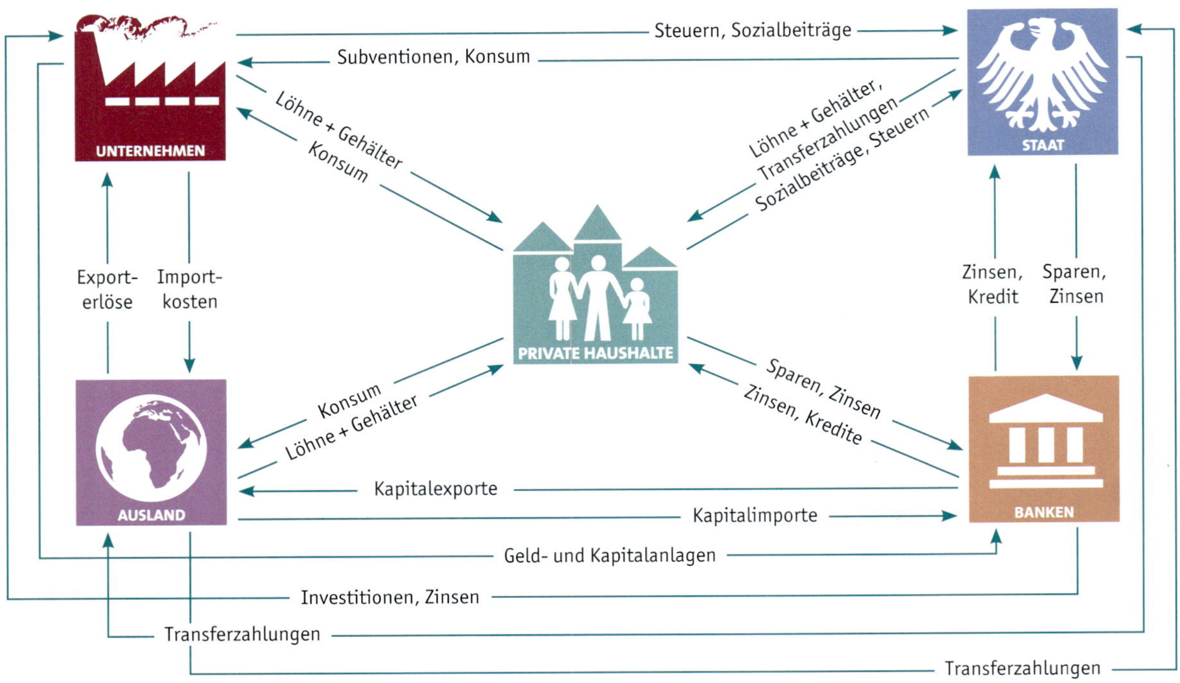

Der Staat beeinflusst die verfügbaren Einkommen der privaten Haushalte, indem er einerseits den Staatsbediensteten ein Arbeitseinkommen bezahlt und der Allgemeinheit Transferzahlungen (Sozialleistungen) gewährt, andererseits Steuern und Sozialversicherungsbeiträge einzieht. Das verfügbare Haushaltseinkommen ergibt sich so:

verfügbares Haushaltseinkommen = alle Einkommensquellen – staatliche Abgaben

Abhängig von der Verwendung des verfügbaren Einkommens lassen sich dann die Konsum- und die Sparquote ermitteln:

$$\text{Konsumquote} = \frac{\text{Höhe der Konsumausgaben} \cdot 100}{\text{verfügbares Haushaltseinkommen}}$$

$$\text{Sparquote} = \frac{\text{Höhe des Sparens} \cdot 100}{\text{verfügbares Haushaltseinkommen}}$$

AB → Lernsituation 87

3.2 Volkswirtschaftliche Gesamtrechnung

Die Volkswirtschaftliche Gesamtrechnung (VGR) basiert auf dem Wirtschaftskreislauf und zeigt den Erfolg der Wirtschaftsaktivitäten einer Volkswirtschaft. Sie dient als Grundlage für wirtschafts- und konjunkturpolitische Entscheidungen.

! Die **Volkswirtschaftliche Gesamtrechnung** zeigt die wirtschaftlichen Aktivitäten einer Volkswirtschaft anhand der Entstehung, Verteilung und Verwendung des Bruttoinlandsprodukts innerhalb einer bestimmten Periode.

Das bisher eigenständige deutsche System der Volkswirtschaftlichen Gesamtrechnung wurde 1999 auf das Europäische System Volkswirtschaftlicher Gesamtrechnungen (ESVG) umgestellt, um einen gesamteuropäischen Vergleich zu ermöglichen.

3.2.1 Bruttoinlandsprodukt

Der Erfolg der wirtschaftlichen Aktivitäten unserer Volkswirtschaft, insbesondere das Wirtschaftswachstum, wird am Bruttoinlandsprodukt gemessen.

Inländer
alle inländischen Wirtschaftssubjekte, z. B. private Haushalte, Unternehmen und Staat

Bruttoinlandsprodukt und Bruttonationaleinkommen

Das Bruttoinlandsprodukt misst nur die im Inland entstandenen wirtschaftlichen Leistungen. Dazu zählen die Einkünfte der **Inländer** im Inland sowie die Einkünfte der Ausländer im Inland. Dieses Konzept wird **Inlandskonzept** genannt.

Inlandskonzept
Wirtschaftliche Leistung wird im Inland erbracht:
- Inländer erbringen Leistungen im Inland.
- Ausländer erbringen Leistungen im Inland.

Beispiel: Herr Raul ist Deutscher und arbeitet in Deutschland. Seine Einkünfte fließen in die Berechnung des Bruttoinlandsproduktes ein (Einkünfte eines Inländers im Inland). Frau de Mol ist Niederländerin und wohnt in den Niederlanden. Sie arbeitet bei einem Unternehmen in Deutschland. Ihr Einkommen wird bei der Berechnung des Bruttoinlandsproduktes ebenfalls berücksichtigt (Einkünfte einer Ausländerin im Inland).

Das **Bruttonationaleinkommen (BNE)** ergibt sich aus den wirtschaftlichen Leistungen, die von Inländern erbracht werden. Dazu zählen die Einkünfte von Inländern im Inland und im Ausland. Dieses Konzept wird **Inländerkonzept** genannt.

Das Bruttonationaleinkommen wurde bis 1999 auch Bruttosozialprodukt (BSP) genannt.

Inländerkonzept
Wirtschaftliche Leistung wird von Inländern erbracht.
- Inländer erbringen Leistungen im Inland.
- Inländer erbringen Leistungen im Ausland.

Bruttoinlandsprodukt
\+ von Inländern im Ausland bezogenes Einkommen
– von Ausländern im Inland bezogenes Einkommen
= **Bruttonationaleinkommen**

Beispiel: Bei der Berechnung des Bruttonationaleinkommens werden die Einkünfte von Herrn Raul berücksichtigt. Frau Fischer lebt in Deutschland, arbeitet für ein dänisches Unternehmen und bezieht ihre Einkünfte aus Dänemark. Diese Einkünfte zählen ebenfalls zum Bruttonationaleinkommen (Einkünfte einer Inländerin im Ausland).

Das Bruttonationaleinkommen beleuchtet die Einkommensseite, das Bruttoinlandsprodukt dagegen die Produktionsseite.

Ermittlung des Bruttoinlandsprodukts

Das folgende Beispiel zeigt eine vereinfachte Berechnung des Bruttoinlandsprodukts (Entstehungsrechnung) basierend auf der Darstellung des Wirtschaftskreislaufs.

Entstehungsrechnung, vgl. **Kap. 3.2.2**

Beispiel: Es wird angenommen, dass eine Volkswirtschaft aus drei Unternehmen und dem Sektor private Haushalte besteht. Ein Winzer (U1) baut Weintrauben an, veredelt diese zu Wein und füllt den Wein in Flaschen ab. Der Weinhändler (U2) kauft diesen Wein und verkauft ihn an einen Supermarkt (U3) weiter.

Der Winzer (U1) benötigt für die Herstellung und Abfüllung von einem Hektoliter Wein 500 Geldeinheiten (GE). Er hat Löhne zu zahlen und möchte Gewinn erzielen. Weitere **Vorleistungen** von anderen Unternehmen benötigt er nicht. Die Wertschöpfung, d. h. die Summe aus Löhnen und Gewinnen, beträgt 500 GE und fließt an die privaten Haushalte.

Vorleistungen
Wert aller Güter, die von anderen in- und ausländischen Wirtschaftsakteuren für die Produktion eingekauft werden

▼

Der Weinhändler (U2) kauft den Wein vom Winzer und verkauft ihn für **900** GE weiter an einen Supermarkt (U3). In diesem Preis sind die **500** GE vom Winzer (U1) als Vorleistung enthalten. Die Wertschöpfung des Weinhändlers beträgt somit **400** GE. Die Löhne und Gehälter fließen an die privaten Haushalte.

Der Supermarkt (U3) möchte beim Verkauf an die privaten Haushalte ebenfalls einen Gewinn erzielen. An seine Mitarbeiter zahlt er Löhne und Gehälter. Der Supermarkt verkauft den Wein für **1.100** GE. Die Wertschöpfung beträgt **200** GE. Das Bruttoinlandsprodukt kann nun als Summe der Wertschöpfung der drei Unternehmen ermittelt werden.

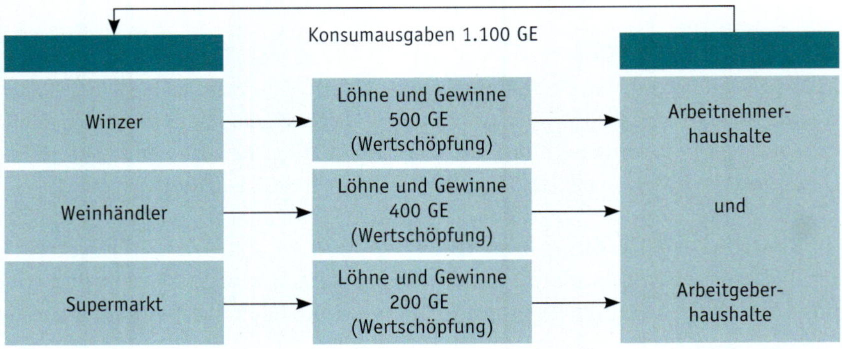

Wertschöpfung U1 500 GE
+ Wertschöpfung U2 400 GE
+ Wertschöpfung U3 200 GE
= BIP 1.100 GE

Das Beispiel zeigt auch die Verbindung zwischen der Volkswirtschaftlichen Gesamtrechnung und der volkswirtschaftlichen Arbeitsteilung; der Bezug zum 3-Sektoren-Modell wird deutlich.

In der realen Volkswirtschaft wird das Bruttoinlandsprodukt über Hunderttausende von Unternehmen berechnet, wobei der dargestellte Grundgedanke erhalten bleibt. Man erhält so das **nominale Bruttoinlandsprodukt**, d. h. einen Wert, der den derzeitigen Preisen entspricht. Abhängig von den derzeitigen Preisen sinkt das nominale Bruttoinlandsprodukt bei sinkenden Marktpreisen (Deflation) und steigt bei steigenden Marktpreisen (Inflation). Damit das **tatsächliche wirtschaftliche Wachstum** gemessen werden kann, werden die Preise bereinigt. Dazu werden die Preise eines festgelegten Basisjahres zugrunde gelegt (Bruttoinlandsprodukt zu konstanten Preisen). Auf diese Weise erhält man das **reale Bruttoinlandsprodukt**.

Preisindex: Aussage über Inflation und Deflation

$$\text{BIP real} = \frac{\text{BIP}_{\text{nominal}} \cdot 100}{\text{Preisindex}}$$

3.2.2 Bestandteile der Volkswirtschaftlichen Gesamtrechnung

Die Volkswirtschaftliche Gesamtrechnung (VGR) wird vom Statistischen Bundesamt durchgeführt. Sie lässt sich unter den Gesichtspunkten der Entstehung, der Verteilung und der Verwendung des Bruttoinlandsprodukts betrachten.

Entstehungsrechnung

Die Entstehungsrechnung ermittelt den Beitrag der einzelnen Wirtschaftsbereiche zum Gesamtergebnis der Volkswirtschaften. Als Hauptdatenquelle dienen hier die Produktionsstatistiken. Das BIP ergibt sich dann wie folgt:

Entstehungsrechnung	
	Landwirtschaft, Forstwirtschaft, Fischerei
+	Produzierendes Gewerbe (ohne Baugewerbe)
+	Baugewerbe
+	Handel, Gastgewerbe, Verkehr
+	Finanzierung, Vermietung, Unternehmensdienstleister
+	öffentliche und private Dienstleister
=	**Bruttowertschöpfung**
+	Gütersteuern
-	Gütersubventionen
=	**Bruttoinlandsprodukt (BIP)**

Da das Bruttoinlandsprodukt den Handelswert der im Inland verkauften Erzeugnisse und Leistungen darstellt, ist nicht nur der vom Unternehmen selbst erzielte Erlös zu berücksichtigen, sondern auch die dem Staat zurechenbaren Preiselemente wie Gütersteuern und Gütersubventionen.

- **Gütersteuern** erhöhen den Handelswert der Erzeugnisse und damit das BIP, zu Ihnen zählen z. B. die Mineralölsteuer, die Umsatzsteuer oder Einfuhrzölle.
- **Gütersubventionen** hingegen führen zu einer Verbilligung der Produkte, wie Zuschüsse für den öffentlichen Nahverkehr.

Verwendungsrechnung

Bei der Verwendungsrechnung wird die gesamtwirtschaftliche Endnachfrage differenziert, um zu sehen, wofür die Leistungen verbraucht worden sind. Es wird zwischen Konsumausgaben der privaten Haushalte, der privaten Organisationen ohne Erwerbszweck und des Staates unterschieden. Die privaten Konsumausgaben umfassen die Konsumausgaben der privaten Haushalte und die der privaten Organisationen ohne Erwerbszweck.

Verwendungsrechnung	
	private Konsumausgaben
+	Konsumausgaben des Staates
+	Bruttoinvestitionen (Ausrüstungsinvestitionen, Bauinvestitionen, sonstige Anlagen, Vorratsveränderungen)
+	Exporte von Waren und Dienstleistungen
–	Importe von Waren und Dienstleistungen
=	**Bruttoinlandsprodukt (BPI)**

Die **Bruttoinvestitionen** setzen sich aus den Bruttoanlageinvestitionen sowie aus den Vorratsveränderungen und dem Nettozugang aus Wertsachen zusammen. Aus den Käufen neuer Anlagen (einschließlich aller eingeführten und selbst erstellten Anlagen), zuzüglich des Saldos aus Käufen und Verkäufen von gebrauchten Anlagen und Ländereien, ergibt sich die Bruttoanlageinvestition. Dabei kann die **Bruttoanlageinvestition** in Ausrüstungen (Maschinen, Geräte, Fahrzeuge), Bauten (Wohnbauten, Nichtwohnbauten) und sonstige Anlagen (u. a. Computersoftware, Urheberrechte, Nutztiere) untergliedert werden.

Bruttoanlageinvestitionen
+ Vorratsveränderungen und Nettozugang an Wertsachen
= Bruttoinvestitionen

Exporte von Waren und Dienstleistungen
– Importe von Waren und Dienstleistungen
= Außenbeitrag

Die Vorratsveränderungen werden anhand von Bestandsangaben für Vorräte berechnet. Der **Nettozugang an Wertsachen** ergibt sich aus den Käufen, abzüglich der Verkäufe der privaten Haushalte, von Goldbarren und nicht umlauffähigen Goldmünzen. In den amtlichen Statistiken werden Vorratsveränderungen und Nettozugang an Wertsachen zusammengefasst veröffentlicht. Der **Außenbeitrag** stellt den Anteil der Exportüberschüsse am BNE dar, also die Leistungen, die ins Ausland geflossen sind.

Als Hauptdatenquellen der Verwendungsrechnung dienen die Umsatz-, Verbrauchs- und Außenhandelsstatistik.

Verteilungsrechnung

Im Rahmen der Verteilungsrechnung wird insbesondere ermittelt, welche Anspruchsgruppen welchen Anteil am erwirtschafteten Volkseinkommen erzielen. Um das Volkseinkommen zu ermitteln, müssen jedoch zunächst weitere Belastungen, die den Verteilungsspielraum einschränken, berücksichtigt werden, dies sind insbesondere Abgaben an den Staat (Unternehmenssteuern) sowie der Werteverzehr des betrieblichen Anlagevermögens. Man stelle sich deshalb die Verteilungsrechnung am besten als Rückwärtsrechnung vor, bei der sich die Vorzeichen vertauschen.

Verteilungsrechnung	
	Arbeitnehmerentgelt Inländer
+	Unternehmens- und Vermögenseinkommen
=	**Volkseinkommen**
+	Produktions- und Importabgaben an den Staat abzüglich Subventionen
+	Abschreibungen
=	**Bruttonationaleinkommen (BNE)**
–	Primäreinkommen aus der übrigen Welt
=	**Bruttoinlandsprodukt (BIP)**

Entsprechend den eingesetzten Produktionsfaktoren fließen von den Unternehmen folgende Vergütungen:

- Entlohnung unselbstständiger Arbeit (Lohn, Gehalt)
- Entlohnung des Kapitaleinsatzes (Zins)
- Entlohnung des Faktors Boden (Miete, Pacht)
- Entlohnung der unternehmerischen Tätigkeit (Gewinn)

Dabei ist der Gewinn die abhängige Größe, d. h. das, was übrig bleibt, wenn auch alle anderen Produktionsfaktoren vom Unternehmen entlohnt wurden.

Die letzten drei Vergütungselemente werden schließlich zum „Einkommen aus unternehmerischer Tätigkeit und Vermögen" zusammengefasst. Daraus lassen sich dann die Kennzahlen der Lohn- und der Gewinnquote ermitteln:

$$\text{Lohnquote} = \frac{\text{Einkommen aus unselbstständiger Tätigkeit} \cdot 100}{\text{Volkseinkommen}}$$

$$\text{Gewinnquote} = \frac{\text{Einkommen aus unternehmerischer Tätigkeit und Vermögen} \cdot 100}{\text{Volkseinkommen}}$$

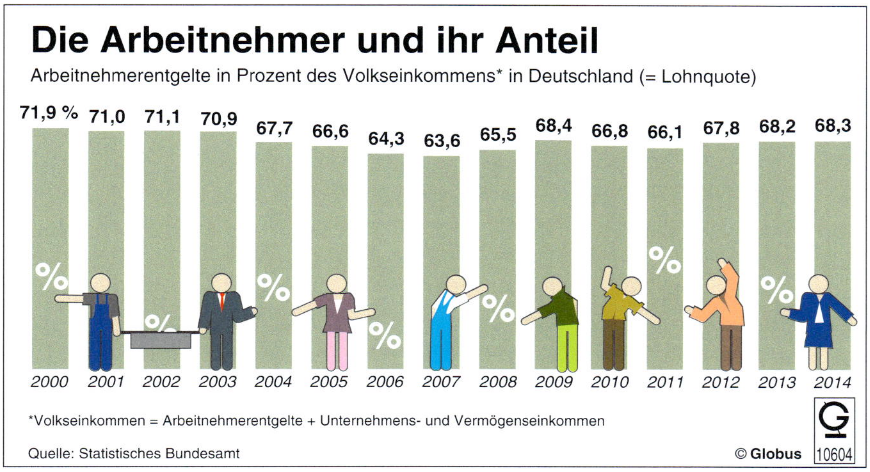

Die Entwicklung der Lohnquote hat hohe sozialpolitische Brisanz, sie zeigt das Ergebnis des „Verteilungskampfes“ zwischen Arbeitgebern und Arbeitnehmern und dient oft auch als Begründung der Gewerkschaften für die Forderung nach höheren Tariflöhnen.

3.2.3 Bedeutung der Volkswirtschaftlichen Gesamtrechnung

Die Volkswirtschaftliche Gesamtrechnung ist ein zentrales volkswirtschaftliches Analyseinstrument:

- Sie zeigt den Erfolg der Wirtschaftsaktivitäten einer Volkswirtschaft.
- Über den Vergleich einzelner Wirtschaftsperioden lassen sich Aussagen über das Wirtschaftswachstum treffen.
- Die Volkswirtschaftliche Gesamtrechnung dient als Grundlage für wirtschafts- und konjunkturpolitische Entscheidungen.
- Mit ihrer Hilfe kann die Einhaltung des Stabilitätsgesetzes überprüft werden.
- Seit der Umstellung auf das Europäische System Volkswirtschaftlicher Gesamtrechnungen ist auch ein Vergleich zwischen den europäischen Volkswirtschaften möglich.
- Die Europäische Zentralbank nutzt die Ergebnisse als Grundlage für ihre Entscheidungen.

3.2.4 Das Bruttonationaleinkommen als Wohlstandsindikator?

Das Bruttonationaleinkommen (BNE) eignet sich nur bedingt als Wachstumsmaßstab. Dafür gibt es die folgenden Gründe:

- Das Bruttonationaleinkommen erfasst nur die Werte der auf dem Markt gehandelten Leistungen.

Wachstumrate =
$$\frac{\text{BIP (Jahr2)} - \text{BIP (Jahr1)}}{\text{BIP (Jahr1)}} \cdot 100$$

Beispiel: Wenn der Hausmann dazu übergeht, das bislang im eigenen Garten angebaute Gemüse im Supermarkt einzukaufen, führt das zu einem Wachstum des Bruttonationaleinkommens.

„Hurra, wieder 2,5% höher!“
Karikatur von Haitzinger

- Unbezahlte Leistungen, wie z. B. die Hausfrauenarbeit, werden nicht erfasst.
- Schwarzarbeit wird nur als Schätzgröße erfasst.
- Der Wert der Freizeit wird nicht berücksichtigt.
- Die Qualität der erfassten Produkte bleibt außer Acht.
- Die Einkommensverteilung ist aus dem BNE nicht zu ersehen.
- Der Marktwert staatlicher Leistungen ist nicht feststellbar.
- Die mit finanziellen Aufwendungen verbundene Beseitigung negativer Wachstumsfolgen wirkt sich steigernd auf das BNE aus.

Beispiel: Das Aufkalken der vom sauren Regen geschädigten Wälder erhöht das Bruttonationaleinkommen.

Außerdem ist zu beachten, dass das Ziel Wirtschaftswachstum häufig mit anderen Zielen kollidiert: Erstens wird wirtschaftliches Wachstum häufig mit Umweltschäden „erkauft“. Zweitens kann es infolge der starken Nachfrage zu Preissteigerungen kommen. Wird das Wirtschaftswachstum durch eine Ausweitung der ausländischen Nachfrage verursacht, kann drittens das Ziel des außenwirtschaftlichen Gleichgewichts verletzt werden.

ÜBERSICHT: Wirtschaftskreislauf und Volkswirtschaftliche Gesamtrechnung

Wirtschaftskreislauf	stellt gesamtwirtschaftliche Zusammenhänge vereinfacht dar, erfasst nie die ganze Wirklichkeit
geschlossene Volkswirtschaft	wirtschaftliche Aktivitäten innerhalb nationaler Grenzen
offene Volkswirtschaft	wirtschaftliche Aktivitäten grenzüberschreitend
statische Volkswirtschaft	kein Wirtschaftswachstum und auch kein Schrumpfen der Wirtschaft

Entstehungsrechnung
  Produktionswert
– Vorleistungen
= Bruttowertschöpfung (unbereinigt)
– unterstellte Bankgebühren
= Bruttowertschöpfung (bereinigt)
+ Nettogütersteuern

Verwendungsrechnung
  private Konsumausgaben
+ Konsumausgaben des Staates
+ Bruttoinvestitionen
+ Außenbeitrag

↓

Bruttoinlandsprodukt
+ Saldo der Primäreinkommen mit der übrigen Welt
= Bruttonationaleinkommen
– Abschreibungen

↓

Verteilungsrechnung
= Nettonationaleinkommen (Primäreinkommen)
– Produktions- und Importabgaben an den Staat
+ Subventionen vom Staat
= Volkseinkommen
– Arbeitnehmerentgelt
= Unternehmens- und Vermögenseinkommen

Aufgaben

1 Welchen Zweck erfüllen modellhafte Kreislaufbetrachtungen?

2 In einer Volkswirtschaft
a wird mehr gespart,
b werden die Steuern erhöht.
Analysieren Sie die wirtschaftlichen Auswirkungen über den Geldstrom im 5-Sektoren-Modell.

3 Nennen Sie ökonomische Vorgänge, die im Modell des Wirtschaftskreislaufs nicht oder nur unzureichend abgebildet werden. Problematisieren Sie insbesondere die fehlende Berücksichtigung der Umwelt.

4 Stellen Sie die folgenden ökonomischen Aktivitäten grafisch als Kreislauf mit fünf Sektoren dar:

Konsum der privaten Haushalte (C_H)	700 GE
Konsum des Staates (C_S)	250 GE
Einkommen aus unselbstständiger Arbeit der Staatsbediensteten (Y_H)	200 GE
Einkommen aus unselbstständiger Arbeit und Einkommen aus Unternehmertätigkeit und Vermögen (Y_H)	1.000 GE
Sparen der privaten Haushalte (S)	200 GE
Steuern der privaten Haushalte (T_H)	300 GE
Steuern der Unternehmen (T_U)	150 GE
Bruttoinvestitionen (I_{br})	260 GE
Abschreibungen der Unternehmen (D)	100 GE
Importe der Unternehmen von Sachgütern, Dienstleistungen, Faktorleistungen (M)	310 GE
Exporte von Sachgütern, Dienstleistungen, Faktorleistungen (X)	350 GE

5 Entwickeln Sie das Kreislaufbild einer kleinen Volkswirtschaft, die aus vier Unternehmen und den privaten Haushalten besteht. Es werden folgende Annahmen zugrunde gelegt:
- Bei den Unternehmen handelt es sich um einen Landwirtschaftsbetrieb, eine Mühle, eine Bäckerei und einen Lebensmittelhandel.
- Ein Landwirt verkauft Weizen im Wert von 700 Geldeinheiten (GE) an eine Mühle. Von dem Erlös bezahlt er seinen Auszubildenden; der Rest ist Gewinn für seine Arbeit und Kapitaleinsatz.
- In der Mühle wird das Korn gemahlen und das Mehl ausgesiebt. Das Mehl wird für 1.400 GE an eine Großbäckerei verkauft.
- Die dort produzierten Brötchen werden für 2.300 GE von einem Lebensmittelhändler gekauft und von diesem für 2.900 GE an seine Kunden verkauft.

a Entwickeln Sie das Kreislaufbild.
b Berechnen Sie die Wertschöpfung auf den einzelnen Stufen.
c Wie hoch ist das BIP in der Volkswirtschaft?

6 Grenzen Sie voneinander ab: nominales BIP, reales BIP, Bruttoinlandsprodukt, Bruttonationaleinkommen, Volkseinkommen.

AB → Lernsituation 88

4 Wirtschaftsordnung

4.1 Grundlagen

In heutigen Gesellschaften, die auf einer arbeitsteilig organisierten Produktion von Waren und Dienstleistungen basieren, regelt sich nicht alles von selbst. Die Arbeitsteilung hat Folgen, die eine übergreifende **Koordination des Wirtschaftsprozesses** erforderlich machen.

Koordination des Wirtschaftsprozesses

Grundproblem des Wirtschaftens: **Knappheit** an Ressourcen

↓

Wirtschaften ist erforderlich
- Entscheidungen über Verwendung knapper Ressourcen sind zu treffen
- Entscheidungen erzeugen Opportunitätskosten

↓

Wirtschaftsprozesse in Industriegesellschaften sind arbeitsteilige Prozesse

↓ (links) **Arbeitsteilung** und Spezialisierung als Mittel zur Produktivitätssteigerung → Wirtschaftsprozesse sind **Tauschprozesse**

↓ (rechts) Ein anerkanntes **Tauschmittel** ist erforderlich → **Geld** (Tauschmittel, Recheneinheit, Wertaufbewahrungsmittel, Zahlungsmittel)

↓

- gegenseitige Abhängigkeit
- Undurchschaubarkeit
- **Koordinationsproblem:** Was soll wann, wie, wo, für wen produziert werden? Wie soll das wirtschaftliche Geschehen koordiniert werden?

↓

Das Institutionen- und Regelsystem einer **Wirtschaftsordnung** ist der Versuch, das Koordinationsproblem zu lösen.

Arbeitsteilung, vgl. Kap. 1.6

Die **Kernfrage** in Bezug auf die Wirtschaftsordnung einer Volkswirtschaft lautet also: Wie kann die Produktion Hunderttausender von Unternehmen, die jährlich viele Millionen Güter herstellen und anbieten, so auf den Bedarf von vielen Millionen von Nachfragern abgestimmt werden, dass der Wirtschaftsprozess ohne größere Störungen ablaufen kann?

Funktionen einer Wirtschaftsordnung

Die Wirtschaftsordnung regelt folgende Punkte:
- **Verteilung der Entscheidungsbefugnisse:** Es muss festgelegt werden, wer die Entscheidungen über Produktion und Konsum treffen darf. Da Eigentum Entscheidungsbefugnis bedeutet, geht es auch zugleich um die
- **Verteilung des Eigentums an den Produktionsmitteln:** Es muss festgelegt werden, ob das Eigentum an Fabriken, Grundstücken und Rohstoffen in privater oder staatlicher Hand liegen soll.
- **Koordination von Konsum und Produktion:** Die Wirtschaftssubjekte haben Einzelpläne darüber, welche Güter sie produzieren bzw. konsumieren wollen. Ein Koordinationssystem muss die Vielzahl von Einzelplänen aufeinander abstimmen, sodass die Unternehmen die nachgefragten Güter in der nachgefragten Menge mit den zur Verfügung stehenden Produktionsfaktoren produzieren.
- **Verteilung der produzierten Güter:** Es muss festgelegt werden, wer die produzierten Güter erhält. Damit ist zugleich das Problem der Einkommensverteilung angesprochen.

Ordnungsformen einer Wirtschaftsordnung

Für die Entwicklung eines Wirtschaftssystems haben folgende Ordnungsformen eine zentrale Bedeutung, von deren Umsetzung die reale Ausprägung einer Wirtschaftsordnung abhängt.
- **Planungs- und Lenkungssystem:** Es ist die Entscheidung zu treffen, wie in einer arbeitsteilig organisierten Volkswirtschaft die Vielzahl wirtschaftlicher Aktivitäten aufeinander abgestimmt werden kann. Die Koordination einer Volkswirtschaft kann grundsätzlich zentral oder dezentral erfolgen.
- **Eigentumsformen:** Entscheidungsbefugnisse sind eng mit dem Eigentum an den Produktionsmitteln (z. B. Fabriken, Grundstück und Rohstoffe) verbunden. Daher gilt es zu regeln, ob Individuen, der Staat oder Genossenschaften über die Produktionsmittel verfügen dürfen.
- **Betriebliche Ergebnisrechnung:** Es ist festzulegen, ob Unternehmen nach dem Prinzip der Gewinnmaximierung oder der Planerfüllung wirtschaften. Planerfüllung heißt, dass in der Volkswirtschaft zentral aufgestellte Pläne erfüllt werden.
- **Preisbildungsformen:** Ein wesentliches Steuerungsinstrument für wirtschaftliche Aktivitäten stellen die Preise dar, zu denen die produzierten Güter verkauft werden können oder sollen. Es ist zu entscheiden, ob sich die Preise am Markt bilden oder ob sie vom Staat festgelegt werden sollen.

Die Koordination wirtschaftlicher Aktivitäten steht mit den anderen Subsystemen der Gesellschaft (z. B. politische Ordnung, kulturelles System) in enger Verbindung. Eingriffe in ein Subsystem haben i. d. R. Auswirkungen auf die anderen Teilsysteme.

ÜBERSICHT: Ordnungsformen einer Wirtschaftsordnung

Planungs- und Lenkungssystem		Eigentumsformen			betriebliche Ergebnisrechnung		Preisbildungsformen	
dezentrale Planung	zentrale Planung	Privateigentum	Staatseigentum	Genossenschaftseigentum	Gewinnprinzip	Planerfüllung	Marktpreisbildung	staatliche Preisfestsetzung

Eine **idealtypische** Wirtschaftsordnung ist ein theoretisches Modell, das Aussagen darüber macht, wie der wirtschaftliche Ordnungsrahmen aussehen sollte. Wenn eine Volkswirtschaft nach den Forderungen der idealtypischen Wirtschaftsordnung gestaltet wird, spricht man von einer **realtypischen** Wirtschaftsordnung.

Beispiel: Die **idealtypische** Wirtschaftsordnung der Bundesrepublik Deutschland ist die freie Marktwirtschaft. Ihre **realtypische** Wirtschaftsordnung, also die Realität, ist aber die soziale Marktwirtschaft.

4.2 Modell der freien Marktwirtschaft

Adam Smith (1723–1790)

Protektionismus
Schutz der einheimischen Produktion gegen die Konkurrenz des Auslandes durch Maßnahmen der Außenhandelspolitik

Das Modell der freien Marktwirtschaft wurde maßgeblich von dem englischen Nationalökonomen Adam Smith geprägt. In seinem Buch „Wohlstand der Nationen", das 1776 erschien, suchte er nach den Ursachen für den wirtschaftlichen Erfolg einer Gesellschaft. Er betonte, dass die Arbeit die eigentliche Quelle des Wohlstands der Nation ist, denn durch die Arbeitsteilung kann die Produktivität erhöht werden. Einen anderen wichtigen Erfolgsfaktor sah er im Eigennutzstreben der Wirtschaftssubjekte.

Geistige Grundlage des marktwirtschaftlichen Modells ist der Liberalismus (lat. liber = frei). Diese gegen Ende des 18. Jahrhunderts aufgekommene geistige Strömung entwickelte sich als Reaktion auf die uneingeschränkte Herrschaft der Fürsten (Absolutismus) und den Merkantilismus. Der Merkantilismus hatte zum Ziel, die Finanzkraft des Staates, d. h. der absolutistisch regierenden Herrscher zu mehren, indem die Ausfuhr von Waren unterstützt und die Einfuhr weitgehend unterbunden wurde. Ein ausgeprägter Handelsprotektionismus war das zentrale wirtschaftspolitische Mittel. Die Annahme war, dass durch den Export von Waren Geld in Form von Gold und Silber ins Land zurückströmt.

Merkmale der freien Marktwirtschaft

Der Liberalismus sieht den Menschen als ein freies, selbstständiges und verantwortungsvolles Individuum, das sein Schicksal selbst in die Hand nehmen kann und soll. Dies erfordert eine liberale Rechtsordnung, welche den Wirtschaftssubjekten einen großen Freiraum lässt:

- **Schutz des Privateigentums:** Das Eigentum an den Maschinen, Fabriken, Grundstücken und Rohstoffen liegt in den Händen der Bürger. Die Möglichkeit der Gewinnerzielung ist der stärkste Leistungsanreiz in der Marktwirtschaft.
- **Vertragsfreiheit:** Die vertraglichen Bedingungen können frei zwischen den beteiligten Parteien ausgehandelt werden. Somit können Verträge beliebiger Art und mit beliebigem Inhalt abgeschlossen werden (Vertragseingehungs- und -gestaltungsfreiheit).
- **Gewerbe- und Niederlassungsfreiheit:** Die Entscheidung über die Gründung eines Unternehmens, den Ansiedlungsort, den Tätigkeitsbereich oder die Schließung liegt bei den Eigentümern.
- **Freie Arbeitsplatzwahl:** Jeder Bürger hat das garantierte Recht auf die freie Wahl seines Arbeitsplatzes.
- **Produktions- und Konsumfreiheit:** Die Unternehmen entscheiden selbstständig über ihre Produktion, ebenso die Haushalte über ihren Konsum.
- **Wettbewerbsfreiheit:** Die Anbieter haben freien Zugang zu den Märkten und sie können um die Gunst der Kunden werben.

Die Entscheidungen über Produktion und Konsum werden **dezentral** von den Produzenten und Konsumenten getroffen. Auf dem Gütermarkt werden die fertig hergestellten Produkte an die Konsumenten verkauft. Auf den Faktormärkten kaufen die Produzenten Vorleistungen wie Rohstoffe und Arbeit, die dann zu Konsumgütern veredelt werden. Auf den Märkten wird durch die **Preisbildung** der Ausgleich zwischen Angebot und Nachfrage erzielt. Das Einkommen des Einzelnen ist davon abhängig, welche Leistungen er in den Produktionsprozess einbringen kann (Arbeit, Kapital), und vom Preis, den er dafür auf dem Markt erzielen kann.

Die liberalen Klassiker waren **gegen Eingriffe des Staates** in das Wirtschaftsgeschehen. Der Staat nimmt keine eigenen Interessen wahr, sondern hat die Aufgabe, Schutz, Sicherheit und Eigentum der Bürger zu gewährleisten. Ferner stellt er ein Zahlungsmittel bereit und sorgt dafür, dass das Rechtssystem erhalten bleibt. In diesem Zusammenhang wird vom **Nachtwächterstaat** gesprochen.

Die folgenden **Missstände** führten schließlich zur Ablösung der reinen Marktwirtschaft:
- Der freie Wettbewerb wurde zunehmend durch Kartelle (= Absprachen zwischen den Unternehmen) und Unternehmenszusammenschlüsse ausgehöhlt.
- Der Liberalismus konnte die sozialen Probleme nicht lösen.
- Es kam immer wieder zu schweren Wirtschaftskrisen. Insbesondere die Krise in den 30er-Jahren des letzten Jahrhunderts zeigte, dass der sich selbst überlassene Markt nicht unbedingt zum Gleichgewicht findet.

4.3 Modell der Zentralverwaltungswirtschaft

Das (sozialistische) Modell der Zentralverwaltungswirtschaft wurde aufgrund der Missstände des Liberalismus im 19. Jahrhundert entworfen.

Merkmale der Zentralverwaltungswirtschaft

Eine wesentliche Grundlage dieser Wirtschaftsordnung ist das **gesellschaftliche Eigentum an den Produktionsmitteln**, d. h., die Unternehmen sind nicht in Privateigentum. Die produzierten Leistungen werden weitgehend gleichmäßig an die Bevölkerung verteilt. Folglich werden die **wirtschaftlichen Entscheidungen zentral von staatlichen Stellen festgelegt (Planwirtschaft)**, was die individuellen Entscheidungsmöglichkeiten stark einschränkt.

Im Modell der zentralen Planwirtschaft treten die individuellen Bedürfnisse hinter die gemeinschaftlichen Bedürfnisse zurück. Folglich werden die wirtschaftlichen Entscheidungen zentral von staatlichen Stellen in Form von Jahres- und Mehrjahresplänen festgelegt, was die individuellen Entscheidungsmöglichkeiten stark einschränkt:
- **Keine Vertragsfreiheit:** Individuell ausgehandelte vertragliche Vereinbarungen werden durch die staatlichen Planvorgaben ersetzt.
- **Keine Gewerbe- und Niederlassungsfreiheit:** Die Entscheidung über die Gründung eines Unternehmens, den Ansiedlungsort, den Tätigkeitsbereich oder die Schließung liegt bei den Behörden.
- **Keine freie Arbeitsplatzwahl:** Den Arbeitskräften werden Ausbildungs- bzw. Arbeitsplätze in jenen Wirtschaftsbereichen zugewiesen, wo Bedarf herrscht.

- **Keine Konsumfreiheit:** Die Verbraucher bekommen die Güter entweder direkt zugewiesen oder werden durch politisch festgesetzte Preise in ihren Auswahlmöglichkeiten beschränkt. So werden z. B. Grundnahrungsmittel unter den Herstellungskosten verkauft, sog. Luxusgüter hingegen zu stark überhöhten Preisen.
- **Keine Wettbewerbsfreiheit:** Die Unternehmen produzieren nach Plan und brauchen sich nicht um den Absatz ihrer Produkte zu kümmern. Die Koordination der wirtschaftlichen Prozesse erfolgt zentral in staatlicher Hand.

Ende der 80er-Jahre brachen die Gesellschaftsordnungen zahlreicher kommunistischer Staaten zusammen. Die Gründe hierfür liegen nicht zuletzt in den **Funktionsmängeln** der Planwirtschaft begründet:
- Durch die Verstaatlichung der Produktionsmittel ging die unternehmerische Dynamik verloren.
- Die Abstimmung von Produktion und Konsum erwies sich als ein viel zu komplexes Problem. Als Folge kam es zu Misswirtschaft und Versorgungsengpässen.
- Es war kein Preismechanismus vorhanden, der die Knappheit der Güter widergespiegelt hätte. Die Preise wurden nach politischen Präferenzen festgesetzt. Als Folge wurde z. B. Brot an Vieh verfüttert, weil es billiger als Getreide war.

4.4 Soziale Marktwirtschaft als realtypische Wirtschaftsordnung

Ludwig Erhard (1897–1977)

Nach dem Ende des Zweiten Weltkriegs stellte sich die Frage, wie Deutschland politisch und wirtschaftlich organisiert werden sollte. Aufgrund der negativen Erfahrungen mit dem Frühkapitalismus des 19. Jahrhunderts, mit der Kriegswirtschaft des nationalsozialistischen Regimes und den Zentralverwaltungswirtschaften in der sowjetisch besetzten Zone wurde versucht, in wirtschaftlicher Hinsicht mit der Gründung der Bundesrepublik Deutschland einen neuen Weg einzuschlagen. Verfolgt wurde das Konzept einer marktwirtschaftlichen Ordnung, die mit Bestandteilen staatlicher Regulation und sozialen Elementen angereichert war.

So entstand die **soziale Marktwirtschaft**, als deren maßgebliche Begründer der spätere Wirtschaftsminister und Bundeskanzler Ludwig Erhard und sein Staatssekretär Alfred Müller-Armack angesehen werden.

Alfred Müller-Armack (1901–1978)

Merkmale der sozialen Marktwirtschaft

- **Vertragsfreiheit:** Die Vertragsfreiheit ist ein wichtiges Element der sozialen Marktwirtschaft. Wichtigstes Beispiel ist die garantierte Tarifautonomie. Verträge sind aber nur insoweit frei aushandelbar, als sie nicht gegen bestehende Gesetze verstoßen. So sind z. B. Wucherzinsen auf Kredite verboten.
- **Gewerbe- und Niederlassungsfreiheit:** Die Entscheidung über die Ansiedlung eines Unternehmens ist von der Erfüllung bestimmter Auflagen abhängig, z. B. der Abwasserklärung.
- **Produktions- und Konsumfreiheit:** Die Produktionsfreiheit wird z. B. durch staatliche Sicherheitsvorschriften, die Konsumfreiheit durch Gesetze eingeschränkt, z. B. durch Drogenmissbrauchsgesetze.
- **Wettbewerbsfreiheit:** Das Bundeskartellamt wacht darüber, dass sich die Unternehmen an die Wettbewerbsregeln halten. Bestimmte Bereiche der Wirtschaft sind aber von den Wettbewerbsregeln ausgenommen (z. B. Energieversorgungsbranche).

- **Tarifautonomie:** Arbeitgeber und Arbeitnehmer haben das Recht, sich zu Gewerkschaften und Fachverbänden zusammenzuschließen und die Arbeitsbedingungen für ihre Mitglieder frei auszuhandeln.

Das **Eigentum** an den Maschinen, Fabriken, Grundstücken und Rohstoffen liegt **in den Händen der Bürger**. Teilweise betätigt sich aber auch der Staat als Eigentümer, insbesondere bei öffentlichen Gütern, die über den Markt nur unzureichend bereitgestellt werden können. Im Grundgesetz ist außerdem die Sozialpflicht des Eigentums verankert. Im Fall übergeordneter allgemeiner Interessen ist auch die Verstaatlichung von Privateigentum zulässig, z. B. Land für den Bau von Straßen.

Sozialpflicht des Eigentums
Privates Eigentum muss dem Wohl der ganzen Gesellschaft dienen, z. B. müssen Wälder in Privatbesitz Spaziergängern zugänglich sein.

Da der **Staat** auch als Eigentümer von Produktionsmitteln in der Wirtschaft agiert, kommen ihm ohnehin weiter reichende Kompetenzen als im Modell der freien Marktwirtschaft zu. Außerdem setzt der Staat der individuellen Freiheit Grenzen, um zu verhindern, dass durch individuelles Handeln die Rechte Dritter verletzt werden.

Funktionsprobleme der sozialen Marktwirtschaft

Jede Wirtschaftsordnung hat mit **Funktionsproblemen** zu kämpfen. In der öffentlichen Diskussion wird darüber gestritten, ob die derzeitige Gestalt der sozialen Marktwirtschaft in Deutschland den Intentionen ihrer Gründungsväter entspricht. Im Folgenden werden einige Funktionsprobleme beschrieben:

- **Unternehmenskonzentration:** Konzentrationstendenzen gefährden den Wettbewerb und damit das Funktionieren der Märkte. In Deutschland schützen Institutionen und Gesetze den Wettbewerb.

Wettbewerb, vgl. **Kap. 5**

- **Konsumentenschutz:** Die Annahme, dass die Konsumenten auf funktionierenden Märkten durch ihr Kaufverhalten über Menge und Art der angebotenen Güter entscheiden, trifft in der Realität zumeist nicht zu. Durch intensive Werbung versuchen die Anbieter, Bedürfnisse und Kaufentscheidungen der Verbraucher zu beeinflussen und Wettbewerbsvorteile gegenüber anderen Anbietern zu erlangen. Ein besonderes Verbraucherschutzgesetz gibt es bisher in Deutschland nicht. In verschiedenen Einzelgesetzen wie z. B. im BGB werden Haustürgeschäfte und Fernabsatzgeschäfte rechtlich geregelt.

Markt und Preis, vgl. **Kap. 2**

- **Ökologische Zusatzkosten:** Wirtschaftliches Handeln verursacht nicht selten externe Effekte, d. h. Kosten zulasten unbeteiligter Dritter. Mit den Instrumenten der Umweltpolitik wird in Deutschland versucht, die Verursacher an den Kosten der Beseitigung von Umweltschäden zu beteiligen.
- **Einkommens- und Vermögensverteilung:** Der Wettbewerb auf den Märkten führt letztlich zu einer ungleichen Einkommens- und Vermögensverteilung. Einkommen aus Unternehmertätigkeit und Vermögen steigen nicht selten stärker an als die Löhne und Gehälter. Eine entsprechende Umverteilung wird z. B. mithilfe der staatlichen Einnahmen- und Ausgabenpolitik oder im Rahmen der Lohnforderungen der Gewerkschaften angestrebt.

Der **Staat** greift bei wirtschaftlichen Fehlentwicklungen korrigierend ein, indem er z. B. in einer Rezession seine Nachfrage erhöht, um so die fehlende private Nachfrage zu kompensieren. Ferner beeinflusst er das Angebot, indem er öffentliche Güter produziert und zur Verfügung stellt.

Wirtschaftspolitische Maßnahmen
haben das Ziel, den Wirtschaftsprozess zu ordnen, zu beeinflussen oder direkt in die wirtschaftlichen Abläufe einzugreifen.

ÜBERSICHT: Wirtschaftsordnungen

Wirtschaftsordnung	schafft einen Rahmen, um die vielfältigen Aktivitäten der Wirtschaftssubjekte zu koordinieren	
Ordnungsformen und Grundelemente von Wirtschaftsordnungen:		
Merkmale	**Marktwirtschaftliches Modell**	**Planwirtschaftliches Modell**
Stellung des Menschen	Mensch freies Individuum	Mensch als Kollektivmitglied
Eigentum an Produktionsmitteln	in privaten Händen	in staatlicher Hand
Planung	dezentral bei den Wirtschaftssubjekten	zentral bei staatlichen Behörden
Koordination von Angebot und Nachfrage	auf dem Markt	mittels Planbilanzen
Preis- und Lohnfestsetzung	auf dem Markt	durch staatliche Behörden
Motiv der Unternehmen	Gewinnerzielung	Planerfüllung
Soziale Marktwirtschaft	wurde in der BRD nach dem Zweiten Weltkrieg als „dritter Weg" zwischen dem marktwirtschaftlichen Kapitalismus des 19. Jahrhunderts und zentralen Verwaltungswirtschaften eingeführt	
Grundprinzipien	– Wettbewerbsprinzip – Sozialprinzip – konjunkturpolitisches Prinzip – Prinzip der Marktkonformität	
Funktionsprobleme	– Konzentrationstendenz – Konsumentenschutz – Umweltprobleme – soziale Ungerechtigkeit	

Aufgaben

1 Begründen Sie, warum arbeitsteilige Gesellschaften ohne eine Wirtschaftsordnung nicht existieren können.
2 Nennen Sie die zentralen Merkmale des Modells der freien Marktwirtschaft.
3 Welches sind die Prinzipien einer liberalen Rechtsordnung?
4 Welche Rolle hat der Staat im Modell der freien Marktwirtschaft?
5 Nennen Sie die Probleme der Zentralverwaltungswirtschaft.
6 Erläutern Sie die Strukturelemente der sozialen Marktwirtschaft.
7 Erklären Sie die Funktionsprobleme, mit denen die soziale Marktwirtschaft zu kämpfen hat.
8 Erläutern Sie Unterschiede zwischen freier und sozialer Marktwirtschaft.

5 Wettbewerbspolitik

AB → Lernsituation 89

5.1 Bedeutung des Wettbewerbs für die Marktwirtschaft

Im Kapitel 4 Wirtschaftsordnung wurde bereits aufgezeigt, dass die marktwirtschaftlichen Wirtschaftssysteme auf dem Wettbewerb von Privatunternehmen und der freien Preisbildung am Markt beruhen.

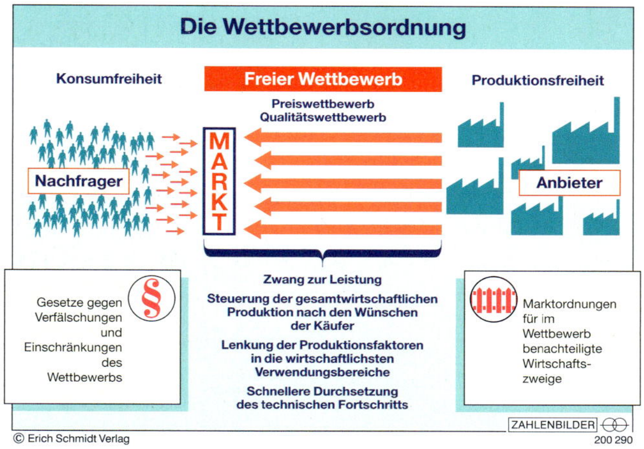

Wettbewerb hat zunächst eine **gesellschaftliche Aufgabe**. Er soll den Anbietern und Nachfragern möglichst viel Freiheit gewährleisten und eine gute Versorgung über den Markt garantieren (**ökonomische Aufgabe**). Wettbewerb soll Handlungs- und Wahlfreiheiten in der Form garantieren, dass

- den Anbietern die individuelle Freiheit über ihre verfügbaren Ressourcen gewährleistet wird und
- den Nachfragern die Wahl zwischen verschiedenen alternativen Angeboten gestattet wird.

Wettbewerb wird in der ökonomischen Theorie als Ergebnis funktionstüchtiger Märkte angesehen. Allerdings sind funktionsfähige Märkte wiederum abhängig vom Wettbewerb. Deshalb sind Markt und Wettbewerb idealerweise miteinander verbunden. **Einschränkungen des Wettbewerbs** beschneiden also nicht nur die individuelle Freiheit, sondern gefährden auch die marktwirtschaftliche Effizienz und den gesellschaftlichen Wohlstand. Deshalb ist die **Wettbewerbspolitik** im marktwirtschaftlichen System von großer Bedeutung.

5.2 Funktionen des Wettbewerbs

Die Bedeutung des Wettbewerbs ergibt sich aus seinen verschiedenen Funktionen:

- **Steuerungsfunktion:** Die Produzenten werden dazu angehalten, ein Angebot bereitzustellen, das den Wünschen der Konsumenten entspricht.
- **Allokationsfunktion:** Die Produzenten setzen Produktionsfaktoren so ein, dass eine größtmögliche Effizienz gewährleistet wird.
- **Innovationsfunktion:** Die Produzenten treiben den technischen Fortschritt voran, indem sie neuere, bessere und kostengünstigere Produkte entwickeln.
- **Anpassungsfunktion:** Die Produzenten sind gezwungen, die größtmögliche Produktivität zu erreichen und die Produktionsstruktur den sich verändernden Verbraucherwünschen anzupassen.
- **Verteilungsfunktion:** Durch den Wettbewerb auf den Faktormärkten wird eine möglichst leistungsgerechte Einkommensverteilung gewährleistet.
- **Kontrollfunktion:** Durch den Wettbewerb wird die wirtschaftliche Macht von Unternehmen begrenzt und kontrolliert, sodass kein Anbieter seine Position zu einer marktbeherrschenden Stellung ausbauen kann.

Faktormärkte
Arbeitsmarkt, Kapitalmarkt und Immobilienmarkt

Funktionen des Wettbewerbs

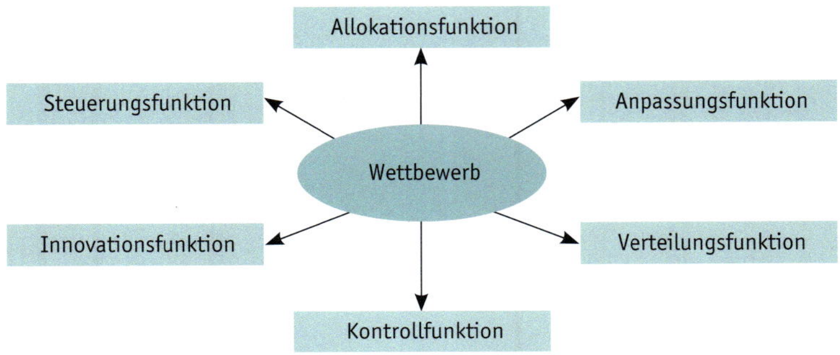

5.3 Unternehmenszusammenschlüsse

Kooperation und Konzentration

Wettbewerb führt zu Änderungen der Marktstruktur. Die Anzahl der Unternehmen nimmt tendenziell ab, weil nur die effizientesten und produktivsten Unternehmen überleben. Darüber hinaus schließen sich Unternehmen zusammen, um den Wettbewerb und den Konkurrenzdruck zu entschärfen. Unabhängig davon, in welcher Form dies geschieht, führt ein Zusammenschluss i. d. R. zu einer Vergrößerung der wirtschaftlichen Macht.

Im Wesentlichen lassen sich zwei verschiedene **Formen von Zusammenschlüssen** unterscheiden:

- **Kooperation:** Wenn Unternehmen sich durch Verträge zur Zusammenarbeit verpflichten, wird von Kooperation gesprochen. Dabei geben sie allerdings nur zu einem Teil ihre wirtschaftliche Selbstständigkeit auf. Ihre rechtliche Selbstständigkeit bleibt uneingeschränkt bestehen. Kooperationsformen sind z. B. Interessengemeinschaften, Arbeitsgemeinschaften (ARGE) oder Konsortien, Kartelle sowie Joint Ventures.
- **Konzentration:** Sofern Unternehmen ihre rechtliche und/oder wirtschaftliche Selbstständigkeit aufgeben, um sich unter eine zentrale Leitung zu stellen, liegt Konzentration vor. Das trifft z. B. auf Konzerne und Trusts zu.

Arten von Unternehmenszusammenschlüssen

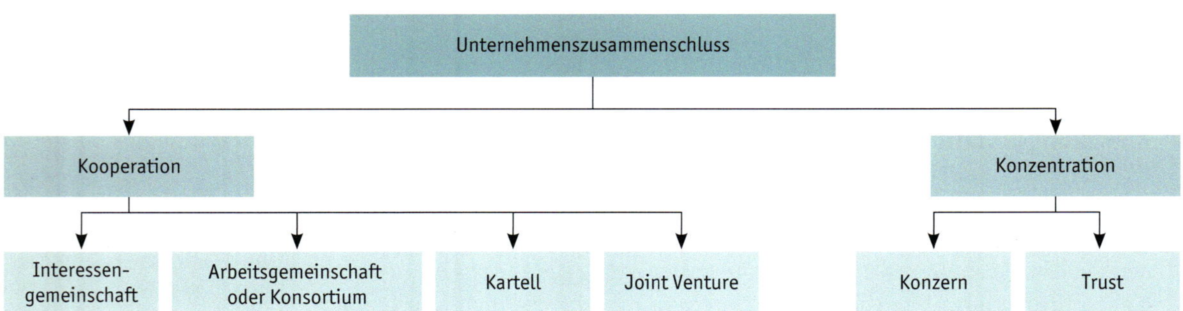

Interessengemeinschaft

Interessengemeinschaften werden von Unternehmen gebildet, um gemeinsame Interessen oder Aufgaben zu definieren und zu lösen.

Beispiel: Gemeinsame Forschungs- und Entwicklungsarbeiten werden häufig in Form von Interessengemeinschaften durchgeführt.

Unternehmen schließen hierbei einen Kooperationsvertrag oder gründen dazu eine BGB-Gesellschaft.

Arbeitsgemeinschaft (ARGE) und Konsortium

Arbeitsgemeinschaften (ARGE) sind eine zeitlich befristete Kooperationsform. Ihr Ziel ist die Durchführung gemeinsamer Projekte.

Beispiel: Große Bauvorhaben werden von den beteiligten Unternehmen häufig in Form von Arbeitsgemeinschaften realisiert.

Diese Kooperationsformen bilden sich, wenn ein einzelnes Unternehmen die Durchführung eines Projektes nicht alleine leisten kann. In der Regel sind Arbeitsgemeinschaften BGB-Gesellschaften. Nach dem Erreichen des gemeinsamen Ziels lösen sie sich wieder auf. Die bei Weitem größte Bedeutung hat die ARGE im Baugewerbe. Das **Konsortium** ähnelt der ARGE, der Begriff beschränkt sich jedoch nicht auf die Erbringung von Bauleistungen, sondern ist eher in der Kreditwirtschaft oder im Anlagenbau geläufig.

Joint Venture

Beim Joint Venture schließen sich zwei oder mehr rechtlich selbstständige Unternehmen vertraglich zusammen, um gemeinsame Projekte abzuwickeln. Sie gründen gemeinsam ein neues Unternehmen, das wiederum rechtlich selbstständig ist und weitestgehend eigenständig handelt. Das Joint Venture ist nur ein vorübergehender Zusammenschluss, die beteiligten Unternehmen bringen z. B. Kapital, Know-how, Patente und Technologien ein. Joint Ventures werden häufig gegründet, um neue Märkte zu erschließen.

Joint Venture
engl. für „gemeinsames Wagnis"

Beispiel: Ein bekannter amerikanischer Autohersteller gründet ein Joint Venture mit einem chinesischen Autohersteller. Das amerikanische Unternehmen profitiert vom Wissen des chinesischen Unternehmens in Bezug auf den chinesischen Markt. Das chinesische Unternehmen wiederum profitiert vom weltweiten Bekanntheitsgrad des amerikanischen Herstellers.

Kartell

Kartelle können den Wettbewerb ausschalten, ohne dass für die beteiligten Unternehmen wesentliche Beeinträchtigungen oder komplizierte Prozeduren entstehen: Bei Wahrung ihrer Souveränität schließen sie „lediglich" vertragliche Übereinkünfte.

Die Ziele dieser Übereinkunft reichen von der Steigerung der Leistungsfähigkeit gegenüber Konkurrenten bis hin zum völligen Ausschluss des Wettbewerbs am Markt. Kartelle, die den Wettbewerb ausschalten, unterliegen dem Kartellrecht.

Man unterscheidet u. a. die folgenden **Kartellarten**:

- **Preiskartelle** treffen Preisabsprachen.
- **Konditionenkartelle** sprechen Geschäftsbedingungen ab, z. B. Lieferung frei Haus.
- **Produktionskartelle** legen Bedingungen in Bezug auf die Produktion fest, z. B. Produktionsmengen.
- Beim **Vertriebskartell** (Syndikat) übernimmt eine zentrale Einheit den Verkauf.
- Beim **Gebietskartell** wird das Absatz- bzw. das Beschaffungsgebiet räumlich aufgeteilt.
- Bei **Markenschutzkartellen** bestehen Absprachen zwischen den Herstellern von Markenprodukten und dem Handel. Ziel ist es, Mindestpreise für Markenartikel festzulegen, die deren hochwertiges Image unterstreichen.
- **Einkaufskartelle** entsprechen den Vertriebskartellen, beziehen sich jedoch nur auf den Einkauf.
- **Strukturkrisenkartelle** werden von Unternehmen aus derselben Branche in Krisenzeiten gebildet, um sich der veränderten Marktsituation anzupassen und z. B. Überproduktion zu vermeiden.
- **Exportkartelle** schließen sich für den Absatz im Ausland zusammen. So vergrößert sich die Marktmacht gegenüber ausländischen Konkurrenten.
- **Importkartelle** treffen Absprachen in Bezug auf Produkte, die aus dem Ausland bezogen werden.

Konzern

Ein Konzern ist im Unterschied zum Kartell ein Zusammenschluss von Unternehmen. Das **Mutterunternehmen** ist das Unternehmen, das auf die anderen Unternehmen (**Tochterunternehmen**) den beherrschenden Einfluss ausübt.

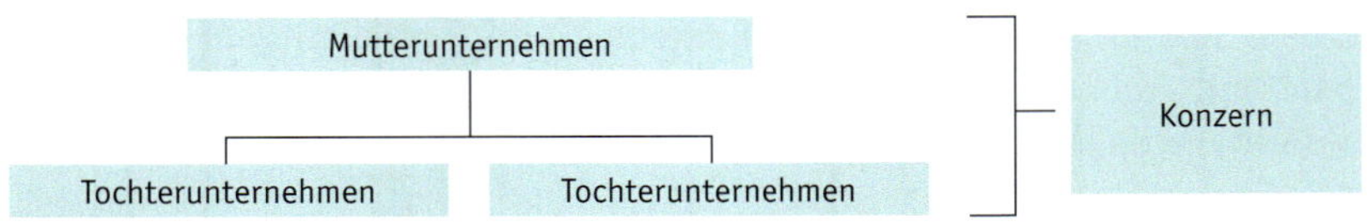

Der Konzert kommt durch eine kapitalmäßige Verflechtung zustande (z. B. Erwerb von Aktienmehrheiten). Die angeschlossenen Unternehmen behalten ihre rechtliche Selbstständigkeit, werden aber voneinander wirtschaftlich abhängig und stehen unter einer einheitlichen Leitung. Die einheitliche Leitung ermöglicht es, die wirtschaftlichen Interessen und Aufgaben der Konzernunternehmen aufeinander abzustimmen und somit die Marktsituation zu verbessern. Ein weiterer Vorteil ist die Beschränkung der Haftung.

Eine Sonderform des Mutterunternehmens ist die **Holding**. Hier gründen die Konzernunternehmen eine gemeinsame Muttergesellschaft, deren Aufgabe allein in der Leitung der Konzernunternehmen besteht. Die Holding selbst hat weder Beschaffungs- noch Produktions- oder Absatzaufgaben, ist also eine reine **Verwaltungsgesellschaft**.

Trust

Der Zusammenschluss von zwei oder mehreren Unternehmen zu einer Einheit stellt die am weitesten gehende wirtschaftliche Konzentration dar. Durch die Verschmelzung geben die Unternehmen ihre wirtschaftliche und auch rechtliche Selbstständigkeit auf. Dieser Vorgang wird auch als **Fusion** bezeichnet. Wenn sich verschiedene Unternehmen derselben Branche mit dem Ziel zusammenschließen, eine überragende Marktstellung oder gar die Marktbeherrschung (Monopol) zu erlangen, bezeichnet man das neu entstandene Unternehmen als **Trust**. Nach der Fusion besteht nur noch ein rechtlich selbstständiges Unternehmen. Bei Aktiengesellschaften muss die Genehmigung der Fusion von der Hauptversammlung der Unternehmen beschlossen werden. Dieses kann auf zwei Wegen geschehen:

Unternehmensübernahme

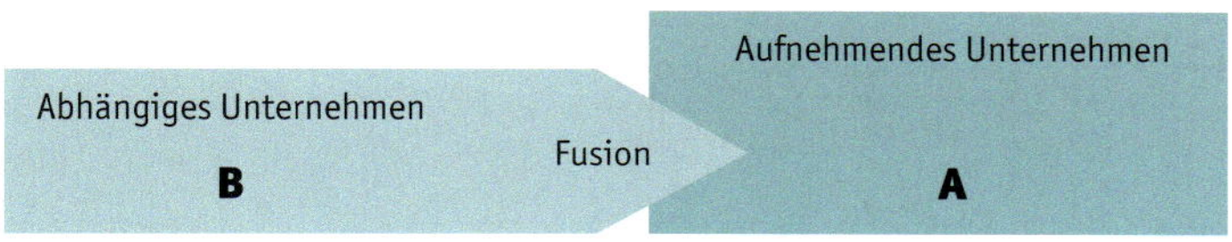

Bei der Unternehmensübernahme nimmt das aufnehmende Unternehmen (A) das abhängige Unternehmen (B) auf. Das abhängige Unternehmen geht mit allen Vermögens- und Schuldteilen in das aufnehmende Unternehmen über und erlischt.

Eine zweite Möglichkeit ist die Unternehmensneugründung. Beide beteiligte Unternehmen (A und B) übertragen ihre gesamten Vermögens- und Schuldteile auf ein neu gegründetes Unternehmen, in dem die alten Unternehmen aufgehen.

Unternehmensneugründung

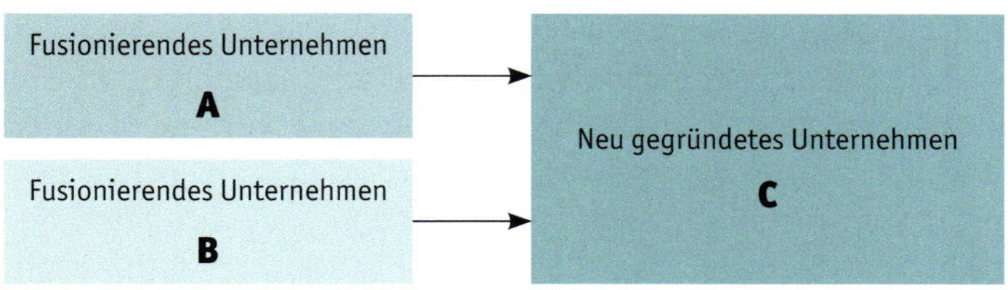

Horizontale, vertikale und anorganische Zusammenschlüsse

Unternehmenszusammenschlüsse, unabhängig von der Form, in der sie sich vollziehen, führen zu Konzentration wirtschaftlicher Macht. Nach der Produktionsstufe lassen sich drei verschiedene Formen unterscheiden:

Horizontale, vertikale und anorganische Zusammenschlüsse

Horizontaler Zusammenschluss

Unternehmen derselben Produktionsstufe (Branche) schließen sich zusammen.
Beispiel: Mehrere Ölkonzerne schließen sich zusammen.

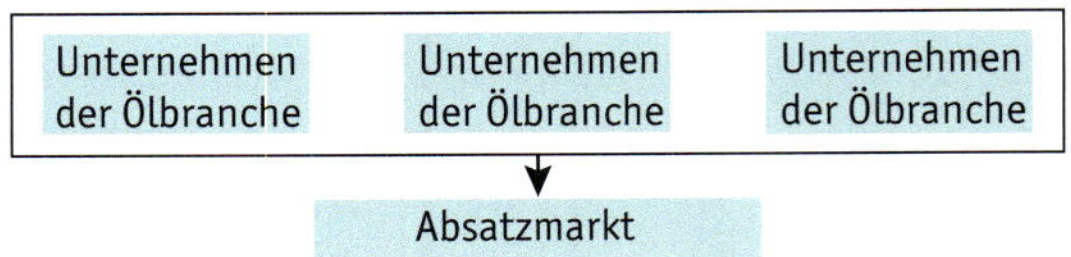

Vertikaler Zusammenschluss

Unternehmen aufeinanderfolgender Produktionsstufen schließen sich zusammen.
Beispiel: Ein Spanplattenhersteller, ein Küchenhersteller und eine Handelskette für Küchenmöbel schließen sich zusammen.

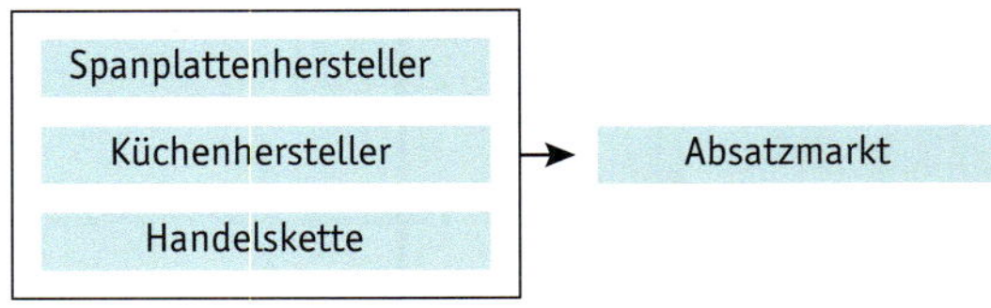

Anorganischer Zusammenschluss

Diverse Unternehmen unterschiedlicher Branchen schließen sich zusammen.
Beispiel: Ein Nahrungsmittelhersteller, ein Versicherungsunternehmen und eine Schiffswerft schließen sich zusammen.

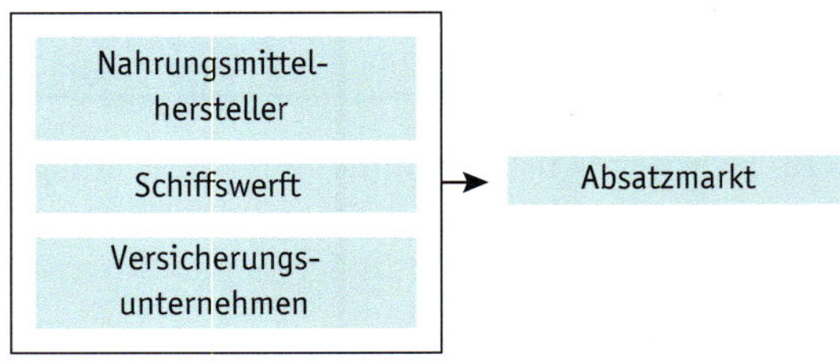

5.4 Vor- und Nachteile von Zusammenschlüssen

Die **Vorteile** von Unternehmenszusammenschlüssen kommen hauptsächlich den beteiligten Unternehmen zugute:

- Die Durchführung großer und kostspieliger Forschungs- und Entwicklungsvorhaben wird oft erst durch Unternehmenszusammenschlüsse möglich (z. B. bei der Entwicklung neuer Motoren auf dem Automobilsektor oder bei der Entwicklung neuer Technologien auf dem Energiesektor).
- Durch den gemeinsamen Bezug von Rohstoffen oder den gemeinsamen Absatz von Gütern, gemeinsame Werbung usw. werden Kosten eingespart.
- Die eigene Marktmacht eines beteiligten Unternehmens wird gestärkt.
- Das unternehmerische Risiko wird gestreut; Verluste in einer Geschäftssparte können durch Gewinne in einer anderen Sparte ausgeglichen werden.
- Der Zugang zu neuen Märkten wird möglich, dadurch verbessert sich die Wettbewerbsfähigkeit.

Kritiker warnen allerdings angesichts der wachsenden Zahl von Unternehmenszusammenschlüssen. Denn sie bedeuten einige schwerwiegende **Nachteile** für die Allgemeinheit:

- Aufgrund fehlender Konkurrenz werden Rationalisierungsmaßnahmen oft nicht durchgeführt, weil sie nicht mehr notwendig sind. Wissenschaftlich-technischer Fortschritt in der betreffenden Branche wird so verhindert.
- Durch die Zusammenlegung und den Wegfall von Unternehmensteilen gehen häufig Arbeitsplätze in der Verwaltung und in der Fertigung verloren.
- Die Verbraucher müssen als Folge von Preisabsprachen überhöhte Preise zahlen.
- Eine zu große Marktmacht kann auch dazu führen, dass die Unternehmen das Angebot künstlich verknappen (z. B. Mineralölkonzerne). Marktbeherrschende Unternehmen sind in der Lage, höhere Preise zu fordern als Unternehmen im funktionierenden Wettbewerb.
- Der Missbrauch wirtschaftlicher Macht führt zugleich auch zu größerer politischer Einflussnahme (Lobbyismus).

Ein Unternehmenszusammenschluss muss in jedem einzelnen Fall differenziert **beurteilt** werden, um herauszufinden, ob er positive oder negative Auswirkungen für die Unternehmen, die Verbraucher oder die Gesamtwirtschaft hat.

5.5 Staatliche Wettbewerbspolitik

Der Wettbewerb ist Motor der Marktwirtschaft. Sein Schutz gehört zum Fundament der Wirtschaftsordnung in Deutschland.

! Die **Wettbewerbspolitik** ist ein Bereich der Wirtschaftspolitik, die zum Ziel hat, alle Arten von Wettbewerbsbeschränkungen zu verhindern, um das Funktionieren des Marktes zu sichern.

Staatliche Wirtschaftspolitik Handeln lässt sich in **drei Handlungsfelder** unterteilen: Ordnungspolitik, Strukturpolitik und Prozesspolitik.

Ordnungspolitik	Strukturpolitik	Prozesspolitik
schafft grundlegende Rahmenbedingungen für wirtschaftspolitische Maßnahmen	zielt auf Weiterentwicklung bestehender wirtschaftlicher Strukturen ab	greift unmittelbar in das Wirtschaftsgeschehen ein
langfristig orientiert	mittelfristig orientiert	kurzfristig orientiert
Beispiele: Wettbewerbsordnung, Arbeitsrecht, Verbraucherschutz	Beispiele: Regionalpolitik, sektorale Strukturpolitik, Verteilungspolitik	Beispiele: Konjunkturpolitik, kurzfristige Fiskal- und Geldpolitik

Wettbewerbspolitik ist Teil der **Ordnungspolitik.** Sie verfolgt zwei **Ziele**:

- Auf der einen Seite ist es ihre Aufgabe, einen **funktionsfähigen Wettbewerb** zu erhalten und den Konsumenten vor Wettbewerbsbeschränkungen zu schützen. Der Wettbewerb ist funktionsfähig, wenn die Steuerungs-, Allokations-, Innovations-, Anpassungs-, Verteilungs- und Kontrollfunktionen gesichert sind und die negativen Folgen von Unternehmenszusammenschlüssen vermieden werden.
- Auf der anderen Seite sollen unlautere Wettbewerbspraktiken verhindert werden, d. h., es soll für einen **fairen Wettbewerb** gesorgt werden.

Funktionen des Wettbewerbs, vgl. **Kap. 5.2**

Da sich der Wettbewerb in der Folge von Konzentrationsbewegungen selbst ausschalten würde, wenn er sich überlassen bliebe, sorgen verschiedene **Institutionen** und **Gesetze** für seinen Schutz.

5.5.1 Bundeskartellamt

Die Zuständigkeit des Bundeskartellamtes erstreckt sich auf alle Wettbewerbsbeschränkungen, die sich **in Deutschland** auswirken. Es handelt auf Grundlage der folgenden Bestimmungen:

GWB, vgl. Kap. 5.5.3

- Maßgeblich ist das **Gesetz gegen Wettbewerbsbeschränkungen (GWB)**.
- Daneben kann das Bundeskartellamt das **europäische Wettbewerbsrecht** anwenden, soweit die Europäische Kommission nicht selbst tätig wird.

5.5.2 Europäische Kommission

Die weltweite Öffnung der Märkte hat die Wettbewerbspolitik zu einer internationalen Aufgabe gemacht. Sie hat zu verhindern, dass durch Unternehmenszusammenschlüsse der marktwirtschaftliche Wettbewerb beeinträchtigt oder sogar aufgehoben wird. In die Zuständigkeit der Europäischen Kommission in Brüssel fallen daher Zusammenschlüsse, die über die nationale Grenze hinaus bedeutend sind.

Beispiel: Die EU-Kommission ist zuständig bei Zusammenschlüssen, wenn die beteiligten Unternehmen mehr als 5 Milliarden Euro Weltumsatz haben und mindestens zwei Unternehmen einen EU-Umsatz von mehr als 250 Millionen Euro aufweisen.

Die EU-Kommission ist jedoch nicht zuständig, wenn die beteiligten Unternehmen mehr als zwei Drittel des EU-Umsatzes in ein und demselben Mitgliedstaat erzielen. Auch wenn alle Voraussetzungen für die Zuständigkeit der EU-Kommission erfüllt sind, kann die nationale Kartellbehörde EU-Genehmigungen rückgängig machen, um für den regionalen Markt „berechtigte Interessen“ wahrzunehmen. Ferner kann die EU-Kommission ihre Zuständigkeit ganz an die jeweilige nationale Behörde zurückverweisen, wenn durch den Zusammenschluss der Wettbewerb in einem EU-Land besonders behindert wird.

5.5.3 Gesetz gegen Wettbewerbsbeschränkungen (GWB)

Gesetzliche Grundlage staatlicher Wettbewerbspolitik ist das Gesetz gegen Wettbewerbsbeschränkungen (GWB) von 1957 – auch „Kartellgesetz“ genannt – mit späteren Änderungen. Wichtigste Inhalte dieses Gesetzes sind das Kartellverbot, die Fusionskontrolle, die Missbrauchsaufsicht über marktbeherrschende Unternehmen und seit 2007 die Überprüfung der Vergabe öffentlicher Aufträge.

Kartellverbote

Kartelle sind gem. § 1 GWB verboten. Dies gilt vor allem für Preis-, Mengen-, Gebiets- und Kundengruppenkartelle. Verboten sind Beschlüsse von Unternehmensvereinigungen und aufeinander abgestimmte Verhaltensweisen, sofern diese den Wettbewerb verhindern, einschränken oder verfälschen. Unter das Kartellverbot fallen sowohl horizontale als auch vertikale Vereinbarungen.

horizontale und vertikale Vereinbarungen, vgl. Kap. 5.3

Kartelle sind unter bestimmten Bedingungen erlaubt:

- Kartelle sind erlaubt, wenn sie unter die sogenannten **Freistellungsvoraussetzungen** fallen (§ 2 GWB). Die Freistellungsvoraussetzungen sind erfüllt, wenn z. B. die Warenerzeugung verbessert wird, der technische Fortschritt gefördert wird und die Verbraucher an dem entstehenden Gewinn angemessen beteiligt werden. Wenn Unternehmen diese Freistellungsvoraussetzungen erfüllen, gelten diese Zusammenschlüsse grundsätzlich als legal (Legalausnahme). Für Unternehmen bedeutet das, dass sie selbst einschätzen müssen, ob ihr Zusammenschluss mit dem Kartellrecht vereinbar ist (sogenannte Selbsteinschätzung). Dieses System der Legalausnahme stellt hohe Anforderungen an die Unternehmen.
- Darüber hinaus sind gemäß § 3 GWB **Mittelstandskartelle** vom Kartellverbot ausgenommen, wenn sie zu einer Rationalisierung wirtschaftlicher Vorgänge führen. Dies gilt allerdings nur dann, wenn der Wettbewerb nur unwesentlich beeinträchtigt wird oder das Kartell dazu dient, die Wettbewerbsfähigkeit kleiner und mittlerer Unternehmen zu verbessern.

Mittelstandskartelle
Kartelle, die von kleinen und mittleren Unternehmen geschlossen werden und dazu dienen, ihre Wettbewerbsfähigkeit zu verbessern

Gegen wettbewerbsbeschränkende Vereinbarungen kann das Bundeskartellamt vorgehen. Zum einen kann es im Rahmen von Verwaltungsverfahren anordnen, die beanstandete Vereinbarung zu beenden. Zum anderen kann es im Zusammenhang mit einem Ordnungswidrigkeitsverfahren Bußgelder verhängen.

Beispiel: Das Bundeskartellamt hat im sog. Vertikalfall im Lebensmittelhandel (...) erneut Bußgelder gegen Handelsunternehmen in einer Gesamthöhe von 90,5 Mio. € verhängt. Im Fokus der Ermittlungen standen in diesem Teil des Gesamtverfahrens Absprachen zwischen der Brauerei Anheuser Busch InBev Germany Holding GmbH, Bremen (AB InBev), und Händlern über die Ladenpreise von Bieren, insbesondere der Marken „Beck's", „Franziskaner" und „Hasseröder".

Bußgeldbescheide wurden gegen die folgenden Unternehmen verhängt: A. Kempf Getränkegroßhandel GmbH, Offenburg, EDEKA Handelsgesellschaft Minden-Hannover mbH, Minden, EDEKA Handelsgesellschaft Rhein-Ruhr mbH, Moers, EDEKA Handelsgesellschaft Südbayern mbH, Gaimersheim, EDEKA Handelsgesellschaft Südwest mbH, Offenburg, EDEKA Nordbayern-Sachsen-Thüringen GmbH, Rottendorf, METRO AG, Düsseldorf, und NETTO Marken-Discount AG & Co. KG, Maxhütte. Gegen AB InBev und das Handelsunternehmen REWE Zentral – Aktiengesellschaft, Köln, wurden wegen frühzeitiger und umfassender Kooperation mit dem Bundeskartellamt im Rahmen der Ermittlungen keine Bußgelder verhängt.

Außerdem erging noch je ein Bußgeldbescheid im Bereich Süßwaren wegen Preisbindungen bei Haribo-Produkten gegen das Unternehmen Lidl Stiftung & Co. KG sowie im Bereich Kaffee wegen Preisbindungen bei Melitta-Produkten gegen die Dirk Rossmann GmbH (...).

Der gesamte Verfahrenskomplex, der mit Durchsuchungen im Januar 2010 seinen Anfang nahm (...), ist damit nahezu abgeschlossen. Wegen verbotener Absprachen zwischen Herstellern und Handelsunternehmen über die Ladenpreise in den Warengruppen Süßwaren, Kaffee, Tiernahrung, Bier und Körperpflegeprodukte hat das Bundeskartellamt ein vorläufiges Gesamtbußgeld in Höhe von gut 242 Mio. € verhängt.

Nach: Pressemeldung des Bundeskartellamtes vom 09.05.2016, www.bundeskartellamt.de/SharedDocs/Meldung/DE/Pressemitteilungen/2016/09_05_2016_Bier.html

Fusionskontrolle

Unternehmenszusammenschlüsse (Fusionen) sind in Deutschland **grundsätzlich erlaubt**, sofern die Unternehmen dadurch ihre Geschäftsfelder verbessern oder neu ausrichten können.

Im Hinblick auf die Fusionskontrolle sind nach dem GWB **zwei Klassen** von Zusammenschlüssen zu unterscheiden:

- **Nicht kontrollpflichtige Fälle** sind nicht anmeldepflichtig.
- **Kontrollpflichtige Fälle** müssen gemäß § 39 GWB vor Vollzug angemeldet werden.

Zusammenschlüsse werden anmeldepflichtig, wenn bestimmte Umsatzschwellen erreicht werden. Dann prüft das Bundeskartellamt, ob durch den geplanten Zusammenschluss eine marktbeherrschende Stellung entsteht oder verstärkt wird. Ist dies der Fall, kann die Kartellbehörde die Fusion untersagen.

Ministererlaubnis: Der Bundeswirtschaftsminister kann durch Ausnahmegenehmigung eine durch das Kartellamt untersagte **Fusion** gestatten, wenn nach seiner Ansicht die gesamtwirtschaftlichen Vorteile überwiegen oder ein überragendes Interesse der Allgemeinheit besteht. Dies könnte z. B. gegeben sein, wenn durch die Fusion einheimische Arbeitsplätze erhalten bleiben.

Missbrauchsaufsicht über marktbeherrschende Unternehmen

In § 19 GWB ist definiert, wann eine marktbeherrschende Stellung vorliegt. Sie liegt dann vor, wenn ein Unternehmen keine Wettbewerber hat oder gegenüber seinen Wettbewerbern eine überragende Marktstellung einnimmt. Eine marktbeherrschende Stellung wird vermutet, wenn

- ein Unternehmen einen Marktanteil von einem Drittel hat,
- bis zu drei Unternehmen einen Marktanteil von zusammen 50 % haben,
- bis zu fünf Unternehmen einen Marktanteil von zusammen zwei Dritteln erreichen.

Ein Unternehmen missbraucht seine wirtschaftliche Macht immer dann, wenn durch sein Verhalten die wirtschaftlichen Handlungsmöglichkeiten anderer Unternehmen (z. B. Konkurrenten, Abnehmer oder Lieferanten) erheblich beeinträchtigt werden. Missbräuchlich sind solche Verhaltensweisen, die nur aufgrund der **Marktmacht** eines Unternehmens möglich sind und dadurch die anderen Unternehmen behindern oder benachteiligen. Missbräuchliches Verhalten tritt in zwei Ausprägungen auf:

Behinderungsmissbrauch: Nutzt ein Unternehmen seine marktbeherrschende Stellung, um seinen Konkurrenten den Zugang zu den Beschaffungs- und Absatzmärkten zu erschweren und ggf. zu verweigern, handelt es sich um einen Behinderungsmissbrauch. Behinderungsmissbrauch liegt auch dann vor, wenn das marktbeherrschende Unternehmen versucht, seine Konkurrenten mit einer gezielten Kampfstrategie aus dem Markt zu verdrängen.

Beispiel: Ende November 2008 hatte sich ein unabhängiger Gasanbieter gegenüber dem Bundeskartellamt wegen der Behinderung von Gaslieferungen in das Netzgebiet der Gruppen-Gas- und Elektrizitätswerk Bergstraße AG (GGEW) durch das Fordern überhöhter **Konzessionsabgaben** beschwert. Eigentümer der GGEW sind mehrere Städte und Gemeinden, in deren Gebiet die GGEW Grundversorgerin für Gas ist. Die Städte und Gemeinden sind zusammen u. a. marktbeherrschend auf dem Markt für die entgeltliche Vergabe von Wegerechten sowie als Gasversorger auch auf dem nachgelagerten Markt für die Versorgung von Endkunden im Netzgebiet.
Die Forderung überhöhter Konzessionsabgaben stellt nach Auffassung des Bundeskartellamts einen kartellrechtlich relevanten Behinderungsmissbrauch dar.

Nach: http://www.bundeskartellamt.de/wDeutsch/download/pdf/Kartell/Kartell09/Fallberichte/B10-71-08-Fallbeschreibung.pdf

Konzessionsabgabe
Abgabe für die Erteilung eines Nutzungsrechts

Ausbeutungsmissbrauch: Diese Form des Marktmachtmissbrauchs liegt dann vor, wenn ein Unternehmen von seinen Abnehmern überzogene Preise oder Konditionen fordert oder wenn es gegenüber einem abhängigen Zulieferer **Preisdumping** betreibt.

Preisdumping
Güter werden unter den Herstellerkosten angeboten.

Überprüfung der Vergabe öffentlicher Aufträge

Das GWB schreibt bestimmte Regeln zum Verfahren und Rechtsschutz öffentlicher Aufträge vor (§§ 97–129). Hierbei handelt es sich um die klassischen öffentlichen Auftraggeber: Bund, Länder und Kommunen. Das Vergaberecht schließt unter bestimmten Voraussetzungen aber auch Unternehmen ein, z. B. solche der Energie- und Trinkwasserversorgung sowie Unternehmen, die im Verkehrswesen tätig sind. Das Bundeskartellamt ist nur dann zuständig, wenn die Aufträge einen bestimmten Schwellenwert erreichen, z. B. für Liefer- und Dienstleistungen 206.000 Euro, für Bauaufträge 5,15 Mio. Euro. Alle Angebote ausländischer und inländischer Unternehmen sind gleich zu behandeln.

5.5.4 Gesetz gegen unlauteren Wettbewerb (UWG)

Neben dem Gesetz gegen Wettbewerbsbeschränkungen, das den fairen Wettbewerb der Anbieter untereinander und somit auch den Verbraucher schützen soll, nimmt das **Gesetz gegen den unlauteren Wettbewerb** gezielt die **Verbraucherinteressen** wahr.

ausführlich zu UWG und Verbraucherschutz, vgl. **LF 12**, Band 3

Das Gesetz gegen unlauteren Wettbewerb verbietet **unfaire Wettbewerbspraktiken**. Irreführendes Verhalten von Anbietern, die bewusst falsche Angaben über ihr Produkt, dessen Eigenschaften und Beschaffenheit machen, sind ebenso verboten wie das sogenannte sittenwidrige Verhalten.

Zum **sittenwidrigen Verhalten** zählen: unsachliche Beeinflussung des Konsumenten, Ausnutzung der geschäftlichen Unerfahrenheit, Ausnutzung einer Zwangslage, Angstwerbung, Verkaufsförderung durch Gewinnspiele, getarnte Werbung („Schleichwerbung"), Herabsetzung des Konkurrenten.

Wer gegen das Gesetz gegen unlauteren Wettbewerb verstößt, muss mit Unterlassungsklagen, Schadensersatzansprüchen und bei schweren Vergehen mit strafrechtlicher Verfolgung rechnen.

ÜBERSICHT: Wettbewerb und Wettbewerbspolitik

Wettbewerb und seine Funktionen	– Wettbewerb soll Handlungs- und Wahlfreiheiten der Marktteilnehmer garantieren – Steuerungsfunktion – Allokationsfunktion – Innovationsfunktion – Anpassungsfunktion – Verteilungsfunktion (Einkommensverteilung) – Kontrollfunktion
Kooperation	– Merkmal: wirtschaftliche Selbstständigkeit von Unternehmen bleibt weitestgehend bestehen – Formen: • Interessengemeinschaft • Arbeitsgemeinschaft • Konsortium • Kartell
Konzentration	– Merkmal: wirtschaftliche Abhängigkeit der beteiligten Unternehmen, z. T. einheitliche wirtschaftliche Leitung innerhalb eines Konzerns – Zusammenschluss von Unternehmen (Fusion) durch kapitalmäßige Verflechtung – Formen: • Unternehmensübernahme • Unternehmensneugründung – Zusammenschlüsse bieten Chancen, aber auch Risiken für einen funktionierenden Wettbewerb aus Sicht von Unternehmen, Verbrauchern und der Gesamtwirtschaft
Ziele der Wettbewerbspolitik	– funktionsfähigen Wettbewerb erhalten – fairen Wettbewerb erhalten
Träger der Wettbewerbspolitik	– Bundeskartellamt (nationale Zusammenschlüsse) – Europäische Kommission (grenzüberschreitende Zusammenschlüsse)
GWB Gesetz gegen Wettbewerbs-beschränkungen	– Kartellverbot Ausnahmen: Freistellungsvoraussetzung erfüllt, Mittelstandskartell – Fusionskontrolle • Anmeldepflicht einer Fusion bei Erreichen bestimmter Umsatzschwellen • Fusion wird untersagt bei Erreichen einer marktbeherrschenden Stellung (Marktanteilsschwellen gem. § 19 GWB) • Ausnahme: Ministererlaubnis – Missbrauchsaufsicht • Behinderungsmissbrauch (z. B. Behinderung von Marktzugang) • Ausbeutungsmissbrauch (z. B. bei Preisdumping) – Überprüfung der Vergabe öffentlicher Aufträge betrifft öffentliche Auftraggeber (Bund, Länder, Kommunen) sowie bestimmte Unternehmen (z. B. Energieversorger)
UWG Gesetz gegen unlauteren Wettbewerb	verbietet unfaire Wettbewerbspraktiken, insbesondere zum Schutz der Verbraucher

Aufgaben

1 Welche Aufgaben hat der Wettbewerb?
2 Wie hängen Markt und Wettbewerb zusammen?
3 Nennen Sie die Funktionen des Wettbewerbs.
4 Wo liegt der Unterschied zwischen Unternehmenskooperation und Unternehmenskonzentration?
5 Nennen Sie fünf Kartellarten.
6 Erläutern Sie den Unterschied zwischen Konzern und Trust.
7 Ein deutsches und ein amerikanisches Automobilunternehmen fusionieren.
   a Was versteht man unter einer Fusion?
   b Versuchen Sie anzugeben, wann sich positive, wann sich negative Auswirkungen für den Wettbewerb ergeben.
8 Nennen Sie wettbewerbsbeschränkende Strategien, welche die folgenden Anbieter anwenden könnten, um Kunden von der Konkurrenz abzuziehen:
   - Möbelhändler
   - Drogeriemarkt
   - Autohändler
   - Großhändler für sanitäre Einrichtungen
9 Unterscheiden Sie horizontalen, vertikalen und anorganischen Unternehmenszusammenschluss.
10 Welche Vorteile ergeben sich aus Unternehmenszusammenschlüssen und wer profitiert hauptsächlich von ihnen?
11 Für wen ergeben sich Nachteile aus Unternehmenszusammenschlüssen und wie sehen diese aus?
12 Nennen Sie die Ziele staatlicher Wettbewerbspolitik.
13 Wer sind die „Hüter des Wettbewerbs"?
14 Stellen Sie die Aufgaben des GWB und des UWG vergleichend gegenüber.
15 Beschreiben Sie das Prinzip der Legalausnahme.

6 Rahmenbedingungen für Investitionen und Wirtschaftswachstum

Freie Marktwirtschaft, vgl. Kap. 4.2

Soziale Marktwirtschaft, vgl. Kap. 4.4

Aus dem Verständnis der *freien Marktwirtschaft* wissen wir, dass die Einkommens- und Vermögensverteilung teilweise große **Ungleichheiten** aufweist. Dies führt im Allgemeinen dazu, dass die Kaufkraftpotenziale innerhalb der Bevölkerung mehr oder weniger stark voneinander abweichen. Die Möglichkeiten der einzelnen Haushalte, am Wohlstand des Landes teilzuhaben, sind im Ergebnis also sehr unterschiedlich. Vielfach wird die Einkommens- und Vermögensverteilung dann auch als ungerecht empfunden. Der Staat versucht nun, im Rahmen der *sozialen Marktwirtschaft* diese Ungleichheiten zu vermindern, evtl. sogar abzubauen.

Eine Möglichkeit, dieses Ziel zu erreichen, ist die Umverteilung von Einkommen und Vermögen. Unter anderem kann der Staat **Strukturpolitik** betreiben. Sie versucht mit unterschiedlichen staatlichen Maßnahmen, die regionale und sektorale Versorgung der Bevölkerung mit (materiellen) Gütern möglichst gleichmäßig und gerecht zu gestalten. Diese gesamtwirtschaftlichen Überlegungen auf staatlicher Ebene beeinflussen konkrete betriebswirtschaftliche Entscheidungen eines Unternehmens hinsichtlich eines geeigneten und optimalen **Standorts**.

Die folgenden Darstellungen zeigen, inwiefern staatliche Strukturpolitik Bedingungen für Investitionen und Wirtschaftswachstum schafft und damit auch die unternehmerische Standortwahl beeinflusst.

AB → **Lernsituation 90**

6.1 Strukturpolitik

Unter dem **Strukturwandel** versteht man die stetige Veränderung in den Strukturen einer Volkswirtschaft. Man unterscheidet **regionalen** (eine Region betreffend) und **sektoralen** Strukturwandel (eine Branche betreffend).

Ursachen des Strukturwandels können z. B. sein:
- technischer Fortschritt
- Nachfrageveränderungen
- Verknappung von Rohstoffvorkommen
- Schließung eines Großunternehmens
- Globalisierung
- politische Maßnahmen

Die **Folgen des Strukturwandels** für die betroffenen Regionen oder Branchen sind vielfältig. Von besonderer Bedeutung sind steigende Arbeitslosigkeit, sinkende Einkommen und damit Kaufkraft.

Mithilfe der **Strukturpolitik** als Teil der Wirtschaftspolitik ergreift der Staat unmittelbar wirkende Maßnahmen von längerer Dauer, z. B. eine auf mehrere Jahre angelegte Wirtschaftsförderung im ländlichen bzw. strukturschwachen Raum. Dabei ist es das Bestreben des Staates, die Wirtschaftsstruktur z. B. einer Region substanziell zu beeinflussen.

Die Strukturpolitik ist primär auf den regionalen und sektoralen Strukturwandel ausgerichtet und eher **mittelfristig** angelegt.
- Im Rahmen der **regionalen** Strukturpolitik möchte der Staat z. B. benachteiligte Regionen durch besondere Infrastrukturmaßnahmen fördern.

Beispiel: Der Bau einer Autobahn zur Förderung von Unternehmen in Grenzregionen ist eine regionale Strukturmaßnahme.

Weitere Ziele des Staates in der regionalen Strukturpolitik sind der Abbau von Standortnachteilen, die Schaffung von Arbeitsplätzen und die Verbesserung des Lebensstandards.

- Mit der **sektoralen** Strukturpolitik hingegen werden einzelne Wirtschaftszweige bzw. Branchen unterstützt, um deren Wettbewerbsfähigkeit zu sichern. In diesem Zusammenhang werden vor allem Erhaltungsinterventionen (z. B. Maßnahmen zur Aufrechterhaltung der Produktionskapazität) und Anpassungsinterventionen (z. B. Maßnahmen zur Verbesserung des technischen Standards) durchgeführt.

Konkrete strukturpolitische Maßnahmen können sein:

- Subventionen
- steuerpolitische Maßnahmen (z. B. Verringerung des Körperschafts- bzw. Einkommensteuersatzes)
- die Vergabe von Bürgschaften oder Garantien

Subventionen
Unterstützungsleistungen des Staates oder der EU an Unternehmen oder Haushalte ohne Gegenleistung des Empfängers in Gestalt von Zuschüssen

Strukturförderung in Deutschland

In Deutschland vollzieht sich die Regionalförderung vor allem im Rahmen der GRW. Sie ist das zentrale Element der deutschen Regionalpolitik. Mit diesem Programm gestaltet der Bund seine Mitverantwortung für eine ausgewogene regionale Entwicklung in Deutschland. Die Zusammenarbeit zwischen Bund und Ländern erfolgt auf der Grundlage eines sogenannten Koordinierungsrahmens.

GRW
Bund-Länder-Gemeinschaftsaufgabe zur Verbesserung der regionalen Wirtschaftsstruktur

Strukturförderung auf europäischer Ebene

Auf europäischer Ebene gibt es diverse Regionalförderungsprogramme, die folgende drei **Ziele** verfolgen:

Die Strukturförderung auf europäischer Ebene hat natürlich auch für Deutschland Gültigkeit.

Konvergenz: Hier werden Maßnahmen zur Entwicklung und Strukturanpassung von Regionen mit Entwicklungsrückstand getroffen. Die Förderung aufgrund dieses Ziels entspricht 81,5 % des Budgets der EU-Strukturpolitik. In der Bundesrepublik förderfähig sind hier z. B. die neuen Bundesländer.

Regionale Wettbewerbsfähigkeit und Beschäftigung: Dieses Ziel betrifft alle Gebiete der Europäischen Union, die nicht vom Ziel „Konvergenz“ erfasst werden. Die Förderung soll die Gebiete erreichen, die wirtschaftlichen und sozialen Umbrüchen ausgesetzt sind. Darüber hinaus sollen die Globalisierung und die Entwicklung zu einer wissensbasierten Gesellschaft vorangetrieben werden. In der Bundesrepublik förderfähig sind bis auf eine Ausnahme alle alten Bundesländer. Die Mittel, die für das Ziel zur Verteilung zur Verfügung stehen, entsprechen 16 % des Budgets der EU-Strukturpolitik.

Die aktuelle Fördervergabepraxis der deutschen Bundesländer zeigt, dass in der Regel traditionelle Industriegebiete mit rückläufiger Industrieentwicklung, strukturschwache ländliche Gebiete und Gebiete im sozialen und wirtschaftlichen Wandel oder städtische Problemgebiete unterstützt werden.

Europäische territoriale Zusammenarbeit (ETZ): Im Rahmen des EFRE-Programms stehen Mittel in Höhe von 2,5 % des Budgets der EU-Strukturpolitik zur Verfügung, um die Zusammenarbeit der Regionen Europas zu intensivieren. Im Einzelnen werden gefördert:

a) grenzüberschreitende Zusammenarbeit von Regionen aus mindestens zwei Mitgliedstaaten im Grenzgebiet
b) transnationale Zusammenarbeit von Regionen aus Mitgliedstaaten in großen Räumen (z. B. Ostseeanrainer, alle Alpenstaaten)
c) überregionale (EU-weite) Zusammenarbeit

Die aktuellen Strukturförderungsprogramme auf europäischer Ebene laufen noch bis 2013.

Es werden immer wieder neue Strukturfonds aufgelegt, der Schwerpunkt kann sich verändern.

Die europäische Strukturförderung bedient sich zur Erreichung dieser Ziele verschiedener **Strukturfonds**:

Der **EFRE** (Europäischer Fonds für regionale Entwicklung) unterstützt Regionen mit Entwicklungsrückstand und Strukturproblemen (Ziel: Konvergenz). Er stellt finanzielle Mittel z. B. für Infrastrukturmaßnahmen und produktive Investitionen zur Schaffung von Arbeitsplätzen in kleinen und mittleren Unternehmen bereit und fördert Maßnahmen, die der Forschung und technologischen Entwicklung sowie dem Umweltschutz dienen.

Der **ESF** (Europäischer Sozialfonds) gilt als wichtigstes beschäftigungspolitisches Instrument der Europäischen Union. Dieser Strukturfonds unterstützt die Wiedereingliederung von Arbeitslosen in den Arbeitsmarkt und erweitert die beruflichen Chancen von Arbeitnehmern mithilfe berufsspezifischer Bildungsmaßnahmen. So sollen auch die Mobilität von Arbeitskräften und die Anpassung an veränderte Bedingungen im industriellen Leistungsprozess verbessert werden.

Über diese beiden Strukturfonds hinaus ist der sogenannte **Kohäsionsfonds** als Instrument der EU-Strukturpolitik zu nennen. In den Genuss der Fördermittel kommen EU-Staaten, deren Pro-Kopf-Einkommen unter 90 % des EU-Durchschnitts liegt. Der Kohäsionsfonds soll den wirtschaftlichen und sozialen Zusammenhalt innerhalb der EU stärken. Er liefert Unterstützungen im Umweltbereich im Sinne einer nachhaltigen Entwicklung und hat das vorrangige Ziel, die Infrastruktur in den geförderten Staaten zu verbessern.

Montanindustrie
Kohle- und Stahlindustrie

Beispiel: Strukturwandel am Beispiel des Ruhrgebiets
Nach dem Zweiten Weltkrieg und noch bis in die frühen 60er-Jahre war die **Montanindustrie** der wichtigste Wirtschaftsmotor für den Wiederaufbau Deutschlands. Eine einseitige strukturelle Ausrichtung des Ruhrgebiets auf Kohle und Stahl prägte die gesamte Region nicht nur wirtschaftlich, sondern auch sozial.

Der Rückgang der Nachfrage nach Stahlprodukten führte zu einer verringerten Kapazitätsauslastung und zu Massenentlassungen und Insolvenzen.

Ausgelöst durch die sogenannte Kohlekrise Ende der 50er-Jahre wurden vermehr Importkohle aus Kanada, USA und China, aber auch Erdgas, Erdöl und Kernenergie als Energieträger eingesetzt. Ein stetiger Wandel in der Wirtschaftsstruktur des Ruhrgebietes begann. Um den resultierenden Strukturproblemen zu begegnen, wurde 1968 das „Entwicklungsprogramm Ruhr“ aufgelegt. Ziel war es vorrangig, Wachstumsindustrien im Ruhrgebiet anzusiedeln und Rationalisierungsmaßnahmen innerhalb der Montanindustrie voranzutreiben.

Nach der Stahlkrise um das Jahr 1980 war der Wandlungsprozess im Rhein-Ruhr-Gebiet nicht mehr aufzuhalten. Die „alte" Wirtschaftsstruktur wurde durch eine „moderne" Struktur, bestehend aus wissenschaftlichen Einrichtungen, Unternehmen der neuen Technologien, der Kultur-, Freizeit- und Dienstleistungsbranche, abgelöst. Dies führte jedoch nicht in allen Bereichen zu einer Steigerung der Wirtschaftsleistung und des Lebensstandards. Nach wie vor ist es z. B. nicht gelungen, alle weggefallenen Arbeitsplätze zu ersetzen. Die Rhein-Ruhr-Region gilt auch heute noch als strukturschwache Region, die Unterstützungsleistungen benötigt.

Heute sind 55 % der Beschäftigten im tertiären Sektor tätig.

Kritik an strukturpolitischen Maßnahmen

Werden strukturpolitische Maßnahmen ergriffen, also beispielsweise bestimmte Regionen oder Branchen gezielt gefördert, setzt in der Regel eine Diskussion über die jeweilige Vergabepraxis ein. Es werden kritische Stimmen an diesen Maßnahmen laut:

So besteht durchaus die Gefahr, dass die Subventionen **Dauercharakter** annehmen, dass also die Zuschüsse regelmäßig den Begünstigten zukommen, die Effizienz der jeweiligen Maßnahme im Einzelnen aber überhaupt nicht mehr oder nur noch sporadisch überprüft wird.

Ein weiterer Kritikpunkt betrifft die **Wirkungsrichtung** von Wirtschaftsförderungsmaßnahmen: Es ist kaum möglich, punktgenau zukunftsträchtige Industrien zu unterstützen. Eine marktkonforme Steuerung dieser Industriezweige wird durch die starke Produktionsteilung zwischen den Unternehmen (Lieferanten-Abnehmer-Beziehungen) erheblich behindert.

Auf europäischer Ebene kommt die **ungenügende Transparenz** der einzelnen Struktur- und Kohäsionsfonds erschwerend hinzu, sodass evtl. doppelte Förderungen zugesagt werden.

Das größte Problem besteht allerdings darin, dass Subventionsvergaben möglicherweise zu **Ungerechtigkeiten in der Wettbewerbsstruktur** einer Region oder Branche führen könnte. So ist es vorstellbar, dass subventionierte Unternehmen Wettbewerbsvorteile gegenüber anderen nicht geförderten Unternehmen erlangen. Die Konsequenz könnten negative Entwicklungen hinsichtlich der Arbeitsplatzsituation und der Kaufkraft in den entsprechenden Regionen sein.

6.2 Standortwahl/Standortentscheidungen

AB → Lernsituation 91

Auf der unternehmerischen Ebene hingegen werden konkrete betriebswirtschaftliche Entscheidungen mit dem Ziel getroffen, die Entwicklung des Unternehmens positiv zu beeinflussen. Zu diesen Entscheidungen gehört u. a. die Wahl des optimalen Standorts für das Unternehmen und seine Betriebe. Im Prozess der Standortsuche werden dann sogenannte Standortfaktoren diskutiert. Unabdingbar ist es, sich intensiv mit entsprechenden Argumenten für oder gegen einen möglichen Standort auseinanderzusetzen, zumal die Standortentscheidung eine strategische, also langfristige Entscheidung ist. Fehlentscheidungen in diesem Bereich können evtl. hohe Kosten auf längere Dauer nach sich ziehen.

Die Tabelle auf S. 388 gibt weitere Beispiele für Standortfaktoren nach dieser Einteilung.

Die Standortfaktoren werden häufig anhand der **betrieblichen Funktionsbereiche** unterschieden. Genauer: Es wird die Frage gestellt, inwiefern Standortentscheidungen vom Absatz-, Produktions- oder Beschaffungsbereich des Unternehmens abhängig sind. Daneben spricht man von **leistungsbezogenen** („harten") Standortfaktoren (z. B. steuerliche Abgaben, Arbeitslöhne, Höhe der Gebäudemieten) und **allgemeinen** („weichen") Standortfaktoren (z. B. Vorhandensein kultureller Einrichtungen, Möglichkeiten der Freizeitgestaltung).

Grundsätzlich ist die Auswahl eines unternehmerischen Standortes das Ergebnis einer Vielzahl verschiedener Kriterien und Prioritäten, die je nach Unternehmen unterschiedlich ausfallen können. Im Folgenden wird die unternehmerische Standortwahl anhand von ausgewählten Aspekten ausführlicher betrachtet.

Standortwahl als Ergebnis eines systematischen Auswahlverfahrens

Die Frage, ob ein Standort als optimal bezeichnet werden kann, hängt wesentlich von der Art und der Gewichtung der Kriterien ab, nach denen dieser Standort untersucht wurde. So kann im Vorfeld festgelegt werden, dass bestimmten Produktionsfaktoren eine entscheidende Bedeutung bei der Standortwahl zukommt. Ebenso denkbar sind Prüflisten, die bei einem optimalen Standort vollständig abgehakt werden müssen, oder Simulationsmodelle. Eine häufig gewählte Methode zur Bestimmung eines idealen Unternehmensstandortes stellt die Entscheidungsbewertungstabelle dar.

In vielen Bereichen des Lebens sind Probleme nicht eindeutig im Sinne eines „richtig" oder „falsch" zu entscheiden. Vor allem komplexe Probleme lassen oftmals auch mehrere alternative Lösungen zu. Bei der Lösung eines solchen Problems ist es daher wichtig, eine Methode zu haben, mit der man aus mehreren Lösungsalternativen die optimale Lösung herausfindet. Eine solche Methode ist die Arbeit mit einer **Entscheidungsbewertungstabelle**. Eine Entscheidungsbewertungstabelle ist eine Tabelle, in der Faktoren, die für die Lösung eines Problems von Bedeutung sind, nach ihrer Wichtigkeit bewertet werden. Die Alternative, die am Ende die höchste Punktzahl erhält, ist – wenn die Bewertung richtig vorgenommen wurde – die beste. Insgesamt kommt es darauf an, dass alle Faktoren, die einen Einfluss auf ein gegebenes Problem haben, berücksichtigt werden und dass genügend Informationen vorliegen, mit denen eine Bewertung vorgenommen werden kann.

Schritte bei der Arbeit mit einer Entscheidungsbewertungstabelle

1. Formulierung des Problems, welches mit der Tabelle gelöst werden soll
2. Auflistung aller Faktoren, die bei der Entscheidungsfindung eine Rolle spielen
3. Bildung von Faktorengruppen, die Teilentscheidungen ermöglichen
4. Festlegung der Gewichtung der gefundenen Faktoren (I)
5. Suche nach Informationen über die gefundenen Faktoren
6. Festlegung einer Bewertungsskala zur Bewertung (B) der einzelnen Informationen (nach umgekehrter Notenskala)
7. Multiplikation von I und B zu einem Wert (W)
8. Addition der Werte, die für die einzelnen Faktoren ermittelt wurden
9. Festlegung des 1., 2., 3. usw. Ranges der Punktzahlen
10. Vorstellung der besten Alternative mit Herausstellung der Vor- und Nachteile

Beispiel: Standortsuche der Mobil GmbH

Die Mobil GmbH wurde kürzlich neu gegründet. Sie ist Autozulieferer für die Automobilindustrie und stellt Differenzialgetriebe her. Das Unternehmen beschäftigt zurzeit 500 Mitarbeiter. Kapazitätserweiterungen sind bereits geplant, da eine positive Entwicklung des Pkw-Absatzes in den nächsten Jahren erwartet wird.

Für die Errichtung eines neuen Werkes stehen nach Auffassung der Unternehmensleitung vier Standorte in der Bundesrepublik zur Wahl. Es soll eine Standortentscheidung getroffen werden. Hierzu wird zunächst der jeweilige Standort anhand von Kriterien charakterisiert. Im Anschluss werden diese Kriterien in Form einer Entscheidungsbewertungstabelle für jeden Standort tabellarisch gegenübergestellt:

Standort München

Der Raum München verfügt über eine große Anzahl kultureller Einrichtungen. Im Bereich der Verkehrsinfrastruktur verfügt der Standort über hervorragende Anbindungen. Die Stromkosten sind als relativ hoch zu bezeichnen, Arbeitskräfte sind mit allen Qualifikationen verfügbar, das Telekommunikationsnetz gilt als vorbildlich. Am Standort München steht den Unternehmen eine große Anzahl an Güterverkehrsbetrieben zur Verfügung, die zu guten Konditionen Waren befördern.

In München und Umgebung haben sich verschiedene ernsthafte Wettbewerber angesiedelt. Die Mieten und Grundstückspreise sind im Deutschlandvergleich ebenso wie die kommunalen Steuern und sonstigen Abgaben als hoch einzustufen. Die Wohnqualität in München belegt bundesweit einen Spitzenplatz.

Standort Dresden

Dresden weist ein überdurchschnittliches kulturelles Angebot sowie im Bundesdurchschnitt niedrige kommunale Abgaben auf. Die Wohnqualität kann als gut angesehen werden. Verkehrsmäßig sind zahlreiche Projekte, welche die derzeit noch durchschnittliche Ausstattung verbessern sollen, in der Realisierung. In wenigen Jahren werden die Infrastrukturbedingungen insgesamt im oberen Bereich des Bundesdurchschnitts liegen. Die Arbeitslöhne sind ebenso wie die Energiekosten und die Mieten und Grundstückspreise als niedrig einzustufen. Arbeitskräfte im gewünschten Bereich der Mobil GmbH sind in großer Zahl mit einer hohen Motivation vorhanden. Die Telekommunikationsbedingungen können nach den enormen Investitionen der Telekom AG europaweit als vorbildlich bezeichnet werden.

In der Umgebung von Dresden sind kaum Konkurrenten der Mobil GmbH ansässig, die Beförderung von Gütern wirft derzeit aber noch einige Probleme auf.

Standort Aachen

Der Raum Aachen weist unter anderem aufgrund der kulturellen Vielfalt eine relativ hohe Wohnqualität auf. Qualifizierte Arbeitskräfte sind zu mittleren Lohnkosten verfügbar. Die Preise für Grundstücke und Mieten haben ein leicht über dem deutschen Durchschnitt liegendes Niveau, die Stromkosten sind, ebenso wie die kommunalen Abgaben, als durchschnittlich zu bewerten. Verkehrsmäßig und auch von der Ausstattung mit Telekommunikationseinrichtungen her ist der Raum Aachen als relativ günstig einzustufen.

In Aachen und Umgebung befinden sich keine Standorte von Konkurrenten der Mobil GmbH. Zahlreiche Güterverkehrsunternehmen führen zu einem problemlosen Warenverkehr.

Standort Kiel

Der Raum Kiel verfügt über eine mittlere Wohnqualität und eine große Anzahl qualifizierter Arbeitskräfte. Das Telekommunikationsnetz ist gut ausgebaut, Mieten, Löhne und Grundstückspreise liegen im Mittelfeld, die Stromkosten können als relativ niedrig bezeichnet werden. An kulturellen Einrichtungen ist der Raum Kiel relativ gut ausgestattet, die Abgaben für Wirtschaftsunternehmen sind durchschnittlich hoch. Die Verkehrsinfrastruktur in Kiel und Umgebung ist durchschnittlich. Eine Autobahnanbindung ist vorhanden, ein leistungsfähiger Flughafen fehlt, an das IC-Netz der Deutschen Bahn ist Kiel angeschlossen. Im Raum Kiel sind verschiedene ernste Konkurrenten der Mobil GmbH vertreten. Die Warenbeförderung stellt aufgrund der nur mittleren Ausstattung mit Güterverkehrsbetrieben in einigen Bereichen ein Problem dar.

Beispiel: Entscheidungsbewertungstabelle der Mobil GmbH

Standortfaktoren	I	Standort München		Standort Kiel		Standort Aachen		Standort Dresden	
		B	W	B	W	B	W	B	W
Allgemeine Faktoren									
Freizeiteinrichtungen	0	*	*	*	*	*	*	*	*
Allgemeine Wohnqualität	2	6	12	3	6	5	10	5	10
Kulturelle Angebote	2	6	12	4	8	5	10	6	12
Politische Situation	0	*	*	*	*	*	*	*	*
Subventionen	10	1	10	3	30	3	30	5	50
Umweltbestimmungen	0	*	*	*	*	*	*	*	*
Klima	0	*	*	*	*	*	*	*	*
Leistungsbezogene Faktoren									
Steuerliche Abgaben	15	2	30	4	60	4	60	5	75
Grundstückspreise	10	1	10	3	30	3	30	5	50
Mieten, Pachten	10	1	10	3	30	3	30	5	50
Geeignete Arbeitskräfte	5	5	25	5	25	4	20	6	30
Stromkosten	10	2	20	5	50	4	40	5	50
Telekommunikationsmögl.	7	6	42	5	35	4	28	6	42
Verkehrsinfrastruktur	12	6	72	3	36	4	48	4	48
Kosten von Roh-, Hilfsstoffen usw.	2	*	*	*	*	*	*	*	*
Absatzbezogene Faktoren									
Absatzmärkte	0	*	*	*	*	*	*	*	*
Wettbewerbssituation	10	2	20	3	30	6	60	5	50
Güterverkehrsunternehmen	10	5	50	4	40	6	60	2	20
Erreichbarkeit pot. Kunden	0	*	*	*	*	*	*	*	*
Summen			313		360		426		487
Rang			**4.**		**3.**		**2.**		**1.**

I = Gewichtung der Faktoren; B = Bewertung; W = I · B; * = keine Angaben

Nach Auswertung der Entscheidungsbewertungstabelle kommt die Mobil GmbH zu dem Schluss, ihr neues Werk am Standort Dresden zu errichten, da dieser Standort eindeutig die höchste Punktzahl erreicht.

Erläuterungen zu ausgewählten Standortfaktoren

Im Folgenden werden die Überlegungen, die für die Wahl der Bewertungskriterien für die Standortwahl und die Gewichtung der Standortfaktoren eine Rolle spielen können, genauer erläutert.

Realisierungsmöglichkeiten der betrieblichen Grundfunktionen: Betriebliche Grundfunktionen wie die Absatz-, Material- und Produktionswirtschaft können die Standortwahl beeinflussen. So sind im Bereich der Materialwirtschaft z. B. die Fragen zu klären, ob sich an einem Standort Einrichtungen (Arbeitsvermittlung, Wirtschaftsbehörden) oder Zulieferer befinden, welche die Beschaffung positiv beeinflussen. Im Bereich der Absatzwirtschaft könnte in diesem Zusammenhang geprüft werden, ob der angedachte Standort über entsprechende Absatzkontakte (Agenturen, Makler, Außenhandelsabteilungen) verfügt. Ebenso müsste geprüft werden, ob sich der geplante Standort aufgrund entsprechender Marktanalysen als geeignet erweist.

Stadthafen von Hamm in NRW

Verfügbarkeit geeigneter Produktionsfaktoren: In bestimmten Fällen kann es sinnvoll sein, die Standortentscheidung im Wesentlichen auf der Grundlage der Verfügbarkeit der Produktionsfaktoren Arbeit, Boden und Kapital zu treffen. Der Zugang zum Produktionsfaktor Arbeit kann ein ausschlaggebendes Kriterium sein, wenn besondere Qualifikationen der Mitarbeiter gefragt sind oder aber die Kosten des Faktors Arbeit im Vordergrund der unternehmerischen Entscheidung stehen, wie z. B. bei besonders arbeitsintensiven Fertigungsverfahren. Im Hinblick auf die Produktionsfaktoren Boden und Kapital sind ebenfalls zum einen die Kosten der Faktoren zu berücksichtigen (Grundstückspreise bzw. Zinsniveau) und zum anderen die jeweilige Bedeutung des Faktors für das Unternehmen.

Gestaltung der kommunalen Wirtschaftsförderung: Die Gestaltung der kommunalen Wirtschaftsförderung ist heute in immer größerem Maße ausschlaggebend für die unternehmerische Standortentscheidung. Die Kommunen überbieten sich bei ihrem Wunsch, Unternehmen mit ihren Arbeitsplätzen dauerhaft zu binden, in vielen Fällen mit günstigen Konditionen bei der Erschließung von Gewerbegebieten, der Gewerbesteuer, des Angebotes von Grundstücken und anderem mehr.

Betriebliche Ziele: Auch die Festlegung der betrieblichen Ziele hat erheblichen Einfluss auf die Wahl des unternehmerischen Standorts. So kann die Wahl eines Standorts je nach Priorität der Ziele Gewinnmaximierung, Sicherung von Arbeitsplätzen, Umweltschutz usw. sehr unterschiedlich ausfallen.

Stellung im Produktlebenszyklus: Produkte durchlaufen bestimmte Produktlebenszyklen, auf die auch die Suche eines Unternehmensstandortes Rücksicht nehmen muss. So könnte ein Produkt, das sich in der Einführungsphase befindet und dem für die Zukunft große Wachstumspotenziale eingeräumt werden, die Option von Erweiterungsflächen erfordern. Ebenso entscheidend könnte in diesem Zusammenhang die Frage sein, ob sich am geplanten Standort bereits Konkurrenten angesiedelt haben, die gleiche oder ähnliche Produkte herstellen..

Internationaler Standortvergleich

Darüber hinaus ist zu überlegen, ob es sinnvoll ist, Betriebsstandorte international zu suchen. So wird sich ein Unternehmen mit dem Gedanken beschäftigen, im Ausland zu produzieren, wenn beispielsweise die Produktionskosten dort bedeutend geringer sind als die in Deutschland. Auch weitere Faktoren, wie z. B. Umweltbestimmungen, können eine Rolle spielen.

Allerdings wird im Rahmen einer derartigen Produktionsverlagerung u. a. über die Qualifikation der Arbeitskräfte im Ausland, die dort bestehende Infrastruktur oder sogar die politische Situation diskutiert.

ÜBERSICHT: Rahmenbedingungen für Investitionen und Wirtschaftswachstum

Strukturwandel	stetige Veränderung in der Struktur einer Volkswirtschaft
Strukturpolitik	Teil der Wirtschaftspolitik mit dem Ziel, die Strukturen von Volkswirtschaften zu beeinflussen
Zeithorizont von Strukturpolitik	mittelfristig
Einteilung der Strukturpolitik	– regional – sektoral
Maßnahmen der Strukturpolitik	z. B. Subventionen, steuerpolitische Maßnahmen, Vergabe von Bürgschaften oder Garantien
Ziele der Strukturpolitik	– Konvergenz – regionale Wettbewerbsfähigkeit und Beschäftigung – europäische territoriale Zusammenarbeit
Einteilung von Standortfaktoren	– nach der Orientierung an betrieblichen Funktionen (Absatz, Produktion, Beschaffung; z. B. Wettbewerbssituation) – nach leistungsbezogenen Kriterien („harte" Standortfaktoren, z. B. Grundstückspreise) – nach allgemeinen Kriterien („weiche" Standortfaktoren, z. B. Lebensqualität)
Ausgewählte Aspekte der unternehmerischen Standortwahl	– Durchführung eines systematischen Auswahlverfahrens (z. B. Entscheidungsbewertungstabelle) – Berücksichtigung der Stellung der Produkte im Produktlebenszyklus – Realisierungsmöglichkeiten der betrieblichen Grundfunktionen (Absatz-, Beschaffungs-, Produktionsorientierung) – Verfügbarkeit geeigneter Produktionsfaktoren (Arbeit, Boden/Grundstücke, Kapital) – Gestaltung der kommunalen Wirtschaftsförderung – Realisierungsmöglichkeiten betrieblicher Ziele

Aufgaben

1 Nennen und erläutern Sie die Kriterien, nach denen Betriebe ihre Standorte allgemein auswählen.

2 Beschreiben Sie die Vorgehensweise bei einer Entscheidungsbewertung für den optimalen Standort eines Unternehmens.

3 Erläutern Sie, aus welchem Grund eine Standortentscheidung in der Regel mit hohen Kosten verbunden ist.

4 Begründen Sie, warum es neben der Wirtschaftsförderung in der Bundesrepublik auch eine Wirtschaftsförderung auf europäischer Ebene gibt.

5 Recherchieren Sie, welche Standortüberlegungen im Jahr 2001 dazu führten, dass BMW sein neues Werk im Leipziger Norden ansiedelte.

6 Beurteilen Sie aus Ihrer Sicht, ob die strukturpolitischen Maßnahmen im Ruhrgebiet zu einer gerechteren Einkommens- und Vermögensverteilung geführt haben könnten.

7 Internationale wirtschaftliche Verflechtungen

AB → Lernsituation 92

7.1 Globalisierung

Der Begriff der Globalisierung bezeichnet die zunehmende weltweite Verflechtung in allen Lebensbereichen, wie Politik, Kommunikation, Umwelt oder Kultur.. Die Welt „wird zu einem Dorf". In diesem Kapitel steht die Betrachtung der **wirtschaftlichen Verflechtungen** im Vordergrund.

Wegbereiter der Globalisierung sind vor allem die Neuen Informations- und Kommunikationstechnologien (NIKT), das Informations- und Transportwesen, neue Organisationsformen der betrieblichen Produktionsprozesse und die zunehmende Liberalisierung des Welthandels.

Die Globalisierung bewirkt die **Entstehung weltweiter Märkte**, wie z. B. der Güter-, Finanz- und Dienstleistungsmärkte, und beschleunigt sich stetig. Hauptakteure dieser Entwicklung sind Unternehmen, die in vielen Staaten vertreten sind, sogenannte multinationale Unternehmen bzw. Global Players.

7.1.1 Akteure der Globalisierung – Global Players

Die Weltwirtschaft wird heute nicht mehr allein von den Regierungen der Einzelstaaten, sondern einer ganzen Reihe verschiedener Akteure beeinflusst. Nach dem Zweiten Weltkrieg wurde eine Vielzahl von internationalen Organisationen gegründet, die die internationalen wirtschaftlichen Aktivitäten und Beziehungen überwachen und regulieren sollen.

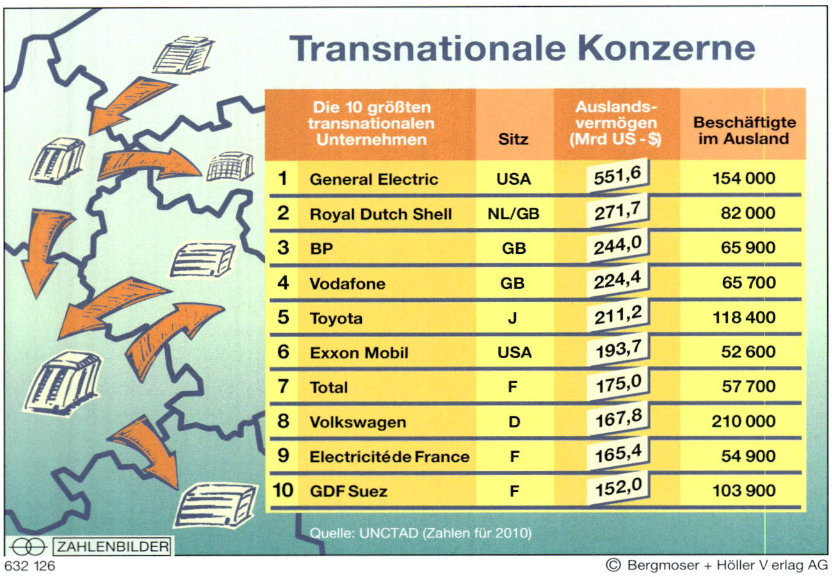

Transnationale Konzerne

Die 10 größten transnationalen Unternehmen		Sitz	Auslandsvermögen (Mrd US-$)	Beschäftigte im Ausland
1	General Electric	USA	551,6	154 000
2	Royal Dutch Shell	NL/GB	271,7	82 000
3	BP	GB	244,0	65 900
4	Vodafone	GB	224,4	65 700
5	Toyota	J	211,2	118 400
6	Exxon Mobil	USA	193,7	52 600
7	Total	F	175,0	57 700
8	Volkswagen	D	167,8	210 000
9	Electricité de France	F	165,4	54 900
10	GDF Suez	F	152,0	103 900

Quelle: UNCTAD (Zahlen für 2010)

ZAHLENBILDER 632 126

Die Global Players, die durch weltweit angesiedelte Produktionsstätten die Weltmärkte beliefern, sind die neuen und entscheidenden Akteure, die die Globalisierung fördern. Die Erweiterung des Tätigkeitsfelds ist durch den technologischen Fortschritt ermöglicht worden. Theoretisch muss ein Global Player noch nicht einmal eine Niederlassung im Ausland haben, um weltweit operieren zu können. Große Unternehmen haben sich jedoch zunehmend auch im Ausland angesiedelt. Die Vernetzung der multinationalen Unternehmen hat besondere Auswirkungen auf die nationalen Volkswirtschaften, z. B. kann der Beitrag eines Unternehmens zum Bruttoinlandsprodukt eines Landes nicht mehr eindeutig diesem Land zugeordnet werden. Außerdem vernetzen Global Players mit ihren Direktinvestitionen viele nationale Volkswirtschaften.

7.1.2 Antriebskräfte der Globalisierung

Es sind vor allem drei Entwicklungen, die die Globalisierung vorantreiben:
- technologischer Fortschritt
- Liberalisierung der Märkte und des Welthandels
- politische und wirtschaftliche Entwicklungen

Technologischer Fortschritt

Zu einer rasanten Entwicklung kam es im Technologiebereich. Durch die Neue Informations- und Kommunikationstechnologie (NIKT) sind die Transport- und Kommunikationskosten in den letzten Jahren beachtlich gefallen. Erst durch die NIKT ist es möglich geworden, dass Unternehmen ihren Tätigkeitsbereich weltweit koordinieren und beim Transport von Gütern, Personen und Informationen in dramatischem Ausmaß Kosten einsparen können. Das gilt inzwischen für alle Bereiche unternehmerischen Handelns, für Produktion, Marketing und Finanzierung ebenso wie für Forschung und Entwicklung.

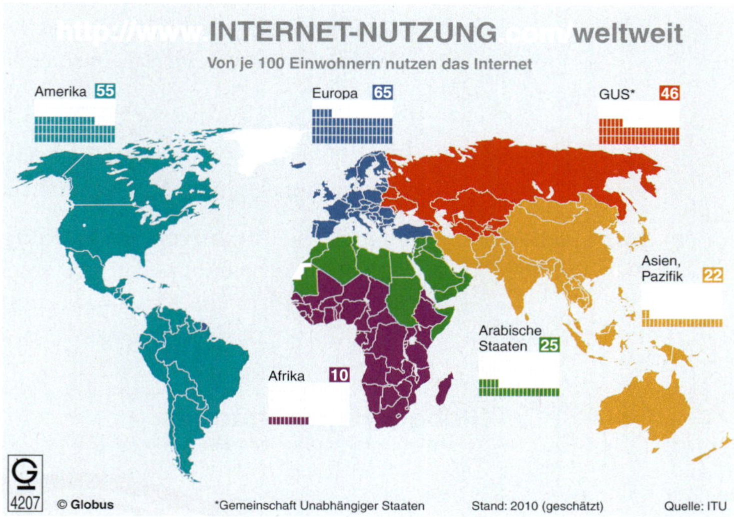

Der Produktionsfaktor „Information" wird besonders durch die Nutzung des **Internets** immer wichtiger. Seit den 90er-Jahren bildet das Internet für viele Unternehmen eine wichtige Grundlage für den Verkauf von Waren und Dienstleistungen. Inzwischen ist, angefangen von Büchern und CDs über Sportartikel, Ersatzteile für Autos und Lebensmittel, beinahe jede Ware auch im Internet erhältlich. Auch kann man z. B. Reisen im Internet buchen.

Liberalisierung der Märkte

Seit Gründung des GATT (1947, heute: WTO) wurde die Globalisierung auf den internationalen Märkten mehr und mehr vorangetrieben. Zunächst kam es durch die Vereinbarungen des GATT zum Abbau von Handelshemmnissen für den internationalen Güteraustausch. Erst in den 70er-Jahren setzte dann auch die Liberalisierung von Devisen- und Kapitalverkehr ein. Die Kapitalmobilität hat sich durch die globalen Finanzmärkte, die seither entstanden sind, immer mehr erhöht. Auf dem Dienstleistungssektor kam es zur Deregulierung und Privatisierung z. B. in den Bereichen Bankdienstleistungen, Transport, Telekommunikation und Versicherungen.

GATT
allgemeines Zoll- und Handelsabkommen (engl. **General Agreement on Tariffs and Trade**), vgl. **Kap. 7.2**

WTO
Welthandelsorganisation (engl. **World Trade Organization**), vgl. **Kap. 7.2**

Dienstleistungsmärkte: Die Neue Informations- und Kommunikationstechnologie (NIKT) sorgt dafür, dass Dienstleistungen verstärkt international ausgetauscht werden. Zu den Dienstleistungen zählen z. B. die Bereiche Wirtschaftsprüfung, rechtliche Beratung, Transport, Bankdienstleistungen, Wertpapierhandel, Versicherung. Der Handel mit Dienstleistungen ist sozusagen ein „unsichtbarer" Handel, denn er erfolgt überwiegend zwischen Computern. Zurzeit entfallen gut zwei Drittel der Produktion und der Beschäftigung in den Industrieländern auf den Dienstleistungssektor.

Finanzmärkte: Kennzeichen für die Globalisierung auf den Finanzmärkten ist die erhöhte Mobilität des Kapitals. Hier geht es nicht nur um Geldkapital, das blitzschnell von einem Börsenplatz zu einem anderen bewegt werden kann, sondern auch um Sachkapital. Für die starke Expansion des Umsatzvolumens an den internationalen Finanzmärkten sind mehrere Faktoren verantwortlich:

- Die Unternehmen wollen auf expandierenden Märkten präsent sein und tätigen Direktinvestitionen. Diese Vertiefung der internationalen Arbeitsteilung zieht eine Ausweitung der Finanzströme nach sich.
- Länder und Regionen, die bisher keinen Zugang zu den internationalen Finanzmärkten hatten, werden mehr integriert und hoffen auf zinssenkende Effekte.
- Die weltweite Deregulierung hat die Integration nationaler und regionaler Finanzmärkte bedeutsam vorangetrieben.
- Durch das Investmentsparen und den privaten Vermögensaufbau wird vermehrt Kapital auf den internationalen Finanzmärkten angelegt.

Krisenerscheinungen, vgl. **Kap. 7.4**

Die möglichen **negativen Auswirkungen** dieser starken internationalen Vernetzung der Finanzmärkte zeigen sich besonders, wenn stark fallende Aktienkurse an einem Finanzplatz die Börsenbewegungen in anderen Ländern beeinflussen oder wenn Währungskrisen von einem Land auf andere Länder in einer Region übergreifen.

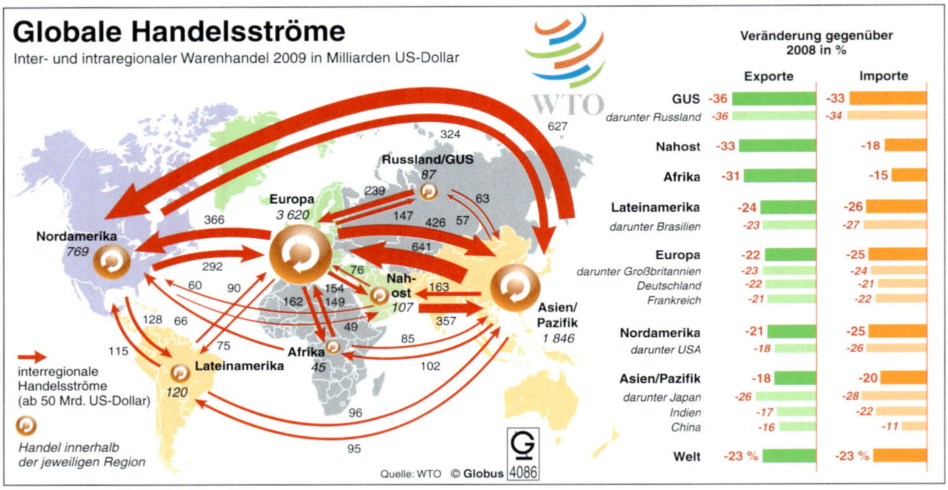

Gütermärkte: Infolge sinkender Transport- und Kommunikationskosten sowie der fortschreitenden Marktöffnung (z. B. Abbau von Zöllen und Einfuhrbeschränkungen) ist die Globalisierung der Gütermärkte weiter vorangeschritten.

Politische und wirtschaftliche Einflussfaktoren

Schließlich haben auch die politischen Entwicklungen der 90er-Jahre des 20. Jahrhunderts einen entscheidenden Beitrag zur zunehmenden Globalisierung geleistet. Nach dem Zusammenbruch der sozialistischen Systeme in Mittel- und Osteuropa und der EU-Erweiterung um die osteuropäischen Beitrittsländer liegen die Niedriglohnländer z. B. für Deutschland nun direkt vor der Haustür. Die Unternehmen können in den Ländern mit niedrigen Lohnkosten billiger produzieren. Aber auch Länder in Asien, Südamerika und Afrika versuchen ihren materiellen Wohlstand durch zunehmende Exporte in die Industrieländer zu erhöhen.

7.1.3 Globalisierung – Chance oder Bedrohung?

Die Globalisierung eröffnet große Chancen für die Zukunft, denn sie kann uns mehr Wohlstand verschaffen. Allerdings gibt es nicht nur Vorteile, sondern auch einige Risiken.

Positive Auswirkungen

- Die Öffnung von neuen Märkten fördert den Handel. Es entstehen neue Unternehmen und folglich neue Arbeitsplätze. Dies bewirkt einen Wohlstandszuwachs der Länder.
- Es kommt zu einem Technologieaustausch von hoch entwickelten Ländern zu Entwicklungsländern.
- Durch die Verlegung von Unternehmensstandorten in Niedriglohnländer erhöht sich dort das Einkommen und das Wohlstandsniveau steigt. Die Wohlstandsunterschiede zwischen den Ländern können so langfristig ausgeglichen werden.
- Multinationale Unternehmen haben die Möglichkeit, neue Produkte und Ideen in vielen verschiedenen Ländern anzubieten. Ohne diese Unternehmen würden Erzeugnisse nur in den Ursprungsländern angeboten werden.
- Der Zwang zum Strukturwandel kommt letztlich allen Ländern zugute.

Negative Auswirkungen

- Die multinationalen Unternehmen haben die Möglichkeit, ihre Gewinne in Regionen mit niedrigen Steuersätzen zu verlagern.
- Der harte Wettbewerb um Investoren, Kapital und Arbeitsplätze bereitet der Politik immer größere Schwierigkeiten, soziale Sicherheit und soziale Gerechtigkeit zu gewährleisten (Gefahr des „Sozial-Dumpings“).
- Weltweit agierende Unternehmen lassen sich kaum mehr ökonomisch und politisch kontrollieren.
- Entwicklungsländer stehen in einer Abhängigkeit von den multinationalen Unternehmen.
- Unternehmensstandorte werden in Länder mit geringen Umweltvorschriften verlagert.

7.2 Internationale Organisationen und Abkommen

Vor allem seit den 70er-Jahren verschmelzen immer mehr nationale und internationale Märkte zum Weltmarkt und immer größere, multinationale Unternehmen entstehen. Diese Entwicklung führt zu neuen Anforderungen an die weltweiten „Spielregeln“ für den Handel.

Globalisierung, vgl. **Kap. 7.1**

Die **Weltwirtschaftsordnung** regelt mit ihren Vorschriften den grenzüberschreitenden Handel von Waren, Dienstleistungen und Kapital. Allerdings darf man sich nicht vorstellen, dass hiermit ein geschlossenes Regelwerk gemeint ist, vielmehr besteht die Weltwirtschaftsordnung aus vielen verschiedenen Organisationen und Abkommen, die die Handelsbeziehungen und die wirtschaftliche Zusammenarbeit zwischen den Mitgliedstaaten fördern. Nachfolgend sollen die wichtigsten Organisationen und Abkommen vorgestellt werden.

Deutschland ist seit 1973 Mitglied der UNO.

www.un.org

www.unric.org

Die **UNO** (United Nations Organization) hat die Entwicklung der Weltwirtschaft mit ihren Unterorganisationen entscheidend vorangetrieben. Diese internationale Organisation hat u.a. die Aufgabe, den Weltfrieden zu wahren, freundschaftliche Beziehungen zwischen den Nationen zu entwickeln, den Lebensstandard und die Menschenrechte zu fördern. Es entstand eine Reihe von internationalen Einrichtungen zur Förderung der Weltwirtschaft, z.B. Welthandelsorganisation, Internationaler Währungsfonds und Weltbank.

Seit 1951 ist Deutschland Mitglied der WTO (zuvor GATT).

www.wto.org

Bis 1994 war das Allgemeine Zoll- und Handelsabkommen **GATT** (General Agreement on Tariffs and Trade) das maßgebliche Instrument zur Regulierung des Welthandels. In der Anfangsphase war das Hauptziel des GATT der Abbau von internationalen Zollschranken. Später wurde der Abbau aller Handelshemmnisse zum Hauptziel, da der zunehmende Abbau von Zöllen von der Errichtung neuer, nichttarifärer Hemmnisse begleitet war.

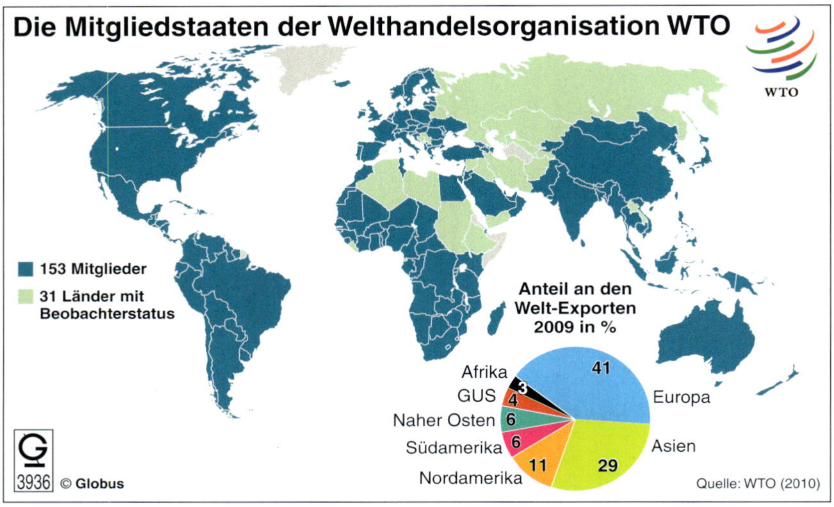

1995 wurde es durch die Welthandelsorganisation **WTO** (World Trade Organization) abgelöst. Die WTO kann im Gegensatz zum GATT die Handelspraktiken der Mitgliedstaaten überwachen, da sie über Entscheidungskompetenzen verfügt. Zu den Aufgaben der WTO zählt die Überwachung der Einhaltung des Allgemeinen Zoll- und Handelsabkommens sowie der Ergebnisse der einzelnen GATT-Runden.

www.opec.org

Ziel der **OPEC** (Organization of Petroleum Exporting Countries), Organisation Erdöl exportierender Länder (z.B. Irak, Iran, Kuwait, Saudi-Arabien, Venezuela), ist eine gemeinsame Preis- und Mengenpolitik zur Steigerung der Exporterlöse. Seit Anfang der 1980er-Jahre hat der Einfluss der OPEC auf den Ölpreis stark abgenommen, da die Industriestaaten ihre Ölabhängigkeit zwischenzeitlich vermindern konnten und das Angebot aus Nicht-OPEC-Staaten zunahm.

Deutschland ist seit 1949 Mitglied der OECD.

www.oecd.org

Die **OECD** (Organization for Economic Cooperation and Development) wurde zur Förderung der wirtschaftlichen Zusammenarbeit und Entwicklung gegründet. Mitglieder sind im Wesentlichen die westlichen Industrieländer. Die Aufgaben der OECD sind:

- Koordination der Konjunktur- und Währungspolitik
- Koordination der Entwicklungshilfe für Entwicklungsländer und bedürftige OECD-Länder
- Förderung und Ausweitung des Welthandels
- Beobachtung der Wirtschaftsentwicklung ihrer Mitglieder, Veröffentlichung von umfangreichen Statistiken und ökonomischen Empfehlungen

In Bretton Woods (New Hampshire, USA) wurden 1944 die Verträge zur Gründung des Internationalen Währungsfonds und der Weltbank beschlossen. Die Mitglieder des **Internationalen Währungsfonds** (IWF) haben sich dazu verpflichtet,

- geordnete Wechselkursregelungen zu gewährleisten und somit ein stabiles Wechselkurssystem zu fördern;
- enger zusammenzuarbeiten in Fragen der internationalen Währungspolitik und des zwischenstaatlichen Zahlungsverkehrs (z. B. Beseitigung von Devisenverkehrsbeschränkungen);
- Hilfe bei Zahlungsbilanzdefiziten eines Mitgliedstaates zu leisten. Jedes Mitgliedsland hat bestimmte Zahlungsverpflichtungen gegenüber dem IWF und aus diesem Fonds werden Kredite an Länder mit Zahlungsbilanzdefiziten geleistet.

www.imf.org

Seit 1952 ist Deutschland Mitglied im IWF.

Wechselkurssysteme, vgl. **LF 12**, Band 3

Jedes Mitglied bekommt aufgrund seiner wirtschaftlichen und finanziellen Lage eine Einzahlungsquote zugewiesen. Nach ihr bemessen sich das Stimmrecht in den IWF-Organen und die Zuteilung der Sonderziehungsrechte. Benötigt ein Land Devisen, um ein Zahlungsbilanzdefizit zu decken, hat es aufgrund des Sonderziehungsrechtes das Recht, Devisen gegen eigene Währung zu erwerben. Sonderziehungsrechte können so als Kunstwährung des IWF bezeichnet werden. Die vom IWF gewährten Devisenkredite müssen vom Mitgliedsland verzinst und zurückgezahlt werden.

Die **Weltbank** (Internationale Bank für Wiederaufbau und Entwicklung) nahm 1946 in Washington ihre Geschäftstätigkeit auf. Die Zugehörigkeit von Staaten zur Weltbank ist an die Mitgliedschaft im IWF gekoppelt. Ursprünglich setzte die Weltbank ihre finanziellen Mittel nach dem Zweiten Weltkrieg für den Wiederaufbau Europas ein. Ab 1950 wandte sie sich ihrer zweiten Aufgabe, der Kreditgewährung für die Entwicklungsländer, zu, was inzwischen zu ihrer Hauptaufgabe geworden ist.

www.worldbank.org

Zur Weltbankgruppe gehören außerdem noch zwei Tochterorganisationen, die Internationale Entwicklungsorganisation (IDA) und die Internationale Finanz-Corporation (IFC). Das gemeinsame Ziel dieser Organisationen ist die wirtschaftliche und soziale Entwicklung weniger entwickelter Mitgliedsländer durch finanzielle Hilfen, durch Beratung und technische Unterstützung. Jede dieser Institutionen hat eine eigene Rechtspersönlichkeit. Verbunden sind sie jedoch durch bürokratische Verflechtungen und durch einen gemeinsamen Präsidenten. 1956 wurde die IFC errichtet und fördert (im Gegensatz zur Weltbank) auch Kredite für privatwirtschaftliche Projekte in Entwicklungsländern. Die IDA wurde 1960 gegründet und gewährt Kredite zinslos oder zu sehr günstigen Konditionen an die ärmsten Entwicklungsländer.

Die **UNCTAD** (United Nations Conference on Trade and Development) wurde als ständiges Organ der UNO gebildet. Die Gründung der UNCTAD entsprach vor allem den Wünschen der Entwicklungsländer, die ihre Interessen in den bestehenden internationalen Institutionen nicht genügend berücksichtigt sahen und ein spezielles Forum für den Nord-Süd-Dialog verlangten. Ziel der UNCTAD ist die Förderung der Umstrukturierung des Welthandels zugunsten der Entwicklungsländer und die Förderung des Handels zwischen den Entwicklungsländern.

www.unctad.org

EFTA = Europäische Freihandelszone
FTAA = Amerikanische Freihandelszone

Weltwirtschaftsordnung

Welthandelsordnung
- WTO (früher GATT)
- OPEC
- OECD
- regionale Abkommen, z. B. EFTA, EU, FTAA

Weltwährungsordnung
- Weltbank
- Zentralbank
- IWF
- EWS

Welttransferordnung
- Weltbank
- UNCTAD

7.3 Wirtschaftsraum Europäische Union (EU)

7.3.1 Integrationsstufen für wirtschaftliche Zusammenschlüsse

Die Freihandelszone ist die schwächste Integrationsform eines wirtschaftlichen Zusammenschlusses zwischen verschiedenen Staaten. Schrittweise sollen zwischen den beteiligten Ländern alle Zölle und Kontingente abgebaut werden. Jedes Mitgliedsland behält aber seine volle Autonomie bei der Gestaltung der eigenen Handelspolitik gegenüber Drittländern.

Freihandelszone

Die **EFTA** (European Free Trade Association), die 1960 von Dänemark, Großbritannien, Norwegen, Österreich, Irland, Schweiz und Portugal gegründet wurde, ist ein Beispiel für eine Freihandelszone. Die Mitglieder sind in ihrer Außenzollpolitik autonom, d. h., sie können ihre Zölle gegenüber Nichtmitgliedstaaten eigenständig festsetzen. Zwischen den Partnerländern existieren aber keine Zölle oder Mengenbeschränkungen. Damit Importe aus Drittländern nicht den Umweg über dasjenige Mitgliedsland nehmen, welches den geringsten Zoll für das jeweilige Gut erhebt, wird die Vorlage von sogenannten Ursprungszeugnissen verlangt. Nur auf Güter, die innerhalb der Freihandelszone hergestellt wurden, wird Zollfreiheit gewährt. Die Gründungsländer Dänemark, Großbritannien, Irland und Portugal sind mittlerweile der EU beigetreten.

Zollunion

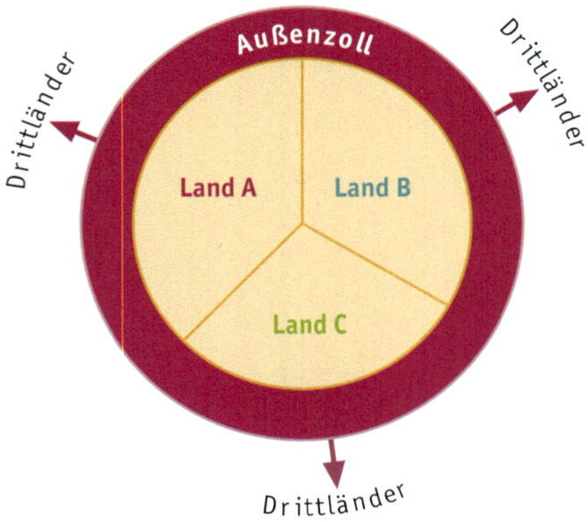

Die **Zollunion** als nächsthöhere Integrationsform ist ein typisches Konzept zur regionalen Handelsliberalisierung. Ein einheitliches Zollgebiet entsteht, wenn mehrere Staaten sich zusammenschließen und schrittweise alle Zölle und sonstige Handelsbeschränkungen beseitigen. Länder, die der Zollunion nicht angehören, müssen einen einheitlichen Außenzoll zahlen. Die Errichtung einer Zollunion ist in der Regel die Vorstufe zur Gründung eines gemeinsamen Marktes oder einer Wirtschaftsunion. Die Mitgliedstaaten der EU erreichten das Stadium der Zollunion bereits 1968.

Durch das Integrationskonzept des **Gemeinsamen Marktes** verschmelzen mehrere Volkswirtschaften. Auf dem gemeinsamen Markt sollen binnenmarktähnliche Verhältnisse mit einheitlichen Wettbewerbsregeln geschaffen werden.

Voraussetzung für einen Binnenmarkt sind die sogenannten vier Grundfreiheiten:

- freier Personenverkehr: Wegfall von Grenzkontrollen, Annäherung der Gesetze, Niederlassungs- und Beschäftigungsfreiheit
- freier Dienstleistungsverkehr: Liberalisierung der Finanzdienste, Öffnung der Transport- und Telekommunikationsmärkte
- freier Warenverkehr: Wegfall von Grenzkontrollen, Harmonisierung und gegenseitige Anerkennung von Normen und Vorschriften
- freier Kapitalverkehr: Freizügigkeit für Geld- und Kapitalbewegungen

Beim gemeinsamen Markt wird gegenüber Drittländern, wie bei der Zollunion, ein einheitlicher Außenzoll festgelegt. Seit 1993 hat die EU das Ziel des gemeinsamen Markts offiziell erreicht.

Die Idee der **Wirtschaftsunion** ist die Schaffung eines gemeinsamen Wirtschaftsgebiets, d. h., dass eine gemeinsame Wirtschaftspolitik aller Mitgliedstaaten angestrebt werden soll. Die gemeinsame Wirtschaftspolitik umfasst die Koordination der nationalen Wirtschaftspolitiken mit verbindlichen Regeln für die Haushaltspolitik, gemeinsame Maßnahmen zu Strukturanpassungen und Regionalentwicklungen und eine gemeinsame Wettbewerbspolitik. Letztendlich ist es das Ziel der Wirtschaftsunion, eine **Währungsunion** zu schaffen. Auch hier ist die EU in gewissen Teilbereichen wieder beispielhaft.

Die **vollständige wirtschaftliche, politische und institutionelle Integration** verschiedener Volkswirtschaften wäre die letzte Integrationsstufe. Hier sollen alle wirtschaftlichen und politischen Größen miteinander verknüpft werden.

7.3.2 Europäische Union

Die Idee der letzten Integrationsstufe schwebte bereits den Gründern der EU vor, der inzwischen 28 Mitgliedstaaten angehören (Stand: 01.01.2019; letzte EU-Erweiterung: 2013 Kroatien).

Wenn man den Integrationsprozess insgesamt betrachtet, so sind es vor allem vier **Motive**, die als Schubkräfte für die Bemühungen um die europäische Einigung und die Realisierung der EU angesehen werden können:

1. die Sicherung des Friedens
2. die wirtschaftliche Einigung und damit die Verbesserung des Lebensstandards
3. das Streben nach politischer Einigung
4. der soziale Zusammenhalt in der Gemeinschaft

http://europa.eu

Nach der Vollendung der Zollunion und des einheitlichen Binnenmarktes ist die Europäische Union (EU) eine Integrationsstufe auf dem Weg zu „einer immer engeren Union der Völker Europas“ (Art. A EU-Vertrag). Die EU ist durch den Vertrag von Maastricht im Jahr 1993 aus den **Europäischen Gemeinschaften** (EG) hervorgegangen.

Die EG setzt sich aus folgenden Gemeinschaften zusammen:
- der Europäischen Gemeinschaft für Kohle und Stahl (auch Montanunion bzw. EGKS genannt), die 1952 gegründet wurde
- der Europäischen Wirtschaftsgemeinschaft (EWG), die durch die „Römischen Verträge“ 1957 geschaffen wurde
- dem ebenfalls 1957 geschaffenen Euratom (gemeinsame Atomenergie-Behörde)

Im Vertrag der EU steht, dass die bisherigen Gemeinschaftsverträge (EGKS-, EWG- und Euratom-Vertrag) um das Ziel einer **Wirtschafts- und Währungsunion** (WWU) erweitert werden sollen.

Zur Realisierung der **Währungsunion** wurde ein **Dreistufenplan** aufgestellt:
- Die **erste Stufe** begann bereits 1990. Sämtliche Zahlungsverkehrskontrollen wurden aufgehoben und die rechtlichen Voraussetzungen für den Europäischen Binnenmarkt getroffen.
- Auf der **zweiten Stufe**, die 1994 anlief, sollte die wirtschaftliche Zusammenarbeit weiter vertieft werden. Die Einrichtung des Europäischen Währungsinstitutes, des Vorläufers der Europäischen Zentralbank, war ein wesentliches Element.
- Die **dritte Stufe**, die Währungsunion, setzte 1999 ein. Die Mitgliedstaaten mussten dazu aber die strengen Konvergenzkriterien erfüllen. Mittlerweile gehören 17 EU-Staaten zur Europäischen Währungsunion (EWU).

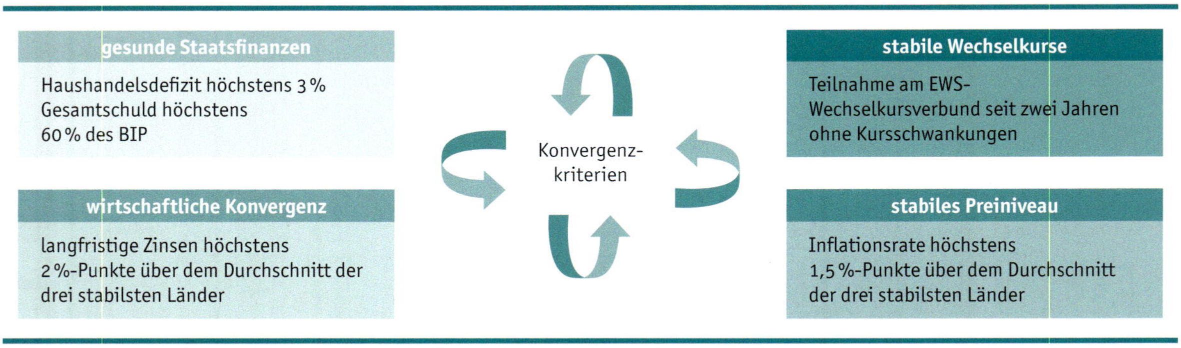

Durch die Vorteile eines erweiterten gemeinsamen Marktes versprechen sich die Mitgliedstaaten neue Möglichkeiten des Wirtschaftswachstums, insbesondere durch den vermehrten Transfer von Wissen, Kapital und Technologien. Die neuen Beitrittsländer erwarten außerdem, dass sie mit Mitteln aus EU-Strukturfonds regionale Disparitäten abbauen können. Die Prinzipien des gemeinsamen Marktes wurden jedoch mit einer Einschränkung übernommen: Aufgrund von befürchteten Einwanderungsströmen wird die Niederlassungsfreiheit den Menschen aus den neuen Beitrittsländern erst nach fünf bis sieben Jahren gewährt.

Die Organe der Europäischen Union

Die EU ähnelt in ihrem Aufbau dem föderalistischen System in Deutschland, wobei das Europäische Parlament und der Rat der Europäischen Union zusammen die **Legislative** bilden und die Europäische Kommission die **Exekutive** darstellt.

Legislative
gesetzgebende Gewalt

Exekutive
ausführende Gewalt

Die Organe der Europäischen Union sind im Einzelnen:

- **Europäisches Parlament:** Es ist ein Teil der Legislative und wird von den Bürgern der Mitgliedstaaten bei der Europawahl direkt gewählt.
- **Europäischer Rat:** Er besteht aus den Staats- und Regierungschefs der Mitgliedstaaten, dem Präsidenten der Europäischen Kommission und dem Präsidenten des Europäischen Rats und entscheidet über die Ziele und Leitlinien der europäischen Politik.
- **Rat der Europäischen Union:** Er wird oft auch nur Rat oder EU-Ministerrat genannt und setzt sich aus den Fachministern der Mitgliedstaaten zusammen. Er hat vielfältige Aufgaben, darunter die Verabschiedung von EU-Rechtsvorschriften, die Koordinierung der gemeinsamen Wirtschaftspolitik, die Annahme des EU-Haushalts und die Entwicklung einer gemeinsamen Außen- und Sicherheitspolitik.
- **Europäische Kommission:** Sie besteht aus 27 Kommissaren, einer aus jedem Mitgliedsland. Sie schlägt Verordnungen und Richtlinien vor und sorgt für ihre Ausführung. Außerdem überwacht sie die Einhaltung des Europarechts.
- **Gerichtshof der Europäischen Union:** Er ist das oberste Gericht der europäischen Union.
- **Europäischer Rechnungshof:** Er kümmert sich um die Rechnungsprüfung der Europäischen Union und kontrolliert die Haushaltsführung auf Rechtmäßigkeit.
- **Europäische Zentralbank:** Sie bestimmt die Geldpolitik der Euro-Länder und hat ihren Sitz in Frankfurt.
- **Europäische Investitionsbank:** Sie ist die Bank der Europäischen Union und fördert und finanziert Investitionsprojekte zur wirtschaftlichen Entwicklung.

7.4 Krisenerscheinungen

Die globalen Finanzmärkte sind besonders krisenanfällig und im Rahmen der nationalen und internationalen Institutionen kaum zu kontrollieren. Die Anleger auf globalen Finanzmärkten entscheiden sich für solche Anlagemöglichkeiten, die ihnen im internationalen Vergleich die höchste **Rendite** versprechen. Überdies spekulieren internationale Anleger auf Kursschwankungen für Wertpapiere sowie Währungen und Preisschwankungen für Rohstoffe.

Rendite
jährlicher Gesamtertrag eines angelegten Kapitals

Aus Sicht der Kapitalnehmer ist Kapitalbeschaffung auf globalen Finanzmärkten mit geringeren Geldbeschaffungskosten verbunden. Dem stehen jedoch einige schwerwiegende **Nachteile** gegenüber:

- Werden internationale Kredite nicht verlängert, können Liquiditätsprobleme auftreten.
- Ferner ist es von Nachteil, wenn internationale Großaktionäre auf die Geschäftspolitik einwirken, Standorte verlagern oder ihre Anteile für Übernahmezwecke weiterverkaufen.
- Darüber hinaus ist die Aufnahme von Finanzmitteln in Fremdwährung mit Währungsrisiken verbunden, zumal die Tendenz zu reinen Finanztransaktionen aus spekulativen Gründen steigt.

- Gefahr droht den globalen Finanzmärkten auch dann, wenn Länder ihre Zahlungsfähigkeit verlieren und Kapitalanleger ihre Gelder zurückziehen. Auslöser für eine solche Entwicklung können konjunkturelle Schwierigkeiten oder instabile politische Verhältnisse sein. Der Abzug von Kapital aus krisengeschüttelten Regionen kann das Vertrauen in die internationalen Kapitalmärkte so erschüttern, dass auch andere Länder von der Kapitalflucht betroffen werden. Es droht ein weltweiter Zusammenbruch der Kapitalmärkte.

Finanzkrise 2008

Spekulationsblase überkaufter Markt, der von der realen Wirtschaft abgekoppelt ist

Bereits im Jahre 2008 kam es zu gravierenden Turbulenzen auf den internationalen Finanzmärkten. Ausgangspunkt war das Platzen der Dotcom-Spekulationsblase im Jahr 2000, das zum Wertverlust vieler US-Aktien geführt hatte. Dem Aktienmarkt stand somit weniger Geld zur Verfügung. Daraufhin verlieh die US-Zentralbank den US-Banken Geld zu niedrigen Zinsen, um die Geldmenge zu erhöhen. Die Banken wiederum verliehen das Geld zu niedrigen Zinsen und nur mit eingeschränkter Risikoprüfung an die Verbraucher, woraufhin sich viele US-Haushalte dazu entschlossen, ein Haus zu kaufen, obwohl sie sich das nicht leisten konnten. Die Verschuldung der privaten Haushalte stieg ins Unermessliche, auf dem Immobilienmarkt kam es zu einer Preisspirale. Die Banken bündelten die Kredite und verkauften das Risiko der Kreditrückzahlung an andere Banken und auch ins Ausland. Mit der Zeit konnten immer weniger US-Hauskäufer ihren Kreditverpflichtungen nachkommen. Das führte sogar dazu, dass Großbanken nicht mehr zahlungs- und kreditfähig waren. Eine weltweite Finanzkrise brach aus, die auch Europa und Deutschland voll erfasste.

Finanzkrise 2011

Stand: Februar 2012

Die Finanzkrise 2011 wird als „Staatsschuldenkrise“ oder umgangssprachlich auch als „Euro-Krise“ bezeichnet. Sie ist eine Verschuldungskrise einiger EU-Mitgliedstaaten, die Ende 2009 in Griechenland begann und Ende 2011 auch Irland, Portugal, Italien und Spanien erfasst hatte.

Auf der einen Seite ist die Krise auf das Verhalten der direkt betroffenen Länder zurückzuführen, die erhebliche Staatsschulden angehäuft haben. Auf der anderen Seite handelt es sich aber wie schon 2008 auch hier um eine Krise der Finanz- und Bankenwirtschaft, die auf die enge Verflechtung der internationalen Finanzströme zurückzuführen ist: Die europäischen Banken haben in die von der Pleite bedrohten Staaten investiert, z.B. indem sie Staatsanleihen aufkauften. Mit der Offenlegung der Haushaltsdefizite in den Staaten verloren auch die Anleihen an Wert, die Banken machten hohe Verluste. Investoren wie amerikanische und britische Banken zogen Geld von europäischen Staaten und Banken ab, die Schuldenkrise der Staaten weitete sich auch auf die europäischen Banken aus. Für die Staaten wurde es zunehmend schwieriger, an Geld zu kommen. In der Folge ist es nicht mehr selbstverständlich, dass europäische Staaten ihr Haushaltsdefizit über Kapitalmärkte finanzieren.

Die Doppelkrise der Staaten und Banken bedroht die Währungsunion. Denn die Staaten benötigen die Banken als Abnehmer für ihre Staatsanleihen und damit zur Beschaffung finanzieller Mittel und die Banken benötigen solide Staaten als Garanten für die Wertpapiere in ihren Bilanzen. Beides funktioniert nicht mehr. Die gesamte Staatsfinanzierung ist bedroht und damit auch der Wohlstand in den EU-Mitgliedsländern.

ÜBERSICHT: Internationale wirtschaftliche Verflechtungen

Globalisierung	zunehmende weltweite Verflechtung in allen Lebensbereichen	
Antriebskräfte der Globalisierung	– technischer Fortschritt – Liberalisierung der Märkte – politische und wirtschaftliche Einflussfaktoren	
Weltwirtschaftsordnung	besteht aus vielen verschiedenen Organisationen und Abkommen	– Welthandelsordnung – Welttransferordnung – Weltwährungsordnung
Aufgaben der WTO (Welthandelsorganisation)	– Abbau von internationalen Zollschranken und nichttarifären Handelshemmnissen – Überwachung der GATT-Runden	
Ziele des IWF (Internationaler Währungsfonds)	– Schutz und Förderung des internationalen Handels- und Zahlungsverkehrs – Förderung der weltweiten Zusammenarbeit auf dem Gebiet der Währungspolitik – Sicherung der Währungsstabilität – Kreditgewährung für Mitgliedsländer	
Weltbank	Kreditgewährung für Entwicklungsländer	
Freihandelszone	– Abbau von Zöllen und Kontingente – Mitgliedsland behält seine volle Autonomie bei der Gestaltung der Handelspolitik	
Zollunion	– Abbau von Zöllen und sonstigen Handelsbeschränkungen – einheitlicher Außenzoll von Ländern, die der Zollunion nicht angehören – Vorstufe zur Gründung eines gemeinsamen Marktes oder einer Wirtschaftunion	
Gemeinsamer Markt	– binnenmarktähnliche Verhältnisses, mit einheitlichen Wettbewerbsregeln – Voraussetzung sind die vier Grundfreiheiten (freier Personenverkehr, freier Dienstleistungsverkehr, freier Warenverkehr und freier Kapitalverkehr)	
Wirtschaftsunion	Schaffung eines gemeinsamen Wirtschaftsgebietes (gemeinsame Wirtschaftspolitik)	
Währungsunion	gemeinsame Währung	
Motive für den Integrationsprozess	– Sicherung des Friedens – wirtschaftliche Einigung/ Verbesserung des Lebensstandards – Streben nach politischer Einigung – soziale Zusammenarbeit	
EU	Wirtschafts- und Währungsunion	setzt sich zusammen aus: EGKS, EWG, Euratom

Aufgaben

1 Erläutern Sie das Phänomen der Globalisierung. Beschreiben Sie, in welchen Bereichen es Ihnen in Ihrem Alltag begegnet.

2 Was sind Global Players? Nennen Sie drei Beispiele.

3 Erläutern Sie die drei wichtigsten Entwicklungen, die die Globalisierung vorantreiben.

4 Nennen Sie drei Vorteile und drei Nachteile der Globalisierung.

5 Nennen Sie die wichtigsten Aufgaben von
a WTO, b OECD, c IWF, d Weltbank.

6 Erklären Sie die Unterschiede zwischen einer Freihandelszone, einer Zollunion, einem gemeinsamen Markt und einer Wirtschaftsunion.

7 Welche Konvergenzkriterien gibt es für die Europäische Währungsunion und was soll damit sichergestellt werden?

8 Erläutern Sie mögliche Gründe für internationale Wirtschaftskrisen.

Stichwortverzeichnis